Christa April 04

Reinhold Bernhardt

Was heißt »Handeln Gottes«?

Eine Rekonstruktion der Lehre von der Vorsehung

Chr. Kaiser
Gütersloher
Verlagshaus

Die Deutsche Bibliothek – CIP-Einheitsaufnahme

Bernhardt, Reinhold:
Was heißt »Handeln Gottes«?: eine Rekonstruktion der Lehre von der Vorsehung /
Reinhold Bernhardt. - Gütersloh: Kaiser, Gütersloher Verl.-Haus,
1999
Zugl.: Heidelberg, Univ., Habil-Schr., 1997
ISBN 3-579-00403-4

Als Habilitationsschrift auf Empfehlung der Theologischen Fakultät
der Ruprecht-Karls-Universität Heidelberg gedruckt
mit Unterstützung der Deutschen Forschungsgemeinschaft.

Umwelthinweis:
Dieses Buch wurde auf chlorfrei gebleichtem und alterungsbeständigem Papier gedruckt. Die vor Verschmutzung schützende Einschrumpffolie ist aus umweltschonender und recyclingfähiger PE-Folie.

ISBN 3-579-00403-4

Umschlag: INIT, Bielefeld
Texterfassung: Reinhold Bernhardt
Satz: Weserdruckerei Rolf Oesselmann GmbH, Stolzenau
Druck und Bindung: Breklumer Druckerei Manfred Siegel KG, Breklum
Printed in Germany

Inhalt

»Stets lerne der Mensch von der Handlungsweise seines Schöpfers; der Heilige, gepriesen sei er, überging alle Berge und Hügel und ließ seine Göttlichkeit auf dem Berge Sinai ruhen. Ferner überging er alle schönen Bäume und ließ seine Göttlichkeit im Dornbusche ruhen«.

(Babylonischer Talmud, bSota 5a)

Vorwort

In dieser Arbeit habe ich den Versuch unternommen, die Vorsehungslehre als Reflexion auf Gottes Wirksamkeit in der Welt aufzufassen. Damit wird sie zu einem für die gesamte Theologie zentral bedeutsamen Konzept, das bei nahezu jeder theologischen Erwägung, aber auch in vielen kirchlichen Handlungsvollzügen und im Glauben der Christen eine wichtige Rolle spielt. Welchen Sinn hat es aber zu sagen, Gott handele? Wie ist solches Handeln, dessen Möglichkeit und Wirklichkeit in Dank- und Bittgebeten unterstellt wird, zu denken? Inwiefern unterscheidet sich Vorsehung von Vorbestimmung? Wie verhält sich die Theodizeeproblematik zur Vorsehungslehre? – Dies sind einige der großkalibrigen Fragen, die hier zur Debatte stehen. Wer sich auf sie einläßt, bewegt sich auf einem weiträumigen Terrain, das er nicht in all seinen Winkeln mit letzter Präzision durchmessen kann. Dieses Risikos war ich mir stets bewußt. Ich konnte und wollte keine Arbeit vorlegen, die nach allen Seiten hin gegen Kritik immunisiert ist. Es ging mir darum, den Problembestand aufzuarbeiten und eine daran anschließende These vorlegen, die für kritische Auseinandersetzung offen ist und dazu einlädt, um so auf dem Weg der Wiedergewinnung des Vorsehungsdenkens weiterzukommen.

Die Arbeit ist nicht nur auf Dialog angelegt, sondern auch im Dialog entstanden. Mein Dank gilt all den Gespächspartnern, die mich im gemeinsamen Ringen um diese Fragen angespornt haben: Zunächst Prof. Dietrich Ritschl, der das Thema mit auf den Weg gebracht und mit seiner sensiblen Begleitung wichtige Anstöße für die Bearbeitung gegeben hat. Sein theologisches Denken vollzieht sich im Bezugsrahmen kirchlicher – vor allem seelsorgerlicher – Praxis. Diesem Verständnis von Theologie als Reflexion auf die Sprache des gelebten christlichen Glaubens fühle auch ich mich verpflichtet. Es liegt der Untersuchung zugrunde.

Dank gebührt auch den langjährigen Mitarbeiterinnen und Mitarbeitern am Ökumenischen Institut der Universität Heidelberg, Frau Prof. Link-Wieczorek, Fernando Enns, Dr. Martin Hailer, Andreas Weisbrod für Rückhalt und Herausforderung zur rechten Zeit. Frau Dr. Gesine von Kloeden hat sich der Mühe unterzogen, den gesamten Text korrekturzulesen und auf Unklarheiten aufmerksam zu machen.

Wertvolle Anregungen ergaben sich aus den Diskussionen im Doktorandenkolloquium des Instituts, aus dem Seminar »Sinn und Grenzen der Lehre von der providentia Dei«, das ich zusammen mit Prof. Ritschl an der Universität Heidelberg veranstaltet habe, und aus der Vorlesung »The Doctrine of Providence«, die ich auf Einladung von Prof. Peter Hodgson im Herbst 1997 an der Vanderbilt University in Nashville, TN, halten konnte.

Durch die Gewährung eines Reise- und später auch eines Habilitationsstipendiums durch die »Deutsche Forschungsgemeinschaft« war es mir möglich, im Rahmen von zwei USA-Aufenthalten eine Fülle von Material zusammenzutragen und auszuwerten und die Arbeit zügig zum Abschluß zu bringen.

Zu danken habe ich schließlich der Theologischen Fakultät der Universität Heidelberg, die diese Studie als Habilitationsschrift angenommen hat, und hier in besonderer Weise den Gutachtern Prof. Dietrich Ritschl, Prof. Wilfried Härle und Prof. Gottfried Seebaß.

Die schnelle Bewilligung eines Druckkostenzuschusses durch die DFG hat es möglich gemacht, daß die Arbeit nun erscheinen und damit zur Diskussion gestellt werden kann.

Von anderer Art ist die Dankbarkeit, die ich einem Freund gegenüber empfinde, der seit vielen Jahren mit dem HIV-Virus infiziert ist und in bewundernswerter Weise sein Leben im Angesicht des ungewissen Todes meistert. Die Betroffenheit über seine Krankheit und die Freude an dem Lebensmut, der er ihr entgegensetzt, bilden einen wichtigen Teil der existentiellen Hintergrundfolie, vor dem der nun folgende Gedankengang entstanden ist – so abstrakt er stellenweise auch anmuten mag. Ihm sei dieses Buch im wahrsten Sinne des Wortes »zugedacht« – als ein Stück »Theologie des Lebens«.

Heidelberg, im Oktober 1998 *Reinhold Bernhardt*

Methodische Vorbemerkungen

Die in dieser Studie verarbeitete *Literatur* ist auf zweifache Art angegeben: Um die Bibliographie auf den engsten Kreis der für das Thema zentral relevanten Titel zu konzentrieren, wurden dort nur jene Schriften aufgenommen, die in besonderer Weise einen Beitrag zu diesem Thema geleistet haben und/oder auf die in der vorliegenden Studie oft und in unterschiedlichen Kapiteln Bezug genommen wird. Diese Bezugnahme erfolgt in einer aus Verfasser und Erscheinungsjahr bestehenden Kurzform unter Hinweis darauf, daß die vollständige bibliographischen Angabe im Literaturverzeichnis zu finden ist **{→ L.}**. Sie hat also folgende Form:

Kocher, R. (1993) {→ L.}, Seitenzahl.

Der weitaus größere Teil der herangezogenen Literatur, der eine solche themarelative Bedeutung nicht beanspruchen kann (womit gewiß kein Qualitätsurteil über die Veröffentlichung als solche gefällt sein soll), ist nur in den jeweiligen Fußnoten vollständig aufgeführt. Zum Querverweis auf diese Titel gebe ich die Nummer der Fußnote, in der sich die vollständige Nennung findet, in der geschwungenen Klammer an: **{→ A. ...}**. Sollte sich diese Fußnote in einem anderen Teil des Buches befinden, ist zusätzlich dessen Kennziffer genannt: **{→ Teil ... A. ...}**, z.B.:

Lüpke, J. v. (1989) {→ Teil III, A. 167}, Seitenzahl.

Dadurch kommt es also zu einer Uneinheitlichkeit in der Zitationsweise innerhalb der Fußnoten: Neben vollständigen Angaben finden sich dort Kurzformen mit Verweisen, die sich entweder auf die Kurzbibliographie oder auf andere Fußnoten beziehen. Dieses Verfahren hat jedoch den Vorzug, die in breiter Verzweigung verarbeitete Literatur in thematischer Zuordnung zu den jeweiligen Sachgebieten, auf die sie sich bezieht, überschaubar zu machen. Die Auffindung bestimmter Titel oder Autoren wird durch das Verweisregister ermöglicht. Bei Literatur, die vor 1900 erschienen ist, verzichte ich gelegentlich auf die Angabe des Erscheinungsortes. Der eingeklammerte Zusatz »Lit« bei einzelnen Nennungen zeigt an, daß sich dort eine Bibliographie aktueller und weiterführender Titel findet.

Querverweise auf Textpassagen, d.h. auf bestimmte Seiten dieser Studie nehme ich im Text wie in den Anmerkungen in der folgenden Form vor: **{→ S.}**.

Klassische Quellentexte sind nach den international gebräuchlichen *Siglen* zitiert, Zeitschriften und Veröffentlichungsreihen nach dem von S. Schwertner zusammengestellten Abkürzungsverzeichnis der TRE (IATG², Berlin, New York 1994).

Ausdrücke und Wendungen, die in *Apostrophe* gesetzt sind, werden in der Regel in einer ausgedehnten, übertragenen oder kolloquialen und damit bewußt unscharfen Bedeutung verwendet, die über ihren eigentlichen und ursprünglichen »Sitz im Leben« hinausreicht.

Inhaltliche Exkurse und methodische Zwischenbemerkungen stehen in Petit.

I. Einleitung

Die allgemeinmenschliche Kontingenzerfahrung tritt in der modernen und postmodernen Geisteskultur in stark verdichteter Form auf. Sowohl im Blick auf das individuelle Ergehen als auch im Bezug auf den Verlauf der Geschichte ist sie zur Basiserfahrung des Menschen im europäisch-amerikanischen Kulturkreis des ausgehenden 20. Jhs. avanciert.[1] Wir leben in einer Wirklichkeit, deren Grundverfassung »schiere Kontingenz« ist.[2]

Einem funktionalen Religionsverständnis erscheint »Kontingenzbewältigung« geradezu als die zentrale Leistung aller Religion, wobei »Bewältigung« im Sinne der Anerkennung verstanden ist.[3] Es war und ist vor allem der Vorsehungsglaube, der diese Funktion der »Kontingenzbewältigungspraxis« erfüllt. Die Vorstellung eines zielgerichteten Erhaltungs-, Begleitungs- und Lenkungshandelns Gottes, der durch seine Führung und Fügung die Geschicke des eigenen Lebens wie der Welt im ganzen bestimmt, entzufälligt den Zufall, indem sie ihn in eine theonome Notwendigkeit überführt. Sie bringt (vorfindliches) Sein und (letztliches) Gutsein in eine Korrelation und stiftet auf diese Weise Sinn und Daseinsgeborgenheit. Der Lebensvollzug des einzelnen - einschließlich der Erfahrungen von Sinnlosigkeit - wird in den größeren Sinn- und Orientierungszusammenhang des teleologischen Handelns Gottes gestellt, von dem er sich getragen, geschützt und geleitet weiß. In der Grundüberzeugung, daß Gott der Herr und Hüter der Kontingenz ist, liegt die trostspendende Funktion des Vorsehungsglaubens begründet.

Mehr noch: Wo sich der Mensch in unmittelbare Beziehung zum Willen bzw. zur Gegenwart Gottes gesetzt glaubt, erfährt er sich nicht nur in seinem aktiven Lebensvollzug und in seinem passiven Ergehen stabilisiert, sondern darüberhinaus in seinem personalen Selbstsein in einer unüberbietbaren Weise grundlegend gewürdigt. Seine Exi-

1. Siehe die ausführliche Diagnose von: Rorty, R. (1989): Kontingenz, Ironie und Solidarität, Frankfurt, 19-123.
2. Rorty, R. (1989) {→ A. 1}, 51.
3. Luhmann, N. (1977, 1992³): Funktion der Religion, Frankfurt, 9-71; 182-224; Lübbe, H. (1986): Religion nach der Aufklärung, Graz, Köln, 127ff; Lübbe, H. (1986): Historismus oder die Erfahrung der Kontingenz religiöser Kultur, in: Oelmüller, W. (Hg): Wahrheitsansprüche der Religion heute, Paderborn u.a., 65-83; - Siehe dazu: Angehrn, E. (1987): Religion als Kontingenzbewältigung? in: PhR 34, 282-290; Deuser, H. (1990): Art. »Kontingenz, II: Theologisch«, in: TRE 19, 551-556, hier bes.: 554f (»4. Systemtheorie und Gottes Kontingenz«); Engstler, A. (1993): Die manifeste Funktion der Religion und ihre Relativierung. Zur Diskussion um Hermann Lübbes Religionstheorie, in: PhJ 100, 145-155; Dallmann, H.-U. (1994): Die Systemtheorie Niklas Luhmanns und ihre theologische Rezeption, Stuttgart u.a.; Vögele, W. (1994): Zivilreligion in der Bundesrepublik Deutschland, Gütersloh, 154-166; Arens, E. (1995): Konturen einer praktischen Religionstheorie, in: ders. (Hg): Anerkennung des Anderen. Eine theologische Grunddimension interkultureller Kommunikation, Freiburg u.a., 139-144.

stenz insgesamt verdankt sich keinem unpersönlichen, sinnlosen Schicksal, weder blindem Zufall noch naturgesetzlicher Determination oder geschichtlicher Notwendigkeit, sondern göttlicher Annahme und Bestimmung in letztlich heilschaffender Absicht.

Ein solcher Glaube an Gottes Annahme und Fürsorge hat nicht nur seit Jahrhunderten »den selbstverständlichen Rahmen christlicher Frömmigkeit gebildet«[4], man kann in ihm auch die Grundform des religiösen Bewußtseins heutiger kirchennaher und -ferner Gottgläubiger entdecken.[5] Empirisch betrachtet, fundiert er die individuelle christliche praxis pietatis als Lebensgestalt des Vertrauens auf die gegenwärtige Heilung und Heiligung des individuellen und gemeinschaftlichen Lebens durch Gottes heilschaffendes ›Handeln‹. In diesem Sinne der aktiven ›Fürsorge‹ Gottes für seine Schöpfung bis hin zum einzelnen Geschöpf kann man den Vorsehungsglauben als erfahrungsbezogene Grundierung christlicher Religiosität bezeichnen.

Im lebensbegleitenden rituellen Handeln der Kirche findet der Vorsehungsglaube seine ekklesiale Vollzugsform; in Predigt[6] und Seelsorge[7] sprechen Repräsentanten der Kirche den Gläubigen Gottes bergende Nähe, seine schützende Bewahrung und seine führende Begleitung zu. Gebete und Lieder bringen die Zuversicht zum Ausdruck, daß Gott sowohl die Lebensgeschichten einzelner Menschen, als auch die Universalgeschichte der Menschheit tätig ›lenkt‹, um sie seinem eschatologischen Reich entgegenzuführen.

Im Gegensatz zur theologischen Vorsehungs*lehre* war der Vorsehungs*glaube* weitgehend ›aufklärungsresistent‹, was seinen Grund darin hat, daß er nicht nur menschlichen Grundbedürfnissen der Lebens- und Weltorientierung entgegenkommt, sondern auch von jenen - vor allem im Bereich des Zweiten Credoartikels angesiedelten - Glaubensinhalten relativ unabhängig ist, die aufklärerischer Kritik verfielen. Doch gerade diese scheinbare Unabhängigkeit vom spezifisch Christlichen, machte ihn selbst innerhalb der Theologie suspekt. Darin liegt eine der Schwierigkeiten, die das Vorsehungsdenken in die Krise geführt - oder zumindest verhindert haben, daß es sich aus dieser Krise befreit. Sie sollen nun in den Blick genommen werden.

4. Link, C. (1994): Gestalt und theologischer Ort der Vorsehungslehre Karl Barths, in: ZDT 10, 113.
5. Siehe dazu die von Kocher zitierten repräsentativen Umfragen [Kocher, R. (1993) {→ L.}, 30, Anm. 26]. Aktuellere Erhebungen sind allerdings für diese Frage weniger aufschlußreich, was in ihrem jeweiligen Erkenntnisinteresse begründet liegt. Weder die 1992 vom EMNID-Institut durchgeführte SPIEGEL Untersuchung »Was glauben die Deutschen«, noch die von der »Studien- und Planungsgruppe der EKD« betriebene »Dritte EKD-Umfrage über Kirchenmitgliedschaft« gibt Auskunft über die Verbreitung des Vorsehungsglaubens.
6. Siehe vor allem die Studie von: Landau, R. (1988) {→ L.}; außerdem: Jenssen, H.-H. (1987): Aufgabe und Möglichkeiten neuzeitlicher Naturpredigt. Ein Beitrag vor allem zur materialen Homiletik der Naturpredigt für unsere Zeit, Diss. Halle; ders. (1991): Gedanken zur Predigt über Schicksal, Vorsehung und Bittgebet im Hinblick auf den Dialog zwischen Theologie und Naturwissenschaften (Arbeitstexte des Bundes für Freies Christentum, hg. von P. Schwarzenau und U. Tworuschka, Nr. 22), Stuttgart (Lit.); Görge, E. (1991): Gottes Vorsehung in der Geschichte. Verkündigung zum Zeitgeschehen, Leutesdorf. - Vielfältiges Material findet sich auch in Predigten zu den klassischen Belegstellen des dogmatischen locus *De providentia*: Mt 6,25-36 par, Mt 10,29-31, Röm 8, 28. u.a.m.
7. Exemplarisch: Berz, A. (Hg) (1974): Als Christ in den Tag. Biblischer Text, Besinnung und Gebete für jeden Tag des Jahres, Bd. 3, 209-229.

A. Problemskizze: Was macht es so schwierig, von Gottes Vorsehung zu reden?

Im Prozeß der Säkularisierung des gesamten abendländischen Wirklichkeitsverständnisses seit der frühen Neuzeit ist weniger der Vorsehungs*glaube*, sondern eher das Vorsehungs*denken* in eine tiefe Krise geraten. Vornehmlich drei Entwicklungen waren es, die diese Erschütterung auslösten:

1. Im Bezug auf die *Natur*: Die Deutung der Natur als geschlossenes, durch das immanente Prinzip der wirkkausalen Notwendigkeit gesteuertes System führte dazu, göttliche Interventionen in den Naturprozeß weder für nötig noch für möglich zu erachten. Das Postulat, demzufolge Gott den Gesamtakt der Schöpfung vollbracht und darin als permanente Erhaltungsenergie wirkt, erschien dabei weniger problematisch als die Vorstellung einer individuellen Hervorbringung einzelner Geschehnisse. Die Universalität des göttlichen Wirkens einer allgemeinen Vorsehung ließ sich eher vereinbaren mit der bezeichneten Naturdeutung als die Individualität und Partikularität der besonderen Vorsehung.

2. Im Bezug auf die *Geschichte*: Die zunehmende wissenschaftlich-technische Gestalt- und Beherrschbarkeit des Weltprozesses durch die immer weiter ausgreifende Handlungskompetenz des Menschen, seine kulturelle Emanzipation von religiöser Sinndeutung, der Gewinn an politischer und ökonomischer Unabhängigkeit und in alledem die Erweiterung der relativen *Entscheidungs- und Handlungsfreiheit des Menschen* mußte in Konflikt mit dem Theologoumenon von der allwirksamen Geschichtsmächtigkeit Gottes geraten.

3. Die nicht erst mit dem Erdbeben von Lissabon virulent gewordene, mit den Geschichtskatastrophen des 20. Jhs. aber potenzierte sog. *Theodizeefrage*: »Si Deus - unde malum?« war und ist die »crux providentiae«[8]. Die Erfahrung des unverschuldeten, durch Natureinwirkungen verursachten Leidens, vor allem aber die Erfahrung des von Menschen ausgeübten Bösen treibt zu jener »letzten verzweiflungsvollen Frage: warum ist überhaupt etwas? warum ist nicht nichts?«.[9]

Wie ist Gottes gütige Schöpfungsintention, wie ist sein Heilsratschluß, wie ist die ihm zugeschriebene allmächtige Geschichtslenkung (gubernatio) vereinbar mit dem unermeßlichen Leid und besonders mit dem von Menschen über Menschen gebrachten Unheil?[10] Die (maßgeblich von Augustin inaugurierte) Deutung solch immensen

8. Kocher, R. (1993) {→ L.}, 316; so auch: Hesselink, I. J. (1988) {→ A. 51}, 97ff u.v.a.
9. Schelling, F. W. J. (1858): Philosophie der Offenbarung, in: Sämtliche Werke, 2. Abt., 3. Bd. (hg. von K. F. A. Schelling), 7.
10. In eindrücklicher literarischer Form übten nach den Kriegen dieses Jahrhunderts vor allem E. Wiechert und W. Borchert grundlegende Kritik am Vorsehungsglauben. Siehe dazu: Kocher, R. (1993) {→ L.}, 52-54.
    E. Wiechert schildert, wie sein Glaube an die göttliche Vorsehung durch schrecklichste Erlebnisse

Unheils als Prüfung und Sündenstrafe im Rahmen einer übergreifenden Heilsgeschichte ist angesichts der Leidensgeschichte der Menschheit mit dem Glauben an die Liebe als Grundzug des Wesens Gottes kaum in Einklang zu bringen. G. Benn bringt die Krise auf den Punkt, wenn er die Welt im diametralen Gegensatz zu Leibniz {→ S. 173ff} als »prästabilierte Disharmonie«[11] und als die »qualerfüllteste aller denkbaren Welten«[12] beschreibt. Er steht damit in der Tradition Voltaires {→ S. 183} und Schopenhauers.
Ziehen wir eine Zwischenbilanz: Durch den Fortschritt der naturwissenschaftlichen Erkenntnis und der technischen Weltbeherrschung, durch das seit der Aufklärung immer weiter entfaltete Bewußtsein individueller Freiheit und Autonomie, vor allem durch die Krise, in die diese Entwicklungen durch die geschichtlichen Katastrophen dieses Jahrhunderts geraten sind, hat das Reden vom ›Handeln‹ Gottes im allgemeinen, der Glaube an seine Weltherrschaft und seine providentielle »Fürsorge« im besonderen (zusammen mit allen philosophischen Versuchen einer globalen Sinndeutung der Geschichte) einen erheblichen Plausibilitätsverlust erlitten.[13] Wo sich das Weltgeschehen durch das Zusammenwirken dieser Faktoren scheinbar vollständig erklären läßt, wo zudem die Geschichte selbst immer neu und immer erschreckender Zeugnis von barbarischer Gottesfinsternis gibt, scheint die Unterstellung einer in diesem Geschehen verborgenen teleologischen Sinnrichtung wenig evident. Der von P. Ricoeur angesagte »death of the God of providence«[14] scheint unabwendbar.

4. Hinzu kommt die Diskreditierung, in die der Vorsehungsgedanke durch seine Instrumentalisierung für politische Propaganda und Strategien gebracht wurde und die zu der Frage Anlaß gibt, ob er durch solchen Gebrauch nicht den Punkt einer möglichen Rehabilitation überschritten hat. Zu allen Zeiten, auffallend häufig in Kriegszeiten, in besonders erschreckender Weise aber wiederum im 20. Jh., diente die Beschwörung der Vorsehung der Divinisierung nationaler Ideologien und Erwählungsprätentionen.[15] Adolf Hitler stellte seine Person als Werkzeug Gottes und seine

im KZ zerstört wurde und resümmiert: »Wenn Gottes Erbarmen geringer war als menschliches Erbarmen, dann war dies alles ein Trugbild, auf einen Kinderhimmel gemalt; und wo der Kinderhimmel zerbrach, zerbrach auch das Trugbild [Wiechert, E. (1957): Der Totenwald (Sämtliche Werke 9), Wien u.a., 275].

11. In einem Brief an E. Wasmuth vom 27.3.51, in: Benn, G. (1957): Ausgewählte Briefe, Wiesbaden, 208.
12. Benn, G. (1958): Prosa und Szenen (Ges. Werke, hg. von D. Wellershoff, Bd. 2), Wiesbaden, 282. - Siehe dazu: Balser, H.-D. (1965, 1970²): Das Problem des Nihilismus im Werke Gottfried Benns, Bonn, bes. 23ff, 142ff, 183ff.
13. Vereinzelt wird es sogar mitverantwortlich gemacht für die krisenhaften Folgen der technisierten Zivilisation, wie bei: Amery, C. (1972) {→ A. 17}.
14. Ricoeur, P. (1974): Religion, Atheism and Faith, in: ders.: The Conflict of Interpretations. Essays in Hermeneutics (hg. von D. Ihde) (Northwestern University Studies in Phenomenology and Existential Philosophy), Evanston, 455.
15. Während des Ersten Weltkrieges entstand eine Fülle von Vorsehungsliteratur: Dederichs, W. (1914): Der Krieg im Lichte der Vorsehung, Paderborn; Falke, R. (Hg) (1914): Warum zweifelst du? Ein Jahrgang apologetischer Predigten; Horbach, (1914): Gebet und Vorsehung in Kriegsnot oder: Wie

Herrschaft als göttliche Sendung und heilshafte Fügung der Vorsehung dar, um ihr auf diese Weise die Unangreifbarkeit einer übernatürlichen Legitimation zu verleihen.[16] Die Identifikation eines politischen Programms (und der Strategien zu seiner Durchsetzung) mit Willen und Werk Gottes immunisiert diese gegenüber dem politisch wie vor allem ethisch normativen Diskurs und verschafft sich die zynische Rechtfertigung, jedes nur denkbare Mittel zur Erreichung des vermeintlich gottgesetzten Zwecks anwenden zu dürfen.

Die Frage drängt sich auf: Liegt hier nur eine mißbräuchliche Instrumentalisierung des Theologoumenons von der Vorsehung Gottes vor, so daß ihm gegenüber zur Vorsicht zu raten wäre[17] – oder enthüllt sich gerade darin sein vorchristlicher Wesenszug, kontingentes Ergehen zu mystifizieren und zu sanktionieren?

Die Linie dieser Frage läßt sich ausziehen bis tief in die individuelle und kollektive Frömmigkeitspraxis hinein: Muß man den Glauben an eine persönliche Führung durch

verträgt sich der Glaube an die Erhörbarkeit des Gebets mit dem Glauben an die göttliche Vorsehung? (Näher, mein Gott, zu dir 3), Hamburg; Delbrück, K. (1915): Göttliche Vorsehung oder Zufall im gegenwärtigen Kriege? Halle; Eßer, G. (1915): Krieg und göttliche Vorsehung (Frankfurter Zeitgemäße Broschüren 34), Hamm; Gspann, J. C. (1915): Blutiger Weltkrieg und gütige Vorsehung, Regensburg; Hartmann, F. v. (1915): Die göttliche Vorsehung, Hirtenbrief, Köln; Huber, A. (1915^2): Die göttliche Vorsehung (Die Kreuzfahne im Völkerkrieg 9), Freiburg; Schreiber, C. (1915): Der Krieg und die Vorsehung Gottes. Feldpostbrief an unsere Soldaten und die Daheimgebliebenen, Fulda; Büttner, O. (1916): Die Vorsehung Gottes im Kriege, Berlin; Gatterer, M. (1916): Gottes Vorsehung und der Krieg, Kalksburg; Holl, K. (1917): Die Bedeutung der großen Kriege für das religiöse und kirchliche Leben innerhalb des deutschen Protestantismus. Vorträge gehalten beim Kriegslehrgang des Zentralausschusses für innere Mission in Warschau und Wilna am 8. und 12. Dezember 1916, Tübingen (Holl arbeitet die Bedeutung der antinapoleonischen Befreiungskriege für die Entwicklung des Vorsehungsglaubens heraus); Saier, S. M. (1917): Die Wege der Vorsehung. Trostgedanken für Zeiten der Heimsuchung, Innsbruck; Beck, J. (1918): Weltkrieg und Vorsehung. Ein Gespräch, Mainz-Köln; Volksverein (Hg) (1918): Göttliche Vorsehung im Weltkrieg, Mönchengladbach.

Aus der Zeit des Zweiten Weltkriges sind zu nennen: Freudorfer, J. (1940): Vorsehung, Leid und Krieg. Biblische Gedanken, Würzburg; Schneider, H. (1940): Gott am Steuer. Ein Büchlein von der göttlichen Vorsehung, Speyer; Hophan, O. (1943): Vorsehung, Chur.

Siehe dazu: Böhme, K. (Hg): Aufrufe und Reden deutscher Professoren im Ersten Weltkrieg, Stuttgart. Pressel, W. (1967): Die Kriegspredigt 1914-1918 in der evangelischen Kirche Deutschlands (Arbeiten zur Pastoraltheologie 5), Göttingen; Hammer, K. (1974): Deutsche Kriegstheologie 1870-1918, München; Landau, R. (1976): Die Vorsehungspredigt - predigtgeschichtliche und homiletische Untersuchungen zur Predigt von der Vorsehung Gottes aus der Zeit von 1890-1930, Diss. Heidelberg; Landau, R. (1988) {→ L.}; Kocher, R. (1993) {→ L.}, 48-70.

16. Heer, F. (1968): Der Glaube des Adolf Hitler. Anatomie einer politischen Religiosität, München, Eßlingen; Kocher, R. (1993) {→ L.}, 65-70.

17. Pesch, R. (1969): Vorsicht vor der Vorsehung (KRB 7), Stuttgart. - Siehe auch: Jaspers, K. (1962): Der philosophische Glaube angesichts der Offenbarung, München, 358-361 (wo Jaspers die Vorsehung zusammen mit den Begriffen »Prädestination«, »amor fati«, »Verhängnis«, »Karma« und »Moira« als Chiffren des Schicksalsbewußtsein zusammenordnet und kritisch reflektiert); Amery, C. (1972): Das Ende der Vorsehung. Die gnadenlosen Folgen des Christentums, Hamburg; Freeman, J. A. (1987): God is not Fair: Coming to Terms with Life's Raw Deals, San Bernardino; Boykin, J. (1990): The Gospel of Coincidence: Is God in Control? Grand Rapids.

Gott nicht letztlich als religiösen Utilitarismus, ja Narzißmus abweisen - als egozentrische »Sentimentalität ohne Wahrheitssubstanz«[18], die irrationalen Trost erheischt und irreale Stabilität gewährt? Muß man ihn ideologiekritisch als Projektion menschlicher Grundbedürfnisse nach Schutz und Sicherheit, Beständigkeit und Geborgenheit entlarven: als religiöse Reproduktion der Sehnsucht des Kindes nach dem behütenden Vater? Obsiegt hier das aus Weltangst geborene Phantasma eines Garanten der Weltordnung, der eine Bestandsgarantie für die Welt gibt und ihren Lauf sicher geleitet, über das Realitätsprinzip der nüchternen, reifen Weltsicht, die Kontingenz auszuhalten vermag?[19]

Fragen wie den genannten wird sich jeder Entwurf einer Vorsehungslehre auszusetzen haben, wenn er nicht in religiöse Naivität entgleiten will. Nur wenn sich zeigen läßt, daß die Rede von der Vorsehung Gottes als *kritisches* Prinzip allen frommen Triumphalismus durchbricht und in einen theologischen Realismus überführt, kann sie beanspruchen, ein legitimer, dann aber auch ein notwendiger Ausdruck christlichen Gottesglaubens zu sein. Nur wenn die ihr anhaftende affirmative Funktion als Stabilisator der Lebensbewältigung und als Legitimator des geschichtlichen status quo durch das Moment des prophetischen Protests und des Stachels im Fleisch durchkreuzt wird, kann sie auf Rehabilitation hoffen, sie aber auch fordern.

5. Der Liste der skizzierten Probleme ist noch eine weitere, die schon angedeutete ›theologieinterne‹ Anfrage hinzuzufügen, die besonders von Albrecht Ritschl und Karl Barth mit Emphase vorgetragen wurde: Gehört der Vorsehungsglaube nicht zum »religiösen Allgemeingut der Menschheit«[20] - und zwar nicht nur der *religiösen* Menschheit[21]? Handelt es sich hier nicht um ein Stück semi-paganer »Jedermanns-Theologie«[22], die sich in struktureller Analogie auch in den anderen abrahamitischen Religionen[23] und weit darüberhinaus findet? Und war die Providenzlehre nicht von jeher im »gentium et philosophorum consensus«[24] mit der theologia naturalis, »ja

18. Karl Barth gebrauchte diesen Ausdruck in anderem Zusammenhang in KD III/3 {→ L.}, 162.
19. Zum Motiv der Vorsehung Gottes in psychologischer Perspektive siehe: Underwager, R. C. (1973): Providence and Psychology, in: Meyer, S. M., Mayer, H. T. (Hg): The Caring God: Perspectives on Providence, St. Louis, London, 93-112; Welton, G. L., Adkins, A. G., Ingle, S. L., Dixon, W. A. (1996): God Control: The Fourth Dimension, in: JPsT 24, 13-25.
20. Beintker, M. (1993) {→ L.}, 443.
21. So: Ratschow, C. H. (1959) {→ L.}, 28.
22. Brunner, E. (1950, 1960²) {→ Teil III, A. 343}, 162. Brunner gebraucht diesen Ausdruck aber keineswegs abwertend. Im Lehrstück »Von der Vorsehung« stellen sich - seiner Auffassung nach - jene Fragen, »die man als die typischen Laienprobleme bezeichnen (kann) im Unterschied zu typischen Theologenproblemen« (ebd.). Zu diesen Fragen, »die auch dem unreflektiertesten, schlichtesten Christen zum Problem werden« (ebd.), zählt er die Theodizeefrage, die Wunderfrage und das Problem von Determinismus und Freiheit.
23. Zu den charakteristischen Verschiedenheiten zwischen Judentum, Christentum und Islam in dieser Frage siehe: Vetter, D., Heyen, E., Balic, S. (1987): Art. »Vorsehung«, in: LRG, 1109-1116. Allgemeiner: Parrinder, G (1969): The Idea of Providence in Other Religions, in: Wiles, M. (1969) {→ L.}, 34-49; Goldberg, D. (1994): Divine Providence and the Problem of Evil in Jewish Thought, in: Dialogue and Alliance 8, 36-46; Leuze, R. (1994): Christentum und Islam, Tübingen, Kap. VI, 190-233.
24. Heidegger, J. H. (1700): Corpus theologiae, Zürich, VII, 8; zit. nach: Heppe, H. (1861, 1958²) {→ Teil II, A. 209}, 208.

naturalissima«[25] verbunden? Führt die Vorsehungs- gegenüber der Versöhnungslehre nicht ein Eigendasein im Pro-fanum der Vor-Christlichkeit - als *remoto Christo* verwendbares Konzept? Muß nicht dem darin unternommenen Versuch, die Weltwirksamkeit Gottes als eigenen, von seinem Heilshandeln[26] unterschiedenen Typus des Handelns Gottes zu konzeptualisieren, entschieden widersprochen werden? - Aus diesen innertheologischen Bedenken erklärt sich die Tatsache, daß der unübersehbaren Krise der Vorsehungslehre im 19. und 20. Jh. von seiten der protestantischen Theologie nur vereinzelt Widerstand entgegengesetzt wurde. Selbst die Erweckungsbewegung des 19. Jhs. unterzog das vorsehungsgläubige, aber christusvergessene »Befiehl-Du-Deine-Wege-Christentum« (Hengstenberg) einer scharfen Kritik. Die Konsequenzen dieser massiven Verlegenheit angesichts des Vorsehungsglaubens in der systematischen Theologie reich(t)en bis hin zur offenen Forderung nach einem Verzicht auf das problematische Lehrstück.[27]

Andererseits gehört die Überzeugung von Gottes Weltwirksamkeit unabtrennbar nicht nur zum Kernbestand einer vermeintlich allgemeinmenschlichen Religiosität, sondern zum Gewißheitsgrund der biblischen - vor allem, aber keineswegs nur: der alttestamentlichen - Überlieferung von Gott. Schon die grundlegende Gottesprädikation in Ex 3,14 bestimmt Gottes Sein als Wirken (hajah = wirkend sein). Im Theologoumenon von Gottes Weltwirken liegt zudem ein gewichtiges Universalitätspotential, das die kosmische Dimension des göttlichen Handelns auszudrücken vermag und damit stets einer christozentrischen Engführung entgegenwirken konnte. In ihr liegt auch ein Impuls zu tätiger Weltgestaltung in der Mitarbeit an Gottes fortgesetztem Schöpfungswerk - gegenüber allem Quietismus und Enthusiasmus, wie er von einem heilsegoistisch interpretierten Erwählungs- und Erlösungsbewußtsein ausgehen kann.

Allzu leicht könnte eine Verabschiedung der Vorsehungslehre in einen ›soteriologischen Deismus‹ führen, der Gottes Wirksamkeit auf die Erlösung der Erwählten beschränkt und sein Handeln in Natur und Geschichte abblendet. Damit aber wäre Gott aus der ›Welt‹ verabschiedet. Mit einer solchen Ausblendung der kosmologischen und der geschichtstheologischen Dimension würde jedoch nicht nur der Diesseitsbezug, wie er für die alttestamentliche Gottesauffassung charakteristisch war, zurückgedrängt, sondern auch die für das Christentum konstitutive Rückbindung an die Geschichtlichkeit des Christusgeschehens unterbestimmt.

25. Barth, K. (1950): KD, III/3 {→ L.}, 36.

26. Die von Ratschow [Ratschow, C. H. (1959) {→ L.}] eingeführte Differenzierung zwischen Welt- und Heilshandeln Gottes wurzelt in Luthers Zwei-Regimenten-Lehre, die wiederum ihren sachlogischen Ort in der Unterscheidung zwischen Gesetz und Evangelium im Kontext der Rechtfertigungslehre hat. - Wenn Krötke, W. (1983) {→ L.} von Gottes Welthandeln als von einem ›nicht-eschatologischen Gotteshandeln‹ (243) spricht, dann ist damit eine problematische Näherbestimmung eingeführt. Demgegenüber soll in dieser Arbeit daran festgehalten werden, daß jede Wirksamkeit Gottes eine eschatologisch finalisierte ist.

27. Erstmals dezidiert vorgetragen von Ratschow, C. H. (1959) {→ L.}, 71, 80; kritisch dazu u.a.: Scheffczyk, L. (1987[3]): Einführung in die Schöpfungslehre, Darmstadt, 93.

Oder sollte man Zuflucht nehmen zu einem Fideismus des »Dennoch«, der das »Daß« der Weltwirksamkeit Gottes behauptet, jede Auskunft über das »Wie« dieser Wirksamkeit aber programmatisch verweigert und es ablehnt, sie aus der Schöpfung heraus erkennen zu wollen? Die Rede von Gottes Wirken in der Welt bliebe dann in der Schwebe grundsätzlich unintelligibler und damit prinzipiell unplausibler Behauptungen.

Wo demgegenüber diese Wege als nicht gangbar empfunden werden, stellt sich die Aufgabe, Rechenschaft zu geben über Gottes ›Handeln‹ in der Welt. Dabei sind die aufgeworfenen Fragen zu beantworten: Ist die Unterscheidung eines eigenen providentiellen »Welthandelns« Gottes gegenüber dem soteriologisch qualifizierten »Heilshandeln« erforderlich, um eine Vorsehungslehre zu konstituieren? Wie läßt sich vermeiden, daß sie in Distanz zum Proprium des spezifisch Christlichen steht?[28] Doch wird die Reflexion noch grundlegender ansetzen müssen: Sie wird die Sprachgestalt der Rede von Gottes Handeln, die für das Vorsehungsdenken konstitutiv ist, selbst zum Thema machen müssen und fragen: Was ist damit gemeint? In welchem Sinn ist diese Rede zu verstehen? Wo liegen die Grenzen ihrer Bedeutung?

Dieser Problemlage gilt es, sich zu stellen, wenn die für die Verkündigung der Kirche und für die Frömmigkeit vieler Christen zentrale Rede von Bewahrung, Behütung, Leitung Gottes wieder stärkere theologische Plausibilität erhalten und als *modus loquendi* für Gottes geschichtsgestaltende Aktivität zurückgewonnen werden soll. Mit Charles M. Wood gehe ich davon aus »that there is sufficient promise in the concepts underlying the traditional affirmations to make the task of critical re-appropriation and renovation worthwile. At the same time, I am convinced that the result of such work will be, and should be, a doctrine of providence different in some important respects from what we have inherited«.[29]

28. Im Blick auf die Lehre von der *gubernatio mundi* diskutiert Klein, G. (1993) {→ L.} diese Frage.

29. Wood, C. M. (1992): The Question of the Doctrine of Providence, in: ThTo 49, 209-224, Zitat 224. Wood plädiert zu Recht dafür, die traditionelle Vorsehungslehre vor dem Hintergrund der situativen Fragen zu interpretieren, auf die sie Antwort geben wollte, und bei der zeitgemäßen Rekonstruktion dieses Lehrstücks die grundlegende Verschiebung des Fragehorizonts zugrunde zu legen. - Zum Problemhorizont der Frage nach Gottes Handeln siehe auch: Nelson, J. S. (1995): Divine Action: Is It Credible? in: Zygon 30, 267-280.

B. Der systematische Ort des Themas und seiner Behandlung

Gegenstand der vorliegenden Studie ist die Darstellung und kritische Reflexion der vor allem in der protestantischen Theologiegeschichte entwickelten Entwürfe einer Vorsehungslehre, aber auch ihrer philosophischen Seitenstücke. Sie sollen unter systematischen Aspekten gesichtet und aufgearbeitet werden, um sie dann zu zeitgenössischen Ansätzen in Beziehung zu setzen. Den perspektivischen Fluchtpunkt bildet dabei die in der englischsprachigen Theologie geführte Debatte um »Divine Action«, die für die deutschsprachige theologische Diskussion fruchtbar gemacht werden soll. Ziel der Darstellung ist es, Perspektiven für eine Neukonzeption der Vorsehungslehre aufzuzeigen und auf diese Weise den theologischen Bezugsrahmen für die Explikation des Glaubens an Gottes menschenfreundliche Fürsorge bereitzustellen.

Um das weitgefaßte Thema, das im folgenden behandelt werden soll, sinnvoll eingrenzen zu können, ist zunächst 1. sein angestammter Ort in der traditionellen Systematik zu bestimmen, und es sind 2. die von ihm berührten Fragefelder anzuzeigen:

1. Wie sich noch zeigen wird, hängt die systematische Ortsbestimmung der Vorsehungslehre von der Bedeutung ab, die diesem Begriff beigelegt wird. Folgende Grundbedeutungen lassen sich idealtypisch rekonstruieren:

- »Vorsehung« als auf die Zukunft gerichteter Vorgang des Erkennens (»providentia« als Vorhersehen bzw. Vorherwissen) und Verordnens (»Vorsehung« als Vorbestimmung).
- »Vorsehung« als gegenwärtige Vor- bzw. Fürsorge, als göttliche Bewahrung, Führung und Leitung (procuratio).
- »Vorsehung« als Synonym für Gottes wirksame Beziehung zu seiner Schöpfung oder sogar für Gott selbst.[30]

Die Vorsehungslehre der protestantischen Theologie knüpft vor allem an die zweite der genannten Wortbedeutungen an und entfaltet sich als Lehre von Gottes weltzugewandter Fürsorge. Ihren systematischen Ort hat sie zwischen den topoi der Schöpfung und der Vollendung: Sie bringt die tätige Realisierung der auf Vollendung zielenden Schöpfungsintention zum Ausdruck. In Relation zum initial-protologischen Akt der creatio originalis (als creatio ex nihilo) bezeichnet sie die innerweltliche Bewahrung bzw. Erhaltung der Schöpfung (conservatio). In Relation zum eschatologischen Vollendungszustand des Reiches Gottes stellt sie die Lenkung bzw. Regierung der Schöpfung (gubernatio) dar. So erfaßt die Providenzlehre die zielgerichtete Aktivität Gottes in der

30. So bestimmt O. H. Pesch, Vorsehung sei »nicht mehr ein eigener Akt Gottes, nicht mehr eine unterscheidbare Wesenseigenschaft, sondern ein anderer Name für Gott« [Pesch, O. H. (1982) {→ A. 40}, 74, 79, 87].

Zeit, wie sie sich aus seiner vorzeitlichen Setzung auf die endzeitliche Vollendung hin ergibt. Die Ausführungen im zweiten Teil dieser Studie werden diese Ortsbestimmung präzisieren.

2. Die im Rahmen der Vorsehungslehre aufgeworfenen Fragenkomplexe sind fundamental für die Gotteslehre insgesamt.[31] Eine besondere thematische Nähe ergibt sich zur Lehre von den göttlichen Eigenschaften - besonders der Transzendenz[32], Allmacht[33], Allgegenwart[34], Allwissenheit (bzw. Vorherwissen)[35], zur Schöp-

31. Siehe dazu: Gwynne, P. (1996) {→ L.}, Teil III.
32. Siehe die Übersicht in: Gwynne, P. (1996) {→ L.}, 229ff.
33. Ich gebe in den folgenden Anmerkungen nur solche Literatur an, die eine explizite oder implizite Beziehung zwischen dem jeweils genannten topos und der Vorsehungsthematik herstellt, ohne dabei den Anspruch auf Vollständigkeit erheben zu wollen. Die Prädikation der Allmacht Gottes spielt in nahezu allen Äußerungen zur Providenz eine Rolle. Ich nenne daher nur exemplarisch: Zeis, J., Jacobs, J. (1983): Omnipotence and Concurrence, in: IJPR 14, 17-23; Van den Brink, G. (1992): Allmacht und Omnipotenz. Einige Bemerkungen über ihr gegenseitiges Verhältnis im Rahmen der christlichen Gotteslehre, in: KuD 38, 260-279; Van den Brink, G. (1993): Almighty God (Studies in Philosophical Theology 7), Kampen; Schweiker, W. (1994): Power and the Agency of God, in: ThTo 52, 204-224; Ritter, W. H. u.a. (1996): Der Allmächtige. Annäherungen an ein umstrittenes Gottesprädikat (BTSP 13), Göttingen.
34. Van den Brom, L. J. (1993): Divine Presence in the World. A Critical Analysis of the Notion of Divine Omnipresence (Studies in Philosophical Theology 5), Kampen.
35. Siehe dazu u.a.: Pike, N. (1965): Divine Omniscience and Voluntary Action, in: PhRev 74, 27-46; Davis, S. T. (1979): Divine Omniscience and Human Freedom, in: RelSt 15, 303-316; das gesamte Heft 4 der RelSt 15, 1979 war dieser Frage gewidmet, besonders erwähnenswert daraus ist: Hebblethwaite, B. L. (1979): Some Reflections on Predestination, Providence and Divine Foreknowledge, in: RelSt 15, 433-448; Basinger, D. (1979): Human Freedom and Divine Providence: Some New Thoughts on an Old Problem, in: RelSt 15, 491-510; Stump, E., Kretzmann, N. (1981): Eternity, in: JPh 78, 429-458; Zagzebski, L. (1985): Divine Foreknowledge and Human Free Will, in: RelSt 21, 279-298; Nwigwe, N. E. (1985) {→ Teil II, A. 5}, bes. 121ff; Hasker, W. (1985): Foreknowledge and Necessity, in: FaPh 2, 121-157; Kvanvig, J. (1986): The Possibility of an All-Knowing God, New York, bes. 150ff; Craig, W. L. (1987): The Only Wise God. The Compatibility of Divine Foreknowledge and Human Freedom, Grand Rapids; ders. (1988): The Problem of Divine Foreknowledge and Future Contingents: From Aristotle to Suárez (Brill's Studies in Intellectual History 7), Leiden u.a; Stump, E. (1988): Sanctification, Hardening of the Heart, and Frankfurt's Concept of Free Will, in: JPh 85, 395-420; Fischer, J. M. (Hg) (1989): God, Foreknowledge and Freedom (Stanford Series in Philosophy), Stanford; Hasker, W. (1989): God, Time and Knowledge (Cornell Studies in the Philosophy of Religion), Ithaca, NY, London; Rice, R. (1989): Divine Foreknowledge and Free-Will Theism, in: Pinnock, C. H. (Hg): The Grace of God, The Will of Man: A Case for Arminianism, Grand Rapids, 121-139; Zagzebiski, L. (1991): The Dilemma of Freedom and Foreknowledge, New York; Craig, W. L. (1991): Divine Forknowledge and Human Freedom. The Coherence of Theism: Omniscience (Brill's Studies in Intellectual History 19), Leiden u.a. (Lit.); Hansson, M. J. (1991) {→ L.}, 132ff; Widerker, D. (1994): Providence, Eternity, and Human Freedom. A Reply to Stump and Kretzmann, in: FaPh 11, 242-254 [Antwort auf: Stump, E., Kretzman, N. (1991): Prophecy, Past Truth, and Eternity, in: Philosophical Perspectives 5, 395-424; dieser Text war seinerseits eine Antwort auf: Widerker, D. (1991): A Problem for the Eternity Solution, in: IJPR 29, 87-95]; Pike, N. (1993): A Latter-Day Look at the Foreknowledge Problem, in: IJPR 33, 129-164; Sedmark, C. (1995): Vorherwissen Gottes, Freiheit des Menschen, Kontingenz der Welt. Beitrag zu einer systematischen Diskussion, Frankfurt u.a.; Wacome, D. H. (1997): Evolution, Foreknowledge and Creation, in: Christian Scholar's Review 26, 306-321.

fungs-[36], und Prädestinations- bzw. Erwählungslehre[37], aber auch zur Trinitätslehre[38] und zur Frage nach dem »Handeln Gottes« in der Welt[39].

Die traditionell im Kontext der Providenzlehre verhandelten Themen betreffen die Beziehung des Welthandelns Gottes a) zur Regelmäßigkeit der natürlichen Ordnung, b) zur menschlichen Freiheit und c) zur Realität des Bösen (»Theodizee«). Diese grundlegenden thematischen Relationen sind nicht deckungsgleich mit den drei Bezugsrahmen, in denen sich das Vorsehungsdenken in der Neuzeit (in Auseinandersetzung mit den dort herrschenden a-theologischen Weltsichten) hauptsächlich expliziert hat: in den Bezugsrahmen a) der Natur, b) der Geschichte und c) der Deutung und Gestaltung des individuellen Lebens. Im Bezugsrahmen der Natur traf es auf die naturwissenschaftliche Weltdeutung mit ihrem Determinismuspostulat; im Bezugsrahmen der Geschichte auf das Paradigma eines historisch-kritischen Rekonstruktio-

Siehe auch die Diskussionen zwischen Hunt, Kapitan und Basinger, in: FaPh 10, (1993): Hunt, D. P.: Divine Providence and Simple Foreknowledge, 394-414; Kapitan, T.: Providence, Foreknowledge, and Decision Procedures, 415-420; Basinger, D.: Simple Foreknowledge and Providential Control: A Response to Hunt, 421-427; Hunt, D. P.: Prescience and Providence: A Reply to my Critics, 428-438. Ein über längere Zeit währender Gesprächsgang zwischen Hunt und Kapitan ist auch in RelSt dokumentiert: Kapitan, T. (1991): Agency and Omniscience (Can an Omniscient Being Intend Action?), in: RelSt 27, 105-120 (Lit.); Hunt, D. P. (1992): Omniprescient Agency, in: RelSt 28, 351-369; Kapitan, T. (1994): The Incompatibility of Omniscience and Intentional Action: A Reply to David Hunt, in: RelSt 30, 55-66; Hunt, D. P. (1996): The Compatibility of Omniscience and Intentional Action: A Reply to Tomis Kapitan, in: RelSt 32, 49-60.
Im Hintergrund der Debatte um Divine Foreknowledge steht die Beziehung Gottes zur Zeit. Als Wissen um zukünftige Ereignisse bleibt das göttliche Vorauswissen an die zeitliche Verfaßtheit der Wirklichkeit gebunden. Demgegenüber wurde und wird die Vorstellung der Ewigkeit Gottes (d.h. seine Überzeitlichkeit, die allen Zeiten gleichzeitig ist) verfochten. Die sich dabei stellende Zentralfrage lautet: Wie verhält sich die Ewigkeit zur Allmacht und Allwirksamkeit Gottes? Läßt sie sich nicht-deterministisch auffassen?

36. Es erübrigen sich Literaturangaben, da in nahezu jedem schöpfungstheologischen Entwurf die Frage nach der Erhaltung der Schöpfung (oft konzipiert als creatio continua) verhandelt wird.

37. Velasco, R. (1961): Vorsehung und Prädestination, in: RET 21, 125-152; Moltmann, J. (1961): Prädestination und Perseveranz. Geschichte und Bedeutung der reformierten Lehre »de perseverantia sanctorum« (BGLRK 12), Neukirchen; Kraus, G. (1977): Vorherbestimmung. Traditionelle Prädestinationslehre im Licht gegenwärtiger Theologie, Freiburg; Hebblethwaite, B. L. (1979): Some Reflections on Predestination, Providence and Divine Foreknowledge, in: RelSt 15, 433-448; Basinger, D., Basinger, R. (Hg) (1986): Predestination and Free Will. Four Views on Divine Sovereignity and Human Freedom, Downer's Grove, Ill; Pinnock, C. H. (Hg) (1989) {→ A. 35} (darin bes. die Beiträge von W. J. Abraham, 231-242, und J. L. Walls, 261-276).

38. In der Bestimmung der Interrelation von innertrinitarischem und ökonomischem ›Handeln‹ (und ›Erleiden‹) der Personen Gottes - der opera trinitatis ad intra und ad etxra.

39. Ich verweise im folgenden nur auf deutschsprachige Diskussionsbeiträge (zur Debatte in der englischsprachigen Theologie siehe Teil V dieses Buches): Härle, W. (1980): Werk Gottes - Werk des Menschen, NThT 34, 213-224; Kessler, H. (1985) und (1985a) {→ L.}; Härle, W., Preul, R. (Hg) (1987) {→ L.}; Schneider, T., Ullrich, L. (Hg) (1988) {→ L.}; Fischer, J. (1991): Wie wird Geschichte als Handeln Gottes offenbar? Zur Bedeutung der Anwesenheit Gottes im Offenbarungsgeschehen, in: ZThK 88, 211-231; Brändle, W. (1995) {→ L.}; Stoevesandt, H. (1995): Deus iustificans gubernator: Notizen zur »Vorsehungslehre«, in: Beintker, M. u.a. (Hg): Rechtfertigung und Erfahrung (FS G. Sauter), Gütersloh, 113-136

nismus, wie er für die zeitgenössische profane Geschichtswissenschaft weithin charakteristisch ist), und im Bezugsrahmen der Existenzdeutung auf eine Pluralität von religiösen (bis hin zu esoterischen) und philosophischen (vor allem existentialistischen) Antworten auf die Sinnfrage, aber auch auf dezidierte Verweigerungshaltungen gegenüber dieser Frage.

Dementsprechend führt der Überblick über den Forschungsstand zu dieser Thematik in unterschiedliche Themenfelder:

- In die Debatte zwischen Schöpfungstheologie und Naturwissenschaft:

Die Frage nach Gottes Wirken in der physikalischen und biologischen Natur, deren Kulminationspunkt seit dem 18. Jh. die Auseinandersetzung um die Naturwunder und seit dem ausgehenden 19. Jh. die Darwin'sche Evolutionslehre war, hat im 20. Jh. neue Impulse erhalten. Während Einstein seine Relativitätstheorie noch auf der Basis eines ontischen Determinismus (spinozistischer Prägung) entwickelte, wurde das (metaphysische) Postulat eines geschlossenen Kausalzusammenhangs der natürlichen Wirklichkeit durch Heisenbergs Unschärferelation zumindest für den mikrophysischen Bereich suspendiert und durch das Prinzip der statistisch faßbaren regelmäßigen Kontingenz ersetzt. Die Entdeckung des genetischen Codes hat die Frage nach den Mechanismen, die Entstehung und Entwicklung der Lebensformen steuern, damit auch nach der Steuerungsinstanz und -intention neu gestellt. Ob sich mit diesen Veränderungen des physikalischen und biologischen Wirklichkeitsverständnisses eine Möglichkeit für die Annahme göttlichen Handelns in der Welt eröffnet, ist Gegenstand der Debatte zwischen Theologen und Naturwissenschaftlern[40], die in England besonders am »Ian Ramsey Centre (Ox-

40. Nur exemplarisch kann ich einige themarelevante Titel aus der Fülle der Veröffentlichungen nennen: Pollard, W. G. (1958, dt. 1960) {→ L.}; Owen, H. (1969): Providence and Science, in: Wiles, M. (1969) {→ L.}, 77-87; Compton, J. J. (1972): Science and God's Action in Nature, in: Barbour, I. G. (Hg): Earth Might Be Fair. Reflections on Ethics, Religion and Ecology, Englewood Cliffs, N.J., 33-47; Weissmahr, B. (1973) {→ Teil V, A. 202}; Luyten N. A. (Hg) (1975): Zufall, Freiheit, Vorsehung (Grenzfragen 5), Freiburg, München; MacKay, D. M. (1978): Science, Chance and Providence, Oxford; Pesch, O. H. (1982): Theologische Überlegungen zur »Vorsehung Gottes« im Blick auf gegenwärtige natur- und humanwissenschaftliche Erkenntnisse (CGG 4), Freiburg u.a., 74-119 (die Bände CGG 3 und 4 sind insgesamt für die hier verhandelte Fragestellung von Bedeutung); Schroten, E. (1987): Providence and Contingency, in: NedThT 41, 48-59; Pannenberg, W. (1988): The Doctrine of Creation and Modern Science, in: Zygon 23, 3-21; Livingstone, D. N. (1990): Evolution, Eschatology and the Privatization of Providence, in: Science and Christian Belief 2, 117-130; Mooney, C. F. (1990): Cybernation, Responsibility, and Providential Design, in: TS 51, 286-309; Richardson, W. M. (Hg) (1990): God's Interaction With the World: Papers from the CTNS Research Conference, May 5, in: CTNS Bulletin 10, 1990, 8-29; Link, C. (1991) {→ L.}, 333ff; Crain, S. D. (1993): Divine Action and Indeterminism. On Models of Divine Agency that Exploit the New Physics (Chaos), Diss. Notre Dame, IN; Craig, W. L., Smith, Q. (Hg) (1993): Theism, Atheism, and the Big Bang Cosmology, Oxford; Gregersen, N. H. (1994): Providence in an Indeterministic World, in: CTNS Bulletin 14, 16-31; ders. (1995): Three Types of Indeterminacy – on the Difference between God's Action as Creator and as Providence, in: ders. u.a. (Hg): Studies in Science and Theology 3, Genf, 165-184; Russell, R. J. (1995): Theistic Evolution: Does God Really Act in Nature? in: CTNS Bulletin 15, 19-32; Doye, J. u.a. (1995): Contemporary Perspectives on Change, Providence and Free Will: A critique of some modern authors (D.

ford), in den U.S.A. am »Center for Theology and Natural Sciences« (CTNS, getragen von der »Vatican Observatory Foundation« in Berkeley, CA, mit der von ihnen herausgegebenen Zeitschrift »CTNS Bulletin« und der »Series on Divine Action in Scientific Perspective«) sowie am »Center for Theological Inquiry (Princeton) und in Deutschland an der »Forschungsstätte der Evangelischen Studiengemeinschaft e.V.« (FEST, Heidelberg) geführt wird. Dabei haben sich im englischen Sprachraum besonders I. G. Barbour[41], J. C. Polkinghorne[42], A. Peacocke[43] und die Forscher des CTNS[44] mit ihren Arbeiten Beachtung erworben. In der deutschen protestantischen Theologie sind vor allem G. Altner, J. Hübner, S. Daecke, J. Moltmann und W. Pannenberg[45] durch ihre Entwürfe und zahlreichen Diskussi-

Mackay, A. Peacocke, J. Polkinghorne), in: Science and Christian Belief 7, 117-139; Worthing, M. W. (1996): God, Creation and Contemporary Physics (Theology and the Sciences), Minneapolis, bes. 130-146 (Lit.); Gwynne, P. (1996) {→ L.}, Teil II; Greive, W. (Hg) (1997): Christlicher Schöpfungsglaube und Naturwissenschaft (LoPr 68/95), Loccum.

41. Barbour, I. G. (1966, 1968²): Issues in Science and Religion, Englewood Cliffs; ders. (Hg) (1968): Science and Religion. New Perspectives on the Dialogue, New York; ders. (1974): Myths, Models and Paradigms. A Comparative Study in Science and Religion, New York u.a.; ders. (1990): Religion in an Age of Science, Bd. 1 (The Gifford Lectures 1989-1990), London.
42. Polkinghorne, J. C. (1986): One World: The Interaction of Science and Theology, London; ders. (1988): Science and Creation: the Search for Understanding, London; ders. (1989): A Note on Chaotic Dynamics, in: Science and Christian Belief, 1, 123-127; ders. (1989a): Science and Providence: God's Interaction with the World, London, Boston; ders. (1990): God's Action in the World, in: CTNS Bulletin 10, 1-7; ders. (1991): Reason and Reality: The Relationship Between Science and Theology, London; ders. (1992²): The Way the World is: The Christian Perspective of a Scientist, London; ders. (1993): The Laws of Nature and the Laws of Physics, in: Russell u.a. (Hg) (1993) {→ A. 44}, 437-448; ders. (1994): Quarks, Chaos, and Christianity: Questions to Science and Religion, London; ders. (1994a): Science and Christian Belief: Theological Reflections of a Bottom-up-Thinker: The Gifford Lectures for 1993-4, London; ders. (1995): Serious Talk: Science and Religion in Dialogue, Valley Forge, Pa.; ders. (1995a): The Metaphysics of Divine Action, in: Russell u.a. (Hg) (1995) {→ A. 44}, 147-156; ders. (1996): Beyond Science: The Wider Human Context, Cambridge, New York; ders. (1996a): The Faith of a Physicist: Reflections of a Bottom-up-Thinker (Theology and the sciences), Minneapolis, Minn; ders. (1996b): Scientists as Theologians: A Comparison of the Writings of Ian Barbour, Arthur Peacocke and John Polkinghorne, London. - Zu Polkinghorne siehe die noch unveröffentlichte Heidelberger Diss. von A. Dinter.
43. Peacocke, A. R. (1971): Science and the Christian Experiment, London; ders. (1979): Creation and the World of Science, Oxford, bes. Kap. 4,4; ders. (1990, 1993²): Theology for a Scientific Age. Being and Becoming - Natural, Divine and Human, London.
44. Russell, R. J., Murphy, N., Isham, C. J. (Hg) (1993): Quantum Cosmology and the Laws of Nature: Scientific Perspectives on Divine Action, Notre Dame, IN; Russell, R. J., Murphy, N., Peacocke, A.R. (Hg) (1995): Chaos and Complexity: Scientific Perspectives on Divine Action, Vatican Obeservatory, Berkeley, CA. - Diese Veröffentlichungen können beanspruchen, die umfassendste und differenzierteste Darstellung der »Divine-Action«-Thematik im Dialog mit naturwissenschaftlichem Wirklichkeitsverständnis zu bieten. Der nächste Band in dieser Reihe wird den Titel »Evolution: Scientific Perspectives on Divine Action« tragen.
45. Zur Kurzinformation über diese Entwürfe siehe die Überblicksdarstellungen: Daecke, S. (1997): Neue schöpfungstheologische Ansätze in der evangelischen Theologie, in: Greive, W. (Hg) {→ A. 40}, 9-33; Hartlieb, E. (1996) {→ Teil III, A. 2}.

onsbeiträge Wortführer der Debatte.[46] Der Bezug zur Vorsehungsthematik ist allerdings in der englischsprachigen Science-Theology-Bewegung deutlich ausgeprägter als im deutschen Sprachraum. In Teil V dieser Untersuchung werden wir darauf zurückkommen.

● In die Debatte um eine Theologie der Geschichte:
Wo christlicher Glaube im 20. Jh. nicht (im Rückzug auf die Subjektivität frommer Innerlichkeit) auf eine theologische Deutung der Geschichte verzichten wollte, weil er damit seine geschichtsbezogene Identität infrage gestellt sah, hat er sich auf einem der folgenden Wege expliziert[47]: a) als Fortsetzung der heilsgeschichtlichen Entwürfe, welche die in der biblischen Überlieferung enthaltenen geschichtstheologischen Ansätze systematisieren und explizieren (vor allem in - und im Anschluß an - Barths ›Zwei-Stockwerk-Konzept‹ der »Ur- oder Bundesgeschichte« im Unterschied zur Weltgeschichte)[48], b) als Glaubensdeutung der ›profanen‹ Realgeschichte (in der Spannung von Tatsache und Interpretation, Geschichte und Offenbarung/Glaube, wie vor allem bei Bultmanns »existentialer Interpretation«) und c) als eschatologisch von der in Jesus vorweg ereigneten Zukünftigkeit Gottes herkommende Rekonstruktion der realen Welt, Religions- und Christentumsgeschichte als Geschichte des Handelns Gottes (vor allem in Pannenbergs Programm »Offenbarung als Geschichte«[49]). In dem von diesen drei Wegen durchmessenen Feld bewegt sich die Diskussion um Gottes Vorsehung im Bezugsrahmen der Geschichte.[50] Dabei sieht sie sich - wie die

46. Siehe dazu den instruktiven Überblick von: Hübner, J. (1992): Art »Naturwissenschaft und Theologie«, in: EKL³ 3, 648-656 (Lit.)
47. Das folgende in Anlehnung an: Pannenberg, W. (1984): Art. »Geschichte/Geschichtsschreibung/Geschichtsphilosophie, VIII: Systematisch-theologisch«, in: TRE 12, 658-674 (Lit), hier: 660ff.
48. Siehe dazu die beiden in der Traditition dominierenden Verständnisse von Heilsgeschichte, die K. Koch gegenüberstellt und kritisiert: Koch, K. (1995³): Art. »Heilsgeschichte, III. Systematisch-theologisch«, in: LThK³ 4, 1341. – Der Begriff »Heilsgeschichte« wurde erst von J. C. v. Hofmann in der Erlanger Schule geprägt.
49. Zu Pannenbergs Ansatz zu einer Geschichtstheologie siehe: - Koch, K. (1988): Der Gott der Geschichte. Theologie der Geschichte bei W. Pannenberg als Paradigma einer philosophischen Theologie in ökumenischer Perspektive (TTS 32), Mainz.
50. Auch hier nenne ich nur exemplarisch einige, mir inhaltlich weiterführend erscheinende und/oder wirkungsgeschichtlich bedeutsame Veröffentlichungen: Gloege, G. (1965): Heilsgeschehen und Welt. Theologische Traktate I, 11-26 (Der Heilsplan Gottes als geschichtstheologisches Problem); 27-52 (Vom Sinn der Weltgeschichte); Forster, R. T., Marston, V. P. (1973): God's Strategy in Human History, Minneapolis; Nelson, J. W. (1973): Providence and History, in: JAAR 41, 49-65; Gilkey, L. B. (1976): Reaping the Whirlwind. A Christian Interpretation of History, New York, bes. Teil III, 157-318; Koch, K. (1979): Die heilsgeschichtliche Dimension der Theologie: von der heilsgeschichtlichen Theologie zur Theologie der Geschichte, in: Pfammatter, J., Furger, F. (Hg): Wege theologischen Denkens, 135-188; Schulte, R. (1982): Gottes Wirken in Welt und Geschichte, in: Waldenfels H. (Hg): Theologie - Grund und Grenzen (FS H. Dolch), Paderborn u.a. 161-172; Vorgrimler, H. (1985): Überlegungen zur Geschichtsmächtigkeit Gottes, in: Brachel, H. U. v., Mette, N. (Hg): Kommunikation und Solidarität. Beiträge zur Diskussion des handlungstheoretischen Ansatzes von Helmut Peukert in Theologie und Sozialwissenschaften, Freiburg/Schw, Münster, 131-139; Schulte, R. (1988): Wie ist Gottes Wirken in Welt und Ge-

geschichtstheologische Vorsehungslehre zu allen Zeiten - vor die Aufgabe gestellt, geschichtliche Unheilswiderfahrnisse zu deuten.

- Die theologische Verarbeitung der Erfahrung physischen Übels, moralischen Vergehens und gottwidriger Sündhaftigkeit:

Jede Vorsehungsauffassung, die sich als göttliche Leitung des individual- oder universalgeschichtlichen Ergehenszusammenhangs expliziert, stößt auf die sog. Theodizeefrage, die sich nach den horriblen Geschichtskatastrophen dieses Jahrhunderts in einer neuen Dimension und Dringlichkeit stellt – bis hin zur Forderung nach einer grundlegenden Revision der Gottesauffassung in einer »Theologie nach Auschwitz«[51] und nach Hieroshima.[52]

Doch stellt sich die Frage nach dem Bösen in der guten Schöpfung Gottes nicht erst im Blick auf die Monstrositäten der menschlichen Geschichte. Zu Recht erinnert Eugen Drewermann daran, daß »nicht Auschwitz und Hirorshima ... den Kern des Problems (bilden) – es sind die Gesetze der Natur selbst, die in ihrer oft absurden Sinnlosigkeit und Grausamkeit sich mit der Idee eines guten Schöpfers nicht vereinbaren lassen«.[53]

- Die Reflexion auf die Wirksamkeit Gottes in Reaktion auf das bittende Gebet:

Die Theologie des (Bitt-)Gebets kann man als prominenten Anwendungsfall des Vorsehungsdenkens bezeichnen, denn hier erweist sich, ob und welche Handlungserwar-

schichte theologisch zu verstehen? in: Schneider, T., Ullrich, L. (Hg) {→ L.}, 116-167; Hodgson, P. C. (1989) {→ L.}; Dunkel, A. (1989): Christlicher Glaube und historische Vernunft. Interdisziplinäre Untersuchung über die Notwendigkeit eines theologischen Geschichtsverständnisses, Göttingen (Lit); Fischer, J. (1991) {→ A. 39}; Hornig, G. (1992): Vorsehungsglaube und Geschichtshandeln. Überlegungen zu einer Neugestaltung der Providentialehre, in: Härle, W., Marquardt, M., Nethöfel, W. (Hg): Unsere Welt - Gottes Schöpfung (FS E. Wölfel) (MThSt 32), Marburg, 223-233; Van den Brom, L. (1994): Does God Act in History?, in: OTC 2, 202-210.

51. Aus der Fülle der relevanten Literatur verweise ich nur auf jene Titel, die einen unmittelbaren Bezug der Theodizeeproblematik zum Theologoumenon der Vorsehung herstellen: Staerk, W. (1931): Vorsehung und Vergeltung. Zur Frage nach der sittlichen Weltordnung, Berlin; Sutcliffe, E. (1955): Providence and Suffering, dt: Der Glaube und das Leiden, Freiburg 1958; Outler, A. C. (1968, ND 1973): God's Providence and the World's Anguish, in: Taylor, M. (Hg): The Mystery of Suffering and Death, 3-23; Geach, P. T. (1977): Providence and Evil, Cambridge; Hesselink, I. J. (1988): The Providence and the Power of God, in: RefR 41, 97-115; Stump, E. (1989) {→ Teil II, A. 5}; Stump, E. (1990): Providence and the Problem of Evil, in: Flint, T. P. (Hg): Christian Philosophy (StPR 6), Notre Dame, IN, 51-91; Brenner, R. F. (1990): A. M. Klein and Mordecai Richler: The Poetics of the Search for Providence in the Post-Holocaust World, in: SR 19, 207-220; Sanders, A. (1992): Evil, Divine Agency and Moral Sensitivity, in: Van den Brink, G. J. M., Van den Brom, L. J., Sarot, M. (Hg): Christian Faith and Philosophical Theology (FS V. Brümmer), Kampen, 159-171; Hasker, W. (1992): Providence and Evil: Three Theories, in: RelSt 28, 91-105; Adriaanse, H. J. (1994): Providenz und Theodizee. Wie läßt sich das Reden von Gott im Horizont geschichtlicher Erfahrung verantworten?, in: ZDT 10, 159-170; die Beiträge von Wiles, Adams, Alston und Gustafson in: Tracy, T. F. (Hg) (1994) {→ L.}, 13-74; Gwynne, P. (1996) {→ L.}, Kap. 12.
52. Garrison, J. (1982): The Darkness of God. Theology after Hieroshima, Grand Rapids.
53. Drewermann, E. (1998): Ist der Mensch die Krone der Schöpfung? in: Publik Forum 6/98, 34.

tungen an Gott herangetragen werden, oder ob die Rede mit Gott eher als Innewerden der göttlichen Heilsintention (des von Gott ›Vorgesehen‹) aufgefaßt und praktiziert wird.[54]

● Die Bestimmung des mit »Vorsehung Gottes« Gemeinten in Relation a) zu funktionalen Analogien der Existenz- und Wirklichkeitsinterpretation wie vor allem zum Begriff des Schicksals oder des Zufalls und b) zur Annahme der menschlichen Willens-, Entscheidungs- und Handlungsfreiheit:
In der Auseinandersetzung mit philosophischen Konzepten der Lebens- und Geschichtsdeutung sieht sich die theologische Vorsehungslehre mit dem Spannungsver-

54. Farmer, H. H. (1935): The World and God. A Study on Prayer, Providence and Miracle in Christian Experience, London; Karrer, O. (1941): Gebet, Vorsehung, Wunder. Ein Gespräch, Luzern, Leipzig; Baelz, P. (1968): Prayer and Providence. A Backgroud Study, London; Pittenger, N. (1969): God's Way with Men. A Study of the Relationship Between God and Man in Providence, »Miracle«, and Prayer, London, 145-166; Forster, P. (1980): Providence and Prayer, in: Torrance, T. F. (Hg): Belief in Science and in Christian Life, 108-132; Baelz, P. (1982): Does God Answer Prayer, London; Brümmer, V. (1984): What Are We Doing When We Pray? London [dt.: (1985): Was tun wir, wenn wir beten? Eine philosophische Untersuchung (MThSt 19), Marburg], bes. Kap. 5; Keller, J. A. (1987): On Providence and Prayer, in: CCen 104, 967-969; Helm, P. (1992): Prayer and Providence, in: Van den Brink, G. J. M., Van den Brom, L. J., Sarot, M. (Hg): Christian Faith and Philosophical Theology (FS V. Brümmer), Kampen, 103-115; Houghton, J. (1995): What happens when we pray, in: Science and Christian Belief 7, 3-20.
In diesem Zusammenhang sei auch eine Auswahl an sog. Frömmigkeitsliteratur zum Thema genannt (sie stammt zumeist von katholischen Autoren und ist z.T. von beachtlichem Niveau). Ich erlaube mir vereinzelt kommentierende Glossen: Bartmann, B. (1931): Unser Vorsehungsglaube, Paderborn (mit z.T. interessantem Material, insgesamt aber nicht sehr ergiebig); Guardini, R. (1939): Was Jesus unter der Vorsehung versteht, (Christliche Besinnung 1) Würzburg (eine Kritik an Hitlers Okkupation des Vorsehungsmotivs); Grün, S. (1948): Gespräche über die göttliche Vorsehung, Aschaffenburg (eine ausgezeichnete Auseinandersetzung mit dem zeitgenössischen Existentialismus); Caussade, P. de (1951^3): Ewigkeit im Augenblick. Von der Hingabe an die göttliche Vorsehung, Freiburg; Betschart, I. (1956): Vorsehung und Weltvertrauen. Gedanken zu einer gläubigen Welterfassung, Salzburg; Guardini, R. (1959): Wahrheit und Ordnung, München, 677-686 (Die Vorsehung); Egloff, B. (1963): Du gehst nicht allein. Ein Gespräch über die Vorsehung, St.Gallen; Pauleser, S. (1965): An der Hand der göttlichen Vorsehung, Miltenberg; Kentenich J. (1970): Texte zum Vorsehungsglauben (hg. von A. Ziegler), Vallendar-Schönstatt; Zilligen, P. (1970): Schicksal oder Vorsehung, Konstanz u.a.; Steenberghen, F. v. (1971): Vorsehung heute, München; Bantle, F. X. (1978): Eingeschrieben in Gottes Hände. Der Mensch im Lichte der göttlichen Vorsehung (MKlS 66), Meitingen, Freising; Hürlimann, C., Krömler, H. (1979): Hat Gott die Sache in der Hand? Eine Meditation über Zufall und Vorsehung, Köln, Freiburg; Unkel, H. W. (1980): Theologische Horizonte des praktischen Vorsehungsglaubens, I.: Theorie und Praxis des Vorsehungsglaubens nach Pater Joseph Kentenich (Schönstatt-Studien 2/1), Vallendar-Schönstatt; Unkel, H. W. (1981): Leben aus dem praktischen Vorsehungsglauben, II.: Theorie und Praxis des Vorsehungsglaubens nach Pater Joseph Kentenich (Schönstatt-Studien 2/2), Vallendar-Schönstatt; Huber, G. (1984): Machtvoll wirkt sein Arm. Vom Walten der göttlichen Vorsehung, Aschaffenburg; Mayer, E. (1985): ER riß mich heraus - Zufall oder Vorsehung? Ein sehr persönliches Büchlein, Metzingen; Wischmann, A. (1987): Führung und Fügung. Erinnerungen aus meinem Leben, Hannover; Wolff, H. (1988): Die Vorsehung Gottes und das Schicksal des Menschen, Kempten (dieser Vortrag geht in eine eher esoterische Richtung); Goldmann, G. (1990): Tödliche Schatten - Tröstendes Licht, Bergisch Gladbach.

hältnis von Notwendigkeit und Kontingenz konfrontiert. Auf der Ebene des naturhaften Geschehens stellt sich das Problem als Frage nach der ontischen Realität des Zufalls (versus kausaler Determination), im Kontext der (individuellen wie kollektiven) Geschichte als Frage nach der Realität personaler Freiheit (versus schicksalhafter Verfügtheit)[55].

55. Vorsehung in Relation zu »Schicksal«: Heinzelmann, G. (1923): Schicksal und Vorsehung, Stuttgart; Hengstenberg, H.-E. (1940, 1947[3]): Von der göttlichen Vorsehung, Regensburg, Münster; Konrad, J. (1947): Schicksal und Gott. Untersuchungen zur Philosophie und Theologie der Schicksalserfahrung, Gütersloh, 19ff; Stakemeier, E. (1949): Über Schicksal und Vorsehung, Luzern; Konrad, J. (1961): Art. Schicksal, III. Theologiegeschichtlich und dogmatisch, in: RGG[3] 5, 1407-1410; Kraus, G. (1977) {→ A. 37}; Bleeker, C. J. (1974): Chance - Fate - Providence: Some Religio-phenomenological Reflections, in: Bareau, A. u.a. (Hg): Mélanges d'histoire des religions (FS H.-C. Puech), Paris, 601-610.
Vorsehung in Relation zu »Zufall«: Pollard, W. G. (1958, dt. 1960) {→ L.}; Hossfeld, P. (1965): Zufall und Vorsehung, in: FZThPh 12, 259-273 (zur Zufallstheorie von N. Hartmann); Bleeker, C. J. (1974) {s.o.}; Luyten N. A. (Hg) (1975) {→ A. 40}; MacKay, D. M. (1978) {→ A. 40}; Langemeyer, B. G. (1979): Theologie im Dialog mit der Wirklichkeit (hg. von K. Wittstadt), Würzburg, 43-59 (Das Phänomen Zufall und die Frage nach der göttlichen Vorsehung); Van Inwagen, P. (1988): The Place of Chance in a World Sustained by God, in: Morris T. V. (Hg) (1988) {→ L.}, 211-235. - Siehe auch die in A. 40 angegebene Literatur.
Die Beziehungsbestimmung zwischen Vorsehung und menschlicher Freiheit (und Verantwortung) wird in der englischsprachigen Theologie und Religionsphilosophie gegenwärtig vor allem im Zusammenhang der Debatte um Gottes Allwissenheit (omniscience, foreknowledge - siehe dazu die in → A. 35 genannte Literatur) und Allbestimmung (predestination - siehe dazu die in → A.37 genannte Literatur) verhandelt. Diese Debatte überschneidet sich mit der Kontroverse um die (von A. Flew sog.) »Free-Will-Defense«, die von einer Diskussion zwischen N. Pike und J. T. Saunders ausging [Pike, N. (1965) {→ A. 35}; Saunders, J. T. (1966): Of God and Freedom, in: PhRev 75, 219-225; Pike, N. (1966): Of God and Freedom. A Rejoinder, in: PhRev 75, 369-379] und sich im Blick auf die Theodizeefrage entfaltete. Pike (wie dann auch seine Schülerin M. M. Adams) vertrat dabei einen theologischen Determinismus, demzufolge jedes Geschehnis, wie auch jeder menschliche Akt durch Gottes infallible praescientia vorgewußt und damit ordiniert sei, wogegen Saunders die relative Freiheit menschlichen Handelns verfocht. Im weiteren Verlauf der Debatte ging vor allem von A. Plantingas Wiederbelebung des auf Molina zurückgehenden Konzepts der »Middle Knowledge« ein starker Einfluß aus {→ Teil III, A. 339}. Besonders W. L. Craig hat diese Anregung aufgenommen und weitergeführt {→ Teil II, A. 340}. Einen Überblick über die Debatte gibt er in: Craig, W. L. (1991) {→ A. 35}, 172-204 (Lit.); siehe auch: Fischer, J. M. (1988): Freedom and Actuality, in: Morris T. V. (Hg) (1988) {→ L.}, 236-254; ders. (Hg) (1989) {→ A. 35}; Sennett, J. F. (1991): The Free Will Defense and Determinism, in: FaPh 8, 340-353; die Beiträge von Tracy, Burrell und Tanner in: Tracy, T. F. (Hg) (1994) {→ L.}, 77-135.
Weiterhin sind erwähnenswert: Pontifex, M., OSB (1960): Freedom and Providence (Twentieth Century Encyclopedia of Catholicism 49), New York; Lucas, J. R. (1970): Freedom of the Will, Oxford; ders. (1976): Freedom and Grace, London, 27ff; Carson, D. A. (1981): Divine Sovereignity and Human Responsibility: Biblical Perspectives in Tension (New Foundations Theological Library), Atlanta; Langston, D. C. (1986): God's Willing Knowledge. The Influence of Scotus' Analysis of Omniscience, University Park, London, 95-116; Talbott, T. B. (1990): Providence, Freedom and Human Destiny, in: RelSt 26, 227-245; Gwynne, P. (1996) {→ L.}, Kap. 11.

Alle diese Themenbezüge[56] werden im folgenden stets mit im Blick sein, auch wenn sie nicht die ihnen gebührende Aufmerksamkeit als eigenständige Themen erhalten. Nach der Übersicht über die Vernetzung der Vorsehungsthematik mit zentralen topoi der Gotteslehre wird hinreichend deutlich sein, welche thematische Breite eine Rekonstruktion der Vorsehungslehre als Lehre von der Weltwirksamkeit annimmt. Diese Komplexität gilt es sinnvoll zu reduzieren, ohne in die Enge einer Detailstudie zu geraten. Anliegen bleibt die Darstellung der großen Entwicklungslinien der Vorsehungslehre als Hintergrund für die Einordnung und Evaluation neuer Konzepte. Doch kommt auch eine breit angelegte Studie mit systematisierender Aufgabenstellung nicht umhin, eine Auswahl der zu behandelnden Themen zu treffen und Schwerpunkte unter den zu sichtenden Entwürfen zu setzen.

Unter Verweis auf die theologiegeschichtliche Studie von L. Scheffczyk und auf die systematische Arbeit von R. Kocher[57], in der die Entwicklung der Vorsehungslehre in der deutschsprachigen katholischen Theologie dargestellt und reflektiert ist, beschränke ich mich im wesentlichen auf die Aufarbeitung der *protestantischen* Diskussion. Gerade darin sollte jedoch eine ökumenische Ausrichtung erkennbar bleiben, was bei diesem kontroverstheologisch kaum umstrittenen Thema ohnehin wenig Schwierigkeiten bereitet.[58] Insgesamt versteht sich diese Studie als Beitrag zur Fundierung einer »Theologie des Lebens«, wie sie gegenwärtig in der ökumenischen

56. Veröffentlichungen, die sich ausschließlich auf die Vorsehungsthematik beziehen, sind demgegenüber relativ selten und beschränken sich zumeist auf Aufsätze und Artikel: Ratschow, C. H. (1959) {→ L.}; Dantine, W. (1959): Regnum Christi; Gubernatio Dei: Dogmatische Überlegungen zum Begriff der »Herrschaft«, in: ThZ 15, 195-208; Krötke, W. (1985) {→ L.}; Fischer, J. (1991) {→ A. 39}; Klein, G. (1993) {→ L.}; Beintker, M. (1993) {→ L.}; Lochman, J. M. (1994) {→ L.}; die Aufsätze von D. Ritschl, H. T. Goebel, H. J. Adriaanse, in: ZDT 10, 1994 {→ L.}, 117-170; Plathow, M. (1995) {→ L.}. - Abgesehen von den personenbezogenen »case-studies« von Saxer, E. (1980) {→ L.} und Schulz, H. (1994) {→ Teil III, A. 325} liegt protestantischerseits keine aktuelle Monographie vor. Unter den Arbeiten von katholischer Seite sind besonders: Schneider, T., Ullrich, L. (Hg) (1988) {→ L.} und Kocher, R. (1993) {→ L.} zu erwähnen (Lit.).

57. Scheffczyk, L. (1963) {→ L.}; Kocher, R. (1993) {→ L.}. Beide sind nicht frei von tendenziösen, zuweilen polemischen Darstellungen. Zu Scheffczyk {→ Teil III, A. 108}. Kochers insgesamt wertvolle und materialreiche Arbeit geht bewußt und dem Thema gemäß sehr in die Breite, wodurch sich naturgemäß manche Oberflächlichkeit einschleicht. Substantielle Kritik ist jedoch unvermeidlich, wo er in einem ungebrochenen epistemologischen Optimismus davon ausgeht, Gottes Vorsehungswirken erkennen zu können, und dabei ausreichend Problembewußtsein vermissen läßt: »Die Wirklichkeit der Welt ist mehrdimensional ...; sie ist transparent auf ein Handeln Gottes hin. Fügungen des Lebens können deshalb in intellektuell redlicher Weise nicht bestritten werden« (83). Seinen Grund hat dieser Optimismus in einem fragwürdigen Glaubenspositivismus: »Gott sieht alles voraus; dies ist ein *Faktum*, von dem auszugehen ist« (113; Hervorheb. R.B.).

58. Im Rahmen der Ökumenischen Bewegung hat die hier zu verhandelnde Thematik besonders im Zusammenhang der zwischen 1965 und 1967 von der Studienabteilung des ÖRK und einer Sektion der Kommission für *Faith and Order* erarbeiteten Studie »Gott in Natur und Geschichte« eine Rolle gespielt. Sie geht auf einen Entwurf von H. Berkhof zurück und wurde von der Kommission von für *Faith and Order* auf ihrer Sitzung vom 29. Juli bis 9. August in Bristol verabschiedet; abgedruckt in: Vischer, L. (Hg): ÖR 1967, Beih. 7/8, 5-45. - Siehe dazu: Müller-Fahrenholz, G. (1974): Heilsgeschichte zwischen Ideologie und Prophetie. Profile und Kritik heilsgeschichtlicher Theorien in der Ökumenischen Bewegung zwischen 1948 und 1968 (ÖF.S 4), Freiburg u.a., 51-59.

Theologie ausgearbeitet wird.[59] In der Konzentration auf die protestantische Theologie bringt sich also nicht eine programmatische konfessionelle Engführung zum Ausdruck. Es liegt darin vielmehr der Versuch, den protestantischen Gesprächsbeitrag zum ökumenischen Gespräch über eine Theologie des Lebens herauszuarbeiten. Ich folge damit einer Empfehlung E. Jüngels, der einmal schrieb, es könne dem ökumenischen Fortschritt nur bekömmlich sein, »wenn wir einander möglichst intensiv die Probleme, Aporien und Problemlösungsmuster vorstellen, die uns aus der eigenen Tradition erwachsen sind ...«[60].

Die Leitfrage dieser Studie zielt auf drei Frageebenen, die im Verhältnis dreier konzentrischer Kreise zueinander stehen: Die Reflexion auf das Theologoumenon einer speziellen Heilssorge Gottes bildet den zentralen Fokus des folgenden Gedankenganges und hat damit ihren Ort im innersten der drei Kreise. Ihr systematischer Horizont – der zweite, weitere Kreis – ist die Lehre von der Vorsehung Gottes, dem bewahrenden, begleitenden und regierenden Handeln Gottes insgesamt. Und diese wiederum greift aus auf die Problematik der Rede von einem »Handeln Gottes« überhaupt - der dritte, weiteste Kontext des zu verhandelnden Themas. Diese drei Ebenen werden stets in unterschiedlicher Gewichtung im Blick sein, wobei auf eine gegenseitige Befruchtung zu hoffen ist:

- Lassen sich Gott *individuelle* Akte zuschreiben? – Wie sind sie zu denken?[61]
- In welcher Weise kann die Vorstellung eines Vorsehungshandelns Gottes plausibilisiert werden?
- Wie sind Aussagen zu verstehen, die Gott Handlungsfähigkeit prädizieren?

Die letztgenannte, sehr weitreichende Perspektive bedarf der Zuspitzung. Diese soll durch die Konzentration auf *eine* der elementaren Leitfragen vorgenommen werden, die sich sinnvollerweise an die Rede vom Wirken Gottes in der Welt stellen lassen:

- *Wie* wirkt Gott? (Modus des Wirkens)
- *Was* wirkt Gott? (Inhalt des Wirkens)
- *Mit welchem Ziel* wirkt Gott? (Telos des Wirkens)
- Hinzunehmen läßt sich noch die Grundfrage: Wie ist Gottes Relation zur Welt zu denken, daß ihm solches Wirken prädiziert werden kann?[62]

59. Siehe dazu: Stendahl, K. (1990): Energy of Life. Reflection on the Theme »Come, Holy Spirit - Renew the Whole Creation«, Genf; Robra, M. (1994): Ökumenische Sozialethik, Gütersloh; Granberg-Michaelson, W. (1994): Towards a Theology of Life, in: RW 44, 99-110; Robra, M. (1996): Theology of Life - Justice, Peace, Creation, in: ER 48, 28-37; Moltmann, J. (1997): Die Quelle des Lebens. Der heilige Geist und die Theologie des Lebens, Gütersloh; ÖRK, Einheit III: Einladung zur Mitarbeit. Theologie des Lebens. Eine ökumenische Studie (Faltblatt).
60. Jüngel, E. (1990): Die Offenbarung der Verborgenheit Gottes. Ein Beitrag zum evangelischen Verständnis der Verborgenheit des göttlichen Wirkens, in: ders., Wertlose Wahrheit. Zur Identität und Relevanz des christlichen Glaubens. Theologische Erwägungen III (BEvTh 107), München, 163-182, hier: 165.
61. Zu Recht sehen zahlreiche Interpreten der Vorsehungslehre in dieser Frage deren Kernstück. So etwa: Kocher, R. (1993) {→ L.}, 28f, dort weitere Verweise.
62. J. Macquarrie hat die sinnvolle Grundunterscheidung zwischen einem monarchischen und einem organischen Modell der Gott-Welt-Relation eingeführt [Macquarrie, J. (1972): God and the World,

Mit der Zentrierung auf die *erste* dieser Fragen treten diejenigen theologischen Entwürfe in den Hintergrund, die Gottes Wirksamkeit primär material (nach dem Inhalt des Wirkens) bestimmen und dabei von Leitbegriffen und Unterscheidungen ausgehen, die sich nicht als Rekonstruktion der Vorsehungslehre verstehen lassen (wollen).

Exemplarisch und schematisierend seien folgende genannt: a) Die zu einer *monistischen* Bestimmung der Weltwirksamkeit Gottes neigenden Gnadentheologien, die von der Vorstellung des universalen Heilswillens Gottes ausgehen und sich in dynamisch-heilsgeschichtlichen Konzepten entfalten. Sie finden sich vor allem im Umfeld und in der Tradition des Zweiten Vatikanischen Konzils und besonders in den Entwürfen Teilhard de Chardins[63] und Karl Rahners[64] {→ S. 387ff}, aber auch in der Prozeßtheologie.[65] b) Die sich in Rezeption der Zwei-Regimenten-Lehre Luthers und damit im Rahmen der Unterscheidung von Gesetz und Evangelium entfaltenden *dualen* Bestimmungen des göttlichen Welthandelns.[66] c) Die *trinitarischen* Konzeptionen, etwa E. Saxers, der Vorsehung als Form trinitarisch strukturierter Offenbarung - in der Tripolarität von Erfahrung, Verheißung und Erfüllung - deutet, oder C. Schwöbels, der zwischen Gottes schöpferischem, offenbarendem und gewißmachenden Handeln unterscheidet: In seiner kreativen Aktivität konstituiere Gott die Welt in ihrer Existenz, in den Akten der Offenbarung enthülle er die Wahrheit über diese Konstitution und in seiner inspirativen »creation of certainity« schaffe er Glaubensgewißheit über diese Wahrheit.[67]

in: Theology 75, 394-403]. Sie ist weithin aufgenommen und weiterentwickelt worden [etwa in: Tracy, T. F. (1984) {→ L.}].

63. Teilhard de Jardin, P. (1959, 1988[5]): Der Mensch im Kosmos, München (Erstauflage Paris 1947). - Zur kritischen Rezeption der evolutionären Kosmologie Teilhards siehe: Kocher, R. (1993) {→ L.}, 144f (Lit.); Moltmann, J. (1989) {→ Teil III, A. 260}, 316-321.

64. Siehe dazu die Überblicksartikel: Menke, K.-H. (1995): Art. »Heilsuniversalismus«, in LThK[3] 4, 1349-1351; Dörr, B. (1995): Art. »Heilswille Gottes«, in LThK[3] 4, 1355-1357 (Lit.). Zu Rahner siehe seine »Schriften zur Theologie«, Bd. 8, 218-235, aber auch: Bd. 5, 136-158; Bd. 6, 545-554; Bd. 12, 370-383; Bd. 13, 341-350.

65. Siehe dazu: Welker, M. (1981, 1988[2]): Universalität Gottes und Relativität der Welt, Neukirchen; Basinger, D. (1988): Divine Power in Process Theism. A Philosophical Critique, New York; Barbour, I. G. (1990) {→ A. 41}, 28ff, 218-243; Welker, M. (1992): Art. »Prozeßtheologie«, in: EKL[3] 3, 1363-1366 (Lit.). - Im Rahmen der Debatte um »Divine Action« sind schon früh vor allem J. B. Cobb und S. M. Ogden durch ihre Gesprächsbeiträge aus prozeßtheologischer Perspektive hervorgetreten: Ogden, S. M. (1963): What Sense Does It Make to Say, ›Gods Acts in History‹ {→ A. 102}; Cobb, J. B., Jr. (1971): Natural Causality and Divine Action {→ A. 107}. In der gegenwärtigen Debatte sind besonders die Arbeiten von David Pailin bedeutsam. Pailin will die »›aim and lure‹ language« überwinden und versteht Gottes Wirksamkeit als »general teleological purpose«, die als »drive or intentional cosmic urge« in den Prozessen der Realität wirkt. Siehe dazu: Middleton, D. J. N. (1993): David Pailin's Theology of Divine Action, in: Process Studies 22, 215-226 (Zitate: 215); dort sind auch Pailins themarelevanten Werke aufgelistet. - Zur Vorsehungsthematik aus prozeßtheologischer Sicht: Basinger, R. G. (1978): Divine Providence: A Comparison of Classical and Process Theism, in: ProcSt 8, 283-284; Siehe auch: Shaw, D. W. D. (1980): »Providence and Persuasion«, in: Duke Divinity School Review 45, 11-22; Ford, L. S. (1996): God at Work: The Way God Is Effective in a Process Perspective, in: Encounter 57, 327-340.

66. Ratschow, C. H. (1959): Das Heilshandeln und das Welthandeln Gottes {→ L.}; Härle, W. (1987): Luthers Zwei-Regimenten-Lehre als Lehre vom Handeln Gottes, in: Härle, W., Preul, R. (Hg) (1987) {→ L.}, 12-32, bes. 23 (These).

67. An dieser höchst interessanten, dreifachen Handlungsbestimmung fällt auf, daß die der zweiten Person der Trinität zugeschriebene soteriologische Wirksamkeit Gottes als eine primär revelatorische bestimmt ist. »... in Jesus Christ God discloses for human experience the truth about his relationship to humanity and to the world« und versöhnt auf diese Weise die Gebrochenheit dieser

C. Aktualistischer und sapiential-ordinativer Typus der Vorsehungslehre

Schon in der bisher entfalteten Problemskizze ist eine gewichtige und keineswegs selbstverständliche Vorentscheidung getroffen: Die Vorsehungslehre soll nach dem Vorbild der reformatorischen Theologie als Lehre vom Weltwirken Gottes, von seiner aktiven Immanenz aufgearbeitet werden. Damit aber widerfährt ihr die Erhebung aus der Marginalität eines eher theologiegeschichtlich bedeutsamen Einzelthemas der Gottes- bzw. Schöpfungslehre zum Kristallisationszentrum der Beziehung zwischen Gott und der Welt, so daß man mit D. Jenkins konstatieren kann: »Belief in providence is the very structure of religious life: belief that God acts...«.[68]

Die Ausdeutung der Vorsehung als aktives Wirken Gottes in der Schöpfung stand und steht in Konkurrenz zu jener Interpretation, die »Vorsehung« als Gott-*internen* Akt des Vorhersehens (in seiner Allwissenheit)[69] und des Vorher*ver*sehens, d.h. seines Planens und Verfügens (in seiner Allbestimmung) versteht.[70] Das Grundverständnis der Vorsehung als tätiger Weltwirksamkeit Gottes bezeichne ich als das *aktualistische* Modell der Vorsehungslehre, ihre Auslegung als Gott-internen Akt des determinativen »Vor(ver)sehens« als den *sapiential-ordinativen* Typus. Beide Auffassungen haben die Aussageabsicht des je anderen Typus stets in sich integriert, aber ihrem eigenen Leitgedanken untergeordnet.

Die Wahl des Ausdrucks »sapiential-ordinativ« zur Bezeichung dieser Vorsehungsauffassung versteht sich aus dem Anliegen, einen in der Theologie- und Philosophiegeschichte nur wenig festgelegten Begriff zu verwenden, der »Vorsehung« als ein primär ›intellektuales‹ Geschehen der gott-internen Logizität und der davon ausgehenden Manifestation dieser Logizität in der Struktur bzw. Ordnung des geschöpflichen Seins (in Natur, Geschichte und im individuellen Leben) versteht. Die wichtig-

Beziehung [Schwöbel, C. (1992) {→ L.}, 31-36, 83ff, Zitat 33]. - An anderer Stelle im gleichen Buch beschreibt Schwöbel die opera trinitatis ad extra im Bezug auf menschliches In-der-Welt-Sein als Existenzbegründung, -erschließung und -orientierung (a.a.O., 56). Siehe dazu auch die frühere Form der trinitarisch konzipierten Vorsehungslehre Schwöbels: Schwöbel, C. (1987): Divine Agency and Providence, in: Modern Theology 3, 225-244. - Trinitarische Ausdifferenzierungen des Handelns Gottes werden immer daraufhin zu befragen sein, ob sie den Grundsatz »opera trinitatis ad extra indivisa sunt« gefährden. Siehe dazu die dichte und instruktive Darstellung in: Pannenberg, W. (1991) {→ L.}, 15-23.

68. Zitiert von Gorringe, T. J. (1991) {→ L.}, 1.
69. Biblischer Bezug für Gottes Allwissenheit war vor allem: Jer 1,5; Apg 2,23.
70. In schöner Klarheit ist dieser Gedanke in Ass Mos 12,4f zum Ausdruck gebracht: »Gott schuf die Völker in der Welt und uns; er sah von Anfang bis zum Ende der Welt sie, wie auch uns voraus; nichts war von ihm bis in das Kleinste übersehen; er sah ja alles schon voraus, bestimmte alles schon vorher ... Der Herr sah alles, was in dieser Welt geschieht, vorher und also tritt es ein« [in der Übersetzung von: Rad, G. v. (1960, 1993[10]), {→ A. 83}, Bd. 2, 318].

sten biblischen Traditionsquellen für diesen Typus der Providenzlehre liegen in der prophetischen (auf Jes. zurückgehenden) Rede von Gottes Plan bzw. Ratschluß, in dem er sein Werk »von ferne her« gebildet hat[71], in der priesterschriftlichen Schöpfungstheologie mit ihrer Darstellung des intentional wohlgefügten Arrangements der geschaffenen Wirklichkeit in Welt und Kosmos, im weisheitlichen Verständnis der Schöpfung als eines rationalen, von Gottes präexistenter Sophia installierten und strukturierten Ordnungszusammenhangs[72], in der weisheitlichen Existenzdeutung (vor allem in Darstellung und Kritik des Tun-Ergehens-Zusammenhangs), im apokalyptischen Konzept einer auf die Universalgeschichte bezogenen Vorbestimmung Gottes, in der lukanischen Interpretation der Passionsgeschichte als Resultat der Vorverfügung Gottes und damit einer göttlichen Notwendigkeit[73], in der Darstellung der Missionsgeschichte in Apg und der Reintegration der Juden in Gottes Heilsplan in Röm 9-11 usw. - Die wichtigsten Traditionsquellen aus der griechischen Philososophie lassen sich in Platos Ideenlehre, in der aristotelischen Auffassung Gottes als primum movens immotum und dann im stoischen Konzept der göttlichen Weltvernunft namhaft machen.

Wo Gott primär als ontisches Letztprinzip, d.h. als im- oder überpersonaler Grund allen Seins verstanden wird, als ewiges und unveränderliches summum ens, das allem Seienden im Mikro- wie im Makrokosmos Sein, Struktur und Entwicklungsrichtung gibt, dort wird sich eine Beschreibung seiner Wirksamkeit nicht in Kategorien des Handelns entfalten. Sie wird Gott nicht individuelle Akte in Raum und Zeit zuschreiben, mit denen er seinen Willen ausführt. Vielmehr stellt sich seine Wirksamkeit auf dieser Matrix als Werk der denkenden, den Kosmos durchwaltenden und

71. Jes 37,26; vgl. 22,11; 14, 24-27. G. v. Rad führt das Theologoumenon vom »Ratschluß« Gottes auf das Motiv des himmlischen Thronrates (1. Kön 22,19-22) zurück und mahnt, »alle Vorstellungen von einer allgemeinen Lenkung der Weltgeschichte durch die göttliche Providenz« davon fernzuhalten [Rad, G.v. (1960, 1993[10]), {→ A. 83}, Bd. 2, 169]. – Die nt.lichen Bezugspunkte für die Rede vom ewigen Heilsplan Gottes liegen vor allem in: Eph 1,9f (im Kontext von Eph 1,3-14); 3,11 (im Kontext von 3, 8-12); vgl.: Apg 2,23; 4,28; Röm 16,25f. – Eine überlieferungsgeschichtliche Ableitung der Vorstellung vom »Plan« Gottes gibt W. Pannenberg: Das ursprünglich auch in der altisraelischen Religion verbreitete mythisch-magische Verständnis des Wortes Gottes habe sich zum einen zum Geschichtsbericht (zum »Bericht von den geschichtlichen Heilssetzungen Gottes in seinem Erwählungshandeln«) und zum anderen zur weisheitlichen »Beschreibung der jederzeitigen Regelhaftigkeit des Geschehens« fortgebildet. Wo sich diese weisheitliche Sicht auf die Geschichte erstreckte - am Zusammenfluß von Geschichtstheologie und Weisheit also -, bildete sich die Vorstellung eines den Ablauf der Geschichte bestimmenden göttlichen Plans [Pannenberg, W. (1988): Systematische Theologie I, Göttingen, 278f].

72. Exemplarisch: Hi 37, 14-16; 38ff; Prov 3,19f; 8,22ff.

73. Zum lukanischen »dei« siehe: Fascher, E. (1954): Theologische Beobachtungen zum dei, in: Eltester, W. (Hg): Neutestamentliche Studien (FS R. Bultmann), Berlin, 228-254; Schulze, S. (1963): Gottes Vorsehung bei Lukas, in: ZNW 54, 104-116; Popkes, W. (1980): Art. »dei«, in: EWNT I, 670; Cosgrove, C. H. (1984): The Divine Dei in Luke-Acts: Investigations into the Lukan Understanding of God's Providence, in: NT 26, 168-190; Mowery, R. L. (1991): The Divine Hand and the Divine Plan in the Lukan Passion, in: Lovering, Jr., E. H. (Hg): Society of Biblical Literature 1991 Seminar Papers 30, Atlanta, 558-575; Barth, G. (1992): Der Tod Jesu Christi im Verständnis des Neuen Testaments, Neukirchen-Vluyn, 25-28.

zweckmäßig ordnenden Weltvernunft dar - als Ausfluß absoluter Intelligenz, die nicht aktual, sondern formativ wirkt, indem sie die innere Textur der Wirklichkeit sinnhaft präformiert und als solche dann realisiert.

Schon der Vollzug eines internalen Willensaktes wie erst recht der einer externalen Aktion und mehr noch der einer Interaktion mit anderen Aktzentren ist nicht ohne eine Veränderung im Subjekt zu denken, die dem a-personalen Seinsgrund nicht prädiziert werden kann. Auf der Linie einer solchen Grundauffassung muß sich ein ›deistisches‹ oder ›semi-deistisches‹ Verständnis Gottes ausbilden, das in Gott das principium aller Bewegung sieht, das diese Bewegung in Gang setzt und hält, sowie ihre Zielrichtung prädisponiert, nicht aber das Geschehen je neu willentlich-aktual verursacht. Das Konzept des von Ewigkeit her bestehenden, den Kosmos grundierenden Logos Gottes bildet das Fundament der einflußreichen Vorsehungslehre der Stoa {→ S. 101f}.

Vermittelt durch die christologisch interpretierte Logoslehre ließ sich ein solch platonisch-aristotelisch-stoisch inspirierter ›Semi-Deismus‹ in jenen Rahmen hinein rezipieren, den die Vorsehungslehre der Alten Kirche bereitgestellt hatte. Diese in der Hochscholastik erfolgte Rezeption brachte den Typus einer sapiential-ordinativen Vorsehungslehre hervor[74], die Gottes Wirksamkeit nach dem Modell der teleologisch-ordinativen prudentia bestimmte: Für Thomas von Aquin[75] besteht Gottes Vorsehung in den Gott-*internen* Akten 1. der kontemplativen praevisio und 2. der ordinativen praedeterminatio.[76] Das externe *Handeln* Gottes in der Zeit ist erst die applikative *Folge* dieser inneren Akte in der Ewigkeit Gottes. Die actio externa der aktualen procuratio (in Gestalt der teleologischen gubernatio mundi) wird der internalen Voraussicht und Vorbestimmung also nachgeordnet. Anders ausgedrückt: Die executio ordinis (gubernatio), die Gott in der Zeit und per media (vor allem in den - und durch die Ordnungen und Regelmäßigkeiten des Weltgeschehens) vollzieht, ist der ratio ordinis (providentia), die vor aller Zeit bei Gott praeexistiert und sich als actio interna immediata vollzieht, konsekutiv. Darin steht Thomas in der Tradition der platonisch-augustinischen Unterscheidung zwischen den Ideen Gottes und seiner Weltregierung. In seinem Entwurf gewinnt der sapiential-ordinative Typus der Vorsehungslehre normative Gestalt: Vorsehung ist identisch mit dem ewigen Schöpfungsplan Gottes. Sie erfaßt das, was Gott in seinem schöpferischen Handeln für die Welt (heilsgeschichtlich) »vorgesehen« hat.

74. Die Bezeichnung der Theologie des Thomas von Aquin als »sapiential« geht auf O. H. Pesch zurück, der sie damit der »existentiellen« Theologie Luthers gegenüberstellt [Pesch, O. H. (1967, 1985^2) {→ Teil II, A. 6}, 670ff]. Ich nehme diesen treffenden Begriff auf, beziehe ihn zunächst auf den *Typus* einer Vorsehungslehre, wie sie von Thomas entworfen wurde, dehne ihn dann aber auch in dem oben bezeichneten Sinn aus.

75. Die für *Thomas'* Vorsehungslehre zentralen Primärquellen finden sich in: S.th. I, 22, und in S.c.g. III, 64-67, 71-78, 90-99, 111. In S.th. I, 22,1 definiert er die Vorsehung als »ratio ordinis rerum in finem in mente divina praeexistens«. Die Ausführung des göttlichen Plans stellt Thomas dagegen erst in S.th. I, 103f dar. - Darstellungen der Vorsehungslehre Thomas' {→ Teil II, A. 5}.

76. Dabei ist das »prae« ein Prädikat menschlicher Zeiterfahrung, das nur in analoger Uneigentlichkeit auf Gott angewendet werden kann. Gottes Ewigkeit ist nach Augustin und Thomas a-temporal, ein überzeitliches, alle Zeit in sich begreifendes »Jetzt«.

Nach Thomas fallen in Gott – anders als im Menschen – Willensakt und Handlungsaktivität zusammen. Sein Wirken ist direkter Ausfluß seines Wollens. In Gott als dem actus purus kommen Dasein, Wesen und Wirken zur Identität.[77] Gott ist reines Wirken ohne jede unverwirklichte Potentialität und Passivität. Das Geschehen der Schöpfung stellt sich demnach weniger als willentliche Setzung, sondern als Überfließen der Güte Gottes dar. Der ordo essendi der Schöpfung ist identisch mit dem ordo agendi des Schöpfers. So korrespondiert der essentialistischen Theontologie des Thomas eine sapiential-ordinative Providenzlehre, die nicht von einzelnen, willentlichen Interventionen Gottes in den Weltprozeß ausgeht, sondern von dessen grundlegender Logizität, in der sich der Logos Gottes realisiert. In seiner Aseität ist Gott dabei in keiner Weise auf die Relation zur Welt angewiesen, während die Kreaturen ontisch durch die Beziehung zu Gott konstituiert sind.[78]

Aus diesem Verständnis der Vorsehung als eines Gott-internen Aktes ergibt sich die Lokalisierung der Vorsehungslehre im Rahmen der Gotteslehre, präziser: im Rahmen der Lehre von den Wesenseigenschaften Gottes, noch präziser: in der Bestimmung der *immanenten* göttlichen Tätigkeiten, die zugleich Intellekt und Willen betreffen.[79]

Wo sich die Gotteslehre hingegen im Referenzrahmen eines voluntativen Paradigmas ausprägte (wie im scotistisch-franziskanischen Zweig der via antiqua, der occamistisch-nominalistischen via moderna und der von ihr bestimmten reformatorischen – besonders der lutherischen – Theologie), brachte sie Gottes Wirksamkeit nicht nach dem Modell der teleologisch-ordinativen prudentia zum Ausdruck, sondern als in der Welt unmittelbar tätige, im Handeln begriffene Macht. Gottes Vorsehung wurde weniger als Manifestation seiner Logizität und Weisheit, seiner Erkenntnis (praescientia) und seines Ratschlusses (praedeterminatio), sondern als Ausübung seines tätigen Allmachtswillens gedacht. Gottes Handlungskompetenz beschränkte sich diesem Modell zufolge nicht mehr nur darauf, als (Primär-)Ursache alle Ereignungen in der Welt zusammen mit den geschöpflichen Sekundärursachen zu bewirken. Vielmehr war er selbst die alles Geschehen (unter freier, nicht-notwendiger Inanspruchnahme kreatürlicher Instrumente) bewirkende Instanz. Auf diese Weise erhielt der Begriff »providere« die Bedeutung eines ›Tu-Wortes‹. Damit war die Vorsehungslehre als Lehre vom procurativen *Handeln* Gottes bestimmt. Selbst dort, wo in der protestantischen Vorsehungslehre des 16. und 17. Jhs. Motive der sapiential-ordinativen Vorsehungskonzeption aufgenommen wurden, blieb das aktualistische Grundverständnis dominierend.

Mit der Verlagerung der Vorsehungsauffassung in der reformatorischen Theologie von einem internen zu einem externen Akt Gottes - vom Vorhersehen und -bestimmen Gottes hin zu seinem fürsorgenden Welthandeln - verschob sich auch der Ort der

77. In S.th. I, 4,1, ad 3 bestimmt Thomas Gottes Wesen als »actualitas omnium rerum, et etiam ipsarum formarum«.

78. S.th. I, 13,7.

79. Siehe dazu: Jorissen, H. (1988): Schöpfung und Heil: theologiegeschichtliche Perspektiven zum Vorsehungsglauben nach Thomas von Aquin, in: Schneider, T., Ullrich, L. (Hg) {→ L.}, 95; Pesch, O. H. (1982) {→ A. 40}, 74-76; ders. (1967, 1985²) {→ Teil II, A. 6}, 842-849.

Vorsehungslehre in der theologischen Systematik. Sie wurde nun nicht mehr im Kontext der Gotteslehre thematisiert, sondern der Schöpfungslehre zugewiesen. Darin liegt eine für die Vorsehungslehre des gesamten Protestantismus bedeutsame Weichenstellung.

Konzeptualisiert sich die Vorsehungslehre als Rede vom *Handeln* Gottes, so ist damit sachlogisch vorausgesetzt, daß Gott a) nicht im Seinsverbund mit der Welt als im- bzw. überpersonale Kraft wirkt, sondern ihr in Transzendenz frei gegenübersteht und in ihr tätig ist, daß er b) subjektanalog als personale, selbstbewußte Aktinstanz zu denken ist - ausgestattet mit Intentionalität (Willen), Wirkmacht und Wirkinstrumenten. Die Beziehung Gottes zur Welt ist demnach nicht primär intellektual, logisch oder essentiell (analogia entis), sondern intentional-voluntativ und aktual (›analogia operationis‹[80]) konstituiert: Sein Weltverhältnis besteht nicht durch eine wesenhafte Verbundenheit, sondern durch je neu von Gott her zu setzende Wirkungen. So überliefern die biblischen Schriften in weiten Teilen unbefangen Zeugnisse von Willenskundgebungen, Worten und Machttaten Gottes. Diese bilden den Bezugspunkt für den aktualistischen Typs der Vorsehungsauffassung, der in der biblischen Überlieferung eindeutig dominiert.

Auch die oben genannten biblischen Anschlußmöglichkeiten für eine stärker sapiential-ordinative Auffassung sind durch eine mehr oder minder deutlich ausgeprägte personale, voluntativ-aktuale Grundüberzeugung vom Weltbezug Gottes grundiert: das weisheitliche Schöpfungslob und das vor allem in der Apokalyptik betonte Motiv der planvollen Verwirklichung des göttlichen Ratschlusses in der Geschichte. Das gilt noch mehr für jene Überlieferungskomplexe, die generell für die Darstellung von Gottes Führungs- und Fügungshandeln in Anspruch genommen wurden: die Erzvätererzählungen, besonders die Josephsgeschichte, die Tradition von Exodus und Wüstenwanderung, die alttestamentlichen Geschichtswerke, die neutestamentlichen Zusagen der individuell bergenden Gegenwart Gottes in Mt 6,25-36 par, Mt 10,29-31 par[81], die Deutung der Passionsgeschichte durch das lukanische »dei« usw. Der Sache nach ist Gottes providentielles und procuratives Handeln in der biblischen Überlieferung breit bezeugt, ohne daß es gegenüber dem Heilshandeln zu einem eigenen Typus des kosmologischen Welthandelns verselbständigt wäre[82]

80. Barth, K. (1950): KD III/3, 116.
81. Vgl. 1. Sam 14,45; 2. Sam 14,11. Zur Auslegung siehe: Allison, D. (1990): The Hairs of Your Head Are All Numbered, in: The Expository Times 101, 334-336.
82. Zum biblischen ›Vorsehungs‹denken siehe (für »Altes Testament« und »Neues Testament« in den Titeln verwende ich Abkürzungen): Lobstein, P. (1908, ND 1971) {→ L.}, 743-749; Eichrodt, W. (1934): Vorsehungsglaube und Theodizee im AT, in: Alt, A. u.a.: Festschrift Otto Procksch, Leipzig, 45-70; Behm, J. (1942): Art. »Pronoeo, Pronoia«, in: ThW 4, 1004-1011; Gutchiffe, E. (1955): Providence and Suffering in the OT and NT, London; Sevenster, J. N. (1958): Vorsehung im NT und bei Seneca, in: VoxTh 28, 86-92; Wiesner, W. (1959) {→ L.}, 1706f; Schreiner, J. (1961): Führung - Thema der Heilsgeschichte im AT, in: BZ, NF 5, 2ff; Schulze, S. (1963): Gottes Vorsehung bei Lukas, in: ZNW 54, 104-116; Eichrodt, W. (1964[5]): Theologie des AT, Teil 2/3, Göttingen, ND Berlin, 112-124; Schmid, J. (1965): Art. »Vorsehung, I. Schrift und Umwelt«, in: LThK[2], Bd. 10, 885-887; Kuss, O. (1967): Zum Vorsehungsglauben im NT, in: ders.: Auslegung und Verkündigung II, Regensburg, 139-152; Ward, M. (1969): The Biblical Doctrine, in: Wiles, M. (1969) {→ L.}, 15-33; Scharlemann, M. H. (1973): Divine Providence: Biblical Perspectives, in: Mayer, H. T. (Hg): The Caring God: Perspectives on Providence, St. Louis, 19-43; Rad, G. v. (1974): Gottes Wirken in Israel. Vorträge zum AT (hg. von O. H. Steck), Neukirchen, bes. 213-229; Plathow, M. (1976) {→

und ohne daß der griechische pronoia-Begriff zu seiner Bezeichnung herangezogen worden wäre.[83]

Durch die gesamte Geschichte der israelitischen und christlichen Überlieferung vom Wirken Gottes in der Welt läßt sich – in einer groben systematischen Schematisierung – die Polarität zwischen diesen beiden Argumentationslinien erkennen: zwischen jener Linie, die Gottes mächtige Geschichtstaten als Paradigma seiner Tätigkeit in den Vordergrund stellt, und der anderen, die von seiner planvollen Schöpfungsweisheit ausgeht. Die eine schöpft aus dem Bild Gottes als einer transzendent-personalen Aktinstanz, die subjektanalog ihren souveränen Willen in spontan-kausalen Akten verwirklicht. Gottes Welthandeln wird im politomorphen *Metaphernfeld des* (altorientalischen[84] und dann des römischen[85]) *Kaisertums* beschrieben: Gott herrscht, bzw. regiert als mächtiger König mit himmlischen Heerscharen, er verkündet seinen Willen durch sein Wort, erläßt Gesetze, sendet Boten und Vollstrecker, er hat Rechtstitel inne,

L.}, 144-163; Jackson, W. (1982): A Study of the Providence of God, in: Winkler, W. (Hg): Difficult Texts of the OT explained, Hurst, TX, 82-93; White, V. (1985) {→ L.}, 22ff; Vetter, D., Heyen, E. (1987): Art. »Vorsehung«, in: LRG, 1109-1115; Amit, Y. (1987): The Dual Causality Principle and its Effects on Biblical Literature, in: VT 37, 385-400; Hossfeld, F. (1988): Wie sprechen die Heiligen Schriften, insbesondere das AT, von der Vorsehung Gottes? in: Schneider, T., Ullrich, L. (Hg) {→ L.}, 72-93; Longacre, R. E. (1989): Joseph: A Story of Divine Providence, A Text Theoretical and Textlinguistic Analysis of Genesis 37 and 39-48, Winona Lake, Ind.; Rogerson, J. (1988): Can a Doctrine of Providence be Based on the OT? in: Eslinger, L., Taylor, G. (Hg): Ascribe to the Lord, 529-543; Brueggemann, W. (1990): Power, Providence and Personality: Biblical Insight into Life and Ministry, Louisville, Ky (Studien und Auslegungen zu 1. und 2. Sam); O'Connell, R. H. (1990): Deuteronomy VIII 1-20: Asymmetrical Concentricity and the Rhetoric of Providence, in: VT 40, 437-452; Schilson, A. (1991) {→ L.}, 220-222; Gorringe, T. J. (1991) {→ L.}, 4ff; Davies, H. (1992) {→ L.}, 11ff; Klein, G. (1993) {→ L.}, 256ff; Barr, J. (1993): Divine Action and Hebrew Wisdom, in: Coakley, S., Pailin, D. A. (Hg): The Making and Remaking of Christian Doctrine. Essays in Honour of Maurice Wiles, Oxford, New York, 1-12; Helm, P. (1994) {→ L.}, 102ff; Bernhardt, R. (1996) {→ L.}, 1208f.

83. Im Umkreis des biblischen Schrifttums begegnet dieser Begriff lediglich in Sap.Sal. 14,3 und 17,2 und später in den apokryphen Schriften (3.Makk 4,21; 5,30; 4.Makk 9,24; 13,19; 17,22). - Siehe dazu: Lobstein, P. (1908, ND 1971) {→ L.}, 745; Rad, G.v. (1960, 1993[10]): Theologie des Alten Testaments, Bd. 2, München, 318f; Bultmann, R. (1958, 1980[8]): Theologie des Neuen Testaments, Tübingen, 74f.

84. Eine in seiner Knappheit sehr informative Übersicht über die Interpretation des Jahwe-Glaubens im Metaphernfeld der Königsherrschaft gibt der Artikel »Herrschaft Gottes« in: Schmidt, W. H., Delling, G. (1971): Wörterbuch zur Bibel, Hamburg, Zürich, 281-284.

85. Im Anschluß an das Konzil von Nicäa entstand eine politische Theologie (besonders bei Eusebius von Caesarea, aber auch bei Johannes Chrysostomos, Ambrosius und selbst bei Leo I), in der die politischen Kategorien und Metaphern der biblischen Überlieferung stark hervorgehoben und im Blick auf die Praxis des römischen Kaisertums mit Inhalt gefüllt wurden. Die Lehre von der providentia Dei diente der Vermittlung von Pax Christi und Pax Romana. »Durch den Vergleich der göttlichen Weltherrschaft mit der Regierung des römischen Kaisers wurde ... der voluntaristische Zug seiner Gottesauffassung erheblich verstärkt« [Studer, B. (1988): Zur frühchristlichen Lehre über die Vorsehung und das Wirken Gottes in der Welt. Ein Diskussionsbeitrag, in: Schneider, T., Ullrich, L. (Hg) {→ L.}, 112]. Siehe dazu auch: Patterson, L. G. (1967): God and History in Early Christian Thought, London.

schließt Bünde, erwartet die Treue seiner Untertanen, tritt als oberster Richter auf, der gerecht spricht oder verurteilt und den Ungehorsam straft. Der gesamte, für die Vorsehungslehre zentrale topos der Weltregierung Gottes (gubernatio) speist sich aus dem Motivkomplex des »Königs-Untertanen-Sendboten-Modells«[86].

Das *sapiential-ordinative* Modell nimmt seinen Ausgang demgegenüber bei einem Motiv, das durchaus mit dem »Königs-Untertanen-Sendboten-Modell« kompatibel ist, aber einen anderen Zug daraus hervorhebt: Es setzt an beim Theologoumenon des Gott-internen Handlungsentwurfes, des Plans und Ratschlusses (Jes 14,26f, 1.Kor 2,7, Eph 1,3-11 u.ö.), der heilsökonomischen Selbst- und Weltbestimmung Gottes. Im Bild des Königs-Modells kann man diese ›Regierungsweise‹ mit der eines Regenten vergleichen, der nicht in freier Willkür herrscht, sondern sich ein für allemal an die von ihm gesetzten Prinzipien des Rechts und der Gerechtigkeit bzw. an die Regeln der Staatsverfassung gebunden hat.

In der Explikation der Weltwirksamkeit Gottes überschreitet das sapiential-ordinative Modell jedoch die Analogie des personalen Handelns und d.h. des voluntaristischen Aktualismus. So wie der Gott-interne Willensakt nicht mehr primär auf je einzelne Tätigkeiten bezogen ist, sondern auf das Telos der Welt im ganzen, so stellt sich auch Gottes Wirksamkeit nicht mehr in Gestalt freier und absichtlicher Einzelakte dar, sondern als universale und kontinuierliche *All*wirksamkeit. *All*wirksamkeit ist dabei zu unterscheiden von *Allein*wirksamkeit, denn sie kann sich durchaus (und tut es in der Regel) als mediate durch Inanspruchnahme geschöpflicher Ursachen vollziehen {→ S. 396}.

In der alttestamentlich überlieferten Theologiegeschichte ist das Motiv der Allwirksamkeit Gottes erst eine späte Ausweitung der Vergegenwärtigung der einzelnen, rettenden Machttaten und des ebenfalls spezifischen (auf das Volk bzw. einzelne Erwählte bezogenen) Segenshandelns Gottes. Vor allem in der weisheitlichen Traditionsbildung vollzog sich diese Universalisierung. Wie sehr der Gedanke der Allwirksamkeit als ein zentraler topos des sapiential-ordinativen Providenzmodells den Geist des weisheitlichen Schrifttums atmet und darüberhinaus in die stoische Vorsehungslehre weist, sei durch folgende Zitate angedeutet: »Es kommt alles von Gott: Glück und Unglück, Leben und Tod, Armut und Reichtum« (Sir 11,14 - vgl. Mt 5, 45). »Kraftvoll erstreckt sie sich (die Weisheit) von einem Ende zum andern und regiert das All vortrefflich« (Sap.Sal 8,1). »Großes und Kleines hat er (der Herrscher des Alls) selbst gemacht und auf gleiche Weise sorgt er für alle« (Sap.Sal 6,7).

86. Ritschl, D. (1994) {→ L.}, 129. - D. Ritschl ist der Meinung, daß sich das Theodizeeproblem in diesem Modell nicht notwendigerweise stellt. Denn selbst der tyrannischste Monarch vermöge nicht, jedes einzelne Geschehen in seinem Machtbereich zu wirken und zu kontrollieren. Nicht alles, was in seinem Reich geschehe, sei durch seinen Willen verfügt. Erst durch die Verbindung des »Königs-Sendboten-Modells« mit dem philosophischen Allmachtspostulat komme es zur Ausbildung eines ›theologischen Determinismus‹, der die Theodizeefrage unausweichlich mache. - Doch läßt sich in Anlehnung an eine Replik von M. Wiles auf C. Butler fragen, ob dieses Argument nicht seine Gültigkeit verliert, wenn das Böse ein bestimmtes Ausmaß überschreitet: Butler hatte den Vergleich mit dem Rektor einer Schule eingeführt, der nicht für jedes Drangsal verantwortlich zu machen sei, das den Schülern in ihrem Unterricht zugefügt wird [Butler, B. C. (1981): An Approach to Christianity, London, 134]. Wiles hält dem entgegen, daß der Rektor sehr wohl zur Rechenschaft gezogen werden müsse, wenn das zugefügte Leid einen Grad erreiche, der in keinem Verhältnis mehr zum Wert der Erziehung stehe, und er fährt fort: »And does not our experience of Auschwitz and Hiroshima suggest that that point has long been passed« [Wiles, M. (1986) {→ L.}, 47].

Das sapiential-ordinative Modell expliziert sich im *Metaphernfeld der kreativen und bewahrenden, aber auch teleologisch führenden Weltvernunft und -kraft*. Dabei kann die personale Konnotation zurücktreten, ohne daß sie gänzlich aufgegeben würde. Aus diesem Grund erscheint es hier sachgemäßer, von einer »Wirksamkeit« Gottes statt von seinem »Handeln« zu sprechen.

Dabei impliziert der Begriff der *Wirksamkeit* das Moment des Teleologischen (so wie der Begriff des *Handelns* Intentionalität einschließt). Nicht einfach Wirksamkeit im Sinne bloßer Kraftausübung kann Gott sinnvoll prädiziert werden (wie die Wirksamkeit eines Magneten auf ein Eisenteil), sondern nur ein *rationales, universalzielgerichtetes* Wirken – sei es, daß das Ziel dem Wirken immanent ist, sei es, daß es ihm (transeunt) vorausliegt. Das sapiential-ordinative Modell betont das Moment des Rationalen, Strukturbildenden, Zielgerichteten in der Bestimmung der göttlichen Wirkinstanz - gegenüber dem Moment des Willentlichen.

Beide Modelle der Providenzauffassung - das aktualistische wie das sapiential-ordinative - waren und sind gefährdet durch die Radikalisierung ihrer jeweiligen Grundgedanken. So wie das Königs-Modell gegen die Auslegung im Sinne eines ungezügelten, tyrannischen Voluntarismus geschützt werden mußte {→ S. 105}, so galt es, den Vorstellungskomplex der universalen Weisheits-Wirkkraft Gottes von den essentialistischen Konzepten der aristotelischen und stoischen Ontologie und Theosophie zu unterscheiden. Die Ausbildung christlicher Providenzlehren vollzog sich daher in der Theologiegeschichte in Abwehr jener beiden Positionen, die man als die logischen Extreme des aktualen und des sapiential-ordinativen Modells verstehen kann: 1. in Abwehr der aristotelischen causa-prima-Lehre und des stoischen Konzepts des den Kosmos durchwaltenden, ordnenden und teleologisch determinierenden göttlichen Logos {→ S. 101f}, d.h. in Abgrenzung gegenüber der ›deistischen‹ {→ S. 180ff} Bestreitung der aktualen Geschichtsmächtigkeit Gottes; aber auch in Unterscheidung 2. von einem theologischen Willkürabsolutismus und/oder der Behauptung der absoluten Alleinwirksamkeit Gottes.

Gegenüber diesen beiden Extrempositionen konnte die christliche Theologie zu allen Zeiten – unter Berufung auf die Gnadentheologien Augustins und Luthers - auf das *Metaphernfeld der sorgenden Vaterliebe und des von ihr schützend umgebenen Kindes*[87] rekurrieren. Besonders von ihm her läßt sich die Providenzlehre als Theologoumenon von der procuratio Gottes entfalten, als Konzeptualisierung des Fürsorge-Glaubens, wie er im Bewußtsein des Kindschaftsverhältnisses zum gütigen Vatergott gründet und im »sorget Euch nicht« der matthäischen Bergpredigt eindrücklich artikuliert ist.

87. Siehe dazu auch die alttestamentliche Verheißung, Geborgenheit in Gottes sorgender Nähe zu finden: Rad, G. v. (1957, 1992[10]): Theologie des AT, München, Bd. 1, 414ff. Auch die für Gott gebrauchten Metaphern des guten Hirten und des Liebhabers bringen bei je eigener Akzentsetzung den gleichen Motivgehalt zum Ausdruck. Mit Einschränkungen kann man auch noch die für die altkirchliche Theologie des Ostens bedeutsame Metaphorik des heilenden Arztes in diese Reihe aufnehmen, auch wenn der Skopus hier weniger die sorgende und führende Liebe und mehr die erlösende Heilung bzw. Rettung ist.

Wo dieses Metaphernfeld über seine personalen und sozialen (familialen) Begrenzungen hinausgeführt wird, gibt es den Blick auf ein drittes Modell des Vorsehungsdenkens frei: das *Modell der operativen Präsenz*. Im fünften Teil dieses Buches soll es in der Unterscheidung vom aktualen und dem sapiential-ordinativen Modell ausgearbeitet und material angereichert werden. Mehr noch als diese vermag es, das Vertrauen auf die unmittelbare heilshafte Gegenwart Gottes in der Schöpfung zum Ausdruck zu bringen. Aus Luthers schöpfungstheologischem »Entheismus« {→ S. 72} bezieht es ebenso Impulse wie aus Calvins Pneumatologie {→ S. 91ff}. Eine von hier aus entwickelte Vorsehungslehre wird sich als »Evangelium der Schöpfung«[88] darstellen.

Zunächst gilt es festzuhalten:

Die Rede von der Vorsehung Gottes entfaltet sich in der Theologiegeschichte in den drei, sich gegenseitig beeinflussenden, überlagernden und korrigierenden Metaphernfeldern 1. der königlichen Macht und Herrschaft Gottes, 2. seiner die Schöpfung ordnenden und teleologisch führenden Weisheit und 3. seiner väterlichen Güte. Da das dritte dieser Metaphernfelder pointiert personal konnotiert ist, verband es sich vor allem mit dem aktualistischen Modell des Vorsehungsdenkens und verselbständigte sich nicht zu einem eigenen Typus.

Die Vorsehungslehre prägt(e) sich vor allem in einem stärker aktualistischen und einem eher sapiential-ordinativen Typus aus, wobei auch diese beiden Argumentationslinien in gegenseitiger Kritik interagieren. Dem aktualistischen Modell zufolge wirkt Gott einzelnes (bis hin zu *allem* einzelnen) Geschehen im Weltprozeß durch mittelbares oder unmittelbares, in jedem Falle aber unbedingtes Handeln nach Maßgabe seines Willens. Das sapiential-ordinative Modell hebt demgegenüber die Vermittlung der Wirksamkeit Gottes durch die nach seiner Weisheit eingerichtete Seins- oder Naturordnung hervor. Die Perfektion dieser Ordnung bedarf keiner kontingenten Interventionen, sondern lediglich der teleologischen Steuerung nach Maßgabe der göttlichen prudentia. Die Welt erscheint als Ordnungszusammenhang (wobei dieses ontische System die Gestalt eines funktionalen Mechanismus oder die eines beseelten Organismus haben kann), der von Gottes Rationalität konstituiert, erhalten und gesteuert wird. Dabei läßt sich die Kontinuität und Generalität des göttlichen Wirkens ebenso betonen wie die relative Eigenständigkeit der Schöpfung von Gott. Der aktualistische Typus akzentuiert hingegen die freie Willentlichkeit Gottes, der a) in seiner Schöpfungstreue die Welt in permanenter Aktion gegen den Rückfall ins Nichts erhalten muß, worin sich die vollkommene Abhängigkeit der Schöpfung (als creatio ex nihilo, der keine Beständigkeit in sich eignet) von Gott dokumentiert; der aber andererseits b) diese Kontinuitätszusammenhänge auch immer wieder durch seine inkommensurablen Handlungsvollzüge unterbrechen kann, um unerwartbar Neues zu setzen. Das aktualistische Modell operiert im Bezugsrahmen einer ›personalen Ontologie‹ des subjektanalogen, personalen Handelns, während das sapiential-ordinative den causa-Begriff zur Leitvorstellung hat und in letzter Konsequenz seiner Sachlogik dazu tendiert, Gottes Wirksamkeit im Sinne einer impersonalen geistigen Kraftwirkung zu denken.

88. Prenter, R. (1960): Schöpfung und Erlösung. Dogmatik, Göttingen, 196.

Das grundlegende Problem des aktualistischen Modells liegt im »Skandal der Partikularität«: Wenn sich Gottes Weltwirksamkeit in individuellen Akten vollzieht, läßt sich dann ihre Kontinuität und Konsistenz behaupten – und damit das Moment der Willkürlichkeit zurückdrängen? Mit der Frage »warum handelt Gott hier und nicht dort?« steht seine Gerechtigkeit und ›fairness‹ zur Debatte.[89] In der theologischen Erörterung des Bittgebets verdichtet sich diese Frage. Wo zu ihrer Beantwortung das Theologoumenon der Allwirksamkeit Gottes herangezogen wird, verlagert sich das Problem: Nicht mehr die Behauptung der Gerechtigkeit, sondern die der Güte Gottes bedarf der Rechtfertigung. Denn wenn Gott alles wirkt oder zumindest in allem mitwirkt, trägt er auch (Mit-)Verantwortung für das böse und sündige Geschehen.

In der Auseinandersetzung beider Basiskonzepte steht das aktualistische demnach zunächst vor der Aufgabe, die Kontinuität des Handelns Gottes (gegen den Willkürvorwurf) zu erweisen, wofür der Hinweis auf das unveränderlich gerechte Wesen Gottes, auf seinen ewigen Ratschluß, auf die Ökonomie seines Handelns und/oder auf seine Allwirksamkeit angeführt wird. Die Zuschreibung der Allwirksamkeit führt allerdings unmittelbar in die Theodizeeproblematik und verlangt nach einer Rechtfertigung der Güte Gottes.

Der sapiential-ordinative Typus hat demgegenüber herauszuarbeiten, wie Gott die ihm zugeschriebenen herausragenden Machttaten gewirkt haben kann, die doch gerade die von seiner prudentia gesetzte Seinsordnung zu durchbrechen scheinen. Weiterhin hat es darzulegen, wie die Wirksamkeit des actus purus durch personale Qualitäten wie Güte und Treue, aber auch Zorn und Strafwille bestimmt sein kann (die doch eher kontingentes Handeln motivieren) und inwiefern ihr die Eigenschaft der Unbedingtheit eignet.

89. In der Divine-Action-Debatte wird diese Anfrage unter Begriffen wie »favouritism«, »unfairness«, »caprice« oder »arbitrariness« verhandelt. Siehe dazu: Gwynne, P. (1996) {→ L.}, 269ff.

Ich stelle die Grundzüge der beiden rekonstruierten Modelle schematisch gegenüber:

	Das *aktualistische* Modell der Vorsehung Gottes	Das *sapiential-ordinative* Modell der Vorsehung Gottes
Vorsehung als ...	externes Handeln Gottes, als Ausübung seines tätigen Allmachtswillens	interner Akt Gottes, als praevisio und praedeterminatio
Ort der Vorsehungslehre:	Im Anschluß an die Schöpfungslehre	Im Anschluß an die Gotteslehre
Inhalt der Vorsehungslehre:	Je neue aktuale Erhaltung und Regierung der Welt	Weise Einrichtung der Seinsordnung der Welt, ihre Gründung in Gottes Ratschluß und Vorbestimmung
Inhaltlicher Schwerpunkt – Betonung der ...	Kontingenz, Spontankausalität und Konkretheit einzelner Taten; Tendenz zur prov. singularis und specialis	Universalität und Kontinuität des Wirkens Gottes; Tendenz zur prov. universalis und generalis
Paradigma:	Die großen, singulären Geschichtstaten Gottes Tendenz zur prov. extraordinata	Die perfekte Regelhaftigkeit der kosmischen Ordnungen Tendenz zur prov. ordinata
Gottesvorstellung – Gott als ...	transzendentes personales Handlungssubjekt	teleologisch-ordinative Weltvernunft
Die Gott-Welt-Relation ist gedacht im Bezugsrahmen einer ...	›analogia operationis‹	analogia entis
Leitendes Metaphernfeld:	(Altorientalisches) Königtum; »Weltregierung« Gottes	Allwirksamkeit der kreativen, ordnenden und teleologisch leitenden Geist-Kraft Gottes (Weisheit)
Zentralkategorie:	Intentionalität Handeln	Kausalität teleologisches Wirken
Primäre Wirkweise:	Unmittelbares Einwirken auf die Einzeldinge der Welt	Durch die Seinsordnung vermittelte Wirksamkeit

Daß es sich bei den beiden ausgewiesenen, idealtypisch rekonstruierten Bezugsrahmen tatsächlich um grundlegende Optionen handelt, läßt sich erkennen, wenn man die bedeutsamsten der in der Theologiegeschichte vorgetragenen Konzepte von Gottes Weltwirken nach der Schlüsselkategorie der Unmittelbarkeit/Mittelbarkeit dieser Wirksamkeit zusammenstellt. Es ergibt sich dann eine Skala zwischen den Polen der vollkommenen All- und Alleinwirksamkeit Gottes und der vollständigen (›deistischen‹) Handlungsabstinenz. Die einzelnen der dabei vertretenen Positionen (die in den folgenden Kaptiteln dieser Studie dargestellt werden) lassen sich jeweils in eine aktualistische und eine sapiential-ordinative (bzw. essentiale) Ausdeutung spezifizieren.

So ergibt sich folgendes Bild:

All- und Alleinwirksamkeit Gottes: 1. Radikalisierung des Aktualismus: *Theistischer* Monismus. Gott als einziges unmittelbares Handlungssubjekt, das alles Geschehen wirkt: Al-Ghazali, tendenziell bei Occam (Occasionalismus). 2. Radikalisierung des sapiential-ordinativen Modells: *Pantheistischer* Monismus. Alleinwirksamkeit der göttlichen Weltseele/Weltnatur: Stoa und Spinoza	Allwirksamkeit Gottes unter Inanspruchnahme der causae inferiores/ instrumentales: 1. Aktualismus: Luther, Calvin, Schleiermacher 2. Sapiential-ordinatives Modell: Leibniz, Hegels »Weltvernunft«.	Zusammenwirken von Erst- und Zweitursachen: 1. Aktualismus: concursus-Lehre der protestantischen Orthodoxie 2. Sapiential-ordinatives Modell: Thomas von Aquin A. Farrer N. Kretzmann E. Stump	Mediat-reaktive Wirksamkeit Gottes: Gott wirkt *durch* den cursus naturae und in Interaktion mit den freien, menschlichen Handlungssubjekten: 1. Aktualismus: A. Plantinga 2. Sapiential-ordinatives Modell: Durandus, Molina	Keine (unmittelbare) Weltwirksamkeit Gottes, radikale Transzendenz: »Deismus«, Aristoteles, Naturwissenschaftlicher Immanentismus, Philosophischer Materialismus, bis hin zum Atheismus.

Grenzwert/Gefahr:

Determinismus, Fatalismus, Quietismus	›Instrumentalismus‹ (Mensch als Marionette Gottes)	›Konkurrenz‹ zwischen Erst- und Zweitursächlichkeit	Synergismus Aktivismus	Säkularisierung der Welt; Dualismus zwischen Gott und Welt.

D. Die Debatte um »Divine Action«

In der angloamerikanischen Theologie wird der Vorsehungslehre im Kontext der Diskussion um »Divine Action« seit Beginn der 70er Jahre wieder verstärkt Interesse entgegengebracht. Diese Diskussion findet zum einen im Dialog mit naturwissenschaftlicher Theoriebildung und zum anderen in der Rezeption sprachanalytischer und handlungstheoretischer Erkenntnisse statt, wobei sich beide Diskussionsfelder partiell überschneiden.[90] Im Zentrum der Erörterung steht die Rede vom ›Handeln‹ Gottes, die in ihrer anthropomorphen Problematik, aber auch in ihren unaufgebbaren Aussageintentionen reflektiert wird.

Ihren Ausgang nahm die Debatte mit dem 1952 erschienenen Buch »God Who Acts: Biblical Theology as Recital« von G. E. Wright.[91] Im Kontext des in den 40er Jahren entstandenen »Biblical Theology Movement«[92] vertrat Wright die Auffassung, biblischer Glaube sei »first and foremost a confessional recital of the gracious and redemptive acts of God«.[93] Eine »Theologie des Alten - und Neuen Testaments«, die einerseits über bloße historisch-kritische Analyse hinausgehe, andererseits sich aber nicht in den Referenzrahmen philosophischer Rationalitätsstandards einordnen wolle – weil auf beiden Denkwegen das Proprium der biblischen Botschaft nicht wirklich zur Entfaltung komme –, müsse mit der Nacherzählung der »mighty acts of God« beginnen. Sie müsse also bei der Realgeschichte Gottes mit seinem Volk einsetzen und jene geschichtlichen Ereignisse in den Mittelpunkt ihres

90. Diskussionsbeiträge, welche die Providenzlehre weder in dem einen noch im anderen dieser beiden Bezugsrahmen entfalten, sondern ganz der Darstellung traditioneller Auffassungen verhaftet sind, bleiben hier wie in Teil V.A. weitgehend unberücksichtigt (womit kein Urteil über ihre Qualität gefällt sein soll). Dazu rechne ich u.a.: Berkouwer, G. C. (1952): The Providence of God (Studies in Dogmatics), Grand Rapids; Harkness, G. (1960): The Providence of God, New York, Nashville; Meyer, C. S., Mayer, H. T. (Hg) (1973): The Caring God: Perspectives on Providence, St. Louis, London (eine der wenigen dezidiert lutherischen Stellungnahmen zur Frage; mit interdisziplinärem Anspruch); Farley, B. W. (1988): The Providence of God, Grand Rapids, Mich., New York 1990 (calvinistisch); Oates, W. E. (1995): Luck. A Secular Faith, Louisville, KY, bes. 3-16 (baptistisch); Tupper, E. F. (1995): A Scandalous Providence. The Jesus Story of the Compassion of God, Macon, GA (narrativ und eher praktisch-theologisch ausgerichtet).
91. Wright, G. E. (1952, 1956^3) {→ L.}; Wright, G. E., Fuller, R. H. (1957): The Book of the Acts of God. Christian Scholarship interprets the Bible (Christian Faith Series), Garden City, NY. Siehe auch: Anderson, B. W. (1957, 1986^4): Understanding the Old Testament, Englewood Cliffs; Kee, H. C., Young, F. W. (1957, 1993^5): Understanding the New Testament, Englewood Cliffs.
92. Siehe dazu: Albrektson, B. (1967): History and the Gods, Lund; Barr, J. (1976): Biblical Theology, Nashville, TN; Reventlow, H. (1983): Hauptprobleme der Biblischen Theologie, Darmstadt; Barr, J. (1986): Art. »Biblische Theologie. Begriff und Forschungsgeschichte« in: EKL^3 1, 488-494; Miller, P. D. (1992): Art. »Biblical Theology«, in: Musser, D., Price, J. (Hg): New Handbook of Christian Theology, Nashville, 63-69.
93. Wright, G. E. (1952, 1956^3) {→ L.}, 120.

Nach-Denkens stellen, in denen Gott erwählt, gerichtet und gerettet habe. Nicht die Geistesgeschichte, sondern die empirische Geschichte sei die Arena der Aktivität (und darin der Selbstoffenbarung) Gottes, in der Gott »Tatsachen« schaffe. An seinen Taten sei er erkennbar. Alle Aussagen über sein Wesen und seine Eigenschaften stellten Rückschlüsse daraus dar. Die Bibel selbst sei als bekenntnishafte Nacherzählung der Taten Gottes zu verstehen[94] und Biblische Theologie als eine »theology of recital«[95] zu entfalten. Mit der These »... the central message of the Bible is a proclamation of the Divine Action«[96] eröffnete Wright eine Debatte um das Verständis der Wirksamkeit Gottes in der Geschichte.

Doch wie war diese Wirksamkeit vorzustellen? ›Interveniert‹ Gott occasionell und exemplarisch durch einzelne unvorhersehbare Machterweise und Epiphanien, »damit Gottes Herrlichkeit ... offenbar werde« (Joh 9,3)? Liegen diese offen zutage oder erschließen sie sich nur der glaubenden Interpretation? Wie verhält sich Gottes Wirksamkeit zum Nexus der natürlichen Ursachen?

Mit der Anwendung der Handlungskategorie auf Gottes Selbstereignung in der Geschichte war also ein Bündel von Fragen aufgeworfen, die vor allem

1. die qualitative Differenz zwischen göttlichem und menschlichem Handeln betrafen – zu sehr war Gott in der »Biblical Theology« als innerweltliches Handlungssubjekt gedacht worden, das singuläre Akte vollbringt;
2. die Erkennbarkeit und Zuschreibbarkeit bestimmter geschichtlicher Erscheinungen als Handlungen Gottes problematisierten[97] – zu sehr hatte die »Biblical Theology« die »mighty acts« als ›objektive‹ Erscheinungen angesehen;
3. die Möglichkeitsbedingung einer göttlichen ›Intervention‹ in den geschlossenen Kausalzusammenhang der physikalischen Wirklichkeit zur Diskussion stellten;
4. sich auf den Modus und die Grenze einer göttlichen Lenkung der universal- und individualgeschichtlichen Wirklichkeit bezogen (Determination versus Freiheit des Menschen);
5. die ›Extension‹ des göttlichen ›Handelns‹ thematisierten (Spezialität bzw. Partikularität versus Generalität bzw. Universalität) und in diesem Zusammenhang nach seiner Allmacht, Allgegenwart, Allwissenheit und Allgüte (Gerechtigkeit) fragten.

Diese Fragefelder markier(t)en die Themen der Debatte um »Divine Action«, wie sie in Auseinandersetzung mit der »Biblical Theology« geführt wurde. Sie verweisen auf die Problematik, 1. innerweltliche Ereignisse, Prozesse und Zustände einem transzendenten Handlungssubjekt zuzuschreiben, 2. den Modus anzugeben, in dem diese Ereignisse als ›Handlungen‹ Gottes erkennbar sind, 3. ihre Intelligibilität zu erweisen angesichts der kausalen Determiniertheit aller Geschehensabläufe in der Natur

94. »Since God is known by what he has done, the Bible exists as a confessional recital of his acts, together with the teaching accompanying these acts, or inferred from them in the light of specific situations which the faithful confronted« [Wright, G. E. (1952, 1956³) {→ L.}, 85].
95. Wright, G. E. (1952, 1956³) {→ L.}, Kap. 2 (33-58).
96. Wright, G. E. (1952, 1956³) {→ L.}, 120.
97. Erörtert etwa von Bultmann, R.: The Meaning of God as Acting, in: Thomas, O. C. (Hg) (1983) {→ L.}, 62ff.

und 4. der personalen Freiheit des Menschen in der Geschichte und schließlich 5. die Existenz des physischen Übels und moralischen Bösen damit zu vereinbaren.

Ein zweiter wichtiger Anstoß für die Debatte ging von Rudolf Bultmanns Entmythologisierungsprogramm aus. Konsequent hatte er ein interventionistisches Modell des Handelns Gottes abgewiesen. In einer 1958 unter dem Titel »Jesus Christ and Mythology« veröffentlichten Reihe von Vorträgen, die er zuvor in den U.S.A. gehalten hatte, vertrat er die These, Gott handele nicht *zwischen* den Ereignissen der Welt, sondern *in* ihnen, ohne ihre Eigendynamik zu unterbrechen.[98] Der präzise Modus dieses Wirkens bleibe jedoch prinzipiell verborgen. Lediglich im Licht des Glaubens würden Ereignisse, Prozesse und Zustände *als* Handlungen Gottes deutbar, indem sie Erfahrungen der wirksamen Gegenwart Gottes eröffneten und damit existentielle Transformationen auslösten. Daß der Glaubende ein Geschehen, »das völlig verstehbar ist in dem natürlichen oder geschichtlichen Ablauf der Dinge« »dennoch« als Handeln Gottes deutet, beschreibt Bultmann als »Paradox des Glaubens«.[99] Die Frage nach der Kausalierung der Gott zugeschriebenen Akte ist damit für unzulässig erklärt, die Zuschreibung selbst aber für zulässig. Das hat seinen Grund in der strikten Rückbindung der Rede von Gottes Handeln an die Glaubensperspektive des Redenden, bzw. an seine existentielle Relation zu Gott. Gottes Handeln auf der gleichen Ebene zu lokalisieren, auf der seine Geschöpfe existieren und agieren, würde unmittelbar in die Mythologisierung führen. Am ehesten erscheint demgegenüber die Analogie zwischenmenschlicher Beziehungen zur Explikation der Gott-Welt-Relation angemessen.

Der Skopus des Bultmann'schen Konzepts liegt nicht darin, eine theologische Theorie des Handelns Gottes zu entwerfen, sondern gerade die prinzipielle Unmöglichkeit verobjektivierender Konzepte herauszuarbeiten und die Unhintergehbarkeit der personalen, zeugnishaften Rede von Gottes Wirken hervorzuheben.

Waren die »mighty acts of God« damit zu Expressionen des glaubenden »seing-as« (L. Wittgenstein) erklärt? Ließ sich also nur noch von einer kerygmatischen Glaubenswirksamkeit Gottes sprechen, nicht aber mehr von einem Handeln in Natur und Geschichte? War mit Bultmanns Ansatz die offensichtliche Hermeneutikvergessenheit der »Biblical Theology« in das Gegenteil einer kerygmatischen Natur- und Geschichtsvergessenheit und in diesem Sinne in einen neuen Deismus umgeschlagen?

Zu Beginn der 60er Jahre wurde die Debatte um das Divine-Action-Konzept der »Biblical Theology« durch zwei bedeutsame Diskussionsbeiträge stark angeregt. Sie gaben die beiden Themenfelder vor, auf die sich die Debatte in der Folgezeit fokussierte: die Konfrontation der Rede von einem Handeln Gottes in Natur und Geschichte mit dem zeitgenössischen Naturverständnis und die sprachanalytische Frage nach dem Bedeutungsgehalt des auf Gott angewendeten Handlungsbegriffs.

98. Bultmann, R. (1958): Jesus Christ and Mythology, New York [darin besonders das Kapitel: The Meaning of God as Acting; abgedruckt in: Thomas, O. C. (Hg) (1983) {→ L.}, 61-76]; dt: Jesus Christus und die Mythologie. Das Neue Testament im Licht der Bibelkritik, Hamburg 1964; bes. 69-101, die erwähnte Zentralaussage findet sich dort auf S. 71.

99. A.a.O., 76.

Langdon B. Gilkey[100] analysierte in seiner Kritik an der »Biblical Theology« die Problematik des Divine-Action-Konzepts und faßte sie in folgenden beiden Argumenten zusammen: a) Die Annahme eines geschlossenen Kausalzusammenhangs zwischen den Ereignissen der Wirklichkeit sei inkompatibel mit der Annahme, daß Gott in diesen Zusammenhang eingreife; b) von einem »Akt« lasse sich nicht univok im Blick auf den Menschen und auf Gott sprechen. Allein in einem *analogen* Sinn könne Gott ein Handeln prädiziert werden. Bisher habe aber noch niemand eine zufriedenstellende Bestimmung der Analogie anbieten können. Gilkey forderte - nicht zuletzt von Tillich inspiriert - gegenüber der »Biblical Theology« eine theologische Ontologie, welche die Beziehung zwischen der Aktivität Gottes und den »ordinary events« in Natur und Geschichte sowie zu den speziellen Ereignissen der Heilsgeschichte zu bestimmen erlaube: »What we desperately need is a theological ontology that will put intelligible and credible meanings into our analogical categories of divine deeds and of divine self-manifestation through events«.[101]

Schubert Ogden, der stark von Bultmann beinflußt war, nahm die von Gilkey gelegte sprachanalytische Spur auf und fragte: »Welchen Sinn hat es zu sagen: ›Gott handelt in der Geschichte‹«?[102] So sehr einer Verobjektivierung der Taten Gottes mit Bultmann zu widersprechen sei, so wenig dürften sie andererseits in existentialistische Expressivität aufgelöst werden. In dem von ihm eingeschlagenen Lösungsweg rekurriert er auf Einsichten aus Hartshornes Prozeßtheologie. Er unterscheidet zwei Ebenen des Handelns: das äußere zweckhafte Tätigsein und die innere Selbstkonstitution, die allem zweckhaften Tun zugrunde liegt. Aktion ist immer auch Interaktion, sowohl mit anderen Menschen als auch des Menschen mit seinem eigenen Selbst. In dieser Selbst-Interaktion findet Selbst-Kreation statt. Vor allem die zweitgenannte Bedeutung sei geeignet, auf Gott angewendet zu werden. Auch in Ogdens Überlegungen war unterstellt, daß es sich bei der Rede vom ›Handeln‹ Gottes um einen analogischen, im Blick auf menschliche Daseinsäußerungen gebildeten modus loquendi handele, mit dem bestimmte Wirklichkeitserfahrungen der Wirksamkeit Gottes zugeschrieben werden.

100. Gilkey, L. B. (1961): Cosmology, Ontology, and the Travail of Biblical Language, in: JoR 41, 194-205, abgedruckt in: Thomas, O. C. (Hg) (1983) {→ L.}, 29-43; ders. (1963): The Concept of Providence in Contemporary Theology, in: JoR 43, 171-192; Gilkey, L. B. (1976) {→ A. 50}, Part III, 157-318; ders. (1993): Nature, Reality and the Sacred: The Nexus of Science and Religion, Minneapolis, bes. 21f. - Siehe dazu: Alston, W. (1990): How to Think About Divine Action. Twenty-five Years of Travail for Biblical Language, in: Hebblethwaite, B. L., Henderson E. H. (Hg) {→ L.}, 51-70; Tupper, E. F. (1995): A Scandalous Providence. The Jesus Story of the Compassion of God, Macon, GA, 441-454.

101. A.a.O., 40.

102. Ogden, S. M. (1963): What Sense Does It Make to Say, ›Gods Acts in History‹, in: JoR 43, 1963, 1-19; ebenso in: ders.: The Reality of God and Other Essays, New York 1966[3], 164-187; abgedruckt in: Thomas, O. C. (Hg) (1983) {→ L.}, 77-100; dt.: Welchen Sinn hat es zu sagen: »Gott handelt in der Geschichte«? in: ders. (1970): Die Realität Gottes, Zürich, 203-230. - Zur Diskussion um Ogdens Ansatz: Tracy, T. F. (1984): Enacting History: Ogden and Kaufman on God's Mighty Acts, in: JoR 64, 20-36.

Damit war zum einen die hermeneutische Schlichtheit der »Biblischen Theologie« mit ihrer Überbetonung des geschichtlichen Offenbarungshandelns Gottes überwunden.[103] In ihrem weiteren Verlauf bewegte sich die Debatte in die Richtung, von der sich die »Biblical Theology« gerade fernhalten wollte: in Richtung philosophischer Reflexion auf die logischen Möglichkeitsbedingungen der Rede vom Handeln Gottes. Dabei traten immer stärker Fragen der theologischen Erkenntnistheorie[104] und Bezüge zur Sprachanalyse[105] und Handlungstheorie[106] in den Blick.

Es war zweitens die Rede von Akten Gottes *in* der Welt überwunden. Gottes Aktuosität sollte vielmehr als »enacting« des kreatürlichen, natürlich-geschichtlichen Gesamtprozesses verstanden werden. Eine offene und für die weitere Entwicklung der Diskussion zentrale Frage blieb, ob und in welcher Weise sich die so hervorgehobene *generelle* Aktivität Gottes zu *spezifischen* Akten individualisiert. Wo Gott nicht als *auctor* einzelner Erscheinungen aufgefaßt wird, bleibt nur die alternative Möglichkeit, in diesen Erscheinungen *Repräsentationen* bzw. *Manifestationen* seiner generellen Aktuosität zu sehen.

Die Auseinandersetzung spitzte sich in der Folgezeit auf die Frage zu, ob und in welchem Sinn die Kategorie der Kausalität geeignet sei, die Wirksamkeit Gottes zum Ausdruck zu bringen. Ein wichtiger Impuls zu einem neuen Verständnis von Verursachung kam aus der Prozeßtheologie und wurde besonders von John Cobb[107] und David

103. In seiner Darstellung »Biblical Theology in Crisis« (1969) arbeitete B. S. Childs die Schwächen dieses Projekts heraus, die zu seinem Niedergang führten: Neben der einseitigen Fixierug auf Geschichte (bei Ausblendung der menschlichen Rezeptivität und Kognitivität geschichtlicher Wahrnehmung, der traditionsgeschichtlichen Dimension und der Wirklichkeit der Natur, wie sie etwa in der Weisheitsliteratur eine wichtige Rolle spielt) war dies vor allem das Festhalten an der Einheit der biblischen Überlieferung und der Einzigartigkeit ihres Inhalts in der Umwelt der zeitgenössischen Religionen. Zudem hatte sie zu wenig sprachanalytisches Bewußtsein aufgebracht, d.h. nicht genügend zwischen biblischen Sprachformen differenziert und diese Sprachformen, die zumeist der unmittelbaren religiösen Kommunikation entstammen, insgesamt zu dem erklärt, was auch theoretisch zu gelten habe. Gott mußte dabei als innerweltliche Handlungsinstanz erscheinen. Die Kommunikation zwischen ihm und den Menschen wurde narrativ in Anlehnung an die Interaktionsgesetze beschrieben, die in zwischenmenschlichen Beziehungen herrschen. – Zur Kritik an der »Biblical Theology« siehe auch: Barr, J. (1973): The Bible in the Modern World, New York.

104. Schon R. Bultmann hatte die erkenntnistheoretischen Probleme, die sich mit der Rede vom Handeln Gottes stellen, klar herausgearbeitet: Bultmann, R. (1958): The Meaning of God as Acting, in: Thomas, O. C. (Hg) (1983) {→ L.}, 62ff. A. Flews Gärtner-Gleichnis kann zur Illustration der Problematik dienen [Flew, A., MacIntyre, A. (Hg) (1955): Essays in Philosophical Theology, London, 96-108; dt. in: Dalferth, I. U. (Hg) (1974): Sprachlogik des Glaubens. Texte analytischer Religionsphilosophie und Theologie zur religiösen Sprache, München, 84-95, hier: 84]: Die beobachteten, offensichtlich intentionalen Veränderungen im Garten werden dem nicht sichtbaren Gärtner als Handlungen zugeschrieben. Die Frage nach der Realreferenz der Zuschreibung, d.h. die Frage, ob wirklich eine Handlungsinstanz am Werk war, läßt sich nicht beantworten. Siehe dazu auch: Mitchell, B. (1980): Does Christianity Need a Revelation? in: Theology 83, 103-109.

105. Siehe dazu die Darstellung bei: Gwynne, P. (1996) {→ L.}, 33ff.

106. → Teil V, A. 9.

107. Cobb, J. B., Jr. (1973): Natural Causality and Divine Action, in: IdS 3, 207-222; abgedruckt in: Thomas, O. C. (Hg) (1983) {→ L.}, 101-116.

R. Griffin[108] in die Diskussion eingebracht: Nach Cobb wirkt Gott nicht als effektive Ursache, sondern »by calling us forward«, »luring us with new and richer possibilities for our being«. Die von Gott ausgeübte Macht sei »that of an ideal, a power which is not coercive, but not for that reason ineffectual«.[109] Die prozeßtheologische Ausrichtung dieser Gedanken wird noch deutlicher in seinen späteren Äußerungen zum Thema, wo er die Wirksamkeit der »persuasive power« Gottes auslegte als »a certain type of process (at) work in us«, in dem eine »creative unification of a multiplicity of elements into a new whole« stattfinde.[110] In ähnlicher Weise plädierte Griffin für ein prozeßtheologisch ausgedeutetes Verständnis der Wirksamkeit Gottes im Sinne einer finalen Kausativität.[111] Von Gott gehe ein Einfluß aus, der dem Menschen ein »initial aim« (Whitehead) vorgebe.

Mit seiner Rezeption der thomasischen Zwei-Ursachen-Lehre und ihrer Fortbildung zum Konzept der *double-agency* gab Austin Farrer der Debatte einen wichtigen Impuls, der bis in die Gegenwart fortwirkt.[112] Heftige Auseinandersetzung provozierte Maurice Wiles mit seiner These, Gott wirke nicht partikulare Einzelereignisse, sondern nur in Form einer »universal and uniform action«. Noch bevor die entfaltete Darstellung seiner Position veröffentlicht wurde[113], legte Vernon White ein kraftvolles Plädoyer für eine universal-spezifische Aktuosität Gottes vor: In seiner universalen Souveränität wirke Gott alles Geschehen – bis zum Fall des einzelnen Sperlings.[114]

Mit der Auseinandersetzung um die Universalität (bzw. Generalität) versus Spezifität (bzw. Partikularität) des Handeln Gottes, d.h. mit der Debatte um die Möglichkeit individueller göttlicher Akte ist eines der zentralen Diskussionsfelder bezeichnet, die seit Mitte der 80er Jahre die Debatte bestimmen. Wirkt Gott primär den »master act« (G. Kaufman) der Erhaltung und Finalisierung der Schöpfung insgesamt oder gilt seine je besondere Fürsorge dem einzelnen Geschöpf und dem individuellen Ereignis? In seiner aktuellen Studie »Special Divine Action: Key Issues in the Contemporary Debate (1965-1995)« hat P. Gwynne diesen Diskussionsstrang aufgeabeitet {→ L.}, so daß er in der vorliegenden Arbeit nicht erneut ausführlich dargestellt werden muß.[115]

108. Griffin, D. R. (1975): Relativism, Divine Causation, and Biblical Theology, in: Encounter 36, 342-360, abgedruckt in: Thomas, O. C. (Hg) (1983) {→ L.}, 117-136.
109. Cobb, J. B., Jr. (1969): God and the World, Philadelphia, 57-66.
110. Etwa in: Cobb, J. B., Jr. (1982): Process Theology as Political Theology, Philadelphia, 102-107.
111. Ich gebrauche den Ausdruck »Kausativität« hier wie im folgenden, um den Prozeßcharakter des Hervorbringens stärker zu betonen, während »Kausalität« den Ursache-Wirkungszusammenhang als solchen bezeichnet.
112. Siehe dazu Kapitel V.A.4. - Die Rezeption des Farrer'schen Ansatzes spiegelt sich vor allem im Themenheft von MoTh 1 (1985) und in den Beiträgen zur »4th International Conference on A. Farrer's Thought« (1986), die 1990 veröffentlicht wurden [Hebblethwaite, B. L., Henderson E. H. (Hg) {→ L.}].
113. Wiles, M. (1986) {→ L.}. Siehe dazu Kapitel V.A.5.
114. White, V. (1985) {→ L.}. Seine These lautet: »God acts personally, universally, with priority and sovereign efficacy; he acts in relation to particular events« (55). Zur Kritik siehe: Gwynne, P. (1996) {→ L.}, 26-29.
115. Gwynnes katholisch-theologische Dissertation, die an der Gregoriana entstanden ist, bietet eine akribische Systematisierung der einzelnen Argumente mit dem Interesse, die Kohärenz und Plausi-

Die Kontroverse um die Kompatibilität der Rede vom Handeln Gottes mit dem zeitgenössischen naturwissenschaftlichen Wirklichkeitsverständnis verlagerte sich zunehmend in die Debatte zwischen Theologie und Naturwissenschaft und erfuhr dabei eine starke Differenzierung. Die noch zu Beginn der 60er Jahre vor allem unter den von Bultmann inspirierten Partizipanten an der Divine-Action-Debatte verbreitete Vorstellung, die natürliche Wirklichkeit sei als ununterbrochener Kausalnexus zu denken, in den es keine Interventionen einer extramundanen Aktinstanz geben könne (s.o.), erwies sich dabei bald als so überholt wie die Wirklichkeitsdeutung Newtons und Laplaces.[116] Die Revision dieser Auffassung von »Divine Action« gründete jedoch nicht nur in der Rezeption aktueller naturwissenschaftlicher Konzepte, sondern auch a) in einer handlungstheoretischen Sachkritik am Konzept der »event-causality«, der die »agent-causality« gegenübergestellt wurde {→ S. 323}, und b) in einer theologischen Sachkritik am Modell eines von außen in den Weltprozeß eingreifenden Gottes. Ihm wurden andere Modelle zur Seite gestellt, die Gottes Immanenz in der Wirklichkeit stärker betonten {→ Kap. V.A.}. Es zeigte sich dabei immer deutlicher, daß nicht erst die Verletzung der naturgesetzlichen Ordnung durch transzendente Intervention das erklärungsbedürftige Problem der »Divine Action« ausmachte, sondern diese selbst: die Vorstellung einer Wirksamkeit Gottes in der Welt.

Den Diskussionverlauf bis zu Beginn der 80er Jahre spiegelt der von O. C. Thomas hg. Sammelband »God's Activity in the World« {→ L.} wider.[117] Schon der Blick auf die darin zusammengestellten Texte zeigt, daß es problematisch ist, unifizierend von

bilität der Rede von einem speziellen bzw. individuellen Handeln Gottes zu erweisen. Er will damit vor allem die Sinnhaftigkeit der (biblischen, aber auch nachbiblischen) Wunderüberlieferungen erweisen, doch hält er seine eigene Position bedauerlicherweise weitgehend zurück. Aus dem genannten Interesse versteht sich auch die von ihm vorgenommene problematische Deutung der Unterscheidung zwischen dem *indirekten* und dem *direkten* speziellen Handeln Gottes im Sinne der Differenzierung zwischen providentia *ordinata* et *extraordinata*, wobei er das direkte Gotteshandeln mit der Erwirkung von Wundern identifiziert. Damit bleibt er einem Supranaturalismus verhaftet, der die menschliche Komponente im Ereignungs-, Wahrnehmungs- und Tradierungszusammenhang wunderhafter Geschehnisse nicht ausreichend in Rechnung stellt. Überzeugender scheint demgegenüber Weissmahrs Behauptung, derzufolge alles Welthandeln Gottes – auch das wunderhafte – ein vermitteltes sei {→ S. 384}. Letztlich kommt Gwynnes Argumentation über einen Zirkelschluß nicht hinaus, demzufolge die Überzeugung von einem speziellen Handeln Gottes in der Welt ihre Begründung aus dem Glauben bezieht, daß Gott als personales, in der Welt wirkendes Handlungssubjekt vorzustellen ist (S.293ff).
Weitere Diskussionsbeiträge, die ebenfalls auf die Frage nach dem speziellen Handeln Gottes fokussiert sind, wurden vorgetragen von: Kirkpatrick, F. G. (1983): Understanding an Act of God, in: Thomas, O. C. (Hg) {→ L.}, 174-178; White, V. (1985) {→ L.}, bes. Kap. 4 (96-121); Allen, R. T. (1987): The Question of »Special Providences«, in: Theology, 90, 441-446 [in Auseinandersetzung mit: Owen, H. P. (1984): Christian Theism, Edinburgh]; Hesselink, I. J. (1988): The Providence and the Power of God, in: RefR 41, 97-115; Carr, A. (1989): Not a Sparrow Falls: On Providence and Responsibility in History, in: PCTSA 44, 19-38; Hansson, M. J. (1991) {→ L.}, 109ff, bes. 125; Tracy, T. F. (1994): Divine Action, Created Causes, and Human Freedom, in: ders. (Hg) {→ L.}, 77-102; ders. (1995): Particular Providence and the God of the Gaps, in: CTNS Bulletin 15, 1-18.

116. Siehe etwa: Alstons Kritik an Gilkeys Aufsatz von 1961 {→ A. 100}.

117. Siehe auch: Thomas, O. C. (1973): Introduction to Theology, Revised Edition, Wilton, Conn., 109ff.

einer »Divine-Action-Debatte« zu reden. Denn die Beiträge, aus denen sie besteht, sind in z.T. sehr verschiedenen Kontexten und Diskussionslagen entstanden und nehmen nicht immer Bezug aufeinander. Das wird noch deutlicher, wenn man die Fäden der Diskussion bis in die Gegenwart verfolgt, wobei die (z.T. aus Konferenzen hervorgegangenen) Aufsatzsammlungen von T. V. Morris (Hg) (1988) {→ L.}, B. L. Hebblethwaite und E. H. Henderson (1990) {→ L.} und T. F. Tracy (1994) {→ L.} Marksteine der Entwicklung bilden. Hinzu kommen herausragende Einzelstudien, wie die von M. J. Hansson (1991) {→ L.}, C. Schwöbel (1992) {→ L.} und P. Gwynne, (1996) {→ L.}. Ein Forum fand diese Diskussion auch 1990, als die »Eighth European Conference on Philosophy of Religion« zum Thema »Divine Agency« an der Evangelischen Akademie Mühlheim/Ruhr stattfand. Die 1978 in den USA gegründete »Society of Christian Philosophers« steuert in ihrer Zeitschrift »Faith and Philosophy« immer wieder profunde religionsphilosophische Reflexionen zur Debatte und der an sie angrenzenden Themenfelder bei, wobei die »Christian Philosophers Group« um Alwin Plantinga und die stärker in der Tradition Thomas von Aquins stehende Schule von Norman Kretzmann und Eleonora Stump in besonderer Weise genannt zu werden verdienen. Interessant ist dabei, daß die Rede von Gottes spezifischem Handeln in der Welt von Seiten der analytischen Philosophie - besonders wo sie sich mit postmoderner Rationalitätskritik verbindet, wie etwa bei William P. Alston[118] - Unterstützung erfährt, während sie von Theologen wie Maurice Wiles {→ Kap. V.A.5} zurückgenommen wird.

Um einen diachronen, systematischen Überblick über die vertretenen Modelle zu gewinnen, ist die Systematik von O. C. Thomas hilfreich. Thomas unterscheidet[119]: 1. Das in Analogie zum Handeln des Menschen entworfene Konzept des Handelns Gottes. Gottes Wirken erscheint als personale (Inter-)Aktion, als Intervention Gottes in den Ereigniszusammenhang der Welt. Zur Klärung dieses Konzepts, das sich auf die biblische Überlieferung beruft, lassen sich handlungstheoretische Erwägungen heranziehen. 2. Das auf Thomas von Aquin zurückgehende Modell von Erst- und Zweitursache. Gott wirkt als prima causa in den - und durch die geschöpflichen Ursachen. 3. Der prozeßtheologische Ansatz, demzufolge Gott durch »influence« oder »persuasion« agiert. Nicht mehr das personale Handeln bildet die Leitmetaphorik, sondern die Analogien von Geist (bzw. Person oder Selbst) und Körper. 4. Das Konzept der »uniform and universal action« Gottes, welche eine antwortende Reaktion des Menschen hervorruft. Hier kann von partikularen Hervorbringungen Gottes nur noch indirekt und per Zuschreibung die Rede sein: Menschliches Handeln, das Gottes Wil-

118. Alston, W. (1985): God's Action in the World, in: McMullin, E. (Hg): Evolution and Creation, Notre Dame, IN, 197-220; ders. (1988): Divine and Human Action, in: Morris T. V. (Hg) (1988) {→ L.}, 257-280; ders. (1989): Divine Nature and Human Language. An Essay in Philosophical Theology, New York (bes. der Teil: »Special Acts of God without Direct Intervention«); ders. (1990): How to Think About Divine Action. Twenty-five Years of Travail for Biblical Language, in: Hebblethwaite, B. L., Henderson E. H. (Hg) {→ L.}, 51-70; ders. (1993): Divine Action, Human Freedom and the Laws of Nature, in: Russell, R. J. u.a. (Hg) {→ A. 44}, 185-208; ders. (1994): Divine Action: Shadow or Substance, in: Tracy, T. F. (Hg) {→ L.}, 41-62.
Zu Alston siehe: Gwynne, P. (1996) {→ L.}, 36-38.

119. Thomas, O. C. (Hg) (1983) {→ L.}, 231ff.

len konform ist, kann im übertragenen Sinn als Handeln Gottes bezeichnet werden.
5. Das Modell der zwei Perspektiven und Sprachspiele. Es geht davon aus, daß sich das Weltgeschehen ebenso wissenschaftlich-naturalistisch wie in der glaubenden Gott-Perspektive beschreiben läßt.

O. C. Thomas' Modellschema dient der ersten Orientierung[120], bedarf aber der Differenzierung, wie sie in Teil V dieses Buches geleistet werden soll. Insgesamt bietet die Divine-Action-Debatte eine fruchtbares Gedankenfeld zur Revision der Vorsehungslehre. Doch leidet sie über weite Strecken an mangelndem Traditionsbewußtsein. Nicht selten werden Entwürfe ohne Referenz zu klassischen Ansätzen entfaltet, in denen ähnliche Problemkonstellationen tiefgründig reflektiert sind. Einige der historischen Ansätze sind in Genauigkeit und Reflexionsgrad den gegenwärtig vorgetragenen weit überlegen.

> Im Interesse begrifflicher Präszision ist zwischen einer engeren und einer weiteren Verwendung des Ausdrucks »Divine-Action-Debatte« zu unterscheiden. Im engeren, weniger gebräuchlicheren Sinn bezeichnet er lediglich jene Konzepte, die Gott ein *personanaloges* Handelns prädizieren (also nur das erste von O. C. Thomas genannte Modell), im weiteren und verbreiteteren Gebrauch, wie er auch in dieser Untersuchung Anwendung findet, erfaßt er *alle* von Thomas zusammengestellten Versuche, die Wirksamkeit Gottes zu konzeptualisieren.

In der vorliegenden Studie soll eine Vermittlung zwischen den Positionen des traditionellen Vorsehungsdenkens und den Impulsen aus der »Divine-Action-Debatte« geleistet werden. Dazu ist nun zunächst im zweiten Teil des Buches ein Überblick über die klassische Lehrgestalt des Providenztopos in der reformatorischen Theologie erforderlich. Im dritten Teil soll dann zum einen der Konflikt nachgezeichnet werden, in den diese Lehre geraten musste, als sich das ihr zugrundeliegende Weltverständnis veränderte, und zum anderen sollen die darauf reagierenden theologischen und philosophischen Revisionen und Ersatzbildungen in den Blick kommen. Das vierte Kapitel zeigt, wie sich aus dem Kontingenzpostulat der Naturwissenschaft und -philosophie des 20. Jhs neue Ansatzpunkte für die Rede von Gottes providentiellem Handeln in der Welt zu ergeben scheinen. Im systematischen Hauptteil der Arbeit wird dann der modus loquendi vom »Handeln Gottes« vor dem Hintergrund der Debatte um »Divine Action« sprachanalytisch aufgearbeitet und in ausgewählten Entwürfen untersucht (V.A). In der Kontrastierung mit dem sapiential-ordinativen Modell tritt die Charakteristik, aber auch die Problematik des aktualen Modells noch klarer heraus (V.B). Diesen beiden Paradigmen zur Explikation des Wirkens Gottes in der Welt stelle ich das Konzept der operativen Präsenz zur Seite (V.C) und nehme dann die drei Modelle hinsichtlich ihrer jeweiligen Leitmetaphorik noch einmal zusammenfassend in den Blick (V.D). Im letzten Teil des Buches sollen dann aus dem zurückgelegten Gedankenweg Konsequenzen für die systematische Rekonstruktion der Vorsehungslehre gezogen werden.

120. Vgl. alternative Modellschemata, etwa das von Ian Barbour entworfene [Barbour, I. G. (1990) {→ A. 41}, 243-270 {→ Teil V, A. 193}] oder das bei R. Preul angedeutete [Preul, R. (1987): Problemskizze zur Rede vom Handeln Gottes, in: Härle, W., Preul, R. (Hg) {→ L.}, 8-11].

II. Die klassische Gestalt der Vorsehungslehre als Lehre vom Welthandeln Gottes in der reformatorischen Theologie

Es kann und soll im folgenden nicht eine detaillierte *historische* Rekonstruktion der Lehrentwicklung geleistet werden. Beabsichtigt ist vielmehr die Darstellung von paradigmatischen Verschiebungen im *systematischen* Verständnis der Vorsehung Gottes. Dabei beschränke ich mich im wesentlichen auf die protestantische Lehrbildung, lege den Schwerpunkt auf die Darstellung und Diskussion der Vorsehungslehre Calvins[1], summiere die Providenzlehre der lutherischen Orthodoxie und zeige die grundlegende Differenz der reformierten Position dazu auf. So bedeutsam die *vor* der Reformation entwickelten philosophischen und theologischen Entwürfe der Vorsehungslehre (in der Stoa[2], in der Alten Kirche des Ostens[3], bei Augustin[4], vor allem aber bei Thomas von Aquin[5]) als Referenzpunkte für die Ausbildung dieser Lehre in der

1. Zur Begründung dieser Schwerpunktsetzung {→ S. 87}.
2. Siehe dazu: Lobstein, P. (1908, ND 1971) {→ L.}, 742f; Bultmann, R. (1940): Das Verständnis von Welt und Mensch im Neuen Testament und im Griechentum, in: ThBl 19, Nr.1, 2-14, bes. 6f; Behm, J. (1942) {→ Teil I, A. 82}, 1007f; ausführlich: Pohlenz, M. (1948): Die Stoa. Geschichte einer geistigen Bewegung, Göttingen, I, 98-106; Mansfeld, J. (1979): Providence and the destruction of the universe in early Stoic thought, with some remarks on the »mysteries of philosophy«, in: Vermaseren, M. J. (Hg): Studies in Hellenistic Religions, Leiden, 129-188; Schilson, A. (1991) {→ L.}, 219f; Ricken, F. (Hg) (1996): Philosophen der Antike II, Stuttgart u.a., 24ff, bes. 33-35.
3. Zur Vorsehungslehre in der Alten Kirche siehe die Zusammenstellungen von Quellentexten in: Heilmann, A. (Hg) (1964): Texte der Kirchenväter. Eine Auswahl, nach Themen geordnet, Bd. 1, München, 185-240; Walsh, J., S.J., Walsh, P. G. (1985): Divine Providence and Human Suffering (Message of the Fathers of the Church 17), Wilmington, Delaware, bes. 19-101. - Lobstein, P. (1908, ND 1971) {→ L.}, 749-751; Koch, H. (1932): Pronoia und Paideusis. Studien über Origenes und sein Verhältnis zum Platonismus, Berlin; Behm, J. (1942) {→ Teil I, A. 82}, 1011; Scheffczyk, L. (1963) {→ L.}, 34, 39 (mit zahlreichen Belegstellenangaben in Anm. 28); Pesch, O. H. (1982) {→ Teil I, A. 40}, 113, Anm. 60; Ramsey, I. (1973) {→ L.}, 17ff, 45ff; Krolzik, U. (1987) {→ L.}, 39ff; Studer, B. (1988): Zur frühchristlichen Lehre über die Vorsehung und das Wirken Gottes in der Welt. Ein Diskussionsbeitrag, in: Schneider, T., Ullrich, L. (Hg) {→ L.}, 109-115; Schilson, A. (1991) {→ L.}, 222ff; Benjamins, H. S. (1994): Eingeordnete Freiheit: Freiheit und Vorsehung bei Origenes (SVigChr 28), Leiden u.a.
4. Zur Vorsehungslehre Augustins siehe vor allem: Scholl, N. (1960): Providentia. Untersuchungen zur Vorsehungslehre bei Plotin und Augustin, Freiburg; Parma, C. (1971): Pronoia und Providentia. Der Vorsehungsbegriff Plotins und Augustins, Leiden. - Außerdem: Gilkey, L. B. (1976) {→ Teil I, A. 50}, 160-175; Häring, H. (1979): Die Macht des Bösen. Das Erbe Augustins, Zürich (ÖTh 3), Gütersloh, bes. 94ff und 105-136, wo Häring Augustins Auffassung zu »Notwendigkeit und Freiheit« von der Plotins abhebt (allerdings hat Häring die beiden wichtigen Studien von Scholl und Parma nicht verarbeitet); Schilson, A. (1991) {→ L.}, 223f; Davies, H. (1992) {→ L.}, Kap. 2.
5. Darstellungen der Vorsehungslehre Thomas von Aquins: Ratschow, C. H. (1959) {→ L.}, 33-35; Scheffczyk, L. (1963) {→ L.}, 90ff; Pesch, O. H. (1967, 1985[2]) {→ A. 6}, 842-849; Plathow, M. (1976) {→ L.}, 18-30; Raitt, J. (1978): St Thomas Aquinas on Free Will and Predestination, in: DDSR 43, 188-195 (Lit.); Burrell, D. (1979): Aquinas: God and Action, Notre Dame, IN; Pesch, O. H. (1982) {→ Teil I, A. 40}, 74f; Gilson, E. (1956): The Christian Philosophy of St. Thomas Aquinas, New York; Moskop, J. C. (1984): Divine Omniscience and Human Freedom. Thomas Aquinas and Charles Hartshorne, Macon, GA; Burrell, D. B. (1984): Maimonides, Aquinas and Gersonides on Providence and Evil, in: RelSt 20, 335-351; Nwigwe, N. E. (1985): Die Lehre von der göttlichen Vorsehung und menschli-

reformatorischen Theologie sind - es kann und soll doch nur in Form kurzer, skizzenhafter Hinweise auf sie eingegangen werden. Ebenfalls nur in Form eines Exkurses stelle ich die für das Thema dieser Untersuchung relevanten molinistisch-thomistischen Auseinandersetzungen dar. Wenn auch der Ansatz Molinas ein eigenes Gewicht beanspruchen kann, so ähneln doch die in der molinistisch-thomistischen Kontroverse im Blick auf die Vorsehungslehre vertretenen Positionen den zwischen lutherischer und reformierter Orthodoxie umstrittenen Auffassungen.

Diese Breite der zu sichtenden Entwürfe und die dabei vorgenommenen Schwerpunktsetzungen erklären sich aus der Zielrichtung der vorliegenden Studie: Die in der Theologiegeschichte geleisteten systematischen Arbeiten sollen im Blick auf die in der englischsprachigen Theologie geführte Debatte um Gottes Providenz und »Divine Action« untersucht und dargestellt werden. Zahlreiche der dort debattierten Sachfragen begegnen bei Luther, Melanchthon, Calvin und in der protestantischen Orthodoxie in klassischer Gestalt.

Der Interpretation der einzelnen Entwürfe kann nicht das gesamte Quellenmaterial zugrunde gelegt werden - das würde je eine eigene Studie erforderlich machen -, sondern nur jene zentralen Texte, aus denen sich die Grundüberzeugungen der Konzepte erheben lassen und die in der weiteren Wirkungsgeschichte des Vorsehungsdenkens in besonderer Weise lehrbildend waren.

Eine nach den Kategorien Kontingenz und Notwendigkeit in ontologischer und theologischer Hinsicht strukturierte Systematik soll helfen, das im folgenden zu skizzierende dezidiert aktualistische Verständnis der Wirksamkeit Gottes bei Luther und Calvin jenen Grundpositionen gegenüberzustellen, von denen sie sich scharf abgrenzen.

	Kontingenz	Notwendigkeit
Ontologisch	Ontische Kontingenz, Tychismus, Herrschaft des Zufallsprinzips, »Epikureismus«, Wahl-, Entscheidungs-, Handlungsfreiheit des Menschen, Eigenwirken der Kreatur.	Ontologischer Determinismus Naturalistischer Necessitarismus »Stoizismus« Autonomie
Theologisch	Theistischer Voluntarismus Wahl-, Entscheidungs-, Handlungsfreiheit Gottes als Ausdruck seiner Allmacht	Theonomie in a) Balance zwischen Immanenz und Transzendenz: ordo-Theologie (Thomas) b) verabsolutierter Immanenz: Pantheismus c) verabsolutierter Transzendenz: Deismus

Wenn in dieser Systematik der theologische Voluntarismus als Konzeptualisierung des Kontingenzprinzips dargestellt wird, so kann damit nicht gemeint sein, dem willentlich-kontingenten Handeln Gottes eigne keine Notwendigkeit. Doch ist es eine dem jeweiligen Handlungsvollzug inhärente, von ihm selbst gesetzte und je neu zu setzende Notwendigkeit, keine ihm vorausgehende und ihn konstituierende, informierende und finalisierende. Gerade dieser Grundzug kennzeichnet ihn als Basiskonzept einer aktualistischen Vorsehungslehre.

chen Freiheit bei Thomas von Aquin und ihre zeitlogische Kritik durch A. N. Prior und P. T. Geach, Diss. Münster; Wippel, J. F. (1985): Divine Knowledge, Divine Power and Human Freedom in Thomas Aquinas and Henry of Ghent, in: Rudavsky, T (Hg): Divine Omniscience and Omnipotence in Medieval Philosophy: Islamic, Jewish and Christan Perspectives (Synthese Historical Library 25), Dordrecht u.a., 213-226; Jorissen, H. (1988): Schöpfung und Heil: theologiegeschichtliche Perspektiven zum Vorsehungsglauben nach Thomas von Aquin, in: Schneider, T., Ullrich, L. (Hg) {→ L.}, 94-108; Stump. E. (1989): Die göttliche Vorsehung und das Böse. Überlegungen zur Theodizee im Anschluß an Thomas von Aquin (FHSS 8), Frankfurt; Davies, H. (1992) {→ L.}, Kap.3.

A. Das Motiv der Welterhaltung und -regierung bei Luther

Für die Entwicklung der altprotestantischen Vorsehungslehre ist besonders Luthers schöpfungstheologisch entfaltete Bestimmung des Weltbezuges Gottes und seine damit korrespondierende theologische Anthropologie relevant.[6] Ganz im Licht der Heilsfrage stehend, spannt sich diese aus zwischen den logisch kaum zu vereinbarenden Postulaten der Allwirksamkeit Gottes und der Verantwortlichkeit des Menschen für sein Handeln.[7] Besonders in der Auseinandersetzung um den freien Willen des Menschen, wie sie Luther in »De servo arbitrio« mit Erasmus führte, wird die beschriebene Spannung virulent. Was 1520 in den »Tesseradecas consolatoria«[8] und später in

6. Zur Vorsehungslehre Luthers - besonders zur Lehre von Gottes Allwirksamkeit, der Unfreiheit des menschlichen Willens und der cooperatio Gottes mit den Menschen - siehe: Holl, K. (1921, 1932⁶): Gesammelte Aufsätze zur Kirchengeschichte, Bd. 1, Tübingen, 44ff; Hermann, R. (1939): Zur Frage: Vorsehungs- und Heilsglaube bei Luther, in: ZsTh 16, 189-232 (abgedruckt in: ders.: Gesammelte Studien zur Theologie Luthers und der Reformation, Göttingen 1960, 167-195); Koehler, W. (1951): Dogmengeschichte als Geschichte des christlichen Selbstbewußtseins Bd. 2, Zürich, 143ff; Ratschow, C. H. (1959) {→ L.}, 41-52; Borcherdt, H. H., Merz, G. (Hg) (1954, 1983³): Theologische Einführung, zu: Martin Luther. Ausgewählte Werke, Ergänzungsreihe, 1. Band, München, 253-264; Seils, M. (1962): Der Gedanke vom Zusammenwirken Gottes und des Menschen in Luthers Theologie, Berlin; Althaus, P. (1962, 1983⁶): Die Theologie Martin Luthers, Gütersloh, 99ff; Ebeling, G. (1964, 1981⁴): Luther. Einführung in sein Denken, Tübingen, 220ff; Vorster, H. (1965): Das Freiheitsverständnis bei Thomas von Aquin und Martin Luther, Göttingen, 380ff; Nilsson, K. O. (1966): Simul. Das Miteinander von Göttlichem und Menschlichem in Luthers Theologie (FKDG 17), Göttingen, 79ff; McSorley, H. J. (1967): Luthers Lehre vom unfreien Willen nach seiner Hauptschrift De servo arbitrio im Lichte der biblischen und kirchlichen Tradition (BÖT 1), München, bes.: 285ff; Joest, W. (1967): Ontologie der Person bei Luther, Göttingen, 310ff; Pesch, O. H. (1967, 1985²): Die Theologie der Rechtfertigung bei Martin Luther und Thomas von Aquin. Versuch eines systematisch-theologischen Dialogs, Mainz, 368-396; Duchrow, U. (1969): Christenheit und Weltverantwortung. Traditionsgeschichte und systematische Struktur der Zweireichelehre, Stuttgart, 512-522; Plathow, M. (1976) {→ L.}, 36-44; Behnk, W. (1982): Contra Liberum Arbitrium Pro Gratia Dei. Willenslehre und Christuszeugnis bei Luther und ihre Interpretation durch die neuere Lutherforschung, Frankfurt, Bern; Hägglund, B. (1984): Die Frage der Willensfreiheit in der Auseinandersetzung zwischen Erasmus und Luther, in: Beck, A. (Hg): Renaissance - Reformation. Gegensätze und Gemeinsamkeiten (Wolfenbütteler Abhandlungen zur Renaissanceforschung 5), Wiesbaden, 181-195; Härle, W. (1987): Luthers Zwei-Regimenten-Lehre als Lehre vom Handeln Gottes, in: Härle, W., Preul, R. (Hg) (1987) {→ L.}, 12-32; Link, C. (1991) {→ L.}, I, 27-80; Brandt, R. (1992): Die ermöglichte Freiheit. Sprachkritische Rekonstruktion der Lehre vom unfreien Willen, Hannover; Schulz, H. (1994) {→ Teil III, A. 325}, 24-34 [der aber weitgehend von Ratschow, C. H. (1959) {→ L.}, 41-52, abhängig ist]; Plathow, M. (1995) {→ L.}, 67-86; Lohse, B. (1995): Luthers Theologie in ihrer historischen Entwicklung und in ihrem systematischen Zusammenhang, Göttingen, 178-187, 65f, 82-84, 122f (Lit.).
7. Einzig durch die Einführung der Unterscheidung zwischen All- und Alleinwirksamkeit läßt sich hier ein kontradiktorischer Gegensatz vermeiden {→ S. 396}.
8. WA 6, 110f, 125f.

den Katechismen im Ton des gewißmachenden Zuspruchs zum Ausdruck kam - daß Gott in jedem Moment neu die schöpferische causa omnium und darin das Subjekt liebender Fürsorge ist[9] -, das konnte im Sprachgewand der theologischen Rationalisierung als stoischer Necessitarismus erscheinen, der für die Selbsttätigkeit der Kreatur einen nur noch scheinbaren Platz einzuräumen vermag.[10] In der Definition der göttlichen Allmacht in 18, 718,30f[11] finden sich sogar noch Restbestände einer im Rahmen des Akt-Potenz-Schemas argumentierenden scholastisch-ontologischen Gotteslehre.

Doch darf dieser Befund nicht dazu verleiten, Luthers Auffassung vom monergistischen Zusammenwirken Gottes mit dem Menschen (cooperatio) ganz nach der Art scholastischer quaestiones in religionsphilosophischer Kategorialität zu interpretieren. Vielmehr wird von vorneherein die besondere Prägung seiner Theologie in Rechnung zu stellen sein: Luther entwickelte keine eigene, systematische Vorsehungslehre, sondern entfaltete seine Schöpfungstheologie in der Perspektive »existenzbetroffener Wahrnehmung« (O. H. Steck)[12] als bekenntnishafte Explikation des Vertrauens in Gottes aktual-herrscherliche Fürsorge. Alles andere als ein geschlossenes Lehrstück, ist sie das Glaubenszeugnis von Gottes *allmächtiger*, *gütig-gerechter*, *aktual-omnipräsenter*, in alledem aber *verborgener* Wirksamkeit, in der er seine Schöpfung im ganzen und jedes einzelne seiner Geschöpfe im besonderen erhält und regiert.

Eine systematisierende Rekonstruktion von Lehrstücken Luthers nach Maßgabe der ihnen innewohnenden theologischen Sachlogik - wie hier anvisiert - stößt schon bald auf logisch nicht mehr ausgleichbare Spannungen, die nur beschrieben, aber nicht aufgelöst werden können und dürfen, weil Luther selbst sich weigert, sie logisch aufzulösen und das Geheimnis Gottes rational zu verrechnen. Aus Respekt vor der Unergründlichkeit des Willens Gottes hebt er sie nicht theoretisch, sondern poimenisch, in seinen Glauben an die Allwirksamkeit und Übermacht der Gnade hinein auf und überläßt Gott damit das letzte Wort. Statt Lehrauffassungen aus Obersätzen zu deduzieren, läßt er sich von theologischen *Intentionen* leiten, die sich in Reaktion auf bestimmte Herausforderungen situativ je spezifisch ausprägen und daher in anderen Kontexten andere Akzentuierungen und Konzeptualisierungen erfahren können. Das ist mitzubedenken, wenn im folgenden von der systematischsten seiner Schriften - von »De servo arbitrio« - ausgegangen wird: daß auch sie nicht als scholastische Abhandlung zu verstehen ist, sondern als Manifestation und Interpolation des Rechtfertigungsglaubens, der sich aus Anlaß einer aktuellen Provokation reflexiver Durchdringung unterzieht: fides quaerens intellectum.[13]

9. Siehe dazu: Peters, A. (1991): Kommentar zu Luthers Katechismen (hg. v. G. Seebass), Bd. 2, Der Glaube, Göttingen, 56-91, bes. 71-77.
10. So empfindet schon Melanchthon die Ausdrucksweise Luthers »stoisch« (1537 in einem Brief an Veit Dietrich; CR III, 383). Es liegt nahe, daß mit dieser Etikettierung nicht nur die historische Lehre der Stoa anvisiert ist, sondern jener radikale Aristotelismus, der im 13 Jh. im Anschluß an Averroes besonders an der Pariser Universität (Siger von Brabant, Boetius von Dacien, Bernier de Nivelles u.a.) vertreten wurde. Averroes hatte den aristotelischen Formbegriff analog zur stoischen Logoi-spermatikoi-Lehre in die Materie hineinverlegt. So wurde sie zum Träger der Form aufgewertet, die der Materie mit immanenter Notwendigkeit Gestalt gibt und so die in ihr liegende Potenz realisiert.
11. Einfache Belegstellenangaben, die sich auf die WA (Band, Seite, Zeile[n]) beziehen, nehme ich hier - wie im folgenden - (zumeist eingeklammert) in den Text mit auf.
12. Zitiert nach: Link, C. (1991) {→ L.}, I, 33, dort ohne Quellenangabe.
13. Zur Alternative einer historisch-genetischen und einer systematischen Darstellung der Theologie Luthers siehe auch: Lohse, B. (1995) {→ A. 6}, 17-21.

Es sind vor allem zwei theologische Intentionen, die in Luthers Auffassung vom Welthandeln Gottes aufeinandertreffen:

- Zum einen ist es die Grundüberzeugung von der Allwirksamkeit Gottes, die aus der antipelagianischen Gnadenlehre folgt, aber sachlogisch nicht auf die Dimension des *soteriologisch* Relevanten beschränkt werden kann, sondern in letzter Konsequenz zum Postulat einer vollkommenen Unfreiheit des menschlichen Willens auch in äußeren Dingen führen müßte. Luther zieht diese Konseqenz nicht, denn
- zum anderen hatte er ein starkes Interesse daran, die Verantwortlichkeit des Menschen für sein Tun und Lassen theologisch zu begründen, nicht zuletzt, um damit am Gerichtsgedanken festzuhalten. Ethische Verantwortlichkeit setzt aber Entscheidungs- und Handlungsfreiheit voraus, die zumindest für die ›inferioren‹ Dinge der weltlichen Wirklichkeit zugestanden werden muß[14], wie Luther es vor allem in seiner Freiheitsschrift nachdrücklich getan hat und wie er es mit größer werdendem zeitlichen Abstand zur Auseinandersetzung mit Erasmus wieder stärker tut.

So kommt es zu der o.g. Überlagerung zweier konfligierender Postulate, die unterschiedlichen theologischen Aussageabsichten entspringen: der Intention, Gottes Allmacht und Allkausalität auch nicht um ein Weniges einzuschränken, und der Intention, den Menschen als Geschöpf zu verstehen, das von Gott dazu befähigt wurde, ihm in relativer Freiheit antwortend gegenüberzustehen. Diese Spannung zwischen Allwirken und Zusammenwirken kann man mit Seils' knapper Formulierung prägnant zusammenfassen: Gott handelt »durch und mit« den/m Menschen.[15]

Sie wiederholt sich in der theologischen Deutung der Sünde bzw. des Bösen, das nach der Grundüberzeugung der Allwirksamkeit Gottes ihm als dem auctor mali zuzurechnen wäre[16], nach dem Postulat der Güte Gottes ihm aber gerade nicht angelastet werden darf. Schon M. Chemnitz hatte die logische Unvereinbarkeit beider biblisch begründbaren Argumentationslinien herausgearbeitet und sie aus dem Kontext der gnadentheologischen Grundintention Luthers erklärt.[17]

So ist festzuhalten: Die Spannung zwischen den beiden theologischen Grund-Sätzen - Allwirksamkeit Gottes (*durch* die Schöpfung) versus Mitwirken *mit* den Geschöpfen - bildet für Luther nicht den *Ausgangspunkt* der Reflexion, sondern die *Anwendung* der grundlegenden Glaubensüberzeugung der Rechtfertigungslehre (vom heilschaffenden und richtenden Monergismus Gottes) auf das Welthandeln Gottes.

Die Differenzen zwischen den *Interpretationen* der Äußerungen Luthers zum Weltwirken Gottes erklären sich vor allem aus dieser Spannung innerhalb seiner Theologie. Der Spannungsbogen der Auslegungen reicht dabei von solchen, die Luther in

14. In ›säkularisierter‹ Gestalt kehrt eine analoge Spannung bei Kant wieder, der die Willensfreiheit für theoretisch nicht erweisbar hielt, sie aber doch praktisch postulierte, um die sittliche Forderung grundzulegen.
15. Seils, M. (1962) {→ A. 6}, 10 u.ö. - Diese Studie kann m.E. bis heute als eine der gründlichsten Aufarbeitungen des Luther'schen cooperatio-Gedankens gelten.
16. Wofür sich durchaus eine Fülle von biblischen Belegen anführen läßt. Siehe: Lobstein, P. (1908, ND 1971) {→ L.}, 744; Kocher, R. (1993) {→ L.}, 92, Anm. 3.
17. Chemnitz, M. (1591, posthum 1610): Loci theologici (hg. v. P. Leyser, Wittenberg), p.I, cap.VI. - Siehe dazu: Hägglund, B. (1986) {→ L.}, 362ff.

vollkommenem theologischen Determinismus befangen sehen[18], bis zu solchen, die in seiner Theologie eine - wenn auch auf die Weltdinge begrenzte - geschöpfliche Freiheit angelegt finden.[19] Mehrheitlich bezieht die gegenwärtige Lutherforschung die letztgenannte Position.

Die folgende Darstellung der nicht zu einem theologischen System zusammengefaßten Grundüberzeugungen Luthers zur Frage des Welthandelns Gottes geht vom Bezugsrahmen der Schöpfungstheologie und darin besonders von der theologischen Anthropologie aus und beschränkt sich im wesentlichen auf diesen Horizont. Das hat seinen Grund in der zentralen Rolle, die der genannte Aussagen-Komplex - vor allem das cooperatio-Motiv - für die Ausbildung der Vorsehungslehre (besonders der concursus-Lehre) in der altprotestantischen Orthodoxie spielte. Ansätze zu einer Lehre vom Welthandeln Gottes lassen sich bei Luther jedoch auch im Kontext der Lehre von den beiden Regimenten Gottes[20], sowie aus der Anfechtungs›lehre‹ finden.[21] Darauf kann und soll hier nur hingewiesen werden.

1. Die vier Grundzüge des Glaubens an Gottes Welterhaltung und -regierung

In systematischer Rekonstruktion lassen sich die auf S. 62 genannten vier Grundzüge in Luthers Auffassung der göttlichen procuratio folgendermaßen entfalten:

a) Allwirksamkeit Gottes als Ausdruck seiner Allmacht (Deus omnipotens)

In der Auseinandersetzung mit Erasmus betont Luther die wirkende Allmacht Gottes, sein allumfassendes Wissen und die Unveränderlichkeit seines Willens so stark (18, 719,24-26), daß er in der Konsequenz zu steilen Behauptungen der unbedingten *All*wirksamkeit Gottes gelangt: »... omnia quae facimus, omnia quae fiunt, etsi nobis videntur mutabiliter et contingenter fieri, revera tamen fiunt necessario et immutabiliter, si Dei voluntatem spectes« (18, 615,31-33).[22] Damit baut er die These systematisch aus, die er schon in der Heidelberger Disputation 1518 vorgetragen (1, 359,33) und in seiner Assertio von 1520 verteidigt hatte (7, 142ff, bes. 146,6ff).[23]

18. So etwa O. Scheel in Anm.33 zu der von ihm editierten Schrift »De servo arbitrio«, in: Luthers Werke, Ergänzungsband II, Berlin 1905, 530: »Es leidet keinen Zweifel, daß Luther dem absoluten Determinismus hat Ausdruck geben wollen, wenn man auch einräumen mag, daß sein Hauptinteresse sich auf die Frage des religiösen Determinismus konzentriert.« In Anm. 36 auf der gleichen Seite benennt Scheel die Sicherung der Heilsgewißheit als das den ›Determinismus‹ tragende Motiv. Siehe dazu auch die Einleitung von Scheel, bes. 211.
19. Wie beispielsweise: Seils, M. (1962) {→ A. 6}; oder: Duchrow, U. (1969) {→ A. 6}, 512-522.
20. Siehe dazu: Hasselmann, N. (Hg) (1980): Gottes Wirken in seiner Welt. Zur Diskussion um die Zwei-Reiche-Lehre (Zur Sache 20), 2 Bde., Hamburg (Lit); Härle, W. (1987) {→ A. 6}.
21. Siehe dazu: Ratschow, C. H. (1959) {→ L.}, 43-52.
22. Siehe auch 18, 634,14ff; 718,30; 722,12f; 732,19ff. In der Abendmahlsschrift von 1527 »Daß diese Worte Christi ›das ist mein Leib‹ noch feststehen« findet Luthers Verständnis der Allwirksamkeit Gottes einen prägnanten Ausdruck (23, 133,19ff).
23. Holl lokalisiert die explizite Ausformulierung der Lehre von der Allwirksamkeit Gottes in Luthers Römerbriefvorlesung und weist darauf hin, daß sich die entscheidenden Antriebe dafür bereits in der Psalmenvorlesung finden [Holl, K. (1921, 1932^{6}) {→ A. 6}, 45, Anm.2].

Die Behauptung der Unumschränktheit des göttlichen Willens und seiner Allwirksamkeit »sine nobis« führt mit ihrem Postulat »omnia necessitate fieri« (18, 617,19)[24] in einen theologischen (nicht ontologischen!) Necessitarismus. Konsequent weist Luther die scholastische Vorstellung von der doppelten Notwendigkeit {→ S. 113ff} ab, weil sie die Eigenständigkeit des Menschen und die Kontingenz der Dinge zu sehr betone.[25] Statt dessen redet er von der necessitas immutabilitatis[26] des Willens Gottes, von jener Notwendigkeit also, die in der Unveränderlichkeit seines freien Willens gründet.

Gottes Allmacht ist nicht nur Omni*potenz* (das *Vermögen* der Allwirksamkeit im Sinne der *potentia* absoluta), sondern aktuale All*wirksamkeit*, andernfalls wäre Gott ein »lächerlicher Gott« (18, 719,24f). Als unmittelbare Folge daraus ergibt sich zum einen die scharfe Zurückweisung des ontischen Zufallsprinzips (18, 615,13f) und zum anderen die theologische (nicht psychologische!) Bestreitung der menschlichen Willens- und Handlungsfreiheit: »Non agunt, sed aguntur« (5, 544,9).[27] Geleugnet ist damit die Unterstellung, der Mensch habe ein purum et merum velle, einen freien, d.h. unbestimmten Willen, den er selbst bestimmen könne.

Im Streit um den *freien* Willen geht es nicht um die Frage, *ob* der Wille bestimmt oder unbestimmt sei, sondern lediglich darum, *wer* ihn bestimmt. Die (Erasmische) Behauptung des ›freien‹ Willens sieht den Menschen als Subjekt, das seinen Willen selbst bestimmt. Demgegenüber hält Luther strikt daran fest, daß der Wille des Menschen immer ein bereits bestimmter sei. Das Prädikat der Selbstbestimmung kommt ihmzufolge allein *Gottes* Willen zu. Der Mensch besitzt sie lediglich als Disposition, nicht aber als tatsächliche Befähigung.

Die Grundüberzeugung vom freien, eschatologisch finalisierten[28] Allmachtswillen[29] Gottes ist für Luther eindeutig soteriologisch motiviert - der Übertritt des Menschen in den Herrschaftsbereich Gottes kann ausschließlich *Gottes* Werk sein. Doch

24. Dieses Postulat, das sich auch noch in Melanchthons Loci communes von 1521 findet (1,19ff; lat.-dt. Ausgabe von H. G. Pöhlmann, Gütersloh 1993, 28ff), entspricht der 1415 vom Konzil in Konstanz verworfenen (D 1177) These Wiclifs: »omnia de necessitate absoluta eveniunt« (siehe dazu die Anm. 58 in der genannten lat.-dt. Ausgabe der Loci communes von 1521, 34f). Um diese These geht der Streit zwischen Erasmus und Luther.
25. Siehe dazu: McSorley, H.J. (1967) {→ A. 6), 289ff.
26. 18, 634, 30. Vgl auch: »Disputatio contra scholasticam theologiam« von 1517: 1, 225,33f. Andererseits steht er dem Ausdruck »necessitatis immutabilitatis«, wie überhaupt dem Begriff der Notwendigkeit in Anwendung auf Gott und den Menschen, durchaus kritisch gegenüber. Siehe dazu den Zusatz, der nicht im Text der WA, sondern nur in der Jenaer Ausgabe enthalten ist [abgedruckt in: WA 18, 616, Anm. 1.]. Zu sehr haftet dieser Terminologie der Beigeschmack des philosophischen und scholastischen (›sophistischen‹) Determinismus an. In 18, 615,20 spricht er demgegenüber davon, daß die Gerechtigkeit und Güte Gottes »incommutabiliter« sei und in 18, 615,29f bezeichnet er seinen Willen und sein Wissen als »immobilis«.
27. Weitere Belegstellen bei: Holl, K. (1921, 1932^{6}) {→ A. 6}, 45, Anm.1.
28. Nach 44, 66,11 ist Gottes Allmachtswille auf das Ziel ausgerichtet, »daß die Gerechten gesammelt und die Zahl der zu Erlösenden voll gemacht wird«.
29. Ich gebrauche diesen Ausdruck bewußt, um anzuzeigen, daß bei Luther die in der Scholastik unterschiedenen Prädikationen (omni)potentia und voluntas zusammenfließen.

bezieht sich der allumfassende Allmachtswille nicht nur auf die Frage des Heils, sondern von da aus auf den gesamten Weltbezug Gottes und damit auf alle Menschen, wie auch auf alle Lebensbereiche des Menschen als Geschöpf Gottes.[30] Umgekehrt kann auch die Unfreiheit des menschlichen Willens nicht bloß auf die Heilsgewinnung wie auf ein Segment des menschlichen Daseins ›coram Deo‹ bezogen sein[31], sondern muß - da seine gesamte Existenz, sein gesamter Weltbezug in der Gottesbeziehung steht -, als »Index seiner Geschöpflichkeit«[32] verstanden werden.

Luthers Auffassung der Willensunfreiheit des Menschen läßt sich demnach nach Luther nicht einfach nach dem Schema der beiden Regimente Gottes so auflösen, als habe der Mensch in der Frage seines Heils keinen freien Willen, wohl aber in den weltlichen Dingen. Vielmehr steht der Mensch (nicht nur der Christ!) mit seiner ganzen, nicht-segmentierbaren Existenz und d.h. einschließlich seiner Weltbeziehung in der Spannung der beiden Dimensionen des ›coram Deo - coram mundo‹[33], auch wenn er dies nicht glaubend erfaßt. Dabei handelt es sich bei diesen Dimensionen nicht bloß um unterschiedliche Perspektiven[34], die nur intrasubjektiv zu spezifizieren wären, sondern um Pole (›Attraktoren‹) der Existenzverfassung bzw. -ausrichtung des Menschen. Als anthropologische Bezüge des In-der-Welt-Seins sind sie deutlich unterschieden von den theologischen Bestimmungen der beiden Regierweisen (Regimenten) Gottes (d.h. von den *Modi*, in denen er seine Herrschaft ausübt), wie erst recht von den beiden Reichen Gottes (d.h. den *Bereichen*, in denen er herrscht). Der Christ, der glaubend in und aus der Verantwortungsrelation des coram Deo lebt, ist gerade dadurch in die Weltverantwortung gestellt, während andererseits der Nichtglaubende schon qua seiner Geschöpflichkeit in der coram-Deo-Relation steht und von Gott jederzeit zum Instrument seiner Herrschaft gemacht werden kann. *Jeder* Mensch - Glaubender wie Nichtglaubender - ist ganz in die Weltrelation eingespannt und steht in Gottes Macht in *allen* seinen Exi-

30. Siehe dazu: Härle, W. (1987) {→ A. 6}, bes. 22; Brandt, R. (1992) {→ A. 6}, 30f.
31. Wo Luther explizit von Gottes Vorsehung spricht, versteht er sie zumeist im Sinne der Prädestination, d.h. der glaubensweckenden Initiative Gottes. So schreibt er in der Vorrede zum Römerbrief in der deutschen Bibel von 1546, die Kapitel Röm 9-11 lehrten von der »ewigen Versehung Gottes, daher es ursprünglich fließt, wer glauben oder nicht glauben soll, von Sünden los oder nicht los werden kann« (WA.DB 7/2, 23,26-28).
32. Borcherdt, H. H., Merz, G. (1954, 1983[3]) {→ A. 6}, 260.
33. Besonders deutlich ist diese Unterscheidung nach dem Koordinatensystem coram Deo - coram hominibus herausgearbeitet bei (die genaueren Angaben zu den folgenden Werken finden sich in {→ A. 6}): Ebeling, G. (1964, 1981[4]), 220ff; Nilsson, K. O. (1966), 79ff; Joest, W. (1967), 310ff; Vorster, H. (1965), 380ff. - Ich gebrauche sie in einem weiteren Sinn, der über die Rechtfertigungslehre (und damit über die Unterscheidung von Glaubensgerechtigkeit als iustitia aliena und den Werken der Liebe, die auf den Nächsten bezogen sind) hinausreicht.
34. So erscheint es in Melanchthons Loci communes von 1521; siehe den Abschnitt »De hominis viribus adeoque de libero arbitrio«; lat.-dt. Ausgabe von H. G. Pöhlmann, Gütersloh 1993, 24/25 - 46/47; bes. die Zusammenfassung in 44/45 - 46/47. - Zur weiteren Entwicklung bei Melanchthon siehe Anm. 62 in der genannten, von H. G. Pöhlmann hg. lat.-dt. Ausgabe der Loci communes von 1521, 36f. Auch bei Luther selbst gibt es Äußerungen, die sich in dieser Weise interpretieren ließen, z.B. das »si Dei voluntatem spectes«, mit dem die Passage 18, 615,29-33 schließt.

stenzvollzügen. Doch handelt Gott in höchst unterschiedlicher Weise mit ihm - rettend, richtend, verstockend, berufend usw.

In welcher Relation stehen die beiden so verstandenen coram-Dimensionen zueinander? So sehr man mit H. Obermann konstatieren kann, daß Luthers theologisches Denken nach »von Gott abgesteckten ›Bereichen‹«[35] strukturiert ist, so handelt es sich bei diesen beiden Dimensionen doch nicht um zwei nebeneinander liegende, gegenseitig exklusive ›Räume‹, zwischen denen sich eine Trennlinie ziehen ließe, sondern um zwei übereinander liegende ›Ebenen‹, die sich in der Beziehung ungetrennter Unterscheidung hierarchisch überlagern, so daß sie nicht in Konkurrenz zueinander treten können. Vielmehr sind sie durch das für Luthers Denken typische ›simul‹[36] vermittelt zusammenzudenken. Die coram-Deo-Relation umgreift und durchdringt die des coram mundo[37] - das unterscheidet Luther grundlegend vom scholastischen Modell der Zuordnung von Natur und Übernatur. Von einer Eigenständigkeit oder Eigengesetzlichkeit der Welt kann bei ihm keine Rede sein.[38]

Diese Einsicht gilt es auch in der Auslegung von 18, 754,1-16 festzuhalten[39]. In dieser klassischen Belegstelle beschreibt Luther das Zusammenwirken Gottes mit den geschöpflichen Wirkursachen in der Metapher eines Freiraums, in dem den Geschöpfen relative Freiheit in den Inferioria zukommt. Doch ist auch hier immer vorausgesetzt, daß nichts - auch nichts in den weltlichen Dingen - ohne Gottes Willen und Wirken geschieht (was keineswegs ausschließt, daß vieles *gegen* Gottes Willen geschieht! - s.u.).

Von daher ist M. Honeckers und W. Hubers Kritik an einer Lutherdeutung zuzustimmen, welche die von Max Weber[40] diagnostizierte Entwicklung des okzidentalen Weltbewußtseins zu einer »Eigengesetzlichkeit« der Welt - gegenüber dem christlichen Weltbild eines gottgeordneten, teleologisch sinnvollen Kosmos - schon in Luthers Theologie angelegt oder gar schon ausgeprägt sehen möchte.[41]

Diese Bezogenheit der beiden coram-Dimensionen aufeinander muß auch die Interpretation von Luthers Unterscheidung zwischen dem unfreien Willen in der Beziehung zu Gott und dem relativ freien Willen »in rebus sese inferioribus« (18, 672,9f; vgl. 18, 638,6; 781,8f) bestimmen. Auch in den inferiora - den Dingen, die ›unter‹

35. Obermann, H (1986): Die Reformation. Von Wittenberg nach Genf, Göttingen, 22.
36. Ich dehne diesen Begriff - in Anlehnung an Nilsson {→ A. 6} - über den Bezugsrahmen der Rechtfertigungslehre Luthers hinaus zu einem Grundmuster seiner theologischen Anthropologie in der Spannung der coram-Deo und coram-hominibus-Dimension aus und nenne dieses Muster die ›simul-Struktur‹. In diesem Sinne beziehe ich den Ausdruck auf die Freiheitsfrage.
37. In den in {→ A. 33} genannten Studien (mit Ausnahme vielleicht von W. Joest) wird m.E. nicht genügend diese ›hierarchische‹ Aufeinander-Bezogenheit der beiden Dimensionen herausgearbeitet, so daß sie wie zwei nebeneinander liegende Bereiche erscheinen können. Dieser Einwand ist auch gegen U. Duchrow vorzubringen: Duchrow, U. (1969) {→ A. 6}, 512-522.
38. Interessant wäre hier ein Seitenblick auf die strukturanalogen Beziehungen von Geist und Glaube bzw. Geist und Wort (als Grund des Glaubens). Siehe dazu: Otto, R. (1898): Die Anschauung vom Heiligen Geiste bei Luther, Göttingen, 25-92.
39. Gegen den Akzent, den Duchrow, U. (1969) {→ A. 6}, 517, in seiner Interpretation dieser Passage setzt.
40. Weber, M. (1972[6]): Gesammelte Aufsätze zur Religionsoziologie, Bd. 1, Tübingen, 544ff.
41. Honecker, M. (1976): Das Problem der Eigengesetzlichkeit, in: ZThK 73, 92-130; Huber, W. (1980): »Eigengesetzlichkeit« und »Lehre von den zwei Reichen«, in: Hasselmann N., (Hg) (1980) {→ A. 20, Bd. 2, 27-51.

dem Menschen sind - kann nur von einer theonomen, von Gott bedingten, in Anspruch genommenen und begrenzten Freiheit gesprochen werden, denn Gott regiert die Dinge der Welt ebenso wie die Dinge des Heils - wenn auch in je unterschiedlicher Modalität.

Die Beziehung des Menschen zu den inferiora steht immer auch in der umfassenderen coram-Deo-Dimension. Handlungsfreiheit besteht insofern, als der Mensch das von Gott Verordnete mit echter Bereitwilligkeit und also ›freiwillig‹ vollzieht. Solche *psychologisch* zu deutende Freiheit erschöpft sich - *theologisch* gesehen - jedoch in der ›freien‹ Ausübung theonomer Notwendigkeit. Sie liegt darin begründet, daß diese Notwendigkeit keinen äußeren Zwang auf den Willen ausübt, sondern ihn gewissermaßen von innen - als im Subjekt selbst liegendes Prinzip - ›besetzt‹ und formt[42]. Diese ›Okkupation‹ Gottes (in 18, 634, 24, spricht Luther von einem »raptus« Gottes) schließt menschliche Freiheit aber nicht aus, sondern eröffnet sie gerade umgekehrt als »königliche Freiheit« (18, 635,16).[43]

Es muß somit daran festgehalten werden, a) daß die von Luther konzedierte Willens- und Handlungsfreiheit des Menschen (»libentiam seu voluntatem faciendi« - 18, 634, 25f) - in der (›horizontalen‹) Weltbeziehung als psychologisch erfaßbare Wahrnehmung - eine *echte* und keine bloß *scheinbare* ist, b) daß sie als solche durch die (›vertikale‹) Gottbeziehung (d.h. durch die vollkommene Abhängigkeit von Gott) ermöglicht und konstituiert ist, und c) daß sie ihre Grenze an der Gottbeziehung selbst hat, d.h. sie besteht nicht gegenüber Gott.

Die Quellen scheinen mir diese Deutung unausweichlich zu machen. Im alternativen Deuteversuch, demzufolge die Freiheit des Menschen in den inferiora als eine gegebene, aber für die theologische Ebene völlig irrelevante anzusehen wäre, erscheint diese zu stark existential-ontologisiert und von der Gottbeziehung getrennt. Freiheit ist nach Luther nicht eine dem Menschen mit seinem Dasein verliehene Ausstattung, sondern eine unverfügbare, immer neu zu gewährende Gabe, die es als anthropologische Konstante nicht ›gibt‹.

Die gleiche, durch das ›simul‹ vermittelte Dualität zwischen der Wirklichkeit Gottes und der von ihr grundierten und durchdrungenen Wirklichkeit der Welt begegnet auch bei der *Ablehnung des ontischen Zufallsprinzips*. Es gibt auf der Ebene der Erfahrung echte Zufälle, doch - theologisch verstanden - nur als von Gott Zufallendes. Daher

42. Im Hintergrund steht die Umkehrung der platonischen Psychologie mit ihrer Hierarchie von kognitiven, voluntativen und affektiven Fähigkeiten: Für Luther ist das Wollen des Menschen nicht von der Erkenntnis des Guten bestimmt, sondern von seinem Affektzentrum. Dieses präfiguriert zunächst das Wollen und dann auch das Erkennen. Das Affektzentrum selbst wiederum steht nicht in der Verfügung des Menschen, sondern unterliegt der Macht der Sünde bzw. der Macht Gottes. Da die Personmitte des Menschen nach Luther nicht in Vernunft und Willen, sondern im affektbestimmten ›Herzen‹ liegt, kann man - mit H. Bornkamm - sagen, der Christ habe sein Ich in der Gnade Gottes [Bornkamm, H. (1961): Erasmus und Luther, in: ders.: Das Jahrhundert der Reformation. Gestalten und Kräfte, Göttingen, 36-55, hier: 49].

43. An diese Stelle aus »De servo arbitrio« knüpft R. W. Jenson seine insgesamt einseitig-überspitzte These, Luther begründe in dieser Schrift eine »ontology of freedom« [Jenson, R. W. (1994): An Ontology of Freedom in The De Servo Arbitrio of Luther, in: MoTh 10, 247-252].

darf Luther auch hier nicht so interpretiert werden, als rücke er alle Kontingenz des Weltgeschehens »in die Nähe bloßen subjektiven Scheins«[44], auch wenn es Stellen - wie u.a. das oben zitierte *videntur* {→ S. 64} - gibt, die eine solche Deutung nahezulegen scheinen.[45] Als *empirische* Wahrnehmung ist die Erfahrung der Kontingenz wie die der Willensfreiheit wahr und nicht eine Täuschung. Ihr steht allerdings die *theologische* assertio entgegen, daß alles Geschehen notwendigerweise aus Gottes Allmacht hervorgeht.[46]

Luther kann sich auf das scholastische Modell des Zusammenwirkens von Erst- und Zweitursachen nicht einlassen[47], weil es - seiner Auffassung nach - den qualitativen Unterschied zwischen dem Allmachts-Wirken Gottes und der davon regierten Tätigkeit der Kreaturen nicht adäquat auszudrücken vermag. Zu sehr scheint dieses Modell die beiden Wirksphären unter einen gemeinsamen Seins- und Kausalitätsbegriff zu subsumieren. Durch die Einführung des Konzepts der Zweitursächlichkeit erfährt die Allwirksamkeit der Prinzipalursache (causa principalis) nach Luthers Auffassung unvermeidlich eine Einschränkung.[48]

Erst recht muß er von seinem Ausgangspunkt her die aristotelische Konzeption, derzufolge Gott als primus movens dem ewigen Sein teleologisch gerichtete Bewegung verleiht, wie auch die ›stoische‹ Position eines vom göttlichen Logos initial inaugurierten und in invariabler Notwendigkeit durchgeführten Determinismus als Produkt philosophischer Spekulation aufs schärfste zurückweisen. Im Gegensatz zum ›unbewegten‹ und unbewegbaren Gott der Sophisten ist der Gott der Bibel nach Luther inquietus actor (18, 711,1), der sich vom Gebet der Gläubigen ›bewegen‹ läßt.

44. Behnk, W. (1982) {→ A. 6}, 331.
45. Siehe dazu: McSorley, H.J. (1967) {→ A. 6}, 291f, gegen: Vorster, H. (1965) {→ A. 6}, 264.
46. In 56, 399,26f heißt es in der Auslegung zu Röm 9,16: »Opus Dei non est nihil. At velle et currere hominis est opus Dei«.
47. Erasmus hatte es vorgeschlagen: De libero arbitrio diatribe sive collatio IIIa8f, in: Erasmus von Rotterdam (1969): Ausgewählte Schriften (hg. v. W. Welzig), Bd. 4, Darmstadt, 101-105.
48. Ein Seitenblick in die Diskussion um die Zweitursachentheorie, wie sie in jüngster Vergangenheit in der katholischen Theologie geführt wurde, zeigt die Aktualität, aber auch die Begrenzung dieses Konzepts. In der Kritik an Weissmahrs einflußreichem Entwurf, demzufolge *alles* göttliche Wirken zweitursächlich vermittelt ist {→ S. 384}, hat H. Kessler hat darauf insistiert, zwischen (a) Erst- und Zweitursächlichkeit und (b) Prinzipal- und Instrumentalursächlichkeit zu unterscheiden. Die erstgenannte Differenzierung bezieht er auf das kreatürlich vermittelte allgemeine und ständige Schöpferwirken Gottes, die zweitgenannte - die ebenfalls auf Thomas zurückgeht - auf das durch menschliche Akteure vermittelte besondere (innovatorische) Handeln Gottes [Kessler, H. (1985a) {→ L.}, 292-296]. Der Begriff der Instrumentalursächlichkeit vermag nach Kessler zum Ausdruck zu bringen, daß Gott so durch Menschen handelt, daß er über ihre eigenen Fähigkeiten hinaus wirkt (294). Die Problematik dieses Begriffs liegt seiner Auffassung nach demgegenüber darin, daß er »die Ebene des Personalen und der Interaktion in Freiheit terminologisch nicht erreicht« (295, Anm. 53). Siehe dazu auch: Schulte, R. (1988) {→ Teil I, A.. 50}, 123-126, dessen Unterscheidung zwischen beiden Begriffspaare in der Intention sinnvoll ist, in der Durchführung aber eher sophistisch anmutet und letztlich nur der Polemik gegen B. Weismahr {→ S. 384} dient.

Im Hintergrund dieser Auffassung steht die Ablehnung des aristotelischen und die Zuwendung zum augustinischen Naturverständnis. Aristoteles verstand die Natur im weitesten Sinne als geordneten Kosmos der vorfindlichen Wirklichkeit, soweit sie nicht vom Menschen erzeugt, d.h. Kultur ist, und sah sie durch das von Gott eingesetzte und teleologisch ausgerichtete Prinzip des Selbstbewegung gelenkt. Für Augustin war sie demgegenüber ganz der symbolisch zu deutende Ereignisraum des Wirkens Gottes. Wie sehr für Luther Gott durch die Natur ›spricht‹ und auf diese Weise seinen Willen und seine Herrlichkeit verkündet, wie sehr die Schöpfung den Charakter der Anrede hat[49] zeigt sich in seinen Predigten.[50]

b) *Monergistische cooperatio Gottes mit den Geschöpfen als Ausdruck seiner personalen Wirkweise (Deus condescendens)*

Weder darf Gott - nach Luthers Überzeugung - als Existenzprinzip und Fülle des Seins, das alles Seiende essentiell durchdringt und damit im Sein erhält, vorgestellt werden, noch als apersonales quasi-mechanisch wirkendes Bewegungsprinzip des Weltprozesses. Vielmehr ist er ein person-analoges, transzendentes Handlungssubjekt. - Andererseits darf diese Vorstellung aber auch nicht in das entgegengesetzte Extrem einer ›despotischen‹ potentia absoluta gesteigert werden, so als ob Gottes Wille in bloßer absolutistischer Herrschaftsgewalt bestünde, die unter Ausschaltung der Geschöpfe handelte.[51] Vielmehr ist er wesenhaft ›sittlich‹ qualifiziert durch Gerechtigkeit und Güte, die sich darin manifestiert, daß Gott die Geschöpfe als Werkzeuge und Mitarbeiter seines Handelns würdigt.

Darum ist nicht die naturphilosophische causa-Terminologie das angemessene begriffliche Instrumentarium zur Explikation des göttlichen Welthandelns, sondern nur eine personalistische Terminologie. Ihr Grundmuster - und damit auch die Matrix der Vorstellung einer cooperatio Gottes mit den Geschöpfen - ist das ›personalistische‹ Konzept des *pactum Dei*: Die unverfügbare Anordnung Gottes hat den Charakter eines Bundes (»testamentum«) mit den Kreaturen.[52] Vor allem der Mensch (doch nicht nur er!) ist zum Bundespartner und Mitarbeiter des Schöpfers gewürdigt. Indem Gott den Kreaturen dieses »Gnadenvorrecht der Mitarbei-

49. Nach dem Titel des Buches von: Bayer O. (1990^2): Schöpfung als Anrede, Tübingen. - Im Unterschied zur Schöpfungslehre des Thomas ist es dabei nicht die Natur, die von Gott spricht, sondern Gott, der durch die Natur spricht. Gott bleibt Subjekt des Sprechens.
50. Als besonders eindrückliches Beispiel sei nur verwiesen auf seine Predigt über Mk 7,31-37, abgedruckt in: Luther, M. (ND 1977^2): Predigten über den Weg der Kirche, Gütersloh, 161ff: »Hätten wir Augen und Ohren, so würde das Korn uns anreden ... ebenso reden zu uns die Kühe ... ebenso gackern uns die Hennen ... oder die Vögel singen uns ... Alle Kreaturen sprechen mit uns«.
51. »Manet igitur regula, de qua supra etiam dixi, quod Deus non amplius vult agere secundum extraordinariam, seu, ut Sophistae loquuntur, absolutam potestatem: sed per creaturas suas, quas non vult esse otiosas« (43, 71,7-9) - {→ A. 177}. Siehe dazu die Kritik Calvins am »Sorbonner Dogma« {→ S. 105} und: Grane, L. (1962): Contra Gabrielem. Luthers Auseinandersetzung mit Gabriel Biel in der Disputatio contra Scholasticam Theologiam, Gyldendal.
52. Siehe dazu: Hamm, B. (1977): Promissio, Pactum, Ordinatio. Freiheit und Selbstbindung Gottes in der scholastischen Gnadenlehre (BHTh 54), bes. 340-390; Courtenay, W. J. (1990): Capacity and Volition. A History of the Distinction of Absolute and Ordained Power (Quodlibeta 8), Bergamo; Randi, E. (1987): A Scotist Way of Distinguishing between God's Absolute and Ordained Powers, in: Hudson, A, Wilks, M. (Hg): From Ockham to Wyclif, Oxford, New York, 43-50.

terschaft«[53] verleiht, übt er seine Allwirksamkeit durch die Indienstnahme geschöpflicher Instanzen aus. Darin liegt jedoch keine Selbstzurücknahme seiner Macht im Sinne eines »Synergismus der Arbeitsteilung«[54], sondern gerade umgekehrt die Ausübung dieser all-aktiven Macht unter Beteiligung der Kreaturen. In dialektischer Zuordnung der Allgüte zur Allmacht Gottes gilt es, beides festzuhalten: daß Gott, der alles »sine nobis« zu schaffen und zu erhalten vermag, es doch »cum nobis« tut.[55]

In der *cooperatio* mit den Geschöpfen (18, 754,4-7; 14f)[56] schränkt Gott seine Omnipotenz und Omnikausalität nicht ein, etwa um einen Freiraum für ontische Kontingenz in Natur und Geschichte oder für menschliche Willensfreiheit zu schaffen. Gott allein ist das die cooperatio konstituierende und vollziehende Handlungssubjekt - der Mensch (zusammen mit der Gesamtheit der Kreaturen) demgegenüber das nach dem Willen Gottes zu dieser Funktion gewürdigte Organ. Die Geschöpfe sind nicht causae efficientes oder auctores, nicht selbst Subjekte der Verursachung, sondern instrumenta oder causae instrumentales[57] (40/III, 234,20ff; 237,28ff; 210,26ff; 211,22). Sie haben ›ministeriale‹, d.h. dienende Funktion, die von Gott zur Wirksamkeit gebracht werden muß. Es eignet ihnen keine immanente, selbständige - ontische Hauptursächlichkeit, bzw. von Gott permanent zugeeignete - Wirkmacht, sondern lediglich eine ›apparative‹ oder ›mandative‹ Potenz. In paradoxaler Zuspitzung formuliert: In der Relation zu Gott ist die Aktivität der Geschöpfe eine passive. Sie wirken nicht aus sich selbst heraus, sondern werden erst von Gott zur Wirksamkeit befähigt - je neu und ohne daß Gott auf sie angewiesen, an sie gebunden oder gar von von ihnen abhängig wäre. Grundsätzlich *kann* er immer auch ohne sie handeln, auch wenn und indem er sich in seiner Kondeszendenz an sie gebunden hat.

Niemals darf die cooperatio so verstanden werden, als teile sie die Verursachung eines Geschehens oder Handlungsvollzugs quasi quantitativ zwischen Gottes Wirken und der natürlichen causa, bzw. dem menschlichen Willen auf (diesem Mißverständnis leistete die concursus-Lehre der lutherischen Schuldogmatik dann wieder Vorschub - s.u.). Nicht nur im Heilshandeln Gottes, sondern auch in seinem Welthandeln darf es nach Luther keinerlei Pelagianismus geben, kein Zusammenwirken zweier Subjekte auf gleicher Ebene, sondern immer nur eine prinzipiell *ungleichartige* cooperatio. Auch als cooperator ist Gott immer creator.

53. Hermann, R. (1931): Zu Luthers Lehre vom unfreien Willen, Berlin, 31. - Da potentiell *alle* Geschöpfe als Werkzeuge und Mitarbeiter Gottes gewürdigt werden, entbehrt die in dem Ausdruck »Gnaden*vor*recht« angedeutete Vorrangstellung des Menschen jedoch eines sachlichen Bezugspunktes.

54. Ebd.

55. Siehe die Rekonstruktion dieser Dialektik aus 18, 754,1-16 bei: Duchrow, U. (1969) {→ A. 6}, 512ff. Vgl. 6, 227,29 - Schon Augustin sprach in »De gratia et libero arbitrio« vom Wirken Gottes »sine nobis et cum nobis« (XVII, 33).

56. Siehe auch: 18, 695,29; 670,6f; 696,6. Schon 1520 in »Von den guten Werken« ist diese Vorstellung klar ausgesprochen; später wird sie in der Abwehr der Täufer, Schwärmer und Antinomer entfaltet. Siehe dazu: Seils, M. (1962) {→ A. 6}; Nilsson, K. O. (1966) {→ A. 6}, 79ff; Plathow, M. (1976) {→ L.}, 36-44; ders. (1995) {→ L.}, 67-86.

57. Der Terminus »causa instrumentalis« geht auf Thomas zurück.

Um die vollkommene Abhängigkeit des Geschöpfs von seinem Schöpfer zum Ausdruck zu bringen, kann Luther sogar noch hinter das Zugeständnis einer geschöpflichen Instrumentalursächlichkeit zurückgehen und das im jahwistischen Schöpfungsbericht, in Jes 29,16; 45,9; 64,7; Jer 18,6; Hi 10,9 und Röm 9,21 aufgenommene Bild von Gott als dem Töpfer, der die Geschöpfe wie Ton formt, gebrauchen. Doch bleibt dieses Bild an den Kontext der aktualistisch-permanenten Schöpfungsvorstellung gebunden. Würde es von diesem Kontext isoliert, dann geriete es leicht zwischen Scylla und Charybdis von Deismus und Determinismus: Nach der erstgenannten Deutung suggerierte das Bild, die von Gott geformte Schöpfung sei in die Freiheit der Gottferne entlassen. Die deterministische Auslegung hingegen, derzufolge die Geschöpfe unfreie Produkte des Schöpfers sind und bleiben, schmilzt die Subjekthaftigkeit des Menschen ein, so daß er nicht mehr für seine Taten verantwortlich zu machen ist.

Nicht das ›konkurrierende‹ Nebeneinander, sondern das in der ›simul-Struktur‹ einseitig vermittelte »mit und durch« bildet das Modell der Beziehungsbestimmung. Von ontischer Kontingenz und geschöpflicher Autonomie gegenüber dem Schöpfer kann keine Rede sein. Die Ursächlichkeit des Geschöpfs darf nur im Sinne einer causa oboedientialis oder causa dependens verstanden werden (Calvin wird in gleicher Intention dann von causae inferiores sprechen). Es besteht kein Koordinations-, sondern ein Subordinationsverhältnis im strengen Sinn. Sachgemäß muß man daher das Zusammenwirken des Schöpfers mit dem Geschöpf als monergistische Kooperation *Gottes* mit dem Menschen in einer unumkehrbaren prioritas causalitatis verstehen, nicht aber als eine Kooperation *zwischen* Gott und Mensch im Sinne eines Synergismus - wie Erasmus es unter Verweis auf 1.Kor 3,9 nahegelegt hatte.

In dieser Bestimmung der Zuordnung von Gott und Mensch im Sinne einer einseitigen Abhängigkeit kann man eine strukturelle Analogie zur Anhypostasie der menschlichen – im Verhältnis zur göttlichen Natur in Christus erkennen.

Gott aktuiert alle geschöpflichen Tätigkeiten durch seinen Willen, indem er die Geschöpfe in die Kraft seines Willens hineinnimmt, ohne sie jedoch mit äußerer Zwangsnotwendigkeit zu determinieren. Dabei schafft er nicht bloß die notwendigen Entstehungs- und Erhaltungsbedingungen ihrer Existenz (durch eine universale, aber unspezifische Krafteinwirkung etwa), sondern veranlaßt jedes individuelle Geschehen und macht sich damit in diesem Geschehen gegenwärtig: Er repräsentiert sich. Mit W. Joest kann man von einem »Inwirken« des Geschöpfs in Gottes Allwirken sprechen[58]. Ich bezeichne diese Position Luthers hier und im folgenden als »Entheismus«. Im Unterschied zu einem ontisch grundierten »Panentheismus« ist Luthers Auffassung der Präsenz Gottes in der Schöpfung jedoch aktual, ›operal‹ und ›voluntal‹ geprägt. Darin unterscheidet sich die theologische assertio der Allwirksamkeit Gottes radikal von einem theistischen ›Monismus‹[59] und erst recht von einem fatalistischen Determinismus - wie schon bei Augustin[60].

58. Joest, W. (1967) {→ A. 6}, 318; im Kontext des Kapitels 310-320 (zur cooperatio-Vorstellung bei Luther).
59. Ich verwende diesen erstmals von C. Wolff gebrauchten Begriff nicht in historischer, sondern in systematischer Bedeutung.
60. Vgl. etwa Augustins Darstellung der Allwirksamkeit Gottes in: De Civitate Dei 8,32.

Gottes Welthandeln ist weder räumlich als *um-herum* - als Schaffung und Erhaltung eines gott-freien Welt-Raums {→ S. 67} -, noch zeitlich als vorgängiges *prae*[61] zu verstehen, sondern (beide Dimensionen in sich schließend) als ein in Gottes wirksamer Omnipräsenz gründendes *durch*; und dieses nicht nur im Sinne des instrumental-medialen Wirkens *durch* das geschöpfliche Wirken, sondern auch als das die Geschöpfe *durchwirkende*, ihre gegenwärtige Verfaßtheit transzendierende Geist-Handeln.[62] Allein im Sinne einer so verstandenen alldurchwirkenden Omnipräsenz läßt sich von einem »Inwirken« sprechen. Und allein in diesem, von Gottes Gegenwart durchdrungenen »In« kann von einer relativ freien und eigenverantwortlichen Weltgestaltung durch den Menschen die Rede sein. Doch ändert all dies nichts daran, daß in der coram-Deo-Dimension dem menschlichen Willen auch im bezug auf die Weltexistenz keinerlei Autonomie zugeschrieben werden darf. Der Wille des Menschen ist ein letztlich nicht durch sich selbst bewegter Beweger.

Ziehen wir eine Zwischenbilanz: Luthers Auffassung vom Welthandeln Gottes darf weder a) im Sinne eines exklusiven Alleinwirkens unter Ausschaltung der geschöpflichen Agentien verstanden werden, noch b) im Sinne einer (sporadischen oder regelmäßigen) äußeren Intervention in den ansonsten geschlossenen Kausalnexus der natürlichen Welt, diesen willkürlich durch singuläre Machttaten durchbrechend, noch c) im Sinne eines impersonal-werkzeuglichen Gebrauchs der weltlichen Dinge; aber eben auch nicht d) als Koeffizienz, als »Synergie« (Johannes von Damaskus), so daß eine bestimmte Wirkung nach Art eines Vektors aus dem Zusammenwirken zweier Krafteinflüsse zu deuten wäre. Vielmehr ist Gott die treibende Kraft *in* aller Weltbewegung und *durch* sie, das wirkende Prinzip *in* den Geschehensabläufen und *durch* sie. Dabei bleibt Gottes Allkausalität qualitativ vom nexus der empirischen causae unterschieden.

Andererseits darf diese Unterscheidung nicht ohne die Zuordnung gedacht werden: Die Geschöpfe und die kausalen Bewegungszusammenhänge der Interaktion

61. So von C. Link nahegelegt, wenn er schreibt, daß nach Luther »alles menschliche Wirken in das ihm *vorausgehende*, umfassende Wirken Gottes eingebettet (ist). Unbeschadet seiner relativen kreatürlichen Selbständigkeit *zieht es gewissermaßen nur nach*« [Link, C. (1991) {→ L.}, I, 66; Hervorheb. R.B.]. Der überwiegende Quellenbefund läßt nicht zu, Luther die Auffassung eines primär praecursiven Gotteshandelns zuzuschreiben.

62. Dieser Aspekt der cooperatio-Vorstellung wird in der Lutherforschung zumeist nicht ausreichend berücksichtigt. So behauptet Duchrow etwa, die cooperatio sei dadurch bestimmt, »daß sie sich nicht auf die eigene Existenz der von Gottes Geist Erfaßten, sondern nach außen, auf andere, auf den Nächsten hin« richte [Duchrow, U. (1969) {→ A. 6}, 514], wodurch eine rein extrinsische, werkzeugliche ›Nutzung‹ des Geschöpfs durch Gott angedeutet und das (noch nicht unmittelbar soteriologisch zu qualifizierende) Handeln Gottes ›am Herzen‹ des Geschöpfs nicht ausreichend in Rechnung gestellt ist. Zu sehr interpretiert Duchrow die auf den Menschen zu beziehende ›coram-Deo - coram-mundo‹ Koordinate als kongruent mit der auf Gott zu beziehenden Koordinate ›Heilshandeln (hin zur neuen Schöpfung) - Welthandeln (in der alten Schöpfung)‹. Und zu sehr spricht er vom Menschen als dem Subjekt der cooperatio (a.a.O., 515), so daß der nach-außen handelnde Mensch ins Zentrum rückt, wobei das (sachlich, nicht zeitlich) vorgängige Handeln Gottes als umgreifende Möglichkeitsbedingung des menschlichen Mithandelns unterbestimmt zu werden droht. In seiner Rede von der »asymmetrischen Komplementarität« zwischen Gottes- und Weltverhältnis bei Luther (a.a.O., 520) scheint ein *Nebeneinander* zweier Bereiche (nach dem Modell der Zwei-Reiche-Lehre) vorausgesetzt.

zwischen ihnen sind von Gott als die ›Wirkoberfläche‹ seines Handelns in Anspruch genommen. Wenn Gottes Wirken auch niemals mit ihnen (pantheistisch) identisch wird, so waltet es doch in ihnen und durch sie, wie auch sie in ihm leben, weben und sind. Man kann die Rede von Gottes *omnipotentia* von daher interpretieren als die Wirksamkeit seiner *potentia in omnibus*, die alles in allem wirkt. Gott ist das agens, movens, operans *in* allem Geschehen.

Diese dialektische Zusammenschau von göttlicher Allkausalität und geschöpflichem Kausalnexus im Sinne des skizzierten »Entheismus« darf nach Luther nicht in rationalisierender Explikation nach einer der beiden Seiten hin aufgelöst werden, so wie es - in Luthers Augen - in der thomasischen Zwei-Ursachen-Theorie der Fall war und wie es tendenziell in der altprotestantischen concursus-Lehre wiederkehren wird. Einer solcherart ontischen Aufspaltung der Wirklichkeit in eine Sphäre des göttlichen und eine des geschöpflichen Handelns setzt Luther die theologische Unterscheidung zweier Dimensionen der *einen* Wirklichkeit gegenüber, wobei diese Dimensionen mehr als nur zwei ›Sichtweisen‹ darstellen. Es sind zwei Existenzbezüge des Menschen in der einen Wirklichkeit, die jedoch nicht gleichberechtigt nebeneinander stehen oder zeitlich aufeinander folgen, sondern auf unterschiedlicher Ebene in unterschiedlichem Grad der Nähe zur Gotteswirklichkeit angeordet sind.

Die *gesamte* geschöpfliche Wirklichkeit ist nach Luther von Gott zur Mit-Wirkung in Anspruch genommen, wobei aber andererseits gilt, daß Gott diese Inanspruchnahme in den drei Bereichen a) des Naturgeschehens (bzw. der kosmologischen Sphäre), b) der menschlichen Lebenswelt und c) der glaubenden Vergegenwärtigung des Evangeliums auf unterschiedliche Weise wahrnimmt. Darin liegt der Ansatzpunkt für die Unterscheidung der drei Modi der providentia generalis, specialis et specialissima. Nicht nur die Glaubenden und nicht einmal nur die Menschen insgesamt, sondern *alle* Geschöpfe Gottes werden als cooperatores Dei angesprochen - unabhängig von ihrem eigenen Glauben, Wissen und Wollen.[63]

Die Kooperation Gottes geschieht nicht nur »intra regnum suum singulari virtute spiritus sui«, sondern auch »extra regnum suum generali omnipotentia« (18, 754,6f). Damit erstreckt sie sich auf alle Kreaturen. Doch ist der Modus der cooperatio in den beiden Bereichen ein grundlegend anderer, denn im *regnum generalis omnipotentiae Dei* lebt die gefallene Menschheit in der sündigen Deformation und Korruption des menschlichen Willens. Der sündige Wille aber taugt nicht zur aktiven Mitarbeit an Gottes Werk. Gott kann ihn nur passiv-instrumentell in Anspruch nehmen, muß dabei aber seine ›natürliche‹ Ausrichtung je neu umkehren.

Zu einer *aktiven* cooperatio muß der Mensch erst disponiert werden, indem Gott im Geschehen der Glaubensweckung seinen alten, ›adamitischen‹ Willen überwin-

63. M. Plathow scheint aus der zutreffenden Beobachtung, daß es sich bei Luthers Darstellung in »De servo arbitrio« nicht um Aussagen der theologischen Reflexion, sondern um Glaubens- bzw. Gewißheitsaussagen handelt, zu schließen, daß die *cooperatio* als Gegenstand dieser Aussagen nur den Glaubenden gelte [Plathow, M. (1995) {→ L.}, 77ff und (1976) {→ L.}, 38ff]. Es muß sich dabei jedoch lediglich um eine mißverständliche Darstellung handeln, denn Plathow weiß sehr wohl darum - wie (1995) {→ L.}, 78, Anm. 53 zeigt -, daß Luther selbst das Brot als *cooperator* Gottes bezeichnen konnte (17/II, 191,19ff).

det und ihn mit seiner ganzen Existenz in den Einflußbereich des *regnum spiritus sancti* stellt. Durch die cooperatio Gottes mit dem ›neuen‹ Willen des Glaubenden wird dieser dann sogar befähigt, an der Auferbauung des *regnum spiritus sancti* mitzuwirken, indem er in Predigt, Diakonie und Seelsorge aktiv am Werk Gottes teilnimmt.[64] Erst mit einer solcherart erneuerten Erkenntnis- und Willensfähigkeit wird es dem Menschen überhaupt möglich, von der Offenbarung her die im Weltgeschehen verborgene cura Dei zu erkennen.[65] So ist der concursus innerhalb der providentia specialissima ein qualitativ anderer als der innerhalb der providentia generalis et specialis.

Die Gegenüberstellung der beiden Reiche (als Handlungsfelder) und Regierweisen (als Handlungsmodi) Gottes darf nicht so gedeutet werden, als ließen sie sich dem Wirken der ersten und der dritten der trinitarischen Personen als relativ eigenständigen Wirkinstanzen zuschreiben. Vielmehr weist Luther in der Regel alles Wirken Gott selbst als Subjekt der Verursachung zu, ohne daß er es trinitarisch spezifizierte. In seiner Allmacht handelt Gott in beiden Sphären gleich unbedingt und notwendig, allerdings in unterschiedlicher Weise: violente im natürlichen Bereich (durch das weltliche Regiment, Recht und Gesetz), voluntarie im geistlichen (durch Wort und Sakrament im Rahmen der Kirche).

Wenn Luther die Wirksamkeit Gottes im Reich des Geistlichen dem spiritus sanctus prädiziert[66], dann erscheint dieser eher als *Kraft* Gottes (und damit diesem subordiniert) denn als eigenständige Hypostase. D.h. Luther versteht den Geist Gottes eher als donum divinum - als immanente, mit seiner Wirkung identische Gabe Gottes - denn als dominus deus - als transzendenter, von seinen Wirkungen unterschiedener, die geistlichen Dinge regierender Herr. Darin bringt sich die modalistische Tendenz der augustinischen Trinitätslehre, aber auch Luthers Abneigung gegen trinitätstheologische Spekulationen zur Geltung. Gott handelt nach Luther *durch* seinen Geist, der selbst nicht im eigentlichen Sinne als Handlungssubjekt zu bezeichnen ist.[67]

Wenn aber Gott unter (von ihm gewollter, nicht notwendiger) Inanspruchnahme der kreatürlichen individuellen wie institutionellen[68] Wirkinstanzen handelt, dann können und müssen diese nach Luther auch auf ihre Verantwortlichkeit behaftet werden. Einen Fatalismus oder Quietismus, der sich auf die Vorsehung Gottes beruft, weist er scharf zurück: »Das ... ist sorgfältig zu merken, um derentwillen, die alles auf die

64. Trotz dieses klaren Quellenbefundes ging G. Wingren von der Überzeugung aus, die cooperatio sei begrenzt auf das irdische Reich [Wingren, G. (1952): Luthers Lehre vom Beruf, München, 90].
65. Differenzierter, aber am Quellentext 18, 754,1ff nicht durchgehend zu verifizieren ist Links Systematisierungsversuch, der zwischen erster und zweiter Schöpfung unterscheidet, die cooperatio innerhalb und außerhalb des Gottesreichs der ersten Schöpfung zurechnet und das regnum spiritus als zweite Schöpfung dem gegenüberstellt [Link, C. (1991) {→ L.}, I, 73].
66. »Per spiritum lenkt, ›reitet‹ Gott den Willen des Menschen, wie er per omnipotentiam suam überhaupt alles in allem wirkt« [Otto, R. (1898) {→ A. 38}, 19].
67. Für die Frage nach dem Zusammenwirken des Geistes Gottes mit dem Menschen ist Ottos Beobachtung interessant, daß bei Luther zwei Auffassungen unausgeglichen nebeneinanderstehen, die sachlich eine nicht unerhebliche Differenz bezeichnen: (a) Der eingegossene Geist ist das neue Leben selbst; (b) er induziert im Menschen den Gleichklang des menschlichen mit dem göttlichen Geist: se ipso concurrens cum voluntate hominis (a.a.O. 14).
68. Eine präzise Darstellung der in diesem Zusammenhang relevanten Drei-Stände-Lehre Luthers (Kirche, Familie und Obrigkeit als von Gott installierte ordines und Instrumente seiner Herrschaft) gibt: Link, C. (1991) {→ L.}, I, 68-72.

Vorsehung zurückführen und so die Werke und Mittel aufheben, die Gott verordnet hat. Sie sagen nämlich: Wenn dies geschehen soll, so wird es notwendig auch ohne mein Zutun geschehen müssen. ... Das sind böse und gottlose Gedanken, denn Gott will haben, daß du die Mittel gebrauchen sollst, die du gebrauchen kannst. Er will, daß du die gebotene Gelegenheit annehmen und gebrauchen sollst. Denn er will ja, daß du dadurch das ausrichten sollst, was er verordnet hat.«[69]

Gleiches gilt auch für Rechtfertigung und Erlösung: So gewiß klar ist, daß Luther jegliche cooperatio des Menschen mit Gott in der Erlangung des Heils ausklammern will, so sehr muß er andererseits daran festhalten, daß Gott den Menschen nicht ohne dessen innere Zustimmung (im Glauben) erlöst. Doch ist und bleibt *Gott* das Subjekt dieser ›cooperatio‹.

Ist aber das Theologoumenon von der Allmacht und Allwirksamkeit Gottes logisch in Einklang zu bringen mit der Behaftung der menschlichen Handlungssubjekte auf die Verantwortung für ihre Taten? Die gegen Erasmus gerichteten Aussagen über den unfreien Willen des Menschen, der coram Deo auch in den inferiora unfrei ist, entziehen der Zuschreibung solcher Verantwortlichkeit die logische Möglichkeitsbedingung. Darin dokumentiert sich die letztliche (theoretische!) Unausgleichbarkeit der beiden eingangs genannten und jetzt zu präzisierenden theologischen Postulate: 1. des Allmachts- und Allwirksamkeitstheologoumenons (dessen Verwurzelung in der philosophischen Gotteslehre Luther nicht ganz abzustreifen vermag, auch wenn er es ganz in den Horizont der iustitia passiva stellt) und 2. des Glaubens an die Heiligkeit und die unbedingte Güte Gottes, der damit nicht für die Sünde verantwortlich gemacht werden kann. Soll diese aber in die Verantwortung des Menschen fallen, müßte dem Menschen eine echte Entscheidungs- und Handlungsfreiheit zugestanden werden, was Luther jedoch strikt ablehnt.[70] Der gleiche - für die Theodizeeproblematik charakteristische - Konflikt zweier logisch unvereinbarer Postulate begegnet in strukturanaloger Form im Blick auf die Frage des Heilserwerbs, d.h. in der Gnadenlehre.

Diese Spannungen lassen sich auf die Grund-Spannung der Theologie Luthers zurückführen, die in seiner Glaubenserfahrung wurzelt: auf die Polarität von offenbarem und verborgenem Gott, die sich aller logischen Einbewältigung entziehen muß, weil es sich letztlich *um unterschiedliche Relationen Gottes zum Menschen* handelt. Tatsache und Modus ihrer Unterschiedenheit liegen selbst wiederum in der Verborgenheit Gottes beschlossen, so daß die beiden Relationen für menschliche Rationalität prinzipiell inkommensurabel bleiben müssen.

Mit dieser Interpretation beschreite ich einen Mittelweg zwischen zwei Auslegungsmöglichkeiten, die sich beide ebenfalls auf Aussagen Luthers berufen können: während die eine davon ausgeht, daß Luther die Dualität zwischen der dunklen und der hellen Seite Gottes als Spannung im *Wesen Gottes* selbst ange-

69. 43, 547,33ff; zit. nach: Aland, K. (Hg) (1967, ND 1989): Lutherlexikon, Göttingen, 373; siehe auch: 23, 513,21ff; 31/I, 435,36ff.
70. Siehe dazu die treffende Charakterisierung dieses Grundkonflikts und die Wiedergabe der »Stoßseufzer«, die aus den altprotestantischen Dogmatiken zu dieser »quaestio intricatissima et maxima ardua« (F. Turretini) zu vernehmen sind, bei: Barth, K. (1950): KD III/3 {→ L.}, 331.

legt sieht, möchte die andere darin lediglich das Resultat der *menschlichen Erkenntnisbeschränkung* erkennen. Demgegenüber verorte ich die Differenz zwischen der hellen und der dunklen Seite Gottes in der *Relation Gottes zur Schöpfung*.

Die Verantwortlichkeit des Christen liegt nach Luther in Gottes Offenbarung begründet, während sich seine Allwirksamkeit im Modus der Verborgenheit - nicht selten sub specie contraria - vollzieht. Diese aber ist menschlicher Erkenntnis unzugänglich: »Was über uns ist, geht uns nichts an« (18, 685,6f).[71] So schreibt Luther in seinem Genesis-Kommentar (1537) im Rückblick auf »De servo arbitrio« (unter ausdrücklichem Bekenntnis zu dieser Schrift), er habe dort klargestellt, daß alles absolut und notwendig sei, aber gleichzeitig hinzugefügt, daß man auf den in Christus offenbaren Gott sehen (und nicht über den verborgenen spekulieren) solle (43, 463 im Kontext von 457-463).

Mit dem Verweis vom verborgenen auf den offenbaren Gott, vom »Deus nudus« auf den »Deus incarnatus«, ist jedoch lediglich die *Erkenntnis* des anthropologischen Status coram Deo eröffnet; es ist die Verantwortungs*relation* aufgezeigt. Freiheit als Grundlage der Verantwortlichkeit läßt sich auf diese Weise nicht begründen. Darin zeigt sich noch einmal, daß für Luther nicht die Freiheit, sondern die Offenbarung Gottes die Verantwortung des Menschen konstituiert.

c) *Aktualismus des Gotteshandelns als Ausdruck seiner tätigen Allgegenwart (Deus semper actuosus)*

Luther geht davon aus, daß Gott seinen Wirkungen nicht äußerlich bleibt, sondern sich in ihnen gegenwärtig macht. Auf diese Weise verbindet sich Gottes Allmacht und Allwirksamkeit untrennbar mit seiner Allgegenwart - die *Transzendenz* des herrscherlich Gebietenden mit seiner *Immanenz* in allen Ereignissen. Dabei ist dieser »Entheismus« nicht ontologisch, sondern aktualistisch konzeptualisiert. Nicht das ihr von Gott eingestiftete Sein in feststehendem ordo garantiert den Bestand der Schöpfung - wie bei Thomas -, sondern die unmittelbare und permanente Aktivität des Schöpfers, der ein »Deus semper actuosus« (A. Peters) ist:

»Denn Gott ists, der alle Dinge schafft, wirkt und erhält durch seine allmächtige Gegenwart und rechte Hand, wie unser Glaube bekennt. Denn er schickt keine Amtsleute oder Engel aus, wenn er etwas schafft oder erhält, sondern solches alles ist seiner göttlichen Gewalt selbst eigen Werk. Soll er's aber schaffen und erhalten, so muß er daselbst sein und seine Kreatur sowohl im Inwendigsten wie im aller Auswendigsten machen und erhalten. Darum muß er ja in einer jeglichen Kreatur in ihrem aller Inwendigsten, Auswendigsten um und um, durch und durch, unten und oben, vorn und hinten selbst da sein, daß nicht Gegenwärtigeres noch Innerlicheres sein kann in allen Kreaturen als Gott selbst mit seiner Gewalt (Denn Er ists, der die Haut macht, Er ists, der die Gebeine macht, Er ists, der die Haare auf der Haut macht, Er ists auch, der das Mark in den Gebeinen macht, Er ists, der ein jeglich Stücklein am Mark macht, Er muß ja alles machen, beides, Stück und Ganzes«.[72]

71. Siehe dazu: Jüngel, E. (1972): Quae supra nos, nihil ad nos. Eine Kurzformel der Lehre vom verborgenen Gott - im Anschluß an Luther interpretiert, in: ders.: Entsprechungen. Gott - Wahrheit - Mensch, München 1986².
72. 23, 133,30 - 134,10 (sprachliche Anpassung - R.B.).

Durch diesen voluntaristischen Aktualismus wird die Lehre von der Erhaltung und Regierung der Welt unmittelbar der Schöpfungslehre zugeordnet - wobei deren Akzent weniger auf der Erschaffung der Welt im ganzen ›am Anfang‹ und mehr auf der Erschaffung und Erhaltung im Sinne der täglichen Behütung und Bewahrung einer jeden einzelnen Kreatur in der Zeit liegt: Jeder Akt solcher procuratio ist ein Schöpfungsakt.[73] Schöpfung versteht Luther primär als ein präsentisch-aktuelles Geschehen. Damit nimmt er die Traditionslinie des spätmittelalterlichen ›Occasionalismus‹ auf: Gott handelt in freier Souveränität als ›Herr der Kontingenz‹, so wie es etwa Jes 45,7 zum Ausdruck bringt.

Es ist begriffsgeschichtlich problematisch, die auf Al-Ghazali zurückgehende, von Averroes kritisierte, der occamistischen Kausalitätskritik[74] zugrundeliegende und dann vor allem von Petrus d'Ailly und Gabriel Biel[75] im Rahmen eines nominalistischen Voluntarismus vertretene Lehre von der Allursächlichkeit Gottes mit dem Terminus *›Occasionalismus‹* zu bezeichnen. Denn der Ursprungszusammenhang dieses Begriffs liegt in der im Gefolge Descartes' entwickelten Vorstellung, die beiden Substanzen der Descartes'schen Metaphysik - res extensa et res cogitans - seien allein durch das direkte Eingreifen Gottes vermittelt. So galt für das von Descartes ungelöste Problem der Koordination seelischer und leiblicher Vorgänge - »commercium mentis et corporis« -, daß die *causae efficientes* in Wirklichkeit nur *causae occasionales* für Gottes Wirken seien: Gott erzeugt »›bei Gelegenheit‹ von leiblichen Bewegungen die seelischen Empfindungen, bei Gelegenheit von Willensakten die Muskelbewegungen«[76], so wie Gott alle Wirkung hervorbringt. Besonders bei Geulincx und Malebranche[77] tritt diese Auffassung hervor.[78] Die unhistorische Etikettierung der spätmittelalterlichen Lehre von der Allwirksamkeit Gottes rechtfertigt sich aus dem Interesse, die *systematische* Extremposition zu kennzeichnen, die konsequent vom Monergismus Gottes (gegen die Lehre von den Zweitursachen und von einem concursus divinus) ausgeht und daher jegliches naturalistische causa-efficiens-Prinzip bestreitet, um die Verursachung aller Ereignisse allein der unmittelbaren Wirksamkeit Gottes zuzuschreiben. Diese Grundüberzeugung aber ist den Vertretern des spätmittelalterlichen wie denen des frühneuzeitlichen ›Occasionalismus‹ eigen. Wird der innerweltliche Kausalnexus bestritten und Gott als Allursache behauptet, dann muß - nach einer Formulierung Al-Ghazalis - alles Welt-

73. Siehe etwa Luthers Auslegung zum ersten Glaubensartikel im Großen Katechismus, in: Pöhlmann, H. G. (1986, 1991³): Unser Glaube. Die Bekenntnisschriften der evangelisch-lutherischen Kirche, Gütersloh, Abs. 728-734. - Zur anthropozentrisch ausgelegten Schöpfungslehre Luthers siehe: Link, C. (1991) {→ L.}, I, 27-80, bes. 31ff.
74. William von Occam zufolge greift Gott nicht nur als partielle (Form-)Ursache *secundum communem cursum naturae* in die von einer geschöpflichen *causa secunda* unmittelbar hervorgebrachte Wirkung ein, sondern bringt als vollständige Ursache auch *contra communem cursum naturae* Wirkungen hervor [III Sent. (Report.) q.6,a.2, in: Opera theol. VI, 173-178].
75. IV Sent. q.1.
76. Schmidt, H., Schischkoff, G. (1982²¹): Philosophisches Wörterbuch, Stuttgart, 502. - Im Gleichnis der beiden gleichlaufenden Uhren {→ S. 176} läßt sich diese Position veranschaulichen: Gott erzeugt den Gleichgang der Uhren durch ständige synchronisierende Intervention.
77. Bes. in: Malebranche, N. (1674): De la recherche de la vérité, Paris, VI/2,3.
78. Siehe: Cassirer, E. (1922³, 1974): Die Fortbildung der Cartesischen Philosophie, in: ders.: Das Erkenntnisproblem in der Philosophie und Wissenschaft der neueren Zeit, Darmstadt, 506-601; Specht, R. (1966): Commercium mentis et corporis. Über Kausalvorstellungen im Cartesianismus, Stuttgart, Bad Canstatt; Specht, R. (1984): Art. »Occasionalismus«, in: HWP 6, 1094f; Nadler, S. M. (Hg) (1993): Causation in Early Modern Philosophy. Cartesian Occasionalism and Preestablished Harmony, Pennsylvania State University Press; Woolhouse, R. S. (1993) {→ Teil III, A. 23}, 134-149; Janssen, P (1996): Art. »Okkasionalismus«, in: TRE 25, 210-216 (Lit.).

geschehen, das als »propter hoc« erscheint, auf ein bloßes »post hoc«, d.h. Kausalität auf regelmäßige Sukzession reduziert werden. Die geschöpflichen Ursachen sind keine Haupt-, noch nicht einmal Instrumental-, sondern nur Gelegenheitsursachen. Einzig Gott kommt Ursächlichkeit im Vollsinn zu; er ist die eine und einzige Allursache, so daß beispielsweise als Ursache der Wärme nicht das Feuer, sondern Gott im Feuer zu nennen ist. Vorsehung ist demnach creatio continua, verstanden als Aktfolge einer fortwährenden creatio ex nihilo. Die geschöpflichen ›causae‹ sind keine Wirkmächte, sondern Bedingungsfaktoren, die Gott zur Wirkung bringt.[79] - Schon Thomas hatte dieser Position entgegengehalten, daß mit ihr die den Kreaturen von Gott verliehene Wirkmacht geleugnet und auf diese Weise nicht nur deren Dasein entwertet, sondern auch Gottes Kraft selbst herabgewürdigt werde. Die Begründung dieser Aussage verdient Beachtung: Die Teilgabe an der eigenen Wirkmacht zeugt von höherer Vollkommenheit und Güte als die Alleinwirksamkeit.[80] Die Indienstnahme von Zweitursachen ist also gerade nicht ein Indiz von Mangelhaftigkeit, sondern von Souveränität. Der gleiche Gedanke liegt Luthers cooperatio-Vorstellung zugrunde.

Seinem konsequenten Aktualismus folgend, kann Luther die conservatio und gubernatio Gottes nur als Serie immer neuer, kontingenter, kreativer Herrschaftsakte verstehen. Doch auch wenn Luthers primäres Interesse am Schöpfungsartikel dem gegenwärtigen, permanenten Schöpferwirken Gottes und nicht der leicht ins Spekulative zu entgleiten drohenden Frage nach dem initialen und als solchem vergangenheitlichen Schöpfungsakt gilt, so kann man ihn dennoch nicht einfachhin als »entschiedene(n) Verfechter der These von der *creatio continua*«[81] bezeichnen. Es bedarf der präzisen Näherbestimmung des Gemeinten. Die schöpferische Tätigkeit Gottes in der Zeit muß nach Luther von der Schöpfung ›am Anfang‹ (creatio originalis als creatio ex nihilo) unterschieden und darf nicht in diese hinein aufgelöst werden. Denn würde die permanente schöpferische Erhaltung[82] als kontinuierliche Verlängerung der initialen creatio originalis verstanden, so wäre damit die Vollkommenheit des einmal Geschaffenen (in seinem status integralis) geleugnet und dem »und siehe, es war gut« (Gen 1,31) widersprochen.[83] Von daher erscheint es angemessener, hier von einer »continuatio creationis« zu sprechen.

79. Eine interessante Revision findet die occasionalistische Position im Rahmen der Divine-Action-Debatte in den Beiträgen von J. L. Kvanvig / H. J. McCann, P. L. Quinn und A. J. Freddoso zu: Morris T. V. (Hg) (1988) {→ L.}. Siehe auch: Quinn, P. L. (1983): Divine Conservation, Continuous Creation, and Human Action, in: Freddoso, A. J. (Hg): The Existence and Nature of God, Notre Dame, IN, 55-79, bes. 69ff. Quinn kritisiert die klassisch-occasionalistische Auffassung der conservatio als creatio continua ex nihilo, derzufolge Gott jedes einzelne Ereignis im Weltprozeß unmittelbar kreiert, weil sie dazu führe, keine Ereignisse von Dauer denken zu können, menschliches Handeln unintelligibel zu machen und damit die Verantwortung für dieses Handeln zu untergraben. Er will sie durch die These ersetzen, daß Gott jede einzelne Entität in jedem Moment nicht ex nihilo, sondern aus ihrer vorgängigen Existenz schafft.
80. Contra Gentiles III, 70.
81. Link, C. (1991) {→ L.}, I, 34 (Hervorheb. C.L.); in der Position ähnlich, aber vorsichtiger: Scheffczyk, L. (1963) {→ L.}, 109. - Vor allem auf folgende Stellen wird bei dieser Deutung verwiesen: 12, 441,6; 21, 521,20; 46, 558,20.
82. »... apud deum idem est creare et conservare« (43, 233,24f); siehe dazu: Link, C. (1991) {→ L.}, I, 35, Anm. 22.
83. Aus den von Link, C. (1991) {→ L.}, I, 36f und Anm. 29 zitierten, zugespitzt formulierten Aussagen Luthers zur Unvollendetheit der Schöpfung läßt sich nicht dessen prinzipielle Position in dieser Frage destillieren.

Die creatio-continua-Vorstellung kehrt erst mit J. Gerhards (an Thomas anklingende) Auffassung der conservatio als influxus wieder - zunächst (bei Gerhard selbst {→ S. 134}) noch beschränkt auf die Vorstellung, daß Gott seinen Geschöpfen die Kraft ihrer eigenen, natürlichen und freien Wirksamkeit erhalte und sie in diesem ihrem Wirken unterstütze, dann (bei Suárez, Quenstedt u.a.) als Lehrmeinung, daß Gott auch unmittelbar auf jede einzelne Handlung des Geschöpfs influiere und d.h. concursiv mit ihm in jedem Akt zusammenwirke. Bei Suárez wird diese Vorstellung dezidiert mit einem Freiheitsmoment verbunden: Gott übt seinen concursus nicht zu einzelnen, ganz spezifischen Taten des Geschöpf aus, sondern zu einem ›Feld‹ von Handlungen (bzw. Handlungsoptionen), zwischen denen das Geschöpf sich dann entscheiden kann.

Im Unterschied zur Behauptung eines ontischen Vorrangs der Möglichkeit vor der Wirklichkeit, der Potenz vor dem Akt, wie sie in der Scholastik vertreten worden war, geht Luther im Blick auf Gott umgekehrt vom Vorrang der Wirklichkeit vor der Möglichkeit aus: Gott wirkt nicht in der Weise, daß er aus der Fülle der geschaffenen Möglichkeiten einzelne nach Maßgabe seiner Weisheit und seines Willens realisiert, sondern er ›setzt‹ durch seine Akte unmittelbar Wirklichkeit. Der Modus der Wirksamkeit Gottes ist nicht die *Wahl* aus einem Reservoir von Optionen, sondern das *Schaffen*, d.h. die in der Gestaltung der Welt sich unmittelbar (wenn auch unter Inanspruchnahme endlicher Organe) betätigende unendliche Macht. Es gibt für Gott keinen ontischen Überschuß von Möglichkeiten über die Wirklichkeit. Daraus ergibt sich das bezeichnete Verständnis der Allmacht Gottes im Sinne der All*wirksamkeit*, demzufolge Gott nicht primär die Potenz prädiziert wird, alles zu *können*, sondern die tatsächliche Macht (*actualis* potentia), alles, was seinem Willem nach geschehen soll, zu *tun*. In dieser Auffassung liegt Luthers Aktualismus begründet.

Während die Kategorialität einer substanzhaften Seinsordnung eine *allgemeine*, die Subsistenz des Seienden sichernde Einwirkung Gottes auf die Wirklichkeit der Welt nahelegt (sofern dieses nicht ohnehin aus eigener Seinskraft zu bestehen vermag), bestimmt Luther Gottes aktuales Welthandeln als ein universal-*konkretes*. Im Bezugsrahmen seiner »Ontologie der Person« (W. Joest) setzt er die Werke Gottes in unmittelbare Beziehung zum existentiellen Glaubensvollzug des Christen. Dadurch tritt die Dimension der Kondeszendenz Gottes und - als ihre Kehrseite - die Gottunmittelbarkeit eines jeden, individuellen Geschöpfs in den Vordergrund. Der ferne wird zum nahen Gott; der nach Recht und Billigkeit urteilende Richter zum gnädigen, aber auch strafenden Vater, der jenseits der Alternative von Transzendenz und Immanenz allgegenwärtig ist. Der Glaube an seine souveräne Weltregierung schließt das Vertrauen auf seine gegenwärtige Fürsorge bis in die kleinsten Dinge mit ein, denn er herrscht über *alle* Dinge (21, 508-522 u.ö.).

Mit dieser Hervorhebung der individuellen Fürsorge Gottes ist das einzelne Geschöpf zum Gegenstand des besonderen Handlungsinteresses Gottes erklärt und damit höher gewürdigt als es nach jenen Ansätzen der Providenzlehre möglich war, die im Vorsehungshandeln primär die eschatologisch-teleologische gubernatio als executio eines von Ewigkeit her gefaßten Ratschlusses sahen - wie vor allem bei Thomas {→ S. 39f} oder später bei Hegel {→ S. 220f}. In diesen Ansätzen konnte das Handeln am einzelnen Geschöpf leicht wie ein Mittel zum Zweck der Erreichung eines ›höheren Ziels‹ erscheinen.

Indem Luther die Allwirksamkeit Gottes betont, nimmt er eine Aussageintention des sapiential-ordinativen Modells auf {→ S. 43}, wendet sie jedoch aktualistisch um. -

Wo aber die Vorstellung der willentlich-kontingenten Hervorbringung *aller* kreatürlichen Ereignisse durch Gott betont wird (etwa unter Berufung auf Am 3,6; Mt 5,45-48), muß sich die Frage nach der Abgrenzung gegen den zum Fatalismus neigenden Schicksalsglauben - oder anders: die Frage nach der ethischen Qualifizierung und Differenzierung des Handelns Gottes stellen.[84] Es kann nicht sein, daß Gott *in gleicher Weise* alles und in allem wirkt. So wehrt auch Luther ein homogenes, moralisch indifferentes Verständnis der Allwirksamkeit Gottes strikt ab und hebt ihre qualitative Differenzierung hervor: Gott wirkt im Bösen anders als im Guten (s.u.).[85]

Nur durch den Verweis auf das durch Güte und Gerechtigkeit bestimmte ›Wesen‹ Gottes (des Deus revelatus) kann sein (verborgenes) Wirken von dem eines unpersönlichen Fatums wie auch von dem eines unberechenbaren Despoten unterschieden werden. Erst diese Bestimmung des Wesens als Inbegriff des bonum vermag die beiden problematischen Auffassungen zu vermeiden, 1. Gott wirke schlechthin jedes Widerfahrnis - Gutes wie Böses - *in gleicher Weise* und 2. er verfolge in spontanen, diskontinuierlichen Einzelakten willkürliche Einzelzwecke[86]. Einer solchen Bestimmung zufolge läßt Gott sich in seinem Handeln von jenen übergeordneten Motiven leiten, die in seinem Wesen verankert und die allem Welthandeln vorgeordnet sind; nach Maßgabe dieser Motive differenziert sich sein Handeln (als Ausfluß der Güte oder des richtenden Zornes) bei gleichzeitiger Wahrhung der Kontinuität des Wirkens.

Hier zeigt sich, wie die in antispekulativer Absicht vorgenommene Betonung der opera externa nicht ohne eine Fundierung in Aussagen über Gottes wesenhafte Selbstbestimmung auskommen kann. Dem entspricht bei Calvin die Rückbindung an den ewigen Willensratschluß Gottes.

Wie Luther nun diese Rückbindung des Handelns Gottes an sein Wesen vornimmt, ergibt sich aus dem vierten Grundzug seiner Vorstellung vom göttlichen Welthandeln.

d) Abscondität des Gotteshandelns als Ausdruck seiner Transzendenz und Unergründlichkeit (Deus involucrus)

Gott wirkt nicht uniform, sondern (bedingt durch den Sündenfall als grundlegenden Abfall vom Willen Gottes) im Konflikt der Mächte des Lichts und der Finsternis als Deus revelatus et absconditus. Sein Welthandeln liegt nicht - wie bei Zwingli - offen-

84. Im Wormser Edikt hatte der päpstliche Nuntius Aleander Luther bezichtigt, einem heidnischen Schicksalsglauben das Wort zu reden [Elert, W. (1931, 1965³): Morphologie des Luthertums I, München, 20].

85. Gegen Jüngel, der betont, Gott wirke *unterschiedslos* alles in allem [Jüngel, E. (1990) {→ Teil I, A. 60}, 174].

86. So interpretierte F. Kattenbusch Luthers Auffassung vom Handeln Gottes in psychologisierender Polemik ganz aus der »eigentümlich krankhaften Stimmung Luthers«, wonach er sein »persönliches Heilsbewußtsein nur herzuleiten weiß aus einer willkürlichen Begnadigung durch Gott« [Kattenbusch, F. (1875): Luthers Lehre vom unfreien Willen und von der Prädestination, Göttingen, 37, 76].

bar zu Tage, sondern bleibt hinter der Wirklichkeitsgestaltung der geschöpflichen causae dependentes verborgen.[87] So ist die Kreatur nach Luther einerseits Instrument (»Hand«, »Rohr«, »Mittel«) Gottes, andererseits »Larve« seiner verborgenen Gegenwart.[88]

Luthers Auffassung der Verborgenheit Gottes hat sich mit »De servo arbitrio« gewandelt. Während er vor 1525 die Verborgenheit als Medium betrachtete, durch das Gott sich sub contrario offenbart, stellt er in »De servo arbitrio« Verborgenheit und Offenbarung einander gegenüber. An die Stelle der Unterscheidung zwischen dem in seiner »nackten« Majestät unzugänglichen Gott und dem in seine Verheißungen gekleideten Gott, wie er sich in der Verborgenheit der Kreuzesschande offenbart hat, tritt die Gegenüberstellung zwischen dem verborgenen und dem offenbaren Gott.[89]

Dieser Verborgenheit rechnet Luther auch die Tatsache zu, daß die Geschichte voll von gottwidrigen Verwerfungen ist. Wenn auch Gott selbst niemals als Verursacher solch sündigen Abfalls von Gott betrachtet werden darf, so gilt es doch festzuhalten, daß er sich der Sünde zum Zwecke des Gerichts bedient, indem er etwa die Bösen antreibt, der Grundausrichtung ihres bösen Willens zu folgen. Gottes Allwirksamkeit ist richtend wie rettend; prüfend, verstockend und strafend wie gnädig. Der Gedanke einer bloßen permissio würde sie nach Luther - der damit über Augustin[90] hinausgeht - unzulässig einschränken.[91] In einem Spitzensatz zieht Luther die letzte Konsequenz aus diesem Gedanken und behauptet, Gott - der Allgegenwärtige - sei auch in der Hölle und im Satan wirksam gegenwärtig (18, 709,18ff). Durch die hierarchische Zuordnung beider Willensrichtungen in Gott wird das Auseinanderbrechen des Wesens Gottes bzw. die Annahme eines metaphysischen Dualismus verhindert: Letztlich motiviert die Liebe auch den Zorneswillen. Gott verrichtet ihm ›fremde‹ Werke, um gerade so die ›eigenen‹ zu tun.[92] Er wirkt nicht einfachhin das Böse; das widerspräche seiner wesenhaften Güte; vielmehr wirkt er *durch* das Böse und *in* ihm; er bedient sich seiner.

Mit dieser, nach dem Bild des aus Liebe strafenden Vaters gezeichneten Gottesvorstellung kann sowohl die optimistische Weltzuwendung des philosophischen Schicksalsglaubens (etwa in der Stoa, für die ›fatum‹ Ausdruck der Herrschaft sittlicher und rationaler Ordnung in der Welt war) als auch die pessimistische Weltabwendung in Teilen der spätmittelalterlichen Mystik (etwa bei Tauler, der in den Todsün-

87. Siehe etwa: 7, 588,8 (die Kräfte der Natur verhindern, daß Gottes Tun rein erscheint); weitere Belege nennt: Krolzik, U. (1987) {→ L.}, 53.
88. 17/II, 192,28; vgl.: 17/II, 192,28; 15, 373,7; 16, 262,35; 20, 272,24; 30/I, 136,9; 31/I, 436,7; 40/I, 174,13f; 40/I, 175,17 - BSLK 566, 20.
89. Siehe dazu: Gerrish, B. A. (1973): »The Unknown God«. Luther and Calvin on the Hiddenness of God, in: JoR 53, 263-292.
90. De ordine I, 1-3; Enchiridion XXIV, 95f.
91. 18, 713ff: Der verstockte Pharao sündigt »a Deo excitatus« und nicht »toleratus lenitate divina«, wie Erasmus meinte. In der FC (Solida Declaratio XI/85) wird die Verstockung des Pharao dann ebenfalls passivisch durch das Zurückziehen der Hand Gottes gedeutet: »Dominus manum ab eo suam retraxit« (BSLK 1088, Z. 18f).
92. Zu Luthers ›Zwei-Werke-Lehre‹ siehe: Jüngel, E. (1990) {→ Teil I, A. 60}, 171ff.

den die Werkzeuge Gottes erblickte, mit denen dieser die Menschen aus der Welt ekele[93]) vermieden werden. Die Macht der Sünde brauchte weder verharmlost zu werden - wie im ersten Fall - noch mußte sie zur Signatur der Geschöpflichkeit insgesamt geraten - wie im zweiten.

Doch auch hier stellt sich wieder die Frage nach der Verantwortlichkeit für die böse Tat. Selbst wenn sie von Gott auch nur verborgen und instrumentell in Anspruch genommen wird, oder - wie es andere Stellen nahelegen: wenn sie von Gott gewirkt und vom Menschen lediglich vollzogen wird, kann der Mensch dafür nicht vollumfänglich zur Rechenschaft gezogen werden.

2. Gründe für Luthers Verzicht auf die Ausbildung einer eigenständigen Vorsehungslehre

Nach dieser skizzenhaften Darstellung der Grundüberzeugungen, die Luthers Auffassung von Gottes Welterhaltung und -regierung tragen, soll gefragt werden, warum er sie nicht zu einer eigenen Vorsehungslehre ausgebaut hat. Ohne zum einen die Einwurzelung der Theologie Luthers in die (geistes-)geschichtliche Situation seiner Zeit und zum anderen ihre alles umgreifende und durchdringende spirituelle Einbindung (die beide keine Notwendigkeit für eine solche Entfaltung hervorbrachten) abzublenden, lassen sich doch durchaus auch *systematisch-sachlogische Motive* erkennen, die der Ausarbeitung einer eigenständigen Vorsehungslehre entgegengewirkt haben:

Der *erste* Grund dafür, daß sich von Luthers theologischem Ansatz her keine sachliche Notwendigkeit für die Ausbildung einer Vorsehungslehre ergab, liegt in dessen Aktualismus.

Wo die Schöpfung in erster Linie ontologisch, als von Gott geordneter Seinszusammenhang verstanden ist, der Gott in relativer Eigenständigkeit gegenübersteht und von ihm teleologisch ausgerichtet wird, ergibt sich die Notwendigkeit einer von der Schöpfungslehre gelösten und ihr evtl. - wie bei Thomas - sogar übergeordneten eigenen Vorsehungslehre.[94] Die Ursprungsrelation der Welt (d.h. ihre Begründung im Schöpfungsakt Gottes) und das Motiv der gubernatio als executio der zielgerichteten ordinatio muß dabei in den Vordergrund treten. - Wo aber demgegenüber »die Schöpfung aktualistisch als immer neue Setzung Gottes angesehen wird, dort ist die Annahme einer eigenen ratio und executio ordinis überflüssig, weil es kein sich durchhaltendes Sein gibt, das auf ein Ziel ausgerichtet werden müßte und der je neue Schöp-

93. Viering, K. A. (1928) {→ L.}, 515. - Insgesamt bleibt Vierings Artikel in eher beschreibender Art an der Oberfläche der theologischen Problemzusammenhänge, bietet jedoch eine Fülle theologiegeschichtlichen Materials. Die von ihm angegebenen Belegstellen sind nicht immer zuverlässig.

94. Da Gottes Providenz nach Thomas der gesamten Schöpfung gilt, ist sie umfassender als die Prädestination, die sich im Akt der electio auf die Erwählten bezieht, wobei die ›Kehrseite‹ der reprobatio eher als zulassende denn als aktive Verwerfung zu deuten ist. Der ordo ad aeternam salutem erscheint demnach als Spezialfall der ordinatio omnium rerum in finem (S.th. I, 22).

fungsakt, der selbstverständlich ein sinnvoller ist, die Funktion der Vorsehung in sich einbegreift.«[95] Der Schöpfung inhäriert nicht die Potenz zur kontinuierlichen Existenz, so daß sie von sich aus der annihilatio verfallen müßte; allein die permanente Aktivität Gottes zur Erhaltung und Bewahrung vermag ihren Fortbestand im Sein zu sichern. So ergibt sich aus der Betonung der creatio ex nihilo und aus dem Moment der contingentia mundi der Gedanke der fortdauernden und vollkommenen Abhängigkeit alles Erschaffenen in jedem Augenblick seines Daseins und Wirkens von Gott, der Ur-Sache allen Seins und Wirkens. Es dominiert das Motiv der conservatio als Ausdruck des in Gottes Willen begründeten Fortbestandes der Welt im Sein. Ohne die aktive und permanente Äußerung dieses Willens fiele sie ins Nichts zurück.

Für Luther ist die Vorstellung einer permanenten Erhaltungsaktivität nicht in einen neutralen ontologischen, sondern in einen ›personalen‹ Begründungszusammenhang eingebettet: Gott »hat die Welt nicht also geschaffen wie ein Zimmermann ein Haus bauet, und darnach davon gehet, läßt es stehen, wie es stehet; sondern bleibet dabei, und erhält alles wie er es gemacht hat, sonst würde es weder stehen noch bleiben können« (21, 521,20ff; 46, 558, 20ff). Es ist also die Schöpfungstreue Gottes, die - nach Luther - Gottes Welterhaltung motiviert.[96]

Auch mit dieser Betonung der Notwendigkeit der aktualen conservatio durch Gott steht Luther William von Occam nahe, der die Gottesbeweise des Thomas kritisiert - und Gottes Existenz demgegenüber von der causa conservans her begründet hatte.[97]

Der *zweite* sachlogische Grund dafür, daß Luther keine eigenständige Vorsehungslehre entwickelt hat, liegt in seinem antischolastischen Protest gegen jede Form einer philosophischen ›theologia gloriae‹.[98] Zu sehr hat die Vorsehungslehre ihr noetisches Korrelat in der ›natürlichen‹ Gotteserkenntnis aus den Werken der Schöpfung, aus jenem Bereich also, in dem Gott nach Luther in Verborgenheit wirkt. Luthers ganzer Eifer richtet sich demgegenüber auf die Verkündigung des Deus revelatus; dafür war

95. Scheffczyk, L. (1963) {→ L.}, 110.
96. Der Gedanke der Schöpfungstreue Gottes begegnet auch in der protestantischen Orthodoxie immer wieder, z.B. bei: Gerhard, J. (1610ff): Loci theologici (hg. v. E. Preuss, Berlin 1863-1875), VI, § 1 und VII, oft unter Aufnahme des Augustin-Zitats, daß die Welt keinen Moment bestehen könnte, wenn Gott seine Erhaltungmacht entzöge. - Siehe dazu: Stock, K. (1971): Annihilatio mundi. Johann Gerhards Eschatologie der Welt, München.
97. Leppin, V. (1995): Geglaubte Wahrheit. Das Theologieverständnis Wilhelms von Ockham (FKDG 63), Göttingen, 153-155.
98. Ich fasse diesen Begriff - wie sein Gegenstück ›theologia crucis‹ - in Anlehnung an W. v. Loewenich in einem weiten Sinn als Bezeichnung des »Prinzip(s) der ganzen Theologie Luthers«, das sich besonders in einer ›hörend‹-rezeptiven (statt einer philosophisch konstruktiven) theologischen Erkenntnishaltung niederschlägt. Theologia gloriae ist demnach dadurch charakterisiert, daß sie die Plausibilität ihrer Argumentation aus der Verantwortung vor philosophischen Rationalitätsstandards gewinnen will. - Loewenich, W. v. (1929, 1982^{6}): Luthers Theologia crucis, ^{1}München, ^{2}Bielefeld (Zitat: 14); Blaumeiser, H. (1996): Martin Luthers Kreuzestheologie (KKTS 60), Paderborn (Lit.) (im Rahmen einer Forschungsübersicht werden hier unterschiedliche Deutungen des Begriffs theologia crucis ausgewiesen, darunter die epistemologische: 73-75); Bernhardt, R. Willis-Watkins, D. (1996): Art. »Theologia Crucis«, in: EKL^{3} 4, 733-736 (Lit.).

eine eigenständige Vorsehungslehre nicht erforderlich, ja - nach ihrer scholastischen Tradition - vielleicht sogar kontraproduktiv und in die Irre führend.

Doch zieht Luther selbst interessanterweise die natürliche Vernunft heran, um den Gedanken der Allvoraussicht und Allwirksamkeit Gottes als ein allgemein einsehbares Theologoumenon zu begründen (18, 718f. 619).[99] Allerdings erblickt er darin nicht *mehr* als eine nicht-notwendige Bestätigung dessen, was offenbarungstheologisch verbürgt ist.

Im Kontrast zum thomasischen Modell der doppelten Kausalität zielen Luthers Lehrstücke von der Erhaltung und Regierung der Schöpfung und seine zunächst nicht im unmittelbaren Kontext der Schöpfungslehre entwickelte Vorstellung von der cooperatio Gottes mit den Menschen nicht auf die Reflexion der logischen und realen Möglichkeitsbedingungen eines geschöpflichen Eigenwirkens bei gleichzeitig vorausgesetzter Behauptung der Allmacht Gottes. Nicht die Frage nach dem ›Wie‹ der mit der concursus-Lehre erfaßten »schwierigen Gegensatzeinheit« (K. Barth) interessiert ihn, sondern die gewißmachende Verkündigung des ›Daß‹. Das ›Wie‹ bleibt Gottes Geheimnis.[100]

Die antispekulative, vom methodischen Leitmotiv der theologia crucis aus entwickelte Grundtendenz der Theologie Luthers, die ihn dazu führte, seinem vitalen Vorsehungsglauben keine verselbständigte, lehrhafte Gestalt zu geben, spiegelt sich auch in seinem theologischen Sprachgebrauch: Er bildet keine Systematik aus, in der conservatio und gubernatio als Beschreibungen göttlicher Handlungsweisen dem Oberbegriff der pronoia oder providentia subsumiert wären, sondern spricht unmittelbar und ohne definierte Zuordnung von Gottes erhaltendem und regierendem Handeln. Die beiden Beschreibungen bezeichnen dabei sowohl das Wirken als auch das Subjekt der Vorsehung.

Diese - wie die meisten der von Luther gebrauchten theologischen Termini sind nicht so sehr als präzise bestimmte Begriffe ›mit scharfen Rändern‹ gebraucht, sondern eher als ›Streubegriffe‹, die ihre Bedeutung mehr anzeigen als in sich einschließen und die deshalb oft nicht trennscharf - vielleicht gerade darum aber theologisch sachgemäß - sind.

Dort, wo der (Vorsehungs-)*Glaube* Luthers an Gottes allgegenwärtige Führung in die Systematik einer ausgearbeiteten (Vorsehungs-)*Lehre* vom allmächtigen Handeln Gottes gegossen wird, kommt es zu theologisch letztlich nicht mehr auflösbaren Spannungen konfligierender Aussageintentionen. Sie lassen sich zusammenfassen in der Frage, ob eine von Gottes Allmacht und Allwirksamkeit ausgehende Vorsehungslehre nicht unvermeidlich in einen theologischen Determinismus[101] und den ihm korrespondierenden Fatalismus hineinführt, wodurch die Freiheit der Menschen ausge-

99. Siehe dazu: Möller, M. (1984): An Deus sit ridiculus, in: KuD 30, 71-96; Hägglund, B. (1986) {→ L.}, 367f.
100. Siehe dazu auch R. Brandts sprachkritische Untersuchung von Luthers De servo arbitrio: Brandt, R. (1992) {→ A. 6}; und Plathow, M. (1995) {→ L.}, 80f.
101. Siehe dazu W. Härles Sachkritik an einem deterministischen Weltverständnis: Härle, W. (1995) {→ L.}, 289f.

schaltet, das Bittgebet sinnlos gemacht und Gott zum Urheber des Bösen erklärt wäre. Die (von Luther aus den o.g. Gründen nicht durchgeführte) konsequente Konzeptualisierung der Grundüberzeugung von der theonomen Notwendigkeit aller Weltwirklichkeit einschließlich der Bewegungen des menschlichen Willens müßte zu der Annahme führen, daß Gott selbst jenes Geschehen verordnet, das in Widerspruch zu seinem Willen steht. Es müßte also ein doppelter Wille in Gott angenommen werden. Mit ihrer Tendenz zu rationalisierender Einbewältigung und Systematisierung führt Calvins Vorsehungslehre vor genau diese Frage.

B. Calvins Providenzlehre: Vorsehung als Ausführung des bei Gott von Ewigkeit her Vorgesehenen

Ich stelle die Vorsehungslehre Calvins in ihren Grundzügen ausführlicher dar, 1. weil sie gegenüber der Prädestinationslehre in der theologischen Diskussion zumeist weit in den Hintergrund getreten ist, was sich in Zahl und Umfang der Veröffentlichungen zu diesem Thema spiegelt[102], dabei aber »als eine Art Lebensseele das ganze Denken Calvins durchzieht und eine genaue Entsprechung zu dem schon immer festgestellten Grundmotiv der Ehre Gottes als letztem Ziel allen Geschehens bildet«[103]; 2. weil sich bei Calvin die erste systematisch entfaltete protestantische Vorsehungs*lehre* findet, in der zudem die cura Dei individualis pointiert herausgearbeitet und einer elaborierten Reflexion unterzogen ist; 3. weil sich bedeutende Beiträge der Divine-Action-Debatte (besonders solche von reformierten Autoren) mit dieser Lehrgestalt auseinandersetzen, wie etwa: White, V. (1985) {→ L.} und Helm, P. (1994) {→ L.}.

Es sollen dabei (wiederum in systematischer Absicht) auch die philosophischen und theologischen Alternativpositionen trennscharf herausgearbeitet werden, von denen sich Calvin abgrenzt, deren Fortentwicklungen aber über ihn hinaus bis in die gegenwärtige Diskussion um Gottes Handeln hinein eine Rolle spielen. Wie sich zeigen wird, nimmt Calvin diese Positionen weniger in ihrer historisch-authentischen Gestalt auf und vielmehr als *Typen*, mit denen er zeitgenössische Lehrmeinungen etikettiert.[104]

Ich gehe von der Endgestalt der Lehre in der »Institutio« von 1559 aus und nehme vereinzelt anderweitige Äußerungen Calvins in den Blick. Konkretionen der Vorsehungslehre - wie die Bedeutung der weltlichen Ordnungen und Obrigkeiten im Welthandeln Gottes - müssen jedoch weitgehend außer Acht bleiben. Im gegebenen Rahmen kann bestenfalls auch nur peripher auf Calvins exegetische Arbeiten und auf seine

102. Die drei einzigen Studien, die sich zentral oder ausschließlich diesem Thema zuwenden, sind: Bohatec, J. (1909): Calvins Vorsehungslehre, in: ders. (Hg): Calvinstudien. Festschrift zum 400. Geburtstage Johann Calvins, Leipzig, 339-441; Hauck, W.-A. (1947): Vorsehung und Freiheit nach Calvin, Gütersloh; Helm, P. (1994): Calvin (and Zwingli) on Divine Providence, in: CTJ 29, 388-405. Einen nach vier Phasen gegliederten Überblick über die Calvinrezeption gibt Saxer, E. (1980) {→ L.}, 17-25. - In der folgenden Darstellung beziehe ich mich zudem auf: Barnikol, H. (1927): Die Lehre Calvins vom unfreien Willen und ihr Verhältnis zur Lehre der übrigen Reformatoren und Augustins, Neuwied a.R.; Niesel, W. (1938, 1957²): Die Theologie Calvins (EETh 6), München, bes. 68-77; Krusche, W. (1957): Das Wirken des Heiligen Geistes nach Calvin, Göttingen; Wendel, F. (1968): Calvin. Ursprung und Entwicklung seiner Theologie, Neukirchen (frz.: Paris 1950), 152-158; Jacobs, P. (1937, 1968²): Prädestination und Verantwortlichkeit bei Calvin, Darmstadt (BGLRK 1), Neukirchen; Otten, H. (1968): Prädestination in Calvins theologischer Lehre, Neukirchen; Gilkey, L. B. (1976) {→ Teil I, A. 50}, 175-187; Neuser, W. (1980): Dogma und Bekenntnis in der Reformation: Von Zwingli und Calvin bis zur Synode von Westminster, in: HDThG 2, Göttingen, 253-256; Farley, B. W. (1988) {→ Teil I, A. 90}, 150-156 (es ist allerdings überraschend, wie wenig kritische Distanz Farley zu Calvins Prädestinations- und Vorsehungslehre aufbringt); Link, C. (1991) {→ L.}, I, 120-175; Davies, H. (1992) {→ L.}, Kap. 4; Herms, E. (1992): Calvin über den unfreien Willen, in: ders.: Offenbarung und Glaube: zur Bildung des christlichen Lebens, Tübingen, 56-80; Brümmer, V. (1994): Calvin, Bernard and the Freedom of Will, in: RelSt 30, 437-455; Helm, P. (1994): Calvin and Bernard on Freedom and Necessity. A Reply to Brümmer, in: RelSt 30, 457-465.
103. Saxer, E. (1980) {→ L.}, 22f.
104. Zum Ganzen der Rezeption klassischer Philosophie bei Calvin siehe: Partee, C. B., jr. (1977): Calvin and Classical Philosophy (SHCT 14), Leiden.

Predigten eingegangen werden. Eine umfassende Studie müßte diese (vor allem seine Auslegung des Buches Hiob) mit in den Blick nehmen, denn der »Dogmatiker Calvin ist zugleich stets Exeget und Prediger«[105]. Auch die Briefe verdienten Beachtung.[106]

1. Luther und Calvin

So sehr man das bekannte Urteil Heussis zurückweisen muß, Calvin sei bloß ein »Epigone der Reformation«[107] gewesen - »enger und pedantischer als Luther«[108] -, so kann man im Blick auf die Vorsehungslehre in leichter Zuspitzung doch formulieren: Die erste systematische Ausgestaltung des *lutherischen* Vorsehungsglaubens begegnet bei Calvin. In den vier oben {→ S. 64ff} ausgewiesenen Grundzügen stimmt Calvin so weitgehend mit Luther überein, daß die Differenzen in diesem Lehrstück demgegenüber marginal erscheinen und sich auf die konsequente dogmatische Elaboration der theologischen Ansätze Luthers durch Calvin zurückführen lassen.

Damit ist der Auffassung widersprochen, Calvin entwickle seine Providenz- monolinear von der Prädestinationslehre her und gelange dadurch zur Betonung des göttlichen *prae*cursus gegenüber der *co*operatio Luthers. Dieser Auffassung zufolge scheint der entscheidende Unterschied zwischen beiden Konzepten darin zu liegen, daß sich Gott nach Luthers Vorstellung nicht auf ein bestimmtes *Handeln* festgelegt hat, sondern auf eine bestimmte, seinem Wesen gemäße Handlungs*intention*, während Calvin das aktuelle Handeln als unmittelbare Ausführung des von Ewigkeit her Beschlossenen deutet und sich damit einem theologischen Determinismus nähert. Wie sich jedoch in II.B.4 zeigen wird, kennt auch Calvin durchaus die Differenz zwischen dem vom decretum aeternum (vor-)bestimmten und dem in einer konkreten Situation tatsächlich durchgeführten Handeln. Das göttliche Handlungssubjekt handelt nicht nach stoischer Notwendigkeit oder als absoluter Monarch (wie bei Zwingli), sondern als personales Gegenüber. Der Unterschied zu Luthers Auffassung liegt nicht im Grundsatz, sondern in der Akzentsetzung: Während Luther Gottes Welterhaltung und -regierung als aktualen Ausdruck seiner Schöpfungstreue, seiner in Christus offenbarten Liebe zu den Geschöpfen und seiner eschatologisch ausgerichteten Herrschaft deutet, bezieht Calvin das Vorsehungshandeln stärker auf den ewigen Ratschluß Gottes.

Providenz- wie Prädestinationslehre unterstehen bei Calvin dem gleichen theozentrischen Axiom der allumfassenden, seinen ewigen Ratschluß ausführenden Herrschaft Gottes, in der sich seine Verherrlichung ereignet. Der Gedanke des paternus Dei favor (16,1)[109] dominiert beide Lehrstücke.

105. Weber, O. (1957): Art. »Calvin, II. Theologie«, in: RGG³ 1, 1593.
106. Siehe dazu: Potgieter, P. C. (1991): The Providence of God in Calvin's Correspondence, in: Van't Spijker, W. (Hg): Calvin: Erbe und Auftrag (FS W. H. Neuser), Kampen, 85-94.
107. Heussi, K. (1979¹⁵): Kompendium der Kirchengeschichte, Tübingen, § 83a.
108. A.a.O., § 82a.
109. Hier wie im folgenden nehme ich die Belegstellenangaben eingeklammert in den Text mit auf. Sie beziehen sich auf: Calvin, J. (1955, 1988⁵): Unterricht in der christlichen Religion = Institutio Chri-

In seinem Interesse an der individuellen procuratio Gottes, wie überhaupt in der biblisch-theologischen Ausrichtung seiner Providenzlehre steht Calvin Luther näher als Melanchthon, der dieses Lehrstück in (natur-)philosophischer Kategorialität entfaltet[110], und auch näher als Zwingli, der es in scholastisch-deduktiver Weise expliziert.[111]

Darin verbindet sich bei Calvin - wie bei Luther - der von Duns Scotus und William von Occam ausgehende Einfluß (mit seiner Betonung der Freiheit und Souveränität Gottes) mit der in augustinischer Tradition sich verstehenden radikalen Gnadentheologie zu der Lehrüberzeugung, daß Gott allein gegen den unfreien Willen des Menschen den rettenden Glauben, wie auch alles weltliche Geschehen wirkt. Erwählung und Vorsehung gründen in der auf Heilssorge für die Schöpfung ausgerichteten Freiheit Gottes.

So sehr Calvin auch die herrscherliche Majestät und Transzendenz Gottes betont, so sehr will er doch gerade in seiner Vorsehungslehre - wie Luther - die allwirksame *Gegenwart* der göttlichen Macht bis in die kleinsten Ereigniszusammenhänge hinein hervorheben. Gott ist nicht ein »Schöpfer für den Augenblick« (16,1) des Weltanfangs, seine Kraft ereignet sich vielmehr in der jeweiligen Gegenwart - darin liegt das zentrale Leitmotiv der Vorsehungslehre Calvins. Es ist identisch mit der schöpfungstheologischen Grundüberzeugung Luthers. Der Genfer Reformator entwickelt dieses Motiv in dem primär seelsorgerlichen Interesse, die allumfassende Herrschaft Gottes über alle Bereiche der Wirklichkeit und des Lebens zu proklamieren, das damit weder dem blinden Zufall noch einer unpersönlichen Notwendigkeit preisgegeben ist. Diese Proklamation hat die Funktion, existentielle Geborgenheit zu vermitteln und Trost zu spenden.

Auch wenn Luther den Akzent stärker auf das pro nobis der Selbsthingabe Gottes setzt, so liegt darin doch keineswegs ein dem vermeintlichen Theozentrismus Calvins fundamental entgegengesetzter Anthropozentrismus, sondern lediglich die Be-

stianae religionis, Neukirchen. Sofern nichts anders angegeben ist, entstammen die Stellen dem *ersten* der vier Bücher. - Rückgriffe auf den lateinischen Text erfolgen nach: Baum, G., Kunitz, E., Reuss, E. (Hg) (1863-1900): Calvini Opera quae supersunt omnia (CR XXIXff), Braunschweig, Berlin (im folgenden abgekürzt mit: CO).

110. Zur Vorsehungslehre Melanchthons: Weber, H. E. (1937/1940): Reformation, Orthodoxie und Rationalismus, 2 Bde. (BFChTh.M 35 und 45), Gütersloh, I, 157-166; Koehler, W. (1951) {→ A. 6}, 172f; Büttner, M. (1975): Regiert Gott die Welt? Vorsehung Gottes und die Geographie. Studien zur Providentialehre bei Zwingli und Melanchthon (CThM 3), Stuttgart; Link, C. (1991) {→ L.}, I, 81-119, bes.: 84-94. - {→ S. 131ff}.

111. Viel stärker als Calvin deduziert Zwingli seine Providenzlehre in scholastischer Denkweise und Begrifflichkeit aus den Prämissen eines theistischen Monarchianismus, der von der Idee der absoluten Souveränität Gottes ausgeht. In seiner Providenzschrift [Sermonis de providentia Dei anamnema, 1530, Werke, hg. v. E. Egli u.a. VI, 3; siehe dazu: Baur, A. (1889): Zwinglis Theologie, ihr Werden und ihr System, Halle, II, 686-754] ist die Alleinwirksamkeit Gottes so stark betont, daß Gott in der Konsequenz zum auctor mali erklärt werden mußte. In einem Brief an Bullinger (1552) distanziert sich Calvin in dieser Frage explizit von Zwingli: Gott zum Urheber der Sünde zu machen, sei gotteslästerlich (CO XIV, 253).
Zu Zwinglis ›prädestinatianischer Vorsehungslehre‹ siehe: Neuser, W. (1980) {→ A. 102}, 185-187; Leppin, V. (1995): Adams Wille und Gottes Providenz. Die Bestreitung des freien Willens in Zwinglis ›Commentarius‹, in: Zwing. 22, 37-43 (Lit.).

tonung der *Zuwendung* des souverän herrschenden Gottes. Strenger noch als Calvin ging Luther - wie gesehen - von der unbedingten Allwirksamkeit Gottes aus und wies in der Konsequenz dieses Ausgangspunktes den Gedanken einer Eigenständigkeit des geschöpflichen Wirkens stellenweise konsequenter zurück als Calvin. Das zeigt sich vor allem in Luthers Ablehnung der scholastischen Theontologie: Wie Luther {→ S. 69} verwirft Calvin das thomasische Modell des Zusammenwirkens von causa prima und causa secunda und ordnet die geschöpflichen Instrumentalursachen als »movens inférieurs« der causa principalis unbedingt unter. Doch während Luther die scholastische Unterscheidung zwischen unbedingter und bedingter Notwendigkeit strikt abgelehnt hatte {→ S. 65}, folgt Calvin Melanchthon, bei dem sie in charakteristisch veränderter Form wieder aufgenommen worden war {→ S. 114}. Diese Entscheidung scheint nicht zuletzt durch die philosophisch-theologische Prägung der beiden Reformatoren präfiguriert zu sein: Anders als Calvin, der seine Theologie - vermittelt durch seine Ausbildung im Collège Montaigu - eher in Referenz zur via antiqua entfaltete[112], knüpfte Luther (kritisch! - bis hin zur »grimmigen Gegnerschaft«![113]) an die via moderna an, für die das geschöpfliche Seiende nicht aufgrund einer ontologischen oder theonomen Notwendigkeit existiert, sondern aufgrund der freien Setzung Gottes.

Luthers strenge Betonung der Allwirksamkeit Gottes deutet sich auch in einem Spitzensatz an, in dem er sich auf den fatalistischen Schicksalsglauben Vergils und der griechischen Mythologie beruft (18, 617,23 - 618,18). Auch wenn dieser Satz nicht von der Kommunikationssituation mit dem Humanisten Erasmus abgelöst werden darf und daher keinen unmittelbaren Rückschluß auf Luthers theologische Grundhaltung zuläßt, so setzt er doch einen Akzent, der Calvins deutlicher Zurückweisung allen Fatalismus' offensichtlich entgegensteht.

In der systematischen Zusammenschau der Grundüberzeugungen zur Vorsehung Gottes lassen sich jedoch zwischen Luther und Calvin keine wirklich bedeutsamen Unterschiede konstatieren. Erst in der Lehrentwicklung der reformierten Orthodoxie wurde das Moment des göttlichen *prae*cursus dem von den Lutheranern stärker betonten *con*cursus programmatisch entgegengehalten.

2. Zur Entwicklung, Struktur und theologischen Grundlegung der Vorsehungslehre Calvins

a) Das Verhältnis von Prädestination und Providenz

Bei Calvin ist eine interessante Entwicklung der Ablösung der Vorsehungs- von der Prädestinationslehre zu beobachten. In der ersten Auflage der *Institiutio* (1536), in der Calvin noch stärker als in späteren Jahren unter dem Einfluß der Theologie Lu-

112. Siehe: Reuter, K. (1981): Vom Scholaren bis zum jungen Reformator. Studien zum Werdegang Johannes Calvins, Neukirchen, 3-12.
113. Obermann, H (1986) {→ A. 35}, 22.

thers und Melanchthons Loci Communes stand, fallen Prädestination und Providenz unterschiedslos zusammen[114], in der dritten Auflage (1559) sind beide Lehrstücke voneinander gelöst, die Prädestination wurde der Soteriologie zugeordnet[115] und die Vorsehung der Schöpfungslehre angegliedert.[116] Doch liegt in dieser Ablösung nicht eine *sachliche* Verselbständigung, denn die Vorsehungslehre wendet die gleichen theologischen Axiome, die auch die Prädestinationslehre steuern, auf den Bereich des präsentischen Welthandelns Gottes an.[117] Das aber erlaubt andererseits noch nicht, die Prädestination als Sonderfall des allgemeinen Begriffs der Vorsehung aufzufassen, wie F. Wendel[118] es im Gefolge R. Seebergs tut[119].

Mit dieser Feststellung ist der ungerechtfertigten Kritik Barths an Calvins systematischer Zuordnung der Providenz- zur Schöpfungslehre widersprochen. Es liegt in Calvins Aufbauschema keine *inhaltliche* Ablösung von der Prädestinations- bzw. Gnadenlehre, keine Verabschiedung des spezifisch Christlichen zugunsten eines allgemeinen theistischen Gottesbegriffs, kein Verzicht auf die Anwendung der reformatorischen Zentralerkenntnis - der Rechtfertigungslehre - auf den Bereich des Welthandelns Gottes.[120]

Zu Recht verweist C. H. Ratschow darauf, daß Calvin »an mehreren Stellen der Providentia-Erörterung einen Hörer voraus(setzt): quisquis vero edoctus est Christi ore (16,2) ... Calvin behandelt die Providentia also als ein Stück des Glaubens von Christen«.[121] Nicht der carnis sensus, sondern allein die fides vermöge die specialis cura Dei zu erkennen. Allerdings sieht Ratschow die Verbindung des Providenzglaubens mit der Soteriologie lediglich in einer epistemologischen bzw. pisteologischen Strukturanalogie begründet, wenn er schreibt, beide seien verbunden in der »Glaubens-›Struktur‹, nichts zu erkennen, nichts zu sehen, und dennoch zu glauben«[122]. Damit wird allzu leicht der Vorwurf des Fideismus gegen Calvin vorbereitet und zu wenig in Rechnung gestellt, wie sehr seine gesamte Theologie und damit sowohl seine Prädestinations- als auch seine Providenzlehre soteriologisch finalisiert ist.

Calvin verklammert den Vorsehungs- mit dem Heilsglauben nicht nur durch den Aufweis einer formalen pisteologischen Strukturanalogie, auch nicht nur epistemologisch in dem Sinne, daß die Vorsehung Gottes nur von Christus her erkennbar wird [II, 1]), sondern material - und zwar *pneumatologisch* mit eschatologischer Finalisierung: Die Vorsehungslehre Calvins hat ihr theologisches Fundament nicht in einer unmittelbaren Zentrierung auf und in Jesus Christus (darin ist Barth vorbehaltlos

114. In CO I, 73 bezeichnet Calvin die Prädestination als »aeterna Dei providentia«. Vgl. Zwingli in »De vera religio«: »Providentia est praedestinationis veluti parens« (282).
115. III, 21-24. In diesem Kontext kommt der Prädestinationsvorstellung die Funktion zu, jegliche Werkgerechtigkeit zurückzuweisen.
116. Zur Lehrentwicklung siehe: Otten, H. (1968) {→ A. 102}, 99ff.
117. Einen kurzen, aber wertvollen Überblick über die Calvin-Forschung zur Frage der Beziehung von Prädestination und Providenz gibt: Link, C. (1991) {→ L.}, I, 158f in Aufnahme von Saxer, E. (1980) {→ L.}, 17-25. Siehe auch: Jacobs, P. (1937, 1968²) {→ A. 102}, 67-71.
118. Wendel, F. (1968) {→ A. 102}, 153.
119. Seeberg, R. (1920, 1954⁴): Lehrbuch der Dogmengeschichte, Bd. IV/2, Graz 1954, 580.
120. So: Barth, K. (1950): KD III/3 {→ L.}, 34-38, 130f.
121. Ratschow, C. H. (1959) {→ L.}, 38.
122. A.a.O., 39.

zuzustimmen), was aber keineswegs bedeuten muß, sie gründe in einem vor-christlichen Gottesglauben. Vielmehr vollzieht der Reformator in dieser Lehre die Explikation der universalen Wirksamkeit des Heiligen Geistes. Dieser ist jedoch kein anderer als der Geist Jesu Christi - weshalb Calvin die lebensschaffenden und -erhaltenden Wirkungen des spiritus sanctus gleichbedeutend auch dem erhöhten Christus als dem rex mundi zuweisen kann.[123] Als pneumatologisch grundiertes Lehrstück erhält die Providenz (wie der topos von der Prädestination) eine eschatologische Ausrichtung (ohne selbst eschatologisch qualifiziert werden zu müssen). Ihr perspektivischer Fluchtpunkt liegt in der von Gott verfügten und regierten Zielbestimmung alles Geschaffenen auf die Verherrlichung Gottes hin.

Ohne daß Calvin dies ausdrücklich und immer wiederholte, setzt er doch ständig voraus, daß es sich bei Gott nicht um ein vom Heilsereignis in Christus abstrahiertes, ›allgemeines‹, metaphysisches Transzendenzsubjekt handelt, sondern um den Gott, der sich in diesem Ereignis wesenhaft manifestiert hat - um den Gott des christlichen Glaubens. Die Vorsehung Gottes ist für Calvin die Explikation des allmächtigen Gnaden- und Gerichtswirkens Gottes durch seinen Geist im Bezug auf den Bereich der Schöpfung und der Geschichte bis hinein in die jeweilige konkrete Gegenwart.[124] In ihr dokumentiert sich die *Heilssorge* Gottes für seine Schöpfung.

Damit wird die zentrale Rolle der *Pneumatologie* für Calvins Auffassung vom Handeln Gottes deutlich - sie bildet die theologische Matrix seiner Providenzlehre. Der Heilige Geist ist »Ausführer der Vorsehung« (effector providentiae).[125] Calvin entwirft seine Vorsehungslehre ganz von der Pneumatologie her und bettet sie damit von vorneherein trinitätstheologisch ein (in der letzten Auflage der »Institutio« bildet die Providenzlehre den Abschluß der Trinitätslehre). Aus diesem theologischen Grund erübrigt sich die Kritik an ihrem christologischen Begründungsdefizit ebenso wie der Versuch, sie auf eine material unterbestimmte Theozentrik zu reduzieren - so gewiß die erste Person Gottes das Subjekt der Vorsehung ist, die durch ihren Geist in den beiden Äußerungsweisen der Gnade und des Zorns über die Schöpfung regiert.

Stärker als in Luthers Zwei-Regimenten-Lehre geht Calvin von einer Präponderanz der Gnade auch in seinem Welthandeln aus und spricht von einer »generalis Dei gratia« in der Schöpfung (II, 2,17) (im Unterschied zur »gratia specialis, die allein die Auserwählten durch die Wiedergeburt empfangen« [II, 2,6]). Sie wird Gottes schöpfungserhaltendem Wirken attribuiert und muß demnach als zunächst vorsoteriologische - gleichwohl soteriologisch finalisierte - Erhaltungsgnade bezeichnet werden. Als solche erstreckt sie sich über den Bereich der providentia generalis und specialis und d.h. über Glaubende wie

123. Belege bei: Krusche, W. (1957) {→ A. 102}, 24, Anm. 50.

124. Interessant ist, wie W. Niesel, der in der ersten Auflage seiner »Theologie Calvins« noch eine christologische Begründung der Vorsehungslehre Calvin erkennen konnte ([1]66-70), unter dem Einfluß der Kritik Barths (KD III/3 {→ L.}, 34) diese Position revidierte ([2]70).

125. Krusche, W. (1957) {→ A. 102}, 14 u.ö. - Die maßgeblich von Krusche angestoßene pneumatologische Interpretation der Theologie Calvins bildet den sachlogisch angemessensten und inhaltlich ertragreichsten Interpretationsrahmen für dessen Vorsehungslehre. Siehe dazu auch: Saxer, E. (1980) {→ L.}, 23f; Ganoczy, A. (1984): Christusgegenwart und Heiliger Geist in der Theologie Calvins, in: Lies. L. (Hg): Praesentia Christi (FS J. Betz), Düsseldorf, 507-521; Beintker, M. (1986): Creator Spiritus, in: EvTh 46, 12-26.

Nichtglaubende. Nicht nur im rettenden, sondern auch im bewahrenden Wirken Gottes, in seiner providentiellen Fürsorge für die Kreatur, ist also seine Gnade am Werk: in den Leistungen des menschlichen Geistes in Wissenschaft und Kunst etwa, in den politischen Ämtern oder auch in den moralischen Dispositionen und Handlungen von Nichtglaubenden. Doch darf der qualitative Unterschied zwischen Rechtfertigungs- und Erhaltungsgnade, zwischen allgemeinem und besonderem Wirken des Heiligen Geistes[126] dabei nicht aus dem Blick geraten: Die »generalis Dei gratia« überwindet nicht die Sünde, sondern dämmt sie ein, um den Bestand der Schöpfung zu sichern, die menschliche Gemeinschaft zu erhalten, die Geschichte zu lenken und sie auf den Empfang der Rechtfertigungsgnade hin auszurichten.

Ohne ausführlicher auf die Pneumatologie Calvins eingehen zu können, ist die Kenntnisnahme einiger ihrer Grundzüge für die Darstellung seiner Vorsehungslehre doch unabdingbar. »Dem Vater ist der Anfang des Wirkens zugeschrieben, er ist aller Dinge Quelle und Brunnen, dem Sohne eignet die Weisheit, der Rat und die geordnete Austeilung, dem Geist die Kraft und Wirksamkeit im Handeln« (13,18). In dieser, für Calvins Auffassung der trinitarischen opera ad extra so zentralen Formulierung ist dem Heiligen Geist »virtus et efficia actionis« appropriiert und an zahllosen anderen Stellen wird die Wirksamkeit des Geistes mit Kraftbezeichnungen wie virtus, vigor, vis, potentia, energia, effectus, impulsus, instinctus, motus, influxus[127] beschrieben. »Besonders auffällig ist, daß Calvin von Gottes Handeln im Bereich der *Schöpfung* außerordentlich häufig in diesen neutrisch klingenden Kraftkategorien spricht, viel seltener vom Heiligen Geist direkt«.[128] Solche direkten Hinweise finden sich am ehesten im Bereich der providentia specialissima. Das Welthandeln Gottes ist ein Handeln im Geist als der Kraftwirkung Gottes. Den Appropriationen des Vaters (principium agendi) und des Sohnes (sapientia) kommt demgegenüber für die Explikation des aktiven Weltbezuges Gottes eine ungleich geringere Bedeutung zu. Sie verhalten sich wie der Ursprungsimpuls (principium) und die Planung (sapienta) einer Handlung zu ihrer Ausführung (efficia). Das Geistwirken bringt also das initiative und ordinative Wirken von Vater und Sohn zum Ziel der Realisierung und wirkt damit die Wirkung dieses Wirkens. So kommt Gottes Handeln nur als Geist-Handeln an sein Ziel und man kann mit Recht von einer »Allwirksamkeit Gottes im Geist« und in diesem Sinne von einem »Geistuniversalismus« bei Calvin sprechen.[129]

Man könnte darin eine Strukturanalogie zur Vorsehungslehre des Thomas erblicken {→ S. 39f}. Die von Thomas bestimmten Gott-internen Akte der praevisio und der praedeterminatio wären dann als intentio und ordinatio der ersten und der zweiten Person der Trinität zugeordnet, während der dritten Person die Funktion der executio des Intendierten und Geplanten zukäme.

126. Der allgemein wirkende, universale Geist geht vom erhöhten Christus (dem Schöpfungsmittler) aus, der rettende Geist vom inkarnierten (Erlösungsmittler). Krusche, W. (1957) {→ A. 102}, 340, spricht von einer »Ruachologie« neben der Pneumatologie Calvins.
127. Diese Zusammenstellung ist entnommen aus: Krusche, W. (1957) {→ A. 102}, 9.
128. Krusche, W. (1957) {→ A. 102}, 10 (Hervorheb. W.K.), mit einer Anzahl von Belegen.
129. A. Lang hatte diesen Ausdruck zur Charakterisierung der Theologie M. Bucers als einer Theologie des Dritten Artikels geprägt: Lang, A. (1900): Der Evangelienkommentar Martin Butzers und die Grundzüge seiner Theologie, Leipzig, 154. - Auch Bucer deutete den Heiligen Geist als Kraft Gottes, als sancta et divina virtus atque energia.

Doch geht Calvin noch einen Schritt darüber hinaus, indem er dem Heiligen Geist nicht nur Handlungskompetenz *prädiziert*, sondern ihn stellenweise sogar mit der virtus et efficia actionis *identifiziert* und damit unmittelbar als Handlungsmacht Gottes ausweist.[130] Mit einer solch impersonalen Geistauffassung verleiht er seiner Trinitätslehre einen modalistischen Grundzug.

Gottes Wirksamkeit im Geist vollzieht sich nicht uni-, sondern pluriform als multiplex actio - und zwar in genau jenen Modi, die das Einteilungsprinzip der Vorsehungslehre bilden: als universale Erhaltung aller Geschöpfe, als besondere Leitung der individuellen Menschen und ihrer Sozialwesen in der Geschichte und als geistliche Gabe der Heilsgüter Christi an die Erwählten.[131] »Es ist derselbe Geist, der hier als die Wirkkraft der göttlichen providentia generalis durch sein immerwährendes inspirare, sustinere und sustentare das Weltgefüge in sich fest erhält, und der als effector der providentia specialis das Wasser des Roten Meeres vertrocknen läßt, auf daß Israel hindurchziehen, und der das Wasser des Sees Genezareth verfestigt, damit Petrus darauf dem Herrn entgegengehen könne ...«.[132]

Von diesen Überlegungen her erscheint die Frage nach der Beziehung von Prädestinations- und Providenzlehre in neuem Licht. Es ist der eine und selbe Geist Gottes, der - nach Maßgabe des einen decretum absolutum - als effector providentiae wie als effector praedestinationis auf unterschiedliche Weise in beiden Bereichen zur Wirkung kommt. Der Calvinische Geistuniversalismus ist also ein in sich differenzierter.

Die Frage nach der Beziehung zwischen Prädestination und Providenz spitzt sich zu auf die Relation von providentia specialissima und praedestinatio. Neusers Auffassung, nach der Calvin die providentia specialissima aus der Providenzlehre ausgegliedert - so daß dieser nur die beiden Modi der providentia universalis und generalis verblieben seien - und der Prädestinationslehre zugewiesen habe[133], steht noch zu sehr unter dem Einfluß der Calvin-Interpretation Barths. Mit dieser Deutung bereitet Neuser seine (von Barth inspirierte) Kritik vor, Calvin habe die Providenz der Prädestination nicht untergeordnet und so die »soteriologische Linie« nicht durchgezogen.[134] Dem ist jedoch entgegenzuhalten, daß sich für Calvin keine theologische Notwendigkeit ergab, eine solche Unterordnung vorzunehmen, um die »soteriologische Linie« durchzuziehen, denn die Vorsehungslehre mit ihrem Gefälle hin zur providentia specialissima ist in der Substanz selbst schon soteriologisch ausge-

130. So bezeichnet Calvin den Heiligen Geist in seinem Kommentar zu 1.Kor. 12,4 als »potentia Dei essentialis« (CO XLIX, 496) - diese Stelle ist insgesamt aufschlußreich für Calvins Auffassung vom Wirken Gottes durch den Geist. In CO XLV, 31 (zu Lk 1,35) schreibt er: »Spiritus enim quasi *essentialis est Dei virtus*, cuius efficacia se profert atque exserit tam in tota mundi gubernatione quam in miraculis« (Hervorheb. R.B.).

131. Als Beleg für diese pneumatologische Grundierung der Vorsehungslehre ist vor allem eine Passage aus »De aeterna praedestinatione« zu nennen, die in CO VIII, 349 (Z.13-42) abgedruckt ist. Vgl. auch: CO IL, 147 (Kommentar zu Röm 8,14), CO XXV, 222 (Kommentar zu Num 16,22) und CO VII, 186ff (Gegen die Libertiner).

132. Krusche, W. (1957) {→ A. 102}, 17.

133. Neuser, W. (1988) {→ A. 102}, 253.

134. A.a.O., 255.

richtet {→ S. 104}. Andererseits darf die providentia specialissima, die sich auf die Prädestinierten bezieht, aber auch nicht mit der Prädestination selbst identifiziert werden, wie es etwa Krusche tut.[135] Sie ist der Prädestination konsekutiv, aber noch nicht schon deren Ausführung. Vielmehr handelt es sich bei ihr um jene Aktionen Gottes, die erforderlich sind, um die Erwählten in ihrer weltlichen Existenz zu erhalten und zu regieren.

Zutreffender als Neusers Deutung der Zuordnung von Prädestination und Providenz ist die (in ihrer Dialektik von Barths Bestimmung der Beziehung zwischen Schöpfung und Bund beeinflußte) Zuordnung Jacobs: »Die Prädestination ist eine Art providentia specialis und wäre damit der providentia *formal* untergeordnet. Die providentia ihrerseits untersteht aber dem Ziel der praedestinatio und ist damit der praedestinatio *sachlich* untergeordnet. ... Wird die Providenz mit der Prädestination zusammengesehen - etwa in den Predigten -, so rückt die Prädestinationslehre sachlich an die erste Stelle, und die Providenz wird soteriologisch in dem Dienste der Erwählung gesehen.«[136] Zu fragen bleibt allerdings, ob die Unterscheidung ›formal und sachlich‹ das Intendierte exakt trifft oder ob nicht vielmehr die Dialektik zwischen den beiden *sachlichen* Polen des Erwählungs- und des Begleitungshandelns Gottes ausgespannt werden müßte.

Damit ist mit der Assoziation auch die deutliche Dissoziation zwischen Prädestinations- und Providenzlehre zur Geltung gebracht, die nicht geleugnet werden darf. Sie liegt nicht nur in der grundlegend unterschiedlichen Ausrichtung dieser beiden Handlungsmodi Gottes begründet, sondern dokumentiert sich etwa darin, daß Gottes Vorsehung auch nicht-erwählte Menschen und Völker in Dienst nehmen kann. Dennoch sind beide Handlungsweisen Gottes letztlich (in ihrer Zielrichtung) »zu einem einzigen heilbringenden Handeln verbunden«.[137]

b) Providentia generalis, specialis et specialissima

Das zentrale Anliegen, das sich in der Verselbständigung der Vorsehungslehre zum Ausdruck bringt, liegt - ganz ähnlich wie bei Luther - in der Unterstreichung der *gegenwärtigen, unumschränkten* (d.h. weder auf den initialen Akt des ewigen Ratschlusses noch auf den Bereich des soteriologischen Handelns eingrenzbaren) Weltherrschaft Gottes, des Schöpfers, so daß diese Lehre schon von ihrer Grundintention her auf eine Betonung der cura Dei *individualis* angelegt ist: Gott »trägt, nährt und umsorgt in besonderer Vorsehung jedes einzelne, das er geschaffen hat, bis zum geringsten Sperling« (16,1.5; 17,6).

Dementsprechend überlagern sich 1. die dreigliedrige Unterscheidung zwischen providentia generalis (»operation universelle« - alle Dinge der Schöpfung in Natur und Kosmos), specialis (»creatures« - Menschen) und specialissima (»fideles« - Gläu-

135. Krusche, W. (1957) {→ A. 102}, 14.
136. Jacobs, P. (1937, 1968²) {→ A. 102}, 69; W. Krusche schließt sich dieser Deutung an: Krusche, W. (1957) {→ A. 102}, 26f.
137. Saxer, E. (1980) {→ L.}, 34.

bige, Kirche[138]), die Calvin schon in seiner Schrift gegen die Libertiner (1545) vorgenommen hatte[139], und 2. die zweigliedrige von allgemeiner (unspezifischer) und besonderer (individueller) Vorsehung (16,4; 17,6). In allen der drei unter 1. genannten Bereiche legt Calvin den Akzent ganz auf die procuratio *individualis*.

In der Beschreibung der genannten zweigliedrigen Unterscheidung (2.) ist Calvins Terminologie schwankend. Er kann die allgemeine Vorsehung sowohl als providentia ›generalis‹ wie auch als providentia ›universalis‹ bezeichnen und ebenso die besondere Vorsehung als providentia ›specialis‹ und providentia ›singularis‹. Die erforderliche systematische Trennschärfe zwischen den beiden Differenzierungen (generalis - specialis - specialissima; universalis - individualis) wird erst von Quenstedt erreicht {→ S. 136}.

Es ist also bei der Ausdeutung der Calvinischen Providenzlehre genau darauf zu achten, in welcher Bedeutung er die Begriffe »generalis«/«universalis« und »specialis«/«peculiaris«/«singularis« gebraucht: 1. zur Bezeichnung des Handelns Gottes im *Bereich* und nach *Art* der providentia generalis - im Bezug auf die gesamte belebte und unbelebte Kreatur also (im Unterschied zur providentia specialis und specialissima) -, bzw. zur Markierung des Unterschiedes zwischen dem allgemein-providentiellen Weltregiment Christi und seiner auf die Gläubigen zentrierten, soteriologisch qualifizierten Königsherrschaft im regnum spirituale - oder 2. um das individuell-spezifische Werk am einzelnen Geschöpf (der Fall des einzelnen Regentropfens) von der allgemeinen Einwirkung zur Aufrechterhaltung der von Gott gesetzten Ordnung zu unterscheiden, nach der sich dann die einzelnen Gattungen »arcano naturae instinctu« bewegen (16,4). Daß sich beide Unterscheidungen in ihrer verschiedenen Ausrichtung aber überschneiden können, beweist etwa der Gedanke, daß es sich auch bei der Gabe der Fruchtbarkeit eines Jahres (providentia generalis) um einen *besonderen* Segen (»singularis Dei benedictio«) handle (16,5).

Niesels Interpretation, derzufolge Calvin die oben unter 1. genannten drei Bereiche *innerhalb der besonderen Vorsehung* als drei Grade der Besonderheit spezifiziere[140] (womit die allgemeine Vorsehung abgeblendet wäre), verengt diese Überlagerung unzulässig und widerspricht der Aussage Calvins in 16,4, in der er sich explizit zum Theologoumenon der allgemeinen Vorsehung bekennt.[141]

Providentia generalis, specialis und specialissima verhalten sich wie drei teleologisch aufeinander hingeordnete, konzentrische Kreise zueinander, die drei Grade der Reichweite des göttlichen Handelns bestimmen: den Bereich des Kosmos, der Geschichte der Kreaturen und der Heilssorge für die Gläubigen (Kirche). Bei diesen Reichweiten

138. Aufschlußreich ist die von Link aufgenommene Beobachtung Saxers, daß die Aussagen über die *Kirche* als Gegenstand der besonderen Führung Gottes erst in der letzten Ausgabe der »Institutio« hinzugefügt wurden, während in den vorangegangenen Ausgaben nur von den individuellen *Glaubenden* die Rede war [Saxer, E. (1980) {→ L.}, 38; Link, C. (1991) {→ L.}, I, 166, Anm. 143]. Calvin erkennt der Kirche keine über ihren quasi-soziologischen Charakter (als Verband der Gläubigen) hinausgehende theologische Dignität zu. - Wie Saxer angesichts dieser - sich im Laufe der Überarbeitungen der »Institutio« verstärkenden - Tendenz der Vorsehungslehre auf die providentia specialissima hin allerdings behaupten kann, eine providentia specialissima gebe es bei Calvin nicht, bleibt unverständlich und läßt sich nur darauf zurückführen, daß der *Begriff* »providentia specialissima« bei Calvin nicht erscheint [Saxer, E. (1980) {→ L.}, 36f - Diese Aussage Saxers ist durch einen schwerwiegenden Druckfehler auf S. 37 seines Buches durchtrennt. Die Zeilen 10-13 schließen unmittelbar an das Textende von S. 36 an und werden dann in Zeile 1-9 fortgesetzt]. Zutreffend ist Webers Darstellung, derzufolge in der providentia specialissima der inhaltliche Skopus der gesamten Vorsehungslehre liegt, auch wenn sie nicht mit diesem Terminus bezeichnet ist.

139. Contre la secte phantastique et furieuse des Libertins, qui se nomment spirituels, in: CO VII, 145-252; hier: Kap. 14 (CO VII, 186-192).

140. Niesel, W. (1957^2) {→ A. 102}, 72.

141. »Neque tamen quod de universali providentia dicitur in totum repudio ...«

handelt es sich aber auch um drei unterschiedliche Handlungsweisen Gottes, die in ihrer Intentionalität, in ihrer Modalität und in der Direktheit ihres Bezugs auf das Gottesreich zu differenzieren sind, wenn sie letztlich auch dem gleichen Ziel dienen - ja mehr noch: *indem* sie auf dieses Ziel ausgerichtet sind. Im Bereich des Kosmos dominiert Gottes *ordinative* Tätigkeit, in der Geschichte die *regierende* und in der Beziehung zu den Glaubenden die *rechtfertigende und heiligende*. Auf *jede* dieser drei Handlungsweisen läßt sich die Unterscheidung zwischen allgemeiner (unspezifischer) und besonderer (individueller) Vorsehung anwenden, die beide ebenfalls Spezifikationen des göttlichen Geistwirkens (nach dem Grad *seiner* Spezifität) sind. Doch ist damit nicht eine Graduation der *Intensität* des Gotteshandelns ausgesagt.

Wenn Calvin die Herrschaft Gottes über die Natur und den Kosmos von der auf den Raum der Geschichte (als dem Raum menschlichen Handelns) gerichteten Tätigkeit Gottes als einen »anderen Teil seiner Werke« abhebt, dann darf diese Unterscheidung nicht mit der zwischen ordentlichem und außerordentlichem Handelns Gottes identifiziert werden. Die Unterscheidung zwischen einem ordentlichen und einem außerordentlichen Handeln Gottes wurde in der reformatorischen Theologie vor allem in Melanchthons naturphilosophischem Ansatz rezipiert und erlangte ihre eigentliche Bedeutsamkeit erst später in Reaktion auf die sich in der zweiten Hälfte des 16. Jhs. entwickelnde Naturwissenschaft (s.u.).[142] Für Calvin spielt sie gegenüber der Unterscheidung von genereller und individueller Fürsorge keine Rolle.

3. Calvins Vorsehungslehre vor dem Hintergrund der von ihr abgelehnten Positionen

Calvin entfaltete seine Providenzlehre in Auseinandersetzung mit Auffassungen der Weltwirksamkeit Gottes, die vor allem in der klassischen Philosophie entwickelt wurden: der platonischen, aristotelischen, stoischen und der epikureischen.[143] Doch behandelt er diese Positionen in der Rezeptionsgestalt, die sie in der Philosophie- und Theologiegeschichte bis in seine Gegenwart, vor allem im zeitgenössischen Humanismus[144] entwickelt haben. Hinzu kommt die Abgrenzung von den in der Scholastik ausgearbeiteten Modellen. Von daher erscheint es sachgemäß, Calvins Vorsehungslehre vor dem Hintergrund jener *idealtypischen,* sich berührenden und partiell überlagernden Auffassungen zu rekonstruieren, die er abwehrt, weil sie sich - seiner Überzeugung zufolge - allesamt der »Vernunft des Fleisches« (16,2 u.ö)[145], d.h. der nicht von der Offenbarung informierten philosophischen Erkenntnis verdanken.

142. Etwa bei J. Heerbrand in seinem »Compendium theologiae«, Tübingen 1573; siehe dazu: Methuen, C. (1995): Kepler's Tübingen. Stimulus to a Theological Mathematics, Diss. Edinburgh, bisher unveröffentlicht, Typoskript, 129ff.
143. Im Genfer Katechismus von 1545 (Abschnitt 4, Fragen 19-27) zeigt sich in verdichteter Form, wie Calvin in der Formulierung seiner Vorsehungslehre diese Positionen kritisch im Auge hat. Siehe dazu: Busch, E. u.a. (Hg) (1997): Calvin Studienausgabe, Bd. 2: Gestalt und Ordnung der Kirche, Neukirchen, 20-23, bes. 23, Anm. 6.
144. Zu Cavins Stellung zum Humanismus siehe: Bohatec, J. (1950): Budé und Calvin. Studien zur Gedankenwelt des französischen Frühhumanismus, Graz, 119-438.
145. An anderen Stellen (etwa in 16,1) spricht Calvin vom »Sinn des Fleisches«.

Ich nutze diese Darstellungsweise auch dazu, um die Konturen der abgelehnten Positionen in ihrer historisch-authentischen Gestalt herauszuarbeiten und so ein vollständigeres Bild der Optionen zu gewinnen, mit denen das Welthandeln Gottes philosophie- und theologiegeschichtlich konzeptualisiert wurde.

a) Gegen das Postulat von Kontingenz und Willensfreiheit

Die schärfste Ablehnung erfährt die ›*epikureische*‹ Auffassung, derzufolge Gott als Deus otiosus die Welt ihrer natürlich-kontingenten Eigendynamik und dem freien Gestaltungswillen der Menschen und/oder dem Wirken nicht-göttlicher Kontingenzkräfte, wie Glück oder Zufall überläßt. Calvin weist diesen ›tychistischen Deismus‹ in polemisch-typisierender Etikettierung den ›Epikureern‹[146] zu, »die sich einen müßigen und faulen Gott erträumen« (16,4) und diskreditiert sie diskussionslos: »von dieser Pest war die Welt je und je erfüllt« (ebd.). Dabei richtet sich sein Angriff weniger gegen die Lehre Epikurs und seiner Schule selbst, als vielmehr gegen diejenigen Tendenzen im zeitgenössischen (vor allem italienischen) Humanismus, die aus dem weltanschaulichen Tychismus eudämonistische und hedonistische Konsequenzen für ihre Lebensauffassung zogen. Weiter gefaßt richtet er sich gegen alle Formen eines neo-aristotelischen ›Deismus‹.

Epikur postulierte eine absolute Welttranszendenz der Götter, woraus sich als Konsequenz ergab, die Welt weder als göttliche Schöpfung zu betrachten noch eine aktuale Herrschaft der Götter in ihr, bzw. über sie anzunehmen. Er folgte im Grundsatz dem mechanistischen Weltbild Leukipps und Demokrits - demzufolge die Naturvorgänge von mechanisch wirkenden Kräften deterministisch beherrscht sind[147] -, durchbrach es aber durch ein Kontingenzprinzip: den Atomen eignet die Fähigkeit zur willkürlichen Abweichung von ihrer ursprünglichen - senkrechten - Bewegungsrichtung »um ein Kleinstes« - paregklinäsis. Vor allem das menschliche Handeln nahm Epikur von der Determination des natürlichen Kausalnexus aus und erklärte es nach dem Prinzip der Willensfreiheit. Der Mensch kann sich aus der Verflechtung in den Notwendigkeitszusammenhang des kosmischen Geschehens befreien und im Einklang mit der Natur bleibende Lust erringen. Auf diese Weise ist der Begriff der Freiheit im Sinne eines ursachelosen, spontanen Geschehens in den Rang eines metaphysischen Grundsatzes erhoben und neben dem Notwendigkeitsprinzip des Kausalnexus etabliert. Es gibt also echten ›ontischen‹ Zufall und echte Freiheit zur Selbstbestimmung. Von solchem Tychismus geleitet, polemisiert Epikur heftig gegen den Schicksalsglauben der Stoa.[148]

146. Nicht den Stoikern, wie Hodgson, P. C. (1989) {→ L.}, 22, meint.
147. Leukipps naturphilosophischer Grundsatz lautete: »Kein Ding entsteht planlos, sondern alles aus Sinn und unter Notwendigkeit« [Diels, H., Kranz, W. (1903, 1989[18]): FVS II 68, B 2 (S. 81). Demokrit führte diesen Gedanken weiter zu einer interessanten Synthese des Notwendigkeits- (anangkä) mit dem Zufallsprinzip (tuchä): Die Atome bewegen sich im leeren Raum in wirbelartigen, naturgesetzlich gesteuerten Bewegungen, prallen aufeinander, verbinden sich zu Formationen und trennen sich wieder. Treibende Kraft des gesamten Weltprozesses ist die apersonale anangkä, die das Entstehen und Vergehen aller Wirklichkeit nach dem Gesetz des Zufalls bewirkt. Es ist dies also kein ›echter‹, ontischer, sondern ein physikalisch generierter, nomothetischer Zufall [vgl. a.a.O., B 119 (S. 166f)]. Die Wirksamkeit der göttlichen Vorsehung ist damit bei Demokrit ebenso geleugnet wie eine teleologische Ausrichtung des Weltprozesses [a.a.O., A 70 (S. 101)] - so auch bei Leukipp [a.a.O, II 67, A 22 (S. 76f)]. Siehe dazu: Ricken, F. (Hg) (1996): Philosophen der Antike I, Stuttgart u.a., 133f, 141f.
148. Ep.III, 133f - Zu Epikur: Erler, M. (1994): Epikur, in: M.Flashar (Hg): Die Philosophie der Antike, Bd. 4/1, Basel, 29-380, bes. 160f; Ricken, F. (Hg) (1996): Philosophen der Antike II, Stuttgart u.a., 40ff (Lit.).

Es liegt nicht in Calvins Intention, die von Epikur tatsächlich vertretene Lehre zu bekämpfen, sondern den Typus jener Position anzugreifen, welche die Allwirksamkeit Gottes in der Welt leugnet, indem sie die Wirksamkeit anderer, Gott konkurrierender Mächte - wie des eigenständigen menschlichen Willens oder der Eigenmächtigkeit natürlicher Prozesse - postuliert. Die Rückkehr des Immanenzprinzips seit der Renaissance mit ihrer naturalistischen oder vitalistischen Deutung des Weltgeschehens (besonders bei Lorenzo Valla) ließ sich als Wiederaufleben der ›epikureischen‹ Weltanschauung verstehen. Wieder wurden der Vorsehung des allmächtigen Gottes die »Konkurrenzmächte«[149] fatum (Schicksal), fortuna (glücklicher Zufall) und virtus (eigene Anstrengung) zur Seite gestellt. Für die Deutung biographischer und geschichtlicher Geschehensabläufe gewannen sie erneut Plausibilität, bis hin zu einer »Refatalisierung«[150] des Lebensgefühls, wie etwa bei Agrippa von Nettesheim, der einen astrologischen Fatalismus vertrat, oder bei Sebastian Franck und Valentin Weigel. Calvin fand die Vorstellung von der Wirksamkeit anonymer Schickalsmächte insbesondere im Hintergrund der zu seiner Zeit (vor allem an den Fürstenhöfen, aber auch in der Publizistik und sogar an den Universitäten[151]) blühenden Astrologie vor.

Diese Position konnte sich theologisch zu legitimieren versuchen mit der Theorie, »Gott beherrsche nur die mittlere Luftregion (also den Sternenhimmel - R.B.) und überließe dabei das darunter Vorgehende dem Schicksal« (16,4).[152] Demnach gäbe es in der Schöpfung von Gottes unmittelbarem Handeln freie Bezirke, in denen der Zufall, das Glück, die Gestirne oder andere Schicksalmächte herrschten. In der Erscheinung von Kometen und bestimmten Gestirnskonstellationen glaubte man, Hinweise Gottes auf bevorstehende Weltereignisse erkennen zu können.[153] - Wie sehr die von Tendenzen zum Aberglauben gereinigte Astrologie in Form der Astronomie auch in die Wissenschaften im allgemeinen und in die Theologie im besonderen ausstrahlte, zeigt sich nicht zuletzt bei Melanchthon, der - vor allem in seiner »Initia doctrinae physicae« - eine ›christianisierte‹, providentielle Astrologie entworfen hatte, in der er das schicksalhafte Walten der Sterne mit menschlicher Entscheidungsfreiheit und dem Zufallsprinzip zuzsammenzudenken versucht.[154]

149. Koehler, W. (1951) {→ A. 6}, 29. Siehe dazu auch: Poppi, A. (1988): Fate, Fortune, Providence and Human Freedom, in: Skinner, Q. u.a. (Hg): The Cambridge History of Renaissance Philosophy, Cambridge, New York, 641-667.
150. Weimer, L. (1988): Wodurch kam das Sprechen von Vorsehung und Handeln Gottes in die Krise? Analyse und Deutung des Problemstandes seit der Aufklärung, in: Schneider, T., Ullrich, L. (Hg) {→ L.}, 17.
151. Als instruktives Beispiel: Jarrell, R. A. (1981): Astronomy at the University of Tübingen, in: Seck, F. (Hg): Wissenschaftsgeschichte um Wilhelm Schickard. Vorträge bei dem Symposium der Universität Tübingen im 500. Jahr ihres Bestehens am 24. und 25. Juni 1977, Tübingen, 9-19.
152. Schon Thomas von Aquin kennt diese Lehre und wehrt sie ab: S.th. I, 3,8. Calvin dürfte besonders Pietro Pomponazzis »De fato, de libero arbitrio, et de praedestinatione« (1520), lib. 2, cap. 1 und 5 vor Augen gehabt haben. Zusammen mit weiteren Belegen wird dieser Text zitiert in den von P. Barth und W. Niesel hg. »Opera Selecta« (München 1928), Bd. 3, 193, Anm. 1.
153. Ein eindrucksvolles Beispiel bietet: M. Maestlin in »Comet« (1580); siehe dazu: Methuen, C. (1995) {→ A. 142}, 115-118.
154. Siehe dazu: Maurer, W. (1964): Melanchthon und die Naturwissenschaften seiner Zeit (Melanchthon-Studien 70, 181), Gütersloh; Methuen, C. (1995) {→ A. 142}, 48-94 (Lit.); Rhein, S. (Hg) (1995): Melanchthon und die Naturwissenschaften seiner Zeit (Melanchthon-Schriften der Stadt Bretten 4), Sigmaringen. - Über Melanchthon hinausgehend: Pomian, K. (1986): Astrology as Naturalistic Theology of History, in: Zambelli, P. (Hg): Astrologi Hallucinati. Stars and the End of the World in Luthers's Time, Berlin, New York 29-43.

In »Advertissment contre l'astrologie qu'on appelle judiciare ...« (1549)[155] äußerte sich Calvin zu dieser Frage, wobei er sich gegen die magisch-spekulative, auf Vermutungen gestützte und mit Aberglauben verbundene »astrologia iudiciaria« wendete, die mathematische Astronomie, welche die Naturordnung »wissenschaftlich« zu deuten versuchte, aber anerkannte. Darin stimmte er ganz mit Pico de Mirandola überein. Seine Polemik richtete sich dabei vor allem gegen Mellin de St. Gelays, aber auch gegen Melanchthons Neigung zur Astrologie.[156]

Von hier aus ließ sich eine Brücke zur Auffassung der mediaten Wirksamkeit Gottes schlagen (s.u.): Die vermeintlichen ›Konkurrenzmächte‹ sind demnach nicht als solche, von Gott unabhängige und ihm widerstreitende Kräfte, sondern als von Gott eingesetzte und gesteuerte Zweitursachen zu deuten, durch die er regiert. Calvin kann dieser Auffassung zustimmen, sofern sie Gottes Wirksamkeit nicht an die Effektivität der Sekundärursachen bindet.

Auch die Hochschätzung menschlicher Willens- und Handlungsfreiheit, wie sie im Geistesklima des zeitgenössischen Humanismus lag, ließ sich dem Typus der ›epikureischen‹ Position zuordnen, weil auch sie mit ihrer Annahme einer vom freien menschlichen Willen verursachten Kontingenz zur Einschränkung der Allwirksamkeit Gottes zu führen schien.

Im Kern besteht die von Calvin scharf kritisierte ›epikureische‹ Auffassung also in der Reduktion der göttlichen Allwirksamkeit durch die ›Verjenseitigung‹ Gottes (d.h. die Verabsolutierung des Transzendenzprinzips), wodurch sich in der Deutung des diesseitigen Weltgeschehens ein Kontingenzpostulat einführen läßt. Dieser Raum der Kontingenz wird durch die Etablierung von ›Konkurrenzmächten‹ ausgefüllt. Die Regierung des Weltgeschehens ist auf diese Weise der Herrschaft nichtgöttlicher oder semigöttlicher Prinzipien zugeschrieben. Dem hält Calvin entgegen: Gott wirkt *immanent* in der Welt. Und er wirkt *alles*. Es gibt keine Konkurrenzmächte und keine Eigenmächtigkeit der Geschöpfe. Damit ist auch jeglicher ›Pelagianismus‹ zurückgewiesen, der die menschliche Freiheit gegenüber der Allwirksamkeit Gottes gewahrt wissen will.

Die Überzeugung von der *All*wirksamkeit Gottes läßt sich geradezu als der Grundsatz der Calvinischen Vorsehungslehre bezeichnen: »*Alles* Geschehen (wird) durch Gottes verborgenen Rat regiert« (16,2; 17,11)[157] - bis hin zum Fall des einzelnen Regentropfens (16,2). Auch und gerade das, was als Zufall (16,6; 17,1) oder als freie Willensentscheidung des Menschen (16,8) erscheint, verdankt sich seiner Bestimmung und Führung (unter Hinweis z.B. auf Spr 16,1.9; 16,33 und 20,24).

b) Gegen das Postulat eines immanenten Necessitarismus

Von der (dem epikureischen Kontingenzprinzip entgegengesetzten) Voraussetzung eines immanenten Notwendigkeitsdeterminismus aus gelangt das »dogma Stoicum« zu einer ›naturpantheistischen‹ Leugnung des aktual-providentiellen Engagements Gottes. Auch hier ist die Welt nicht als Gegenstand der göttlichen Fürsorge, sondern

155. CO VII, 509-542. In neuer Edition 1985 hg. von O. Millet, Genf.
156. Siehe dazu: Bohatec, J. (1950): Budé und Calvin. Studien zur Gedankenwelt des französischen Frühhumanismus, Graz, 270-280. Dort findet sich auch eine Darstellung der Haltung Melanchthons und Luthers zur Astrologie.
157. Hervorheb. R.B.

als ein selbstregulativer Bewegungszusammenhang verstanden, der einer göttlich eingesetzten immanenten Gesetzmäßigkeit mit innerer, teleologischer Notwendigkeit folgt. Hatte die ›epikureische‹ Weltanschauung in ihrer radikalen Form *jede* Wirksamkeit Gottes in der Welt und in ihren gemäßigteren Formen die *All*wirksamkeit Gottes bestritten, so führt die ›stoische‹ Beschränkung der Aktuosität Gottes auf die Ausführung der naturgesetzlichen Selbst-Bewegung der Welt (16,3f) nach Calvin zu der Konsequenz, daß Gott nicht *unmittelbar*, sondern nur indirekt, im Vollzug des von ihm gesetzten Weltgesetzes wirkt. War Gott nach der Epikur zugeschriebenen Auffassung a-pathisch, müßig und weltabgewandt, so vollzieht sich nach ›stoischer‹ Meinung sein Weltwirken - wenn man überhaupt von einem solchen reden kann und will - *im* Konnex der immanenten ordo causarum.

Auch hier ist es wieder nicht unmittelbar die Lehre der ›historischen‹ Stoa als solche, die Calvin angreift, sondern das Prinzip des immanentistischen Necessitarismus, wie es ihm etwa im Neuplatonismus der Renaissance - eingebunden in das Pathos, mit dem sich das Freiheitsstreben des Individuums im Quattrocento artikulierte (bei Pico de Mirandola[158] u.a.) - begegnete. Generell erfreuten sich die Stoiker - unter ihnen besonders Seneca - großer Beliebtheit im Humanismus des 16. Jhs. Im Lebensgefühl der Verunsicherung durch die Revolution des Weltbildes schien besonders ein christlich reformulierter Neostoizismus Gewißheit und Halt zu gewährleisten und so wurde diese Geisteshaltung zur dominierenden unter den Gebildeten des ausgehenden 16. Jhs.[159] Vor seiner Wende zur Reformation hatte Calvin selbst einen Kommentar zu Senecas *De Clementia* verfaßt (1532).[160] Und auch danach

158. So läßt Pico della Mirandola in seiner berühmten Rede »De hominis dignitate ...« Gott zum Menschen sagen: »Dir sind keine Grenzen gesetzt; nach deinem eigenen Willen, in dessen Hand ich dein Geschick gelegt habe, sollst du dir deine Natur bestimmen« [zitiert nach: Schröder, G. (1985) {→ Teil III, A. 50}, 229.

159. Auch ließ sich die stoisch geprägte Vorstellung von Gott als dem Gesetzgeber der Natur, der seinen eigenen Willen an das gegebene Gesetz bindet, mit dem Wirklichkeitsverständnis der aufstrebenden Naturwissenschaft verbinden. Gegenüber der aktualistischen Naturauffassung des theologischen Voluntarismus konnte der Neostoizismus des 16. Jhs den Begriff der lex naturalis paradigmatisieren und so die Natur als »Existenz der Dinge unter Gesetzen« darstellen [Blumenberg, H. (1960): Art. »Naturalismus, I. Naturalismus und Supranaturalismus«, in: RGG³ 4, 1333].

160. CO V, 13-162.
Siehe dazu auch: Ganoczy, A., Scheld S. (1982): Herrschaft, Tugend, Vorsehung. Hermeneutische Deutung und Veröffentlichung handschriftlicher Annotationen Calvins zu 7 Senecatragödien, Wiesbaden; Grislis, E. (1987): Seneca and Cicero as Possible Sources of John Calvin's View of Double Predestination: An Inquiry in the History of Ideas, in: Furcha, E. J. (Hg): In Honor of John Calvin, 1509-1564. Papers from the 1986 International Calvin Symposium, Mc Gill University, Montreal, 28-63. Siehe dazu auch: Sevenster, J. N. (1958): Vorsehung im Neuen Testament und bei Seneca, in: VoxTh 28, 86-92.
In dichter Form gibt das folgende Zitat Senecas Gottes- und Vorsehungslehre wider: »Willst du den Lenker des Weltalls Schicksal nennen? Du wirst nicht irren. Er ist es, von dem alles abhängt, die Ursache der Ursachen. Willst du ihn Vorsehung nennen? Wahr wirst du sprechen; er ist es, durch dessen Ratschluß für diese Welt gesorgt wird. Willst du ihn Natur nennen? Du wirst nicht irren. Denn er ist es, aus dem alles geboren ist, durch dessen Geist wir leben. Willst du ihn Welt nennen? Du wirst dich nicht täuschen; denn er selbst ist alles, was du siehst« [zit. nach: Bartmann, B. (1931) {→ Teil I, A. 54}, 13, ohne Angabe der Belegstelle].

hebt er noch die Verwandtschaft zwischen Christentum und Stoizismus hervor, da beide das ›epikureische‹ Prinzip des Zufalls ausschlössen und an die Existenz einer übernatürlichen Vorsehung glaubten. Darin sah er - wie auch andere Verteter eines christlichen Humanismus - ein Gegenmittel gegen die Gefahr des ›epikureischen‹ Hedonismus. Um ihn abzuwehren, nahm Calvin in Kauf, in die Nähe des stoischen Determinismus zu geraten.

In seinen kritischen Äußerungen interpretiert Calvin die stoische Vorsehungslehre {→ A. 2} einseitig vom anangkä-Prinzip des *immanentistischen* Necessitarismus aus, wie es sich geistesgeschichtlich in dem an Aristoteles anknüpfenden naturalistischen Pantheismus etwa bei dem noch vor-stoischen Peripatetiker Straton findet. In dessen Kausalismus begegnet das von Calvin in 16,8 anvisierte »dogma Stoicum«: Die Welt wird als ›Schöpfung‹ der einen, aus sich heraus schaffenden Natur angesehen und alle Weltbewegung »ex perpetuo causarum nexu« abgeleitet.[161] Doch schon für die Logosphilosophie Zenons, der die Stoa um 300 v.Chr. begründete, trifft diese Kennzeichnung nicht mehr zu. Hier wurde die *Transzendenzdimension* des stoischen Logos als einer »immanent wirkenden und gestaltenden göttlichen Macht«[162], oder sogar in unmittelbarer Identifikation als »lebendige alles lenkende und auch das Menschengeschick bestimmende Gottheit«[163] stark betont und dieser Gedanke in der pronoia-Lehre programmatisch entfaltet. Zum Wesen des so verstandenen stoischen Logos als des kosmischen Allvaters gehört gerade die schöpferische Tätigkeit und Fürsorge.

Diese philosophiegeschichtliche Akzentverschiebung ist von systematischem Interesse, weil sich in ihr die beiden charakteristisch verschiedenen Bedeutungsmomente der stoischen Logosauffassung aktualisieren: a) die Betonung der Immanenz und deterministischen Teleologie des Logos: Er ist die alles durchwaltende Weltseele, die den Kosmos stofflich-dynamisch durchströmt, ihn nach seiner vernünftigen Weisheit rational-zweckvoll, harmonisch und zum Nutzen des Menschen ordnet und alles Geschehen auf sein Ziel hin lenkt; b) die Betonung der Transzendenz und Ursächlichkeit des Logos: Er ist der außerweltliche Urspung der Welt und die Macht ihres Schicksals. Diese beiden Blickrichtungen - die protologische und die teleologische - sind in den beiden Begriffen *heimarmene* (bzw. *fatum*) und *pronoia* erfasst. Während *pronoia* die teleologische Wirksamkeit der alles durchwaltenden und zum Besten lenkenden göttlichen Weltseele bezeichnet, bringt *heimarmene* das Moment der strengen kausalen Determiniertheit dieser Teleologie zum Ausdruck.[164]

Geht man von dieser pantheistisch-teleologischen Ausprägung der Stoa aus, dann kann man mit Moltmann konstatieren, Calvin sei »bis an die Grenze der stoischen Idee vom göttlichen Kosmos, von der Einwohnung der Weltseele in dem einen Weltleib gegangen«[165]. Doch ist in dieser Aussage nicht das Verständnis vorausgesetzt, das Calvin selbst von der Stoa hatte. Für ihn ist die von ihm kritisierte stoische Vorsehungslehre durch den blinden Schicksalsglauben, d.h. durch den naturalistischen Necessitarismus der heimarmene-Vorstellung dominiert.

Calvin hält den von ihm kritisierten Lehrtypen des Epikureismus und des Stoizismus entgegen: Die Providenz ist - wie es im Heidelberger Katechismus heißt - »die *all-*

161. Vgl.: Pohlenz, M. (1948) {→ A. 2}, I, 64.
162. A.a.O., 69.
163. A.a.O., 68.
164. Detailliert ist die Lehrentwicklung nachzuverfolgen in: Steinmetz, P. (1994): Die Stoa, in: Flashar, M. (Hg): Die Philosophie der Antike, Bd. 4/2, Basel, 491-716. - Um die Probleme zu lösen, die sich aus diesem Determinismus für die ethische Verantwortung des Menschen ergeben, entwickelte die Stoa eine differenzierte Ursachenlehre, die verschiedene Grade der Zurechnung von Handlungen ausweist [siehe dazu: Ricken, F. (Hg) (1996): Philosophen der Antike II, Stuttgart u.a., 34f].
165. Moltmann, J. (1985) {→ L.}, 26.

mächtige und *gegenwärtige* Kraft Gottes«[166]. Sie wirkt alles und sie wirkt präsentisch-aktual - nicht bloß durch initiale Anordnung, so daß das aktuelle Weltgeschehen den Prinzipien des Zufalls oder der immanenten Notwendigkeit ausgeliefert wäre. Nicht in der weisen *Installation* der Schöpfungsordnung, die in naturgesetzlicher Notwendigkeit den gesamten Weltprozeß quasi automatisch steuert, sondern in fortwährender, immer neuer, unmittelbarer *Aktion* besteht die Vorsehung Gottes. Seine Allmacht darf nach Calvin niemals als »schlummernde« verstanden werden, »sie ist wachsam, tätig und wirksam und stets im Handeln begriffen« (16,3) - als Gottes Selbstdarstellung im theatrum gloriae Dei.

Selbst wenn Gott etwas zuläßt (permissio), geschieht das nicht aus passiver Apathie, sondern aufgrund seines tätigen Willens (16,8; 18,1). Die permissio ist kein Verzicht auf die Ausübung der Macht und die Verwirklichung des Willens, sondern umgekehrt deren Ausdruck.[167] Das ist dem Konzilsdekret von Trient entgegenzuhalten, in dem - gegen (Luther und) Calvin gewandt - die Verwerfung der permissio-Lehre verurteilt wird: »Si quis dixerit, non esse in potestate hominis vias suas malas facere, sed mala opera ita ut bona Deum operari, non permissive solum, sed etiam proprie et per se, adeo ut sit proprium eius opus non minus proditio Iudae quam vocatio Pauli: anathema sit«.[168]

c) Gegen die Reduktion der Vorsehung auf ein spekulatives prae-videre Gottes

Dieser Akzent auf der präsentischen Aktivität mußte Calvin auch zum Widerspruch gegen die scholastischen Reduktionen von »Vorsehung« auf praescientia, prognosis/ praevisio und/oder prothesis/praedeterminatio, d.h. auf einen Akt *in mente Gottes* reizen[169]. Einer solchen *›sophistischen‹*[170] Reduktion hält Calvin entgegen: Nicht in einem intellektualen bzw. kognitiven providere (wobei »pro« die Bedeutung des zeitlichen »prae« hat), sondern in der voluntativen bzw. aktualen procuratio (wobei »pro« als zuwendendes, sorgendes »für« oder »zugunsten« zu verstehen ist) besteht Gottes Vorsehung; nicht in einer praescientia nuda, sondern in Wille und Tat. Gottes regierendes Weltwirken (die gubernatio) ist seiner Vorsehung nicht konsekutiv - als deren executio -, wie Thomas gelehrt hatte {→ S. 39f}, sondern bildet ihr Zentrum. Damit steht Calvin in der Tradition Augustins, der darauf beharrt hatte, daß die pronoia, wo sie als bloßes göttliches Voraus*wissen* aufgefaßt würde, nicht die *Ursache* zukünftiger Ereignisse sein könne - ebensowenig wie die menschliche Erinnerung Ursache vergangener Ereignisse sei. Bei William von Occam findet sich das gleiche Argument.[171]

166. Frage 27; BSRK 689,31 (Hervorheb. R.B.). Die Fragen 26-28 sind unmittelbar relevant für die Vorsehungslehre. - Zum Gewicht der Frage 1 des Heidelberger Katechismus für dieses Lehrstück siehe: Visser, L. L. J. (1963): Die Lehre von Gottes Vorsehung und Weltregiment, in: Coenen, L. (Hg): Handbuch zum Heidelberger Katechismus, 105-112; Locher, G. W. (1977): Eine reformierte Antwort, in: Conc 13, 525-529.
167. Zur permissio siehe auch: III, 23,8.
168. DH 1556.
169. »Vorsehung ... bedeutet also nicht, daß Gott müßig im Himmel *betrachte*, was auf Erden vor sich geht, sondern im Gegenteil, daß er gewissermaßen das Ruder hält und alle Ereignisse lenkt. Sie bezieht sich also auf die Hand Gottes nicht weniger als auf sein *Auge*« (16,4; Hervorheb. R.B.).
170. In 16,3 spricht Calvin von den »Sophisten«.
171. Nach Hägglund, B. (1986) {→ L.}, 361, ohne Quellenangabe.

Augustin {→ A. 4} hatte den pronoia-Begriff von Plotin übernommen, ihn aber aktualistisch umgedeutet, um damit die göttliche Macht der Geschichtslenkung zum Ausdruck zu bringen. Nach Plotin (»Peri pronoias«) umgreift der Geist Gottes in seinem Vorausblick (pronoia) die gesamte, von ihm (per Emanation ausgegangene) Geschichte. Aus diesem Vorausblick ergibt sich der planende Logos, der die Geschichte lenkt. In der Aufnahme dieses Ansatzes konnte die Vorsehung Gottes als extra-trinitarische ›Fortsetzung‹ des intra-trinitarischen Hervorgehens des Geistes aus dem Vater und dem von ihm ›gesprochenen‹ Logos gedeutet werden. Gegenüber diesem sapientialen Ansatz interpretiert Augustin den Vorsehungsbegriff im Licht der biblischen Überlieferung von der tätigen Weltwirksamkeit Gottes und restituiert damit die die aktualistische Linie des Vorsehungsdenkens. Der Geist Gottes ist Handlungssubjekt der pronoia und diese dessen weltzugewandte Tätigkeit.

Das mit dem Gedanken der tätigen Weltwirksamkeit verbundene Motiv der Intentionalität aber mußte die Vorsehungslehre Calvins auch über die Behauptung der bloßen conservatio hinausdrängen und zur gubernatio führen: Gott erhält die Welt nicht nur in ihrem Seinsbestand, er lenkt und regiert sie »zum Besten«. Denn an ihr führt er seinen Gnadenwillen aus, der sie über die bloße Sicherung des status quo hinaus- und dem anthropozentrisch[172] und soteriologisch[173] qualifizierten Schöpfungsziel entgegentreibt. Daraus ergibt sich eine Finalisierung der providentia universalis auf die providentia singularis und der providentia generalis über die specialis auf die specialissima hin. Pointiert ließe sich formulieren: Schöpfung und Geschöpfe werden um der Menschen, die Menschen um der Gläubigen (bzw. der Kirche), die Gläubigen um ihres Heils und der Verherrlichung Gottes willen erhalten und diesem Ziel entgegengeführt. Die jeweils niedrigere Stufe ist *Gegenstand* der höheren und diese *Ziel* der niedrigeren.

d) Gegen die Vorstellung einer Willkürherrschaft Gottes

Andererseits grenzt sich Calvin aber auch (wie Luther, {→ S. 70}) deutlich vom spätmittelalterlichen »theologischen Absolutismus« (H. Blumenberg), d.h. von der scotisch-occamistischen potentia-absoluta-Vorstellung ab, die der thomasischen Reduktion der Vorsehung auf ein spekulatives prae-videre in mente Gottes sachlogisch entgegengesetzt ist. Denn Gottes potentia ist seiner Überzeugung nach keine von der inhaltlichen Bestimmung der Gerechtigkeit und Güte gelöste - und in diesem Sinne ab-solute und willkürliche[174] -, sondern eine auf das von Gott verfügte Gute ausge-

172. Die Welt ist nach Calvin »vornehmlich um des Menschengeschlechts willen geschaffen worden« - von daher bestimmt sich der Zweck der Weltregierung (16,6). Ganz ähnlich Melanchthon: CR XIII, 214. Diesen Anthropozentrismus hatten schon die Stoiker den Epikureern entgegengehalten. Siehe etwa: Cicero, De natura deorum, II, l.12, 154 - l.16, 167.

173. »So ist es seine Sorge, alle Geschöpfe den Seinen zugut und zum Heil zu leiten« (17,7).

174. Siehe dazu: Steinmetz, D. (1995): Calvin in Context, Oxford, New York, 40-52 mit der zutreffenden Summierung: »Calvin is not opposed to the points made by Scotus and Ockham about the freedom and transcendence of God and at times sounds more Scotistic than Scotus himself. But he finds it impossible to make those points by appealing to the theological distinction between the absolute and the ordained power of God. Absolute power is for him disordered power, omnipotence divorced from justice« (50). - Schon Turretini hatte Calvins Kritik an der Unterscheidung von potentia absoluta et ordinata nicht als Abwendung von dieser Unterscheidung selbst interpretiert, sondern als Verwerfung ihrer *mißbräuchlichen* Auslegung durch den spätmittelalterlichen Nominalismus [Turretini, F. (1668ff): Institutio Theologiae Elenchticae, Genf, III, qu. 21, a. 1-3].

richtete Herrschaftsgewalt (17,2): die Ausführung seines ewigen und unveränderbaren Dekrets. Der aktual und unmittelbar wirkenden Allmacht Gottes eignet auf diese Weise die inhaltliche Bestimmung der väterlichen Güte und der richterlichen Gerechtigkeit. Es ist eine »Allmacht der Liebe«, wie E. Jüngel in anderem Kontext formulierte[175], aber auch die Allmacht der Gerechtigkeit.

Doch ist auch hier wieder nicht die möglichst authentische Erfassung der scotisch-occamistischen Lehrintention anvisiert, sondern eher ein in dieser Lehre vermeintlich manifestierter Typus von Theologie, der einseitig Gottes absolute Freiheit und Allmacht zum Inhalt hat und darüber seine Gerechtigkeit und Güte vernachlässigt. So bringt er an anderer Stelle diese Lehrmeinung mit den an der Sorbonne vertretenen Auffassungen in Verbindung und bezeichnet sie als »Sorbonner Dogma«.[176]

Mit dem Willkürvorwurf ist die scotische Unterscheidung von potentia absoluta und potentia ordinata einseitig im Sinne einer *Scheidung* der beiden potentiae interpretiert. Anders etwa als William von Occam hat Duns Scotus selbst dieser Interpretation Vorschub geleistet, indem er die potentia absoluta explizit als Durchbrechung der geschöpflichen (einschließlich der sittlichen) ordo und des regulären Handelns Gottes definierte. Andererseits aber hatte Scotus stets darauf beharrt, daß Gott selbst sich auf seine potentia ordinata festgelegt habe. Daher darf die Unterscheidung der beiden potentiae nicht als Trennung verstanden werden. Die potentia absoluta ist eben deshalb *keine* despotische, weil Gott selbst diese Möglichkeit in seiner potentia ordinata ausgeschlossen hat. Auch in der via moderna wurden alle Willkürmomente aus dem Handeln Gottes ausgeschlossen.[177] Zugespitzt formuliert: Gottes Freiheit besteht gerade in der freien Äußerung seines Wesens, das Liebe ist, und damit in seiner freien Selbstbindung an die Ordnung der Schöpfung.

Mit seiner Zurückweisung der potentia-absoluta-Vorstellung wehrt Calvin zudem alle Spekulationen über unrealisierte Möglichkeiten des göttlichen Handelns ab. Der wirksame Wille Gottes ist der Realgrund aller Wirklichkeit; er kann nicht auf eine dahinterliegende Grundlegung befragt, sondern muß in den Akten seiner Selbstsetzung als letzte Instanz hingenommen werden.

175. Jüngel, E. (1977, 1992[6]): Gott als Geheimnis der Welt. Zur Begründung der Theologie des Gekreuzigten im Streit zwischen Theismus und Atheismus, Tübingen, 26. – Schon bei Kierkegaard begegnet ein ganz ähnlicher Gedanke - ich zitiere nach der englischen Übersetzung: »Every one who assumes that a God exists naturally thinks of him as the strongest, as he eternally is, being the Almighty who creates out of nothing, and for whom all the creation is as nothing; but such a man hardly thinks of the possibility of a reciprocal relationship. And yet for God, the infinitely strongest, there is an obstacle; He has posited it Himself, yea, He has lovingly, with incomprehensible love, posited it Himself; for He posited it and posits it every time a man comes into existence, whom He in His love makes to be something, directly in apposition to Himself. Oh, marvellous *omnipotence of love*! ... Marvellous love, even His omnipotence is under the sway of love. ...« [Kierkegaard, S. (1848, Übers. 1939): Christian Discourses, Oxford u.a., 132 (Hervorheb. R.B.)].

176. CR VIII, 361 (De aeterna Dei praedestinatione). In den Predigten über Hiob verwirft er sie sogar als diabolische Blasphemie, die in der Hölle erfunden worden sei (CR XXXIV, 339f).

177. William von Occam: »Deus nihil potest facere inordinate«; Beleg und weitere Ausführungen dazu bei: Leppin, V. (1995) {→ A. 97}, 45-51; gegen: Holl, K. (1921, 1932[6]) {→ A. 6}, 49f; Blumenberg, H. (1974): Säkularisierung und Selbstbehauptung. Erweiterte und überarbeitete Neuausgabe von »Die Legitimität der Neuzeit«, erster und zweiter Teil, Frankfurt (1966[1]), 171. - Vgl. auch die Abwehr eines theologischen Absolutismus' bei Luther {→ S. 70ff} und Melanchthon {→ S. 131ff}.

Damit ist auch die Meinung abgewehrt, Gott verursache in punktuell-demonstrativer Spontankausalität vor allem *einzelne* (extraordinäre, den cursus naturae durchbrechende) Geschehnisse (wie etwa Wunder) (16,4). Eine solche Auffassung, die supranaturale Machttaten in den Vordergrund stellt und sich dabei auf die Naturwunder und die großen Rettungstaten Gottes in der Geschichte der Führung seines Volkes beruft, würdigt nach Calvin die *All*wirksamkeit Gottes nicht ausreichend. Zudem wirft sie unmittelbar die Frage nach Gottes Gerechtigkeit auf: Warum wirkt (bzw. verhindert) Gott dieses und nicht jenes? Gerade die Vorstellung der willentlich-kontingenten Hervorbringung nur einzelner Ereignisse durch Gott steht in der Gefahr, Gott - als potentia absoluta - die Willkürherrschaft reiner, unberechenbarer Machtausübung zuzuschreiben.

e) Gegen die Reduktion der Vorsehung auf einen bloß mediaten concursus

Im Bestreben, der Welt und dem Menschen eine zumindest relative Eigenständigkeit zu sichern, war schon im ausgehenden 13. Jh. - bei J. P. Olivi[178] - und dann im 14. Jh. - von »doctor modernus« Durandus de St. Porciano[179] u.a.[180] - die Position des *mediaten* concursus vertreten worden.

Nach diesem Konzept wirkt Gott bei den menschlichen Handlungen nicht *unmittelbar* mit als causa proxima, erst recht wirkt er nicht als Alleinursache (wie im Occasionalismus {→ S. 78f}). Als principium remotum handelt er vielmehr a) *durch* den ununterbrochenen Kausalnexus des cursus naturae und b) durch die Freiheit des Menschen. Seine conservatio besteht darin, die Möglichkeitsbedingung für diese geschöpfliche Eigenständigkeit zu erhalten: die Beständigkeit und Funktionsfähigkeit des eigengesetzlichen cursus naturae wie die Freiheit und Potenz zur Eigenwirksamkeit des Menschen.[181] Das freie, willentliche Regierungshandeln Gottes mußte demgegenüber zurücktreten (16,3).

Es sind vor allem drei Argumente, die Olivi gegen ein immediates Concursusverständnis ins Feld führt[182]:

1. Eine Handlung könne nicht ganz und unmittelbar von zwei Ursachen gleichzeitig hervorgebracht werden.
2. Wenn Gott unmittelbar wirke, bedürfe es keiner Vermittlung durch Zweitursachen. Mit der Leugnung kreatürlicher Zweitursächlichkeit müsse aber die relative Selbstbestimmung des menschlichen Willens geleugnet werden.
3. Werde Gott als die unmittelbare Ursache aller Ereignisse behauptet, dann müsse er auch für böse, sündige und gottwidrige Handlungen verantwortlich gemacht werden.

178. Olivi, F. P. J. (ND 1926): Quaestiones in secundum librum sententiarum III (hg. v. B. Jansen, Bibliotheca Franciscana Scholastica Mediaevi), Florenz; siehe dazu: Plathow, M. (1976) {→ L.}, 31-36 (Lit.); Seeberg, R. (1953[5]): Lehrbuch der Dogmengeschichte III, Graz, 361-363.
179. Durandus de St. Portiano (1508): In quatuor Sententiarum libros quaestionum resolutiones, Paris; siehe dazu: Stufler, J. (1935): Bemerkungen zur Konkursuslehre des Durandus de St. Pourçain, in: Lang, A. u.a. (Hg): Aus der Geisteswelt des Mittelalters I, Münster, 1080ff.
180. Weitere Vertreter dieser Position benennt: Plathow, M. (1976) {→ L.}, 31, Anm.2.
181. Gott wirkt nach Durandus »conservando naturam et virtutem causae secundae«; Sent. LII, dist.1 qu.5, zit. nach: Köstlin, J. (1898) {→ L.}, 262.
182. In: Quaestiones in secundum librum sententiarum, CXVI; aufgearbeitet bei: Plathow, M. (1976) {→ L.}, 33f.

Dem stellt Olivi seine Überzeugung entgegen, daß »*Gott* die geschöpflichen Kausalgrößen *ins Sein setzt* und *erhält*, sie *selbst* aber eigentätig *die Handlungen hervorbringen*«.[183] Gott gibt lediglich das posse agere, d.h. das Sein einer Handlung - ihren effectus (und damit auch ihren defectus) wirkt das Geschöpf als causa proxima.[184] Eine Handlung entsteht demzufolge durch die Eigentätigkeit der Aktinstanz und damit weder durch quasi-mechanische Krafteinwirkung Gottes von außen (nach dem Grundsatz der aristotelischen Bewegungslehre: »Omne, quod movetur, ab alio movetur«[185]) noch durch ein Mitwirken Gottes *in* allem Wirken der Sekundärursachen, indem er etwa die inclinatio, d.h. die Dispositionen und Intentionen des Handelnden formiert. Gott gibt und garantiert das esse und damit die grundlegende Möglichkeitsbedingungen der Handlung und wirkt durch die Kundgabe seines Willens in den Medien seiner Offenbarung indirekt-orientierend auf den Richtungssinn des menschlichen Handlungssubjektes. Doch bleibt die Handlung selbst - das operare - in die volle Verantwortung des Handelnden gelegt. ›Providenz‹ bekommt auf diese Weise die Bedeutung des englischen ›to provide‹.

Diese Auffassung von der Eigenwirksamkeit der Geschöpfe korrespondiert der sog. ›Impetustheorie‹[186], jener Bewegungslehre also, die im 14. Jh. im Rahmen der sich von Aristoteles lösenden »neuen Physik« von Franziscus de Rubeis, Johannes Buridan, Nicolaus Oresme, Albert von Sachsen, Marsilius von Inghen entwickelt wurde. Sie geht davon aus, daß den sich bewegenden Körpern beim Beginn ihrer Bewegung eine (diese Bewegung dann steuernde) vis impressa bzw. ein impetus eingegeben wird - eine Vorform des im 17. Jh. entdeckten Trägheitsprinzips. Damit ließ sich erklären, was die aristotelisch-scholastische Dynamik nicht zu erklären vermochte: warum ein Stein weiterfliegt, wenn er sich von der Hand entfernt, die ihn geworfen hat. Dem Geschöpf inhäriert damit Bewegungskraft.

Calvin, der die soteriologische Variante dieses Gedankens schon bei Lombardus findet (II, 2,6: »mitwirkende Gnade«)[187], weist ihn scharf zurück. Im Namen der Allmacht und Allwirksamkeit Gottes mußte er gegen eine solche Naturalisierung und Autonomisierung der kreatürlichen Agentien Widerspruch erheben. Wo Gottes Handeln an die Reichweite der Sekundärursachen gebunden wurde, konnte es nicht mehr als *universales* und *allumfassendes* behauptet werden. Sein Protest erstreckt sich dabei auch auf die thomasische Zwei-Ursachen-Lehre, sofern mit ihr eine Eigenwirksamkeit der Zweitursachen zum Ausdruck gebracht werden soll (16,3). Gerade an dieser Stelle, wo Calvin die prima-causa Vorstellung kritisch reflektiert, wird sein systematisch-theologisches Argument transparent für das dahinterliegende seelsorgerliche Motiv: Wenn Gott in seinem Weltwirken auf externe Mittel angewiesen ist - wie könnte man dann in solchen Situationen Hilfe von ihm erwarten, in denen alle externen Mittel gerade versagen?

183. Plathow, M. (1976) {→ L.}, 34 (Hervorheb. M.P.).
184. Zur Rezeption dieser Unterscheidung in der altprotestantisch-lutherischen Orthodoxie: {→ S. 140}.
185. »Bewegung« ist dabei allerdings nicht als physikalische Ortsveränderungen zu verstehen, sondern als Überführung der Potenz in den Akt.
186. Siehe dazu: Maier, A. (1951): Studien zur Naturphilosophie der Spätscholastik, Bd. 2 (Storia e Letteratura 37), Rom, Teil 2: Die Impetus Theorie, 111-314; dies. (1967): Galilei und die scholastische Impetustheorie, in: dies.: Ausgehendes Mittelalter. Gesammelte Aufsätze zur Geistesgeschichte des 14. Jahrhunderts (Storia e Letteratura 105), Rom, 465-490; Stammel, H. (1982) {→ Teil III, A. 59}, 235-240.
187. In pointierter Form wurde die Lehre vom »auxilium gratiae« später im Sozinianismus vertreten.

f) Gegen die Reduktion der Vorsehung auf einen bloß generellen concursus

Abzuweisen ist nach Calvin auch die e) ähnliche, in der Akzentsetzung aber doch von ihr deutlich unterschiedene Überzeugung eines theologischen Semi-Deismus, die unterstellt, Gott wirke nur in einer unspezifischen, generellen (d.h. nicht-individuellen) Weise (16,1.4.7), indem er die Schöpfung physisch durch eine fortwährende Zufuhr von Lebenskraft (generalis motus bzw. actio) im Sein erhält, nicht aber einzelne Ereignisse in ihr wirkt; oder indem er auf die inclinatio des Menschen Einfluß nimmt, nicht aber einzelne Entscheidungen und Handlungen hervorbringt. Dem hält Calvin entgegen, Gott betreibe nicht nur die »orbis machinam« insgesamt wie ihre einzelnen Teil durch eine universale Bewegkraft[188], sondern wirke jedes einzelne Geschehen in der Welt in unmittelbarer Effektivität.

Calvin hat hier das Bild der Welt als eines von Gott geschaffenen und im Sein erhaltenen Funktionszusammenhangs[189] vor Augen, der seiner eigenen naturgesetzlichen Dynamik folgt. Andreas Hyperius (der sich zum Calvinismus bekannte und in Marburg Theologie lehrte) hatte die Auffassung vertreten, Gott wirke - in Calvins Worten - »secundum perpetuam naturae legem« (16,3).[190] Auch darin konnte Calvin das »dogma Stoicum« wieder aufleben sehen.[191]

Eine solche Reduktion beraube Gott - so Calvin - der Möglichkeit, der »ewigen Regel seiner Gerechtigkeit« Geltung zu verschaffen, d.h. in Reaktion auf menschliche Taten Barmherzigkeit zu üben oder Strafe zu erteilen (5,7; 17,1). In den beiden Modi seines Handelns - in Zorn und Gnade - wirkt Gott demgegenüber spezifisch, konkret und individuell »auf die einzelnen und besonderen Bewegungen allesamt« (16,3). Gerade in solcher Spezifität liegt das Charakteristische der personalen, zielgerichteten Welt*regierung* Gottes. Er gibt nicht nur Kraft, sondern auch Bestimmung, die destinatio bzw. determinatio (16,6) - so wie er in seinem Wesen nicht reine, willenlose und moralisch indifferente Bewegungsenergie ist, sondern eine von väterlicher Güte, richterlicher Gerechtigkeit und königlicher Herrlichkeit geleitete Macht.

Der Modus der Regierung Gottes ist so zu denken, daß Gott die jedem (belebtem wie unbelebtem) Wesen von Natur aus eigene Kraft durch seine Hand lenkt (16,2). In diesem Gedanken kann man eine - aus dem ontologischen Bezugsrahmen der scholastischen Theologie in eine aktualistische Gotteslehre übersetzte - strukturelle Analogie zum thomasischen Akt-Potenz-Schema sehen. Nicht als actus purus, sondern als allmächtiger Herrscher aktuiert und leitet Gott die von ihm geschaffenen, erhaltenen und regierten Potenzen der Geschöpfe, die ihm gegenüber nur instrumentalen Rang haben und auf deren Gebrauch Gott zur Verwirklichung seiner Ziele auch verzichten

188. »neque id universali quadam motione tam orbis machinam quam singulas eius partes agitando« (16,1).

189. Wie in 16,1, so ist auch in 16,4 und in 17,2 von der »orbis machina« und in 14,21 von der »caelestis machina« die Rede. Vgl. die Überschrift zu I/5: »Dei notitiam in *mundi fabrica* et continua eius gubernatione lucere« (Hervorheb. R.B.); ebenso in II/6,1.

190. Publiziert wurde sie erst in seinem posthum erschienenen Buch »Methodus Theologiae« (Basel 1568), 232ff, 252.

191. Vgl.: Seneca, De prov. 5,8.

könnte. Auch die Regelmäßigkeiten der Natur wie des gesamten Kosmos verdanken sich nicht dem »blinden Naturtrieb« (»arcano naturae instinctu«) der natürlichen Agentien, sondern der aktualen Lenkung und Anordnung Gottes (16,2.5.7).

Damit ist die providentia generalis - an deren Gegebensein Calvin unbedingt festhalten will - der providentia singularis in der Weise sachlogisch untergeordnet, daß sie als deren Kontinuitätsmodus verstanden ist. Der Aktualismus dominiert auch die Vorstellung der providentia generalis. Jederzeit kann Gott auch der Kontinuität des Naturlaufs entgegenwirken, vor allem aber erweist er *innerhalb* der Spielräume der regelmäßigen Abläufe seine Gnade und seine Gerichte nach Maßgabe seines freien Willens in unterschiedlichen Graden und Quantitäten der Zuwendung.

So vollzieht sich die Abfolge der Jahreszeiten nach (von Gott verfügter) fester Regel. Und selbst wenn »bald unmäßige Hitze und Dürre alle Frucht verbrennt, bald unzeitige Regengüsse die Saaten verderben, wenn Hagel und Sturm plötzliche Katastrophen hervorrufen« (16,5) - dann ist darin nicht weniger Gottes Werk zu sehen. Im gleichen Abschnitt heißt es, daß Gott »bald in geringerem, bald in reichlicherem Maße, je nach seinem Wohlgefallen, alles Lebendige versorgt und nährt«.[192]

Nichts geschieht in Natur und Geschichte »ohne Gottes besonderen Befehl« (16,7), so daß umgekehrt alle Widerfahrnisse als aus Gottes Hand kommend angenommen werden müssen. Jeder Erfolg ist Gottes Segnung, jede Not sein Fluch (16,8).

Darin liegt die ontische Voraussetzung für die epistemologische Überzeugung Calvins, daß alle Ereignisse der Weltwirklichkeit (in christlicher Glaubenserkenntnis) sakramentalen -, um nicht zu sagen: Offenbarungscharakter haben. Die empirische Vernunfterkenntnis hingegen vermag die Verborgenheit der göttlichen Verursachung nur als Zufall zu deuten (16,9) und erweist gerade darin ihre theologische Ignoranz. In ihrer perspektivischen Begrenztheit erfaßt sie lediglich die wahrnehmbare Oberfläche der Wirklichkeit, den räumlichen Gesichtskreis und die zeitliche Gegenwart des Betrachters. Und selbst der Glaubenserkenntnis erschließt sich oft nicht unmittelbar das göttliche Motiv hinter bestimmten Ereignissen, doch weiß sich diese Unkenntnis aufgehoben im Grundvertrauen gegenüber dem in Christus offenbaren Gott, der alles zu dem von ihm bestimmten, letztlich guten Ende führen wird (17,1).

Wie Luther, so geht auch Calvin davon aus, daß Gott seinen Wirkungen nicht äußerlich bleibt, sondern sich in ihnen repräsentiert (16,7). Die biblisch-theistische Gottesvorstellung Calvins zeigt an dieser Stelle eine Anschlußfähigkeit für (ebenfalls biblisch bezeugte) ›entheistische‹ Auffassungen, wie sie auch für Luthers Denken charakteristisch waren. Dabei besteht lediglich eine Verschiedenheit in der Akzentsetzung: Während Luther die unmittelbare Nähe Gottes in der Schöpfung in oft sehr direkter Weise beschreibt, hebt Calvin die bleibende Transzendenz der göttlichen Herrschaft stärker hervor.

192. Siehe auch das sinnentsprechende Calvin-Zitat aus 16,3 {→ S. 112}.

g) Gegen die quietistische Reduktion der Vorsehungslehre

Andererseits grenzt sich Calvin scharf von der Postition der spiritualistischen Libertiner bzw. Quintinisten ab, die eine quietistische Mystik auf pantheistischer Grundlage lehren und praktizieren, derzufolge Gottes Geist alles in allem wirkt. Ihrer Auffassung von der Allwirksamkeit Gottes zufolge hat sich der Gläubige seiner selbstgewissen Ich-Identität zu entäußern und sich in reflexionsloser Unmittelbarkeit in das Wirken des Geistes hineinzustellen, um sich von ihm treiben zu lassen.[193] Diese Abgrenzung ist besonders interessant, weil die Libertiner - wie Calvin selbst - ihren Vorsehungsglauben im Bezugsrahmen der Pneumatologie entfalten.

Die schwärmerisch-pantheistischen Libertiner lehren und praktizieren einen spiritualistischen Monismus nach dem Grundsatz: »l'Esprit eternel de Dieu est la source et origine de toutes choses«[194]. Calvin kann diesem Satz zustimmen, lehnt aber die Deutung der Libertiner ab, derzufolge Gottes Geist substantiell in die Schöpfung eingeht, so daß diese vergöttlicht würde. Der Grund für die genannte Ablehnung liegt nicht zuletzt in seiner Trinitätskonzeption: Als Seinsweise der una simplex Dei essentia ist Gottes Geist nicht teilbar, so daß er emanativ in die Schöpfung verströmen könnte. Wohl aber teilt er sich als Kraftwirkung mit - in der Weise allerdings, daß diese Wirkung ad extra von seiner göttlichen Seinsweise ad intra streng unterschieden bleibt. So kann man - vor allem im Blick auf die Glaubenden - wohl von einem *Einwohnen* des Geistes, niemals aber von einem vollständigen *Eingehen* in die Schöpfung im Sinne einer substanzhaften Verschmelzung sprechen.[195] Das An-Sich-Sein des Geistes, die Integrität seiner trinitarischen Deitas bleibt bei aller äußeren Wirksamkeit unangetastet erhalten.[196] Der Heilige Geist ist nach Calvin nicht das konsubstantiale Lebensprinzip der belebten Kreaturen, das sie *unmittelbar* erhält und regiert, sondern die auf ihre Seele (als eigenständiger geschöpflicher Substanz) ›von außen‹ einwirkende belebende, bewegende und erhaltende Kraft Gottes, die nicht in ihnen aufgeht. Die Präsenz des Geistes manifestiert sich jedoch - wie schon gesagt - in der providentia generalis auf eine andere Weise als in der providentia specialis und hier wiederum anders als in der providentia specialissima.

Auch und gerade dort, wo Calvin im Einklang mit den Libertinern die ›extrinsischen‹ Interpretationen des Vorsehungshandelns abweist - jene Auffassungen also, die davon ausgehen, daß Gott seine procuratio vollzieht, 1. indem er absolutistisch am Menschen wie an einem Objekt ohne dessen innere Beteiligung handelt, oder 2. indem er coaktiv, aber äußerlich mit den relativ eigenständigen causae inferiores zusammenwirkt, oder 3. indem er ebenfalls äußerlich Verordnungen setzt, denen der Mensch Folge zu leisten hätte - läßt er keinen Zweifel daran, daß Gottes Handeln immer auch eine solche extrinsische Dimension einschließt.

Nur so läßt sich die Verantwortung des Menschen für sein Tun und Lassen bekräftigen. Ein pneumatologischer Determinismus, demzufolge alle Wirklichkeit - einschließlich des menschlichen Handelns - durch die Wirksamkeit des Geistes ›von innen‹ figuriert wäre, so daß alles Geschehen direkt und in ausschließlicher Unmit-

193. Siehe dazu die in {→ A. 139} zitierte Schrift Calvins und: Niesel, W. (1960): Art. »Libertiner«, in: RGG³ 4, 356f.

194. CO VII, 179.

195. Mit Krusche, W. (1957) {→ A. 102}, 23.

196. Vgl. die Polemik Calvins gegen Servet in 13,22.

telbarkeit auf Gott zurückgeführt werden müßte, ließe für solche Verantwortung keinen Raum. Gott handelt nicht nur *in* den Geschöpfen (durch Verleihung und Entzug seiner Geistgaben), sondern auch *durch* sie. Er hebt ihre Eigenheit nicht auf, sondern nimmt sie in Anspruch und ruft sie in die Verantwortung.

So betont Calvin, daß Gott dem Menschen die Sorge um sein Leben anvertraut hat, ihm gebietet, sich selbst zu erhalten, d.h. sich gegen Gefahren ›vorzusehen‹, und daß er ihm »Verstand und Mittel« dazu gibt. So sehr Gott nach Calvin intrinsisch im Herzen des Menschen wirkt, um Einfluß auf die Dispositionen seiner Gesinnung auszuüben[197], so wenig wirkt er ›automatisch‹, d.h. am Willen des Menschen vorbei. Vielmehr verpflichtet die göttliche ›Vorsehung‹ den Menschen zur Ausübung von ›Vorsicht‹ und ›Vorsorge‹ und untersagt ihm eine gleichmütige, a-pathische Sorglosigkeit und die passive Ergebenheit in jedwedes Widerfahrnis (17,3f). Er würde damit nicht nur die ihm auferlegte Pflicht verletzen, sondern auch die ihm eingeräumte Freiheit und damit die ihm zuerkannte Würde als selbstwirkendes ›Werkzeug‹ Gottes verkennen. Vor allem aber würde er den Modus der göttlichen procuratio mißdeuten. Denn Gottes Wille muß *getan* werden.[198] Die Distanz zwischen Schöpfer und Geschöpf bleibt erhalten. Hier richtet Calvin eine deutliche Schranke gegen den spiritualistischen Pantheismus auf.

Gott wirkt somit weder rein äußerlich - ohne auf das ›Herz‹ des Menschen Einfluß zu nehmen - noch wirkt er rein innerlich, indem er den menschlichen Willen - wie alle Wirklichkeit - geistlich sich anverwandelt. Auf diese Weise hält Calvin an der Lehre der Allwirksamkeit Gottes fest, ohne in einen theologischen Determinismus zu verfallen.

4. Theologischer Fatalismus?

Die vorangegangene Darstellung der Vorsehungslehre Calvins in Abgrenzung von alternativen Ansätzen, die Weltwirksamkeit Gottes zu denken, führt immer wieder vor die Frage, ob es sich bei dieser Lehre - entgegen der expliziten Beteuerung Calvins - nicht doch um einen theologischen Fatalismus handelt, der die Freiheit der Menschen ausschaltet, das Bittgebet sinnlos macht und Gott zum auctor mali erklären muß. Dieser Frage, die auch in der Kontroverse mit den Lutheranern eine zentrale Rolle spielte, soll im folgenden mit besonderer Aufmerksamkeit nachgegangen werden.

So wie Calvins Grundsatz, daß Gott *alles* Geschehen nach seinem decretum aeternum[199] wirkt, im Bereich des zweiten Glaubensartikels - in der Beziehung auf das vom

197. 18,2, mit dem Beispiel der Verstockung; in 17,4 heißt es, auch Torheit und Klugheit seien Werkzeuge der göttlichen Leitung. - Siehe auch den ganzen Zusammenhang II, 4.

198. In CO VIII, 307 mahnt Calvin eindringlich: »Nam quisquis plana fidei via non *ingreditur*, illi Dei electio nihil quam exitialis erit labyrinthus« (Hervorheb. R.B.).

199. »Gott ... hat in seiner Weisheit seit aller Ewigkeit festgelegt, was er tun will, und führt es nun in seiner Macht aus« (16,8).

Deus redemptor gewirkte Heil - die Lehre von der doppelten Prädestination[200] zur Folge hat, so scheint er im Bereich des ersten Artikels - im Raum der geschöpflichen Wirklichkeit - zu einem Prädeterminismus hin zu führen, der in jedem Ereignis - gehe es von natürlichen oder von menschlichen causae aus - die ›Hand‹ des Deus creator am Werk sieht. In beiden Dimensionen der Herrschaft Gottes, die beide dem Zweck der Verherrlichung Gottes dienen, soll jede eigenständige menschliche Mitwirkung am Handeln Gottes ausgeschlossen bleiben. Damit erstreckt sich der Antipelagianismus auch in die Vorsehungslehre hinein - wie schon bei Luther und vor allem bei Zwingli.

In beiden Dimensionen bricht dadurch allerdings auch die Gefahr des ›theologischen Fatalismus‹ auf, der den - weltlichen wie soteriologischen - status quo mit seinen Ungleichheiten und Ungerechtigkeiten als gottgegeben hinnimmt und durch diese Verankerung in Gottes Willen und Wirken theologisch sogar noch sanktioniert. In einem Gedanken wie dem, daß »die eine Mutter ... ihr Kindlein reichlich nähren (kann), die andere weniger, je nachdem Gott das eine Kindlein kräftiger, das andere bescheidener mit Nahrung versehen will« (16,3) reproduziert sich hinsichtlich des Weltbezugs die Problematik der Prädestinationslehre mit der ihr impliziten Behauptung einer von Ewigkeit her festgelegten soteriologischen Ungleichheit der Menschen.

Ein heftiger, in scharfer kontroverstheologischer Polemik geführter Streit entbrannte um Calvins ›theologischen Determinismus‹, als der Lutheraner T. Heßhusen 1560 einen scharfen Angriff gegen die Prädestinationslehre Calvins unternahm und den Vorwurf gegen sie erhob, mit ihr würde ein ›stoischer‹ Schicksalsglauben in die Theologie eingeführt, der die Freiheit des Menschen leugne und Gott zum Urheber der Sünde mache. Dieser Angriff hatte seinen Vorläufer im sog. Bolsec'schen Streit 1551 (in dem auch Melanchthon Calvin der »Stoica necessitas« bezichtigte; Melanchthon und Bucer neigten dabei dazu, dem Menschen eine Beteiligung an der Bekehrung zuzuschreiben) und setzte sich 1561-1563 im Streit zwischen dem Lutheraner J. Marbach und dem Calvinisten H. Zanchi in Straßburg fort.[201]

Calvin hatte diesen Einwand schon vorweggenommen (16,8) und sich deutlich gegen ein solches Mißverständnis abgesichert. Im Zentrum seines Widerspruchs steht der wiederholte Hinweis auf das personale göttliche Subjekt der Allwirksamkeit und auf seinen barmherzigen Gnadenwillen. Es ist nicht der impersonale aristotelische Erstbeweger und nicht das stoische Logosprinzip, das alles Weltgeschehen zwangsgesetzlich determiniert, sondern die königliche Herrschaft des gütigen Vaters im Himmel, die alles mit theonomer Notwendigkeit ›zum Besten‹ leitet. Sein von Ewigkeit her feststehender, unveränderlicher Willensratschluß aktualisiert sich in praecursiven, concursiven und postcursiven Willensakten unter Inanspruchnahme der geschöpflichen Zweitursachen oder auch in unmittelbarer Einwirkung.

Der gegen Calvin erhobene Vorwurf des theonomen Fatalismus identifiziert das Gott-interne Willensdekret unmittelbar mit der Ausübung dieses Willens in der gu-

200. Die klassische Definition der doppelten Prädestination findet sich - anknüpfend an Röm 9,11-21 - in III, 21,5. - Eine ausführliche Darstellung der Prädestinationslehre gibt: Rimbach, H. (1996): Gnade und Erkenntnis in Calvins Prädestinationslehre. Calvin im Vergleich mit Pighius, Beza und Melanchthon (Kontexte 19), Frankfurt.

201. Siehe dazu: Neuser, W. (1988) {→ A. 102}, 303-306. - Ich verzichte auf die weitere Darstellung der Kontroverse zwischen Lutheranern und Reformierten um die Prädestinationslehre.

bernatio. Diese Ausübung erfolgt aber nicht in der ungebrochenen Dominanz des unbewegten Bewegers, der sein Diktat statisch-apathisch (d.h. leidenschaftlos, innerlich unbewegt) appliziert, sondern in bewegter Auseinandersetzung mit dem jeweiligen Kontext in höchst spezifischen und konkreten Akten. Allein unter dieser Voraussetzung kann das Bittgebet seinen Sinn behalten. Calvin spricht sogar von »Verhandlungen mit Gott« (»negotium cum Deo«).[202]

Damit ist weder Willkür, Wankelmütigkeit oder gar Widersprüchlichkeit in Gottes Wesen eingetragen, noch ist sein Wille vom Verhalten der Menschen abhängig gemacht. Gott ist »frei von aller inneren Erschütterung durch Leidenschaft« (17,13). Reue kann ihm ebensowenig prädiziert werden wie Unwissenheit, Irrtum oder Machtlosigkeit. Die Rede von der Reue Gottes ist nach Calvin ein anthropomorpher, der menschlichen Gotteserfahrung adaptierter modus loquendi - nicht für die Änderung des *Willens*, sondern für die Situationsanpassung der *Werke* Gottes zur Ausführung seines ewigen Dekrets (17,12f; 18,1.3): »ita nec aliud debemus concipere sub poenitentiae vocabulo, quam factorum mutationem« (17,13).[203]

Mit der Grundüberzeugung seiner Vorsehungslehre, daß alles Geschehen in der Welt einer theonomen Notwendigkeit folgt, kann Calvin demnach durchaus die Annahme 1. einer relativen ontischen Kontingenz und 2. einer relativen menschlichen Freiheit verbinden.

Doch ist und bleibt diese Erkenntnis unhintergehbar an die vom Heiligen Geist erleuchtete Sicht des Glaubens gebunden. Dem Ungläubigen muß das Weltgeschehen als durch ein unpersönliches Fatum determiniert erscheinen. Der Werkmeister läßt sich nicht ungebrochen aus seinem Werk erkennen.

1. »Was nun Gott beschlossen hat, das muß notwendig geschehen, auch wenn es an sich, aus seiner eigenen Natur heraus nicht notwendig erfolgt« (16,9). Um die Feststellung einer relativen ontischen Kontingenz mit der absoluten Herrschaft Gottes zu vereinbaren, bedient sich Calvin der scholastischen Unterscheidung zwischen absoluter, unbedingter Notwendigkeit (necessitas absoluta bzw. simplex bzw. consequentis) und bedingter Notwendigkeit (necessitas hypothetica oder conditionalis, bzw. consequentiae eventus bzw. necessitas secundum quid) (16,9).[204]

202. III, 3,6.16; 7,2 und in einem Brief an Farel vom 24.10.1540 (CR XI, 100).
203. Ohne direkten Bezug zur Frage der Reue Gottes begegnet eine ähnliche Fragestellung bei: Creel, R. E. (1986): Divine Impassibility. An Essay in Philosophical Theologie, Cambridge u.a., 18-23. Änderungen im Handeln Gottes indizieren demnach gerade nicht eine Änderung des göttlichen Willens, sondern seine Anpassung an kontingente Erscheinungen im kosmischen Prozeß. In Reaktion darauf übt Gott seinen ewigen Willen durch jeweils spezifische und veränderbare Wirkungen aus. Creels Interesse besteht darin, Gottes Handeln als ein konkretes und situationsadäquates aufzufassen (d.h. die Reaktivitiät des Schöpfers auf die Kontingenzen der Schöpfung konzeptuell zu garantieren - nicht zuletzt, um den Sinn des Bittgebets begründen zu können) und dieses Verständnis mit der Behauptung seiner Impassibilität zu verbinden.
204. In der Übersetzung der »Institutio« von O. Weber sind die Begriffe »consequentis« und »consequentiae« falsch zugeordnet. Im lat. Original heißt es schlicht: »Unde iterum videmus, non temere in scholis inventas fuisse distinctiones de necessitate secundum quid, et absoluta; item consequentis et consequentiae«. Dabei ordnet Calvin die beiden Begriffspaare chiastisch an, was Weber offensichtlich zu der falschen Zuordnung verleitet hat.

Die bei Abaelard noch ganz im Bezugsrahmen der Logik gebrauchte Differenzierung von necessitas consequentis und necessitas consequentiae[205] wurde in ihrer weiteren Bedeutungsentwicklung über Thomas[206] und Scotus bis hin zur via moderna - etwa bei Robert Holkot[207] - ›ontologisiert‹ und ›theologisiert‹.[208] Im philosophischen Sinn bezeichnet necessitas consequentis zunächst die logische »Notwendigkeit der Folgerichtigkeit«, wie sie analytischen Urteilen eignet, und necessitas consequentiae die »Notwendigkeit der Aufeinanderfolge« im Kausalzusammenhang der Dinge, d.h. das durch eine geschöpfliche Ursache notwendig hervorgebrachte Geschehen. Da ein solches Geschehen vom (nicht absolut notwendigen) Vorhandensein dieser Ursache abhängig ist, konnte die necessitas consequentiae auch »bedingte Notwendigkeit« genannt werden. Wurde die logische Bedeutung von necessitas consequentis ins Ontologische verschoben, so benannte sie die absolute, durch keine geschöpfliche Ursächlichkeit veränderbare Notwendigkeit. Eine präzise Begriffsbestimmung der scholastischen Unterscheidung in diesem ontologischen Sinn findet sich bei C. Pezel: »Die necessitas consequentis (absoluta, simplex) ist jene Notwendigkeit, kraft deren sich etwas so verhält, daß nichts in ihm geändert werden kann ... Die bedingte Notwendigkeit (necessitas consequentiae, conditionalis) aber ist diejenige, kraft deren etwas zwar eine Ursache hat, dank deren es nun nicht mehr geändert werden oder sich anders verhalten kann; doch ist es an sich von Natur aus veränderlich und hätte durchaus geändert oder sich anders verhalten können«.[209] Hieran konnte sich die theologische Rezeption anschließen, die unter necessitas consequentis die durch Gottes Willensakt unmittelbar gesetzte absolute Notwendigkeit verstand und die necessitas consequentiae demgegenüber als ebenfalls von Gottes Willen verfügte, aber durch geschöpflich-kontingente Ursachen hervorgebrachte Wirkung auffasste.[210] In dieser Unterscheidung ist der Versuch unternommen, das Postulat der Allkausalität Gottes mit der relativen Kontingenz des cursus naturae und der menschlichen Freiheit zu vermitteln und damit das Böse der göttlichen Verursachung zu entziehen.

Damit war die sachlogische Grundlage geschaffen, auf der sich die concursus-Lehre entwickeln und die weltimmanente Notwendigkeit des Kausalkonnexes immer stärker als eine Gottes unmittelbarer Einwirkung entzogene Eigengesetzlichkeit bestimmt werden konnte. In der reformatorischen Theologie war es vor allem Melanchthon, der diese Unterscheidung aufnahm, sie aber auch charakteristisch akzentuierte: In CR XIII, 207f führt er eine dreigliedrige Differenzierung zwischen necessitas absoluta (absolute Notwendigkeit), - physica (Naturnotwendigkeit) und - consequentiae (Kontingenz) ein. Die Naturnotwendigkeit innerhalb des in sich geschlossenen Kausalnexus (necessitas physica) und die kreatürliche Willens- und Handlungsfreiheit (necessitas consequentiae) sind dabei von Gottes absoluter Freiheit (necessitas absoluta) umfangen, ermöglicht und bedingt, schränken aber umgekehrt diese Freiheit in keiner Weise ein.[211] Um den skizzierten Gedanken zu begründen, muß Melanchthon voraussetzen, daß Gott sich aus Freiheit und in Freiheit zu einem Handeln nach der von ihm frei eingesetzten Schöpfungsordnung *durch* causae creaturae einschließlich des menschlichen Willens entschlossen hat: »Sic agit Deus cum voluntate, sustenans et iuvans ordine agentem, sed non iuvans ruentem contra ordinem, etsi eam sustentat«.[212]

205. Siehe: Kühn, W. (1984): Art. »Notwendigkeit, II. Spätantike und Mittelalter«, in: HWP VI, 960; Hägglund, B. (1986) {→ L.}, 358-360.
206. S.th. I, 19,3 und 8, ad 1.
207. Dem in Cambridge und Oxford lehrenden, dem Nominalismus anhängenden Dominikaner Holkot zufolge gibt es bei Gott keine absolute Notwendigkeit, sondern lediglich eine in seiner Verheißung gründende Folgenotwendigkeit.
208. Siehe auch die Verweise auf Bonaventura, Duns Scotus, Erasmus und Eck, die in den von P. Barth und W. Niesel hg. »Opera Selecta« (München 1928), Bd. 3, 201, Anm. 1. angegeben sind.
209. Pezel, C. (1580ff): Argumentorum et objectionum II, Neustadt, 196 [abgedruckt in: Heppe, H. (1861, 1958^2): Die Dogmatik der evangelisch-reformierten Kirche, neu hg. v. E. Bizer, Loc. XII, 199-223, hier: 202]; zitiert in der Übersetzung von Huter, nach: Otten, H. (1968) {→ A. 102}, 104.
210. Thomas, S.th. I, 19,8.
211. Siehe auch: CR XXI (Loci von 1543), 649f, und CR XIII (Initia doctrinae physicae I), 207.
212. CR XXI, 651; Studienausgabe, hg. v. H. Engelland II/1, 235,21-23, siehe auch: 229f, 233.

Calvin gebraucht diese Unterscheidung demgegenüber nicht, um einen Bereich geschöpflicher Eigenständigkeit gegenüber Gottes Allwirksamkeit zu behaupten, sondern - gerade umgekehrt - um darzulegen, wie Gottes Setzung ›natürliche‹ Notwendigkeitskonnexe außer Kraft setzt. Dabei legt er den Begriff der Kontingenz auf Gottes Freiheit hin aus. Die göttliche necessitas consequentis gewährt, begrenzt und benutzt die necessitas consequentiae. Gottes Vorsehung lenkt alles Geschehen - bald unter Einschaltung von Sekundärursachen (mediis interpositis), bald ohne sie (sine mediis) oder auch gegen sie (contra omnia media) (17,1). Das, was Gott durch Zweitursachen vermittelt tut, ist als kontingent anzusehen, weil es Gott auch anders hätte verfügen können. Im Bezug auf die Erstursache sind also die kontingenten Dinge immer notwendig, wobei ihre Kontingenz allein in Gottes Willen - nicht jedoch in einer Selbstmächtigkeit - begründet liegt. Gott ist das Subjekt geschöpflicher Kontingenz. So kann die necessitas immutabilitatis Gottes mit der Annahme wirklicher Kontingenz zusammengedacht werden. Darin bringt sich die Souveränität Gottes über alles Weltgeschehen zum Ausdruck: So sehr sich Gott in seinem stets individuellen Welthandeln an den ordo naturae (wie in seinem Heilshandeln an die ordinata oeconomia) bindet - indem er Zweitursachen in Anspruch nimmt, ohne dabei deren (ihrer Natur eingeschaffenen) modus agendi aufzuheben -, so sehr bleibt er doch freier und souveräner Herr der belebten und unbelebten geschöpflichen Wirklichkeit. Sie ist das von ihm erwählte, genutzte und dadurch geehrte Instrument aller seiner Tätigkeit. Eine ontische Kontingenz, die der Herrschaft Gottes entzogen wäre, kann es nach Calvin (wie nach Luther) jedoch niemals geben.

2. Durch die (kritische) Rezeption der scholastischen Unterscheidung von causa prima und causae secundae versucht Calvin, auch dem menschlichen Willen eine in analoger Weise von Gott - der prima et summa omnium causa - gewährte, begrenzte und in Dienst gestellte, relative Entscheidungs- und Handlungsfreiheit zuzugestehen. Dabei spricht er allerdings bezeichnenderweise nicht von causae secundae, sondern von causae *inferiores* (17,6.9). Die göttliche necessitas consequentis wirkt nicht durch den äußeren, quasi-mechanischen Zwang einer impersonalen Kraft, sondern durch personale Anordnung, bzw. »höchste Befehlsgewalt« (17,2), an deren Durchsetzung der Mensch - nach Gottes Willen - beteiligt ist. Die göttliche Anordung wird sich letztlich unbedingt durchsetzen, doch kann ihr ›vorletztlich‹ der Gehorsam verweigert werden - wenn Gott das Herz des Menschen verstockt. Gott ist der Herr von Gehorsam wie auch von Gehorsamsverweigerung.

Dadurch kann und muß nach Calvin dem Menschen die volle moralische Verantwortung und Schuldfähigkeit für seine Handlungen zuerkannt werden (17,3f). Der Mensch hat in sich die Neigung zum Bösen oder zum Guten und die Möglichkeit, beides nach Gottes Verfügung zu verwirklichen. Er tut das Böse, wo er der Neigung seiner gefallenen Natur folgt (aus innerer Notwendigkeit), und das Gute, wo Gott es in ihm wirkt (so daß er es nicht als Verdienst für sich selbst reklamieren kann). Es geht daher nicht an, in fatalistischem Zynismus alle Untaten zu Tugenden zu erklären, »weil sie ja angeblich der Anordnung Gottes dienen« (17,3). Denn keineswegs dienen alle Handlungen dem Willen Gottes, sondern nur diejenigen, die seinem offenbarten Wort konform sind (17,5) - was nicht ausschließt, daß er auch »schlechte

Werkzeuge wohl und klug zum Guten zu benutzen« versteht (17,5) und sei es zur Ausführung seiner Gerichte. Doch dadurch wird das Böse nicht zum Guten.

Daß es nicht zu einer ›communicatio idiomatum‹ kommt zwischen einem Bösen und dem Guten, welches das Böse in guter Intention in Dienst nimmt, legt Calvin in folgendem Beispiel dar: Wenn die Sonne ein Aas faulen und stinken läßt, dann ist die Sonne wohl Wirkursache des Gestanks, doch sind ihre Strahlen nicht selbst stinkend (17,5).[213] Weder nimmt das instrumental beanspruchte Böse dadurch die moralische Qualität des Guten an, noch ›befleckt‹ es umgekehrt dessen Würde.[214] Daraus folgert Calvin: Gott ist nicht der Urheber der Sünde und es fällt ihm auch nicht die Verantwortung für böse Taten zu, die er zu seinen (Gerichts-)Zwecken nutzt.[215] Damit ist jegliche Frage nach der Theodizee als »Hundefrechheit, die Gottes Gerechtigkeit zwar anbellen, ihr aber nichts anhaben kann« (17,5), gebrandmarkt.

Die Frage nach der Verantwortung für gottwidrige Handlungen als Frage nach ihrer Verursachung kann immer nur in Form einer doppelten (wenn nicht sogar einer dreifachen) Zurechnung in qualitativer Verschiedenheit erfolgen: Zunächst und vor allem muß die böse Tat der Bosheit des Menschen zugerechnet werden (in der wiederum der Teufel wirkt). Doch fordert das Postulat der Allwirksamkeit Gottes, daß sie auch im Willen des Weltregenten gründet (17,9; 18,2). So kann von einer Verursachung der bösen Tat auf drei, hierarchisch übereinander angeordneten Ebenen gesprochen werden: durch des Menschen Neigung, des Teufels Verführung und letztlich durch Gottes privatio der Gaben des Heiligen Geistes, wobei jede dieser Aktinstanzen ihrer je eigenen Intention folgt. Darin dokumentiert sich Calvins scharfe Abwehr eines (manichäischen) Dualismus'. In Relation zu Gott ist auch der Satan causa inferior, dessen Handeln von Gott im Vollzug seines Zorns gelenkt wird.[216]

Es gilt also beides zugleich: Zum einen sündigt der Mensch aus einer gottverordneten Notwendigkeit, zum anderen ist sein Sündigen ein personaler Akt in psychologischer Freiheit - necessitas und voluntas gehen zusammen. Er sündigt mala voluntate und ist damit für sein Tun vollumfänglich zur Rechenschaft zu ziehen.

Das Paradigma einer solchen Tat ist der Sündenfall Adams, wenn auch gerade die im Sündenfall entstandene Korruption der ursprünglich integeren Natur einen qualitativen Unterschied zwischen Adam und der auf ihn folgenden Menschheit erzeugte. Bei allem Supralapsarismus, den Calvin lehrt, hält er an der vollen Verantwortung und Schuld Adams fest. Mit der Gabe des freien Willens hatte Adam wohl die *Fähigkeit*, nicht aber die *Festigkeit*, sündlos zu bleiben; sein Wille war nicht durch die inclinatio zur Konformität gegenüber Gottes Willen inhaltlich ausgerichtet und damit stabilisiert. Gott hatte Adam nicht die Kraft der Beharrung (perseverantiae virtus) verliehen, so daß sich sein Willen - verführt von Satan - zum Bösen neigen konnte. Adam besaß »das Können, wenn er wollte, aber nicht das Wollen, um zu können« (15,8). »Der Mensch kommt also zu Fall, weil Gottes Vorsehung es so ordnet - aber er fällt durch seine eigene Schuld«.[217] Gott

213. Dieses Beispiel erinnert an Augustins Gleichnis: »Denn vom gleichen Lufthauch läßt der Kot abscheulichen Geruch, das Salböl lieblichen Duft aufsteigen« [De civitate Dei I, 8, (Migne, PL 41, 21) in der Übersetzung von: Kocher, R. (1993) {→ L.}, 340].
214. Das Theologoumenon der *permissio* Gottes stellt ein systematisches Konzept bereit, mit dem die Befleckung Gottes durch die Bosheit der bösen Tat ausgeschlossen werden konnte. Doch lehnt Calvin es ab, sofern es eine Passivität Gottes nahelegt (18,1) {→ S. 103}.
215. Anders Zwingli, der Gott zum auctor mali erklärte {→ A. 111}.
216. 18,1f; 17,11; siehe auch II, 4,5.
217. III, 23,8.

verordnet den Fall, aber er *vollzieht* ihn nicht. Auf der Behauptung dieser Eigenverantwortung liegt sogar der Akzent Calvins, weshalb Otten seine Position vom »eigentlichen Supralapsarismus« abhebt.[218]

Mit dem Fall - der Verderbnis seiner Erkenntnis- und Willensbegabung durch den Entzug der dona spiritus sancti - ist dem Menschen die Freiheit der Wahl zwischen Sündigen und Rechttun und damit die Befähigung zum Wollen des Guten verlorengegangen und nur die formale Willensselektivität erhalten geblieben. Als geistlich Toter ist sein Wille in der Knechtschaft des Satans gefangen - servum arbitrium.[219] Er folgt nunmehr seiner Neigung (inclinatio) zur Sünde - nicht aus äußerem Zwang (coactio), sondern aus innerer Notwendigkeit (necessitas) (II, 2,7 3,5; 5,1). Darin stimmt Calvin mit Luther überein und widerspricht Zwingli. Durch die Unterscheidung zwischen necessitas und coactio räumt er der voluntas dabei eine relative, heteronome Freiheit ein: Der gefallene Mensch ›will‹, was die necessitas der Sünde gebietet: das Böse tun. Es ist dies seine Freiheit in der Gefangenschaft der Sünde - die Freiheit des freiwilligen Sklaven (II, 2,7). Doch kann und muß diese psychologische Freiheit nach Calvin als suffiziente Grundlage für die ethische Verantwortlichkeit des Menschen angesehen werden.

Zusammengefaßt findet sich dieser Gedankengang in II, 4,1: »Wenn es aber heißt, der Wille des natürlichen Menschen sei dem Befehl des Teufels unterworfen und werde von ihm regiert, so bedeutet das nicht, der Wille wird widerstrebend und unter Widerstand zum Gehorsam *gezwungen* - so wie wir einen Knecht gegen seinen Willen kraft des Herrschaftsrechtes zwingen, unserem Befehl zu gehorchen -, sondern vielmehr: er läßt sich durch die schmeichlerische Rede des Satans betören und leistet nun notwendig dessen ganzer Führung Folge. Denn wen der Herr nicht mit der Führung durch seinen Geist begnadet, den liefert er in gerechtem Urteil der Wirkung des Satans aus ... An anderer Stelle hören wir, der Teufel wirke in den Kindern des Unglaubens (Eph 2,2). Da wird also die Verblendung der Gottlosen und alles, was sich daraus an Lastern ergibt, als Werk des Teufels bezeichnet; und doch ist deren Ursache nicht außerhalb des menschlichen Willens zu suchen, aus dem die Wurzel alles Bösen hervorwächst und in dem das Fundament des Satansreiches, nämlich die Sünde, seinen Sitz hat«.

Mit dieser personalen (nicht mechanischen) Weise der Zuordnung der göttlichen Prinzipalursache zu den natürlichen und menschlichen causae inferiores ist nach Calvin allem ›stoischem‹ Fatalismus, Necessitarismus und Determinismus, aber auch allem ›epikureischem‹ Kasualismus, Libertinismus und Tychismus widersprochen.[220] Gottes absolute Freiheit gewährt den menschlichen Geschöpfen *durch deren Indienstnahme* eine relative, d.h. instrumentelle Eigenständigkeit. Dabei ist Gottes Willen weder einer (von ihm selbst verordneten) Notwendigkeit unterworfen, noch darf er als absolute, von aller Bestimmtheit seines Wesens freie und daher unberechenbare Spontaneität aufgefaßt werden.

Die Kritik, daß Calvin - entgegen seiner Versicherung - von seinem Ansatz her unausweichlich in einen theologischen Fatalismus gerate, lebt von einem vorausgesetzten Freiheitsbegriff, der nicht der Freiheitsbegriff Calvins ist. Wie gesehen, eröffnet er stärker noch als Luther in »De servo arbitrio« die theologische Möglichkeitsbedingung für ein Freiheitspostulat. Die von Calvin (wie auch von Luther) dem Menschen zugestandene Freiheit liegt demnach in dem von Gott verursachten Wollen. Sie ist nur im Paradigma des In-Seins in Gottes herrscherlicher Macht zu explizieren,

218. Otten, H. (1968) {→ A. 102}, 97.

219. Siehe E. Herms' sorgfältige Analyse der Calvinischen Lehre vom servum arbitrium vor dem Hintergrund der Urstandslehre: Herms, E. (1992) {→ A. 102}.

220. Dieser Gedanke wird von Heidegger weiter ausgebaut. In VII, 15 hebt er in fünf Punkten die göttliche Providenz vom ›heidnischen‹ Fatum ab [Beleg bei: Heppe, H. (1861, 1958²) {→ A. 209}, 206f, Anm.].

niemals aber in der Relation des Gegenüber zu Gott. Niemals kann sie als eigenmächtige Verfügungsgewalt über die Dinge der Schöpfung aufgefaßt werden, sondern immer ›nur‹ als Gabe eines gottdurchwirkten Gestaltungsraums, der umfangen ist von einer höheren Notwendigkeit. Gott ist die ›Ur-Sache‹ des menschlichen Willens, der nie ursachelos sein kann, sondern immer bestimmt ist: »So oft Gott seiner Vorsehung den Weg bereiten will, biegt und wendet er auch in äußerlichen Dingen die Willensrichtungen der Menschen, und deren Wählen ist nicht so frei, daß nicht Gottes Entscheidung diese Freiheit beherrschte«.[221]

So darf man Calvins Freiheitsverständnis nicht im Bezugsrahmen einer philosophisch-abstrakt bestimmten Spannungsrelation von Freiheit und Notwendigkeit erfassen, wobei einem formalen Verständnis von Entscheidungs- und Handlungsfreiheit die ebenso formal gedachte Allkompetenz Gottes gegenübergestellt würde. Und erst recht darf man es nicht messen an der liberalistischen Fiktion einer indeterminierten, von allen Bestimmungsfaktoren - wie biographischen Prägungen, soziokulturellen Einflüssen, ethischen Motiven usw. - ab-soluten (inneren) Willens- und Wahlfreiheit, sowie einer (äußeren) Handlungsfreiheit, die in autonomer Spontankausalität ihre selbstgesetzten Zwecke - und darin sich selbst verwirklicht (›Freiheit der Indifferenz‹). Es gibt Freiheit nach Calvin (wie nach Luther) immer nur als Freiheit des von der Macht der Sünde oder der Macht Gottes besetzten Herzens und Willens und also immer nur als Freiheit innerhalb einer Gebundenheit der Gesamtwillenshaltung - zunächst als Freiheit vom Bestimmtsein durch die Sünde und damit als Verwirklichung des von Gott für den Menschen Vorgesehenen. Nicht die vom Guten geleitete Vernunft (bzw. Erkenntnis) des Menschen bestimmt sein Wollen - wie in der Psychologie Platos -, sondern das von externen Aktinstanzen - Satan und Gott - besetzte Affektzentrum des Menschen (sein »Herz«).

Freiheit und (Fremd-)Bestimmung des Willens schließen sich also nicht notwendig aus, doch muß Freiheit im Weltbezug (im Sinne von Willens- und Handlungsfreiheit) zurückgenommen werden auf das psychologisch zu fassende Freisein vom äußeren Zwang (nicht aber von innerer Notwendigkeit). Es gibt sie als Erfahrungsqualität einer *gegenwärtigen* oder *zukünftigen* Handlung (bzw. eines Ereignisses) angesichts eines vom Handelnden wahrgenommenen Überschusses an Möglichkeiten, die zu verwirklichen wären. Im Rückblick auf das faktische Bestimmtsein einer *geschehenen* Handlung (bzw. eines zurückliegenden Ereignisses) wird jedoch erkennbar, daß es von Gott gewirkt war. Die Wirklichkeit der Freiheit liegt also in der von Gott eröffneten und umfangenen subjektiven Wahrnehmung (die als solche durchaus real und nicht eine bloß subjektivistische Illusion ist) und in der auf diese gegründeten ethischen Verantwortung, niemals aber in einer metaphysischen Freiheit gegenüber Gott. Freiheit kann es nur als Freiheit *unter* Gott und von Gott her, niemals aber als Freiheit *gegenüber* oder gar *über* Gott geben.

Wie sehr dieses Lehrstück Calvins von der Deutung seines eigenen Lebens[222] und von seinen seelsorgerlichen Intentionen durchdrungen ist, scheint etwa in der ein-

221. CR II, 228, zit. nach der Übersetzung von Viering, K. A. (1928) {→ L.}, 516.
222. Siehe dazu: Saxer, E. (1980) {→ L.}, 39f, 44f.

dringlichen Mahnung durch, Herz und Blick *allein* auf die göttliche Erstursache zu richten und jede erlittene böse Tat allein als von Gott geschicktes oder zugelassenes Gericht anzunehmen, um auf diese Weise den erfahrenen Schmerz nicht in Rachegefühle entgleiten zu lassen (17,8f). Diese psychologisch-seelsorgerliche Ermahnung gründet in der unbedingten Überordnung der Erst- über die Zweitursache. Ihrzufolge kann Calvin konstatieren, daß manches *gegen* Gottes Willen geschieht, nichts aber *ohne* seinen Willen (18,3).

5. Konflikt zweier Willensrichtungen in Gott?

In dem Spitzensatz, daß manches *gegen* Gottes Willen geschieht, nichts aber *ohne* seinen Willen, kulminiert die Problematik der ›praedestinatianischen‹ Vorsehungslehre Calvins, wie sie schon von seinen zeitgenössischen Kritikern (Pighius, Castellio) konstatiert wurde.[223] Das rational nicht auflösbare Grundproblem ihrer complexio oppositorum besteht nicht zuerst in der Ausschaltung der menschlichen Handlungs- und Willensfreiheit (die Calvin gerade zum Instrument der Herrschaft Gottes erklärt), sondern darin, daß sie die widerspruchslose Einheit des Willens Gottes nur noch fideistisch behaupten (18,3f), nicht aber mehr theologisch begründen kann. Der Grundsatz der Allkausalität muß zur Folgerung führen, die Providenz Gott bewirke auch Ereignisse, die seinem eigenen Gebot zuwiderlaufen, so daß eine Spannung entsteht zwischen dem im Gesetz offenbarten und einem verborgenen Willen in Gott, der zur Übertretung des Gesetzes anleitet. Auch wenn Gott nicht unmittelbar zur Wirkursache des Bösen erklärt werden kann, so *will* er es doch in aktiver Zulassung geschehen lassen. Nicht als Handlungssubjekt, aber doch als Ordinator muß ihm in der Konsequenz der Lehre Calvins die Verantwortung für das Böse und die Sünde zugerechnet werden können. Eine passive Zulassung würde ihm jene Müßigkeit zuschreiben, die Calvin als ›epikureisch‹ verurteilt.

Das gleiche Problem stellte sich in der Sache auch bei Luther, trat dort jedoch nicht in gleicher Schärfe heraus, denn Luther verzichtete von vorneherein auf eine rationale Einbewältigung und wies den Antwort-Suchenden in das Vertrauen auf die Offenbarung Gottes. Solches Vertrauen erlaube es ihm, auch mit prinzipiell unbeantwortbaren - weil in Gottes Verborgenheit wurzelnden - Fragen zu leben. Luther verweigerte sich der Spekulation über Gottes Wesen und begnügte sich mit der glaubenden Erkenntnis seiner Taten. Den Konflikt zwischen den beiden Feststellungen, daß die Welt einerseits voll von Sünde und doch andererseits gleichzeitig ingesamt das Ergebnis von Gottes Wirken sei, konnte er einräumen und ihn theologisch auf die

223. In: »Defenso sanae et orthodoxae de servitute et liberatione humani arbitrii adversus calumnias Alberti Pighii Campensis« (CO VI, 225-404) greift Calvin 1543 Pighius an, der sich kritisch gegen Luthers Auffassung geäußert hatte, der Mensch sündige mit Notwendigkeit. 1552 setzt er den Disput mit »De aeterna praedestinatione ...« (CO VIII, 249-366) fort. In »Calumniae nebulonis cuiusdam, quibus odio et invidia gravare conatus est doctrinam Ioh. Calvini de occulta Dei providentia ...« (1558) (CO IX, 269-318) setzt sich Calvin mit Castellio auseinander (siehe besonders: CR IX, 269, 278f, 302ff), ohne seine Einwände jedoch überzeugend widerlegen zu können.

Spannung zwischen Verborgenheit und Offenbarkeit Gottes und epistemologisch auf die Begrenztheit des menschlichen Bewußtseins zurückführen.[224] In der Rechtfertigungsgewißheit wird die unaufgelöste Spannung zwischen den beiden Postulaten der höheren Weisheit Gottes anvertraut; Trost findet der Glaubende im Dennoch des Gottvertrauens. Umgekehrt wird auf die Weise der Vorsehungsglaube zum Erfahrungsraum der Rechtfertigung, der sich rationalisierender Verrechnung entzieht.

Für Calvin hingegen, der seine Gotteslehre um die Zentralüberzeugung des einen ewigen Dekretes (und seiner allwirksamen executio) kristallisiert, mußte sich der bezeichnete Konflikt zugespitzter ergeben. Denn er betrifft gerade jenes Theologoumenon des decretum aeternum, das die Willenseinheit Gottes zu sichern bestimmt war. Solch konsequenter Monotheismus muß in Atemnot geraten, wo er mit dem Dämonischen im Weltgeschehen konfrontiert wird. Er kann nicht umhin, dieses in Gott hineinzunehmen und damit das Evangelium von der unbedingten Präponderanz der Güte Gottes zu verdunkeln.

Wenn auch Calvin versucht, diese Grundschwierigkeit seiner Lehre auf die Begrenztheit (imbecillitas, hebetudo) der menschlichen Gotteserkenntnis und der theologischen Rationalisierbarkeit angesichts des unergründlichen Geheimnisses Gottes zurückzuführen (18,3), dann zeigt sich darin nur um so mehr ihre Unlösbarkeit, die in der grundlegenden theologischen Voraussetzung der von Ewigkeit verfügten Allwirksamkeit Gottes angelegt ist. Es bleibt der logische Widerspruch zwischen Calvins Behauptung der Einheit des göttlichen Willens und der Unterstellung, Gott wolle, was er verbiete. Doch menschliche Logik hat sich hier der göttlichen Offenbarung zu unterwerfen.

6. Relektüre: Calvins Vorsehungslehre als seelsorgerliche Predigt?

Als theologische Theorie gerät Calvins Prädestinations- zusammen mit seiner Providenzlehre in unauflösbare Aporien. Als seelsorgerliche Predigt aufgefaßt, erscheint sie jedoch in anderem Licht. Einem solchen sprachanalytischen Versuch, sie nicht primär von ihrer theologischen Konsistenz her, sondern aus der pragmatischen Funktion der Lebensdeutung und -hilfe aus den Quellen der biblischen Überlieferung - also vom genus sermonis aus - zu verstehen, enthüllt sie ihren tröstlichen Charakter, wie er von Calvin etwa in 17,7 betont wird. So wie die Prädestinationslehre in dieser Interpretationsperspektive die Tatsache zu erklären unternimmt, daß es Gläubige und Ungläubige gibt, so legt die Vorsehungslehre alle lebensweltliche Kontingenzerfahrung in Gottes bergende Hand und lehrt, jedes Widerfahrnis daraus anzunehmen. Sie will die Einstellungen der Dankbarkeit, Geduld und Zuversicht evozieren und den Glauben in aller ihm widersprechenden Welterfahrung stabilisieren.

224. Vgl. das interessante Eingeständnis Luthers, daß schon in der Heiligen Schrift der (letztlich allerdings nur scheinbare, weil in Gott aufgehobene) Widerspruch zwischen Gottes Allwirksamkeit und eigenständigem menschlichem Zutun zu konstatieren sei (18, 755, 26-37).

Doch darf bei dieser Interpretation, die Calvins Lehre auf ihre non-kognitive Funktion hin auslegt, nicht vergessen werden, daß Calvin sie als theologische Explikation der Offenbarung Gottes (und nicht der menschlichen Erfahrung!), d.h. als biblische Theologie im strengen Sinn entfaltet und sie in diesem Sinne in den Rang einer kognitiven theologischen Theorie erhebt.[225] Dabei aber bricht das, was »sich im Akt des Gebets anscheinend ineinanderfügt, die Gewißheit des göttlichen Wirkens und die Wahrnehmung geschöpflicher Freiheit, ... auf der Ebene der denkenden Reflexion auseinander«.[226] Mit der Einordnung der nur in einem lebendigen Glauben erfaßbaren Fürsorge-Verheißung Gottes in das theologische System einer aktualistischen ›Vorsehungs-Ontologie‹, die Gottes Handeln (als Ausführung seiner von Ewigkeit her feststehenden Ratschlüsse) überbestimmt, ist die Vorsehungslehre »nicht mehr fähig, Gott zu verkünden, sondern nur noch, Gott zu rechtfertigen«.[227]

Wie sich zeigte, besteht die Grundposition der beiden Reformatoren im Blick auf das Vorsehungsdenken - mit leicht differierenden Akzentsetzungen und einem unterschiedlichen Grad an Rationalisierung - in der Aufnahme des theologischen Voluntarismus, aus dem sie ein dezidiert aktualistisches Verständnis des Welthandelns Gottes entwickeln. Calvin bindet den Aktualismus zurück an die Ausführung des decretum aeternum, Luther an das in Christus offenbarte Wesen Gottes. Beide entfalten ihre Position in scharfem Gegensatz zum Postulat eines ontologischen Kontingenzprinzips (»Epikureismus«) auf der einen Seite, in Abgrenzung von der Leitvorstellung eines ontologischen Necessitarismus auf der anderen. Dabei fällt diese letztgenannte Grenzziehung - besonders bei Calvin - gegenüber der Verwerfung des »Epikureismus« nicht mehr ganz so scharf aus, weil sie für die Deutung im Sinne eines *theologischen* Notwendigkeitsprinzips anschlußfähig ist.

Wo von einer solchen theonomen Notwendigkeit ausgegangen wird, ist sie gegen zwei entgegengesetzte Mißdeutungen zu schützen: 1. gegen eine überzogen dargestellte potentia (und dann auch providentia) ordinata, die Gottes Handeln an eine ihm übergeordnete ratio ordinis binden will und damit seine Handlungsfreiheit beschneidet {→ Systematik S. 60}, 2. gegen eine überzogen dargestellte potentia absoluta, d.h. gegen einen verabsolutierten Voluntarismus. Gegenüber beiden Auffassungen entfalten die Reformatoren ihr Vorsehungsdenken im Referenzrahmen des Glaubens an Gottes liebende Fürsorge.

225. Siehe dazu den in der Fragerichtung interessanten, im Resultat aber enttäuschenden Versuch P. C. Böttgers, Calvins »Institutio« als Erbauungsbuch zu interpretieren [Böttger, P. C. (1990): Calvins Institutio als Erbauungsbuch. Versuch einer literarischen Analyse, Neukirchen-Vluyn], wobei bei »Erbauung« nicht (im pietistischen Sinne) »an die Erhebung des Gefühls, auch nicht an die persönliche Vervollkommnung des Einzelnen, sondern an das Wachsen geistlicher Erkenntnis und an Fortschritte im geistlichen Leben der Gemeinde (III, 166,34ff)« gedacht ist (9). Calvin interpretiere - so Böttger - die Texte der Bibel als ›performative Äußerungen‹ (J. L. Austin)« (7). Zur Interpretation der Vorsehungslehre siehe 94-98. - Weit ergiebiger sind in dieser Hinsicht die Studien zur Hermeneutik Calvins: Torrance, T. F. (1988): The Hermeneutics of John Calvin, Edinburgh; Opitz, P. (1994): Calvins theologische Hermeneutik, Neukirchen.
226. Beintker, M. (1993) {→ L.}, 455.
227. Saxer, E. (1980) {→ L.}, 45, im Konjunktiv der Anfrage an Calvin.

Mit dem weiteren Fortschritt der Lehrentwicklung im Rahmen der Kontroversen zwischen lutherischer und reformierter Schultheologie, wie sie vor allem um die Prädestinationslehre geführt wurden, bildete sich die Vorsehungslehre auf charakteristisch getrennten Bahnen aus. Dem reformierten Typus, der stärker heils- und bundesgeschichtlich geprägt ist und mit seinem Interesse an der Allwirksamkeit Gottes das *prae*currere, d.h. die prämovierende (den Willen des Menschen bewegenden) Mitwirkung Gottes hervorhebt, steht der lutherische Typus entgegen, der mit seinem Interesse an einer relativen geschöpflichen Eigentätigkeit das *con*curre, d.h. die Lehre vom concursus simultaneus ins Zentrum stellt. Dabei verdankt sich die Ausprägung des einen Typus nicht zuletzt der Abwehr des anderen, was sich vor allem im Kampf der lutherischen Dogmatik gegen den ›Prädestinatianismus‹ der Reformierten dokumentiert.

C. Concursus simultaneus – Die Vorsehungslehre der lutherischen Orthodoxie

In den analytischen Systembildungen der lutherischen Orthodoxie gerann der Vorsehungsglaube Luthers und die von ihm geprägte Frömmigkeit des 16. und 17. Jhs. zu einer hochdifferenzierten Vorsehungslehre, die sich zunehmend von der Schöpfungslehre ablöste, um eine eigenständige systematisch-theologische Funktion wahrzunehmen (s.u.). Diese Entwicklung nahm ihren Ausgang bei den Schöpfungslehren Ph. Melanchthons und J. Wiegands[228], die einzelne Überlegungen zur Vorsehung Gottes enthalten; sie setzte sich bei M. Chemnitz {→ A. 17} fort, wo dieser Lehre erstmals ein eigenständiges Kapitel (noch im Zusammenhang mit der Schöpfungslehre) zuerkannt wurde, und führte bis hin zu A. Calov, der die Vorsehungs- von der Schöpfungslehre getrennt hat. Conservatio und gubernatio sind bei ihm als Spezialfälle der ihnen übergeordneten providentia subsumiert.[229]

Mit solcher Verselbständigung und Verortung der Vorsehungslehre in einem kosmologischen, naturphilosophischen und anthropologischen Bezugsrahmen löste sich auch ihre Rückbindung an die Versöhnungslehre. Die Providenz Gottes konnte wieder stärker von den Erkenntnisquellen der natürlichen Theologie her erschlossen werden.[230] Der topos »De providentia« wurde den articuli fidei mixti zugerechnet, deren Wahrheit bereits der Vernunft zugänglich ist, sich in vollem Umfang aber erst durch die Hl. Schrift eröffnet. Was bei Luther Ausdruck der glaubenden Lebens- und Weltdeutung im Licht der persönlich anredenden Verheißung Gottes war, wurde zur theologischen Theorie der Beziehungsbestimmung zwischen Gott und der Welt - zur religiösen, metaphysisch-kosmologischen Weltanschauung.

In den folgenden Abschnitten skizziere ich die großen Entwicklunglinien der in reformatorischer Tradition ausgebildeten Providenzlehren. In einem ersten Schritt soll - im rückblickenden Vergleich mit der Konzeption Thomas von Aquins - die Verlagerung des locus *De providentia* von der Gottes- in die Schöpfungslehre beschrieben werden; dabei gestaltet sie sich zur Lehre vom *Handeln* Gottes aus. Dann werde ich die Verschiebungen der Vorsehungslehre auf dem Weg von Luther bis hin zu den elaborierten Systemen der lutherischen Orthodoxie in ihren wesentlichen Punkten nachzeichnen und dabei deutlich machen, wie sich der Akzent von der Betonung der Allwirksamkeit Gottes zur Herausarbeitung des Zusammenwirkens zwischen Gott und dem Kreaturgeschehen verschoben hat. Am Ende des Kapitels sollen die Grundbegriffe der Vorsehungslehre der lutherischen Orthodoxie in Form eines summarischen Überblicks zusammengefaßt werden.

228. Belegstellen bei Ratschow, C. H. (1966) {→ L.}, 168f + 172, Anm. 1 und 2; 228 + 231f, Anm. 1-3.
229. Calov, A. (1655ff): Systema locorum theologicorum, Wittenberg, tom.III, art.VI, cap.II, sec.II.
230. Besonders deutlich herausgearbeitet von: Ritschl, A. (1874, 1895[4]): Die christliche Lehre von der Rechtfertigung und Versöhnung III, §§ 25f; ders. (1880-1886): Geschichte des Pietismus, Bonn, I (1880), 86ff, II (1884), 7. - Siehe: Kusukawa, S. (1991): Providence Made Visible: the Creation and Establishment of Lutheran Natural Philosophy, Diss. Cambridge.

Eine solche stark summierende und systematisierende Übersicht steht vor dem methodischen Problem, daß sie sich auf bestimmte, ›maßgebliche‹ Entwürfe beziehen muß, wenn sie nicht zu sehr in unhistorische Abstraktion abgeleiten und »die Orthodoxie« unsachgemäß als in sich undifferenzierte Einheit darstellen will. Der Versuch, einzelne Entwürfe als repräsentativ und ›maßgeblich‹ herauszuheben, gerät jedoch leicht in Begründungsnot. Erschwerend kommt hinzu, daß selbst bedeutende Werke wie Quenstedts Kompendium »Theologia didactico-polemica sive systema theologicum« noch nicht in kritischen Editionen vorliegen. Ich habe mich entschieden, den Blick vor allem auf jene Dogmatiken zu richten, in denen die Entwicklung der Providenzlehre in ihrer systematischen Entfaltung zu einem gewissen Abschluß gekommen ist. Es sind dies das genannte Kompendium von Quenstedt[231] und Königs »Theologia positiva acroamatica«[232].[233]

Die Ausbildung der Vorsehungslehre in der protestantischen Orthodoxie vollzieht sich primär in Referenz zum Erbe der Reformatoren vor dem Hintergrund einer ausgeprägten und lebendigen Vorsehungsfrömmigkeit, doch zunehmend auch in Reaktion auf das sich im 16. und 17. Jh. entwickelnde naturwissenschaftliche und philosophische Wirklichkeitsverständnis. Eine Skizze des sich wandelnden Weltbildes gebe ich in Teil III dieser Untersuchung.

Insgesamt läßt sich die systematisierende Lehrentwicklung in der lutherischen Schultheologie als Ringen um Luthers konsequentes Festhalten am Postulat der Allmacht und Allwirksamkeit Gottes verstehen. So kreisen die innerlutherischen Streitigkeiten des 16. Jhs. hinsichtlich der Vorsehungslehre vor allem um diesbezügliche Fragen: Ist Gottes Allwirksamkeit unbedingt und allkausativ oder gewährt sie der Ausübung menschlicher Freiheit Raum? Die von Luther zurückgewiesenen Strategien zur theologischen Reduktion dieses Postulats und zur Konzedierung einer - wenn auch nur bedingten menschlichen Freiheit - bilden die Felder der Auseinandersetzung. Die markantesten dieser Strategien sind:

- Die Reduktion des Vorsehungs*handelns* auf das göttliche Vorher*wissen* dessen, was der Mensch in Freiheit tun wird (ansatzweise bei Melanchthon, in etwas anderer Wendung in der FC, besonders aber in der jesuitischen Neuscholastik - s.u.).
- Die Einführung der Unterscheidung zwischen der allgemeinen Notwendigkeit der Folge und dessen, was im besonderen folgt (schon bei Melanchthon, auch bei Calvin {→ S. 113f}.
- Der Ausweis eines ›Passivitätsmodus‹ innerhalb des göttlichen Handelns - der permissio (vor allem dann im System Quenstedts). Wie gesehen, war die permissio bei Luther und Calvin stets als *aktive* Entziehung (privatio) der Gnade verstanden.

231. Quenstedt, J. A. (1685, 1715[5]): Theologia didactico-polemica sive systema theologicum, Wittenberg, pars I, cap. XIII.
232. König, J. F. (1664, 1775[17]): Theologia positiva acroamatica, Rostock, Leipzig.
233. Mildenberger geht in seiner kurzen Skizze der altprotestantischen Vorsehungslehre von Hollaz aus [Mildenberger, F. (1993): Biblische Dogmatik. Eine Biblische Theologie in dogmatischer Perspektive, Bd. 3: Theologie als Ökonomie, Stuttgart u.a., 86-93], Hägglund von Chemnitz [Hägglund, B. (1986) {→ L.}].

1. Vorsehung als actio externa Dei versus Vorsehung als sapiential-ordinative Prädetermination

In den Lehrentwürfen der lutherischen Orthodoxie wird die von Luther (in Abwendung von Thomas) vorgenommene grundlegende Umdeutung des Vorsehungsdenkens systematisiert und »Vorsehung« damit als actio externa Dei bestimmt. Andererseits aber vollzieht sich im Anschluß an Melanchthon eine Wiederaufnahme scholastischer sapiential-ordinativer Motive in die Providenzlehre. Diese beiden Bewegungsrichtungen sollen im folgenden herausgearbeitet und einander gegenübergestellt werden.

Da *Thomas* unter »Vorsehung« zunächst und vor allem eine actio *interna* Dei verstand - die *in mente* Gottes vollzogene ordinatio omnium rerum in finem nach Maßgabe der göttlichen prudentia, welche sich dann erst (konsekutiv - als ›Äußerung‹ der gott-immanenten Logizität im ›Aus-sich-heraus-Setzen‹ des Gedachtem aus dem Denken) als actio *externa* Dei in Akten der gubernatio Gottes als teleologische executio ordinis realisiert - ordnete er sie der Gotteslehre zu {→ S. 39f}. Bei *Luther* und in der lutherischen Orthodoxie wandelt sie sich demgegenüber zur Lehre von der permanenten, aktualen Schöpfungserhaltung und -regierung durch Gott. Die Schöpfungslehre ist nun der systematische Ort, an dem das Vorsehungsdenken zur Entfaltung kommt.

Damit tritt die Funktion der conservatio stärker in den Vordergrund, die bei Thomas integraler Bestandteil der ontologischen Schöpfungsvorstellung war: Als ens a se hat Gott - nach Thomas - der Welt Sein und damit Bestand eingestiftet (»manutenentia«). Einer zusätzlichen Aktivität zur Sicherung dieses Bestandes bedarf es nicht, lediglich der regierenden Zielausrichtung.

Wie gesehen, schied *Luther* (und ihm folgend auch *Calvin*) das Moment des spekulativen ›providere‹ aus der Begriffsbedeutung von »Vorsehung« aus und interpretierte den Begriffsinhalt ganz auf die aktuale procuratio Gottes hin. Die Vorstellung einer reinen, von Entschluß und Tun - d.h. vom wirkenden Wollen - isolierten praescientia lehnten beide ab.[234] Vorsehung wurde von einem gott-internen Akt zum opus externum. Sie war nicht mehr primär verstanden als 1. der *actus intellectus* der *praevisio* oder *prognosis*, d.h. als das ewige Erkennen/Wissen Gottes, und 2. als der voluntative Akt der *prothesis* oder des *propositum vel decretum Dei*, d.h. als das ewige Wollen bzw. der Vorsatz Gottes, sondern 3. als Gottes *externer actus transiens* der *dioikäsis*, in der er den Inhalt seiner Erkenntnis und den Ratschluß seines Willens handelnd ausführt. Der Fokus war also verschoben von der Introspektion in Gottes *(prae-)scientia* und *(prae-)determinatio* hin zur Explikation seiner *opera externa* als *conservatio* und *gubernatio*.[235] Statt der Ergründung des gott-internen Vor›sehens‹ (pro›videre‹) galt das theologische Interesse der Proklamation seiner gütigen und gerechten, wenn auch oft verborgenen Fürsorge (procuratio) für die Ökumene der Schöpfung. Bestimmte

234. Luther etwa in: WA 18, 617. 615; Calvin {→ S. 103ff}.

235. Gerhard, J. (1610ff) {→ A. 96}, VI, cap.2, § 15; König, J. F. (1664, 1775[17]) {→ A. 232}, § 250; Hollaz, D. (1707, 1763[8], ND 1971): Examem theologicum acromaticum, part.I, cap.6, qu.9.

Thomas die Weltregierung als einen der Vorsehung *konsekutiven* Akt, so war sie jetzt in diese einbezogen als das ›Woraufhin‹ des Erhaltungshandelns.

Die Theologen der lutherischen wie der reformierten Orthodoxie folgten mehrheitlich ihren Ahnherren in dieser antispekulativen, aktualistischen Auslegung des Vorsehungsglaubens. Doch ging von *Melanchthon* der folgenreiche Impuls aus, Gottes Handeln wieder stärker im Modus der sapientialen ordinatio und ihrer executio zu verstehen, d.h. dieses Handeln auf den *von seiner Weisheit informierten* Willen zurückzuführen. So kam es vor allem in der lutherischen Orthodoxie zur Entfaltung einer Vorsehungslehre, in der Luthers Aktualismus strikter als bei Luther selbst an den ordo der Schöpfung gebunden wurde.

Dabei näherte Melanchthon die Providenz wieder der praescientia Gottes an. Die Konkordienformel von 1577 nahm diesen anti-aktualistischen Ansatz auf und radikalisiert ihn, indem sie die Vorsehung ganz mit dem Vorherwissen Gottes identifizierte[236] und sie damit wieder der Gotteslehre zuwies (anders als Melanchthon hielt sie jedoch strikt an Gottes Allwirksamkeit fest). In der weiteren Entwicklung der lutherischen Vorsehungslehre wurde diese Reduktion allerdings nicht mitvollzogen.

Wenn man auch die Bedeutung des sich im 17. Jh. entwickelnden naturwissenschaftlichen Weltbildes für die Ausarbeitung der concursus-Lehre in der protestantischen Orthodoxie nicht überschätzen darf[237], so läßt sich doch konstatieren, daß es vor allem die Reaktion auf diese Welterklärung war, die zu einer grundlegenden Umorientierung der Vorsehungslehre führte. Nicht nur die Antworten auf vorgegebene Fragen veränderten sich dabei, sondern die Fragen selbst und damit der Ort der Lehre im Gesamtgefüge der Dogmatik. Folgende ›topographische‹ Verschiebungen dieses Lehrstücks sind in den Systemen der lutherischen Hochorthodoxie zu verzeichnen:

a) Die Akzentverlagerung innerhalb der Providenzlehre auf den »concursus« Gottes: Mit ihrem Interesse an der auf Gottes Handeln zentrierten Beziehungsbestimmung zwischen Schöpfer und Schöpfung geriet die lutherische (wie auch die reformierte) Orthodoxie angesichts des naturwissenschaftlichen Wirklichkeitsverständnisses in Begründungsnot. Im Bemühen, den Anprall dieses Weltbildes mit seinem zum Determinismus tendierenden Notwendigkeitspostulat aufzufangen, verengte sich der Sko-

236. In Artikel 11, Aff. 1f wird die *praescientia* mit der Vorsehung (»Versehung«) gleichgesetzt (»die Vorsehung ist nichts anderes, als daß Gott alle Dinge weiß, ehe sie geschehen«), von der *praedestinatio* aber scharf unterschieden. Denn diese ergeht »allein über die frommen, wohlgefälligen Kinder Gottes und ist die Ursache ihrer Seligkeit« (Aff.4), während sich die Vorsehung »zugleich über die Frommen und Bösen« erstreckt (Aff.3); zit. nach: Pöhlmann, H. G. (1986, 1991³) {→ A. 73}, Abs. 1002-1005. Dabei ist jedoch nicht an ein bloßes Vorauswissen, sondern auch an die regierende Tätigkeit Gottes gedacht. Siehe dazu: Schlink, E. (1945, 1954): Theologie der lutherischen Bekenntnisschriften, Berlin, 240.

237. Gegen Ratschow, C. H. (1966) {→ L.}, 230f, mit Krolzik, U. (1987) {→ L.}, 77. - Eine anschauliche - aber gewiß nicht zu verallgemeinernde - Beschreibung der Beziehungslosigkeit (bis hin zur aggressiven Dialogverweigerung) zwischen christlicher Theologie und naturwissenschaftlichem Denken gibt F. Heer in der Einleitung zu dem von ihm hg Band: Leibniz (Frankfurt, Hamburg 1958), 16f.

pus der Vorsehungslehre auf die Frage, wie die göttliche Allwirksamkeit mit dem mechanisch erklärbaren nexus der geschöpflichen Zweitursachen zusammenzudenken sei. Dabei halten die Vertreter der Orthodoxie am Aktualismus Luthers fest, binden das Handeln Gottes aber an den concursus. War Luther noch von der Grundüberzeugung einer von Gotteskraft durchpulsten Natur ausgegangen, so formiert sich in der protestantischen Orthodoxie zunehmend die Auffassung von einem *Zusammenwirken* Gottes mit den Kräften, die der Natur eigen sind.

Zur theologischen Lozierung der Vorsehungslehre ziehen König u.a. die schon in der Scholastik übliche Unterscheidung zwischen »late« und »stricte« heran: Die Vorsehungslehre bezeichnet demnach nicht mehr im weiten (»late«) Sinne die innergöttlichen Prozesse a) der Erkenntnis, b) der Entscheidung und c) der Durchführung dieser Entscheidung, sondern im engen (»stricte«) Sinne den der Welt zugewandten actus Gottes,[238] der sich in die drei Modi des Welthandelns Gottes - conservatio, concursus und gubernatio - differenziert, wobei der Aspekt der ›Konkurrenz‹ (concursus) des Wirkens Gottes mit dem Kausalnexus des Naturgeschehens das Hauptinteresse auf sich zieht, wie etwa bei Buddeus.[239] Die concursus-Lehre wird zum systematischen Ort der Behandlung dieser Frage[240] und tritt in den Vordergrund der gesamten Vorsehungslehre.

War die Vorsehungslehre bei Luther und mehr noch bei Calvin als Appendix zur Schöpfungslehre primär auf die Funktion konzentriert, die Erhaltung, Bewahrung und Regierung der Schöpfung auszusagen[241], hatte Luther die Vorsehung als göttliche conservatio und gubernatio zum Zwecke der procuratio der Schöpfung verstanden und im Kontext seiner Grundüberzeugung von der Allwirksamkeit Gottes von einer cooperatio des Menschen mit Gott gesprochen, so emanzipierte sie sich nun also wieder zunehmend vom Schöpfungsglauben und erhielt in der Erklärung des Zusammenwirkens der göttlichen Omni-Kausation mit den innerweltlichen causae ihre eigenständige systematisch-theologische Funktion: Für den Bereich der providentia generalis besteht diese Funktion in der Klärung der Frage, wie Gott mit dem cursus naturae zusammenwirke, im Rahmen der providentia specialis in der Bestimmung der cooperatio zwischen menschlichem Willen und göttlicher Determination. Damit war eine folgenreiche Bedeutungsverschiebung dessen initialisiert, was unter providentia generalis und specialis verstanden wurde: »providentia generalis« konnte nun auf die ratio ordinis der *Natur* und »providentia specialis« auf die *Geschichtsleitung* Gottes bezogen werden.

Es war besonders der Einfluß der jesuitischen Neuscholastik (Suárez[242]), der dazu führte, daß die cooperatio-Vorstellung zu einer eigenständigen concursus-Lehre aus-

238. Zur Distinktion von *late* und *stricte* siehe: König, J. F. (1664, 1775[17]) {→ A. 232}, § 250.
239. Ratschow, C. H. (1966) {→ L.}, 231.
240. Vgl. die Definition von Buddeus in: Buddeus, J. F. (1723): Institutiones theol. Dogmaticae, loc.II cap.II, § XLVIII.
241. Vgl. Ratschow, C. H. (1959) {→ L.}, 37-52.
242. Suárez, F. (1597, 1619): Metaphysicarum disputationum libri duo, Paris, XXII, sect.IV, IIIff. Zur Vorsehungslehre von Suárez siehe: Scheffczyk, L. (1963) {→ L.}, 113ff; vor allem aber die brillante Darstellung von: Plathow, M. (1976) {→ L.}, 49-58.

gebaut, im Lehrstück *De providentia* zwischen conservatio und gubernatio eingefügt und damit zu einer weitgehend selbständigen Lehre vom Welthandeln Gottes erhoben wurde.[243]

Die Zentrierung auf die Frage des concursus - verstanden als Bestimmung des Zusammenwirkens zwischen Gott und dem Naturgeschehen - führte allerdings in die Gefahr, dieses Zusammenwirken zu rationalisieren und zu verobjektivieren. - Luther hatte das Geheimnis unaufgelöst gelassen, selbst dort, wo er »die zwei verschiedenen Vorstellungskreise in die Ellipse der ›Durch‹-Formel zusammenzieht«[244].

b) Die funktionale Umbestimmung der concursus-Lehre:

Um die ihm jetzt zugedachte systematisch-theologische Funktion erfüllen zu können, mußte das concursus-Motiv selbst umgebildet werden. Nicht mehr die Existenz der Unordnung (confusio), des Bösen (malum) und der Sünde (peccatum) in Gottes guter Schöpfung (zugespitzt in der Frage nach der causa peccati) bildete das explicandum (wie noch bei J. Gerhard), sondern die Möglichkeit und der Modus des göttlichen Handelns im geschlossenen Ordnungszusammenhang der Welt. Dementsprechend war die concursus-Lehre jetzt nicht mehr auf die Frage nach Gottes (gewährenlassendem oder verhinderndem) ›Mitwirken‹ an der durch die contingentia mundi und die Sünde der Menschen in der Welt bestehende *Unordnung* hin orientiert, sondern auf die Explikation seines Wirkens innerhalb der *Ordnung* der Welt bzw. seines Zusammenwirkens mit dem geschöpflichen Kausalnexus.

Erstmals Quenstedt[245] hatte den Begriff des concursus aus seinem bisherigen systematischen Funktionszusammenhang - der Erklärung der Existenz des Bösen und der Sünde durch die (zulassende) ›Mitwirkung‹ Gottes[246] - entbunden und auf die Kooperation Gottes als Primärursache mit den causae secundae der Natur bezogen.[247]

c) Die inhaltliche Umbestimmung der concursus-Lehre:

Standen die Ansätze zu einer Vorsehungslehre bei Luther (wie auch bei den anderen Reformatoren) noch ganz im Zeichen der kontroverstheologischen Synergismusab-

243. Die Dreiteilung taucht erstmals bei König, J. F. (1664, 1775[17]) {→ A. 232}, § 264ff auf [abgedruckt bei: Ratschow, C. H. (1966) {→ L.}, 230, 241f, Anm. 27], dann auch bei Quenstedt, Hollaz und Baier. Siehe dazu: Plathow, M. (1976) {→ L.}, 63, Anm.7; Krolzik, U. (1987) {→ L.}, 73, Anm. 220.

244. Otto, R. (1898) {→ A. 38}, 43. Otto kritisiert den »Präpositionenschleier der ›durch, mit, neben, in, unter, während, zugleich‹« (Anpassung der Interpunktion - R.B.), in den Luther seine Auffassung von der schaffenden Kraft seines Wortes mehr einhülle, als klar herauszuarbeiten, daß es sich bei der Wirkung des Wortes »um klare psychologische Motivation, nicht um unsagbare mystische Vorgänge« (ebd.) handele.

245. Quenstedt, J. A. (1685, 1715[5]) {→ A. 231}, pars I, cap. XIII.

246. So etwa bei Melanchthon im Abschnitt »De causa peccati et de contingentia« der Loci praecipui theologici von 1559 (CR XXI, 643ff; Studienausgabe, hg. v. H. Engelland II/1, 224ff) und Gerhard, J. (1610ff) {→ A. 96}, VI, cap.9: quomodo concurrat divina providentia in malis hominum actionibus; siehe auch: a.a.O. VII, cap.7-8.

247. Bei Calov, A. (1655ff): Systema locorum theologicorum, Wittenberg, tom.III, art.VI, cap.II, sec.II, q.I-II (S. 1203ff); siehe dazu: Plathow, M. (1976) {→ L.}, 61-67.

wehr, der gnadentheologisch motivierten Behauptung der Allwirksamkeit Gottes und der sich daraus ergebenden Unterstellung der Unfreiheit des menschlichen Willens[248], so kann der concursus - zumal in der *lutherischen* Theologie - als »providentiae actus, quo libertas agendi hominibus conservatur«[249] definiert werden, d.h. als Handeln Gottes, das die Freiheitsbedingungen menschlicher Weltgestaltung geradezu sichert.

2. Vorsehung als concursus simultaneus

Die altprotestantische Lehre vom concursus divinus repristiniert die auf Thomas zurückgehende[250] Vorstellung eines Zusammenwirkens der göttlichen Erstursache mit den kreatürlichen Zweitursachen - besonders in Gestalt der menschlichen Handlungssubjekte - in *einer* Aktion. Durch ihre Rezeption in den Bezugsrahmen einer aktualistisch grundierten Gott-Welt-Beziehung wird sie dabei ent-essentialisiert. Das betrifft besonders den causa-Begriff als zentrale Kategorie der concursus-Lehre.

Bei Thomas bezeichnete der Begriff der Ursache nicht einfach eine extrinsische Kraftwirkung auf einen Gegenstand, sondern die Mitteilung von Sein in Materie und Form. Von dieser Mitteilung (Teilgabe) hängt die gesamte Existenz (nicht nur der Existenz*beginn*!) wie auch die Wirksamkeit des kontingenten Seienden ab. Analytisch könnte man hier eine konstitutive (existenzgenerative und konservative) von einer effektiven (wirksamkeitsgenerativen) Ursächlichkeit unterscheiden. Mit der Gott zugeschriebenen primären Kausativität ist nicht nur eine erstbewegende Kraft, sondern das höchste Seinsprinzip (primum principium essendi) gemeint, dem alles Seiende sein Sein und Wirken, seine Einbindung in die Seinsordnung und die Ausrichtung auf das telos allen Seins verdankt. Die causa prima wirkt als causa finalis und ist daher principium quia finis. In den concursus-Lehren der protestantischen Orthodoxie wird der Kausalitätszusammenhang zwischen göttlicher Primär- und geschöpflichen Sekundärursachen demgegenüber nicht mehr essentiell, sondern aktual gedacht.

Das concursus-Konzept behauptet, die göttliche Erstursache in ein-und-demselben Geschehen mit den kreatürlichen Zweitursachen am Werk zu denken, so daß der effectus dieses Geschehens als »nec partim a Deo, partim a creatura, sed ... simul a Deo et creatura productus«[251] bestimmt werden könne und müsse. Die kooperative Verursachung war demnach nicht additiv oder quantitativ gedacht, so daß sie sich

248. Noch bei Quenstedt ist die Behauptung der Unfreiheit bzw. Knechtschaft des menschlichen Willens durch den Rekurs auf die Erbsünde und nicht durch die Vorsehungslehre motiviert [Quenstedt, J. A. (1685, 1715[5]) {→ A. 231}, pars I, cap. XIII, S. 532].

249. Zit. nach: Hase, K. (Hg) (1829, 1883[12]): Hutterus redivivus. Dogmatik der evangelisch-lutherischen Kirche, § 68 III/2 (S. 131), dort ohne Quellenangabe. - Vgl. die sachlogisch verwandte sustentatio-Lehre Melanchthons, derzufolge Gott die je eigene Willensrichtung des Menschen unterstützt {→ S. 140}. Siehe dazu: Weber, H. E. (1937/1940) {→ A. 110}, 161-166.

250. Nach Thomas gilt: »Deus operatur in omni operante« indem er »formas et virtutes rerum ad agendum applicat« (S.th. I, 105). - Zur Entstehung der *concursus*-Lehre in der Hochscholastik und zu ihrer Geschichte über die Reformation, die protestantische Orthodoxie und Schleiermacher bis hin zu K. Rahner siehe: Plathow, M. (1976) {→ L.}, 13-97 (Lit.).

251. Quenstedt, J. A. (1685, 1715[5]) {→ A. 231}, pars I, cap. XIII, sect. I, th. 15 (S. 531); vgl. cap. XIII, sect. II, qu. 3, ekth. 13 (S. 545).

anteilig - damit aber auch nur eingeschränkt - auf die beiden Subjekte verteilen liesse[252], sondern qualitativ nach dem Modell des *Je-ganz-Wirkens*. Dieses Konzept erlaubte es, qualitativ verschiedene und doch aufeinander bezogene Ebenen der Kausalierung ›mediante‹ zusammenzudenken. *Ein* Geschehen ließ sich auf diese Weise zwei Verursachungsinstanzen zuschreiben, die auf zwei unterschiedlichen Ebenen operieren - der primären, göttlichen und den sekundären, natürlichen -, so daß man sagen konnte: Beide Instanzen verursachen dieses Geschehen je ganz und nicht bloß je partiell.[253] Im Akt der kooperativen ›top-down-causality‹ schränken sie ihre Freiheit nicht gegenseitig ein.

Mit diesem Erklärungsmodell war es möglich, das aristotelisch-naturwissenschaftliche Paradigma der Wirklichkeit als eines geschlossenen Kausalnexus' in vollem Umfang anzuerkennen, es andererseits aber mit der breiten biblischen Bezeugung des Wirkens Gottes in der Welt zu verbinden. Genau darauf hatte sich schon Melanchthons ganzes Interesse gerichtet, in dessen Verfolgung seine Vorsehungslehre eine stark naturphilosophische Prägung erhielt.

Die an der Wahrung der göttlichen Allwirksamkeit interessierten Gegner der concursus-Lehre wandten ein, wo göttliches und menschliches Handeln als intensionale Spezialfälle unter einen univoken Begriff des Handelns bzw. der Kausalität subsumiert würden, drohe eine Unterbestimmung der qualitativen Verschiedenheit zwischen diesen beiden Wirkweisen,[254] bei der man letztlich nicht umhin könne, beide einzuschränken: Einerseits müsse den natürlichen Wirkursachen eine effektive Insuffizienz bescheinigt werden (was als Mangel an Perfektion wiederum dem Schöpfer selbst angelastet werden könnte), andererseits geriete Gott in Abhängigkeit zum relativ autonom verlaufenden (und in diesem Sinne ›gott-losen‹) Weltprozeß. Durch die Vorstellung eines concursus werde Gottes Kausalität in ein Konkurrenz-, bzw. Ergänzungsverhältnis zum geschöpflichen Kausalnexus gebracht.

Solcher Kritik gegenüber bleibt jedoch festzuhalten, daß die Anwendung des causa-Begriffs auf Gott und auf die kreatürlichen Handlungssubjekte weder bei Thomas noch in der altprotestantischen Orthodoxie in univoker Bedeutung erfolgte. Der qualitative Unterschied zwischen beiden Aktinstanzen, der jegliche Konkurrenz zwischen ihnen und jegliche Abhängigkeit Gottes von den Geschöpfen ausschließt, war stets vorausgesetzt. Der Anteil des Göttlichen und des Menschlichen am Wirken ist dem-

252. Was etwa dann der Fall ist, wenn ein Handlungszusammenhang dialogische Struktur hat. F. B. Dilley führt das Exodus-Geschehen als Beispiel dafür an: »God calls Moses, Moses responds and leads the people out, then God sends an east wind to help them escape« [Dilley, F. B.: Does the ›God Who Acts‹ Really Act? in: Thomas, O. C. (Hg) (1983) {→ L.}, 57]. Die Aktinitiative wechselt dabei zwischen göttlicher und geschöpflicher Handlungsinstanz. Nur eine ist jeweils aktiv.

253. »una eademque efficientia totalis simul a Deo et creatura producta« [Quenstedt, J. A. (1685, 1715[5]) {→ A. 231}, pars I, cap. XIII, sect. I, th. 15, nota 1].

254. Besonders K. Barth hat diesen Punkt in seiner Kritik an der altprotestantischen Wiederbelebung der scholastischen Zwei-Ursachen-Lehre hervorgehoben, wobei er nicht den Gebrauch der Terminologie selbst verurteilte, sondern die mit ihrem Gebrauch verbundene Ablösung der Schöpfungs- von der Gnadentheologie, des Welthandelns Gottes von seinem Heilshandeln: Barth, K. (1950): KD III/3 {→ L.}, 110ff {→ S. 263ff}.

nach prinzipiell nicht unterscheidbar, weil damit eine Gleichartigkeit unterstellt würde. Er ist so wenig unterscheidbar wie der Anteil der göttlichen und der menschlichen Natur in Christus oder der Anteil von Gottes- und Menschenwort in der Bibel.

Einer der Hauptgründe, den die scholastische Zweitursachentheorie und die altprotestantische concursus-Lehre stets für sich ins Feld geführt haben, war gerade der Anspruch, allein durch sie könne verhindert werden, Gottes Wirken zur innerweltlichen Ursächlichkeit zu depotenzieren und es damit den endlichen Ursachen gleichzustellen. Die Vorstellung einer *unvermittelten* Wirksamkeit Gottes in der Welt gefährde die Transzendenz Gottes und die Einheit der Schöpfung - so das Argument.

3. Betonung der providentia ordinata

Generalisierend läßt sich sagen, daß auf dem Weg von Luther über die lutherische Hochorthodoxie bis hin zu den theologischen Entwürfen im Zeitalter der Aufklärung und darüberhinaus[255] die providentia ordinata zum Normalfall der Wirksamkeit Gottes in der Natur erklärt wurde, demgegenüber die providentia extraordinaria - die Behauptung, daß Gott auch supra et contra der von ihm selbst eingesetzten Ordnung handeln könne - lediglich den Status eines Vorbehaltes erhielt. Der biblischen Belege wegen (etwa Dan 3,1-30, bes. 27; Jos 10,12f; 2.Kön 6,6) mußte diese Möglichkeit zugestanden werden. Das eigentliche Wunder wurde jedoch nicht in der *Durchbrechung* des Naturzusammenhanges, sondern in seiner *vollkommenen Konstitution* gesehen.

Die Hervorhebung der providentia *ordinata* gegenüber der providentia *extraordinaria* findet sich im Kreis der Reformatoren - wenn auch nicht unter Verwendung der Begrifflichkeit, so doch ganz deutlich in der Sache - besonders bei *Melanchthon* und hat ihren systematischen Ort in seiner Lehre von der Schöpfung als planvoll entworfener, zeitloser Ordnung.[256] Im Hintergrund steht die thomasische ordo-Vorstellung, aber auch die scotische Unterscheidung von *potentia absoluta et ordinata*, wobei der Akzent ganz auf die *potentia ordinata* gesetzt wird. Darin verbinden sich zwei theologische Intentionen: Die Sicherstellung der Freiheit Gottes in seinen Werken (gegen die Bindung seines Wirkens an den ›stoischen‹ »fatalis ordo causarum«[257]) und die Sicherstellung der Kontinuität, Geordnetheit und darin: der Verläßlichkeit des göttlichen Wirkens in der Schöpfung (gegen die »widerwärtige Lehre vom *absoluten Zufallswillen* in Gott«[258]).

255. So findet sich noch bei R. A. Lipsius die Gleichsetzung der *conservatio* Gottes mit der immanenten Gesetzmäßigkeit der Dinge [Lipsius, R.A. (1879²): Lehrbuch der evangelischen, protestantischen Dogmatik, Braunschweig, § 394f].

256. Besonders in den »Initia Doctrinae Physicae« (CR XIII, 181-411); siehe dazu: Link, C. (1991) {→ L.}, 108ff.

257. CR XXI, 639; Studienausgabe, hg. v. H. Engelland II/1, 216,33 (grammatikalische Anpassung - R.B.).

258. Otto, R. (1917, 1936³⁰): Das Heilige. Über das Irrationale in der Idee des Göttlichen und sein Verhältnis zum Rationalen, München, 125 (Hervorheb. R.O.).

So stellt Melanchthon einerseits biblische Belegstellen ins Zentrum seiner Vorsehungslehre, die nicht einzelne Machttaten Gottes (wie z.B. die Rettung am Schilfmeer) berichten, sondern von seiner wirksamen Allpräsenz[259] zum Nutzen der Menschheit sprechen (wie z.B. Apg 17,28; 1 Tim 6).[260] Andererseits bestimmt er Gott primär von seinem freien Willen her (als »fons contingentiae primus«[261]) und muß damit in letzter Konsequenz an der Möglichkeit festhalten, daß Gott in seiner absoluten Willensfreiheit in freien und absichtlichen Akten die Naturordnung außer Kraft setzt. Insgesamt jedoch gibt sich bei ihm deutlich die Tendenz zu erkennen, das durch die Zweitursachen vermittelte ›geordnete‹, kontinuierliche Wirken Gottes der exzeptionellen, willkürlichen, wunderhaften Tätigkeit sachlogisch überzuordnen. Damit war faktisch - wie in der via moderna {→ A. 177} - jegliches Willkürmoment aus dem voluntaristisch gedachten Gottesbild ausgeschlossen und die Möglichkeit eröffnet, eine Brücke zur emporstrebenden Naturwissenschaft zu schlagen: Gott handelt in der und durch die Ordnung seines Schöpfungswerkes - besonders in Gestalt der von ihm erlassenen Naturgesetze. Diese Linie wurde in der lutherischen Orthodoxie weiter ausgezogen.[262]

Im Rahmen der Unterscheidung zwischen necessitas absoluta (absolute Notwendigkeit), physica (Naturnotwendigkeit) und consequentiae (Kontingenz)[263] erklärt Melanchthon die necessitas physica als »modus agendi ordinatus in causis naturalibus, quo modo non interrupto, a Deo, non possunt illae causae aliter agere, ut Solis cursus dicitur necessarius, quia mutari non potest nisi divinitus«. Die ›physikalische‹ und ›biologische‹ Natur ist der primäre Entfaltungsbereich der providentia.[264] Hier wirkt Gott nahezu ausschließlich durch die Zweitursachen »in derjenigen Ordnung, in der Gott diese Ursachen eingesetzt hat«[265], ohne jedoch an diese gebunden zu sein. Aus Freiheit, nicht aus einer seinem Willen und Handeln übergeordneten Notwendigkeit handelt er auf diese Weise. Damit ist die Lehre des concursus simultaneus ordinaria für die lutherische Orthodoxie sachlogisch grundgelegt.[266]

Die entscheidende Wendung zur durchgängigen Betonung der providentia ordinata vollzieht sich bei Hollaz. Während Quenstedt Mittel und Bereiche der Vorsehung noch in eine enge Korrelation bringt, dergestalt daß sich im Bereich des natürlichen Geschehens die providentia universalis vollzieht, wohingegen die wunderhaften Durchbrechungen des Naturgeschehens der besonderen Vorsehung zugeordnet werden, hebt Hollaz hervor, daß sich auch die besondere Fürsorge Gottes, die *individuelle* bzw. *partikulare*

259. Wenn Melanchthon in seinen »Scholia in epistolam Pauli ad Colossenses« (Hagenau 1527) den Hl. Geist als auctor der gubernatio bezeichnet (30b; Studienausgabe, hg. v. H. Engelland IV, 249,13f), dann ist dabei noch nicht die teleologische *Geschichtsmächtigkeit* Gottes in den Blick genommen, sondern zunächst nur die den *einzelnen Gläubigen* ›führende‹ Nähe Gottes pneumatologisch begründet. In der »Enarratio Symboli Niceni« (Wittemberg 1550) wird dann deutlich, wie Gott in seinem adesse conservator, gubernator und moderator auch des gesamten Weltgeschehens ist (CR XXIII, 386f; vgl. Loci praecipui theologici von 1559, CR XXI, 639; Studienausgabe, hg. v. H. Engelland II/1, 216,24ff).
260. CR XXI, 639; Studienausgabe, hg. v. H. Engelland II/1, 217.
261. CR XXIII, 391.
262. So bei: König, J. F. (1664, 1775[17]) {→ A. 232}, § 278.
263. CR XIII, 207f. - {→ S. 114}.
264. Büttner, M. (1975) {→ A. 110}, 60, Anm. 4.
265. CR XIII, 322 [zit. nach: Link, C. (1991) {→ L.}, 112].
266. Vgl. die Rezeption der Unterscheidung von necessitas consequentis und consequentiae bei J. Gerhard: Hägglund, B. (1986) {→ L.}, 361f, 364f.

procuratio, innerhalb der natürlichen Ordnungen ereignen kann.[267] Damit war die providentia ordinata als Paradigma des Gotteshandelns etabliert und dieses eher von Gottes Weisheit als von seinem Willen her bestimmt. Während dem Willen das Moment der Spontankausalität konnotiert wurde, ließ sich die Weisheit als göttliche Logizität verstehen, die den gesamten Weltprozeß nach einfachen und allgemeinen Gesetzen eingerichtet hat und sich in dessen vollkommener Ordnung dokumentiert. Gott handelt in den von ihm grundgelegten Strukturen der Schöpfung - mit diesem Gedanken vollzieht sich die Aufnahme sapiential-ordinativer Motive in die aktualistische Providenzlehre.

Doch führte diese Aufnahme nicht zu einer Identifikation des Wirkens Gottes mit den Regeln des Naturlaufs. Vielmehr verblieb sie im Rahmen einer voluntaristischen Grundauffassung in der Tradition der via moderna. Die sich aus dieser Quelle speisende Lehre von der providentia ordinata läßt sich auf die Formel bringen: Gott wirkt nicht *in*, sondern *entsprechend* der von ihm gesetzten Naturordnung.

Besonders in der jesuitischen Neuscholastik und hier vor allem bei Suárez fanden die Theologen der lutherische Hochorthodoxie in ausgeprägter Form den Gedanken konzeptualisiert, Gott handele entsprechend den Gesetzen, die er als Schöpfer in der Schöpfung etabliert habe. Damit ließ sich zum einen der Einwand abwehren, Gott sei den Naturgesetzen unterworfen und zum anderen der ›deistischen‹ Behauptung entgegentreten, die regelmäßigen Abläufe der Natur folgten ihrer Eigengesetzlichkeit ohne Gottes Einwirkung. Demgegenüber hielten die Vertreter der Orthodoxie daran fest, daß der cursus naturae vom souveränen Willen Gottes beherrscht sei.

Die Naturgesetze beschreiben das *Regelwerk* der Tätigkeit Gottes in der Natur als creatio continua. Diese, von Melanchthon vertretenen Auffassung, die dann etwa von Spangenberg in seiner »Margarita theologia«[268], aufgenommen wurde, erinnert an einen Gedanken Augustins, daß die providentia ordinata in den ›Gewohnheiten‹ des göttlichen Handelns gründe, die »zugunsten besonderer Zwecke jeden Augenblick verlassen werden können«[269]. In ihrem philosophisch-theologischen Denken folgen auch die großen Naturwissenschaftler Bacon, Boyle[270] und Newton {→ Teil III, A. 14} dieser Überzeugung.[271]

267. N. Malebranche folgerte demgegenüber aus der konsequent gedachten providentia ordinata, daß Gottes generelle Schöpfungsteleologie nicht jedes einzelne Ereignis des Weltprozesses bestimmt und lehnt von daher die Vorstellung einer procuratio individualis ab. Alles Weltgeschehen vollzieht sich ihmzufolge nach allgemeinen Gesetzen. Darin liegt die Vorsehung, in der sich mehr die *Weisheit* Gottes als seine *Liebe* dokumentiert [siehe dazu: Hirsch, E. (1949-1954): Geschichte der neuern Evangelischen Theologie im Zusammenhang mit den allgemeinen Bewegungen des europäischen Denkens, Gütersloh, 5 Bde; hier: Bd. 2 (1951), 167-169].
268. Zuerst Wittenberg 1541, dann Tübingen 1565, stark beeinflußt von der zweiten Ausgabe der Loci. Belegstelle zitiert in: Methuen, C. (1995) {→ A. 142}, 101.
269. De civitate Dei 21,8, CSEL 48, pars XIV 2, 770-774.
270. Bei Boyle findet sich die Gegenüberstellung eines »ordinary and general concourse« Gottes und den »extraordinary and supernatural interpositions of divine providence« besonders klar herausgearbeitet [Boyle, R. (1744, 1772; ND 1965ff): Inquiry, Works V, 163f; Considerations, Works IV, Hildesheim, 161]. Siehe dazu: Westfall, R. S. (1958): Science and Religion in Seventeenth-Century England, New Haven; Henry, J. (1990): Henry More versus Robert Boyle: The Spirit of Nature and the Nature of Providence, in: Hutton, S. (Hg): Henry More (1614-1687), 55-76.
271. Belege in: Oakley, F. (1969): Christian Theology and the Newtonian Science. The Rise of the Concept of the Laws of Nature, in: O'Connor, D., Oakley. F (Hg): Creation: The Impact of an Idea, New York, 54-83, bes. 75ff.

4. Influxus generalis als Modus des providentiellen Gotteshandelns

Betrachtet man den Modus der procuratio Gottes genauer, so zeigt sich eine interessante Verschiebung innerhalb der lutherischen Tradition hin zur Ausbildung des Theologoumenons vom göttlichen *influxus*: Gegenüber Luthers dezidiertem Aktualismus in seiner Bestimmung der Weltbeziehung Gottes scheint schon in der lutherischen Frühorthodoxie die metaphysische Ontologie mit ihrem Essentialismus wieder anzuklingen - besonders in J. Gerhards Vorstellung eines permanenten, »kontinuierlichen Einfließens der göttlichen Erhaltungsmacht in alle existierenden Dinge«[272]. Gerhard bezog diese Vorstellung noch ganz auf die conservatio in dem Sinne, daß Gott den Geschöpfen die Befähigung zum natürlichen und freien Wirken erhält und sie darin unterstützt - gewissermaßen also die Rahmenbedingungen ihres Handelns garantiert. König geht darüber hinaus, wenn er den *influxus generalis* nicht mehr nur auf die conservatio, sondern stärker auf den concursus hin expliziert.[273] Und Quenstedt definiert concursus schon ganz als den »Akt der göttlichen Vorsehung, durch den sich Gott mittels der allgemeinen Einwirkung (influxus generalis) durch sich selbst den Handlungen und Wirkungen der Zweitursachen als solchen, unmittelbar und zugleich mit ihnen und nach eines jeden Bedürfen und Erfordern, einschmeichelt (suaviter influit)«.[274]

In diesen Bestimmungen ist die Influenz nicht als influxus von esse und damit als Kraft der Seinserhaltung verstanden (wie bei Thomas[275]), sondern als tätige Mitwirkung Gottes mit dem Wirken der geschöpflichen Zweitursachen. Jeglicher Gedanke an eine dem Seienden innewohnende Potenz zum Sein und damit auch zum Bleiben-im-Sein wird auf diese Weise ebenso zurückgewiesen wie eine Emanations- oder Infusionsvorstellung, die von einem Verströmen des göttlichen Seins ausgeht. Die Influenz ist eine geschichtliche creatio *ex nihilo* nicht ex potentia entis, und sie ist ein schöpferischer *Akt*, nicht eine Zufuhr von Sein als Gewährung von Potenz. So sehr mit diesem Konzept also die Permanenz der göttlichen Krafteinwirkung hervorgehoben wird, so wenig darf man darin die Vorstellung einer energetischen Emanation sehen und dieses Konzept in die Nähe gnostischen Denkens rücken, wie es Karl Barth tat.[276] »Dieser influxus ist actio. Es geht nicht um so etwas wie Emanation, sondern um einen actus, quo deus influit«[277]. Er wirkt zusammen (simul und immediate) mit dem Kausalnexus. »Actus« ist hier nicht primär als je-einmalige, kontingente, sondern als permanent aktuelle Intervention verstanden. Die Allpräsenz individualisiert sich in Gottes Sorge für jede einzelne Kreatur.

272. Gerhard, J. (1610ff) {→ A. 96}, VI, § 62: »Ergo continuus est quasi divinae potentiae omnia conservantis in res existentes omnes influxus ...«.
273. König, J. F. (1664, 1775[17]) {→ A. 232}, § 265.
274. Quenstedt, J. A. (1685, 1715[5]) {→ A. 231}, pars I, cap. XIII, sect. 1, th. 15; zit. nach der Übersetzung von Gloege, G. (1961): Art. Schöpfung IV.B., in: RGG[3] 5, 1487. Vgl. Hollaz, D. (1707, 1763[8]) {→ A. 235}, pars.I, cap.6, qu.14, 16sq.
275. Thomas verstand die continuatio (= conservatio) der Schöpfung als influxus von esse: S.th. I, 104, 3, R.
276. KD III/3 {→ L.}, 154f.
277. Ratschow, C. H. (1966) {→ L.}, 219.

Besonders bei König tritt der aktualistische Grundzug dieses Konzepts und damit der Unterschied zu Thomas' Verständnis der conservatio als eines essentiellen influxus klar heraus. König erhebt den Gedanken einer aktiven, wirksamen Allpräsenz Gottes in der ganzen Schöpfung (*praesentia operosa* oder *omnipraesentia substantialis*) zur Leitvorstellung für die Explikation des Welthandelns Gottes.[278] Einzig Quenstedt ist König in der Auffassung gefolgt, den concursus mit der omnipraesentia Dei in eins zu setzen. Doch liegt darin eine vielversprechende Möglichkeit, den Weltbezug Gottes in Form einer operosa et actuosa praesentia zu entfalten, auf die im fünften Teil dieser Studie zurückzukommen sein wird {→ S. 399ff}.

Bei der Vorstellung des aktualen influxus bleibt zum einen die absolute Freiheit des Schöpfers als des Subjekts des concursus unangetastet, zum anderen kann ein Eigenwirken der Geschöpfe behauptet werden. Der Schöpfer akkomodiert sich in permanenter Aktualpräsenz an seine darauf angelegte und davon abhängige Schöpfung.

5. Überblick über die Vorsehungslehre der lutherischen Orthodoxie

Abschließend soll (anhand der Systematik Königs[279] und dem sich daran anschließenden Entwurf Quenstedts[280]) noch einmal der Inhalt der für die Vorsehungslehre zentralen Begriffe und ihrer Interrelation systematisch zusammengefaßt werden:

Im Blick auf die *Objekte* und *Bereiche* der Vorsehung (*causa materialis*) unterscheidet König drei Reichweiten, die sich wie konzentrische Kreise überlagern[281] und auf die höchste Form der providentia specialissima hin finalisiert sind:

a) *providentia generalis* bzw. *universalis,* die sich über alle Dinge der Schöpfung (omnia quae sunt) in ihrem natürlichen Zusammenhang erstreckt,

b) *providentia specialis* bzw. *particularis*, die den lebendigen Kreaturen (angeli, homines, reliqua creatura), besonders jedoch den freien, mit einem Willen begabten (und damit zur Sünde fähigen) Menschen gilt; dabei erstreckt sie sich über *alle* Menschen, unabhängig von ihrer Beziehung zu Gott und ihrer sittlichen Grundhaltung, - und

c) *providentia specialissima* bzw. *singularis*, von der die Gläubigen (homines pii et fideles, die nach Mt 6,26 zur Seligkeit bestimmt sind) der Vervollkommnung entgegengeführt werden. Mit der *providentia specialissima* weist die Vorsehungslehre über die Schöpfungslehre hinaus und in die Soteriologie bzw. Gnadenlehre hinein.

278. König, J. F. (1664, 1775[17]) {→ A. 232, § 251; siehe dazu: Ratschow, C. H. (1966) {→ L.}, 213.

279. König, J. F. (1664, 1775[17]) {→ A. 232}; siehe dazu das Schaubild in: Ratschow, C. H. (1966) {→ L.}, 227.

280. Quenstedt, J. A. (1685, 1715[5]) {→ A. 231}, pars I, cap. XIII; siehe dazu: Plathow, M. (1976) {→ L.}, 62-67.

281. Und nicht wie drei gegeneinander abgrenzbare *Räume* nebeneinanderstehen, wie Weimer es als Lehrmeinung der von ihm nicht genauer spezifizierten »Schuldogmatik« nahelegt: Weimer, L. (1988): Wodurch kam das Sprechen von Vorsehung und Handeln Gottes in die Krise? Analyse und Deutung des Problemstandes seit der Aufklärung, in: Schneider, T., Ullrich, L. (Hg) {→ L.}, 30.

Interessant ist, wie schon J. Heerbrand in seinem »Compendium theologiae«[282] die drei Argumente, die er für die Vorsehung Gottes anführt, den genannten drei Bereichen der Providenz korrespondieren läßt. Diese Argumente sind: a) die Ordnung und Schönheit des Kosmos, die Vielfalt der Arten, die menschliche Vernunft mit ihrer Fähigkeit, Gott zu erkennen und zwischen gut und böse zu unterscheiden, sowie die Zielausrichtung aller dieser Schöpfungsgaben, b) die biblisch begründete Gewißheit der Sorge Gottes für die Menschheit und c) die besondere Zuwendung, die Gott den von ihm Erwählten zukommen ließ.[283]

Hollaz unterscheidet nur zwischen allgemeiner, auf den Weltlauf insgesamt bezogener, und besonderer, der Kirche (nicht den gläubigen Individuen) geltender Vorsehung. Quenstedt, der (im Rahmen der concursus-Lehre) die providentia specialis auf die Gläubigen und die providentia specialissima auf die Autoren der Heiligen Schrift bezieht, hebt die Unterscheidung zwischen concursus *generalis* und *specialis* von jener zwischen concursus *universalis* und *particularis* ab:

a) Im *concursus universalis* wirkt Gott unspezifisch auf das Tätigsein der Kreaturen, während er
b) im *concursus particularis* oder *singularis* oder *individualis* bestimmte, individuelle Ereignisse (in der Natur) und Tätigkeiten (bei Menschen) hervorbringt.

Wie schon bei der Darstellung der Vorsehungslehre Calvins herausgearbeitet wurde, sind die beiden Unterscheidungen a) zwischen providentia generalis, specialis und specialissima und b) zwischen einem universalen und einem individuellen Mitwirken Gottes systematisch nicht kongruent. Denn es geht in b) nicht primär um *Gegenstandsbereiche* und *Modalitäten* des Vorsehungshandelns, sondern um seine *Spezifizität*: Die providentia universalis (bei König »generalis«) ist als allgemeine, gleichmäßige, den individuellen Wesenheiten und Ereignissen gegenüber indifferente Krafteinwirkung zu denken, die sich über die gesamte Schöpfung erstreckt. Die individuelle Aktuosität Gottes (bei König »prov. specialis«) hat demgegenüber eher die Form des subjektanalogen Handelns, das per definitionem immer ein intentionales Bewirken einzelner Veränderungen ist.

Systematisch betrachtet tendiert jede dieser beiden Optionen zu einem Idealtypus der Gottesvorstellung hin: Der ersten Auffassung - für sich genommen und von der zweiten isoliert - korrespondiert die Vorstellung von Gott als impersonaler bzw. überpersonaler Wirkmacht, die der Schöpfung kontinuierlich und zielgerichtet kreative Energie zuführt und sie damit auf ihrem Weg zur Verherrlichung (ihrer selbst wie Gottes) voranbringt. Die zweite Ansicht setzt ein Verständnis Gottes voraus, das ihn als personales, in Natur und Geschichte aktual tätiges Handlungssubjekt sieht.

Im Blick auf die *Mittel* der Vorsehung unterscheiden König und Quenstedt zwischen:

a) *providentia ordinaria* oder *mediata*, die sich kontinuierlich und im Einklang mit den regelhaften Abläufen von Natur und Geschichte vollzieht (iuxta naturae legem), und
b) *providentia extraordinaria* oder *immediata* oder *miraculosa*, die solche Regelmäßigkeiten unterbricht (supra et contra ordinem).

Zwischen providentia ordinata (bzw. extraordinata) und providentia mediata (bzw.

282. Tübingen 1573.
283. Nach: Methuen, C. (1995) {→ A. 142}, 98f, dort findet sich auch die Angabe der Belegstellen.

immediata) besteht in den hier vorausgesetzten Entwürfen lediglich eine Bedeutungsnuance, aber kein sachlicher Unterschied. Die Begriffe werden synonym gebraucht. Um größerer systematischer Schärfe willen müßte jedoch auch hier noch einmal zwischen providentia ordinaria und mediata (bzw. providentia extraordinaria und immediata) unterschieden werden. Denn es ist durchaus denkbar und biblisch bezeugt, daß ein Wunder (providentia extraordinaria) auch vermittelt (mediata) durch geschöpfliche Ursachen erfolgen kann.
Gott wirkt *mittelbar*, indem er einen *Effekt* durch eine Sekundärursache hervorbringt, und er wirkt *unmittelbar*, indem er die *Ursache* selbst schafft, erhält und leitet. Mittelbarkeit bezieht sich also auf die Effektivität, Unmittelbarkeit dagegen auf die Kausativität im engeren, von der Effektivität zu unterscheidenen Sinn.

Wie der Begriff der providentia immediata verwendet werden konnte, um den problematischen Gedanken der providentia extraordinaria zu vermeiden, führt auf reformierter Seite Heidegger vor: Von Gott kann nicht gesagt werden, er verstoße gegen die universale Ordnung der Schöpfung; damit würde er seiner eigenen Verfügung widersprechen. Doch agiere er oftmals unmittelbar, d.h. ohne sekundäre Medien, über sie hinweg oder gar gegen sie.[284] Damit ist die providentia extraordinata auf die providentia immediata zurückgeführt.

Im Blick auf den *Modus* der Vorsehung (*causa formalis*) differenzieren die lutherischen Systematiken zwischen *conservatio*, *concursus* und *gubernatio*: So wie Gott in der conservatio alle Kreatur im *Sein* erhält, so aktuiert er im concursus (bzw. in der cooperatio) deren Werden und *Wirken* und lenkt in der gubernatio die aus diesem Wirken hervorgehenden *Wirkungen* auf das von ihm bestimmte Ziel hin. So wie die conservatio der Abhängigkeit der geschaffenen Dinge im Bezug auf ihre *(Fort-)Existenz* korrelliert, so entsprechen concursus und gubernatio der Abhängigkeit aller ihrer *Tätigkeiten* von Gott. Die Begriffe liegen nicht auf gleicher Ebene. In der conservatio schafft Gott die *Voraussetzung* für den concursus, in der gubernatio steuert er dessen *Folgen*. Die Lehre von der conservatio hat ihren systematischen Ort im Anschluß an die Schöpfungslehre, die gubernatio steht schon ganz im Licht der Soteriologie und Eschatologie: Gottes Herrschaft über Natur und Geschichte ist auf das telos der Verherrlichung der Schöpfung im Gottesreich (gloria creatoris) und darin Gottes selbst (gloria Deo) ausgerichtet. Diese doppelte Zielbestimmung war schon in der scholastischen Distinktion zwischen finis operis (= Ehre Gottes) und finis operantis (= Wohl der Geschöpfe) bzw. finis ultimus und finis intermedius zum Ausdruck gebracht.

a) In der *conservatio* (providentia conservatrix), die nicht passives Bestehenlassen im Sinne eines Nichtuntergehen-Lassens, sondern aktives Erhaltungswirken ist[285],

284. »Contra naturam vero universalem, hoc est totius universitatis ordinem, cui se libens, volens obstrinxit, nihil unquam fecisse legitur. Sed absque mediis praeter et contra illa crebro operatus est, ...« [Heidegger, J. H. (1700): Corpus theologiae, Zürich, VII, 31; zit. nach: Heppe, H. (1861, 1958²) {→ A. 209}, 212].

285. Weshalb sie oft als Lehre von der creatio continua entfaltet wurde. So definiert etwa Heidegger die conservatio als »continuata quaedam creatio Dei activa« [Heidegger, J. H. (1696): Medulla theologiae christianae, I, 158].

gibt Gott als Allursache allen geschöpflichen Dingen je aktual die Kraft, im Sein zu bleiben und nicht ins Nichts zurückzufallen. Er ist die notwendige und hinreichende Bedingung ihrer Subsistenz und ihrer Potenz. Eingeschlossen in die Existenzsicherung sind die Substanzen der Dinge (res simplices), aber auch ihre Entwicklung und schließlich ihre Beziehungen zueinander (nexus cosmicus, ordo mundi). Die conservatio der Materie bewahrt sie vor der annihilatio, die conservatio der Form vor der destructio.

In dieser Hinsicht herrscht allerdings keine durchgehende Übereinstimmung zwischen den Systementwürfen der lutherischen Orthodoxie. Einige beziehen die conservatio auf Materie und Form der Dinge, den concursus hingegen auf ihre Kraft und deren Ausübung. Andere fassen Sein und Kraft unter die conservatio und ordnen dem concursus nur die Wirksamkeit zu.
Die Vorstellung der conservatio als aktiver Bewahrung vor annihilatio und destructio stand durchaus im Einklang mit den Annahmen der zeitgenössischen Kosmologie und Physik. So war etwa die Konsistenz des Chaoselements Wasser, die sein Verharren in Seen und Meeren garantierte, physikalisch nicht zu erklären. Denn das Artgewicht des Wassers wurde höher als das der Erde angesetzt. Die Folge daraus hätte eine permanente Überflutung der Erde sein müssen. Allein Gottes bewahrendem Handeln war es zuzuschreiben, daß das Wasser von der Erde zurückgedrängt blieb. Mit gleicher Kraft - so glaubte man - halte Gott auch die in der Erde eingeschlossenen Wasser fest und verhindere, daß die Wasser des Himmels herabstürzten. Entzöge Gott auch nur für einen Moment diese ›Zurückdrängungsenergie‹, so bräche sofort das Chaos herein.
Ein zweiter wichtiger Bereich des göttlichen Erhaltungshandelns neben der ›physikalischen‹ Bestandssicherung des Kosmos und seiner Ordnung war die ›biologische‹ Gewährung des Lebens und der dazu erforderlichen Bedingungen durch die permanente sustentatio und inspiratio. Entzöge Gott auch nur für einen Moment diese ›Vivifikationsenergie‹, so bräche sofort der Tod herein.

b) Während die conservatio die *seinshafte* Abhängigkeit aller geschaffenen Dinge (als entia) von Gott zum Ausdruck bringt, erweist sich im *concursus* (providentia cooperatrix), daß auch die *Aktivität* - das Werden und Wirken der Dinge (als agentia) - der Mitwirkung Gottes bedürftig ist. Schon Luther hatte gegen Erasmus eingewandt, Gott erhalte nicht nur ein Schiff auf dem Meer, sondern wirke auch mit dem Steuermann zusammen, damit es seinen Hafen erreiche.[286] Als Erstursache wirkt Gott demnach mit den von ihm geschaffenen Zweitursachen - mit dem Willen des Menschen und der Eigendynamik der regelhaften Naturprozesse - zusammen. Diese cooperatio der göttlichen mit der menschlichen Providenz ist notwendige und hinreichende Bedingung allen Geschehens.
Der concursus Gottes ist in den drei Bereichen der providentia generalis, specialis et specialissima unterschiedlich zu bestimmen: Auf die gesamte Schöpfung bezogen (generalis) fällt er mit der conservatio zusammen - als Influenz von Erhaltungsenergie. In der Anwendung auf den Menschen (specialis) kann er als Erhaltung der menschlichen Freiheit durch Gott und als göttliche Begleitung des Menschen bei der Ausübung dieser Freiheit definiert werden.[287] Gott hätte es nicht nötig, mit ihm zusammenzuwirken, *will* es aber und konstituiert gerade darin ein

286. Dieses Motiv wird auch in protestantischen Orthodoxie immer wieder aufgenommem, etwa bei Ursin in seiner Auslegung des Katechismus (101ff).
287. Siehe das Zitat auf {→ S. 129}.

relatives Freiheitsmoment. Deutlich stärker als Luther es getan hatte, arbeiten die Systementwürfe der lutherischen Hochorthodoxie dieses Moment der menschlichen Freiheit heraus. Den kreatürlichen, endlichen causae efficientes als causae oboedientiales kommt eine bedingte - von Gott bedingte - Freiheit zu. Die biblischen loci classici zur Begründung dieses Theologoumenons finden sich in Hi 38; Ps 17; 104,4.32; 135,7; 139,14f; Jes 26,12b; Apg 17,28. In der Beziehung auf die Gläubigen (specialissima) besteht der concursus in der Erleuchtung (illuminatio), d.h. der Vermittlung gewißmachender Erkenntnis als Voraussetzung der Glaubensweckung.

c) In der Lehre von der *gubernatio* (ad salutem) (providentia gubernatrix = regimen) ist die Finalursache des concursus in den Blick genommen. Gott lenkt die von den causae secundae im Rahmen ihrer relativen, abhängigen Freiheit verursachten Prozesse teleologisch seinen Zielen (gloria creatoris, bonum universi, salus piorum - in der reformierten Tradition wird demgegenüber die gloria Dei stärker betont[288]) entgegen. Dabei ist grundlegend zu unterscheiden zwischen der herrscherlichen Inanspruchnahme des sittlich Guten und der Wirkung gegenüber dem Bösen (aber auch *durch* das Böse). In Hinsicht auf die Herrschaft über die Sünde und das Böse, das der genannten Zielausrichtung entgegensteht, präzisiert und differenziert sich die Regierungstätigkeit Gottes in die Modi der *permissio*[289], *impeditio*[290], *directio*[291] und *determinatio*[292]. Hollaz fügt noch die »sustentatio« hinzu, die willentliche Aufrechterhaltung und Initiierung des Bösen, um dadurch strafend auf die Menschen einzuwirken. J. Gerhard kannte sogar sieben Formen der ›Mitwirkung‹ Gottes mit dem Bösen.[293] Diese Denkformen dienten dazu, Gottes Herrschaft über die Sünde auszusagen, ohne ihn zum auctor mali oder autor peccati erklären zu müssen.
Aus dieser Intention ergab sich auch die im Rückgriff auf Thomas entwickelte Denkfigur, derzufolge Gott bei dem *effectus* der Tat mitwirkt, nicht aber bei dem

288. Doch auch hier handelt es sich lediglich um Unterschiede in den Akzentsetzungen. Auch für die Lutheraner war die Verherrlichung Gottes finis ultimus der Vorsehung und die utilitas huius universi für den Menschen (vor allem den frommen Menschen) finis intermedius [König, J. F. (1664, 1775[17]) {→ A. 232}, § 275].

289. »Zulassung« des Bösen. Die Unterscheidung von agere und permittere findet sich schon in Petrus Lombardus' Sentenzenkommentar, um Gottes Heiligkeit von der Realität des Bösen bzw. der Sünde abzugrenzen. Die Begründung der Rede von einer göttlichen permissio vollzog sich oft unter Berufung auf: Ps 81,13; Apg 14,6; Röm 1,24. 28.

290. »Vorausverhinderung des Bösen« [Diese wie auch die drei folgenden Erläuterungen übernehme ich von: Klein, G. (1993) {→ L.}, 253]. - Zumeist wurde dabei auf Belegstellen wie Gen 20,6; 31,24; Num 22,12ff; 2. Kön 19,35 hingewiesen.

291. »Aus Bösem wird Gutes« - Gen 50,20; 1. Sam 9,17; 10,21; 16,7ff.

292. »Beschränkung des Bösen, eine Art Einhegung« - Jes 10,12ff.

293. Gerhard, J. (1610ff) {→ A. 96}, VI, 87ff: praesciendo (in seinem Vorauswissen kennt Gott auch die bösen Handlungen), naturam sustentando (er erhält die Natur des Menschen selbst dort, wo solche bösen Handlungen verübt werden), permittendo (Gott läßt das Böse willentlich zu), deserendo (er verläßt den bösen Menschen und überläßt ihn sich selbst), Satanae tradendo (Gott übergibt den bösen Menschen der Macht des Satans), metas praefiniendo (er begrenzt das Böse), bonum ex eis eliciendo (Gott ruft Gutes aus dem Bösen hervor).

defectus; oder anders: er wirkt bei der sündigen Tat lediglich *ad materiale* mit (die Handlung an und für sich, die physische actio), nicht aber *ad formale* (die Sündigkeit der Handlung, die sündige Gesinnung des Menschen als Motiv der Tat, die Bosheit). Gott wirkt nicht die Sünde, erhält aber den Sünder im Sündigen. So muß beispielsweise Gott als die materiale (effektive) und Eva als die formale (sittlichdefektive) Ursache des Sündenfalls angesehen werden.[294]
Schon Melanchthon hatte seit der dritten Ausgabe der Loci (praecipui theologici) davon gesprochen, daß Gott bei gottwidrigen Handlungen der Geschöpfe nur ein sustentari, nicht aber ein wirkliches adiuvari ausübe.[295] Mit Hilfe dieser Unterscheidung konnte er das Postulat der Allwirksamkeit Gottes mit der Tatsache gottwidriger Erscheinungen logisch vereinen: Gott bestimmt jedes Geschehen - doch tut er es auf zweierlei Weise, je nachdem, ob er es will (durch ein adiuvari) oder ob er es nicht will (durch ein bloßes sustentari, woran sich in der späteren Lehrentwicklung - vor allem bei Quenstedt - der Gedanke der permissio anschließen konnte). Bei J. Gerhard findet sich dann die o.g. analoge Unterscheidung zwischen dem concursus ad effectum und ad defectum oder ad materiale und ad formale. Molina schreibt das Sein einer Handlung Gott, ihr Sosein dagegen dem Willen des Menschen zu {→ S. 150}.

Diese Unterscheidung läßt sich in der Terminologie der Divine-Action-Debatte auch durch die Unterscheidung zwischen act und event {→ S. 317} so ausdrücken, daß Gott bei sündigen Taten sein Handeln auf ein bloßes »sustaining« zurücknimmt und sie so als »events« behandelt, während er bei guten Werken auch substantiell mitwirkt - durch sein »enactment« - und die Tat so als sein »act« verstanden werden kann.

Die dabei gemachte Voraussetzung einer willentlichen Zulassung der Sündigkeit war in der Geschichte der protestantischen Vorsehungslehre oft dem (sich auf Luther und Calvin berufenden) kritischen Einwand ausgesetzt, mit ihr werde die Allmacht Gottes zugunsten der menschlichen Freiheit eingeschränkt.

Als Beispiel aus der jüngeren Theologiegeschichte sei auf P. Althaus verwiesen: Solle die Gottheit Gottes nicht preisgegeben werden, so dürfe man »nichts in der Geschichte von seinem Wirken ausnehmen, auch das sündige menschliche Handeln nicht«[296] - Doch - wie gesehen - war permissio von Luther und Calvin gerade nicht als passives Gewährenlassen, sondern stets als positiver Akt Gottes verstanden, »durch welchen Gott dem Menschen Gelegenheit zur Sünde gibt, ihm seine schützende Gnade entzieht und ihn der Macht der Sünde und des Teufels überläßt, so daß die Sünde dann immer necessario erfolgt«.[297]

294. Quenstedt, J. A. (1685, 1715[5]) {→ A. 231}, pars I, cap. XIII, s. I, th XXX n; Hollaz, D. (1707, 1763[8]) {→ A. 235}, 448-450 [zusammengefaßt in: Schmid, H. (1843, neu hg. 1979, 1990[11]): Die Dogmatik der evangelisch-lutherischen Kirche. Dargestellt und aus Quellen belegt. Neu herausgegeben und durchgesehen von H. G. Pöhlmann, Gütersloh, § 21, 134, Anm. 24].
295. CR XXI, 651f; Studienausgabe, hg. v. H. Engelland II/1, 235,8 - 236,24. Vgl. auch CR XXI, 647; Studienausgabe, hg. v. H. Engelland II/1, 230,12.
296. Althaus, P. (1969[8]): Die christliche Wahrheit. Lehrbuch der Dogmatik, Gütersloh, 352.
297. Heppe, H. (1861, 1958[2]) {→ A. 209}, 203.

Den *Beweis* für die cura Dei im allgemeinen und für die gubernatio im besonderen suchen die lutherischen Dogmatiker mit folgenden fünf Argumenten zu führen[298]:

a) *biblisch*: In der Heiligen Schrift sei sie eindeutig bezeugt - z.B. in Ps 46,10; 66; 104,28f; 145,13; Jes 10,5ff; 43,11ff; 1.Kor 12,6; Act 4,28; 17,26;
b) *theologisch*: In seiner Unveränderlichkeit werde Gott den bei ihm von Ewigkeit her beschlossenen Schöpfungszweck auch ausführen;
c) *moralisch*: Als Gesetzgeber des Sittengesetzes werde Gott Gerechtigkeit schaffen, Gutes belohnen und Böses bestrafen;
d) *teleologisch*: Die Spuren der göttlichen Weltregierung liessen sich in der Natur erkennen;
e) *historisch*: Sowohl in der Weltgeschichte als auch im individuellen Leben offenbare sich Gottes Herrschaft.

Aus der Reihe *kritischer Bedenken*, die gegen diese Elaboration der Vorsehungslehre in der altprotestantischen Orthodoxie erhoben wurden, sind vor allem diejenigen von besonderem Gewicht, die die concursus-Lehre betreffen.

Ich stelle im folgenden Argumente aus unterschiedlichen Quellen und Zeiten zusammen, ohne ihren Herkunftszusammenhang im einzelnen auszuweisen. Mein Interesse gilt nicht der historischen Darstellung und Belegung, sondern dem systematischen Gehalt der Argumente.

- Die Erhebung des concursus in den Stand eines eigenen Modus des göttlichen Welthandelns ist sachlogisch nicht zu rechtfertigen. Denn die systematische Voraussetzung für die Unterscheidung des concursus von den beiden anderen Modi der aktualen göttlichen Providenz, die Differenzierung zwischen der Beständigkeit des Seins der irdischen Dinge und ihrer Wirkkraft, läßt sich nur schwerlich einsichtig machen. Wirklichkeit und Wirksamkeit, Existenz und Ek-sistenz sind bestenfalls analytisch zu trennen, wobei diese Unterscheidung in der Anwendung auf die Vorsehungslehre keinen kognitiven Gewinn erbringt.
- Die Begriffe conservatio, concursus und gubernatio liegen nicht auf *einer* Ebene und lassen sich daher nicht einer einheitlichen Systematik zuordnen. Während conservatio die permanente kausale Abhängigkeit der Schöpfung von Gott zum Ausdruck bringt, erfaßt die Lehre von der gubernatio das Motiv der Teleologie. Beide Theologoumena überlagern sich mit ihrer je eigenen, inkommensurablen Fragerichtung. Die concursus-Lehre sucht demgegenüber das Wie des in der conservatio und gubernatio sich vollziehenden Zusammenwirkens zwischen Gott und Menschen zu erklären, müßte also diesen beiden Lehrstücken subsumiert, nicht aber an die Seite gestellt werden.
- Der Versuch, das Wie des Zusammenwirkens zwischen göttlicher prima causa und geschöpflichen Wirkinstanzen konzeptuell zu erfassen, muß in die Gefahr geraten, die

298. Melanchthon führt in CR XIII, 204f, fünf und in CR XXI, 441-443 neun Argumente an, um mit der Existenz Gottes auch seine tätige und sorgende Providenz zu belegen. Die sechs Beweise, die in der reformierten Orthodoxie angeführt wurden, stellt Heppe, H. (1861, 1958²) {→ A. 209}, 200 zusammen. Siehe auch a.a.O. 207, Anm.5.

cooperatio nach dem Modell der Synergie als Zusammenwirken zweier Krafteinflüsse nach Art eines Vektors zu deuten. Dabei bleibt die prinzipielle Differenz zwischen der Qualität der beiden Kräfte unterbestimmt. Diese Gefahr wurde von den altprotestantischen Theologen in der Regel jedoch klar gesehen und immer wieder zurückgedrängt.[299] Dennoch bleibt die Frage, ob die Bezeichnung sowohl des göttlichen Handlungssubjekts als auch der kreatürlichen Agentien mit dem causa-Begriff und die Bescheibung ihres Zusammenwirkens durch die concursus-Lehre nicht doch ein unaufhebbares sachliches Gefälle zur Aufhebung der qualitativen Differenz in sich trägt und in der Tendenz das Wirken des Schöpfers mit der Wirksamkeit der Geschöpfe kommensurabel macht. Zu sehr explizierte die altprotestantische Orthodoxie das Postulat der Allmacht und Allwirksamkeit in einer quasi technischen Weise im Rahmen einer kausalistischen Ursache-Wirkungs- und einer teleologischen Zweck-Mittel-Relation. Das aber trug ihr von der einen Seite die Kritik ein, die Freiheit Gottes zu verkürzen, und auf der anderen Seite geriet sie in Konflikt mit dem anthropozentrischen Freiheitsstreben, das sich in der anbrechenden Neuzeit immer deutlicher artikulierte.[300]

- Von besonderer Problematik ist die Vorstellung der permissio mit ihrer gekünstelten Unterscheidung zwischen der Handlung an sich und ihrer sittlichen Qualität. Allen o.g. Variationen dieser Unterscheidung gegenüber wird immer zu fragen sein, ob auf diese Weise wirklich eine (theo-)logisch konsistente Verhältnisbestimmung zwischen der (All-)Wirksamkeit Gottes und der Realität des Bösen erreicht werden kann. Denn wenn es letztlich Gottes Akt der Gnadenvorenthaltung ist, der die Sünde (bzw. das Bleiben in der Sündigkeit) wirkt, kann die Bosheit nicht allein dem Menschen angelastet werden. Letztlich zeigt sich hier, zu welch problematischen Konsequenzen die in den Stand einer philosophischen Wahrheit erhobene Behauptung der Allwirksamkeit Gottes führen muß.

6. Vorsehungslehre und -frömmigkeit im Luthertum

Weit mehr als durch die theologische *Lehre* der lutherischen Theologen wurde die Ausbildung des lutherischen Vorsehungsglaubens im 16. und 17. Jh. durch die existentielle Zielrichtung der Theologie Luthers[301] und die sich darin manifestierende *Glaubenshaltung* des Reformators geprägt. Besonders in der Erbauungsliteratur und im geistlichen Lied brachte sich dieser, vom Vertrauen auf Gottes individuelle procuratio zutiefst durchdrungene Frömmigkeitstypus zum Ausdruck: bei J. Arndt[302], J.

299. Etwa bei Heidegger: »Duae quidem causae principales, si particulares ambae et non subordinatae sint, simul immediate ad idem effectum concurrere non possunt. At nec Deus causa particulares est, sed universalis ...« [Heidegger, J. H. (1700): Corpus theologiae, Zürich, VII, 30].

300. Diese Diskussion werden wir in der Erörterung der double-agency-Theorie von A. Farrer wieder aufnehmen {→ S. 334ff}.

301. Wie sie sich etwa in der Auslegung des ersten Artikels im Kleinen Katechismus Ausdruck verschafft hatte [Pöhlmann, H. G. (1986, 1991^3) {→ A. 73}, Abs. 501].

302. Siehe: Weber, E. (1978^3): Johann Arndts Vier Bücher vom Wahren Christentum als Beitrag zur protestantischen Irenik des 17. Jh., Hildesheim; Wallmann, J. (1984): Johann Arndt und die prote-

Gerhard[303] und vor allem bei P. Gerhardt[304]. Hier entfalteten sich bedeutende Zeugnisse lutherischen Vorsehungsglaubens mit großer Breitenwirkung. Ebeling spricht von »gedichteter Theologie«[305]. Besonders die Zeit nach dem Dreißigjährigen Krieg wurde zur Blütezeit des evangelischen Vorsehungsliedes.

Während auf der einen Seite in Lehre und Frömmigkeit des Luthertums das concursus-Motiv profiliert und mit ihm die geschöpfliche Eigenwirksamkeit stärker hervorgehoben wurde, entfaltete sich auf der anderen Seite ein quietistischer Zug, der zum getrosten Hinnehmen des von Gott Bestimmten und Gewirkten aufforderte. Beide Tendenzen gingen von unterschiedlichen topoi in Luthers Theologie aus: Das concursus-Motiv knüpfte an Luthers Freiheitslehre (»Von der Freiheit eines Christenmenschen«) und an die damit verbundene cooperatio-Vorstellung an, wie es besonders deutlich bei Quenstedt der Fall war, der unter dem Einfluß der spanischen jesuitischen Neuscholastik mit ihrem voluntaristischen Einschlag stand. Der quietistische Zug hingegen war von Luthers Kreuzestheologie aus motiviert[306] und stellte Gottes Allwirksamkeit und die sub-contrario-Struktur seines Handelns in den Vordergrund. Die Polarität zwischen einer Neigung zum Quietismus und massiv antiquietistischen Zügen dokumentiert sich vor allem in der lutherischen Erbauungsliteratur und in der damit korrespondierenden praxis pietatis.

stantische Frömmigkeit, in: Breuer, D. (Hg): Frömmigkeit in der frühen Neuzeit, Amsterdam, 50-74; Braw, C. (1985): Bücher im Staube. Die Theologie Johann Arndts in ihrem Verhältnis zur Mystik, Leiden; Krolzik, U. (1987) {→ L.}, 18ff. Eine instruktive Zusammenstellung von Texten Arndts findet sich in: Zeller, W. (Hg) (1962, ND 1988): Der Protestantismus des 17. Jahrhunderts (Klassiker des Protestantismus), Wuppertal, 51-83.

303. Siehe: Burkert, W. (1939): Johann Gerhard als Erbauungsschriftsteller, Diss. Breslau; Hägglund, B. (1986) {→ L.}, 360ff; Steiger, J. A. (1995): Seelsorge, Dogmatik und Mystik bei Johann Gerhard. Ein Beitrag zur Theologie und Frömmigkeit der lutherischen Orthodoxie, in: ZKG 106, 329-344 (Lit.).

304. Siehe: Zimmermann, J. (1955): Lutherischer Vorsehungsglaube in Paul Gerhardts geistlicher Dichtung, Diss. Halle; Jenny, M., Nievergelt, E. (Hg): Paul Gerhardt. Weg und Wirkung, Zürich 1976; Röding, G. (1981): Paul Gerhardt, Gütersloh; Krolzik, U. (1987) {→ L.}, 27ff [siehe auch die in der Bibliographie dieses Buches (212) angegebene Literatur von P. Zeller].

305. Ebeling, G. (1979): Dogmatik des christlichen Glaubens I, Tübingen, 328.

306. Beispiele dafür finden sich bei: Viering, K. A. (1928) {→ L.}, 524-537.

D. Praecursus – Die Vorsehungslehre der reformierten Orthodoxie

Nach dieser Darstellung der klassischen Gestalt der lutherischen Vorsehungslehre soll noch ein kurzer Blick auf den charakteristischen Unterschied zur reformierten Ausprägung geworfen werden. Ziel kann dabei nicht eine umfassende Aufarbeitung sein, sondern nur die Heraushebung des entscheidenden Differenzpunktes. Ich lasse die Frage nach der Beziehung zwischen Welt- und Heilshandeln Gottes (die eng zusammenhängt mit der Relation von Gesetz und Evangelium) zunächst beiseite und frage lediglich nach der dominierenden Bestimmung des Vorsehungs- bzw. Welthandelns als solchem.

Akzentuierter als die Lutheraner bestimmten die Vertreter der reformierten Orthodoxie nicht erst Gottes Wirken, sondern schon sein Wesen ganz aktualistisch: Er ist actus purissimus bzw. actus simplicissimus oder essentialis actuositas.[307] Diese essentielle und internale Aktualität (wie sie sich vor allem im Akt des decretum absolutum dokumentiert hat) bezieht sich auf den intellectus Dei und damit auf die praescientia und praedestinatio. Gottes Wirken nach außen ist dem konsekutiv - in dieser Struktur der thomasischen gubernatio-Lehre sehr ähnlich. Darin liegt jedoch kein *grundsätzlicher* Unterschied zur lutherischen Orthodoxie, die Gottes Wesen - von der Voraussetzung der Identität von essentia und existentia aus - auch als einen einfachen *Akt* der Existenz dachte,[308] ohne diesem spekulativ nachdenken zu wollen. Ihr ganzes Interesse richtete sich vielmehr auf die Erfassung der externen Werke Gottes.

Der für unsere Fragestellung relevante Unterschied besteht demgegenüber nicht in der Explikation der Gotteslehre an sich, sondern in der *Konsequenz*, die Lutheraner und Reformierte aus ihrer Auffassung der Gotteslehre für die Konzeption des göttlichen Welthandelns - und damit für die Providenzlehre - zogen:

Während die lutherischen Theologen tendenziell geneigt waren, eine mit Gottes Willen und Wirken zusammenwirkende, relative Eigenwirksamkeit (wenn auch keine Selbständigkeit) der naturhaften Wirkkräfte und des menschlichen Handelns anzunehmen - was sich in der Ausbildung der concursus-Lehre spiegelte -, betonten die Reformierten das in Gottes Heilsratschluß gegründete *prae* des göttlichen vor dem kreatürlichen Handeln - nicht nur in mente Gottes, sondern auch im konkreten Handlungsvollzug: den concursus *praevius* (was allerdings schon rein terminologisch eine contradictio in adjecto ist, weshalb man besser vom *praecursus* spricht): »omnia movet ad eorum actiones concurrendo, imo praecurrendo«[309]. Gegenüber der für die lutherische Tradition kennzeichnenden Vorstellung eines concursus *simultaneus*, der in *einem* Akt und also gleichzeitig mit dem cursus des von den causae secundae verur-

307. Siehe dazu: Heppe, H. (1861, 1958²) {→ A. 209}, 43.
308. Siehe dazu: Ratschow, C. H. (1966): Gott existiert. Eine dogmatische Studie, Berlin, 27-51, bes. 47f.
309. Braun, J. (1688): Doctrina foederum sive systema theologiae didacticae et elencticae, Amsterdam, I/II, 12,2.

sachten Weltgeschehens zusammenwirkt, erkennt die reformierte Theologie in der göttlichen *praedeterminatio* allen Geschehens primär die Ausführung des (nach Eph 1,4) von Ewigkeit her beschlossenen Dekretes Gottes. Akte der Geschöpfe in der Zeit vollziehen das im praecursiven Akt Gottes Ordinierte nach, indem Gott ihren Willen zu jedem einzelnen Akt praemoviert. So realisiert sich in allem Geschehen mit absoluter Notwendigkeit (necessitas consequentis {→ S. 113f}) das in Gottes Allwissen Vorbestimmte. Eine necessitas consequentiae im Sinne einer von solcher Prädetermination ausgenommenen und seiner Eigengesetzlichkeit überlassenen Ereignisfolge kann es demgegenüber nicht geben. So lehrt etwa Heidegger einen cursus praevius »quia non causa secunda in primam, quae nunquam in potentia est, sed prima in secundam, praedeterminando eam ad operandum, influit«.[310]

Der starke Zug zum allwirksamen Aktualismus tritt in den beiden geradezu klassischen Definitionen der providentia Dei deutlich heraus, die von reformierten Theologen entwickelt wurden: »Providentia Dei est externum eiusdem opus, quo res omnes verbo suo creatas, - maximas, minimas eodem verbo suo conservat, earum motus, actiones et passiones regit, cuncta ad suos fines sapienter ita dirigit, ut bona omnia efficaciter et clementer promoveat, mala vel severe cohibeat vel sancte permittat, sapienter ordinet, iuste puniat, cuncta denique ad nominis sui gloriam et fidelium salutem moderetur«[311] - »Providentia Dei actualis est actio Dei transiens, qua mundum a se creatum et omnia, quae in eo sunt ac fiunt, secundum suam voluntatem curat ac dispensat ad suam gloriam et electorum salutem«.[312]

Andererseits waren die reformierten Dogmatiker bemüht, an der Realität von menschlicher Freiheit und geschöpflicher Kontingenz festzuhalten und damit die Grenzlinie zum theologischen Determinismus bzw. Fatalismus deutlich zu ziehen. So betonte etwa Ursin, daß es sich bei der Notwendigkeit des göttlichen Handelns um eine necessitas immutabilitatis, nicht jedoch um eine den Willen des Menschen zwingende necessitas coactionis handele. Und strukturanalog zur coram-Unterscheidung Luthers lehrte er, der Ursache-Wirkungskonnex sei »respectu Dei« unveränderbar, »respectu creaturarum« jedoch kontingent. »Proinde ratione Dei est necessitas, ratione creaturarum est contingentia in eodem effectu«.[313] Was Gott also in einer necessitas consequentis verordnet, realisiert er durch die Zweitursachen per necessitatem consequentiae.

So sehr es jedoch in der Tendenz zutreffen mag, in der praecursus-Lehre das Charakteristikum der reformierten Theologie zu sehen und es als solches der concursus-Lehre der Lutheraner gegenüberzustellen, so wenig wird man die beiden Lehren sach-

310. Heidegger, J. H. (1696): Medulla theologiae christianae, loc VII, 14.

311. Heidegger, J. H. (1700): Corpus theologiae, Zürich, VII, 3; zit. nach: Heppe, H. (1861, 1958²) {→ A. 209}, 199.

312. Polan, A. (1624): Syntagma theologiae Christianae, Hannover, VI, 1; zit. nach: Heppe, H. (1861, 1958²) {→ A. 209}, 199). Auf weitere Definitionen (Keckermann, Leidener Synopse, Beza) verweist Heppe in Anm. 4 auf S. 206.

313. Explanatio catech. 136ff, zit. nach: Heppe, H. (1861, 1958²) {→ A. 209}, 214. Siehe dazu das von Mastricht angeführte Beispiel [in: Heppe, H. (1861, 1958²) {→ A. 209}, 214, Anm. 2]: »Suppone enim ab uno domino duos emitti servos per eandem viam a se reversuros; hi servi respectu domini emittentis sibi necessario occurrent in via et respectu servorum contingenter«.

logisch gegeneinanderstellen und auf die Vorsehungslehren der beiden protestantischen Theologietraditionen verrechnen dürfen.[314] Anknüpfend an Calvins »Institutio«, I, 17,9 konnten sich auch reformierte Dogmatiker für die Lehre vom Wirken Gottes durch die bedingte Notwendigkeit der geschöpflichen Kausalitätskette und der relativen menschlichen Freiheit öffnen[315] - bis hin zum Extrem des arminianischen Synergismus[316] und zur Schule von Saumur am Ende des 17.Jhs. Umgekehrt finden sich in der lutherischen Theologie immer wieder Rückwendungen zu Luthers strenger Betonung der Allwirksamkeit Gottes.[317] Auch wußten sie darum, daß ein praemovierendes Gotteshandeln erforderlich war, um den Menschen zur aktiven cooperatio zu befähigen.[318] Dieser Gedanken ergab sich in Analogie zur Vorstellung einer zuvorkommenden Einwirkung Gottes, um den Menschen für den Empfang der Gnade bereit zu machen, wie es die antipelagianische Gnadenlehre forderte.

Es war lediglich eine Verschiedenheit des Akzents, in dem sich die lutherische von der reformierten Orthodoxie unterschied. Auf beiden Traditionslinien wurde das aristotelisch-scholastische Kausalitätsdenken (wie es um die Wende vom 16. zum 17. Jh. wieder neu zur Geltung kam) mit seinen begrifflichen Distinktionen rezipiert und die Vorstellung vom Welthandeln Gottes in (mehr oder weniger kritischem) Bezug zu diesem Modell entfaltet. Es schien sich darin eine Möglichkeit zu eröffnen, auf der sich das Handeln Gottes mit der relativen Eigendynamik der natürlichen Agentien und mit der relativen Handlungsfreiheit der agentiae liberae in eine Beziehung der Kooperation setzen ließ.[319] Der grundsätzliche Unterschied zwischen den Modi der

314. Vgl. auch die dementsprechende Warnung Barths: Barth, K. (1950): KD III/3 {→ L.}, 108f. - Flückinger, F. (1956): Vorsehung und Erwählung in der reformierten und in der lutherischen Theologie, in: Antwort (FS K. Barth), Zollikon-Zürich, 509-526, konstatiert: »Reformierte und lutherische Theologie zeigen weitgehende Übereinstimmung in der Lehre von der Vorsehung« (511).

315. So wendet Wolleb die von Thomas entfaltete Bestimmung der Beziehung von Natur und Gnade unmittelbar auf die concursus-Lehre an: »Providentia Dei causas secundas non tollit, sed ponit« [Wolleb, J. (1626, 1935): Compendium theologiae christianae I,6, can 5; vgl. auch die Leidener Synopsis purioris theologiae von 1624, 1652[4], Disp. XI,10ff].

316. Pinnock, C. H. (Hg) (1989) {→ Teil I, A. 35}; Muller, R. A. (1991): God, Creation, and Providence in the Thought of Jacob Arminius, in: CTJ 27, 163-165. Zur Wirkungsgeschichte der Calvinischen Providenzlehre siehe auch: Moltmann, J. (1961) {→ Teil I, A. 37}; VanderMolen, R. J. (1978): Providence as Mystery, Providence as Revelation: Puritan and Anglican Modifications of John Calvin's Doctrine of Providence«, in: Church History 47, 27-47.

317. J. Gerhard sprach in Anlehnung an Augustin sogar von einem »fatum christianum« [Gerhard, J. (1610ff) {→ A. 96}, IV, cap. XII, § 154], ebenso Hollaz, D. (1707, 1763[8]) {→ A. 235}, 437 - wie F. Burmann und J. H. Heidegger auf reformierter Seite.

318. So nahm Melanchthon in der zweiten Ausgabe der Loci von 1535 im Rahmen des Abschnitts »De humanis viribus seu de libero arbitrio« das Zitat von Basilius d.Gr. zustimmend auf: »wolle nur, und Gott kommt dir zuvor« (eigene Übersetzung) und resümierte: »Deus antevenit nos, vocat, adiuvat, sed nos viderimus, ne repugnemus« (CR XXI, 376). Gerade dort, wo in seiner Theologie die menschliche Willensfreiheit wieder stärkere Betonung erfährt, beharrt Melanchthon auf diesem Moment der praemotio.

319. Siehe etwa das Providentia-Kapitel der Westminster Confession von 1647 (BSRK 544,5 - 546,30), in dem die Unterscheidung von prima causa und secundae causae wieder begegnet (554,22-29) und wo es dann heißt: »Deus in providentia sua ordinaria mediis utitur, iis tamen non astringitur, quo

Kooperation in der providentia generalis et specialis einerseits und der providentia specialissima andererseits trat dabei zurück. Doch hielt man weitgehend daran fest, die konzeptuelle Zuordnung Gottes zur Welt weniger ontisch als Seinsgemeinschaft und mehr ›operal‹ als Wirkgemeinschaft zweier qualitativ verschiedener Kausalgrößen vorzunehmen.

So sehr nach reformierter Theologie kein Bereich der Weltwirklichkeit für geschöpfliche Eigentätigkeit reserviert werden durfte, so sehr konnte doch die Vorstellung vom menschlichen Handeln als dem Manifestationsinstrument des praecursiven göttlichen Handelns eine enorme Aktivitätsmotivation freisetzen. Gerade durch die Lehre vom praecursiven Handeln Gottes, das im Handeln der Menschen nachvollzogen werde, gewann dessen Aktivität (wenn auch als bloß konsekutive) eine eigene theologische Dignität.

Bei aller Konsequenz, mit der Calvin die Allwirksamkeit Gottes gelehrt hatte, konnte er doch andererseits auch betonen, daß die eschatologisch finalisierte Weltwirksamkeit Gottes durch irdische Vermittlungen, vor allem durch den Gehorsam des Menschen gegenüber den gottverfügten Ordnungen erreicht werde. In diesem theologischen Motiv gründet der für den Calvinismus charakteristische Zug zu weltgestaltender Aktivität - verstanden als tätige *Ausführung* der göttlichen gubernatio (nicht: als *Mitwirkung* dabei).

Die Gefahr des reformierten Vorsehungsglaubens bestand in der Überziehung dieser Linie: in der zuweilen ungebrochenen Identifikation des eigenen Willens, Tuns und Erfolgs mit dem von Gott Vorgesehenen. Zahlreiche Beispiele für eine solche fromme Egozentrik, die dem je eigenen Tun und Ergehen eine göttliche Legitimation verschafft, indem sie darin den unmittelbaren Niederschlag der Providenz Gottes zu erkennen vermeint, lassen sich anführen.[320] Die Geheimnishaftigkeit des göttlichen Handelns wurde auf diese Weise - trotz ihrer theologisch-verbalen Bekundung - pragmatisch aufgelöst.

minus absque eis, supra aut etiam contra ea pro arbitrio suo operetur« (554,32-36). - Inhaltlich ähnlich, aber in nicht-philosophischer Terminologie argumentiert die Confessio Helvetica posterior [BSRK 176,40 - 177,13; dt. in: Jacobs, P. (Hg) (1949): Reformierte Bekenntnisschriften und Kirchenordnungen in deutscher Übersetzung, Neukirchen, 185f]. - Zur Darstellung der Vorsehungslehre in den reformierten Bekenntnisschriften siehe: Rohls, J. (1987): Theologie reformierter Bekenntnisschriften: Von Zürich bis Barmen, Göttingen, 64-75; zahlreiche Belege finden sich auch in: Seeberg, R. (1920, 1954[4]): Lehrbuch der Dogmengeschichte IV/2, Graz, 651f.

320. Siehe: Viering, K. A. (1928) {→ L.}, 520ff.

E. Bedeutung und Problematik der altprotestantischen Vorsehungslehre

Die lehrhafte Entfaltung des lutherischen Vorsehungsglaubens in seiner klassischen Periode des 16. und 17. Jhs. läßt sich als konzeptualisierende ›Kanalisierung‹ des von Luthers Schöpfungstheologie ausgehenden aktualistischen Impulses in die Bahnen des von Melanchthon inaugurierten semi-sapiential-ordinativen, naturphilosophischen Typus deuten.

Sie resultiert also (1.) unmittelbar aus der voluntaristischen Gotteslehre der Reformatoren und d.h. aus der Kombination a) der deutlichen Unterscheidung von Schöpfer und Schöpfung (d.h. der Betonung der Transzendenz Gottes) und b) der Grundüberzeugung von der Allgegenwart Gottes in seiner Schöpfung (›Entheismus‹). Dabei ist es keine partizipative Interrelation im Rahmen einer Seinsgemeinschaft, welche Gott und Welt zusammenbindet. Vielmehr steht Gott allein durch sein je aktuales Handeln in Beziehung zur Welt. So avanciert die Vorstellung vom Handeln Gottes zur grundlegenden Bezeichnung seines Weltbezuges in Gestalt einer aktualen, durch persönliche Sorge qualifizierten Kondeszendenz.

Andererseits (2.) wird dieser Aktualismus in der Tradition Melanchthons wieder rückgebunden an die göttliche ordinatio. Daraus resultiert das Konzept der providentia ordinatia in Gestalt des concursus, der sich im Modus des (aktualen) influxus vollzieht. Dabei kristallisiert sich das Vorsehungsdenken um die Wiederaufnahme der Unterscheidung von necessitas absoluta und consequentiae und um die dadurch ermöglichte Ausbildung der concursus-Lehre. Auf diese Weise ließ sich die necessitas absoluta auf die notwendige Hervorbringung dessen, was Gott in seiner praescientia ›voraussieht‹, zurücknehmen und so die theoretische Möglichkeitsbedingung für die Annahme geschöpflicher Freiheit schaffen (wobei diese Freiheit jedoch nicht als eine absolute, sondern immer als von Gott in Anspruch genommene verstanden war).

Die reformierten Dogmatiker hielten demgegenüber in der Mehrzahl ihrer Vertreter an der strengen Behauptung der Allwirksamkeit Gottes fest und verwarfen die Versuche, die philosophische Unterscheidung der beiden Notwendigkeiten in die theologische Explikation der Vorsehungslehre einzuführen. Dafür wurden sie von den Lutheranern mit dem Vorwurf bedacht, einem letztlich unbiblischen und eher stoischen Fatalismus das Wort zu reden und dabei Gott in letzter Konsequenz zum auctor mali zu erklären.

Dabei kam es zu einer für die theologische Systematik wertvollen Ausdifferenzierung des begrifflichen Instrumentariums und zum Versuch, den Modus des Zusammenwirkens von göttlicher und kreatürlicher Kausativität in der Lehre vom concursus Gottes mit den kreatürlichen Agentien möglichst präzise zu erfassen. Auch wo die entwickelten Argumente und Modelle nicht mehr beanspruchen können, aktuell gültige Lehraussagen zu sein, bieten sie die unverzichtbare Hintergrundfolie für den Entwurf einer gegenwartsrelevanten Vorsehungslehre.

In Abgrenzung von idealtypischen (theologischen und philosophischen) Alternativpositionen, wie sie in Teil III der vorliegenden Untersuchung herausgearbeitet werden, läßt sich die Vorsehungslehre der protestantischen Orthodoxie in folgender Weise systematisch bestimmen:

- Gegenüber der ›deistischen‹ Unterstellung der Untätigkeit des vollkommen extramundanen Gottes in der Welt und gegenüber der ›pantheistischen‹ Annahme einer ganz in der Welt aufgehenden Allkausalität Gottes - wird Gott theistisch als personale, transzendente Aktinstanz gesehen.
- Gegenüber der Säkularisierung der Welt auf der einen Seite wie gegenüber ihrer Sakralisierung bzw. Divinisierung auf der anderen bleibt sie als ›Schöpfung‹ Gegenstand der beständigen Zuwendung und Inanspruchnahme Gottes und ist darin weder getrennt von ihm noch identifiziert mit ihm (bzw. seinem Wirken).
- Gegenüber allen Tendenzen zum Autonomismus einerseits und zum Determinismus andererseits wird der Mensch in seinem Sein, seinem Wollen und Handeln als causa oboedientialis der gnädig-gerechten Herrschaft Gottes unterstellt.
- Gegenüber der einseitigen Bestimmung des Weltbezuges Gottes von seinem *Willen* her (Voluntarismus - Betonung der Omni*kausalität*) wie auch gegenüber der Rücknahme der aktualen Weltwirksamkeit auf die perfekte Einrichtung der Welt durch die *Weisheit* Gottes (Rationalismus - Betonung der Omni*szienz*) ist hier - besonders bei König - Gottes Tätigsein als wirksame *Gegenwart* (Betonung der Omni*präsenz*) gedacht.

Mit der Vorsehungs- als eigenständiger Lehre vom Welthandeln Gottes war somit ein Instrumentarium geschaffen, mit dessen Hilfe sich sowohl der aristotelisch grundierten, ›deistischen‹ Vorstellung einer bewußtlosen Entelechie der Dinge (derzufolge sich alle Bewegung als präfigurierter Ablauf der den Dingen innewohnenden Naturgesetze ereignet), als auch der ›geistlosen‹ Descartes'schen Mechanik (derzufolge die zur Selbstbewegung unfähigen ausgedehnten Dinge als passive Naturursachen nur durch Impulse von außen in Gang gesetzt werden[321]) entgegentreten ließ: Nicht die von Gott angeordnete, durch innere oder äußere Bewegungsimpulse vollzogene Selbsttätigkeit des Weltprozesses ist das grundlegende Bewegungsprinzip allen Seins, sondern Gottes *aktuale* Handlungsteleologie. Sie manifestiert sich nicht durch Intervention von außen, sondern durch Indienstnahme der den geschöpflichen Dingen eigenen Bewegungsimpulse. Die immanenten Zweckursachen werden regiert von einer transzendenten Prinzipalursache, die ihren nexus nicht unterbricht, sondern in Anspruch nimmt, um *durch* ihn zu wirken.

Die Problematik der altprotestantischen Vorsehungslehre liegt vor allem in der (durch das sich ausbildende naturwissenschaftliche Weltbild motivierten) Konzentration auf das Moment des causativen, wirkursächlichen Hervorbringens. Entgegen dieser Verengung gilt es, das Weltwirken Gottes in einer viel weiteren Bedeutung des causa-Begriffs zu verstehen: Nicht nur als Ursächlichkeit *in* der Welt, sondern als Ursache *der* Welt, die in der Welt als die Möglichkeitsbedingung ihrer Existenz in operativer Präsenz wirkt.

321. Zu diesen Dingen der Objektwelt gehören nach Descartes auch die ›Körperautomaten‹ der Lebenwesen (6. Meditation, 33). - Siehe dazu: Sutter, A. (1988) {→ Teil III, A. 50}, 41-80.

F. Exkurs: Die molinistisch-thomistischen Auseinandersetzungen

Im Rahmen der Kontroverse um die Gnadenlehre, wie sie um die Wende vom 16. zum 17. Jh. vor allem zwischen Jesuiten und Dominikanern (aber auch innerhalb der jesuitischen Theologie) geführt wurde[322], betonte Luis de Molina - ganz im Geiste der jesuitischen Neuscholastik - die menschliche Willens- und Handlungsfreiheit[323] und das Zusammenwirken Gottes mit dem Menschen (concursus simultaneus). Die göttliche Aktivität besteht dabei für ihn darin, daß Gott die Handlung des Menschen (als causa particularis) mit einer physisch nicht prämovierenden Krafteinwirkung (concursus generalis bzw. universalis) unterstützt.[324] Gott wirkt das *Sein* eines Aktes, während der Mensch durch seine Willensrichtung dessen *Sosein*, d.h. die Objekt- und Zielrichtung des Aktes bestimmt. Gottes concursus stellt also die Möglichkeitsbedingung einer Handlung bereit, bleibt aber selbst indifferent im Hinblick auf die Ausrichtung dieser Handlung. Dabei vollzieht sich dieses Zusammenwirken in einem der Lehre von der Gnadenzueignung entsprechenden Dreischritt: Auf den concursus oblatus indifferens (Gott eröffnet dem Menschen die Möglichkeit der freien Wahl und des Handelns durch seinen concursus generalis) folgt die Ausübung dieser Entscheidungs-, bzw. Wahlfreiheit durch den Menschen (die Gott voraussieht) und schließlich der concursus collatus (Gott wirkt bei der Durchführung der Handlung mit durch ein speciale auxilium). Gott (als causa prima universalis) wirkt also ›dialogisch‹ und daher in einem zweifachen Akt mit dem Menschen (als der causa secunda particularis) zusammen. Sein Wirken stellt den Möglichkeitsgrund, d.h. die notwendige, nicht aber die hinreichende Bedingung allen von Menschen gewirkten Geschehens dar.

322. Siehe dazu: Seeberg, R. (1920, 1954^4): Lehrbuch der Dogmengeschichte IV/2, Graz, 837-844; Stegmüller, F. (1935): Geschichte des Molinismus (BGPhMA 32), Münster; Barth, K. (1948): Die Kirchliche Dogmatik, Zürich, II/1, 640ff; Hoffmann, A. (1957): Art »Bañezianisch-thomistisches Gnadensystem, in: LThK^2 1, 1220f; Stegmüller, F. (1960): Art. »Gnadenstreit«, in: LThK^2 4, 1002-1007; ders. (1962): Art. »Molinismus«, in: LThK^2 7, 527-530; Plathow, M. (1976) {→ L.}, 45ff; Langston, D. C. (1986) {→ Teil I, A. 55}, 55-74; Freddoso, A. J. (1988): Introduction zu: Luis de Molina: On Divine Foreknowledge. Part IV of the Concordia, Ithaca, NY, 1-81; Craig, W. L. (1988) {→ Teil I, A. 35}, bes. Kap. VII (Luis Molina, 169-206) und Kap. VIII (Francisco Suarez, 207-233); Hasker, W. (1989) {→ Teil I, A. 35}, 15-17, 20-25; Craig, W. L. (1989): Middle Knowledge, A Calvinist-Arminian Rapprochement?, in: Pinnock, C. H. (Hg) {→ Teil I, A. 35}, 141-164; Scheffczyk, L. (1995): Art. »Gnadenstreit«, in: LThK^3 4, 797 (Lit.).

323. Vor allem in: Molina, L. de (1588): Liberi arbitrii cum gratiae donis: divina praescientia, providentia, praedestinatione et reprobatione, concordia, Lissabon, Antwerpen 1595 (krit. Ausg. v. J.Rabeneck, 1953); Teil 4 erschien 1988 in englischer Übersetzung von A. J. Freddoso: On Divine Foreknowledge: Part IV of the Concordia. Ithaca, NY.

324. Molina, L. (1572): De concursu generali, abgedruckt in: Stegmüller, F. (1935) {→ A. 322}, 194ff.

Gottes Mitwirkung besteht in der Aktualisierung unaktualisierter Möglichkeiten, wobei er zusammen mit der Zweitursache aus dem von ihm geschaffenen immensen Überschuß der Möglichkeiten schöpft. In der Wirklichkeit ist dann jeweils nur noch *eine* von zahllosen Möglichkeiten realisiert. Gott ist ›Deus selectus‹, der das *eine* reale Universum aus der unendlichen Fülle potentieller Universen je neu komponiert. Die Potenz liegt dem Akt voraus.

Dabei will Molina die Extreme eines bloß mediaten concursus-Verständnisses, wie er es von Durnadus kannte {→ S. 106f} ebenso vermeiden wie einen theologischen Determinismus. So versteht er den concursus als immediate Einwirkung, die aber dem Menschen einen Entscheidungsfreiraum offenhält. Um beides zusammenzudenken, entwickelt er die höchst interessante Lehre von der *scientia media*, derzufolge Gott in seiner Allwissenheit die Möglichkeiten der menschlichen Handlungsentscheidungen voraussieht und sie optional in seinen eigenen Handlungsentwurf miteinbezieht.[325] Gottes Allmacht besteht in der Ausübung seiner All*wissenheit.*

Allgemein und im Bezug auf *menschliches* Wissen formuliert: Im Unterschied zur Kenntnis des Notwendigen (rationale Wahrheiten, die nie falsch sein können) und des Tatsächlichen (empirische Wahrheiten, die falsch sein können, aber wahr sind) bezieht sich das »mittlere Wissen« auf den Bereich des Möglichen (konditionale Wahrheiten, die wahr sein können, es aber noch nicht sind), also nicht auf das *tatsächliche* Entscheiden und Handeln der menschlichen Handlungssubjekte, sondern auf die ihnen gegebenen *Möglichkeiten.*

Angewandt auf die praescientia *Gottes*: In seiner *praescientia mere naturalis* sieht Gott die *Gesamtheit* aller Möglichkeiten (*vor* der Ausübung seines Willens) voraus, in der *praescientia mere libera* weiß er, welche von diesen Möglichkeiten nach seinem Willen (und damit notwendig) eintreten werden. Die *praescientia media* hingegen umfaßt die Kenntnis *aller* Handlungsoptionen der mit einem liberum arbitrium begabten Menschen; Gott überschaut, was die freien Handlungssubjekte unter gewissen Umständen tun *können.*[326] Im Gegensatz zur Kenntnis dessen, was eintreten wird (futurum) beinhaltet die scientia media als scientia conditionata also das, was *möglicherweise* eintritt (futuribile).

Die Konsequenz für die concursus-Lehre liegt auf der Hand: Im Unterschied a) zu einem theologischen Determinismus, der das gesamte Weltgeschehen und damit auch alle (internalen wie externalen) menschlichen Akte für von Gott vorbestimmt hält und der davon ausgeht, daß Gott jede geschöpfliche Wirksamkeit durch eine praevia motio initiiert, im Gegensatz aber auch b) zum humanistischen Postulat eines arbitrium liberum, das dem Menschen Entscheidungs- und Handlungsfreiheit zuerkennt, bezieht sich Gottes concursus nach Molina c) auf die Realisierung von Entscheidungs- und Handlungs*möglichkeiten* der Menschen, auf das, was sie unter bestimmten Bedingungen tun *würden* und was das Resultat dieses Tuns *wäre.* Weil Gott dieses System unaktualisierter Möglichkeiten in seiner Gesamtheit kennt, kann er die einzelnen freien Handlungen vorher›sehen‹ - wie ein Schachmeister die Züge seines

325. Molina, L. de (1588) {→ A. 323}, Teil IV.
326. Molina, L. de (1588) {→ A. 323}, disp 52f; bes. S. 227b

Mitspielers vorherzusehen vermag[327] - und sie in seine Handlungsintention miteinbeziehen. Auf diese Weise reagiert er wohl auf die Akte der geschöpflichen ›Mitspieler‹, ohne jedoch von ihnen letztlich abhängig zu sein. Denn es ist *sein* Spiel: »Since God knows what any free creature would do in any situation, he can, by creating the appropriate situations, bring it about that creatures will achieve his ends and purposes and that they will do so *freely*«.[328]

Mit seiner Lehre von der scientia media deutet Molina Gottes Prädestination vom »ante« auf ein »post praevisa merita«[329] hin um und nimmt Gottes praemotio auf seine praescientia zurück; das concurrere vollzieht sich nach Maßgabe der praescientia dessen, was die Geschöpfe in Freiheit tun.[330]

Im Bemühen, allen Pelagianismus und Semipelagianismus abzuwehren, versuchten demgegenüber die Thomisten - wie der Dominikaner F. D. Báñez -, die Allwirksamkeit Gottes zu sichern, indem sie jede geschöpfliche Tätigkeit auf eine vorbestimmende, physisch gedachte Intervention Gottes (praemotio physica) zurückführten, die den Menschen von der Potenz zum Akt, d.h. von der Bereitschaft zu wirken zum Wirken selbst führt. Dabei nimmt Gott auch den Willen des Menschen in Anspruch, indem er dessen Richtung im voraus bestimmt (praedeterminatio physica): Der einzelne Akt des Menschen ist somit unwiderstehlich durch den Willen Gottes prädeterminiert, doch so, daß der menschliche Akteur sich in psychologischer Freiheit selbst bestimmt. Vereinbar wird die Spannung aus theonomer Determination und menschlicher Freiheit für Báñez durch den Gedanken, Gott bewege das Geschöpf dessen eigener Natur nach und d.h. er bewege das freie Geschöpf so, daß seine Freiheit erhalten bleibe. Den Molinisten warfen die Thomisten vor, sie schränkten die Allmacht Gottes ein, verwischten den qualitativen Unterschied zwischen göttlichem und menschlichem Handeln und brächten Gott in Abhängigkeit vom menschlichen Willen. Ihre Kritik richtete sich auch auf die vermeintliche Verletzung des Kausalitätsprinzips (ein Akt kann nicht zwei Ursachen haben) und auf die Schwierigkeit des molinistischen Systems, das vollkommene Vorherwissen Gottes schlüssig zu behaupten.

Als Beleg für die erstgenannte Kritik konnten sie sich auf die Aussage Molinas berufen, der die beiden Handlungssubjekte mit zwei Männern verglich, die zusammen ein Schiff ziehen.[331] Der thomistische Vorwurf lautete, damit würden Gott und Mensch in ein Verhältnis gegenseitiger Ergänzung und d.h. Gott in ein Verhältnis der Abhängigkeit vom Menschen gebracht. Doch liegt der Skopus des Vergleichs mit den beiden Männern lediglich in der Darstellung der Koeffizienz der beiden Krafteinwirkungen auf die Ziehrichtung des Schiffes,

327. Diese Analogie wird in der Regel P. T. Geach zugeschrieben [Geach, P. T. (1977) {→ Teil I, A. 51}, 55ff {→ S. 155}]. Doch geht sie zurück auf W. James [James, W. (1897): The Will to Believe and Other Essays in Popular Philosophy, New York, 180f]. Siehe auch: Polkinghorne, J. (1989a) {→ Teil I, A. 42}, 98.
328. Craig, W. L. (1987) {→ Teil I, A. 35}, 135 (Hervorheb. W.L.C.).
329. Nach einer Formulierung von: Pesch, O. H. (1982) {→ Teil I, A. 40}, 100.
330. Einen dichten Ausdruck findet dieser Zusammenhang in einer Formulierung von Hollaz: »Deus sic decrevit voluntati illi cooperari quando et quoties praevisa est se dispositura ad effectum aliquem« [zit. nach: Köstlin, J. (1898) {→ L.}, 264; dort ohne Belegstellenangabe].
331. Molina, L. (1572) {→ A. 324}, 200, 26ff.

womit nicht notwendig unterstellt ist, daß es sich dabei um ein Zusammenwirken zweier *gleichartiger* oder voneinander abhängiger Kräfte handelt. Das ist selbst in disp 30[332] nicht unterstellt, wo Molina davon spricht, daß zwischen der göttlichen und der kreatürlichen causa ein »a se invicem dependere« bestehe.

Die Thomisten beriefen sich gegenüber den Molinisten auf den Grundsatz der thomasischen Lehre vom Zusammenwirken der göttlichen Primär- mit den kreatürlichen Sekundärursachen: »divina enim providentia producit effectus per operationes causarum secundarum«[333]. Sie legten den Akzent aber - der Intention des Thomas genau entgegengesetzt - nicht auf die Darstellung der relativen geschöpflichen Freiheit, sondern auf die vorausgehende Allwirksamkeit der causa prima und qualifizierten die kreatürlichen Ursachen als *instrumentae* des göttlichen Wirkens. Das ›Zusammen‹wirken vollzieht sich als Wirken Gottes *durch* die Zweitursache. Anders ausgedrückt: Gott wirkt die Wirkung der kreatürlichen Aktinstanzen.[334]

Die Kontroverse zwischen Molinisten und Thomisten zeigt somit eine deutliche Parallelität zu den Intentionen, die in der Auseinandersetzung zwischen lutherischer und reformierter Orthodoxie leitend waren.

Suárez und Bellarmini vertraten eine vermittelnde Richtung. Suárez kritisiert die molinistische Vorsehungslehre, weil sie den Akzent einseitig auf die providentia *universalis* in der Gestalt eines »indifferens providentiae influxus« lege[335] und das göttliche Wirken lediglich als »generali et confuso modo«[336] bestimme. Die molinistische Überbetonung der geschöpflichen Eigentätigkeit bis hin zur Behauptung eines Ergänzungsverhältnisses zwischen Erst- und Zweitursache will er ebenso vermeiden wie die thomistische Vorstellung einer extrinsischen Intervention der prädeterminierenden und alleinwirksamen causa prima. Demgegenüber formuliert Suárez seine »kongruistische« Akkomodationstheorie {→ S. 208}.

In seiner Gnadenlehre unterscheidet Suárez zwischen Erwählung (als Bestimmung zur Seligkeit) und Prädestination (die auch die Bestimmung der Mittel einschließt, die zur Seligkeit führen). Gott vollzieht die Prädestination, die Entscheidung also, welche Einwirkung auf das erwählte Individuum nötig sei, um dessen freie Zustimmung zum Angebot der Seligkeit zu gewinnen, aufgrund seines mittleren Wissens. Diese Einwirkung nennt Suárez gratia congrua. Die effektive Gnade ist kongruent mit der jeweiligen Disposition des Menschen, die Gott in seiner Allweisheit voraussieht. Stärker als Molina betont Suárez dabei die souveräne Vorausverfügung Gottes und die Ungeschuldetheit der akkomodierenden Gnade.

Der kongruistischen Akkomodationstheorie zufolge paßt Gott sich den jeweiligen Besonderheiten der Zweitursachen an, um diese ›von innen heraus‹ in Kongruenz zu seinem Willen zu bringen. So vollzieht sich der concursus Gottes als innerliches, immediates Zusammenwirken von Erst- und Zweitursache.

Ähnlich wie der sich stark an Thomas anlehnende Suárez mit seinem Kongruismus versuchte A. Calov in der lutherischen Orthodoxie einen Mittelweg zu beschrei-

332. Molina, L. de (1588) {→ A. 323}, S. 127[a].
333. S.th. I, 23,5.
334. Bañez, D, (1614f): Scholastica commentaria, Tom. I, Duaci.
335. Siehe dazu: Plathow, M. (1976) {→ L.}, 48, 69.
336. Suárez, F. (1597, 1619) {→ A. 242}, sect. IV, XXVIII.

ten zwischen der Konzeption des mediaten concursus, wie sie Olivi und Durandus vertreten hatten (s.o.), und der Betonung der Allwirksamkeit Gottes. Systematischer Ausgangspunkt ist dabei die Frage, wie die beiden Überzeugungen vermittelt werden können: a) daß Gott *immediat* an den Geschöpfen und durch sie hindurch wirkt - nicht in einem Ergänzungs- und Konkurrenzverhältnis gegenseitiger Angewiesenheit (wie Molina nach herrschender Meinung gelehrte hatte - s.u.), sondern souverän, die causae secundae einseitig bedingend (und insofern - nicht zeitlich, aber sachlich - *prae*cursiv); und b) daß Gott *simultan* (bzw. *con*cursiv mit den geschöpflichen Zweitursachen zusammenwirkt, ohne sie ihrer Eigenwirksamkeit zu berauben? Die Lösung dieser Spannung liegt für Calov in dem Gedanken, daß Gott nicht durch Intervention von außen, sondern *innerlich* mit den Geschöpfen zusammenwirkt, durch Einflußnahme auf ihren Verstand und Willen.[337] In dieser ›psychologischen‹ Lösung nimmt Calov Gedanken auf, die auch Thomas und den Reformatoren als selbstverständlich galten (vgl. etwa die Rede vom »Herz« des Menschen als dem von Gott oder der Sünde besetzten Zentrum seiner Neigung bei Luther), dort aber in eine weitere - auch unmittelbare physische Interventionen Gottes vorsehende - Konzeption von Gottes Welthandeln eingebettet waren. Auch in der reformierten Orthodoxie begegnet eine solche ›psychologische‹ Auffassung: Nach Turretini vollzieht Gott sein Vorsehungshandeln nicht physisch, sondern »rationaliter, flectendo voluntatem modo ipsi convenienti, ut se ipsam determinet«.[338]

Dieser Ansatz, der das mittelalterliche »Deus non cogit, sed trahit« aufzunehmen scheint, führt systematisch in die Nähe der prozeßtheologischen Lehre, die Gott durch »influence«, »luring« und »persuasion« agieren sieht.

Das Konzept Molinas und die Interpretation des Wirkens Gottes in der Metapher des Schachspiels wird im Kontext der Divine-Action-Debatte - besonders von A. Plantinga[339], W. L. Craig[340], und P. Flint[341] - wieder aufgenommen und weitergeführt[342], von W. Hasker[343] dagegen kritisch rezipiert.[344]

337. Damit ist die von J. A. Quenstedt, dem Zeitgenossen Calovs, beschriebene Unterscheidung zwischen dem concursus physicus als realer Mitwirkung am Akt des Geschöpfs und dem concursus moralis als einer bloß moralischen Unterstützung des handelnden Subjekts überwunden: Gott übt realen Einfluß auf den Willen des Menschen aus, ohne dessen relationale Freiheit aufzuheben.
338. Turretini, F. (1668ff): Institutio Theologiae Elenchticae, Genf, VI, qu.VI, th.7.
339. Plantinga, A. (1967): God and Other Minds: A Study of the Rational Justification of Belief in God, Ithaca, NY, 131-155; ders. (1974): The Nature of Necessity, Oxford, 169-180; ders. (1974a): God, Freedom and Evil, Grand Rapids; siehe auch die Beiträge von A. Plantinga in: Tomberlin, J., Van Inwagen, P. (Hg) (1985): Alvin Plantinga (Profiles 5), Dordrecht; ders. (1986): An Ockhams Way Out, in: FaPh 3, 109-134. Aus dem Kreis der Kritiker an Plantinga nenne ich nur: Pike, N. (1966): Plantinga on the Free Will Defense. A Reply, in: JPh 62, 93-104; ders. (1979): Plantinga on Free Will and Evil, in: RelSt 15, 449-473. Einen einführenden Überblick über Plantingas Konzept geben M. M. und R. M. Adams in der Einleitung zu: Adams, M. M., Adams, R. M. (1990): The Problem of Evil (Oxford Readings in Philosophy), Oxford, 10-16.
340. Craig, W. L. (1987) {→ Teil I, A. 35}, Kapitel 12 (»Middle Knowledge«, S. 127-152); ders. (1991) {→

Zur Debatte steht dabei zentral die Frage, ob Gottes Vorherwissen a) als Kenntnis aller Möglichkeiten zu verstehen ist, die dem Menschen - da er die Zukunft nicht überschaut - als offene Möglichkeiten *erscheinen*, in Wirklichkeit aber von Gott prädeterminiert sind: Gott hat die Realisierung bestimmter Möglichkeiten und so den gesamten Gang der Weltentwicklung in seinem zeitenthobenen Ewigkeitswissen (Boethius) vorbestimmt. - Gegenüber einer solchen, zum ›theologischen Determinismus‹ neigenden Auffassung halten andere Autoren daran fest, b) daß Gott in seiner Allwissenheit die Summe aller Möglichkeiten und ihrer eventuellen Verwirklichung überblickt und damit alle Optionen menschlicher Freiheit kennt, sie in seinen Plan einbezieht und diesen ohne Improvisation zum Ziel führt. Diese Aussageintention bringt James' und Geachs Analogie des Schachgroßmeisters zum Ausdruck.[345] - Das weitestgehende Zugeständnis an geschöpflicher Freiheit eröffnet die Position, die c) von dem Gedanken ausgeht, so wie Gott seine Allmacht in der Schöpfung selbst beschränkt habe, so habe er auch seine Allwissenheit auf das Wissen der zu einem bestimmten

Teil I, A. 35}, Kap. 13 (»Middle Knowledge«, S. 237-278); ders. (1991): Lest Anyone Should Fall: A Middle Knowledge Perspective on Perseverance and Apostolic Warnings, in: IJPR 29, 65-74.

341. Flint, T. P. (1983): The Problem of Divine Freedom, in: APQ 20, 225-264; ders. (1984): Divine Sovereignty and the Free Will Defence, in: Sophia 23, 41-52; ders. (1988): Two Accounts of Providence, in: Morris T. V. (Hg) {→ L.}, 147-181; ders. (1991): In Defence of Theological Compatibilism, in: FaPh 8, 237-243; Flint, T. (1992): Prophecy, Freedom and Middle Knowledge, in: Clark, K. J. (Hg): Our knowledge of God. Essays on Natural and Philosophical Theology, Dordrecht, Boston, 151-165.

342. Siehe auch: Adams, R. M. (1977): Middle Knowledge and the Problem of Evil, in: APQ 14, 109-117; Basinger, D. (1986): Middle Knowledge and Classical Christian Thought, in: RelSt 22, 407-422; Hunt, D. P. (1990): Middle Knowledge: the »Foreknowledge Defense«, in: IJPR 28, 1-24; ders. (1991): Middle Knowledge and the Soteriological Problem of Evil, in: RelSt 27, 3-26; Basinger, D. (1990): Divine Knowledge and Divine Control, in: RelSt 26, 267-275; Davison, S. A. (1991): Foreknowledge, Middle Knowledge and »Nearby« World, in: IJPR 30, 29-44; Basinger, D. (1993): Divine Control and Human Freedom: Is Middle Knowledge the Answer? in: Journal of the Evangelical Theological Society 36, 55-64; Helm, P. (1994) {→ L.}, 55-61; Linville, M. D. (1995): Ockhamists and Molinists in Search of a Way Out, in: RelSt 31, 501-515.

343. Vgl. seine Kritik an einem ›theological compatibilism‹, d.h. an der Behauptung der Vereinbarkeit von Gottes Vorauswissen und menschlicher Freiheit, dem er seine Position des ›theological incompatibilism‹ gegenüberstellt: Hasker, W. (1985): Foreknowledge and Necessity, in: FaPh 2, 121-157; ders. (1986): A Refutation of Middle Knowledge, in: Nous 20, 545-557; darauf reagierend: Basinger, D. (1991): Middle Knowledge and Divine Control: Some Clarifications, in: IJPR 30, 129-139; Hasker erwiederte in: Hasker, W. (1993): How Good/Bad is Middle Knowledge? A Reply to Basinger, in: IJPR 33, 111-118. - Hasker, W. (1989) {→ Teil I, A. 35}, 64ff; dazu: Howsepian, A. A. (1993): Middle Actions, in: IJPR 34, 13-28; Hasker, W. (1995): Middle Knowledge: A Refutation Revisited, in: FaPh 12, 223-236. - Bertolet, R. (1993): Hasker on Middle Knowledge, in: FaPh 10, 3-17;

344. Siehe dazu die in {→ Teil I, A. 35} angegebene Literatur.

345. Geach, P. T. (1977) {→ Teil I, A. 51}, 57f - Kritisch dazu: Basinger, D. (1979): Human Freedom and Divine Providence: Some New Thoughts on an Old Problem, in: RelSt 15, 491-510. V. Brümmers Auslegung des Gleichnisses, derzufolge der Schachgroßmeister die Zukunft kenne, weil und indem er sie *kontrolliere* [Brümmer, V. (1985) {→ Teil I, A. 54}, 44] ist mißverständlich. Wohl kennt Gott nach Geach das Regelwerk des Spiels, die Summe aller *möglichen* Züge des Gegners, die dadurch entste-

Zeitpunkt gegebenen *Möglichkeiten* zurückgenommen. Er überlasse es damit dem freien Wirken der geschöpflichen Aktinstanzen, welche dieser Möglichkeiten sie auf welche Weise verwirklichen.[346] Die Zukunft der Entwicklung ist demnach offen. Gott würde auf jeden, ihm im Voraus unbekannten Zug des Menschen so reagieren, daß die neu entstandene Situation wieder auf das Entwicklungsziel ausgerichtet wird. Das erfordert eine permanente Akkomodationsleistung, um gerade so das ›Spielziel‹ zu erreichen. Am treffendsten erfaßt J. Lucas mit seinem Gleichnis von einem persischen Teppichknüpfer den Skopus dieser Position: Der Teppichknüpfer arbeitet zusammen mit seinen Kindern an der Herstellung eines Teppichs. In seiner Weisheit und Souveränität versteht es der Vater, alle Fehler, die seine Kinder verursachen, in kontinuierlicher Revision seiner idealen Projektvorstellung in das entstehende Muster zu integrieren und so ein vollendetes Design zu schaffen.[347] - Gott handelt dialogisch-responsiv.

henden Situationen und seine potentiellen Reaktionen darauf, doch kennt er nicht das *tatsächliche* Spielverhalten der Mitspielers.
Bonhoeffer zieht die Analogie des Schachmeisters heran, um zu veranschaulichen, wie Gott die Wege des Menschen durchkreuzt, so daß der Mensch allein auf Gottes Gnade angewiesen ist [Bonhoeffer, D. (1934): Predigt über Prov 6,9, in: Gesammelte Schriften IV (hg. v. E. Bethge), München 1961, 626 - diesen Hinweis verdanke ich: Plathow, M. (1995) {→ L.}, 88].

346. Brümmer, V. (1985) {→ Teil I, A. 54}, 40ff, bes. 43f; so auch: Hebblethwaite, B. L. (1979) {→ Teil I, A. 35}, 440f. Vgl. Creel, R. E. (1986): Divine Impassibility. An Essay in Philosophical Theology, Cambridge u.a., 18-23, 99f.

347. Lucas, J. (1976): Freedom and Grace, London, 39. In einer anderen Metapher spricht Lucas von einer unendlichen Fülle von »blueprints«, die Gott für die Welt vorgesehen hat. Wo immer die Menschen von dem von Gott Vorgesehenen abweichen, gibt Gott neue »blueprints« vor (32f). - Ein in der Struktur ähnlicher, aber weniger auf das Vor*wissen* Gottes bezogener Vergleich findet sich bei: Kentenich J. (1970) {→ Teil I, A. 54}, 145: »Gott ist der meisterhafte Tennisspieler, der alle Bälle, von wem sie auch immer unmittelbar geworfen werden und wie ungeschickt es auch immer geschehen mag, aufzufangen und planmäßig zu dem von Ewigkeit vorgesehenen Ziel zu lenken versteht ...«.

III. Die Krise der klassischen Vorsehungslehre und die theologischen und philosophischen Reaktionen darauf

In dem Maße, in dem die Wirklichkeit immanent und d.h. unter Absehung von Gottes unmittelbarer Einwirkung gedeutet wurde, mußte vor allem der aktualistische Typus der Vorsehungslehre in die Krise geraten. Die Entwicklung, die unter dem Sammelbegriff »Säkularisierung« des Wirklichkeitsverständnisses zusammengefaßt wird, erfaßte dabei im 16. und 17. Jh. vor allem den Erstreckungsbereich der aufstrebenden Naturwissenschaften, also den gesamten Bereich der von Gott eingerichteten Schöpfungsordnung, später - ab der Mitte des 18. Jhs. auch den davon unterschiedenen Bereich der Geschichte.

Die in der Frühneuzeit (vor allem seit der Mitte des 17. Jhs.) vollzogenen paradigmatischen Weltbildveränderung mit dem Signum »Säkularisierung« zu bezeichnen, ist sachlogisch nicht ganz zutreffend. Denn es handelte sich dabei zunächst gar nicht um die Eliminierung theologischer Deutekategorien - geschweige denn um einen programmatischen Atheismus -, sondern um den Versuch, (1.) das aufbrechende Bewußtsein der Unendlichkeit von Raum und Zeit (wie es sich vor allem im Begriff des Infinitesimalen manifestierte) und (2.) die Einsicht in die kausalistische Selbstregulation aller empirisch-erfaßbaren Weltbewegung (in der »neuen« mathematisch-experimentellen Physik vor allem des 17. Jhs.) philosophisch und theologisch zu verarbeiten. Dabei war es nicht zuletzt gerade der Vorsehungsglaube und die Naturfrömmigkeit, die die aufstrebenden Naturwissenschaft motiviert und stimuliert haben.

Wie eingangs festgestellt, entfaltet sich die Vorsehungslehre systematisch in den drei Kontexten der Natur, der Geschichte und des individuellen Lebens {→ S. 27}. In ihrer Geschichte treten diese Kontexte in unterschiedlicher Weise in den Vordergrund. Während zunächst von der Mitte des 16. Jhs. bis zur Mitte des 18. Jhs. die Frage nach Gottes Wirken in den Prozessen der *kosmischen* Wirklichkeit ganz im Mittelpunkt des Interesses stand (Kapitel III/A-C), mit zunehmender ›Naturalisierung‹ der diesbezüglichen Deutemuster aber in die Krise geriet (III/D), erwachte in der zweiten Hälfte des 18. Jhs. das Bewußtsein für die *geschichtliche* Verfasstheit der menschlichen Lebenswelt (III/F). Es brachte zunächst in Lessings »Erziehung des Menschengeschlechts« eine pädagogische Vorsehungslehre hervor (III/G) und formierte sich dann zu Beginn des 19. Jhs. in Hegels großem Entwurf einer providentiellen Universalgeschichte (III/H). Schleiermachers Rezeption der reformatorischen Lehrstücke von Gottes Welterhaltung und -regierung (III/I) enthielt zwar zukunftsweisende Motive für das Vorsehungsdenken, konnte aber nicht verhindern, daß nach der Natur- nun auch die providentielle Geschichtstheologie im historistischen Positivismus des 19. Jhs. weitgehend ihre Plausibilität (III/K) verlor. Blieb nur noch der Rückzug in den Bezugsrahmen des *individuellen Lebens*? Besonders im Pietismus war Gottes Handeln primär im Sinne der Führung des einzelnen expliziert und das Handeln in Natur und Geschichte daraufhin gedeutet worden. Dem soll durch einen kurzen Seitenblick auf die pietistische Vorsehungslehre wenigstens andeutungsweise Rechnung getragen werden (III/E). Doch auch dieser Bezugsrahmen erfuhr in der existentialistischen Lebensdeutung in unserem Jh. eine scharfe Zurückweisung. Vor diesem Hintergrund erklären sich die Verlegenheiten, in welche die Vorsehungslehre der Gegenwart geraten ist (III/L).

Vor allem auf den beiden Entwicklungslinien der Natur- und Geschichtsauffassung sollen jeweils (1.) die Signatur der veränderten Wirklichkeitssicht herausgearbeitet werden, sofern sie für die Vorsehungslehre zur unmittelbaren Herausforderung werden mußte, und (2.) die Konzepte skizziert werden, mit denen Philosophie und Theologie darauf geantwortet haben und die als Weiter- bzw. Ersatzbildungen der Vorsehungslehre zu verstehen sind. Die philosophischen Versuche einer providentiellen Natur- und Geschichtsdeutung sollen als Bemühungen um eine zeitgemäße, auf das veränderte Weltbild reagierende Rekonstruktion des Vorsehungsdenkens ernstgenommen und nicht vorschnell - wie oft in der theologischen Apologetik - polemisch als Rückwendung vom biblisch-theologischen Modell des Handelns Gottes in Natur und Geschichte zu einem quasi-stoischen Immanentismus abgewertet werden.

Das entspricht auch den Erfordernissen, die sich aus dem fünften Teil dieser Studie - der Rezeption der Divine-Action-Debatte - ergeben. Denn sie bezieht sich kritisch wie affirmativ auf die ganze Breite der in der Philosophie- und Theologieschichte entwickelten Modelle zur Explikation der Weltwirksamkeit Gottes. Eine grundlegende Unterscheidung zwischen dem theologischen und dem religionsphilosophischen Zugang zu dieser Thematik ist der englischsprachigen Theologie ohnehin weniger geläufig als der deutschsprachigen.

A. Die mechanistische Naturphilosophie als Krise der Lehre von der providentia extraordinaria et individualis

So sehr die »Entsakralisierung der Natur« Teil der umfassenderen Entwicklung des neuzeitlichen Weltbewußtseins hin zur Auffassung der Welt als eines autonomen, selbstregulativen Ordnungszusammenhangs ist[1], kommt ihr doch für die Erklärung der Krise, in die die klassische Vorsehungslehre geraten ist, eine herausgehobene Bedeutung zu. Denn nach dem augustinisch eingefärbten Verständnis besonders Luthers war die *Natur* identisch mit dem Raum der Schöpfung, in dem sich Gottes permanentes Wirken vollzieht.[2] So betrifft die paradigmatische Veränderung des Naturverständnisses, wie sie im folgenden in ihren Grundzügen nachgezeichnet werden soll, die Auffassung der Wirklichkeit insgesamt und damit in gravierender Weise den Bereich der providentia generalis.

Durch den Fortschritt der naturwissenschaftlichen Erkenntnis und der technischen Weltbeherrschung seit der Renaissance, vor allem aber durch das in Interaktion mit diesem Fortschritt entwickelte naturphilosophische Paradigma der Natur als einer nach immanenter, kausalmechanischer Eigengesetzlichkeit ablaufenden Dynamik[3], wurde die Vorstellung der aktualen und individuellen Herrschaft Gottes über diese Dynamik mehr und mehr problematisch. Die Glaubensüberzeugung, daß Gott »Wolken, Luft und Winden gibt Wege, Lauf und Bahn«[4] war nicht mehr ohne weiteres kompatibel mit der in der allgemeinen Geisteskultur vorherrschenden Naturauffassung.

An die Stelle des ontologischen und symbolischen trat ein naturwissenschaftlicher Naturbegriff. Die sympathetische, kontemplative Einstellung zur Natur als einem von Gott hierarchisch geschaffenen ordo, der *secundum leges sibi inditas a Deo*[5]

1. Siehe dazu die von Max Weber skizzierte Entwicklung abendländischer Rationalität zu einer »Eigengesetzlichkeit« des zweckrationalen Handelns im Rahmen eines säkularen Weltverständnisses: Weber, M. (1972[6]): Gesammelte Aufsätze zur Religionsoziologie, Bd. 1, Tübingen, 544ff.
2. Zur Klärung des facettenreichen Naturbegriffs siehe: Rosenau, H. (1994): Art. »Natur«, in: TRE 24, 98-107; Hartlieb, E. (1996): Natur als Schöpfung. Studien zum Verhältnis von Naturbegriff und Schöpfungsverständnis bei Günther Altner, Sigurd M. Daecke, Hermann Dembowski und Christian Link (Darmstädter Theologische Beiträge zu Gegenwartsfragen 2), Frankfurt, 65-107.
3. Maßgeblich entfaltet von: Descartes, R. (1644): Principia philosophiae, Amsterdam, II (Oevres, ed. Adam, C., Tannery, P, Paris 1982, Bd. VIII, 40-79) [dt.: Buchenau, A. (Hg) (1955): Die Prinzipien der Philosophie (PhB 28), Hamburg, 31-63].
4. EG 361 (P. Gerhardt, 1653); vgl. auch das EG 508, bes. Strophe 4: »Er läßt die Sonn aufgehen, er stellt des Mondes Lauf, er läßt die Winde wehen und tut die Wolken auf« (nach M. Claudius, 1783), wie insgesamt die unter dem Titel »Natur und Jahreszeiten« zusammengestellten Lieder (EG 499-515). Symptomatisch für die Zurückdrängung konkreter Erwartungen eines Handelns Gottes in und an der Natur ist die Auslassung des Bittliedes um Sonnenschein (Nr.378 im EKG von 1950) und die Herausnahme des Bittliedes um Regen (Nr.379 a.a.O.) aus dem Stammteil des EG. - Zur »Sprache evangelischer Naturfrömmigkeit als praktische(r) Theologie der Natur« siehe den so betitelten Aufsatz von J. Hübner, in: Meyer-Abich, K. M. (Hg) (1979): Frieden mit der Natur, Freiburg u.a., 75-90.
5. Bonaventura, II Sent.d.34,a.1,q.3, ad 4 prop. neg.

strukturiert und so als Medium der Gotteserkenntnis (»Buch der Natur«[6]) anzusehen ist, wich im Theoretischen (der Natur*erforschung*) - einer analytisch-konstruktiven - und im Praktischen (der Natur*gestaltung*) einer technischen-verfügenden Haltung, die den Naturzusammenhang atomisierte und die kontinuierlichen Bewegungsprozesse zwischen diesen materiellen Bestandteilen mechanisierte.

Vor allem im 17. und 18. Jh. vollzog sich - parallel zur Ausbildung empirisch-experimentaler Forschungsmethoden und technischer Anwendungen zur Naturbeherrschung[7] - diese Mathematisierung und Geometrisierung des Naturverständnisses zu einer ›exakten‹ Naturwissenschaft[8], die in technomorphen Modellen dachte. In der theoretischen Grundlegung des mathematisch-mechanistischen Naturverständnisses wirkte die philosophische Materialisierung der Natur, wie sie schon im Platonismus des Spätmittelalters aufgebrochen war, zusammen mit der Entwicklung einer empirischen, auf instrumentelle Beobachtung gestützten, quantitativ-messenden Naturerforschung.[9]

Nicht um die Sinn- und Zweckhaftigkeit der Wirklichkeit im ganzen leugnen zu wollen, sondern – gerade umgekehrt – um sie wissenschaftlich zu untermauern, wehrte die sich vor allem im 17. Jh. ausbildende »neue« - messende, experimentierende und mathematisierende - Sicht der Natur die aristotelisch-scholastische Metaphysik mit ihren Zentralprinzipien der Form und der Qualität und ihrer metaphysischen Teleologie ab und setzte im Rückgriff auf die antike Atomistik eine korpuskulartheoretische Erklärung der Naturprozesse an ihre Stelle: Nicht mehr sinnlich wahrnehmbare Qualitäten von Körpern (wie Wärme und Farbe) bildeten die Grundbegriffe der Physik zur Deutung der natürlichen Gegebenheiten und ihrer Veränderungen, sondern die ›mechanistischen‹, mathematisch-geometrisch exakt bestimmbaren Kategorien von Größe, Figur und Bewegung.

Der entscheidende Schritt zur Ausbildung des neuen Paradigmas war die Bestimmung der Bewegung nicht mehr unter finalem Aspekt, sondern als eine Veränderung *quantitativer* Akzidentien. Nach der korpuskulartheoretischen Deutung wurde alle

6. Vgl. Augustin, Enn. in Ps 45,7: MPL 36,518; Joh. Scotus Eriugena, Expositiones super Ierachiam Caelestem, cap.1, § 3: MPL 122, 139.
7. Der *locus classicus* der neuen Naturauffassung findet sich bei Galilei, Il Saggiatore, Rom 1623, Nr.6, zit. bei: Gloy, K. (1994): Art. »Naturphilosophie«, in: TRE 24, 118-132, hier: 126. - Zum Ganzen siehe: Hall, A. R. (1965): Die Geburt der naturwissenschaftlichen Methode. 1630-1720 von Galilei bis Newton, Gütersloh; Nebelsick, H. (1992): The Renaissance, the Reformation and the Rise of Science, Edinburgh.
8. Vor allem in Descartes' »mathesis universalis«, bei Gassendi, der die atomistisch-mechanistische Physik Demokrits {→ Teil II, A. 147} erneuerte, und bei Boyle {→ Teil II, A. 270}, der die Natur als einen Mechanismus von physikalischen Massen auffaßte, deren Bewegung nach exakten Gesetzen verläuft. - Zu Gassendi siehe: Osler, M. J. (1983): Providence and Divine Will in Gassendi's View on Scientific Knowledge, in: JHI 44, 549-560.
9. Schon zu Beginn des 13. Jhs. nahm Robert Grosseteste die euklidisch-ptolemäischen Ansätze, die Mathematik auf die Physik anzuwenden, wieder auf. Roger Bacon bezeichnete Erfahrung, Experiment und Mathematik als die drei Hauptsäulen der von der Theologie geschiedenen Profanwissenschaft. Die von Occam beeinflußten Physiker wie Nikolaus von Oresme und Albert von Sachsen brachten diesen empirischen Ansatz zur Anwendung; siehe dazu: Maier, A. (1949-1958): Studien zur Naturphilosophie der Spätscholastik, 5 Bde., Rom.

Bewegung auf Druck und Stoß der nicht wahrnehmbaren Korpuskeln zurückgeführt. Durch die methodische Konzentration auf das Quantitativ-Meßbare bei gleichzeitiger Abblendung des Qualitativen, Ästhetischen, In-sich-Zweckhaften mußte die lebendige Einheit ganzer Gebilde zum explicandum werden.

Mit der Durchsetzung des systemisch-technomorphen gegenüber dem ontologisch-teleologischen Naturmodell trat die (durch den aristotelischen Wesensbegriff untermauerte) scholastische Auffassung, Gott habe jedem Naturgegenstand im Rahmen der Seinsordnung eine individuelle Bestimmung gegeben, hinter dem *Prinzip der gesetzmäßigen Funktion* zurück. »Die innere Konsequenz des Prozeßzusammenhanges als Gesetz wurde die neue Ordnungsvorstellung, das Merkmal einer ›Natur überhaupt‹«.[10] Konstitutiv für dieses - gegenüber dem Wesen und der individuellen Besonderheit der Dinge indifferenten - Gesetz ist seine allgemeine und ausnahmslose Geltung. Natur mußte damit zum Reich der Notwendigkeit und Determination, d.h. zum Bereich der Unfreiheit werden.

Durch die Erfolge naturwissenschaftlicher Entdeckungen und Forschungen wurde die noch im 16. Jh. - etwa bei Paracelsus - lebendige vitalistische, an organischen Paradigmen orientierte Naturphilosophie von anorganisch-mechanistischen Modellen verdrängt, die ihre wissenschaftlich-regulative Funktion besonders dann im 18. und 19. Jh. überschritten und das gesamte Weltbild formierten. In der Folge dieser Ausdehnung verdrängte die Zentralmetapher des von Gott in absoluter Rationalität und perfekter Ästhetik konstruierten (und daher nicht materialistisch mißzuverstehenden) Weltmaschinismus die Vorstellung des von Gott beseelten Weltorganismus. Leitend für die Formation des Weltbildes war das *Modell eines sich selbst nach festgelegter Gesetzmäßigkeit steuernden Mechanismus*.[11] Diese Vorstellung des selbstregulativen Systems konnte materialistisch als lebloser Funktionskreis (wie in Descartes' Konzept der res extensa) vorgestellt sein oder nach dem Modell des in perfekter Rationalität konstruierten mechanischen Kunstwerks entfaltet werden (wie in Leibniz' Monadenlehre).

Nach K. Gloy läßt sich die mechanistische Naturphilosophie durch folgende fünf Merkmale näher charakterisieren: »1. durch die *machina-mundi*-Metapher, 2. durch die Identifizierung der Mechanik mit der Physik, 3. durch die Universalität des mechanistischen Paradigmas, 4. durch die Experimentalmethode und 5. durch die Verfügungsgewalt«.[12]

Der Weg des mathematisch-mechanistischen Weltbildes von seinen Anfängen im Spätmittelalter über die von Francis Bacon entwickelte, strikt empirisch-induktiv verfahrende, auf Beobachtung und Experiment gestützte Erkenntnis der Natur durch

10. Blumenberg, H. (1960): Art. »Naturalismus, I. Naturalismus und Supranaturalismus«, in: RGG³ 4, 1335. - Siehe dazu auch: Sutter, A. (1988) {→ A. 50}, 23-39.
11. Ansätze dazu sind schon vorhanden bei Hugo von St. Victor [zu Hugos Aufnahme der mechanischen Künste in die Philosophie siehe: Krolzik, U. (1987) {→ L.}, 83-93], Nikolaus von Kues, N. Kopernikus und vor allem bei J. Kepler (Op. omn. II, 84). Philosophisch rezipiert und ausgebaut wurde dieses Modell dann bei G. W. Leibniz und C. Wolff (s.u.).
12. Gloy, K. (1994) {→ A. 7}, 126; auf 126-128 werden diese Punkte ausgeführt.

eine analytische Experimentalmethode[13] bis hin zu seinem höchsten Ausdruck in Newtons »Philosophiae Naturalis Principia Mathematica« von 1687 (1723²)[14] braucht hier nicht nachgezeichnet zu werden.[15] Allein auf die theologische Konsequenz für die Vorsehungslehre als Lehre vom Welthandeln Gottes kommt es in diesem Zusammenhang an: Die Interaktion von naturphilosophisch-mathematischem Rationalismus und naturwissenschaftlichem Empirismus[16] drängte in der Tendenz auf die Entsakralisierung der Natur, d.h. auf ihre *naturalistische* Erklärung, die sich bei näherem Zusehen jedoch als anthropozentrischer Funktionalismus zu erkennen gibt: Nicht das Moment der ästhetischen Selbstrepräsentation (und darin der Gottesrepräsentation) und auch nicht mehr das Moment der finalkausalen Verherrlichung der Schöpfung galt als Gestalt- und Bewegungsprinzip der natürlichen Wirklichkeit, sondern die letztlich dem Menschen und seiner Naturbemächtigung dienende, wirkkausal zu erklärende Funktionalität physikalischer und biologischer Erscheinungen.

Die weitere Entwicklung der theologischen Vorsehungslehre im allgemeinen und der Vorstellung einer cura Dei individualis im besonderen läßt sich als Reaktion auf die Säkularisierung der Naturauffassung verstehen, aber auch (und damit einhergehend) als Reaktion auf Descartes' Spaltung der Wirklichkeit in res extensa und res

13. Siehe dazu: Krolzik, U. (1987) {→ L.}, 94-99. Die damit programmatisch grundgelegte neue antiaristotelische und antischolastische Physik hatte vor allem in J. Keplers »Astronomia nova« (1609) und Galileis Kinematik der Fall- und Wurfbewegung ihre wichtigsten Durchbrüche.

14. Zu Newton: Hurlbutt III., R. (1985): Hume, Newton and the Design Argument, Lincoln; Freudenthal, G. (1983): Atom und Individuum im Zeitalter Newtons, Frankfurt; Krolzik, U. (1987) {→ L.}, 99-121; Pannenberg, W. (1988): The Doctrine of Creation and Modern Science, in: Zygon 23, 3-21; Davis, E. B. (1990): Newton's Rejection of the »Newtonian World View«: The Role of Divine Will in Newton's Natural Philosophy, in: FiHi 22, 6-20.

15. Zum Ganzen siehe: Flemming, W. (1931): Der Wandel des deutschen Naturgefühls vom 15. zum 18. Jahrhundert, Halle/Saale; Dijksterhuis, E. J. (1956): Die Mechanisierung des Weltbildes, Berlin u.a.; Crombie, A. C. (1959, ND 1977): Von Augustinus bis Galilei. Die Emanzipation der Naturwissenschaft, München; Spaemann, R. (1967): Genetisches zum Naturbegriff des 18. Jahrhunderts, in: ABG 11, 59-74; Maier, A. (1968²): Die Mechanisierung des Weltbildes im 17. Jahrhundert, in: dies.: Zwei Untersuchungen zur nachscholastischen Philosophie, Rom, 13-67; Benz, E. (1971): Theologie und Elektrizität. Zur Begegnung und Auseinandersetzung von Theologie und Naturwissenschaft im 17. und 18. Jh., Mainz; Büttner, M. (1973): Zum Übergang von der teleologischen zur kausalmechanischen Betrachtung der geographisch-kosmologischen Fakten, in: StLeib 5, 177-195; Wildiers N. M. (1974): Weltbild und Theologie. Vom Mittelalter bis heute, Zürich u.a., 147ff; Haag, K. H. (1985): Der Fortschritt in der Philosophie, Frankfurt, 9-15, 134-178; Burrichter, C, Inhetveen, R., Kötter, R. (Hg) (1987): Zum Wandel des Naturverständnisses, Gütersloh; Kanitscheider, B. (1993): Von der mechanistischen Welt zum kreativen Universum, Darmstadt; sowie die Werke von H. Blumenberg zur Entstehung des neuzeitlichen, naturwissenschaftlichen Wirklichkeitsverständnisses und: Philipp, W. (1957): Das Werden der Aufklärung in theologiegeschichtlicher Sicht, Göttingen; ders. (Hg) (1963, ND 1988): Das Zeitalter der Aufklärung, Einleitung, Bremen, ND Wuppertal. - Philipps Darstellung gegenüber ist allerdings Vorsicht angebracht; siehe dazu die scharfe Kritik von N. Hinske an Philipp: Hinske, N. (1979, 1986²): Wolffs Stellung in der deutschen Aufklärung, in: Schneiders, W. (Hg) {→ A. 49}, 308-310.

16. Zur Spannung zwischen mathematischen und experimentellen Richtungen siehe: Kuhn, T. S. (1977): Mathematische versus experimentelle Traditionen in der Entwicklung der physikalischen Wissenschaften, in: ders.: Die Entstehung des Neuen. Studien zur Struktur der Wissenschaftsgeschichte, Frankfurt a. M. 1977, 84-124.

cogitans. Hinzu kam der von W. Philipp sog. Kopernikanisch-Brunoische Schock - die Erkenntnis der Unendlichkeit von Raum und Zeit und der Atomität alles Seienden darin -, der das bergende antik-mittelalterliche Sphärenhaus aufsprengte.[17] An die Stelle der metaphysischen Kosmologie der in sich geschlossenen und strukturierten und nach außen abschlossenen und begrenzten Welt trat die Leitvorstellung eines unendlich ausgedehnten objektgefüllten Raums. Wie sollte es möglich sein, angesichts dieser Revolution der Wirklichkeitssicht von einem providentiellen Wirken Gottes in Raum und Zeit zu reden?

Wo sich die Theologie nicht in bewußten Gegensatz zu den Veränderungen des Weltbildes setzen wollte, mußten diese Veränderungen eminente Rückwirkungen auf die theologischen Konzepte haben, in denen sich die Glaubensüberzeugung von der wirkenden Gegenwart Gottes in der Natur ausdrückte. Die Ausbildung dieser Konzepte erfolgte in positiver oder negativer Referenz zur Interpretation der Natur als eines Reiches autonomer Notwendigkeit.

Dabei war es besonders diese Leitvorstellung der Natur als eines *immanenten, nach den Zwangsgesetzen kausaler Notwendigkeit determinierten Wirkzusammenhanges*, die für kontingente, spontan-kausale und damit individuell-procurative Eingriffe Gottes in den selbstregulativen Ablauf der Natur keinen Raum mehr ließ. Wo der Weltprozeß nach diesem Modell erklärt wurde, war der Konflikt mit der theologischen Behauptung des individuell handelnden Eingreifens Gottes unausweichlich. Die zeitweilige Suspension des Gesetzesprinzips hätte seine Geltung insgesamt erschüttert.

Der Konflikt entzündete sich an der Frage der Naturwunder. Schon das scholastische Paradigma der göttlichen Seinsordnung und die damit verbundene Betonung der providentia ordinata hatte dieser Vorstellung Widerstand entgegengesetzt. Wurde die Wirklichkeit als gesetzlich konstruierter Ordnungszusammenhang aufgefaßt, dann konnte Gott vollends nicht mehr nach dem Modell des voluntaristischen Theismus als transzendentes, personales Handlungssubjekt gedacht werden, das als Herr der Kontingenz in spontaner Kausativität in die mundanen Prozesse interveniert. Wunder mußten als »umbiegende Nachhilfen beim zweckwidrigen Versagen des gesetzmäßigen Ablaufs der Dinge und Vorgänge«[18] erscheinen. Vorsehungs- und Wunderglaube gerieten in Spannung miteinander und trennten sich.[19] Von den Voraussetzungen des

17. In seinen Pensées hat Pascal den *horror vacui*, das Lebensgefühl der Verlorenheit des Menschen in einem grenzenlosen, leeren Kosmos eindrücklich artikuliert: »Wir treiben auf einer unendlichen Mitte dahin, immer ungewiß und schwankend, von einem Ende zum anderen getrieben« (72/4, vgl. 20ff; 233). Bei Kopernikus herrschte demgegenüber noch das Gefühl des Triumphs vor, gegründet auf dem Aufstieg des Menschen zur Welt der Sterne, die bis dahin der Sphäre des Transzendenzen angehörte [siehe: Blumenberg, H. (1965): Die kopernikanische Wende, Frankfurt, 123]. Und auch für Giordano Bruno war die Entdeckung der kosmischen Unendlichkeit verbunden »mit einer poetisch-theologischen Glut, mit einem Optimismus« [Weimer, L. (1988): Wodurch kam das Sprechen von Vorsehung und Handeln Gottes in die Krise? Analyse und Deutung des Problemstandes seit der Aufklärung, in: Schneider, T., Ullrich, L. (Hg) {→ L.}, 31].
18. Hirsch, E. (1949-1954) {→ Teil II, A. 267}, Bd. 1 (1949, 1960^2), 166.
19. Nicht erst bei Hume, wie oft behauptet, sondern schon bei Spinoza findet sich die erste ausgearbeitete und für die Folgezeit maßgebliche Kritik an der Vorstellung einer die Naturgesetze außer Kraft

neuen, naturwissenschaftlichen Weltbildes aus mußte die Rede von einem intervenierenden Gott als vorwissenschaftliche und prinzipiell aufhebbare Arbeitshypothese erscheinen.

Die reformierte Orthodoxie konnte diese Denkweise leichter integrieren als die lutherische, ließ sich doch ihr »Centraldogma«[20], die Lehre vom decretum absolutum, auf das sapiential-ordinative Modell der Vorsehung hin auslegen und als lex aeterna bestimmen: als der Welt zugrundeliegende, gesetzliche Logizität, die vom intellectus Dei ausgeht. Lediglich gegen die (stoische) Vorstellung, es könne sich dabei um ein immanentes Weltgesetz handeln, grenzten sich ihre Vertreter deutlich ab. Schwieriger mußte sich die von den Lutheranern zu erbringende Anpassungsleistung gestalten. Sie konnte nur in der Zurückdrängung des voluntaristischen Aktualismus, wie er für Luthers Gottesauffassung charakteristisch war, und in der Anknüpfung an die von Melanchthon betonte Lehre von der providentia ordinata gelingen.

Je mehr die Rede von einer handelnden Intervention Gottes problematisch wurde, um so mehr legte sich die Alternative des erneuerten sapiential-ordinativen Grundmodells nahe. Gottes Wirken wurde dabei ganz in den Modus der Generalität verlagert und als perfekte Einrichtung mathematischer Gesetze von unübertrefflicher Einfachheit und Schönheit bestimmt. Alle Weltbewegung vollzieht sich - dieser Auffassung zufolge - in vollendeter Harmonie nach diesen Gesetzen, wodurch der gesamte Weltprozeß teleologisch ausgerichtet wird und göttlichen Zwecksetzungen dient. Die ›deistische‹ Zurücknahme allen Gotteswirkens auf den Akt der initialen Einrichtung der Weltordnung ließ sich so ebenso vermeiden wie die theistische Behauptung spontankausaler Interventionen Gottes. Gott ist sehr wohl in der Welt aktiv ist, wenn auch immer in der Art der von ihm eingerichteten Gesetzmäßigkeit. Die empirische Kausalität wurde dabei als Form und Vollzug des göttlichen Wirkens selbst gedeutet. Pointiert formuliert: Gott wirkt als sapiential-ordinatives *Funktionsprinzip* des Weltprozesses und auf diese Art *in* diesem Prozeß (nicht nur in seiner sapientialen Installation). Daß ein solches Grundverständnis der Weltwirksamkeit Gottes eklatante Konsequenzen für das Vorsehungsdenken nach sich ziehen mußte, liegt auf der Hand.

Im folgenden wage ich eine systematisierende Überschau über die Reaktionen auf das neue Weltbild im Blick auf das Vorsehungsdenken. Es geht darin nicht primär um die theologiegeschichtliche Nachzeichnung der weiteren Entwicklung, welche die theologische Vorsehungslehre vom 17. bis zum 19. Jh. genommen hat[21], sondern um die Herausarbeitung der Herausforderungen und der grundlegenden Optionen, mit denen vor allem von seiten der theologisch interessierten Philosophie auf die Plausibilitätskrise der klassi-

setzenden Intervention Gottes in den Naturprozeß - zugespitzt auf die Frage der Naturwunder. Spinoza trat mit seiner Kritik der Auffassung entgegen, die Vorsehung Gottes erweise sich in besonderer Verdichtung im Wunder [Theol.-polit. Traktat (PhB 93) {→ A. 23}, Kap. 6].

20. Flückinger, F. (1956) {→ Teil II, A. 314}, 515.
21. Siehe dazu: Köstlin, J. (1898) {→ L.}, 265-267; Lobstein, P. (1908, ND 1971) {→ L.}, 756f; Schilson, A. (1991) {→ L.}, 224f; Viering, K. A. (1928) {→ L.}, 643ff; Scheffczyk, L. (1963) {→ L.}, 121ff; Plathow, M. (1976) {→ L.}, 75-86; Hartt, J. (1982, 1985²): Creation and Providence, in: Hodgson, P. C., King, R. H. (Hg): Christian Theology. An Introduction to Its Traditions and Tasks, Philadelphia, 151-158; Weimer, L. (1988): Wodurch kam das Sprechen von Vorsehung und Handeln Gottes in die Krise? Analyse und Deutung des Problemstandes seit der Aufklärung, in: Schneider, T., Ullrich, L. (Hg) {→ L.}, 17-71 (Lit.).

schen theologischen Providenzlehre (als Lehre vom handelnden Weltbezug Gottes) geantwortet wurde. Besonders der Pan(en)theismus Spinozas und der ›Deismus‹ der Leibniz-Wolff'schen Ontologie und Metaphysik verdienen dabei Beachtung, bilden sie doch die beiden großen Bezugsrahmen für die Entfaltung der Lehre von Gottes Weltwirken neben der klassischen Providenzlehre der protestantischen Orthodoxie. Der Blick richtet sich auf die in diesen Konzepten und in der Reaktion auf sie ausgefalteten *Denkmöglichkeiten* in der Auffassung des Wirkens Gottes in Natur, Geschichte und im individuellen Leben.

Diese Darstellung soll dazu dienen, Gestalten und Elemente der Vorsehungslehre in den Blick zu bekommen, die neben oder erst nach ihrer klassischen Entfaltung in der protestantischen Orthodoxie entwickelt wurden und die in gegenwärtigen Lehrentwürfen - besonders in der Diskussion um Divine Action - eine Rolle spielen. Anliegen ist also auch hier wieder nicht zuerst eine theologie- bzw. philosophiegeschichtliche Aufarbeitung, sondern die Erfassung systematischer Denkformen und ihrer praktischen Konsequenzen für die Lebensdeutung und -gestaltung.

B. Der Pan(en)theismus Spinozas und der ›Deismus‹ der Leibniz-Wolff'schen Metaphysik

Sollte der Bereich der Natur nicht gänzlich in die mechanistische Eigengesetzlichkeit entlassen werden (wie bei Descartes), sollte die theologische nicht gänzlich durch eine naturalistische Weltinterpretation ersetzt und der Glaube an die Vorsehung des gerechten und guten Gottes nicht gänzlich geleugnet werden (wie bei Hobbes), dann mußten religionsphilosophische bzw. theologische Modelle konzipiert werden, die es erlaubten, einerseits am metaphysischen Teleologiegedanken festzuhalten und andererseits die (durch die wissenschaftliche Naturauffassung des 17. Jhs. gebotene) unverbrüchliche Regelhaftigkeit der physischen Wirklichkeit anzuerkennen, die eine freie und absichtliche Intervention Gottes nicht mehr zuließ.

Die beiden wichtigsten dieser Modelle sollen im folgenden als Gegenentwürfe gegen die Vorsehungslehre der protestantischen Orthodoxie zusammenfassend dargestellt werden, wobei sich eine Klärung des Begriffs »Deismus«, der zur Bezeichnung eines dieser Modelle herangezogen wurde und wird, als unumgänglich erweist.

1. Gott als Allnatur

Im Gegensatz zu Descartes[22] versteht *Spinoza*[23] Denken und Ausdehnung, Geistigkeit und Leiblichkeit, nicht als zwei voneinander und von Gott als der unendlichen und unerschaffenen Substanz getrennte Substanzen, sondern als unendliche Attribute

22. Zu Descartes Philosophie und ihrer Rezeption - soweit sie für die Fragerichtung dieser Studie von Bedeutung ist - siehe: Löwith, K. (1967): Gott, Mensch und Welt in der Metaphysik von Descartes bis zu Nietzsche, Göttingen, in: ders. (1986): Sämtliche Schriften 9, Stuttgart, 16-50 (zur Interpretation der Unterscheidung von res extensa und res cogitans bes. 24-28); Husserl, E. (1977): Die Krisis der europäischen Wissenschaften und die transzendentale Phänomenologie (PhB 292), Hamburg, §§ 16-21 (S. 80-92); Cottingham, J. (1992): Cartesian Dualism: Theology, Metaphysics, and Science, in: ders. (Hg): The Cambridge Companion to Descartes, Cambridge, 236-257; Woolhouse, R. S. (1993) {→ A. 23}, 14-27, 78-88, 102-115, 150ff.
23. Im folgenden zitiere ich aus Spinozas Werken nach: Gebhardt, C. (Hg): Sämtliche Werke in sieben Bänden (PhB), Hamburg:
    - Kurze Abhandlung von Gott, dem Menschen und dessen Glück, (1658-1660), Werke 1 (PhB 91) 1991[5];
    - Die Ethik nach geometrischer Methode dargestellt (1670-1675), Werke 2 (PhB 92) 1994[3];
    - Theologisch-politischer Traktat (1665-1670), Werke 3 (PhB 93) 1994[3];
    - Briefwechsel, Werke 6 (PhB 96a), 1986[3].

    Die für Spinoza charakteristische Identifikation der Vorsehung mit der Naturordnung findet sich vor allem in seinem »Theologisch-politischen Traktat« (PhB 93) in Kap. 6 und im Lehrsatz 15 von Ethik I (PhB 92).

    Zur Einführung in Spinozas Denken: Bartuschat, W. (1996): Baruch de Spinoza (BsR 537), Münder einen göttlichen Substanz (natura naturans), deren Wesen ihre Existenz impliziert, die alles Sein in sich vereinigt und - selbst ursachelos und sich selbst verursachend (causa sui) - erste Ursache (causa prima) von allem ist.[24] In ihren endlichen Modi folgt die natura naturata - logisch wie real[25] - den Notwendigkeiten der natura naturans[26], ohne von dieser wie von einer mechanischen Wirkursache bewegt zu werden. Gott ist die immanente, nicht aber die von außen einwirkende Ursache aller Dinge.[27] Während sich demnach die unmittelbare, äußerliche Verursachung der Dinge im lückenlosen nexus der weltlichen causae efficientes vollzieht - wobei materielle und geistige Prozesse parallel verlaufen und dabei die jeweils andere Befindlichkeit mitmodifizieren -, ist die absolute Substanz der göttlichen Allnatur die causa per se und als solche die immanente, aber allwirkende Ursache jeder Bewegung in der Welt, auch jeder Handlung der Menschen und selbst jeder ihrer Willensregungen.[28] Von daher kann man von einem ›panentheistischen Determinismus‹ bei Spinoza sprechen; Lloyd, G. (1996): Routledge Philosophy Guidebook to Spinoza and The Ethics, London, New York.

Literatur zu Spinoza, die in besonderer Weise relevant für das Thema dieser Studie ist: Löwith, K. (1967) {→ A. 22}, 148-194; Deleuze, G. (1968, dt: 1993): Spinoza und das Problem des Ausdrucks in der Philosophie 39-73; Kauz, F. (1972): Substanz und Welt bei Spinoza und Leibniz (Symposion), Freiburg, München, 13-69; Hecker, K. (1978): Spinozas allgemeine Ontologie (EdF 101), Darmstadt; Quinn, P. L. (1979): Divine Conservation and Spinozistic Pantheism, in: RelSt 15, 289-302; Della Rocca, M. A. (1984): Reflections on God's Essence: Spinoza and Knowledge of God, Diss. Harvard University; Wiedmann, F. (1982): Baruch de Spinoza. Eine Hinführung, Würzburg, bes. Kapitel II/3f, 56-70; Fox, A. C. (1990): Faith and Philosophy: Spinoza on Religion, Nedlands, W.A.; Ben-Shlomo, Y. (1991): Substance and Attributes in the *Short Treatise* and in the *Ethics*: An Attempt at an »Existentialist« Interpretation, in: Yovel, Y. (Hg): God and Nature: Spinoza's Metaphysics, Leiden u.a., 219-229; Kammerer, A. (1992): Die Frage nach dem (Selbst-)Bewusstsein Gottes im System Spinozas (IBKW.S 81), Innsbruck; Samely, A. (1993): Spinozas Theorie der Religion (Schriften der Spinoza-Gesellschaft 2), Würzburg; Woolhouse, R. S. (1993): Descartes, Spinoza, Leibniz. The concept of substance in the seventeenth-century metaphysics, London, 28-53, 88-94, 115f, 150ff; Yovel, Y. (1994): Spinoza. Das Wunder der Immanenz, Göttingen (engl.: Spinoza and Other Heretics, 2 Bde., Princeton 1989), bes. Teil II, 2. Kap. (»Spinoza und Hegel: Der immanente Gott - Substanz oder Geist?«), 294-321; Carriero, J. (1994): The Theological Roots of Spinoza's Argument for Monism, in: FaPh 11, 626-644; Schnepf, R. (1996): Metaphysik im ersten Teil der Ethik Spinozas (Schriften der Spinoza Gesellschaft, 4) Würzburg, bes. 146-169, 198-265; Garrett, D. (Hg) (1996): The Cambridge Companion to Spinoza, Cambridge, darin besonders: Bennett, J.: Spinoza's Metaphysics, 61-88, und: Donagan, A.: Spinoza's Theology, 343-382.

24. Ethik I (PhB 92), Lehrsatz 15ff; Tractatus brevis (PhB 91), 22, 40f.
25. In diesem »Gedankenrealismums«, der logische Folge mit realer Wirkung identifiziert, liegt der Hauptvorwurf, der immer wieder gegen Spinoza erhoben wurde. Siehe dazu: Walther, M. (1971): Metaphysik als Anti-Theologie. Die Philosophie Spinozas im Zusammenhang der religionsphilosophischen Problematik, Hamburg, 51f.
26. Tractatus brevis (PhB 91), 41ff. Vgl. Ethik I (PhB 92), Lehrsatz 29, Anm.
27. Ethik I (PhB 92), Lehrsatz 18.
28. So stellt Albert Einstein, dessen philosophischer Hintergrund von Spinoza inspiriert war, zutreffend fest: »Spinoza ist der erste gewesen, der den Gedanken der deterministischen Gebundenheit alles Geschehens wirklich konsequent auf das menschliche Denken, Fühlen und Handeln angewendet hat« [Brief von 1932, in: Hoffmann, B., Dukas, H. (Hg) (1972): Albert Einstein. Schöpfer und Rebell, Dietikon-Zürich, 115].

chen[29]: Alles folgt aus der vollkommenen Notwendigkeit der All-Natur Gottes. Gott lenkt den Kosmos wie die Seele den Leib. Er ist die All-Seele, die alle Wirklichkeit beseelt und damit ›bewirkt‹. Gott waltet nicht nur in der Wirklichkeit als wirksame Allpräsenz, sondern west substantiell in den Dingen - als deren Seins- und Bewegungsprinzip, so daß diese als seine Seinsweise verstanden werden können. Das Sein, die Substanz der Dinge ist nicht dem Seienden zu eigen gegeben, sondern Qualität der Gott-Natur.

Spinoza identifiziert die Vorsehung Gottes mit der Ordnung der Natur[30]. Sie ist »nichts andres ... als das Streben, das wir in der ganzen Natur und in den besonderen Dingen zur Erhaltung und Bewahrung ihres Seins finden«[31]. Damit hat er nicht nur die Vorstellung einer transzendenten, externalen Intervention in den Naturprozess abgewiesen, sondern auch die einer voluntativ-aktualen Teleologie. Vorsehung meint die Rationalität der natura naturata als Erscheinungs-, bzw. Seinsweise der natura naturans. Zum Prozeß der Geschichte hat sie zunächst keinen Bezug.[32] Auf der Grundlage des o.g. Leitsatzes kann Spinoza dann durchaus zwischen allgemeiner und spezieller Vorsehung unterscheiden, jedoch in einem gegenüber der Lehre der protestantischen Orthodoxie charakteristisch anderen Sinn: »Die allgemeine Vorsehung ist die, durch die jedes Ding hervorgebracht und erhalten wird, sofern es ein Teil der ganzen Natur ist. Die besondere Vorsehung ist das Streben, das jedes Ding im einzelnen zum Bewahren seines Seins hat, sofern es nicht als ein Teil der Natur, sondern als ein (individuelles - R.B.) Ganzes betrachtet wird.«[33] Vorsehung als Wirksamkeit Gottes erscheint dieser Bestimmung zufolge als conservatio (welche auch die creatio der Dinge einschließt) unter den beiden Perspektiven a) der Generalität bzw. Funktionalität (Bewahrung des gesamten Funktionszusammenhanges, z.B. des menschlichen Körpers) und b) der Individualität (Bewahrung des einzelnen Gliedes am Körper um seiner selbst willen). Ihr Gestaltprinzip besteht in der strikten Notwendigkeit unter Ausschluß aller Möglichkeit und Freiheit - für den Menschen wie für Gott.

Während im Monismus Brunos die Anklänge an die neuplatonische Ontologie offensichtlich waren[34], konnte man im System Spinozas die schon im vorsokratischen ›hen kai pan‹ angelegte pantheistische Traditionslinie des ›stoischen‹ Immanentismus wieder aufleben sehen, demzufolge der Logos als apersonale Weltvernunft und göttliche Urkraft das gesamte All bis in seine kleinsten Mikrokosmen hinein

29. Fichte prägte den (polemischen) Ausdruck des »intelligiblen Fatalismus« im Blick auf Spinoza [Fichte, J. G., (1962): Ausgewählte Werke (hg. v. F. Medicus), Darmstadt, Bd. 1, 456; Bd. 2, 586].
30. Theologisch-politischer Traktat (PhB 93), 102,8ff; 106,6ff; 111,19-24.
31. Tractatus brevis (PhB 91), 45,16-20.
32. Die von Yovel vorgetragene Behauptung, Spinoza habe die Vorsehung als erstes unter den theologischen Motiven aus seiner Philosophie verbannt [Yovel, Y. (1994) {→ A. 23}, 370], ist zu pauschal und legt den Begriff der Vorsehung zu sehr auf eine historische Teleologie fest.
33. Tractatus brevis (PhB 91), 45,27-33. Vgl. 48, 29ff.
34. Bruno, G. (1584): De la causa, principio et uno, London; dt: Von der Ursache, dem Prinzip und dem Einen (hg. von P. R. Blum, PhB 21), Hamburg 1993, bes. 2. Dialog, S. 27, Z. 34ff; 3. Dialog, S. 71, Z. 7ff.

nach absoluter Zweckmäßigkeit ordnend durchwaltet. Doch so nahe Spinoza - »der erste Philosoph der Immanenz« in der Neuzeit[35] - der stoischen Lehre von der Weltseele auch kommt, er unterscheidet sich grundlegend von diesem Pantheismus.

Weder behauptet er die Unendlichkeit des Raumes noch die völlige Identität von Gott und Welt, so daß mit der Vergöttlichung der Welt Gott verweltlicht worden wäre.[36] Vielmehr versteht er Gott als Inbegiff des absoluten, ewigen, unendlichen Raums - und damit als omnitudo realitatis - und die Welt als Explikation und damit als Attribut Gottes.[37] Gott und Welt verhalten sich wie Substanz und Modus zueinander. So kann er einerseits den Gedanken einer ontischen Unterschiedenheit der geschöpflichen Dinge von Gott ablehnen, was a) zur Leugnung der Eigenständigkeit und Freiheit der Geschöpfe und b) zur Bestreitung eines von den Attributen cogitatio und extensio isolierten An-sich-Sein Gottes führen muß. Andererseits aber kann er am Postulat der Freiheit Gottes als alle Notwendigkeit setzende causa libera ebenso festhalten wie an der Behauptung des ›unendlichen qualitativen Abstandes‹ zwischen Gott und Mensch.

Die Vereinbarkeit dieser spannungsreichen Aussagen erschließt sich aus der präzisen Zuordnung der Unterscheidung von natura *naturans* und natura *naturata* zu Wirklichkeit und Wirksamkeit Gottes. Spinoza identifiziert Gott nicht mit der natura *naturata* als der Welt kontingenter Erscheinungen, sondern mit der natura *naturans*, d.h. mit der göttlichen Rationalität der Wirklichkeit, die ihren Prozeßzusammenhang durch logische und kausale Gesetze mit Notwendigkeit steuert. In der Bedeutung von »Deus sive natura *naturans*« aber stellt Spinozas Formel nichts anderes als eine Tautologie dar.[38] So kann er sich - wie Bruno[39] - zu Recht gegen den Pantheismusvorwurf verwahren: »Wenn indes Einzelne meinen, daß die theologisch-politische Abhandlung auf der Identität von Gott und Natur beruhe (wobei sie unter Natur eine Art Masse oder körperlichen Stoff verstehen), so sind sie gänzlich im Irrtume«.[40]

35. Yovel, Y. (1994) {→ A. 23}, 458.
36. Zur Spinozarezeption, die über weite Strecken die Geschichte seiner polemischen Ablehnung ist - Spinoza war »der wohl meistbeschimpfte Philosoph und religiöse Denker der frühen Neuzeit« [Küng, H. (1978): Existiert Gott? Antwort auf die Gottesfrage der Neuzeit, München, Zürich, 160] -, siehe: Schewe, M., Engstler, A. (Hg) (1990): Spinoza (Auslegungen 2), Frankfurt u.a., 323-367; Delf, H. (Hg) (1994): Spinoza in der europäischen Geistesgeschichte (StGG 16), Berlin; Otto, R. (1994): Studien zur Spinozarezeption in Deutschland im 18. Jh., Frankfurt, bes. 36-58 (zum Vorwurf des »Spinozismus« 58ff); Yovel, Y. (1994) {→ A. 23}, Teil II, 257ff; Moreau, P.-F. (1996): Spinoza's Reception and Influence, in: Garrett, D. (Hg): The Cambridge Companion to Spinoza, Cambridge, 408-433.
37. Mit: Weimer, L. (1988): Wodurch kam das Sprechen von Vorsehung und Handeln Gottes in die Krise? Analyse und Deutung des Problemstandes seit der Aufklärung, in: Schneider, T., Ullrich, L. (Hg) {→ L.}, 61, Anm. 104.
38. Siehe dazu: Wiedmann, F. (1982) {→ A. 23}, 61f; Löwith, K. (1967) {→ A. 22}, 159ff.
39. Nach Bruno kann der Welt nur insofern Göttlichkeit prädiziert werden, *als sie eine göttliche Idee ist.* Gott bleibt welttranszendent. Daher ist seine Formulierung »natura est Deus in rebus« - genau wie Spinozas »Deus sive natura« - als Tautologie auffassen. - Zum »einheitsmetaphysischen Ansatz« Brunos siehe: Bönker-Vallon, A. (1995): Metaphysik und Mathematik bei Giordano Bruno, Berlin, 59-76.
40. Brief an H.Oldenburg vom Nov. 1675, zit. nach: Briefwechsel (PhB 96a), 73. Brief, 276.

Von daher erscheint es sachgemäß, Spinozas Philosophie weniger als pantheistisch denn als pan*en*theistisch zu bezeichnen.[41] Ihr Grundsatz lautet: »Alles, was ist, ist in Gott, und nichts kann ohne Gott sein oder begriffen werden«.[42] Lediglich in der Polemik der Kritiker konnte diese Position als eine Art des pantheistischen Deismus (oder gar Atheismus[43]) erscheinen, in der die Ordnung der sich selbst überlassenen Schöpfung vergöttlicht worden sei.

Spinoza kann zur Beschreibung Gottes ebenso eine personale wie eine natural-apersonale Kategorialität heranziehen. Sein zentraler biblischer Beleg ist Act 17,28 - jene Stelle, die immer wieder für einen Panentheismus ins Feld geführt wurde.[44] Die Frage, ob Spinoza mit seinem Entwurf einer panentheistischen Vorsehungslehre die jüdische und urchristliche Vorstellung von einem In-Sein in Gott durch den stoischen Immanentismus überformt habe, ist damit zumindest nicht vorschnell zu bejahen. Das Sein ist durch und durch von Gott, dem räumlich allgegenwärtigen (weil den Raum selbst bildenden) »Lenker und Fürsorger von allem«[45] durchwirkt. Es ist göttlich, aber nicht selbst Gott, so daß ihm die Eigenschaft der Unveränderbarkeit zukäme. Ein substantielles Selbstsein gegenüber Gott darf ihm nicht prädiziert werden.

Hegel nannte diesen Panentheismus »Akosmismus« {→ S. 223f} und wollte darin den Ausdruck eines konsequenten, jüdischen Monotheismus erkennen.[46] Dagegen bleibt jedoch festzuhalten, daß sich dieser ›assimilative Monotheismus‹, der die gesamte Wirklichkeit in Gott hineinnimmt, nicht mehr ungebrochen auf die jüdische Tradition der Diesseitsbetonung berufen kann. Andererseits gilt: Selbst wenn hier der Gottesglaube im Sinne eines der Stoa nahen Immanentismus ausgelegt wird, so sind darin theologische Anliegen zur Geltung gebracht, die auch in der biblischen und theologiegeschichtlichen Überlieferung ein wichtige Rolle spielen. So konnte sich selbst Calvin zum stoischen »naturam esse Deum« bekennen - »wenn es nur aus einem frommen Herzen kommt«[47].

41. Eine systematische Aufgliederung der Bedeutungen des (auf John Toland [1705] zurückgehenden) Pantheismusbegriffs gibt: Rast, M. (1976, 1985[17]): Art. »Pantheismus«, in: PhW, 283f. Darin ordnet er Spinoza zutreffend dem Typus des »immanent-transzendentalen Pantheismus« zu und grenzt ihn damit von einer rein immanenten wie von einer rein rein transzendenten Alleinheitslehre ab.
42. Ethik I (PhB 92), Lehrsatz 15.
43. Scheffczyk geht in seiner Polemik gegen Spinoza so weit, eine »große Unausgeglichenheit dieses Denkers« zu konstatieren und ihm Atheismus vorzuwerfen [Scheffczyk, L. (1963) {→ L.}, 118]. Er steht damit in der langen Tradition, die Spinoza als Pantheisten und Pantheismus als »höflichen Atheismus« (Schopenhauer) versteht.
44. In dem oben zitierten Brief an Oldenburg heißt es: »Ich behaupte eben, daß *alles in Gott lebt und webt*, geradeso wie Paulus und vielleicht auch alle antiken Philosophen, wenn auch in anderer Weise, und ich darf wohl auch sagen, wie alle alten Hebräer ...« (Hervorheb. R.B.).
45. Tractatus brevis (PhB 91), 48,8-10.
46. So auch Weimer: »Deus seu Natura ist offensichtlich im jüdischen Sinn, zu Ehren des Monotheismus, zu verstehen« [Weimer, L. (1988): Wodurch kam das Sprechen von Vorsehung und Handeln Gottes in die Krise? Analyse und Deutung des Problemstandes seit der Aufklärung, in: Schneider, T., Ullrich, L. (Hg) {→ L.}, 61, Anm. 104].
47. Institutio {→ Teil II, A. 109}, I, 5,5.

Ein zentrales Problem dieses Ansatzes liegt in seiner Deutung des Widergöttlichen in der Welt. Da es - gleichsam als ein ›Geschwür‹ am Leibe Gottes - nicht mit dem Postulat der Vollkommenheit Gottes vereinbart werden kann, muß es zur Uneigentlichkeit herabgestuft werden.

2. Gott als Ingenieur und Programmierer der machina-mundi

In scharfer Wendung gegen den dualistischen Mechanismus Descartes', gegen die monistisch-panentheistische Substanzmetaphysik Spinozas, aber auch gegen jede voluntaristische Theologie, die Gottes Handeln als kontingente, den regulären Naturlauf potentiell wie aktual durchbrechende Spontankausalität verstand, entwickelte *G. W. Leibniz*[48]

48. Im folgenden beziehe ich mich in erster Linie auf: Leibniz, G. W. (1710): Essais de Théodicée sur la bonté de Dieu, la liberté de l'homme et l'origine du mal; dt.: Versuche in der Theodicée über die Güte Gottes, die Freiheit des Menschen und den Ursprung des Übels; und auf: Leibniz, G. W. (1714): Principes de la nature et de la grace fondés en raison. Monadologie; dt: Prinzipien der Natur und der Gnade. Monadologie. Die *Theodizee* zitiere ich nach: Buchenau, A. (Hg) (1996): Gottfried Wilhelm Leibniz, Philosophische Werke in vier Bänden, Bd. 4 (PhB 499), Hamburg; einzelne Stellen gebe ich an nach: Herring, H. (Hg) (1985): Gottfried Wilhelm Leibniz, Philosophische Schriften, Bd. 2/1+2, frz.-dt. Textausgabe, Darmstadt. Die *Prinzipien der Natur und der Gnade, Monadologie* und andere Schriften zur Monadenlehre sind angegeben nach: Buchenau, A. (Hg) (1996): Gottfried Wilhelm Leibniz, Philosophische Werke in vier Bänden, Bd. 2/2 (PhB 497), Hamburg, 331-648; vgl.: die von H. Herring hg. frz.-dt. Textausgabe (PhB 253), Hamburg 1982².
Weitere Äußerungen Leibniz' zur Vorsehung Gottes finden sich in: Gerhardt, C. J. (Hg) (ND 1961): Die philosophischen Schriften von Gottfried Wilhelm Leibniz, Hildesheim, Bd. 7, 358,13ff (zweites Schreiben an Clarke) und 391,14ff (fünftes Schreiben an Clarke, § 13); leider sind diese beiden Abschnitte nicht aufgenommen in die Edition dieser Briefe in: Wiater, W. (1989): Gottfried Wilhelm Leibniz, Philosophische Schriften, Bd. V/2, Darmstadt, 362ff und 402ff.
Literatur zu Leibniz, die in besonderer Weise relevant für das Thema dieser Arbeit ist: Cassirer, E. (1902, 1962²): Leibniz' System in seinen wissenschaftlichen Grundlagen, Darmstadt, 477ff; Heer, F. (1958): Einleitung, in: ders. (Hg): Leibniz, Frankfurt, Hamburg, 29ff (zum Begriff der Maschine als der Schlüssel-Vorstellung der Leibniz'schen Weltsicht); Kauz, F. (1972) {→ A. 23}, 73-218; Axelos, C. (1973): Die ontologischen Grundlagen der Freiheitstheorie von Leibniz, Berlin, New York, bes. 301-373; Wilson, C. (1983): Leibnizian Optimism, in: JPh 80, 765-783; Øhrstrøhm, P. (1984): Anselm, Ockham and Leibniz on Divine Foreknowledge and Human Freedom, in: Erkenntnis 21, 218-220; Schneiders, W. (1984): Harmonia universalis, in: StLeib 16, 27-44; Langston, D. C. (1986) {→ Teil I, A. 55}, 75-93; Krolzik, U. (1987) {→ L.}, 121-132; Brown, G. (1987): Compossibility, Harmony and Perfection in Leibniz, in: PhRev 96, 173-203; Schepers, H. (1988): Zum Problem der Kontingenz bei Leibniz. Die beste der möglichen Welten, in: Heinekamp, A., Schupp, F. (Hg): Leibniz' Logik und Metaphysik, Darmstadt, 193-222; Holze, E. (1991): Gott als Grund der Welt im Denken des Gottfried Wilhelm Leibniz (StLeib, Sonderheft 20), Stuttgart, bes. 123-184; Seifen, J. (1992): Der Zufall - eine Chimäre? Untersuchungen zum Zufallsbegriff in der philosophischen Tradition und bei Gottfried Wilhelm Leibniz (Academia Hochschulschriften. Philosophie 2), St. Augustin, 92ff; Woolhouse, R. S. (1993) {→ A. 23}, 54-74, 94-99, 116-128, 150; Liske, M.-T. (1993): Leibniz' Freiheitslehre. Die logisch-metaphysischen Voraussetzungen von Leibniz' Freiheitstheorie, Hamburg, bes. Kap. IV, S. 203-274; Sleigh, R. (1994): Leibniz on Divine Foreknowledge, in: FaPh 11, 547-571; Adams, R. M. (1994): Leibniz, Determinist, Theist, Idealist, New York u.a.; Jolley, N. (Hg) (1995): The Cambridge Companion to Leibniz, Cambridge, bes. 132ff, 325ff;

(und ihm folgend *C. Wolff*[49]) sein Modell der Welt als göttliche machina-mundi: Gott, der allweise Ingenieur, hat - seiner wesenhaften Perfektion entsprechend - die höchst vollendete Weltmaschine geschaffen.[50] Das paradigmatische Gleichnis dieses Modells ist die meisterhaft konstruierte Uhr, die als perpetuum mobile mit absoluter Präzision und Harmonie läuft.

Pierre Bayle führt einen anderen Vergleich ein, um das Leibniz'sche Modell des (unter Einbeziehung aller ›Randbedingungen‹) perfekt programmierten Mechanismus' zu veranschaulichen (um es dann abzulehnen): Er gebraucht das Bild eines Schiffes »das sich, ohne von jemand gelenkt zu werden, von selbst in den gewünschten Hafen hineinbegibt«[51]. An diesem Bild wird deutlich, wie sehr sich Leibniz von Luthers aktualistischer Auffassung der Weltbeziehung Gottes unterscheidet. Luther war davon überzeugt, daß Gott zusammen mit dem Steuermann das Schiff lenkt {→ S. 138}.

Während Descartes - indem er den Bereich der res extensae streng mathematisch aus den Größen der geometrischen Ausdehnung (magnitudo), der Figur (figura) und der Bewegung (motus) konstruierte und alle Bewegung auf den geschlossenen nexus der causae efficientes zurückführte - in den Augen Leibniz' einem ›geistlosen‹ Mechanismus huldigte[52], während Spinoza in seinem ›assimilativen Panentheismus‹ den Bereich der natura naturata in seiner geschöpflichen Eigenständigkeit auflöste, indem er ihn in die Allnatur Gottes hineinnahm, und während reformierte Supralapsaristen (wie Th. Beza) die Logizität und Rationalität der Welt dem Glauben an die durch keine Notwendigkeit eingeschränkte Freiheit des göttlichen Willens und seiner kontingent in den Weltprozeß intervenierenden Allwirksamkeit unterordneten, sahen Leibniz und Wolff den Kosmos (in seiner unendlichen Strukturganzheit) als das weise - in perfekter Rationalität - eingerichtete »Kunstwerk«, ja »Wunderwerk« Gottes,

Rutherford, D. (1995): Leibniz and the Rational Order of Nature, Cambridge, bes. Teil 1 (7-67) und 3 (177-236); Wiehart-Howaldt, A. (1996): Essenz, Perfektion, Existenz. Zur Rationalität und dem systematischen Ort der Leibnizschen Theologia Naturalis (StLeib, Sonderheft 25), Stuttgart, bes. 30ff; 119ff,145ff.

49. Vor allem in: Wolff, C. (1720, ND 1983) Vernünftige Gedanken von Gott, der Welt und der Seele des Menschen (Deutsche Metaphysik) (Gesammelte Werke, I. Abt., Deutsche Schriften, Bd. 2, ND Hildesheim, New York), Kap. 4, bes. § 557, 336f. - Zu Wolff: Philipp, W. (1957) {→ A. 15}, 128ff; Schneiders, W. (Hg) (1979, 1986²): Christian Wolff: 1679-1754. Interpretationen zu seiner Philosophie und deren Wirkung (Studien zum achtzehnten Jahrhundert 4), Hamburg (Lit.), darin bes. 81f, 144.

50. Zur Geschichte und Entwicklung dieses Modells: Sutter, A. (1988): Göttliche Maschinen. Die Automaten für Lebendiges bei Descartes, Leibniz, La Mettrie und Kant, Frankfurt. - Nach G. Schröder setzt sich das politisch-weltanschauliche Modell der Maschine in Frankreich in der Mitte des 17.Jhs. gegen das der Strategie durch: Schröder, G. (1985): Logos und List. Zur Entwicklung der Ästhetik in der frühen Neuzeit, Königstein/Ts., 34. - Der Terminus »machina mundi« ist jedoch wesentlich älter. Er geht auf Lucretius »De rerum natura« v. 96 zurück. Dort heißt es: »Ruet moles et machina mundi«.

51. In: Erwiderung auf die Betrachtungen über das System der prästabilierten Harmonie in der zweiten Auflage des Bayleschen *Dictionaire historique et critique*, Artikel »Rorarius« (1702), in: Buchenau, A. (Hg) (1996) (PhB 497) {→ A. 48}, 556.

52. Leibniz nennt die Cartesianer die »Sekte der Maschinisten« - »la secte machinale« [nach: Heer, F. (1958): Einleitung, in: ders. (Hg): Leibniz, Frankfurt, Hamburg, 30].

des Theos geometes.[53] Die machina-mundi hat nicht materialistischen, sondern spirituellen und ästhetischen Charakter (gegen Descartes' Mechanik[54]); sie ist ein von Gott unterschiedenes und in sich vielfältiges Produkt (gegen Spinozas Monismus) und doch auch nicht einfach Resultat seines majestätisch freien Willens (gegen den theistischen Voluntarismus), sondern Hervorbringung seiner absoluten Vernunft, Weisheit und Güte, die den zureichenden Grund seines Handelns in der Wesensnotwendigkeit des Vollkommenheits- bzw. Optimierungsprinzips bildet. Der kosmische Prozeß vollzieht sich teleologisch nach den von Gott den Monaden eingestifteten, in prästabilierter Harmonie gesetzlich aufeinander ausgerichteten Bewegungsimpulsen, wobei Gott als allweise, infinitesimale Zentralmonade jede einzelne Monade in der Welt je neu durch blitzartige Ausstrahlung entstehen und wirken läßt[55], was man als energetische, impulsartige »Emanation« Gottes deuten kann.[56]

In seiner (bei Bruno schon präfigurierten[57]) *Monadenlehre* vermochte Leibniz dem Descartes'schen Substanzverständnis nicht zu folgen und unterzog es im Kern einer dreifachen Revision:

- Substanz und Materie: Leibniz geht hinter die von Descartes sog. ausgedehnte Substanz zurück und versteht sie nicht als eine einheitliche, sondern als Konglomerat einer Vielzahl von diskreten, individuellen, unzusammengesetzten, daher unteilbaren Substanzen, bzw. substantiellen Zentren (= Monaden). Die Materie ist lediglich die wahrgenommene ›Oberfläche‹ der Substanz, d.h. die materielle Erscheinungsweise der Monaden, nicht aber selbst Substanz; mehr noch: ihre Gestalt ist Produkt der synthetisierenden Wahrnehmung dieser Vielfalt als eines Kontinuums. Monaden sind immateriell.
- Substanz und Kraft: Leibniz überwindet die Descartes'sche Mechanik durch eine teleologische Ontologie und nimmt darin Intentionen der scholastischen Metaphysik wieder auf. Monaden sind keine passiven, mechanisch bewegten Partikel, vielmehr eignet ihnen ideelle, teleologische Wirkkraft. Sie befinden sich im Zustand einer bestimmten »Perzeption« (was sich - etwas unscharf, die Intention aber treffend - mit ›Information‹ übersetzen läßt). Diese macht ihr Sein aus[58] und prädeterminiert alle ihre ›Handlungen‹. Alle Bewegung vollzieht sich nicht primär durch äußeren Anstoß, sondern durch inneren Antrieb, d.h. selbsttätig aus einem immanenten Prinzip heraus. Auslöser solcher aktiven Selbstveränderungen, bei denen die Monaden in einen anderen Zustand von Information versetzt werden, ist die »Appetition« (»Begehrung«). Sie wird durch die den Monaden immanente Wirkkraft nach Maßgabe einer Zweckursache initiiert. Dabei wirkt die metaphysische Kraft nicht nach außen, über die Monade hinaus, was Leibniz durch die Metapher der »Fensterlosigkeit« der Monade zum Ausdruck bringt. Auf der Ebene der metaphysischen vis primitiva kann es also keine Wechselwirkung zwischen den solipsistischen Monaden und d.h. zwischen Substanzen (das Problem der Cartesianer {→ S. 78}) geben. Doch

53. Siehe dazu: Ohly, F. (1982): Deus Geometra: Skizzen zur Geschichte einer Vorstellung von Gott, in: Kamp, N., Wollasch, J. (Hg): Tradition als historische Kraft. Interdisziplinäre Forschungen zur Geschichte des frühen Mittelalters, Berlin, 1-42.
54. Siehe dazu: Sutter, A. (1988) {→ A. 50}, 41-80.
55. Monadologie (PhB 497), § 47 (S. 611). Zur Deutung dieser »schiefen Metaphorik« [Wiehart-Howaldt, A. (1996) {→ A. 48}, 147] von Gottes »Ausblitzungen« [Kauz, F. (1972) {→ A. 23}, 204] siehe: Wiehart-Howaldt, A. (1996) {→ A. 48}, 146ff.
56. Wiehart-Howaldt, A. (1996) {→ A. 48}, 148ff.
57. Schon Bruno hatte die Vorstellung von individuellen »Kontraktionen der Gottheit« entwickelt und sie Monaden genannt.
58. So wie es dann Berkeley auf die Formel »esse is percipi« brachte: Berkeley G. (1710, ND 1967): A Treatise concerning The Principles of Human Knowledge (Works II, hg. von T. E. Jessop, London, Edinburgh), 42.

entspringt der metaphysischen die physische, mechanisch sich in den Raum hinein ausdehnende, wirkursächliche Kraft als vis derivativa, die als Druck und Stoß zwischen den Körpern wirkt.[59]

- Hierarchie der Substanzen: Leibniz hebt den Descartes'schen Substanzendualismus auf (im dreifachen Sinne Hegels): a) Er setzt ihn außer Kraft durch die Vorstellung, alle Wirklichkeit sei letztlich durch Monaden als Ureinheiten konstituiert und damit in einem Kontinuitätszusammenhang verbunden. b) Er hebt ihn auf eine höhere Ebene, indem er die Dualität zur Vorstellung einer Seinshierarchie der Monaden weiterentwickelt. c) Auf dieser Grundlage bewahrt er ihn jedoch und steht damit ebenso wie Descartes vor der von diesem unbewältigten Frage, wie körperliche und geistige Wirklichkeit interagieren.
  Jede Monade ist perzeptiv; je deutlicher ausgeprägt jedoch das (Selbst-)Bewußtsein (»Apperzeption«), je geistig-reiner, d.h. je weniger mit sinnlicher Wahrnehmung durchsetzt, die Erkenntnis einer Monade, um so höher ist ihr Rang: Vom unbewußten Perzipieren der leblosen, »nackten« Körpermonaden steigt die Hierarchie über die zu sinnlicher Empfindung fähigen »Seelen« (in belebten Organismen wie Tieren) bis hin zu den vernunftbegabten »Geistern« auf. Jede geistige Monade bedarf zu ihrer Ausdehnung eines körperlichen Monadenverbandes, mit dem sie sich umgibt und dessen Lebens-, Organisations- und Einheitsprinzip sie darstellt. In ihrer Perzeption repräsentiert sie das ganze Universum in der spezifischen Perspektive (point de vue) dieses Körpers. Solche Spiegelung der Einheit der Wirklichkeit in der Vielheit ihrer perspektivischen Wahrnehmungen generiert die Pluralität des endlichen Seins. So kann man den Begriff »Monade« in seiner Grundbedeutung von monás (= Einheit) in zweifacher Weise verstehen: Als kleinste, einfache, unteilbare Einheit der Wirklichkeit, aber auch als Spiegel der Einheit der gesamten Wirklichkeit als *Uni*versum.

Im Rahmen der Seinshierarchie der Monaden bleibt die grundlegende Unterscheidung von Geist und Natur erhalten. Leibniz hebt die Beziehung Gottes zur physischen Natur deutlich von der zur geistigen Welt ab: Während alle Monaden in seinen Augen lebendige Spiegel und Bilder des Universums sind, kann er die geistigen Substanzen darüberhinaus als »Spiegel Gottes«[60] oder gar als »kleine Gottheit«[61] bezeichnen, womit er ihre Gottebenbildlichkeit zum Ausdruck bringen will.[62] »Die Geister können in eine Art Gemeinschaft mit Gott eintreten, der sich zu ihnen nicht nur wie ein Erfinder zu seiner Maschine verhält - wie dies von der Beziehung Gottes zu den anderen Geschöpfen gilt - sondern auch wie ein Fürst zu seinen Untertanen, ja wie ein Vater zu seinen Kindern«.[63] Im einen Fall wirkt Gott als Baumeister (Wirkursache des Seins), im anderen als Gesetzgeber (Finalursache des Seins). Doch stellt der Architekt den Gesetzgeber zufrieden[64], d.h.: Nicht in kontingenter Intervention, sondern in quasi naturgesetzlicher Ordnung (»vermittels des mechanischen Laufs der Körperwelt«[65]) verwirklicht sich die moralische Gerechtigkeit Gottes, als Belohnung des Guten und Strafe des Bösen. Darin besteht die Vorsehung Gottes - so Leibniz explizit in § 90 der Monadologie.

59. Siehe dazu: Stammel, H. (1982): Der Kraftbegriff in Leibniz' Physik, Diss. Mannheim, 22f, 35f.
60. Metaphysische Abhandlung, in: Holz, H. H. (Hg) (1985): Kleine Schriften zur Metaphysik (Gottfried Wilhelm Leibniz, Philosophische Schriften, Bd. 1, frz.-dt. Textausgabe, Darmstadt), § 9 (S. 77).
61. Monadologie (PhB 497), § 83 (S. 619); schon in der Theodizee (PhB 499), § 147 (S. 199), sprach Leibniz von den Menschen als von »kleinen Göttern«.
62. So explizit in: Prinzipien der Natur und der Gnade (PhB 497), § 14 (S. 600).
63. Monadologie (PhB 497), § 84 (S. 619).
64. A.a.O., § 89 (S. 620).
65. A.a.O., § 89 (S. 620).

Leibniz kann die grundlegende Unterscheidung zwischen der Beziehung Gottes zu den vernunftbegabten Wesen und zu den nicht der Geistigkeit fähigen Kreaturen in Anlehnung an die Distinktion von allgemeiner und besonderer Vorsehung ausdrücken. So schreibt er in »Causa Dei«[66], einem für Leibniz' Vorsehungsauffassung sehr erhellenden Anhang zur »Theodizee«, die Güte Gottes begründe im Verbund mit seiner Größe die Vorsehung bei der Erschaffung und Regierung der Welt, die sich allgemein auf alle Geschöpfe beziehe. Sie begründe jedoch in besonderer Weise die Gerechtigkeit, die sich in der speziellen Regierung der vernünftigen Substanzen erweise. Gottes Herrschaft über die selbstbewußten Geschöpfe (worin sich seine Gerechtigkeit manifestiert) steht demnach *neben* der providentia. Diese bleibt beschränkt auf die generelle ordinatio der Schöpfung, d.h. auf das Arrangement der gesamten kosmischen Wirklichkeit zu einer universalen Harmonie (worin sich Gottes Weisheit und Allwissenheit dokumentiert).

Die Gesamtheit der ›Informationen‹, d.h. die Abfolge der Perzeptionen einer Monade macht ihr ›Programm‹ aus, das Gott von Ewigkeit her festgelegt hat. Diese ›Programmierung‹ garantiert die »prästabilierte Harmonie« zwischen den Monaden. Der aristotelische Entelechiegedanke wurde auf diese Weise theologisch als intentionale ›Programmierung‹ des Weltprozesses durch Gott rekonstruiert, wobei Gott ebenso das Subjekt der Programmierung wie der Programmausführung, sowohl der Autor des Weltdramas wie auch der Dramaturg ist. Doch interveniert er nicht in die laufende Aufführung. Gott *handelt* nicht (kontingent) in der Natur, er *wirkt* sapiential-ordinativ bzw. formativ durch seine initiale Anordung und durch seine permanente Erhaltung und Ausführung dieser Anordnung. Sein Wirken besteht in der durch die Verordnung der Naturgesetze prädeterminierten und durch Zufuhr von permanenter Stabilisierungsenergie garantierten conservatio sowie in der teleologisch-finalen Ausrichtung der Schöpfung durch energetische Impulse. Auf diese Weise beschreitet Leibniz einen Mittelweg zwischen Theismus (Gott als intentionales Handlungssubjekt) und Pantheismus (Gott als a-personale Substanz bzw. Kraft). Als ens perfectissimum von höchster Intelligenz ist Gott der zureichende Grund der Existenz - und der Ordnung der Welt, der die Konstanz ihrer Bewegungsgesetze gewährleistet und sie zur präfigurierten Anwendung bringt.

In einer interessanten Bemerkung legt Leibniz nahe, die Naturordnung nach dem sapiential-ordinativen Modell und die Geschichte nach dem aktualen Modell der Vorsehung zu deuten. In »Guilielmi Pacicii initia et specimina Scientiae Generalis ...« schreibt er, in der historia naturae lasse sich Gottes *Weisheit* und in der historia civilis Gottes *Wille* erkennen.[67] Doch wird dieser Gedanke nicht ausgebaut. Der von ihm entwickelte Ansatz zur Unterscheidung von Natur und Geschichte kommt erst später zur Entfaltung (s.u.).

66. Leibniz, G. W. (1710): Causa Dei asserta per justitiam ejus cum caeteris ejus perfectionibus cunctisque actionibus conciliatam; dt: Die Sache Gottes sichergestellt durch die Versöhnung seiner Gerechtigkeit mit seinen übrigen Vollkommenheiten und allen seinen Handlungen, bes. §§ 40-49. Dieser Text ist allerdings nicht in PhB 499 enthalten, sondern nur in der von H. Herring hg. frz.-dt. Textausgabe {→ A. 48}, II/2, 331ff.
67. Leibniz, G. W. (undatiert, ca. 1680): Guilielmi Pacicii initia et specimina Scientiae Generalis ..., in: Gerhardt, C. J. (Hg) (ND 1961): Die philosophischen Schriften von Gottfried Wilhelm Leibniz, Hildesheim, Bd. 7, 139.

Zur Veranschaulichung der prästabilierten Harmonie[68], gebraucht Leibniz das auf Nikolaus von Oresme zurückgehende *Uhrengleichnis*[69]: Der vollkommene Gleichgang zweier, mechanisch nicht miteinander verbundenen Uhren verdankt sich der perfekten initialen Programmierung der beiden Uhren durch Gott. *Ein* initial-regulatives Prinzip bewirkt die gleichmäßige Funktion in den beiden ›Funktionskreisen‹ und prädeterminiert ihre Harmonie. So wie der absolute Gleichgang der beiden Uhren nicht durch eine unmittelbare Verbindung zwischen ihnen (gegen die Unterstellung eines »influxus physicus«, wie sie die aristotelisch-scholastischen Physik vom Konnex der innerweltlichen Wirkursachen nahelegte) und nicht durch ihre ontische Substanzidentität (gegen Spinoza) verursacht ist, so auch nicht durch die Hand eines intervenierenden Mechanikers, der sie ständig neu synchronisiert (gegen die Vorstellung eines voluntativ-aktualen concursus divinus, bes. im Occasionalismus Malebranches {→ S. 78}. Vielmehr verdankt sich die Harmonie allein der Kunstfertigkeit und Präzision des »Architekt(en)«[70], bzw. des Uhrmachers, der die Uhren konstruiert hat. Gottes Wirken bleibt auf das perfekte Regelwerk der initialen Schöpfung beschränkt, die in ›informationellen‹ Steuerungsimpulsen von der Zentralmonade den Einzelmonaden mitgeteilt werden (vergleichbar vielleicht den modernen Funkuhren). Darüber hinausgehende, aktuale Interventionen Gottes sind weder erforderlich, noch möglich. Leibniz leugnet nicht die Freiheit Gottes als solche, wohl aber die Freiheit Gottes zum willentlichen Handeln in der Welt entgegen dem initial Verfügten. Gottes Wille ist durch Allgemeinheit und Vollkommenheit gekennzeichnet; er bringt sich nicht durch individuelle Fügungen, sondern durch die Realisierung der pansapientialen, präetablierten und -stabilisierten Harmonie zum Ausdruck und unterliegt insofern einem von ihm selbst gesetzten ontologisch-nomothetischen ›Handlungszwang‹.

68. Theodizee (PhB 499), Vorrede (S. 22ff); § 18 (S. 102ff); § 59 (S. 128f); § 62 (S. 130); u.ö; Prinzipien der Natur und der Gnade (PhB 497), § 13 (S. 599); Monadologie (PhB 497), § 87 (S. 619f). Die prästabilierte Harmonie besteht (a) zwischen den Monaden im allgemeinen, (b) zwischen dem Reich der Wirkursachen und dem der Finalursachen (»Zwecke«) innerhalb der natürlichen Welt, sowie (c) zwischen dem physischen Reich der Natur und dem moralischen Reich der Gnade. - In einem Brief an Arnauld vom April 1687 [in: Buchenau, A. (Hg) (1996) (PhB 497), 414] vergleicht Leibniz diese Harmonie mit der »wunderbare(n) Harmonie« zwischen mehreren Orchestern oder Chören, deren Musik vollkommen zusammenstimmt, obwohl sie sich weder hören noch sehen können. - Siehe dazu: Belaval, Y. (1974): Art. »Harmonie, prästabilierte«, in: HWP 3, 1001-1003; Adams, R. M. (1994) {→ A. 48}, 82-85.

69. Es findet sich ursprünglich in einem Postscriptum zu einem Brief an J. Basnage de Beauval vom 3./13.1.1696, abgedruckt in: Wiater, W. (1989) {→ A. 48}, 74-79; als Teil der »Kleine(n) Schriften zur Metaphysik« in: Holz, H. H. (Hg) (1985) {→ A. 60}, 238-243; und in: Buchenau, A. (Hg) (1996) (PhB 497), 459-461; vgl. Theodizee (PhB 499), § 188 (S. 235). - Zur Traditionsgeschichte dieses Gleichnisses siehe: Gloy, K. (1994) {→ A. 7}, 127; Sutter, A. (1988) {→ A. 50}, 35-39; zu seinem Bedeutungsinhalt: Blumenberg, H. (1965): Die kopernikanische Wende, Frankfurt, 34f. - Zur Interpretation der Rezeption des Gleichnisses bei Leibniz: Sutter, A. (1988) {→ A. 50}, 83-103. - Robert Boyle hatte die Uhr des Straßburger Münsters vor Augen, wenn er von »this great engine, the world«, sprach [zit. nach Weimer, L. (1988): Wodurch kam das Sprechen von Vorsehung und Handeln Gottes in die Krise? Analyse und Deutung des Problemstandes seit der Aufklärung, in: Schneider, T., Ullrich, L. (Hg) {→ L.}, 61, Anm. 106].

70. Monadologie (PhB 497), § 89 (S. 620).

Der von theologischer Seite oft geäußerte Vorwurf, Leibniz habe durch die Hervorhebung des gesetzlichen - von Gott gesetzten - Notwendigkeitsprinzips, das auch die Ordnung der Zweckursachen übergreift, den Vorsehungsglauben wieder stärker einem Schicksalsglauben angenähert und damit faktisch die Handlungsfreiheit der Menschen eliminiert, bedarf genauer Prüfung. Leibniz selbst betont stets, daß er an dieser Freiheit festhält und grenzt sich strikt von einem »mohammedanischen« Fatalismus ab. Wohl hat das göttliche Dekret den Charakter unabänderlicher Notwendigkeit, doch ist die von ihm verordnete Notwendigkeit seiner Realisierung eine hypothetische (necessitas consequentiae), nicht eine absolute (necessitas consequentis) {→ S. 113f}, die Freiheit und Kontingenz ausschließt.[71]

Die Notwendigkeit des Geschehens schließt demnach Spontaneität des Willens nicht aus - neben Vernünftigkeit und Kontingenz eine der Bedingungen echter Freiheit für Leibniz. Unvereinbar ist sie nur mit der Freiheit der Wahl ohne zureichenden Grund, d.h. mit einer Indifferenz zwischen gleichgewichtigen Optionen (Buridans Esel!). So läßt sich durchaus zwischen dem Freiheitsverständnis Leibniz'[72] und dem Calvins eine weitgehende Übereinstimmung konstatieren. Es ist die von Notwendigkeit umgriffene relative Freiheit, die Leibniz konzediert und in den Rahmen der personalen Vorsehung Gottes stellt: »Es ist das gleichsam, als ob man dem Menschen sagte: Tut Eure Pflicht und seid zufrieden mit dem, was auch kommen möge, nicht nur, weil ihr der göttlichen Vorsehung oder der Natur der Dinge doch nicht widerstehen könnt ..., sondern auch, weil ihr es mit einem guten Herrn zu tun habt. Diese Auffassung könnte man als *fatum christianum* bezeichnen.«[73]

Im »nomothetischen Rationalismus«[74], bzw. »Panorganizismus«[75] der selbstregulativen Vollkommenheit des Weltmechanismus sah Leibniz (ebenso wie Wolff[76], ganz ähnlich aber auch schon Spinoza) einen Beweis für die Weisheit und Macht des gött-

71. Leibniz, G. W. (1710) {→ A. 66}, § 43ff.
72. Siehe dazu: Axelos, C. (1973) {→ A. 48}, 301-373; Liske, M.-T. (1993) {→ A. 48}, 203-274.
73. Theodizee (PhB 499), Vorrede (S. 10); Anhang: »Betrachtungen über das von Herrn Hobbes veröffentlichte englische Werk über Freiheit, Notwendigkeit und Zufall« (S. 404-417). Schon J. Gerhard u.a. hatten diesen Ausdruck gebraucht {→ Teil II, A. 317}. Zur Beziehung von Freiheit und Vorsehung bei Leibniz siehe auch: Theodizee (PhB 499), § 147 (S. 199f); § 377 (S. 361). - Cassirer, E. (1902, 1962²) {→ A. 48}, 477ff; Øhrstrøhm, P. (1984) {→ A. 48}; Liske, M.-T. (1993) {→ A. 48}, 262-267; Parkinson, G. H. R. (1995): Philosophy and Logic, in: Jolley, N. (Hg) (1995) {→ A. 48}, 216-221.
74. Wiehart-Howaldt, A. (1996) {→ A. 48}, 149.
75. Rutherford, D. (1995) {→ A. 48}, 229 u.ö.
76. Wolff spricht den ausgedehnten Substanzen die Perzeptionen ab und gerät dadurch wieder stärker als Leibniz in die Cartesianische Problemstellung, die Interaktion von geistiger und materieller Substantialität erklären zu müssen. In seinem von Leibniz abweichenden »verbesserten Occasionalismus« (so sein Schüler G. B. Bilfinger) nimmt er auch die Vorstellung der prästabilierten Harmonie nur sehr zurückhaltend als »allgemeine Harmonie der Dinge« auf [Wolff, C. (1720, ND 1983) {→ A. 49}, § 600 (S. 370f)] - Siehe dazu: Bissinger, A. (1970): Die Struktur der Gotteserkenntnis. Studien zur Philosophie Christian Wolffs (APPP 63), Bonn, 117-124; weitere Lit. zur Wolff'schen Leibniz-Rezeption findet sich in: Corr, C. A. (1979, 1986²): Cartesian Themes in Wolff's German Metaphysics, in: Schneiders, W. (Hg) {→ A. 49}, 119, Anm. 2-4.

lichen Gesetzgebers. Würde Gott unvermittelt und kontingent in die Natur intervenieren, so wäre das geradezu ein Indiz für einen Mangel an Vollkommenheit seines Werkes und damit für einen Selbstwiderspruch Gottes (Reimarus, Hume und Strauß schließen sich dieser Auffassung an).

Damit ist aller kontingente Voluntarismus, der sich aus dem Postulat der absoluten Willens- und Handlungsfreiheit Gottes ergeben hatte, aus dem Gottesbild abgedrängt zugunsten eines nomothetischen Sapientialismus. Innerweltlich gilt die Herrschaft des Notwendigkeitsprinzips, wodurch auch die Annahme der Handlungsfreiheit Gottes ausgeschlossen ist. Doch sieht Leibniz darin noch keinen Grund, die Freiheit Gottes grundsätzlich zu bestreiten. Denn als ganze existiert die Welt nicht aus einer metaphysischen Notwendigkeit, sondern unterliegt - nach Leibniz wie nach Wolff - der Kontingenz: Gott hat sie unter vielen möglichen Welten ausgewählt. In dieser, von Gottes Weisheit vorgenommenen Wahl liegt die Garantie dafür, daß es sich bei der bestehenden um die beste aller möglichen Welten handelt.[77] Mit diesem, von Voltaire ironisch sog. »Optimismus« ist nicht geleugnet, daß es physische Dysfunktionalität und moralisches Böses gibt. Doch geht Leibniz davon aus, daß dieses zur Realisierung der optimalen Welt erforderlich sei und damit der höheren Zweckursache diene. Unter der »bestmöglichen Welt« versteht er zunächst nur die formale Bestimmung einer Wirklichkeitskonstruktion, in der mit einem Minimum an Prinzipien der optimale Reichtum an individueller Vielfalt bewirkt ist.

Die grundlegende Problematik des Leibniz'schen Deismus liegt in der Depotenzierung der materiellen und leiblichen Wirklichkeit zur bloßen Erscheinung der allein wirklichen geistigen Welt, in der Leugnung der Möglichkeit einer Interaktion zwischen den Monaden und in dem damit verbundenen konsequenten Prädeterminismus.

3. Vergleich der beiden Modelle

Unterzieht man die beiden skizzierten Modelle, die im 17. und zu Beginn des 18. Jhs. in Reaktion auf den Paradigmenwechsel der Naturauffassung entwickelt wurden, einem systematisierenden Vergleich, dann zeigen sie zunächst darin eine Übereinstimmung, daß Gott in beiden nicht mehr als personal handelnder Herrscher vorgestellt ist, der willentlich-kontingent in den Weltprozeß interveniert. Sowohl im ›Deismus‹ Leibniz' und Wolffs als auch im Panentheismus Spinozas regiert statt der personalen Vorsehung, die aktual in der Welt handelt, eine von Gott eingesetzte Weltgesetzlichkeit, die sapiential-ordinativ wirkt. Im ersten Fall geht der gesamte Weltprozeß auf die initiale Invention Gottes zurück; die Zweitursachen folgen den ihnen eingepflanzten naturgesetzlichen Bewegungsimpulsen, die durch energetische Impulse lediglich ak-

77. Theodizee (PhB 499), § 134 (S. 188f u.ö.); Monadologie (PhB 497) § 90 (S. 620). - Mit den Gedanken einer Pluralität möglicher Welten knüpft Leibniz an die 1686 in Paris erschienenen Gespräche Fontenelles an: Entretiens sur la pluralité des mondes. Siehe dazu: Parkinson, G. H. R. (1995): Philosophy and Logic, in: Jolley, N. (Hg) (1995) {→ A. 48}, 212-216. - Schon Abälard hatte in seiner Introductio ad Theologiam III, 5, formuliert: »Deum nullatenus mundum meliorem potuisse facere, quam fecerit«. Wolff äußert sich dazu in: Wolff, C. (1720, ND 1983) {→ A. 49}, § 569ff (S. 347ff).

tualisiert werden müssen (in dieser Aktualisierung besteht der unmittelbare concursus divinus); im zweiten Fall wirkt Gott als natura naturata in den endlichen Zweitursachen und durch sie, als deren immanentes Bewegungsprinzip. Im ersten Fall steuert die den Dingen von Gott eingestiftete Schöpfungsweisheit quasi-›automatisch‹ ihre Dynamik - indem Gott das Programmierte nur ›ablaufen‹ läßt. Im zweiten Fall werden sie von dem allein wirkenden Substanzprinzip bewegt, so daß man von einer panentheistisch gedachten Theonomie sprechen kann.

Versucht man, die beiden Konzepte als Alternativentwürfe zur altprotestantischen Providenzlehre zu sehen und auf deren Zentralbegriffe zu beziehen, dann ergibt sich folgendes Bild: In beiden Fällen ist die Grundvorstellung einer voluntaristisch konzipierten concursus-Lehre - das freie, aktual-kontingente Zusammenwirken Gottes mit den relativ freien geschöpflichen Zweitursachen - aufgelöst. Das gubernatio-Motiv wurde im panentheistischen Modell Spinozas nicht mehr als Lehre vom Weltregiment des personalen Gottes konzeptualisiert, sondern in die Vorstellung einer Determination des Weltprozesses durch die apersonale All-Natur als absolute Substanz des Kosmos transformiert. Von Gott darf nach Spinoza nicht angenommen werden, er strebe nach außer ihm liegenden Zwecken, denn damit wäre unterstellt, seinem Wesen hafte eine Unvollkommenheit an, die er durch sein Streben zu beheben trachtete. Ebenso darf von den Weltdingen nicht angenommen werden, sie hätten eine von Gott unterschiedene, eigene, selbständige Substanz (und damit die Möglichkeit wirklicher Freiheit und Eigenständigkeit). - Nach dem Modell von Leibniz und Wolff folgen die geschöpflichen Dinge ihren von Gott eingestifteten und aktualisierten Bewegungsimpulsen nach allgemeinen Bewegungsgesetzen. Das garantiert die conservatio der geschöpflichen Substanz und Wirkkraft. Einzig in diesem Sinne kann Wolff von einem concursus bzw. einer creatio continua sprechen. Ein darüber hinaus gehendes Wirken Gottes in der Schöpfung ist nicht erforderlich. Wenn hier überhaupt von einer gubernatio divina die Rede sein kann, dann in der (metaphorischen) Bedeutung, daß Gott sein ›Weltregiment‹ im Medium des - von seiner vollkommenen Weisheit initial prädisponierten - natürlichen nexus der Seinseinheiten ausübt. Die schöpferische Erhaltung vollzieht sich in der geschöpflichen (Selbst-)Erhaltung. Die einzelne Kreatur erfährt diese herrscherliche Ausrichtung auf den Schöpfungszweck als Werk der fürsorglichen Güte Gottes, ohne daß Gott individuell an ihr handeln würde. Wenn Wolff von »Vorsehung« spricht, dann meint er diese Applikation des generellen Schöpfungswirkens auf die einzelne Kreatur (s.u.).[78]

In diesem Sinne ist Gawlicks Interpretation zu differenzieren und präzisieren. Er konstatiert, Wolff habe lediglich »die allgemeine Vorsehung im Auge, die das Beste der Menschheit durch allgemeine Gesetze zustandebringt, nicht aber die besondere Vorsehung, die den einzelnen vor Nachteilen bewahrt, welche aus der Wirkung der allgemeinen Gesetze erwachsen können«[79]. Wolff kennt durchaus die individuelle Vorsehung, aber lediglich als Funktion und Applikation der allgemeinen.[80]

78. Wolff, C. (1737, ND 1995): Natürliche Gottesgelahrtheit (Theologia naturalis) I.3 (Gesammelte Werke I. Abt., Bd. 23,3, ND Hildesheim, New York), §§ 922ff (S. 190ff).
79. Gawlick, G. (1979, 1986^2): Christian Wolff und der Deismus, in: Schneiders, W. (Hg) {→ A. 49}, 144.
80. Siehe dazu auch: Hirsch, E. (1949-1954) {→ Teil II, A. 267}, Bd. 2 (1951), 71f.

4. Exkurs: »Deismus«

Weil der Deismusbegriff nicht nur in der theologiegeschichtlichen Retrospektive, sondern auch in der gegenwärtigen Debatte um Divine Action - und hier besonders in der kritischen Auseinandersetzung mit Maurice Wiles - eine wichtige Rolle spielt[81], unter diesem Begriff aber sehr Verschiedenes verstanden wird, soll er an dieser Stelle einer historischen und systematischen Klärung unterzogen werden.

Es ist deutlich zu unterscheiden zwischen der Bedeutung des Begriffs »Deismus« als Bezeichnung a) für die geistesgeschichtliche Strömung der vor allem auf Herbert von Cherbury zurückgehenden englischen Aufklärungstheologie und b) für den beschriebenen Typus der philosophischen Gottesvorstellung, die Gott als perfekten Ingenieur und Konstrukteur des Weltmechanismus versteht, dessen Logos die Logizität der machina mundi so vollendet prädeterminiert hat, daß eine nachträgliche Intervention von außen nicht mehr erforderlich ist, sondern nur noch die Ausführung des Programms. Die Steuerung des Weltprozesses vollzieht sich gänzlich ›automatisch‹ nach der ihm inhärierenden Selbstgesetzlichkeit. - In einer weiteren, vom konkreten geschichtlichen Kontext dieses Begriffs gelösten Bedeutung c) läßt sich sogar jede Reduktion des Welthandelns Gottes auf den Akt der Schöpfung als »Deismus« kennzeichnen, auch wenn sie nicht im Bezugsrahmen des machina-mundi-Modells entfaltet ist.

In dieser zuletzt genannten, weiten Bedeutung einer *idealtypischen* Position steht das als »Deismus« bezeichnete Grundmodell der Gott-Welt-Beziehung dann in der Reihe der beiden anderen Idealtypen »Pantheismus« und »Theismus«.

Pantheismus	Theismus	Deismus
Gott als Immanenzprinzip, das teleologisch in den Dingen der Welt wirkt, so daß ihm Allwirksamkeit zugeschrieben werden kann.	Gott als transzendentes, personales Willens-, Entscheidungs- und Handlungssubjekt, das in der Welt handelt.	Gott als initiales Transzendenzprinzip (primum movens), das den Weltprozeß seiner Eigendynamik und die Menschen ihrer Freiheit überläßt.

Nicht selten wurde und wird diese Gegenüberstellung allerdings in apologetischem Interesse entworfen - als Plädoyer für eine ›Biblische Theologie‹ im Gegensatz zu Konzepten der philosophischen Metaphysik.

Schon Augustin hatte gegen die aristotelische Vorstellung Gottes als eines weltschaffenden Architekten polemisiert, der sein Bauwerk nach der Fertigstellung sich selbst überlassen konnte, da es perfekt gebaut gewesen sei.[82] Ebenso stritten die Reformatoren gegen jene Philosophen, die meinen, »unsere Erschaffung, unsere Gestaltung, unser Dasein verdanken wir Gott, aber wenn er uns erst in Gang gebracht hat, so leitet

81. Etwa bei: Sturch, R. (1990): The New Deism. Divine Intervention and the Human Condition, New York.

82. De gen.ad litt. 4,12. (Migne, PL 34, 304). - Ganz ähnlich auch Ambrosius in: De officiis ministrorum 1,13 (Migne, PL 16, 41f). Siehe dazu: Thomas in S.th. I, 104,1, v.2.

und regiert ein jeder sich selbst«.[83] Dabei hatten sie den Idealtypus jenes vermeintlich aristotelischen ›Deismus‹ im Auge, wie er in c) angedeutet ist: das Konzept einer Gotteslehre also, die Gottes Welthandeln leugnet, weil sie unterstellt, Gott habe seine Schöpfermacht auf die Geschöpfe übertragen bzw. in die Schöpfung gelegt, so daß dieser die Eigenwirksamkeit suffizienter Ursächlichkeit eigne. Doch kann sich diese polemisch konstruierte, idealtypische Position nicht wirklich auf Aristoteles berufen. Denn dieser redzuiert die Wirksamkeit des göttlichen primum movens keineswegs auf die initiale Installation des Kosmos, sondern unterstellt, daß Gott durch die permanente Ausstrahlung einer teleologisch wirkenden Bewegungsenergie den kosmischen Prozeß seinem Ziel entgegensteuert. Es bedarf nach Aristoteles (anders als etwa bei Thomas) keines influxus von esse zur Erhaltung des Seins - das Sein ist ewig - doch einer ständigen Zufuhr von zielgerichteter Bewegungsenergie, welche die in den Gegenständen der Natur liegenden Potentiale zu Bewegung und Stillstand steuert.[84]

Nach Aristoteles (Metaphysik 12) ist Gott als primum movens immotum reine energeia ohne jede dynamis in sich selbst, ohne die Freiheit, kontingente Möglichkeiten agierend zu verwirklichen. Seine Weltwirksamkeit vollzieht sich nicht als willentliche, spontan-kausale ›Handlung‹ einer transzendenten Aktinstanz, sondern als rational-zweckhafte Ordnung allen Seins und Ausrichtung aller Bewegung durch die Seinsmitteilung des Urprinzips aller Wirklichkeit. In diesem Sinne ist W. Durants bekanntes Diktum zu verstehen: »Aristotle's God never does anything ..., he is activity so pure that he never acts ..., he is a roi fainéant, a do-nothing king: ›the king reigns but he does not rule‹«.[85]

Nach Wolffs Definition besteht das entscheidende Charakteristikum des Deismus in der Bestreitung der Vorsehung Gottes: »Ein Deist oder *Vorsehungsleugner* wird hier derjenige genannt, welcher eingesteht, daß ein Gott wirklich existiere, aber leugnet, daß sich Gott um die menschlichen Dinge kümmere, und *welcher die göttliche Vorsehung verneint*«[86].

In dieser Definition ist die Vorsehung insgesamt mit der providentia (genauer: procuratio) *individualis* identifiziert (an der Leibniz und Wolff begrifflich festgehalten haben, s.o.). Wolff weist jedoch gleich auf die terminologische Unschärfe des Deismus-Begriffs hin: Von einigen werde die Bezeichnung »Deist« mit »Naturalist« (Vertreter der natürlichen Religion, die das Dasein Gottes und seine Vorsehung anerkennen) gleichgesetzt, während andere auch die Gottesleugner (Atheisten, die Gottes Existenz leugnen) darunter faßten. Wolff bestimmt »Deismus« als die Mittelposition zwischen diesen Auffassungen, die jedoch dem Atheismus mehr zugeneigt ist als dem Naturalismus.[87]

83. Aus seiner Predigt Calvins über Hiob 10,12: Calvin, J. (1950): Johannes Calvins Predigten über das Buch Hiob auf Grund der französischen Sermones von 1563 in Auswahl, übersetzt und bearb. v. E. Kochs (Johannes Calvins Auslegung der Heiligen Schrift. Neue Reihe, Erg.bd. 2 - Gesamtausgabe von Calvins Auslegung der Heiligen Schrift, Bd. 20), 191.
84. Aristoteles, Phys. II,1. 192 b 15.
85. Durant, W. (1926): The Story of Philosophy. The Lives and Opinions of the Greater Philosophers, New York, 82.
86. Wolff, C. (1737, ND 1995): Natürliche Gottesgelahrtheit (Theologia naturalis) II.2 (Gesammelte Werke I. Abt., Bd. 23,5, ND Hildesheim, New York), § 529 (S. 191) (sprachlich vorsichtig angepaßt; Hervorheb. R.B.).
87. Gawlick, G. (1979, 1986^2): Christian Wolff und der Deismus, in: Schneiders, W. (Hg) {→ A. 49}, 139-147.

Damit grenzt sich Wolff auch gegen den Gebrauch des Begriffs »Atheismus« in der Orthodoxie des 17. Jhs. ab: Als »Atheisten« galten diejenigen, die Gottes (Handlungs-)Macht bestritten,[88] denn wer die Vorsehung als Aktivität Gottes leugne, der verneine - nach weitgehend geteilter Auffassung innerhalb der orthodoxen Theologie - Gott selbst.[89]

Daß keineswegs alle Theologen, die man als »Deisten« zu bezeichnen pflegte, die Vorsehung Gottes schlechthin bestritten, belegt schon die vierfache Klassifizierung von Samuel Clarke. Neben a) jenen Deisten, die an ein göttliches Wesen glaubten, aber die Vorsehung leugneten, kennt er b) solche, die auch die Vorsehung anerkannten, Gott aber keine Richterfunktion über das moralische Verhalten der Menschen zugestehen wollten, weiterhin c) diejenigen, die auch dieses Gericht bejahten, die Unsterblichkeit der Seele aber bestritten, und schließlich d) solche, die einem rein philosophischen Gottesbegriff anhingen und eine übernatürliche Offenbarung ablehnten.[90]

Doch wer kann wirklich als Vertreter der Position gelten, die Gottes Weltwirksamkeit ablehnte? Bezeichnet man das mechanistische Weltbild Descartes als »deistisch« - so betrifft das nur den Bereich der res extensae.[91] Für das machina-mundi-Modell Leibniz' und Wolffs trifft diese Charakteristik jedoch schon nicht mehr zu (abgesehen davon, daß Wolff sich dezidiert vom »Deismus« abgrenzt[92]). Gott ist nach Leibniz und Wolff ein in der Welt wirkender Gott, wenn sich auch diese Wirksamkeit strikt im Modus der providentia ordinaria vollzieht - als permanente Aktualisierung der initial programmierten Weltprozesse. Nach Wolff regiert Gott die Welt durch die natürliche Verkettung der Dinge im Ursache-Wirkungs-Konnex, wie sie schon von der Schöpfung her angelegt ist. Die gubernatio divina ist also mit dem Gesamtakt von

88. Die Interpretation der Vorsehungsleugnung als Bestreitung der Existenz Gottes findet sich schon in der Alten Kirche, etwa bei Clemens von Alexandrien (Stromata I, 11, Migne, PG 8, 749; siehe auch Strom., VI, 122, und I, 50. 52). Dieser Gedanke durchzieht die Theologiegeschichte bis in die jüngste Vergangenheit. So konnte H. H. Farmer sagen: »To deny providence *is* to deny religion« [Farmer, H. H. (1935): The World and God. A Study on Prayer, Providence and Miracle in Christian Experience, London, 99]. - Zu Farmers Providenzlehre siehe: Donovan, P. J. (1971): A Philosophical Analysis of the Doctrine of Providence, with reference to the Theology of H. H. Farmer (unveröffentlichte Diss. Oxford).

89. So etwa: Turretini, F. (1679): Institutio Theologiae, Genf, VI, qu.I, 3f. - Siehe dazu: Barth, H.-M. (1971): Atheismus und Orthodoxie. Analysen und Modelle christlicher Apologetik im 17. Jahrhundert, Göttingen, bes. 89ff.

90. Art. »Deism«, in: Cross, F. L. (Hg) (1988^2): The Oxford Dictionary of the Christian Church, Oxford, 388. - Solche Differenzierungen sind Pauschalurteilen wie dem Hägglunds entgegenzuhalten, der behauptet, der Deismus verneine mit seiner rationalistischen Gottesvorstellung den Providenzgedanken [Hägglund, B. (1986) {→ L.}, 366].

91. Wie fundamental jedoch der Gedanke der conservatio als creatio continua für Descartes Gottesverständnis war (weil er die Identität und Kontinuität des menschlichen Selbstbewußtseins sicherte), hat Blumenberg herausgearbeitet: Blumenberg, H. (1976): Selbsterhaltung und Beharrung. Zur Konstitution der neuzeitlichen Rationalität, in: Ebeling, H. (Hg): Subjektivität und Selbsterhaltung, Frankfurt, 144-207, hier: 144ff, 182ff [diesen Hinweis verdanke ich: Schulz, H. (1994) {→ A. 325}, 35f].

92. Besonders deutlich in: Wolff, C. (1726, ND 1973): Ausführliche Nachricht von seinen eigenen Schrifften ... (Gesammelte Werke, I. Abt., Bd. 9, ND Hildesheim, New York), 13. Kap., S. 526-617.

Schöpfung und Erhaltung identisch. Sie besteht in der teleologischen Ausrichtung der Einzelakte auf die Zweckbestimmung des Gesamtaktes hin. Wie gesehen, eignet dem Begriff der Vorsehung bei Wolff sogar die Bedeutung der individuellen Fürsorge Gottes, d.h. der Applikation der Sinnrichtung des Weltganzen auf den einzelnen Menschen. Providentia divina verhält sich zur gubernatio divina wie die Güte zur Weisheit Gottes.[93] Und selbst Descartes hält in diesem Sinne an der providentia fest und spricht ausdrücklich von einem concursus ordinarius Gottes.[94] - Wenn »Deismus« die Verneinung des gegenwärtigen göttlichen Weltwirkens bedeuten soll, dann kann man bei allen diesen Positionen im Grunde genommen allenfalls von einem Semi-Deismus sprechen, der dieses Wirken strikt im Sinne der provdentia ordinata auslegt.

Und so konstatiert G. Gawlick vollkommen zu Recht, daß Wolffs Deismus-Definition zur Bezeichnung historischer Phänomene ungeeignet sei: »Wer von denen, die damals als Deisten galten, fällt denn unter Wolffs Bestimmung des Begriffs? Jedenfalls nicht die Männer, die in England den Deismus vertraten, denn sie bekannten sich mit Nachdruck zur natürlichen Religion. Sie waren also nach Wolffs Begriffen Naturalisten ... Aber auch die späteren deutschen Deisten konnten sich in Wolffs Begriff nicht wiederfinden«, denn sowohl Hecker als auch Reimarus »bekannten sich zur natürlichen Religion und zur Vorsehung«.[95]

Am ehesten verdient das in der Theologiekritik Voltaires[96] entwickelte Weltbild diese Etikettierung. In »Candide ou l'optimisme« (1759) nimmt er eine scharfe und ironische Abrechnung mit dem Vorsehungsglauben vor und stellt dem eine gänzlich a-religiöse Geschichtsdarstellung entgegen[97]: Gott habe sich vom Weltregiment zurückgezogen, die Geschichte entbehre jeglicher göttlichen Lenkung Gottes und stelle sich als Folge chaotischer Zufälle und eines blinden, grausamen Schicksals dar. Als passive Figuren seien die Menschen diesem Spiel wie Spielbälle ausgeliefert. Wenn es einen Sinn der Geschichte geben solle, dann müsse er von den Menschen dem Fatum abgetrotzt werden. Über dem Abgrund der Sinnlosigkeit hätten sie an einer

93. Hirsch, E. (1949-1954) {→ Teil II, A. 267}, Bd. 2 (1951), 72.

94. Descartes, R. (1644): Principia philosophiae, Amsterdam, II, 36 (Oevres, ed. Adam, C., Tannery, P., Paris 1982, Bd. VIII, 61). - Das ist Ratschow entgegenzuhalten, der meint, bei Descartes und seinen Schülern erübrige sich die Vorstellung eines göttlichen concursus, weil die Weltbewegung der Welt mit eingeschaffen sei [Ratschow, C. H. (1966) {→ L.}, 231]. Präziser ist zu formulieren, daß sich nach Decartes und seinen Schülern der göttliche concursus ganz durch die der Welt miteingeschaffenen Bewegungsimpulse vollzieht. Nur vom Standpunkt einer theistisch grundierten, aktualistischen concursus-Lehre, wie sie in der protestantischen Orthodoxie vertreten wurde, ist Ratschows Urteil zutreffend. - Siehe auch Buddeus, Inst. loc. II, cap.II, § XLVIII,1.

95. Gawlick, G. (1979, 1986²): Christian Wolff und der Deismus, in: Schneiders, W. (Hg) {→ A. 49}, 140. - Bezeichnend ist auch, daß Karl Barth keinerlei philosophie- oder theologiegeschichtlichen Bezugspunkt angibt, wenn er im Bild der Lokomotive, die einen Zug zieht, das deistische Modell des Handelns Gottes nachzeichnet (KD III/3 {→ L.}, 154).

96. Siehe dazu: Löwith, K. (1949, 1953) {→ A. 157}, 114-125.

97. Vgl. auch Voltaires »Discours sur l'origine et les fondements de l'inégalité parmi les hommes« von 1755. - Siehe dazu: Hirsch, E. (1949-1954) {→ Teil II, A. 267}, Bd. 3 (1951), 66f; Betts, C. J. (1984): Early Deism in France: From the So-called Deistes Lyon (1564) to Voltaire's Lettres Philosophiques (1734) (International Archives of the History of Ideas 104), Den Haag u.a.

stetigen Verbesserung der menschlichen Verhältnisse zu arbeiten. Diese Position weist zurück auf Epikurs Tychismus und nach vorn in die existentialistische Philosophie dieses Jhs.

Eine ganz andere Ausprägung des ›deistischen‹ Grundgedankens begegnet in der jüdischen Apokalyptik mit ihrer Überzeugung, daß sich Gott während der gegenwärtigen Weltzeit aus der Welt zurückgezogen und das Regiment dämonischen Mächten überlassen habe. Auch hier ist - aus der Verzweiflung an der unerträglichen Gegenwart - die Geschichtsmächtigkeit Gottes ausgesetzt und der Glaube an sein Handeln ganz an die Zukunft verwiesen.

Fassen wir zusammen: Der Typus des radikal deistischen Gottesbildes - das in Gott den Weltbaumeister sieht, der sein Werk nach dessen Fertigstellung sich selbst überläßt -, ist in der Theologiegeschichte nie wirklich positiv vertreten worden[98]. Diese Position war Instrument der Polemik derer, die Gottes Wirken als aktuale Intervention in das Weltgeschehen verstehen wollten, gegen jene, die das naturwissenschaftliche Weltbild rezipierten und Gottes Weisheit in den Regelmäßigkeiten und Gesetzen des Naturgeschehens walten sahen. Es war also eine Polemik gegen die ›neue‹ Lehre von der providentia ordinata im Rahmen der frühneuzeitlichen - und der aufklärerischen Naturauffassung mit ihrer Anerkennung des Determinismus in den Naturprozessen.[99] Aber: »It matters little if Deism so defined has historical exemplifications ... Its importance is that of a theoretically possible option in the discussion of God and evil«.[100]

Die »Deisten« genannten Vertreter einer »natürlichen« Vernunftreligion in England vor allem in der zweiten Hälfte des 17. und zu Beginn des 18. Jhs. (Herbert von Cherbury, S. Clarke, J. Toland, C. Blount, A. Collins, T. Woolston, M. Tindal)[101] ver-

98. So auch: Gawlick, G. (1972): Art. »Deismus«, in: HWP 2, 44-47; ders. (1995): Art. »Deismus«, in: Schneiders, W. (Hg): Lexikon der Aufklärung: Deutschland und Europa, München, 81f.

99. Als ein Beispiel für diese Polemik sei Jung-Stilling zitiert, der den »Grundsatz der Aufklärung« als ›deistischen‹ Determinismus charakterisiert: »Die ganze Schöpfung ist ein zusammenhängendes Ganzes, welchem der Schöpfer seine geistigen und physischen Kräfte angeschaffen und ihnen ihre ewigen und unabänderlichen Gesetze gegeben hat, nach welchem sie unaufhaltsam wirken; so daß also nun keine göttliche Einwirkung mehr nötig ist. Folglich geht alles in der ganzen Schöpfung seinen unabänderlichen, notwendigen Gang, der das allgemeine Beste aller Wesen zum Zweck hat ... Dieser Grundsatz ist der eigentliche Determinismus ...« [Jung-Stilling, J. H. (1804, 1976) {→ A. 150}, 623, grammatikalische und stilistische Anpassung - R.B.; vgl. auch 600ff].

100. Byrne, P. (1993): Art. »Deism«, in: McGrath, A. E. (Hg): The Blackwell Encyclopedia of Modern Christian Thought, Oxford, 105.

101. Zu diesem ›historischen‹ Deismus siehe: Lechler, G. V. (1841, ND 1965): Geschichte des englischen Deismus, Stuttgart, Tübingen, ND Hildesheim; Dilthey, W. (1957²): Weltanschauung und Analyse des Menschen seit Renaissance und Reformation, in: GS II, Stuttgart, Göttingen, 90-93; 246-257; Troeltsch, E. (1925): Der Deismus, in: GS IV, Tübingen, 429-487; Brüggemann, F. (1930): Das Weltbild der deutschen Aufklärung, Leipzig; Gestrich, C. (1981): Art. »Deismus«, in: TRE 8, 392-406 (Lit.); Hirsch, E. (1949-1954) {→ Teil II, A. 267}, Bd. 1 (1949, 1960²), 292-359; Lønning, I. (1984): Art. »Gott VIII. Neuzeit/Systematisch-theologisch«, in TRE 8, 681f; Greyerz, K. v. (1990): Vorsehungsglaube und Kosmologie. Studien zu englischen Selbstzeugnissen des 17. Jahrhunderts (Veröffentlichungen des Deutschen Historischen Instituts London 25), Göttingen; siehe auch die Textreihe »History of British Deism«, London 1995ff.

traten demgegenüber eher einen rationalen Pan(en)theismus[102] und weniger die Vorstellung von Gott als dem ewigen, unbewegten Prinzip der Bewegung oder die Bestimmung Gottes als ›Urheber‹ eines perfekten Systemzusammenhangs. Die »gesetzmäßige Ordnung des Weltgeschehens, die von einem Plan der Vorsehung zu sprechen gestattet, wird als ein unmittelbares *gegenwärtiges* Sichbekunden Gottes in der Welt erlebt«[103]. So identifiziert Herbert von Cherbury die allgemeine Vorsehung Gottes mit der Natur (»*Natura* heic est Providentia divina universalis«) und stellt sie der besonderen, soteriologisch qualifizierten Vorsehung gegenüber (»*Gratia* Providentia divina particularis«).[104]

Von daher kritisiert C. Gestrich zu Recht das »viel zu einseitige Bild vom Deismus ..., dem zufolge der Gott der Deisten einem Uhrmacher vergleichbar wäre, der, nachdem er die ›Weltenuhr‹ einmal gemacht und angestoßen hat, nie mehr in sein von nun an selbstlaufendes Produkt eingreift«[105]. Dieses polemische Vorurteil scheint auf P. Virets »Instruction Chrestienne« (Genf 1564) zurückzugehen, in der die Deisten als Bande und Monstren bezeichnet werden, die die Vorsehung Gottes leugnen und behaupten, Gott beteilige sich nicht am »gouvernement des choses humaines«[106].

Der pantheistisch grundierten englischen Aufklärungstheologie und der Leibniz-Wolff'schen Auffassung Gottes als des Weltbaumeisters, der die von ihm konstruierte machina mundi nach seinem allweisen Programm ablaufen läßt, ist gemeinsam, daß sie sich in Reaktion auf das von der aufsteigenden Naturwissenschaft geprägte Bild der Welt als eines geschlossenen, gesetzlich determinierten Kausalnexus formierten (und damit gerade in Abgrenzung zur aristotelischen Naturauffassung). Wie dieser Bezugsrahmen der Denkmöglichkeit einer freien, kontingenten, unmittelbaren Einwirkung Gottes in den cursus communis naturae den Boden entzog, zeigt sich in den Konzepten der Theologen, die von der Leibniz-Wolff'schen Metaphysik und von den englischen Deisten beeinflußt waren: etwa bei dem theologischen ›Wolffianer‹ S. J. Baumgarten[107], dem Neologen J. F. W. Jerusalem oder dem Naturalisten H. S. Reimarus.[108] In

102. Ähnlich dem Spinozas, weshalb seinem Konzept oft der Deismusvorwurf gemacht wurde.
103. Hirsch, E. (1949-1954) {→ Teil II, A. 267}, Bd. 1 (1949, 1960²), 344 (Hervorheb. R.B.).
104. Herbert of Cherbury, E. (1624, 1645³, ND 1966): De Veritate (hg. v. Gawlick, Stuttgart - Bad Cannstatt), vierte Seite der nicht paginierten Einleitung.
105. Gestrich, C. (1981) {→ A. 101}, 394. - Als nur eines von zahlreichen Beispielen eines solcherart polemisch-verflachenden Gebrauchs des Begriffs »Deismus« sei verwiesen auf: Kocher, R. (1993) {→ L.}, 192ff. Für ihn ist »Deismus« »nur eine euphemistische Umschreibung eines atheistischen Weltverständnisses« (215).
106. Zit. nach Gestrich, C. (1981) {→ A. 101}, 392.
107. Baumgarten, S. J. (1759): Evangelische Glaubenslehre (hg. von J. S. Semler), Halle, 1. Teil, 4. Art. »Von der Vorsehung«.
108. Siehe dazu: Scheffczyk, L. (1963) {→ L.}, 124f, dessen Darstellung der protestantischen Aufklärungstheologie allerdings stark negativ eingefärbt ist, was sich nicht zuletzt daran zeigt, daß er die »Wertheimische Bibel« (1735) J. L. Schmidts - eines radikalen Außenseiters der theologischen Wolffianer - als »starkes Beispiel« für die Bibelkritik der Aufklärung bezeichnet und relativ breit darstellt. Der tendenziöse Charakter der Studie Scheffczyks dokumentiert sich aufs deutlichste in der Aussage, daß »der Weg der evangelischen Theologie in der von Lorenz Schmidt gewiesenen Richtung weiter(ging)« (a.a.O., 125).

seiner »Apologie oder Schutzschrift der vernünftigen Verehrer Gottes«[109] argumentierte Reimarus gegen Möglichkeit und Notwendigkeit unmittelbarer Eingriffe Gottes in die Welt - vor allem in Gestalt der Naturwunder. Darin dokumentiert sich der Protest gegen ein voluntaristisches Gottesbild im allgemeinen und gegen die Identifikation des Supranaturalen mit dem Willkürlichen im besonderen.

109. Hg. v. G. Alexander, 2 Bde. Frankfurt 1972.

C. Providentia ordinata als Paradigma der Vorsehungslehre im Zeitalter der Aufklärung

Wo die Wirksamkeit Gottes ad extra in Referenz zum neuzeitlichen naturwissenschaftlichen Weltbild expliziert wurde, trat das für das sapientiale Modell charakteristische Moment des Ordinativen in den Vordergrund. Gott übt seine ›Herrschaft‹ nicht unvermittelt (providentia immediata), nicht kontingent durch ›Schickungen‹ aufgrund unberechenbarer Willensentscheidungen (providentia extraordinata) und nicht durch die spontane Hervorbringung einzelner Ereignisse (providentia individualis) aus, sondern mittelbar (providentia mediata) durch die von ihm verfügte Ordnung eines in sich geschlossenen Kausalnexus und damit in allgemeiner Regelhaftigkeit (providentia ordinata) und als gleichmäßige Einwirkung auf das gesamte Weltgeschehen (providentia universalis): »Erinnere dich, oh Mensch, hieran: Es wirkt der Herrscher der Natur / durch einzelne Gesetze nicht, nein, bloß durch allgemeine nur«.[110] Gott wirkt sapiential-ordinativ.

Besonders in der concursus-Lehre kristallisiert sich die veränderte Vorsehungsauffassung. In der sog. *Physikotheologie*, die im ausgehenden 17. und im ersten Drittel des 18. Jhs. ihre Blütezeit hatte[111], wird der concursus Gottes als Naturerhaltungsprinzip bestimmt und damit mit der conservatio identifiziert.[112] Der bedeutendste Vertreter der deutschen Physikotheologie, J. A. Fabricius, entfaltet die providentia Gottes auf die Erhaltung des Gesamtsystems der Natur hin.[113] In der Stabilität ihrer Kreisläufe dokumentiere sich Gottes koordinative Wirksamkeit, die eine zweckdienliche Zuordnung der einzelnen Naturteile zu einem sinnvollen Ganzen gewährleiste und so den chaotischen Zerfall verhindere.

Insgesamt popularisierte die Physikotheologie das machina-mundi-Modell, verschob dabei aber den Akzent der Betrachtung von der Konstruktion, bzw. *Struktur* der Weltmaschine auf ihre *Funktion*. Gottes Logos wurde im funktionalen design der Natur aufgesucht; »die wunderbare Zweckmäßigkeit, die Angepaßtheit der Organismen an ihre Umwelt, die Angepaßtheit der Organe an ihre Funktion, die hochkompli-

110. A. Pope in Anlehnung an Shaftesbury, zit. nach: Lütgert, W. (1901): Die Erschütterung des Optimismus durch das Erdbeben von Lissabon. Ein Beitrag zur Charakteristik des Vorsehungsglaubens der Aufklärung und ihres Überwinders, Immanuel Kant (BFChTh V/3), Gütersloh 1924, 12.

111. Siehe dazu: Barth, H.-M. (1971) {→ A. 89}, 251-280; Krolzik, U. (1987) {→ L.}, 133-182 (Lit.); ders. (1996): Art. »Physikotheologie«, in: TRE 26, 590-596 (Lit.); Sparn, W. (1992): Art. »Physikotheologie«, in: EKL^3 3, 1211-1215; und die Arbeiten von M. Büttner.

112. So etwa bei: Ray, J. (1692): Three Physico-Theological Discourses, London; vgl. auch: ders. (1691): The Wisdom of God Manifested in the Works of Creation, London.

113. Siehe dazu: Krolzik, U. (1982): Johann Albert Fabricius (1668-1736), in: Büttner, M. (Hg): Zur Entwicklung der Geographie vom Mittelalter bis zu Carl Ritter (Abhandlungen und Quellen zur Geschichte der Geographie und Kosmologie 3), Paderborn u.a., 131-146; ders. (1987) {→ L.}, 133-182.

zierte Organisation der Natur ... (und) ... die Harmonie in den Funktionen der Ganzheit« galt als Manifestation der Logizität Gottes.[114]

Im Hintergrund stand dabei die Vorstellung eines göttlichen Naturhaushalts, der *oeconomia naturae*, die auch für die zeitgenössische Naturwissenschaft eine zentrale Rolle gespielt hat. Besonders von Alexander Pope und Leibniz war dieses teleologisch-optimistische Denkmuster philosophisch ausgearbeitet worden.

Das Urteil, daß es sich bei dieser, in zyklischen Paradigmen denkenden, teleogischen Naturdeutung um einen anthropozentrisch konzipierten Utilitarismus handele, wie oft eingewandt wird[115], ist keineswegs zwingend. Der Mensch wird in die Pflicht gerufen, sich dem Naturprozeß anzupassen und ihn durch seine Arbeit zu fördern, ihn andererseits aber als Dokument der Weisheit und Güte Gottes in Ehrfurcht anzuschauen.

Von der spätbarocken Physikotheologie ausgehend, erlebte der Vorsehungsglaube im Kontext der natürlichen Theologie in der Aufklärung eine Blütezeit. Die Identität von Natur, Gott und Vorsehung wurde zum theologischen »Grundgedanken der Aufklärung«[116]. Als selbstverständliche Vernunftwahrheit bildete die Überzeugung vom Walten der Vorsehung in Natur und Geschichte eine der allgemeinen Basisplausibilitäten der aufklärerischen Geisteskultur (darin dem stoisch geprägten Hellenismus ähnlich). Sie konnte sogar zum Synonym für die göttliche Macht selbst werden. Als solche aber war sie keineswegs an die christliche Gottesauffassung und noch weniger an den Christusglauben gebunden. Darauf hat die theologische Kritik immer sehr deutlich hingewiesen.

Weiten wir nun von hier aus den Blick, um das für die Frühneuzeit so charakteristische Modell der providentia ordinata noch einmal insgesamt in den Blick zu nehmen, dann zeigt sich in systematisierender Zusammenschau: Dieses Modell ließ sich aktualistisch (als Konzeptualisierung des Handelns Gottes nach den von ihm verfügten Gesetzen) wie sapiential-ordinativ (als Ausdruck der göttlichen ratio ordinis und ihrer teleologischen executio - explizieren. In der ersten dieser beiden Interpretationen erscheint die immanente Eigengesetzlichkeit der natürlichen Wirklichkeit als *Modus*, in der zweiten als *Instrument* seines Wirkens.

Vorsehung war nach dieser Grundauffassung nicht mehr als kontingenter actus Gottes in seiner Schöpfung denkbar, wie bei Luther, sondern nur a) als Abfolge von regelmäßigen Handlungen Gottes, entsprechend den initial festgelegten Regeln (wie etwa bei Suárez) oder b) als mittelbare, durch die Eigendynamik der Naturprozesse aktive Wirkkraft Gottes, die das komplexe System der Naturbewegungen in stabilen Funktionszyklen erhält; darin vollzieht sich die Aktualisierung der sapiential-ordinativen Prädetermination aller Weltbewegung, wie sie durch den Welturheber installiert wurde.

114. Toellner, R. (1985): Art: »Heilkunde/Medizin II. Historisch«, in: TRE 14, 743-752, hier: 749.

115. Etwa von: Bollacher, M. (1978) {→ A. 167}, 255. - Bollachers ideologiekritische Deutung des aufklärerischen Vorsehungsglaubens »als Bestätigung der auf Rationalisierung und Naturbeherrschung ausgerichteten hanseatischen Patriziermentalität« (a.a.O., 255) stellt eine wichtige, wenn auch keineswegs ausreichende Interpretationsperspektive dar. Sie urteilt zu sehr aus der geistesgeschichtlichen und wissenssoziologischen Vogelschau und berücksichtigt das Selbstverständnis der Aufklärungstheologie dabei nicht genügend.

116. Schulz, W. (1972): Philosophie in der veränderten Welt, Pfullingen, 482f.

Als Beispiel für die zweite der genannten Positionen sei auf *Kant* verwiesen. Einerseits plädierte er strikt dafür, Ereigniszusammenhänge der natürlichen Wirklichkeit nach deren immanenten Gesetzmäßigkeiten zu erklären und nicht das Prinzip der göttlichen Vorsehung als Deutekategorie einzuführen[117] und polemisierte gegen die Vorstellung eines Willens Gottes: diese verderbe alle Religion und verwandle sie in Idolatrie.[118] Andererseits berichtete sein Schüler und Biograph R. B. Jachmann: »Wie oft ließ sich Kant, wenn er mit seinen Freunden über den Bau des Weltgebäudes sprach, mit wahrem Entzücken über Gottes Weisheit, Güte und Macht aus! ... Ein einziges solches Gespräch über Astronomie, wobei Kant stets in eine hohe Begeisterung geriet, mußte nicht nur einen jeden überzeugen, daß Kant an einen Gott und an eine Vorsehung glaubte, sondern es hätte selbst den Gottesleugner in einen Gläubigen umwandeln müssen«[119]. Gottes Vorsehung ist die göttliche Logizität, die den Eigengesetzlichkeiten des Naturprozesses als deren transzendentale Möglichkeitsbedingung zugrundeliegt. Kant vertritt damit ein dezidiert sapiential-ordinatives Modell der Wirksamkeit Gottes.[120]

Ihren logischen Endpunkt erreichte diese Auffassung bei D. F. Strauß, der die Vorstellung eines göttlichen Eingreifens in den Natur-, wie generell in den Weltzusammenhang programmatisch verabschiedete und postulierte, der Weltprozeß folge seiner geschlossenen Eigengesetzlichkeit.[121] Einzig im Sinne einer strikten providentia ordinata kann demnach noch von Gottes Weltregierung die Rede sein: als »die den kosmischen Kräften und deren Verhältnissen selbst immanente Vernunft«[122].

Doch war es von dieser Behauptung der Eigengesetzlichkeit des Weltprozesses nur noch ein kleiner Schritt bis zu einem radikalen Deismus oder Atheistismus, der die Weltwirksamkeit Gottes oder sogar Gottes Existenz vollständig leugnete. Mit der Bestreitung der Existenz einer göttlichen Erstursache und der damit verbundenen Verabsolutierung des kausalistischen Immanenzprinzips im 19. Jh. war die Vorstellung eines göttlichen concursus - auch im Modus der providentia ordinata - ebenso geleugnet wie das Postulat einer göttlichen Teleologie und universalen Finalität des Weltprozesses. Daß diese Konsequenz durchaus einer inneren Sachlogik folgt, bringt R. Otto prägnant auf den Begriff, wenn er feststellt: »... der Kausalnexus begnügt sich nicht damit, ›causa secunda‹ zu sein, sondern dehnt sein Gebiet, einmal zugelassen, unbarmherzig über den Gesamtbereich des weltlichen

117. Etwa in: Kant, I. (1755): Allgemeine Naturgeschichte und Theorie des Himmels oder Versuch von der Verfassung und dem mechanischen Ursprunge des ganzen Weltgebäudes, nach Newtonischen Grundsätzen abgehandelt, in: Werke in sechs Bänden (hg. v. W. Weischedel), Darmstadt 1975, Bd. 1, Vorrede, S. 227-244, bes. 229-235.
118. Kant, I. (1796): Von einem neuerdings erhobenen vornehmen Ton in der Philosophie, in: Kants Gesammelte Schriften, Akademie-Ausgabe, Bd. 8, 400 (A 414), Anm.
119. In: Malter, R. (Hg) (1990): Immanuel Kant in Rede und Gespräch (PhB 329), Hamburg, Nr. 257 (S. 232).
120. Zum Begriff der Vorsehung in Kants Religionsphilosophie siehe: Mulholland, L. A. (1991): Freedom and Providence in Kant's Account of Religion: the Problem of Expiation, in: Rossi, P. J., Wreen, M. J. (Hg): Kant's Philosophy of Religion Reconsidered (Indiana Series in the Philosophy of Religion), Bloomington, IN, 77-102.
121. »... sollte etwas genannt werden, was im System der Philosophie eine Stellung einnimmt, welche der Stellung der göttlichen Eigenschaften im System der kirchlichen Theologie vergleichbar ist, so wären es die Weltgesetze.« [Strauß, D. F. (1840): Die christliche Glaubenslehre ..., Tübingen, Stuttgart, Bd. 1, 613].
122. A.a.O. Strauß, D. F. (1841): Die christliche Glaubenslehre ..., Tübingen, Stuttgart, Bd. 2, 384.

Seins und Geschehens aus und entthront immer weiter die angebliche Mitregierung«.[123] Oder mit den Worten von Albert Einstein, der von einem deterministischen Naturbegriff spinozistischer Prägung ausging (und diesen nicht selten in seine Physik hineinprojizierte): »Wer von der kausalen Gesetzmäßigkeit alles Geschehens durchdrungen ist, für den ist die Idee eines Wesens, welches in den Gang des Weltgeschehens eingreift, ganz unmöglich ...«.[124]

123. Otto, R. (1898) {→ Teil II, A. 38}, 103.
124. Einstein, A. (1930): Religion und Wissenschaft, in: Berliner Tagblatt, 11.11.1930; aufgenommen in: Albert Einstein. Mein Weltbild, Amsterdam 1934, erw. Neuaufl. hg. von C. Seelig, Zürich 1953, Frankfurt u.a. 1979, 17.

D. Materialismus und Naturalismus als Bestreitung auch der providentia ordinata

Der im letzten Abschnitt angedeutete Schritt zur Behauptung der vollkommenen Säkularität des Naturgeschehens soll im folgenden nachgezeichnet werden. Diese Darstellung des Naturalismus, Determinismus und Immanentismus in der Naturwissenschaft und seines philosophischen Gegenstücks - des atheistischen Materialismus' - soll die Entwicklungen anzeigen, die im 19. Jh. zur Verdrängung des Vorsehungsdenkes aus dem Bezugsrahmen der Natur geführt haben.

Die Physikotheologie hatte vor allem im ersten Drittel des 18. Jhs. die vollkommene Zweckmäßigkeit und Funktionalität besonders der organischen Welt wissenschaftlich nachzuweisen versucht und die perfekte Konstruktion der einzelnen Organismen (bis hin zu ihren kleinsten Teilen) wie des gesamten Naturzusammenhangs theologisch als unmittelbaren Niederschlag der providentiellen Weisheit Gottes interpretiert. Doch ließ sich die naturwissenschaftliche Beschreibung der Natur leicht von der theologisch-teleologischen Interpretation trennen und die Angepaßtheit und Funktionalität der Organismen damit nicht mehr als Ausfluß der von Gott gewährten Daseinsermöglichung für seine Geschöpfe verstehen, sondern als Resultat ihrer eigenen Daseinsbehauptung.[125]

1. Philosophischer Materialismus

Schon in der zweiten Hälfte des 18. Jhs. trieben die französischen Aufklärer - vor allem J. O. de LaMettrie[126], P.-H. T. de Holbach[127], P. S. de Laplace[128] - die vollständige Materialisierung der Naturauffassung programmatisch voran. Sie eliminierten die Vorstellung eines göttlichen Weltbaumeisters und radikalisierten damit das noch ›semideistisch‹ oder ›schöpfungspantheistisch‹ interpretierbare Modell eines Welt-Mechanismus zu einem atheistischen Immanentismus. Der für diesen Umbruch entscheidende Grundgedanke bestand in der Ablehnung von Newtons nichtmaterieller Deu-

125. Toellner, R. (1985) {→ A. 114}, 749f.

126. LaMettrie, J. O. de (1748): L'homme machine, frz-dt. Textausgabe hg. v. Becker, C. (1990): L'homme machine = Die Maschine Mensch (PhB 407), Hamburg; siehe dazu: Sutter, A. (1988) {→ A. 50}, 113ff. - Zum Kontext siehe die Textzusammenstellung in: Baruzzi, A. (Hg) (1968): Aufklärung und Materialismus im Frankreich des 18. Jahrhunderts. La Mettrie, Helvétius, Diderot, Sade (List Hochschulreihe: Geschichte des politischen Denkens 1502), München.

127. Holbach, P.-H., T. de (1770, ND 1995): Système de la nature: ou des lois du monde physique et du monde moral (Holbach gab das Werk unter dem Namen J. B. de Mirabauds nach dessen Tod heraus), ND Hildesheim.

128. Laplace, P. S. de (1799-1825): Traité de la méchanique céleste, 5 Bde. [dt. übers. v. Burckhardt, J. C. (1994): Mechanik des Himmels, Berlin].

tung der physikalischen Kraft.[129] Demgegenüber behaupteten die Materialisten, alle Kräfte seien Funktionen von physikalischen Körpern bzw. Massen. Eine unkörperliche Größe wie Gott kann demnach keine Kraftwirkung ausüben.[130] »An die Stelle Gottes war der Kausalzusammenhang getreten«.[131]

Dieser aber ist bestimmt durch den Grundsatz der Erhaltung der Energie. Die Annahme einer außerkosmischen Kraftwirkung in den raumzeitlichen Naturzusammenhang hinein verstößt gegen diesen Grundsatz. Soll an der Vorstellung eines göttlichen Wirkens festgehalten werden, dann kann es nur noch als geistiges gedacht werden, das sich der physikalischen Wirklichkeitserfassung prinzipiell entzieht. Wo diese allerdings einen Totalitätsanspruch auf die Beschreibung und Erklärung der Wirklichkeit im ganzen erhebt und geistige Einwirkungen gänzlich bestreitet, ist das Reden von einem Welthandeln Gottes nicht mehr intelligibel.

Ihren konsequentesten Ausdruck fand dieser zur Weltanschauung erhobene materialistische Alldeterminismus mit seinem aus der anorganischen Physik gewonnenen und dann verabsolutierten Prinzip der Notwendigkeit und Gesetzmäßigkeit allen Geschehens bei *Pierre Laplace*. In seinem Glauben, den gesamten Weltmechanismus prinzipiell in mathematischen Funktionen erfassen und berechnen zu können, wodurch sich jedes zukünftige Ereignis mit Sicherheit voraussagen ließe, säkularisierte und mathematisierte er die Vorstellung der göttlichen Allwissenheit und verband auf diese Weise das Postulat des Determinismus mit dem der absoluten Vorhersagbarkeit aller Ereignisse: »Ein Geist, der für einen Augenblick alle Kräfte kennen würde, welche die Natur beleben und die gegenseitige Lage aller Dinge, aus denen die Welt besteht, müßte, wenn er umfassend genug wäre, um alle diese Daten der mathematischen Analyse unterwerfen zu können, in derselben Formel die Bewegung der größten Himmelskörper und der leichtesten Atome begreifen, nichts wäre ungewiß für ihn, und Zukunft und Vergangenheit läge seinem Auge offen da«.[132]

Doch selbst, wo der Vernunftoptimismus dieser mathematischen Metaphysik nicht geteilt wurde, war die empirisch-rationalistische Physik zum alleinherrschenden Erklärungsparadigma vor allem der anorganischen Natur erhoben und jeglicher Rekurs auf ein Wirken Gottes in der Natur zur unwissenschaftlichen Irrationalität deklariert.

129. Stammel, H. (1982) {→ A. 59}, 40-49.
130. Nach: Pannenberg, W. (1991) {→ L.}, 100.
131. Wölfel, E. (1994): Art. »Naturwissenschaft I«, in: TRE 24, 189-213, hier: 197. - Nach W. Philipps Formulierung wurde die »blicklose Gottheit« der wirkkausalen Zwangsgesetzlichkeit »die letzte und absolute Herrscherin« [Philipp, W. (1963 ND 1988) {→ A. 15}, XXI].
132. Essai philosophique sur les probabilités, Paris 1814, Vorwort; zit. nach: Weimer, L. (1988): Wodurch kam das Sprechen von Vorsehung und Handeln Gottes in die Krise? Analyse und Deutung des Problemstandes seit der Aufklärung, in: Schneider, T., Ullrich, L. (Hg) {→ L.}, 59f, Anm.95. - Schon im 14. Jh. entfaltete J. Buridan die Vorstellung eines Bewußtseins, das aus einer vollständigen Kenntnis aller Bewegungsmöglichkeiten und -antriebe das zukünftige Naturgeschehen vollständig zu bestimmen imstande wäre [Buridanus, J. (1588, ND 1964): Kommentar zu Aristoteles, Paris (ND Frankfurt), lib. VI, q.5].

2. Darwins Entwicklungslehre

Als es gelang, die Entwicklung der Arten einer auf empirische Forschung gestützten immanent-kausalistischen Erklärung zuzuführen, wurde der Glauben an eine gottgelenkte Teleologie des biologischen Naturprozesses untergraben. Wenn überhaupt noch von einer Zielrichtung (einem »Plan« oder »Zweck«) des Entwicklungsprozesses die Rede sein sollte, dann mußte diese Unterstellung in Konsistenz zum herrschenden physikalischen bzw. biologischen Erklärungsmodell gebracht werden. Das aber führte dazu, daß sich anstatt von einer Teleologie bestenfalls nur noch von eine Teleonomie sprechen ließ.

Mit *Charles Darwins Evolutionslehre* war ein konzeptuelles Instrumentarium gegeben, mit dem das physikalische, an der anorganischen Natur entwickelte Modell der Kausalierung auch in den Bereich des Organischen bzw. Biologischen übertragen werden konnte. Die Prinzipien von Mutation und Selektion traten als »die großen Konstrukteure der Evolution« (K. Lorenz) an die Stelle des allmächtigen Schöpfers, der die Arten der Lebewesen im Akt seiner Schöpfung hervorgebracht hatte - was noch Grundüberzeugung der Physikotheologie war.

In Darwins Theorie, mit der er die Phylogenese durch Mutation und Selektion immanent erklärte, war die Kombination des Zufalls- mit dem Gesetzesprinzip (Kontingenz und Notwendigkeit) zum Paradigma erhoben.[133] Dabei räumte er mit dem Postulat erblicher Varianten (= Mutationen), die den Prozessen zielstrebiger Anpassung vorausgehen, dem Zufall Priorität gegenüber der gesetzlich ablaufenden Strukturbildung ein. Damit aber war eine entscheidende, für die biologische Wissenschaft, ja für das naturwissenschaftliche wie philosophische Naturverständnis insgesamt folgenreiche Modifikation eingeführt, welche die im 17. Jh. - vor allem bei Leibniz[134] - vollzogene Ausscheidung des Zufallsprinzips aus der Welterklärung partiell wieder aufhob.

Wenn es Darwin selbst in dieser Eindeutigkeit auch nicht tat, so konnte man sein Konzept doch konsequent naturalistisch auslegen und jegliche Annahme einer ›übernatürlichen‹ Intervention Gottes in den biologischen Naturprozeß damit für wissenschaftlich widerlegt halten. Die Vorstellung einer transzendenten Heteronomie in der Entwicklung der Lebewesen schien damit ebenso überwunden wie das Postulat eines *design*, einer teleologischen Ordnung der Natur: »There seems to be no more design in the variability of organic beings and in the action of natural selection than in the course which the wind blows«.[135]

133. Siehe dazu: Erbrich, P. (1988): Zufall - Eine naturwissenschaftlich-philosophische Untersuchung, Stuttgart.

134. Theodizee (PhB 499) {→ A. 48}, § 303 (S. 312): Ein »reiner Zufall ohne bestimmten Grund ... solch eine absolute und reelle Kausalität ist eine Chimäre, wie sie sich niemals in der Natur findet«. - Siehe dazu: Koselleck, R. (1984^2): Der Zufall als Motivationsrest in der Geschichtsschreibung, in: ders.: Vergangene Zukunft. Zur Semantik geschichtlicher Zeiten, Frankfurt, 158-175, bes. 173; Seifen, J. (1992) {→ A. 48}, 92ff.

135. Darwin, C. (1959): Autobiography (hg. v. N. Barlow), New York, 87. - Siehe dazu: Kass, L. R. (1978): Teleology and Darwin's ›The Origin of Species‹. Beyond Chance and Necessity?, in: Spicker, S. F. (Hg): Organism, Medicine, and Metaphysics, Dordrecht, Boston, 97-120.

Interessanterweise war es nicht zuletzt das Erschrecken über das mit der Güte eines allmächtigen Gottes unvereinbare *malum physicum*, das Darwin an der göttlichen Teleologie des Naturprozesses zweifeln ließ: »I cannot persuade myself that a beneficient and omnipotent God could have designedly created the Ichneumonidae with the express intention of their feeding within living bodies of caterpillars or that a cat should play with mice«.[136]

Doch wehrte sich Darwin andererseits dagegen, der Herrschaft des Zufallsprinzips das Wort zu reden.[137] In einem Brief an den Biologen Asa Gray schrieb er: »I cannot think that the world as we see it is the result of chance; yet I cannot look at each separate thing as the result of design«.[138] Darwin hat sich auch nicht explizit gegen eine Wirksamkeit Gottes in der Natur ausgesprochen. Die Bedeutung des Selektionsprinzips, das am ehesten dem Gedanken einer göttlichen Teleologie entgegenstand, nahm er zurück, indem er es als »the most important, but not exclusive, means of modification«[139] bezeichnete.

Im Anschluß an Äußerungen Darwins von 1837, in denen er das Prinzip der natürlichen Selektion als Werk göttlicher Vorsehung betrachtete und es mit dem Gravitationsgesetz Newtons verglich, konnte das Selektionsprinzip durchaus theologisch gedeutet werden, indem man es als Mittel Gottes zur Beförderung des Evolutionsprozesses verstand. Vor 1872 war das die herrschende Meinung der Wissenschaftler und der informierten Öffentlichkeit.[140] Der Botaniker und anglikanische Geistliche George Henslow vertrat die Auffassung, an die Stelle von Paleys »argument from design« könne das der »adaption under directivity« treten.[141]

Neben diesem Ansatz, der von einer aktiven Einwirkung Gottes (»divine agency«) ausgeht, rekonstruiert J. R. Moore zwei andere Modelle der theologischen Deutung des Selektionsprinzips: eine, die auf »immanent divine power« rekurriert (Gottes kreative Energie ›nährt‹ die natürlichen Bewegungskräfte des Evolutionsprozesses);

136. Darwin, F. (1898): The Life and Letters of Charles Darwin, New York, Bd. 2, 105, zit. in: Davies, H. (1992) {→ L.}, 4.

137. Anders als C. S. Peirce, der an die Stelle des kosmologischen Notwendigkeitsprinzips das der »living spontaneity« setzte [in seinem Artikel »The Doctrine of Necessity Examined«, der 1891 in »The Monist« erschien, in: Collected Papers of Charles Sanders Peirce, hg. von C. Hartshorne und P. Weiss (= CP), Bd. 5/6, Cambridge Mass. 1934f, 1962f, hier: 5, 553]. Siehe auch CP 5, 342 (1868) und CP 6, 399 (1878).

138. Zit. in: Barbour, I. G. (1990) {→ Teil I, A. 41}, 155. - In der von Darwin studierten, 1802 veröffentlichten »Natural Theology« von William Paley hatte das *»argument from design«* im Zentrum des Gottesbeweises gestanden. Siehe dazu: Goldhawk, N. (1969): William Paley: Or The Eighteen Century Revisited, in: Wiles, M. (1969) {→ L.}, 50-61.
Zum »argument from design« siehe: Swinburne, R. G. (1972): The Argument from Design, in: Donnelly, J. (Hg): Logical Analysis and Contemporary Theism, New York, 41-57; McPherson, T. (1972): The Argument from Design, London, New York.

139. Zit. nach: Moore, J. R. (1979): The Post-Darwinian Controversies. A Study of the Protestant Struggle to Come to Terms with Darwin in Great Britain and America 1870-1900, London u.a., 220 (ohne Quellenangabe).

140. Moore. J. R. (1979) {→ A. 139}, 382, Anm. 8.

141. Henslow, G. (1904): Present-day Rationalism Critically Examined, London, 53, 56f, 147, 161ff, 174, Kap.8.

und eine andere, die - inspiriert von Hegel - das Naturgeschehen panentheistisch in Gottes Immanenz selbst hineinnimmt und seine Entwicklung als unmittelbare Manifestation des göttlichen Wesens verstehen will.[142] Auch hier schlägt sich die Konkurrenz von aktualistischer und sapiential-ordinativer Deutung der Weltwirksamkeit Gottes deutlich nieder.

Durch die molekularbiologische Erklärung der spontanen Strukturierung komplexer Partikel erhielt Darwins Mutationsprinzip eine wissenschaftliche Fundierung und damit wirkliche Erklärungskraft. Nicht nur die Entwicklung der Arten, sondern die Entstehung des Lebens selbst - der Schritt vom Makromolekül zum Mikroorganismus - läßt sich mit diesem Theoriekomplex als determiniertes, den Gesetzen von Mutation und Selektion folgendes und in diesem Sinne kontinuierlich-diskontinuierliches Geschehen verstehen. Das Evolutionsmodell als Kombination des Kontingenzprinzips (das Unschärfen in den Einzelprozessen annimmt) mit dem der Notwendigkeit wird heute auch weit über die Biologie hinaus angewendet, so etwa in der sog. Chaosforschung (s.u.), in der evolutionären Erkenntnistheorie, in Theorien der Wissenschafts- und Technikentwicklung usw.[143] Die radikale Vergeschichtlichung des Seins unter dem Aspekt historischer Kontingenz ist so zum zentralen Leitmotiv zahlreicher wissenschaftlicher Theorien geworden, die Strukturbildungen in ihrer Genese und Evolution zu beschreiben versuchen.[144]

3. Resümee: Vorsehung im Bezugsrahmen der Natur

Mit der Mathematisierung, Geometrisierung und Mechanisierung des Naturverständnisses im Sinne eines von Gott eingesetzten und permanent stabilisierten, selbst-regulativen Ordnungszusammenhangs war eine spontan-kausale Intervention Gottes in das Naturgeschehen nicht mehr denkbar. Gott konnte als Ingenieur des Weltmechanismus gedacht werden, nicht aber als Akteur, der in den laufenden Prozess eingreift, geschweige denn jedes einzelne Geschehen unmittelbar disponiert und initiiert. Die providentia ordinata mußte zum Paradigma des göttlichen Weltwirkens (vor allem in der Natur) werden und die vollendet zweckmäßige Einrichtung des Weltbaus zum Zentralinhalt der auf diese Weise sapiential-ordinativ bestimmten Vorsehungslehre.

Besonders der aktualistische Typus mit seiner Zentralvorstellung des Handelns Gottes war also von dieser Veränderung der Basisplausibilitäten des Weltbildes betroffen. Er mußte dem neuzeitlichen Naturverständnis mit seiner Sicht der Wirklichkeit als eines geschlossenen Kausalzusammenhanges, in den keine kontingenten Eingriffe vorgenommen werden können, prinzipiell fremd und anstößig bleiben. Wollte er seine Geltung behaupten, so war das nur *neben* der naturwissenschaftlichen Weltdeutung möglich, d.h. nur dadurch, daß deren Realitätsauffas-

142. Moore. J. R. (1979) {→ A. 139}, 220-236 (»Teleology and Providence«). Dieses Kapitel bietet eine sehr aufschlußreiche Darstellung der positiven theologischen Darwin-Rezeption.
143. Poser, H. (1990): Art. »Kontingenz I«, in: TRE 19, 551.
144. Zur theologischen Kritik an der Evolutionslehre und der Notwendigkeit einer Revisison dieser Kritik siehe: Pannenberg, W. (1991) {→ L.}, 143-146.

sung auf den Bereich der physischen Wirklichkeit beschränkt wurde. Dies aber führt sachlogisch zu einer Diastase von Natur (als Materialität, konnotiert mit Notwendigkeit) und Geist (als Idealität und Wille, konnotiert mit Freiheit). Von dieser Voraussetzung der Unterscheidung und hierarchischen Zuordnung zwischen Natur und Geist aus ließ sich die (idealistische) Annahme begründen, dem Menschen und um so mehr Gott eigne die Kompetenz, innerhalb des Naturzusammenhanges und ohne seine Gesetzmäßigkeit zu durchbrechen, Neues zu setzen und Veränderungen willentlich zu bewirken. Nur so schien es möglich, die Kategorie des Handelns mit ihren Implikationen {→ S. 316ff} zurückzugewinnen.

Wo eine solche ›Zwei-Reiche-Unterscheidung‹ von Geist und Natur nicht mitvollzogen wurde, wo man weiterhin das Naturverständnis einer vollständigen Säkularisierung, Naturalisierung und Materialisierung unterzog, mußte sowohl das reformulierte aktualistische als auch das sapiential-ordinative providentia-Konzept - und damit jegliche Lehre einer Weltwirksamkeit Gottes - radikaler Kritik und Bestreitung verfallen.

Entgegen seiner eigenen Intention ließ sich Darwins Entwicklungslehre zum machtvollen Instrument einer ›wisschenschaftlichen‹ Widerlegung des Theologoumenons vom teleologischen Handeln Gottes im Prozeß der biologischen Artendifferenzierung erheben. Damit war das Modell der gesetzlichen Selbstregulation natürlicher Prozesse in den biologischen Bereich hinein ausgedehnt, der bisher als Paradebeispiel für die Behauptung einer göttlichen Teleologie gedient hatte: Was theologisch als von Gott gefügte Hierarchie der Lebewesen gedeutet worden war, erschien jetzt als eine nach den Gesetzen von Mutation und Selektion verlaufende Evolution ohne ein erkennbares Ziel.

Als Resulat dieser naturwissenschaftlichen und weltbildhaften Veränderungen verstärkte sich der Druck auf die theologische Vorsehungslehre so sehr, daß sie sich aus dem Bezugsrahmen der Natur weitgehend zurückzog. Es kam damit eine Entwicklung zum vorläufigen Abschluß, die mit dem Aufstieg der naturwissenschaftlichen Naturerklärung begonnen hatte: die Verlagerung des Vorsehungsdenkens aus dem Bezugsrahmen der Natur in den Bereich der Geschichte und der Deutung des indivduellen Lebens. Oder anders: die Abblendung der kosmologischen Dimension und die Verstärkung der anthropozentrischen Ausrichtung.

Dieser paradigmatischen Umorientierung soll im folgenden unser Interesse gelten. Bevor wir die Ansätze zur Entfaltung der Vorsehungslehre im Bezugsrahmen einer religionsphilosophischen *Geschichtsdeutung* darstellen, soll noch ein Blick auf die *Individualisierung und Verinnerlichung* des Glaubens an die Vorsehung Gottes geworfen werden, wie sie für den Pietismus charakteristisch ist. Dabei wird sich zeigen, daß das dort im Vordergrund stehende Motiv der providentia specialissima eingebettet ist in eine heilsgeschichtlich-eschatologische Dimension der Wirksamkeit Gottes, deren Ausdeutung unter dem Einfluß des Entwicklungsparadigmas steht. Anders als in der Aufklärung liegt der Akzent dabei jedoch ganz auf der Leitung und Begleitung des frommen Einzelnen durch Gott.

E. Vorsehung als Führung des glaubenden Menschen im Pietismus

Im *Pietismus*[145] tritt die Bedeutung der orthodoxen Vorsehungs*lehre* (die weithin anerkannt und übernommen wird[146]) stark hinter dem aufblühenden persönlichen Vorsehungs*glauben*, seiner frommen Selbstreflexion und der Betonung seiner sittlich-praktischen Lebensbewährung zurück.[147] In der theologischen Entfaltung des procurativen Wirkens Gottes verlagert sich der Schwerpunkt von der providentia generalis weg - und auf die providentia specialis, vor allem aber auf die providentia specialissima hin. Gott (bzw. Christus) wird als Führer a) des individuellen Lebens (Betonung des Nachfolgemotivs) und b) der Geschichte im ganzen (Rezeption einer teleologisch-heilsgeschichtlichen Betrachtungsweise) verstanden.

a) Mit der Individualisierung des Vorsehungsglaubens erhält die persönliche *Erfahrung* der göttlichen procuratio individualis Gewicht und drängt den von Luther stets betonten Aspekt der Verborgenheit und Kontrafaktizität (sub contrario) des Handelns Gottes zurück. In frommer Gottunmittelbarkeit werden göttliche Offenbarungen, Zeichen und Winke Gottes gesucht, die den nach Gottes Willen zu gehenden Lebensweg anzeigen[148] - bis hin zur Wahl des Ehegatten.[149] Vorsehung manifestiert sich primär im individuellen Führungshandeln. Um 1700 kommen die religiösen Autobiographien und Tagebücher in Mode, in denen diese persönliche Bewahrung, Begleitung und Leitung bezeugt ist.

Exemplarisch sei auf die Autobiographie des schon vom Geist der Sturm- und Drangperiode berührten J. H. Jung-Stilling verwiesen, deren Resümee lautet: »Zeigt meine ganze Lebensgeschichte nicht unwidersprechlich, daß mich nicht menschlicher Verstand und Weisheit, sondern der - der der Menschen Herz,

145. Siehe die aktuelle lexikalische Skizze der pietistischen Bewegungen mit ausführlichen Lit.angaben: Brecht, M. (1996): Art. »Pietismus«, in: TRE 26, 606-631.
146. Ein interessantes Detail ist dabei die Hierarchiebildung in der Systematik der Werke Gottes in vier Stufen, wie sie aus dem Kreis um Francke überliefert ist [Viering, K. A. (1928) {→ L.}, 644]. Nach Maßgabe ihrer »Reinheit« werden die Werke Gottes abgestuft. An erster Stelle stehen demnach die opera Dei ad intra, da sie naturgemäß »auf die pureste und eminenteste Art göttlich« (ebd.) sind. Ihnen folgen diejenigen opera ad extra, die Gott allein, d.h. ohne Vermittlung von Zweitursachen, wirkt. Den nächsten Rang nehmen die Werke ein, bei denen Gott die natürliche Bewegungsrichtung der Zweitursachen ändert. Am unteren Ende der Skala schließlich findet sich jenes Zusammenwirken, bei dem Gott die causae secundae nach ihrem natürlichen Bewegungsablauf in Anspruch nimmt. In dieser Stufung läßt sich evtl. ein Anklang an die von Thomas von Aquin bestimmten drei Grade der Wunder entdecken (Summa contra gentiles III, 101).
147. Vgl. den Niederschlag, den dieser Glaube im Liedgut gefunden hat - etwa: EG 62; 90,2; 123; 166; 206; 322,2ff; 324,3ff; 325; 351; 352; 361; 369; 370; 385; 391; 393.
148. Siehe dazu: Maier-Petersen, M. (1984): Der Fingerzeig Gottes und die Zeichen der Zeit, Stuttgart.
149. Viering, K. A. (1928) {→ L.}, 649 [nach: Ritschl, A. (1880-1886): Geschichte des Pietismus, Bonn, II (1884), 228], 661.

Handlungen und Schicksale - doch ohne Zwang ihres freien Willens - zu lenken versteht, von Anfang bis zu Ende wahrhaft nach einem vorbedachten Plan geleitet, gebildet und erzogen habe.«[150]

b) Gerade in seiner Zentrierung auf die providentia specialissima wußte sich der pietistische Vorsehungsglaube jedoch in den größeren Horizont des im Anbruch begriffenen Gottesreiches gestellt. Die zielstrebige göttliche Führung des individuellen Lebens des Frommen und der Gemeinde durch Proben, Belohnungen und Strafen hindurch war theologisch eingeordnet in den Gesamtzusammenhang des schöpfungsumspannenden göttlichen Heilsplans. Verbunden mit dem aufkeimenden Geschichtsbewußtsein führte diese Ausrichtung zu einer »Theologie der Weltgeschichte«[151], deren praktische Konsequenz von einer quietistischen Weltabwendung bis zum missionarischen Impuls reichen konnte.

Die pietistische Hinwendung zu heilsgeschichtlichem Denken vollzog sich nicht zuletzt in Abkehr von der ungeschichtlichen Schuldogmatik der protestantischen Orthodoxie. Wie diese neue heilsgeschichtlich-eschatologische Ausprägung der Vorsehungslehre das zeitgenössische Entwicklungsdenken in sich aufnahm, zeigt sich bei A. Bengel, der die biblische Überlieferung teleologisch als stufenweise Entwicklung der Offenbarung Gottes (oeconomia divina) rekonstruierte und damit in Konflikt mit dem Interesse orthodoxer Theologie an der Einmaligkeit und Abgeschlossenheit der Offenbarung geriet. Die Vollendung der Heilsgeschichte wird in der Konsequenz seiner Konzeption erst erreicht, wenn das Reich Gottes vollumfänglich verwirklicht ist.

150. Jung-Stilling, J. H. (1804, 1976): Lebensgeschichte (hg. v. G. A. Benrath), Darmstadt, 617 (grammatikalische und stilistische Anpassung - R.B.). In der Einleitung von G. A. Benrath wird eindrücklich herausgearbeitet, wie der Vorsehungsglaube die Matrix der gesamten Lebensbeschreibung Jung-Stillings bildet.

151. Schrenk, G. (1923): Gottesreich und Bund im älteren Protestantismus, Gütersloh, 314; zit. bei: Viering, K. A. (1928) {→ L.}, 653.

F. Vorsehung im Bezugsrahmen von »Geschichte«

Gegenüber den Entwürfen der altprotestantischen Orthodoxie, die an einer aktualen Bestimmung der Weltwirksamkeit Gottes festhalten, explizieren die in III/B und C skizzierten philosophischen und theologischen Konzepte Gottes Vorsehungswirken als sapientiale providentia mediata, ordinata und universalis: »Vorsehung« bezeichnet primär die dem Weltprozeß zugrundeliegende Rationalität Gottes und sekundär die Realisierung dieser Struktur. Im Hintergrund steht - deutlicher als bei den altprotestantischen Providenzlehren - die Rezeption des paradigmatisch veränderten Naturverständnisses.

Entfaltete sich die Vorsehungslehre im Bezugsrahmen der Natur, so mußte sie Gottes Wirken in Beziehung zu jener allgemeinen Gesetzlichkeit explizieren, die für das naturwissenschaftliche Naturverständnis charakteristisch war. Sollte demgegenüber - wie von der Aufklärung zunehmend gefordert - das Streben der Persönlichkeit nach individueller Freiheit und sittlicher Selbstverantwortung Anerkennung finden, dann war das nur in der Unterscheidung vom Naturprozeß möglich.

1. Die Unterscheidung von Natur und Geschichte

Anknüpfend an die Descartes'sche Unterscheidung von res extensa und res cogitans ließ sich - vor allem im Deutschen Idealismus mit seinen Vorläufern seit Leibniz - die Sphäre des Geistes vom Naturprozeß abheben. Geist wurde mit den Kategorien von Zeit (bzw. Geschichte) und Freiheit verbunden, Natur mit jenen von Raum und Notwendigkeit: Natur galt als der Bereich, der vom kausalistischen Notwendigkeitsnomos beherrscht war, Geschichte als Sphäre der göttlichen und menschlichen Selbstentfaltung in Freiheit, ja als Prozeß zunehmender Freiheit. Der geschlossene Kausalzusammenhang des Naturgeschehens bildete die notwendige, nicht aber mehr die hinreichende Bedingung menschlicher Handlungen und geschichtlicher Ereignisse. Diese hinreichende Bedingung liegt in der freien Selbstbestimmung des Geistigen. Auf der Grundlage eines solchen ontologischen Dualismus formierte sich die Unterscheidung von Natur und Geist als »säkularisierte Zwei-Reiche-Lehre von der Notwendigkeit und der Freiheit«[152] - am schärfsten dann im Idealismus Fichtes. Gott war nicht mehr primär Ingenieur und Programmierer der perfekten Weltmaschine, sondern sittlicher Grund der Freiheitswelt. Bei Fichte handelt Gott ganz durch die menschliche Freiheit.

152. Moltmann, J. (1980, 1994³) {→ A. 260}, 226. - Siehe dazu: Bubner, R., Gladigow, B., Haug, W. (Hg) (1990): Die Trennung von Natur und Geist, München, bes: 7-24 (Bubner, R.: Einleitende Betrachtungen), 245-258 (Haug, W.: Die Frage nach dem historischen Ort der Entzweiung von Natur und Geist: Rückblick und Diskussion).

Spätestens seit der Mitte des 18. Jhs., als sich die a-theologische Naturdeutung der philosophischen Aufklärung auch gegen die Physikotheologie (s.o.) durchgesetzt hatte, verlagerte sich der Bezugsrahmen für die Bestimmung der Weltwirksamkeit Gottes. War die religiöse Weltbetrachtung der beginnenden Aufklärung vor der Mitte des 18. Jhs. noch ganz von der Schönheit und Perfektion der Natur fasziniert, so wurden Gottes opera nun nicht mehr primär im Bereich der natürlichen Wirklichkeit, sondern zunehmend im Bereich des Geistes, des Glaubens und der Geschichte lokalisiert und damit ganz auf das Menschengeschlecht und den individuellen Menschen in seiner Relation zu Gott konzentriert. Je mehr die Naturdeutung naturalistischen Gesetzesprinzipien folgte, um so mehr mußte das Wirken Gottes vergeistigt werden. Oder in der Terminologie der klassischen Vorsehungslehre ausgedrückt: Gottes Handeln im allgemeinen und seine teleologische gubernatio im besonderen wurde zunehmend in Referenz zur providentia specialis und specialissima bestimmt.

War die perfekte Einrichtung der natürlichen Wirklichkeit und ihrer Systemzusammenhänge der Fokus einer Vorsehungslehre, die sich im Bezugsrahmen der Natur entfaltet hatte (so vor allem bei Leibniz), so explizierte sich das Vorsehungsdenken nun zunehmend am Paradigma des geschichtlichen Fortschritts.[153] Ihr Entdekkungszusammenhang verschob sich von der Offenbarungstheologie (als biblisches Zeugnis und Verheißung der bergenden und führenden Gegenwart Gottes) und der theologischen Naturbeobachtung (als Lesen im »Buch der Natur«) hin zur Sinndeutung der Geschichte.

In dem Gedanken, daß Gottes eschatologisch finalisiertes Weltwirken nicht in der (auf das Volk Gottes zentrierten) Heilsgeschichte zu verorten ist, sondern den Verlauf der Weltgeschichte bestimmt, liegt der entscheidende Differenzpunkt zur klassischen heilsgeschichtlichen Sichtweise.[154] Um Gottes Wirken zu erkennen, gilt es dabei, die Weltgeschichte theologisch zu rekonstruieren, d.h. im »Buch der Geschichte« zu lesen, um darin die Spuren der Geschichtslenkung Gottes zu entdecken.

Diese Entwicklung ist vor dem Hintergrund des tiefgreifenden Wandels im Geschichtsverständnis zu sehen, wie er sich vor allem im 18. Jh. ereignet hat (wobei die Ansätze dazu jedoch bis in die Renaissance zurückreichen): Je mehr ins Bewußtsein trat, daß die Wirklichkeit nicht bloß Geschichte *hat*, sondern konstitutiv Geschichte *ist*, je mehr also ihre grundlegend geschichtliche Verfaßtheit erkannt wurde, um so

153. Siehe dazu: Mittelstraß, J. (1970): Neuzeit und Aufklärung. Studien zur Entstehung der neuzeitlichen Wissenschaft und Philosophie, Berlin, 343ff.

154. Das ›klassische‹ heilsgeschichtliche Denken hatte von den im AT überlieferten Geschichtswerken, der jüdischen Apokalyptik und den christozentrischen Rezeptionen dieser partikular- und universalgeschichtlichen Konzepte im NT (Röm 9-11, die lukanische Geschichtsdeutung, Eph 1; 3,9ff und Kol 1, Apk) seinen Ausgang genommen, war in der Rekapitulationstheorie des Irenäus erstmals zu einer christlichen Geschichtstheologie entfaltet worden und hatte in Augustins »De civitate Dei« seine Gesamtdarstellung gefunden, die bis in die Frühneuzeit für die abendländische Theologie maßgeblich blieb [Eine kurze Skizze dieser Entwicklung gibt: Werbick, J. (1991) {→ L.}, 186-191]. In Augustins Unterscheidung der beiden civitates war die Heilsgeschichte der Weltgeschichte wie ein zweites »Stockwerk« übergeordnet. Justin und Irenäus hatten demgegenüber die Einheit der Geschichte Gottes mit den Menschen durch den Gedanken der paidagia Dei gewahrt {→ S. 207f}.

mehr konnte der Begriff »Geschichte« subjektivisch gebraucht werden - als kollektivsingularische Universal- und Metakategorie zur Erfassung der gesamten Wirklichkeit. Umso mehr wurde er damit zum säkularisierten Äquivalent des (vor allem dann in der Aufklärung bis hin zu Kant) ebenfalls subjektivisch verwendeten Begriffs der »Vorsehung«.[155] So konnte von »der Geschichte« als von einer umfassenden, quasigöttlichen bzw. schicksalhaften Handlungsinstanz die Rede sein.

2. Die Vorsehungslehre auf der Matrix des Entwicklungsgedankens

Für das Vorsehungsdenken der *Aufklärung*[156] - soweit es sich im Bezugsrahmen der Geschichte entfaltet - spielten zum einen der Entwurf einer universalen Geschichtstheologie und zum anderen die Rezeption des *paideia-Motivs* eine zentrale Rolle. In beiden Fällen ist es das Paradigma der *Perfektibilität*, das zunächst (in der zweiten Hälfte des 18. Jhs.) auf die Anthropologie und dann (in den letzten drei Jahrzehnten des 18. Jhs.) auf die theologische Geschichtsdeutung angewandt wurde und darin die philosophischen und theologischen Entwürfe einer Vorsehungslehre im Zeitalter der Aufklärung charakteristisch prägte:

1. Im Bezugsrahmen der *Anthropologie* begegnet das Modell der zunehmenden Vervollkommnung in der Überzeugung von der stetigen körperlichen, intellektuellen und ethischen Verbesserung des Menschen hin zum Ideal der Autonomie. So gewinnt der Erziehungsgedanke eine zentrale Stellung im Denken der Aufklärung, die insgesamt als sittlich-praktische und pädagogische Emanzipations- und Reformbewegung zu sehen ist. Das Postulat der Unendlichkeit der Seele eröffnet dabei die Denkmöglichkeit, daß sich der Prozeß ihrer Höherentwicklung prinzipiell unbegrenzt fortsetzt.

2. Charakteristisch für das *Geschichtsdenken* der Aufklärung[157] ist
a) die Überwindung der Vorstellung einer eschatologisch geschlossenen Weltgeschich-

155. Siehe dazu: Beintker, M. (1993) {→ L.}, 444f; Beintker verweist auf: Koselleck, R. (1975): Art. »Geschichte, Historie I, V-VII«, in: Historisches Lexikon zur politisch-sozialen Sprache in Deutschland, Bd. 2, 593-595, 647-717.

156. Zur Vorsehungslehre der Aufklärung siehe: Lütgert, W. (1901) {→ A. 110}.

157. Zum Wandel des Geschichtsverständnisses von der Renaissance bis zum 19. Jh. als Matrix für das Vorsehungsdenken siehe: Cassirer, E. (1932): Die Philosophie der Aufklärung, in: ders.: Grundriß der philosophischen Wissenschaften, Bd. 4, Tübingen, 263ff; Löwith, K. (1949, 1953): Weltgeschichte und Heilsgeschehen. Die theologischen Voraussetzungen der Geschichtsphilosophie, Berlin (Sämtliche Schriften 2, Stuttgart 1983), 7-239; der Leitgedanke dieses Textes ist kurzgefaßt und zugespitzt enthalten in: ders. (1950): Weltgeschichte und Heilsgeschehen (Sämtliche Schriften 2, Stuttgart), 240-279; Klempt, A. (1960): Die Säkularisierung der universalhistorischen Auffassung. Zum Wandel des Geschichtsdenkens im 16. und 17. Jh. (Göttinger Bausteine zur Geschichtswissenschaft 31), Göttingen; zusammengefaßt in: ders. (1969): Die protestantische Universalgeschichtsschreibung vom 16. bis 18. Jahrhundert, in: Randa, A. (Hg): Mensch und Weltgeschichte. Zur Geschichte der Universalgeschichtsschreibung, Salzburg, München, 205-224; Streisand, J. (1964, 1967²): Geschichtliches Denken von der Frühaufklärung bis zur Klassik, Berlin; Kosellek, R. (1979, 1985⁴): Vergangene Zukunft. Zur Semantik geschichtlicher Zeiten, Frankfurt; Benrath, G.A. (1984): Art. »Geschichte/Geschichtsschreibung/Geschichtsphilosophie, VII/1: 16. bis 18. Jahrhundert«, in: TRE 12, 633ff (Lit.).

te, die in einer Abfolge von Epochen - nach dem Modell des Tages-, Jahres- und Lebenslaufes – verläuft und dabei auf ihr Ende in einer universalen Katastrophe zusteuert. An die Stelle dieses, in zyklischen Phasen denkenden Geschichtsbildes tritt die Erwartung einer zielgerichteten, aber prinzipiell unendlichen, von Menschen gestaltbaren Entwicklung in linearer Dynamik.

In dieser veränderten Geschichtsauffassung wirken zwei Überzeugungskomplexe zusammen, deren Anfänge im Zeitalter von Renaissance und Humanismus liegen: das *Unendlichkeitspostulat* und – mit ihm verbunden – die Einsicht in die *Zeitgerichtetheit* der Geschichte. Auch wenn das im Anschluß an diese beiden Überzeugungen entwickelte Geschichtsbild für eine theologische Deutung grundsätzlich anschlußfähig war, so erforderte es doch eine grundlegende Revision der augustinischen Sicht.

Nachdem J. Bodin die Geschichte als zukunftsoffenen Prozeß interpretiert und damit die theologische Endzeitlehre überwunden hatte {→ S. 257}, vollzog Isaac de La Peyrère mit seiner Lehre von der präadamitischem Menschheit[158] die Durchbrechung der christlichen Protologie.[159] Damit war das geschlossene, vom Akt der Schöpfung ausgehende, im Christusereignis zentrierte und auf das Weltende zusteuernde Geschichtsbild sowohl in Richtung der Vergangenheit als auch in Richtung der Zukunft auf Unendlichkeit hin durchstoßen. Geschichte mußte als vermutlich infiniter Prozeß des Verfalls und der Erneuerung gesehen werden, der dem Menschen zur Gestaltung anheim gegeben ist. Sie war vergangenheits- wie zukunftsoffen, was aber eine teleologische Interpretation nicht notwendig auszuschliessen brauchte. Diese wurde theologisch wie philosophisch auf der Grundlage der Kategorien »Entwicklung« (»Fortschritt«) und »Vervollkommnung« (»Perfektibilität«) vorgenommen. Gottes providentielles Welthandeln fand darin eine neue, zeitgemäße Ausdrucksform.

Mit der protologischen Herkunfts- und der eschatologischen Zielbestimmung entfallen auch die traditionellen geschichtstheologischen Deutemuster und Periodisierungen, wie die Lehre von den vier Weltreichen (Dan 2. 7, Hippolyt, Beda, Otto von Freising) und die der sechs (Hippolyt, Origines, Augustin, Isidor, Beda - Schema der »Weltwoche«), vier (griechische Antike) oder drei (Rupert von Deutz, Joachim von Fiore) Zeitalter, ebenso die Erwartung der bevorstehenden Endzeit, verbunden mit der oben angedeuteten Verfallstheorie der Geschichte.

b) die universalgeschichtliche Ausrichtung. Allen dualistischen »Zwei-Stockwerk-Theorien«, welche (Augustins Unterscheidung der beiden civitates folgend) der Realgeschichte der Welt die Heilsgeschichte als die eigentliche Geschichte Gottes mit seinem Volk überordnen, wird hier entgegengehalten, daß es nur die *eine* Geschichte gebe, *in* der Gott wirke. Dabei muß mit der gesamten Kultur- und Religionsgeschichte auch das Christentum und schließlich die Offenbarung Gottes selbst in dieses Fortschrittsparadigma einbezogen werden. Gegenüber der Festlegung auf eine normative Zeit und Gestalt (material auf das Christusgeschehen, formal auf den biblischen Kanon und die regula fidei) ereignet sich diese *eine* Geschichte nach Semler in einem

158. La Peyrère, Isaac de (1655): Praeadamitae. Sive Exercitatio super versibus duodecimo, decimotertio, & decimoquarto, capitis quinti Epistolae D. Pauli ad Romanos. Quibus inducuntur primi homines ante Adamum conditi, Amsterdam.

159. Siehe dazu: Klempt, A. (1960) {→ A. 157}, 89-96.

von Gottes Geist geleiteten, unabgeschlossenen Prozeß, in dem ihre Manifestationen immer klarer hervortreten und in dem sich der »Geist« oder das »Wesen« des Christentums immer deutlicher und vollkommener herausbildet. Die Perfektibilisierung des Christentums vollzieht sich als »Fortgang von der anthropomorphen zur geistigen Gottesvorstellung und Gottesverehrung, als Überwindung der Gesetzlichkeit ... sowie als Entfaltung der durch Jesus Christus bewirkten Versöhnung und Erlösung für die sich verändernden Bedingungen des menschlichen Daseins«.[160]

Die Konsequenzen der damit grundgelegten Vergeschichtlichung der Vorsehungslehre waren tiefgreifend: Vorsehung mußte als innergeschichtliche Fortschrittsbewegung - als von Gottes Geist geleitete, teleologische Dynamik der Weltentwicklung - gedacht werden, in der sich Gottes übergeschichtlicher Plan realisiert. Die Unterscheidung zwischen Welt- und Heilshandeln Gottes konnte dabei nicht aufrechterhalten werden. Offenbarung ließ sich nicht mehr als vergangenheitlich abgeschlossenes Ereignis ansehen, das nach seinem Ende nur noch proklamiert werden muß, sondern war als revelatio continua zu bestimmen.[161]

Wo die Providenz Gottes auf solche Weise im Bezugsrahmen der zeitgerichteten und potentiell unendlichen Geschichte konzeptualisiert wurde, mußte das Motiv der transzendent-personalen Weltregierung zurücktreten und der Vorstellung einer Herrschaft Gottes über den organischen Entwicklungsprozeß Platz machen. Der Entwicklungsbegriff betont weitaus stärker als das Theologoumenon von der Regierung Gottes das Moment der Kontinuität, trägt allerdings auch die Konnotation der Selbststeuerung in sich: Während Gott nach dem Modell der göttlichen Weltregierung dem Weltlauf je neu den Weg weist und ihn auf das von ihm gesetzte Ziel hin steuert, kann »Entwicklung« als autopoietische Selbstorganisation, ja sogar als Verwirklichung eines selbst-gesetzten Ziels gedeutet werden. Es legt sich nahe, Gott in Analogie zur Seele eines lebendigen, sich fortbildenden Organismus zu sehen.

Weiterhin trägt der Entwicklungsgedanke - wo er nach dem Modell der linearen (wissenschaftlichen, technischen, sittlichen usw.) *Aufwärts*entwicklung entfaltet wird - die Anschlußfähigkeit für einen weltanschaulichen Optimismus in sich. Bei Leibniz brach diese Denkweise auf, als er seine Würdigung der bestehenden Welt als der »besten aller möglichen Welten« *dynamisch* interpretierte, indem er sie mit dem Gedanken eines »immerwährenden Fortschritt(s)«[162] verband. Ausgehend von diesem

160. Hornig, G. (1984): Lehre und Bekenntnis im Protestantismus, in: HDThG 3, Göttingen, 144.

161. So hatte schon T. Burnet einen vom »progress of providence« vorangetriebenen theologischen Erkenntnisfortschritt postuliert, eine zunehmende Erleuchtung der Menschheit und die unaufhaltsame Verbreitung der Gottesidee [Burnet, T. (lat. 1720, engl. 1733): Treatise concerning the state of departed souls before, and at, and after the resurrection, London].

162. Prinzipien der Natur und der Gnade (PhB 497) § 18 (S. 602); vgl. Theodizee (PhB 499), § 341 (S. 335); Neue Abhandlungen über den menschlichen Verstand II, 21 § 36, in: Gottfried Wilhelm Leibniz. Philosophische Werke in vier Bänden, Bd. 3, übersetzt von E. Cassirer (PhB 498), 168. - Siehe dazu: Knoppik, J. (1996): Leibniz' Fortschrittsidee, Berlin. - C. Wolff prägt dann die einflußreiche Formulierung vom ungehinderten Fortschritt zu immer höheren Vollkommenheiten (»non impeditus progressus ad majores continuo perfectiones«): Wolff, C. (1738, ND 1971): Philosophia practica universalis I (Gesammelte Werke, II. Abt., Bd. 10, ND Hildesheim, New York), § 374 (S. 293).

Motiv formierte sich der optimistische Glaube an die stetige Verbesserung der menschlichen Lebensverhältnisse. Gottes ›Handeln‹ ließ sich demzufolge als Optimierungshandeln mit dem Ziel der linear-kontinuierlichen (physischen, vor allem aber moralischen) Weltverbesserung vorstellen. Unheilswiderfahrnisse mußten dabei - wie schon bei Leibniz - marginalisiert werden.

Mit dem Erdbeben von Lissabon 1755 und Voltaires daran anknüpfender Radikalkritik des Vorsehungsglaubens widerfuhr dieser optimistischen Fortschrittsidee allerdings eine grundstürzende Erschütterung.[163] Sollte die Weltverherrlichung nicht umschlagen in eine zynisch-pessimistische Weltverachtung, wie in Voltaires »Poème sur le désastre« (1755)[164] oder in »Candide« (1759) {→ S. 183}, so bedurfte es eines neuen, die sündigen Perversionen des Menschen, die Unverrechenbarkeiten und Ambivalenzen des tatsächlichen Geschichtsverlaufs stärker gewichtenden theologischen Ansatzes, der dem selbstreferentiellen (›entelechischen‹) Fortschrittsdenken den Glauben an eine göttliche Geschichtsteleologie entgegenhielt.

Herders organisches Geschichtsdenken[165], Lessings Entwurf der »Erziehung des Menschengeschlechts«, vor allem aber Hegels Geschichtsphilosophie reagieren auf diese Herausforderung.

163. Siehe zum ganzen: Lütgert, W. (1901) {→ A. 110}; Viering, K. A. (1928) {→ L.}, 678-681. Interessant ist die Stellungnahme Kants in der Schlußbetrachtung zu seiner »Geschichte und Naturbeschreibung der merkwürdigsten Vorfälle des Erdbebens, welches an dem Ende des 1755sten Jahres einen großen Teil der Erde erschüttert hat«. Er zieht aus dieser Naturkatastrophe für die Philosophie und Theologie die Konsequenz, den optimistischen Anthropozentrismus der Aufklärung zu verabschieden und nicht mehr allein den Menschen, sondern den ganzen »Inbegriff der Natur« in ihrer kosmischen Dimension als Zweckbestimmung des göttlichen Weltregiments zu sehen. [Gesammelte Schriften, Akademie-Ausgabe, Bd. 1 (Vorkritische Schriften I), Berlin 1910, 460]. - Ganz ähnlich hatte sich schon Spinoza gegen einen Anthropozentrismus auf Kosten der Natur gewandt: Brief Nr. 30 (an Oldenburg), PhB 96a {→ A. 23}, 141.

164. Voltaire nennt die Erde dort - in bewußt krassem Gegensatz zu Leibniz - »die schlimmste aller Welten«, eine »Kloake von Elend«, ein »unentwirrbares Chaos«.

165. Zu Herders Vorsehungsdenken siehe besonders: Herder, J. G. (1784-1791): Ideen zur Philosophie der Geschichte der Menschheit, in: Suphan, B. (Hg) (1877-1913, ND 1967f): Sämtliche Werke, Berlin, XIII, 7f; XIV, 244, wo Herder die providentielle teleologische Ausrichtung und Leitung der Geschichte aus der Einsicht in die sinnvolle Strukturierung der Natur ableitet. - Siehe dazu: Frenz, P. (1983): Studien zu traditionellen Elementen des Geschichtsdenkens und der Bildlichkeit im Werk Johann Gottfried Herders, Bern.

G. Providentia Dei als Paidagogia Dei

Die o.g. Verbindung des Unendlichkeitspostulats mit dem Perfektibilitätsgedanken begegnet auch in den beiden wichtigsten Konzepten einer universalen Geschichtstheologie, die im Zeitalter der Aufklärung entworfen worden sind: in Semlers Modell der sukzessiven Perfektibilität des Christentums[166] und Lessings noch weiter ausgreifender »Erziehung des Menschengeschlechts«. Dieser zuletzt genannte Entwurf soll nun dargestellt und daraufhin befragt werden, ob und in welcher Weise er als Vorsehungslehre zu deuten ist.

Wenn Lessing[167] von der »ewigen Vorsehung« (§ 91)[168] spricht, dann meint er da-

166. Schütte, H.-W. (1968): Die Vorstellung von der Perfektibilität des Christentums im Denken der Aufklärung, in: Birkner, H.-J., Rössler, D. (Hg): Beiträge zur Theorie des neuzeitlichen Christentums, Berlin, 113-126; Hornig, G. (1975): Der Perfektibilitätsgedanke bei J. S. Semler, in: ZThK 72, 381-397; Baum, R., Neumeister, S. / Hornig, G. (1989): Art. »Perfektibiliät«, in: HWP 7, 238-244 (Lit.); Behler, E. (1989): Unendliche Perfektibilität. Europäische Romantik und Französische Revolution, Paderborn u.a., 61ff; Krolzik, U. (1990): Der Gedanke der Perfektibiliät von Natur, in: Bubner, R., Gladigow, B., Haug, W. (Hg): Die Trennung von Natur und Geist, München, 145-159.

167. Ich beziehe mich im folgenden auf Lessings Schriften nach: Göpfert, H. G. (Hg) (1970-1979): Gotthold Ephraim Lessing: Werke, 8 Bde. München, und zitiere aus dieser Ausgabe durch die Angabe des Siglums **G**, Band und Seite. Die dort nicht abgedruckten Schriften finden sich in: Lachmann, K. (Hg) (1886-1924, ND^3 1968): Gotthold Ephraim Lessings sämtliche Schriften, 23 Bde., Leipzig, Dritte Auflage bearb. v. F. Muncker, Berlin. Um auf Texte aus dieser Ausgabe zu verweisen, verwende ich das international gebräuchliche Sigel **LM**. Bei Bezügen auf Lessings Schauspiele werden zusätzlich Aufzug und Auftritt angegeben. Belegstellenreferenzen aus der »Erziehung des Menschengeschlechts« (1777, 1780) (G VIII, 489-510) nehme ich (nach den jeweiligen Paragraphen) eingeklammert in den Text mit auf. - Zu Lessings Vorsehungsdenken, wie es besonders in der Erziehungsschrift entfaltet ist, siehe: Löwith, K. (1949, 1953) {→ A. 157}, Anhang I, 222-228; Thielicke, H. (1957^4): Offenbarung, Vernunft und Existenz. Studien zur Religionsphilosophie Lessings, Gütersloh (die 1936 erschienene erste Auflage trug den Titel: Vernunft und Offenbarung), bes. 57ff; Schultze, H. (1969): Lessings Toleranzbegriff. Eine theologische Studie (FSÖTh 20), Göttingen, 86ff; Timm, H. (1969): Gott und die Freiheit. Studien zur Religionsphilosophie der Goethezeit, Bd. 1: Die Spinozarenaissance (SPLNJ 22), Frankfurt, 15-135 (zur Erziehungsschrift bes. 75-128); Bothe, B. (1972): Glauben und Erkennen. Studie zur Religionsphilosophie Lessings (MPF 75), Meisenheim am Glan, bes. 164-181; Pelters, W. (1972): Lessings Standort. Sinndeutung der Geschichte als Kern seines Denkens, Heidelberg; Schilson, A. (1974): Geschichte im Horizont der Vorsehung. G. E. Lessings Beitrag zu einer Theologie der Geschichte (TTS 3), Mainz; Bollacher, M. (1978): Lessing. Vernunft und Geschichte. Untersuchungen zum Problem religiöser Aufklärung in den Spätschriften (Studien zur deutschen Literatur 56), Tübingen, bes. 244-339; Heftrich, E. (1978): Lessings Aufklärung. Zu den theologisch-philosophischen Spätschriften, Frankfurt; Helbig, L. F. (Hg) (1980): Gotthold Ephraim Lessing. Die Erziehung des Menschengeschlechts. Historisch-kritische Edition mit Urteilen Lessings und seiner Zeitgenossen. Einleitung, Entstehungsgeschichte und Kommentar, Bern, Frankfurt; Schilson, A. (1980): Lessings Christentum, Göttingen, bes. 51-81 (Lit.); Lüpke, J. v. (1989): Wege der Weisheit. Studien zu Lessings Theologiekritik, Göttingen, 162ff; Strohschneider-Kohrs, I. (1991): Vernunft als Weisheit. Studien zum späten Lessing (Herm. NF 65), Tübingen, 55ff (Lit.).

168. Wie sich der Vorsehungsgedanke von Lessings erster Veröffentlichung bis in seine Spätschriften

mit die von Gottes aktualem Erziehungshandeln geleitete Dynamik der Geschichte als teleologische Vervollkommnung. Gottes Offenbarungs-Pädagogik zielt auf die Entwicklung der geistigen Kräfte des individuellen Menschen wie der ganzen Menschheit. In seiner Geschichte steigt das Menschengeschlecht über die gleichen Stufen auf, die auch der einzelne Mensch in seinem Leben durchlaufen muß (§ 93), um zu selbstbewußter Vernunft und selbstbestimmter Sittlichkeit zu gelangen. Die Geschichte erhält damit eine anthropomorphe Verlaufsdeutung.[169] Im folgenden Schema ist zusammengefaßt, wie sich dieser Aufstieg in struktureller Parallelität zwischen Onto- und Phylogenese über drei Stufen vollzieht:

Zeitalter der Offenbarungsgeschichte	Judentum	Christentum	Vernunftreligion
Lebensalter	Kindheit	Jugend	Erwachsenenalter
Offenbarungsurkunde	AT	NT	»Zeit der Vollendung« (§ 85), Zeit des neuen, ewigen Evangeliums
Zentrale ›Lerninhalte‹	Macht und Einzigkeit Gottes	Unsterblichkeit der Seele	Autonomie der Vernunft
Motivation der Ethik	Irdischer Lohn und Strafe; Handeln aus heteronomer Gesetzeskonformität	Jenseitiger Lohn und Strafe; Handeln aus Interesse an Belohnung und Strafvermeidung	Autonomie der Ethik: »Tun des Guten, weil es das Gute ist« (§ 85)

Gott ereignet seine Vorsehung zum einen als allgemeine *Fügung* im Ereigniszusammenhang von Natur und Geschichte. Er vollzieht sie zum anderen durch spezielle *Führung* einzelner und seines erwählten Volkes, d.h. durch die pädagogische Einflußnahme auf die geschichtlichen (individuellen oder kollektiven) Handlungssubjekte - eben so, wie ein Lehrer auf ein Kind einwirkt: durch Vorübungen, Anspielungen und Fingerzeige auf die noch zu erlernenden Wahrheiten (§§ 44-47). Dieses deiktische Handeln Gottes beschreibt Lessing im Bild von Richtungsstößen (§ 7), die Gott der sittlich-vernünftigen Entwicklung des Menschengeschlechts erteilt, um so die Richtung seiner Eigendynamik je neu auf das höhere Erziehungsziel der Autodidaktik hin auszurichten.

Rückübersetzt in die Terminologie der altprotestantischen Orthodoxie läßt sich interpretieren: Während die *kosmische* Dimension der providentia generalis (Gottes Wirken in der gesamten Schöpfung) nur schwer als Erziehungshandeln aufzufassen

durchzieht, hat A. Schilson nachgezeichnet: Schilson, A. (1974) {→ A. 167}, 47ff, Schilson, A. (1980) {→ A. 167}, 51ff.

169. Schon Rousseau hatte den Aufstieg der Menschengattung mit der Entwicklung des Individuums über die Lebensstadien von Kindheit bis zum Alter parallelisiert. In der Geschichtsdeutung der deutschen Romantik wird dieser Gedanke aufgenommen - etwa von Herder in: »Auch eine Philosophie der Geschichte zur Bildung der Menschheit« (1774).

ist und daher von Lessing nur peripher (im Zusammenhang der dem Menschen vorgegebenen ›natürlichen‹ Bedingungen seiner Existenz) thematisiert wird, gilt sein ganzes Interesse der *universalgeschichtlichen* und der *individual-anthropologischen* Dimension, d.h. der providentia specialis und specialissima. Dabei ist die providentia specialissima (die pädagogische Einwirkung auf den individuellen Menschen) der providentia specialis (der geschichtsleitenden Erziehung des Menschengeschlechts) parallelisiert und eingeordnet. Vorsehung (von Lessing auch »Vorsicht« genannt) besteht in der von Gottes Erziehungsmaßnahmen geleiteten Dynamik in diesen beiden Dimensionen.

Zu dieser Unterscheidung in Analogie zum Dreischritt von providentia generalis, specialis et specialissima kommt jene hinzu, in der man eine Analogie zur Polarität von providentia universalis et individualis erkennen kann: Gott ereignet seine *allgemeine* Vorsehung, die dem gesamten Menschengeschlecht gilt, durch die *besondere* Vorsehung, die er an seinem erwählten Volk und dessen einzelnen Mitgliedern übt. Beide Unterscheidungen überlagern sich.

Lessings entwicklungspädagogische Konzeption der Vorsehung zeichnet die göttliche »Oekonomie des Heils« nach und vergeschichtlicht darin die Vorstellung eines göttlichen Naturhaushalts, der *oeconomia naturae* {→ A. 188}. Wenn sich aber Gottes Pädagogik sowohl individualbiographisch als auch universalgeschichtlich, und auf der Ebene der Universalgeschichte sowohl im Blick auf die gesamte Menschheit als auch hinsichtlich seines erwählten Volkes in letztlich heilshafter Absicht vollzieht, dann kann auch zwischen Weltgeschichte und Heilsgeschichte nicht mehr grundlegend unterschieden werden. Als geschichtlich relationierte providentia specialis et specialissima fallen diese beiden Modi des Gotteshandelns weithin zusammen.

1. Das paideia-Motiv: Erziehung in – und zur Freiheit

Lessing, der eine intensive Kenntnis der Kirchenväter hatte, griff zur Entfaltung seiner providentiellen Geschichtsdeutung auf das vor allem in der Alten Kirche verbreitete paideia-Motiv zurück. Es bot sich ihm als Matrix seiner Vorsehungsauffassung an, weil es wie kaum ein anderes traditionelles Theologoumenon erlaubt, menschliche Freiheit mit göttlicher Bestimmung zusammenzudenken.

Vor allem in der östlichen Theologie der Alten Kirche (aber auch im Westen – bei Irenäus, Tertullian und Augustin) hatte das aus den späteren Schriften Platons, wie überhaupt aus der politisch ausgerichteten Erziehungslehre der klassischen griechischen Philosophie, vor allem aber aus dem Persönlichkeitsbildungsideal des Hellenismus, besonders der Stoa {→ Teil II, A. 2}, rezipierte Motiv der göttlichen *paideia* eine zentrale Rolle gespielt.[170] Auch im AT - etwa im deuteronomistischen Geschichtswerk[171] - und im NT

170. Jaeger, W. (1959³): Paideia. Die Formung des griechischen Menschen, Berlin; Bremer, D. (1989): Art. »Paideia«, in: HWP 7, 35-39, bes.: 38.

171. Etwa in Dtn 8,2-5, wo Gott als Erzieher dargestellt ist, der seinem Volk auf der Wüstenwanderung pädagogische Prüfungen und Demütigungen auferlegt. - Siehe dazu: O'Connell, R. H. (1990): Deuteronomy VIII 1-20: Asymmetrical Concentricity and the Rhetoric of Providence, in: VT 40, 437-452.

- in Gal 3, 23-25 und Hebr 12,5-11 etwa - ließen sich sachliche (weniger explizit-terminologische) Anknüpfungspunkte für diese Vorstellung finden.

Irenäus entfaltete das Konzept einer Heilspädagogik Gottes: Als göttlicher Lehrer offenbart Christus, der präexistente Schöpfungsmittler, die Ökonomie Gottes in ihren verschiedenen Stadien bis hin zur heilswirksamen Vollgestalt der Offenbarung in der Inkarnation des Logos.[172]

Vor allem im »Paedagogus« des Clemens von Alexandrien wird Christus als der göttliche Erzieher (didaskalos), Führer und Gesetzgeber dargestellt, der zu vollkommener Erkenntnis, Gottebenbildlichkeit und Unsterblichkeit hinführt. Das Christentum erscheint als die wahre paideia: Gott bzw. Christus handelt erzieherisch an den einzelnen Menschen wie an der Menschheit im ganzen, indem er sich ihren Dispositionen hilfreich akkomodiert, um sie zur Verwirklichung ihres Heils zu leiten. Nach Clemens kam der griechischen Philosophie die Funktion einer propädeutischen »praeparatio evangelii« zu.

In seiner trinitarisch-geschichtstheologischen Ausdeutung des paideia-Motivs kommt Gregor von Nyssa dem Entwurf Lessings in folgenden zwei Grundgedanken sachlich schon sehr nahe: a) In der Verschränkung der individual- und der universalrevelatorischen Dimension: Die auf den einzelnen bezogene Offenbarungspädagogik besteht darin, daß er die Wirkung der Offenbarung in der Geschichte immer vollkommener durchschaut. b) In der trinitätstheologischen Periodisierung der Offenbarungspädagogik: Der Zeit des Alten Testaments, in der Gott-Vater als Schöpfer verkündet wurde, folgte die des Neuen Testaments, die den Sohn bekannt machte, und schließlich die gegenwärtige Zeit des Geistes, d.h. der Kirche.

So prägt sich die altkirchliche Lehre von der Vorsehung (pronoia) Gottes auf der Matrix des hellenistischen paideia-Konzepts als Lehre von der paideusis Gottes aus {→ Teil II, A. 3}. Dieser Gedanke eröffnet die Möglichkeit, Gottes Handeln - sowohl an der individuellen Kreatur als auch am Gesamtzusammenhang der Geschichte - in ganz personalen Kategorien als liebende Fürsorge und väterliche Führung ohne äußeren Zwang zu denken. Als immer wiederkehrendes Argument für die Darstellung des Handelns Gottes im Sinne einer Erziehung führen die altkirchlichen Theologen des Ostens die von Gott dem Menschen verliehene Freiheit an: Diese lasse keine andere Einwirkung auf das Handeln der Menschen zu als eine erzieherische. Auf *solche* Weise führt Gott seinen in Ewigkeit gefaßten Heilsplan aus; alles Weltgeschehen bis zum kleinsten Widerfahrnis des Lebensvollzugs ist eingeordnet in die Teleologie Gottes und dient damit seiner Sinnbestimmung. So bilden Augustins Konfessionen ein beeindruckendes Bekenntnis zur providentia specialissima vor dem Hintergrund einer genialen Zeitanalyse.

Bei Erasmus, auch bei den humanistisch geschulten Schweizer Reformatoren Zwingli und Calvin[173] taucht das paideia-Motiv wieder auf. In Verbindung mit der concursus-Lehre findet es seinen Niederschlag auch in der von Suárez entwickelten und von Quenstedt übernommenen Lehre vom ›akkomodierenden‹ Zusammenwirken Gottes mit den kreatürlichen causae secundae {→ S. 153}. Dieser *Akkomodationsvorstellung*[174] zufolge handelt Gott in Anpassung an die jeweilige Eigen-Art der Geschöpfe - sowohl der causae naturalis als auch der causae liberae - nach ihren jeweiligen Erfordernissen und Dispositionen. Gott paßt sich also der Freiheit des Menschen an.[175] – In der damit vermeintlich unterstellten Beeinflussung Gottes durch die Verfaßtheit der Schöpfung sahen (vor allem reformierte) Kritiker jedoch immer wieder eine Einschränkung der Freiheit und Allmacht Gottes.[176] Doch ist dem entgegenzuhalten, daß *Gott* das

172. Adv haer II, 28; V, 1,1; IV, 6. 38f; vgl. auch III, 20,2; Hist. eccl. I, 2, 17.
173. Institutio II, 11,13.
174. Suárez, F. (1597, 1619): Metaphysicarum disputationum libri duo, Paris, XXII, sect.IV, IIIff; Quenstedt, J. A. (1685, 1715^5) {→ Teil II, A. 231}, pars I, cap. XXIII, sect. I, th 15, nota 1. – Das Akkomodationsmotiv war schon in der Alten Kirche (etwa bei Origenes) in unmittelbarem Zusammenhang mit dem paideia-Konzept ausgebildet worden: In kenotischer Herabneigung paßt Gott sich in seiner Offenbarung der Schwachheit der menschlichen Verstehensmöglichkeiten an, wie sich ein Vater dem Auffassungsvermögen seiner Kinder oder ein Redner den intellektuellen Voraussetzungen seiner Zuhörer anpaßt.
175. Quenstedt, J. A. (1685, 1715^5) {→ Teil II, A. 231}, pars I, cap. XIII, sect. 1, th. 15, nota 1.
176. Bis hin zu Barth, K. (1950): KD III/3 {→ L.}, 131, 164. – Dabei droht in Vergessenheit zu geraten, daß Calvin eine ausgeprägte Vorstellung von der Akkomodation Gottes hatte.

Subjekt dieses Bedingungsverhältnisses ist; sein durch die Liebe zu seinen Geschöpfen motivierter Wille initiiert die Akkomodation als kenotische Kondeszendenz.

Lessing nimmt diese Tradition vor allem um des in ihr enthaltenen Freiheitsmoments willen auf: Gott realisiert seinen Erziehungsplan zur Menschwerdung des Menschen in pädagogischer Akkomodation an die jeweilige Aufnahmefähigkeit der Menschen - des einzelnen, wie des Menschengeschlechts im ganzen. Er paßt sich dem Maß ihrer Freiheit an. Mehr noch: Die göttliche Pädagogik zielt auf den Forschritt und die Vervollkommnung der menschlichen Freiheit. Sie ist eine Erziehung zur Freiheit des Geistes in einer vernunftkonformen, ›natürlichen‹ Universalreligion der allumfassenden Menschenliebe.

Dabei bezieht Lessing den Fortschrittsgedanken nicht pauschal auf die Weltentwicklung im ganzen, sondern primär auf den Aufstieg von *Vernunft* und *Ethos* hin zu Humanität, Autonomie und Freiheit. Dieser Fortschritt soll von dem einen, erwählten Volk aus auf das gesamte Menschengeschlecht ausgreifen.

Es handelt sich bei dem vorausgesetzten Freiheitsverständnis allerdings nicht um eine absolute, der göttlichen Vorsehung entgegengesetzte Handlungsfreiheit des Menschen, der seine eigenen Zwecke setzt und verwirklicht, sondern um die Selbstbestimmung zum Hinnehmen und Tun dessen, was *Gottes* Verordnung ist. Anders formuliert: Es handelt sich um die Verwirklichung des von Gott ›vorgesehenen‹ Wesens des Menschen in freier Selbstwerdung und d.h. in der Emanzipation von traditionalistischer Autorität. Vorsehung und Autonomie des Menschen, Notwendiges und Gewolltes, stehen somit nicht in einem exklusiven Gegensatz zueinander. Vielmehr sind sie geschichtlich vermittelt und somit dialektisch-korrelativ aufeinander bezogen - ebenso wie Offenbarung und Vernunft, mitgeteilte und erworbene Wahrheit, Erziehungsgeschichte Gottes und Entwicklungsgeschichte des Menschen.

Weil sich Gottes geschichtsleitendes Wirken aber in Anpassung an die kreatürlichen Freiheitsbedingungen und -fähigkeiten vollzieht, kann für den Weg der Vorsehung durch die Geschichte nicht das Prinzip der Linearität gelten, demzufolge »die kürzeste Linie immer die gerade ist« (§ 91) - vielmehr führt ihr Gang über zahlreiche »Seitenschritte« (§ 92), d.h. durch eine Vielzahl von Irrungen zum Ziel. Weil die Gegenwart zudem oft ihren Sinn verbirgt und sich diese Zielausrichtung immer erst in der Retrospektive zu erkennen gibt, wird der Vorsehungsglaube ein stets angefochtener Glaube bleiben.

2. Gott-Ergebenheit des Menschen als zentrale christliche Lebenshaltung

Wenn auch der Sinn der providentiellen Erziehungsmaßnahmen Gottes nur allzuoft im Dunkeln bleiben mag, so ist doch jedes geschichtliche Widerfahrnis als Geschick Gottes anzunehmen. Die dem Vorsehungsglauben angemessene und entsprechende Haltung des Menschen besteht in der Ergebenheit in Gottes Führung und Fügung. Diese bildet auch das Zentralmotiv von Lessings eigener Frömmigkeit.

Seine unbedingte Ergebenheit in die göttliche Vorsehung, wie er sie 1754 in einem Brief an J. D. Michaelis formuliert hat[177], bringt Lessing auch durch die Zentralfiguren seiner dramatischen Werke zum Ausdruck: So läßt er Gräfin Orsina in »Emilia Galotti« sagen: »Das Wort Zufall ist Gotteslästerung. Nichts unter der Sonne ist Zufall«[178]. Auch die vernunftgeleitete Gottergebenheit, in der Nathan[179] die Ermordung seiner Frau und Kinder hinnimmt[180], seine Einsicht, daß die Taten des Menschen »so selten *seine* Taten sind«[181], wie überhaupt die Bestimmtheit der gesamten Handlungs- und Ereignisfolge von »Nathan, der Weise« durch providentielle Fügung ist Manifestation des Lessing'schen Vorsehungsglaubens.

Darin kommt zur Darstellung, was Lessing als sein dramaturgisches Programm formuliert hatte: Im Schauspiel müsse »alles seinen ordentlichen Lauf behalten«, in dem es allerdings »feine, erhebliche Umstände« gebe, »durch welche die Wirkung einer höhern Macht in die Reihe natürlicher Begebenheiten gleichsam mit eingeflochten wird«.[182]

Lessing setzte den pädagogisch interpretierten (aktualen) Vorsehungsglauben den vernunftreligiösen Ausdeutungen der Aufklärung entgegen. So konnte schon M. Mendelssohn das dramatische Gedicht als »eine Art von Anti-Candide« bezeichnen und es damit als Rehabilitation der von Voltaire diskreditierten providentia Dei verstehen - als »herrliches Lobgedicht auf die Vorsehung«[183]: »Die ganze Handlung, so zufällig sich zunächst auch alles ergeben mag, begleitet eine vom glücklichen Ende aus gesehen geradezu mit überempfindlicher Klarheit gezeichnete ›providentia specialissima‹«.[184] Schlegel hatte diese Interpretation (»*Nathan* sei ein Panegyrikus auf die Vorsehung, gleichsam eine dramatisierte Theodizee der

177. »Was noch kommen soll, habe ich der Vorsicht überlassen. Ich glaube schwerlich, daß ein Mensch gegen das Zukünftige gleichgültiger seyn kann, als ich« (LM XVII, 41). - Schilson, A. (1980) {→ A. 167}, 72-74, führt weitere Belege aus Lessings Briefen an.
178. IV/3, in: G II, 181. - Siehe dazu: Schilson, A. (1974) {→ A. 167}, 191-194.
179. Zum Motiv der Ergebenheit in Gottes Vorsehung in »Nathan, der Weise« siehe: Schilson, A. (1974) {→ A. 167}, 198f; 251-256; G. Fittbogen versteht die Ergebenheit in Gott als »Zentralbegriff Lessingscher Frömmigkeit« [Fittbogen, G. (1923): Die Religion Lessings (Palaestra 141), Leipzig, 181; im Kontext des gesamten 5. Kapitels (148-182): »Lessings Religion (Zugleich Interpretation des ›Nathan‹)«, abgedruckt in: Bohnen, K. (Hg): Lessings »Nathan der Weise«, Darmstadt, 62-93]. Zur Kritik der von Fittbogen ausgemachten »Unstimmigkeit« zwischen Lessings Betonung der Tugend einerseits und der Gottergebenheit andererseits siehe: Strohschneider-Kohrs, I. (1991) {→ A. 167}, 63f. Überzeugend weist sie hier nach, wie sich religio und moralitas in »Nathan« gegenseitig fordern und bedingen. Insgesamt ist der Abschnitt 55-62 des Buches von Strohschneider-Kohrs für die Interpretation der Vorsehungsthematik in Lessings »Nathan« sehr instruktiv.
180. Nathan IV/7 (Z. 647-699, bes. 698f), in: G II, 316f.
181. Nathan V/4 (Z. 181f), in: G II, 327 (Hervorheb. R.B.).
182. Hamburgische Dramaturgie, Zweites Stück, in: G IV, 239. - Siehe dazu: Schilson, A. (1980) {→ A. 167, 56-68; ders. (1997): ... auf meiner alten Kanzel, dem Theater. Über Religion und Theater bei Gotthold Ephraim Lessing (Kleine Schriften zur Aufklärung 9), Göttingen.
183. Mendelssohn, M. (1785): Morgenstunden oder Vorlesungen über das Daseyn-Gottes, Berlin, in: JubA III/2, 1-175. - Siehe auch Mendelssohns eigenen Entwurf zur Vorsehungsthematik: Mendelssohn, M. (1843): Sache Gottes, oder die gerettete Vorsehung, 1843, JubA III/2, 219-260.
184. Bothe, B. (1972) {→ A. 167}, 86, Anm. 195; siehe auch Anm. 196f.

Religionsgeschichte«[185]) aufgenommen. Doch widersprach er allen Versuchen, das Lessing'sche Werk theologisch zu vereinnahmen und darin eine Wiederbelebung des orthodoxen - oder eine Aufnahme des aufklärerischen Vorsehungsglaubens erkennen zu wollen. Der Grund, den er für diesen Einspruch angab, verdient Beachtung: Es widerspreche »Lessings strengem Sinn für das rein Unendliche ..., den Rechtsbegriff auf die Gottheit anzuwenden«[186] und ihn primär als belohnenden und bestrafenden Wahrer sittlicher Gerechtigkeit zu verstehen.

Die Betonung der Ergebenheit in Gottes Führung berechtigt allerdings nicht zu der Behauptung, Lessing habe »den strengen metaphysischen Determinismus von Leibniz wiederhergestellt«, und er propagiere einen Schicksalsglauben.[187] Sowohl in der Überzeugung, daß Gott kein statisches Fatum, sondern lebendige, interaktive geistige Triebkraft des Geschichtsprozesses ist, wie auch in seiner Herausarbeitung der Komplementarität von göttlicher gubernatio und menschlicher Freiheit unterscheidet sich Lessing von dieser, ihm unterstellten Position.[188] In selbstironischer, paradoxaler Weise bekennt er sich (bei gleichzeitiger Verwerfung) zu Luthers Lehre vom servum arbitrium[189], doch versteht er sie - wie Luther - gerade nicht im Sinne eines metaphysischen Determinismus. So schreibt er in der »Ankündigung des Nathan« 1778: »Die Welt, wie ich sie mir denke, ist eine eben so natürliche Welt, und es mag an der Vorsehung wohl nicht allein liegen, daß sie nicht eben so wirklich ist«.[190] Das Weltgeschehen ist demnach Resultat menschlicher Geschichtsgestaltung und göttlicher Fügung, wobei es sich dabei keineswegs um ein »widerspruchslose(s) Zusammenwirken von Mensch und Vorsehung«[191] handelt.

Zur Deutung der von Lessing unterstellten Beziehung zwischen menschlicher Freiheit und der Ergebenheit in Gottes providentielle Wirksamkeit ist die Unterscheidung dreier Ebenen erhellend, wie sie I. Strohschneider-Kohrs entfaltet hat[192]:

a) Die Bedeutungssphäre des Faktischen, d.h. der natürlichen Gegebenheiten, das in Zufällen zu Tage tritt: In der Verkettung der Zustände und Ereignisse zu ›Rahmenbedingungen‹ herrscht kein Determinismus, keine unausweichliche Notwendigkeit des Faktischen, sondern das Zusammenspiel von Vorsehung und kontingentem »Geschick«, das als »Gunst« oder Aufgabe, in jedem Fall aber als zu ergreifende Gelegenheit angenommen werden muß.
b) Die Ebene menschlichen Handelns und Interagierens: So sehr das aktive In-der-Welt-Sein des Menschen von Affekten, Willensrichtungen und -entscheidungen

185. Schlegel, F. (1797): Über Lessing (KFSA, 1. Abt., Bd. 2, hg. von H. Eichner, München u.a.) 100-125, Zitat: 122.
186. Ebd.
187. Hirsch, E. (1949-1954) {→ Teil II, A. 267}, Bd. 4 (1952), 131.
188. Zur Abwehr des Determinismusvorwurfs siehe auch: Schilson, A. (1980) {→ A. 167}, 74ff.
189. »ich bleibe ein ehrlicher Lutheraner und behalte ›den mehr viehischen als menschlichen Irrtum und Gotteslästerung, daß kein freier Wille‹ sei« (F. H. Jacobi über seine Gespräche mit Lessing, in: G VIII, 570 grammatikalisch angepaßt - R. B.).
190. LM XIII, 337.
191. Schilson, A. (1980) {→ A. 167}, 67.
192. Strohschneider-Kohrs, I. (1991) {→ A. 167}, 58f.

geleitet ist, so sehr untersteht es doch zugleich sittlicher Verpflichtung und Verantwortung.

c) Die Ebene der religiösen Erfahrung und der Ergebenheit in das von Gott Auferlegte: Der sich des göttlichen Führungshandelns bewußte Mensch wird die vorfindlichen Bedingungen seiner Existenz als Widerfahrnis aus Gottes Hand annehmen und doch sein Handeln als Vollzug des ihm von Gott Auferlegten aktiv und selbstverantwortlich gestalten.

Die drei Ebenen verhalten sich komplementär zueinander und durchdringen sich gegenseitig. Von einer einfachen monolinearen Kausalität geschichtlicher Ereigniszusammenhänge kann also bei Lessing keine Rede sein. Vorsehung, Zufall und menschliche Gestaltungsmacht interagieren und bringen auf diese Weise Geschichte hervor.

Die Vorsehung eröffnet dem Menschen einen Spielraum der Freiheit, die er als verdankte Freiheit annehmen und in eigener Verantwortung schöpferisch bewähren soll. So liegt des Menschen Freiheit a) in der befreienden Erkenntnis der Sinnrichtung der Geschichte (solche Aufklärung hebt ihn über die Eingebundenheit in den ›natürlichen‹ Ablauf des Weltgeschehens hinaus) und b) in der Verwirklichung des von Gott Vorgesehenen, präziser: in der Selbstbestimmung zum Tun dessen, was Gott durch den Menschen tun will. Als vernünftig und sittlich frei Handelnder ist er Werkzeug des Welthandelns Gottes. Dabei weiß er sich einerseits in die Verantwortung der Weltgestaltung gerufen, andererseits erfährt er sich in der ›schlechthinnigen Abhängigkeit‹ von Gottes Fügung und Führung.

3. Offenbarung und Vernunft

Von hier aus fällt Licht auf Lessings Beziehungsbestimmung von Offenbarung und Vernunft. Sie verhalten sich keineswegs einfach wie Subjekt und Objekt zueinander. Vielmehr wirken sie in einer dialektischen Korrelation zusammen. Die Vernunft (die selbst ja eine Gabe Gottes ist!) folgt einerseits dem ihr immanenten göttlichen Licht, andererseits widerfährt ihr durch die externe Anleitung der Offenbarung ein Impuls zur zielgerichteten Aufwärtsentwicklung. Gott vollzieht also die Entwicklung der menschlichen Geisteskultur durch die *Interaktion* zwischen Offenbarung und Vernunft. Wiederum in der Terminologie der klassischen Vorsehungslehre ausgedrückt: So wie die Offenbarung als Richtungsstoß einer providentia specialissima zu sehen ist, so kann man in der Weltwirksamkeit der ordinativen Weisheit Gottes (in der Natur) die Ereignung der providentia generalis und in der Interaktion dieser Weltvernunft mit der Vernunft des Menschen (in der Geschichte) die Manifestation der providentia specialis erblicken. Dabei beschleunigt die providentia specialissima den Gang der providentia specialis in der Geschichte.

Polemisch-verflachende Interpretationsansätze, welche die Bedeutung herunterspielen wollten, die Lessing der Offenbarung im Erziehungsprozeß beimißt, beriefen sich immer wieder auf § 4. Wo dieser Abschnitt von seinem Kontext isoliert wurde, konnte es scheinen, als sei die Offenbarung darin lediglich als ein Lehrer dargestellt, »der seinen Schülern, um ihnen nachzuhelfen, Dinge im voraus mitteilt, auf welche sie mit der Zeit auch von selbst geraten wären«[193]. Eine solche Deutung ist jedoch von § 77 her zu korrigieren. Dort stellt Lessing die rhetorische Frage, warum »wir nicht auch durch eine Religion, mit deren historischen Wahrheit ... es so mißlich aussieht« zu Erkenntnissen gelangen könnten, »auf welche die menschliche Vernunft von selbst nimmermehr gekommen wäre«. Mit diesem Hinweis auf die Wirksamkeit der Offenbarung in der historischen Religion wendet er sich vor allem gegen den neologischen Vernunftoptimismus. Die menschliche Erkenntnisfähigkeit besitzt nach Lessing wohl die physische Potenz, nicht aber die intellektuelle und moralische Kraft und Reife zur vernünftigen Erkenntnis der Gotteswahrheiten.[194] In strenger Analogie zur Unterrichtung eines Kindes[195] läßt sich die Rolle der Offenbarung im ›Bildungsprozeß‹ so beschreiben: Sie muß dem Zögling ›vorsagen‹, was er nachvollziehend und sich vom Lehrer emanzipierend dann mit den Mitteln seiner Vernunft zu erkennen lernt (vgl. § 76). Sie ist ein Lehrer, dessen höchste pädagogische Kunst darin besteht, sich selbst überflüssig zu machen und den Schüler zur Selbsterziehung in Mündigkeit anzuleiten.

Interpretiert man die Rede von der »ewigen Vorsehung« im Lichte des Begriffs vom »ewigen Evangelium« (§ 86 - nach Apk 14,6) als der höchsten Stufe der Aufklärung, so wird deutlich, wie sehr die Vernunft das Mittel – und ihre Autonomie das Ziel der göttlichen Pädagogik ist. Und es wird deutlich, wie sehr sie darin das eigentliche Organ für die Aufnahme der göttlichen Vernunftwahrheit darstellt. Vorausgesetzt ist dabei allerdings, daß es sich bei ihr nicht einfach um die menschliche Vernunftbegabung handelt, sondern um die *von Gott erleuchtete* Vernunft. Ihre Aufgabe besteht darin, die äußere Erziehung zur Selbsterziehung voranzutreiben, indem sie die Offenbarungs- als Vernunftwahrheiten erfassen, bzw. die Offenbarungs- zu Vernunftwahrheiten ›aufheben‹ soll, um auf diese Weise den Inhalt der Offenbarung in seiner eigentlichen Bedeutung zu erkennen. Denn dieser Inhalt besteht aus an sich vernünftigen Wahrheiten[196], die in den Offenbarungsschriften pädagogisch elementarisiert und in bildhafter Anschaulichkeit dargeboten (d.h. mythologisiert) sind. Offenbarung und Vernunft verhalten sich demnach wie Bild und Begriff, Mythos und Logos, zueinander, wobei das Bild - Sinn und Gefühl des Menschen ansprechend - dem Begriff unentbehrlich vorausgeht und von ihm eingeholt werden muß. Die präziseste Bestimmung dieser Beziehung gibt Lessing in den »Gegensätzen des Herausgebers I« zu den Reimarus-Fragmenten: »Die geoffenbarte Religion setzt im geringsten nicht eine vernünftige Religion voraus: sondern schließt sie in sich«.[197] Von einer Unterwerfung der Offenbarung (wie auch der historischen Wahrheit) unter die Vernunft - wie von theologischen Kritikern nicht selten geargwöhnt - kann keine Rede sein.

Von der Frage nach dem Modus des göttlichen Erziehungshandelns in der Interaktion von Offenbarung und Vernunft aus tritt die damit sachlogisch verwandte Beziehung von *Universalität und Partikularität* der paidagogia Dei in den Blick. Nach der »Erziehung des Menschengeschlechts« ist die *besondere* Vorsehung auf

193. Lobstein, P. (1908, ND 1971) {→ L.}, 756, in Aufnahme von § 4.
194. So auch: Bothe, B. (1972) {→ A. 167}, 146.
195. Wie sehr Lessing dabei an Luthers Katechismus und den lutherischen Katechismus-Unterricht seiner Zeit denkt, arbeitet Bollacher heraus: Bollacher, M. (1978) {→ A. 167}, 316-318.
196. Bollacher bezeichnet die Offenbarung bei Lessing treffend als »Inkognito der Vernunft« [Bollacher, M. (1978) {→ A. 167}, 245].
197. G II, 464.

das eine, von Gott erwählte Volk zentriert, d.h. auf die Wirkung der in der Heiligen Schrift der Juden und Christen dokumentierten Offenbarung und auf die von ihr ausgehende, aber über sie hinausgehende Geschichte. Andererseits kann die göttliche Pädagogik insgesamt aber nur eine *universale* sein, wobei sich diese Universalität aber nicht allein aus der ausstrahlenden Fortwirkung der jüdisch-christlichen Offenbarungsgeschichte ergeben kann, die demnach im Prozeß zunehmender Universalisierung begriffen wäre. Schon die Erziehungsschrift stellt klar, daß in der Zentrierung auf das eine erwählte Volk keineswegs eine Begrenzung der göttlichen Pädagogik auf dieses Volk liegt. Als *allgemeine* Providenz (›providentia universalis‹) herrscht sie über die gesamte Weltgeschichte. Doch auch dort kann sie nur in Form geschichtlich konkreter ›Richtungsstöße‹ erfolgen, die dann - wie in der Geschichte der besonderen paidagogia Dei - geschichtliche Vergegenständlichungen (wie heilige Schriften) hervorbringen. So kann Sokrates von Lessing ebenso als Medium des göttlichen Erziehungshandelns bezeichnet werden wie Christus.[198] Und in den »Gegensätzen des Herausgebers IV« zu den Reimarus-Fragmenten werden die heiligen Schriften des Hinduismus »an Alter und an würdigen Vorstellungen von Gott« dem AT zur Seite gestellt.[199]

4. Kontroversen der Lessing-Interpretation

Die Interpretationen der Äußerungen Lessings zur Providenz Gottes im Rahmen seiner Geschichtsauffassung bewegen sich zwischen den Polen einer Position, die Lessings Entwicklungsschema als eine, den christlichen Gottesglauben überwindende Geschichts*philosophie* auslegt (repäsentiert etwa durch Bollacher[200]), und jener Deutung, die in seinem Ansatz den Versuch einer zeitgemäßen Rekonstruktion der christlichen Geschichts*theologie* erkennen will (repäsentiert etwa durch Pelters[201], Schilson[202] und von Lüpke[203]). Lessings Schriften bieten Unterstützung

198. In Lessings »Gedanken über die Herrnhuter« (1750) (G III, 684) heißt es: »So ermahnte Sokrates, oder vielmehr *Gott durch Sokrates*« zur sittlichen Bewährung (Hervorheb. R.B.).

199. G II, 475.

200. Bollacher, M. (1978) {→ A. 167}, hebt den theologiekritischen Impetus Lessings hervor und reduziert seine theologische Intention auf die Begründung einer humanistischen Ethik der allgemeinen Menschenliebe auf der Matrix der spinozistischen All-Einheitslehre.

201. Pelters, W. (1972) {→ A. 167}. Im Titel seiner Schrift ist seine These prägnant zusammenfaßt: Lessings Standort sei die Sinndeutung der Geschichte, womit seine Theologiekritik in den weiteren Horizont einer apologetischen Grundintention gestellt ist.

202. Schilson, A. (1974) {→ A. 167}; ders. (1980) {→ A. 167}. Schilson versucht zu zeigen, daß Lessings Philosophie im Motiv des Vorsehungsglaubens (als theologischer Sinndeutung der Geschichte) ihr christliches Zentrum hat. Die Leitlinien der Lessing-Interpretation Schilsons sind zusammengefaßt in: Schilson, A. (1974), 35ff.

203. Lüpke, J. v. (1989) {→ A. 167}. Von Lüpke will Lessings Rede vom »neuen ewigen Evangelium« nicht im Sinne einer Selbstbegründung der religiösen Vernunft, d.h. nicht als Überschritt vom geschichtlichen Christentum zu einer radikal neuen, aufgeklärten Vernunftreligion deuten, sondern als Universalisierung des Evangeliums von Jesus Christus in den Erfahrungsraum von Natur und Ge-

für beide Auslegungslinien, doch scheint mir die geschichts*theologische* die dominierende zu sein.

Die Antwort auf diese Frage entscheidet sich an der Bestimmung der Beziehung zwischen dem »Evangelium Jesu Christi« und dem neuen, »ewigen Evangelium«. Wird das »Evangelium Jesu Christi« durch das »ewige Evangelium« aufgehoben oder wird es zur universalen Wirksamkeit gebracht?

Diese Frage stellte sich in der Theologiegeschichte immer dort, wo das Weltgeschehen (im Anschluß an die universale Offenbarungsökononmie der Alten Kirche des Ostens) als Selbstoffenbarung des trinitarischen Gottes gedeutet und die Phasen dieses Geschehens den drei göttlichen Personen zugeordnet wurden: Besteht zwischen der Schöpfungsoffenbarung, der Christusoffenbarung und deren Vergegenwärtigung in der Wirksamkeit des Geistes ein Verhältnis der Gleichzeitigkeit und der Aufeinanderbezogenheit oder verhalten sich diese drei Ebenen der Offenbarung wie zeitliche Phasen zueinander, die aufeiander folgen? Die Auffassung, daß die Geistoffenbarung die Christusoffenbarung überbietend ablöst, ist kennzeichnend für ein geschichtstheologisch sich entfaltendes spiritualistisches Schwärmertum, wie es etwa bei Rupert von Deutz, Joachim von Fiore und Gerard von Borgo S. Domingo begegnet.

Erst bei Nietzsche wird das »neue Evangelium« zum Inbegriff der »Selbsterleuchtung und Selbsterlösung des Menschen«[204]. Für Lessing ist es dagegen gottgewirkte, gnadenhafte ›Aufhebung‹ des Christusevangeliums auf die Ebene der Erleuchtung durch den Geist Gottes und in diesem Sinne »Aufklärung«. Daß der Mensch dem ›natürlichen‹ Gang der Vorsehung vorgreifen will, kritisiert Lessing scharf als Kennzeichen der Schwärmerei (§ 90).

Vom Standpunkt der voraufklärerischen Auffassung von Heilsgeschichte mag Lessings Geschichtsdeutung im allgemeinen und seine Rezeption des mittelalterlichen chiliastischen Schwärmertums (s.o.) im besonderen (§ 87-90) als Säkularisierung der christlichen Eschatologie gedeutet werden; sie mag als Preisgabe der Geschichtstheologie an die »weltliche[ ] Irreligion des Fortschritts«[205] erscheinen. Doch wird eine solche Interpretation - wie sie von Karl Löwith mit großem Einfluß auf die Lessingdarstellungen (besonders im englischsprachigen Raum) vorgetragen wurde - der Intention Lessings in keiner Weise gerecht.[206] Mit seiner theologisch-entwicklungspädagogischen Sicht der Geschichte wollte dieser gerade einer säkularisierten Geschichtsdeutung entgegenwirken und am Glauben an die Vorsehung Gottes als geschichtstreibender Kraft festhalten. So sehr er den Führungs- und Fügungsglauben dabei in den Zentralkategorien des aufklärerischen Welt- und Menschenverständnisses - Vernunft, Natur und Fortschritt - auslegte, so sehr distanzierte er sich zugleich von der rationalisierenden Neologie. Gegen diese erhob er schärferen Einspruch als

schichte hinein, wodurch diesem Raum eine Evangelisierung bzw. Divinisierung zuteil werde: »Er wird zum Raum der rechtfertigenden Gnade« (171).

204. Nietzsche, F. (1878, 1886^2): Menschliches, Allzumenschliches, in: Colli, G., Montinari, M. (Hg): Werke. Kritische Gesamtausgabe, Abt. IV, Bd. 2, Nr. 107.

205. Löwith K. (1949, 1953) {→ A. 157}, 227.

206. Die bedeutendste Kritik dieser Säkularisierungsthese - mit ihrer Ableitung der Forschrittsidee aus der christlichen Eschatologie - hat H. Blumenberg vorgetragen: Blumenberg, H. (1974) {→ Teil II, A. 177}, 9-145.

gegen die supranaturalistisch-dogmatisierende Orthodoxie. In einzelnen Aussagen rückte er sie sogar in die Nähe des von ihm ebenfalls nachdrücklich bekämpften Materialismus - wie er ihm besonders bei LaMettrie begegnete (s.o.).

Die von seiten theologischer Ausleger immer wieder gegen Lessing erhobenen Einwände kulminieren im Vorwurf, er vertrete einen spinozistischen Pantheismus, der Gottes Immanenz auf Kosten seiner Transzendenz überbetone. Daher sei sein Entwurf nicht mehr als Ausdruck einer biblisch und systematisch verantwortbaren Christentumsauslegung zu akzeptieren.

Ohne Zweifel erfährt die klassische gubernatio-Lehre mit dem für sie charakteristischen teleologischen Moment in Lessings Konzept auf der Grundlage des paradigmatisch veränderten Geschichtsverständnisses einen tiefgreifenden Gestaltwandel. Gottes Welthandeln ist ganz *in* der Geschichte lokalisiert und auf den Menschen bezogen. Dabei herrscht Gott nicht wie ein Regent, der seinen Willen in spontankausaler Aktuosität ausübt. Vielmehr ist sein geschichtsleitendes Wirken als das einer emporbildenden geistigen dynamis in der (individuellen wie der universalen) Geschichte vorgestellt. Diese Dynamik treibt die Welt und die Menschheit ihrer göttlichen Zielbestimmung entgegen, die in der vollkommenen Aufklärung der Vernunft und der vollständigen sittlichen »Reinigkeit des Herzens« (§ 80, 93) besteht – oder wie es im Anti-Goeze heißt: in der »Seligkeit, vermittelst unsrer Erleuchtung«[207].

So sehr Lessing aber einerseits die teleologische Immanenz des göttlichen Wirkens in der Welt betont, so hält er doch andererseits an der Transzendenz Gottes unverbrüchlich fest. »Vorsehung« bezieht sich sowohl auf Gottes Subjektivität als auch auf sein externes Wirken und kann daher nicht einseitig als weltimmanentes Entwicklungsprinzip ausgegeben werden.[208]

Obwohl sich Gottes Erziehungshandeln - auch die Ausübung seiner *besonderen* Vorsehung - nach Lessing strikt im Modus der providentia ordinata vollzieht, d.h. nur *in* den ›natürlichen‹ Geschehensabläufen und also nicht durch extraordinäre, wunderbare Interventionen von außen (§ 34, 54), ist sie doch nicht einfachhin die der Geschichte *immanente* Dynamik. Diese tendiert ›von sich aus‹ vielmehr auf den *Verfall* des von Gottes Offenbarungshandeln gesetzten Rationalitätsniveaus. Die göttliche Heilspädagogik manifestiert sich demgegenüber in Perfektibilitätsimpulsen, die diesem Verfall *entgegenwirken.*

Für den Vorwurf, Lessing löse die Vorsehung Gottes - wie die Gottesvorstellung überhaupt - in ein immanentistisches Weltprinzip auf, konnten sich die Kritiker auf

207. Anti-Goeze IV, in: G VIII, 227, wobei »Erleuchtung« sinngleich mit »Aufklärung« ist.

208. Gegen Bollacher, der in Lessings Begriff der Vorsehung eine »*weltimmanente* providentielle Teleologie« erkennt und diese scharf vom - nach seiner Definition - theozentrisch ausgerichteten christlichen Vorsehungsglauben unterscheidet [Bollacher, M. (1978) {→ A. 167}, 253 - Hervorheb. R.B.]. Auch gegen Schwöbels Formulierung, derzufolge »die göttliche Vorsehung nun nicht mehr als Korrelat der transzendenten Freiheit Gottes gesehen (wird), sondern als geschichts*immanentes* Entwicklungsprinzip. Der Fortschrittsglaube tritt an die Stelle der eschatologischen Erwartung« [Schwöbels, C. (1983): Art. »Geschichtstheologie«, in: TRT[4] 2, 178 - Hervorheb. R.B.]. In diesen Voten wird auseinandergerissen, was für Lessing zusammengehört. - Mit Schultze, H. (1969) {→ A. 167}, 86ff, und Schilson, A. (1974) {→ A. 167}, 146ff.

Lessings stellenweise vorgenommene Identifikation der Vorsehung mit der »Natur« (so in § 84 und 90) berufen. Den hauptsächlichen Beleg für die Behauptung, Lessing habe der pan(en)theistischen Transzendenzauffassung Spinozas nahegestanden, hatte aber F. H. Jacobi mit seiner Veröffentlichung »Über die Lehre des Spinoza in Briefen an den Herrn Moses Mendelssohn« geliefert.[209] Doch darf diese Quelle nur mit großer Vorsicht zur Lessing-Interpretation herangezogen werden – zu sehr steht ihre Verläßlichkeit infrage.[210]

Gegenüber jener pantheistischen Lessing-Deutung, die ihn als Begründer eines vergeschichtlichten spinozistisch-leibniz'schen Pantheismus sehen lehrt und ihn in den Rahmen einer von ihm angeblich vollzogenen und von ihm ausstrahlenden Spinozarezeption stellt, ist daran festzuhalten, daß Lessing selbst stets einen vergeistigten, universalisierten und ganz auf den Geschichtsprozeß bezogenen Theismus vertreten hat: Gott ist ihm die omnipräsente, *in* allem Weltgeschehen immanent wirkende *transzendente* Geistmacht, die nicht in der Natur (und der Geschichte) aufgeht. Mit der Identifikation der Vorsehung mit »Natur« meint Lessing die ›natürliche‹ (im Gegensatz zur supranaturalen) Wirksamkeit Gottes, die sich in dem – und durch das Weltgeschehen ereignet.

Nach Lessings paidagogia-Dei-Konzept ist dieses vergeistigte Gottesverständnis selbst das Produkt der revelatio continua, die das voluntaristische Bild Gottes als eines (nach dem Tun-Ergehens-Zusammenhang im Diesseits belohnenden und bestrafenden) himmlischen Machthabers, wie er noch im alttestamentlichen »Elementarbuch« vorgestellt worden sei, überwunden habe. Auf der zweiten Entwicklungsstufe sei Gott demgegenüber weniger durch Allmacht und mehr durch Weisheit charakterisiert. Darin bestehe die göttliche Erziehung, daß sie »auf nähere und bessere Begriffe vom göttlichen Wesen, von unsrer Natur, von unseren Verhältnissen zu Gott« (§ 77) führe.

5. Zusammenfassung und Würdigung

Lessing entwirft nicht das Programm einer nachchristlichen, säkularisierten Vernunftreligion. Vielmehr unternimmt er es, die geschichtsgestaltende Dynamik des göttlichen Welthandelns nachzuzeichnen und damit die verborgene Tiefendimension des

209. Jacobi, F. H. (1785, 1789²): Über die Lehre des Spinoza in Briefen an den Herrn Moses Mendelssohn, Breslau (abgedruckt in: G VIII, 563-575).

210. Zum Vorwurf des »Spinozismus« gegen Lessing siehe den Forschungsüberblick in: Timm, H. (1969) {→ A. 167}, 18-21 (Timm selbst sucht Lessing rezeptionsgeschichtlich von seiner ›spinozistischen Wirkungsgeschichte‹ her zu interpretieren). - Siehe auch: Thielicke, H. (1957⁴) {→ A. 167}, 105-114; Rilla, P. (1959, 1977²): Lessing und sein Zeitalter, München, 367ff; Löwith, K. (1967) {→ A. 22}, 191f, Anm. 84; Schwarz, R. (1968): Lessings »Spinozismus«, in: ZThK 65, 271-290; Schilson, A. (1974) {→ A. 167}, 215-219; Höhle, T. (Hg) (1982): Lessing und Spinoza (Martin-Luther-Universität Halle-Wittenberg, Wissenschaftliche Beiträge 1982/1, F 35), Halle; darin besonders die Beiträge von H. Schultze [Lessings Gottesgedanke und der Pantheismus (28-42) und von W. Ullmann (Die philosophische Position Jacobis in der Auseinandersetzung mit Lessing und mit Mendelssohn (64-75)]. – Vgl. auch den gegen Hegel erhobenen Vorwurf des Spinozismus {→ S. 223}.

geschichtlichen Geschehens einschließlich des menschlichen Handelns in der Geschichte anzuzeigen. So wie die alt- und neutestamentliche Gottesoffenbarung auf die Ebene des »ewigen Evangeliums« ›aufgehoben‹ werden soll und werden wird, so soll und wird das darin manifestierte Handeln Gottes theoretisch der Aufklärung (der gottgeleiteten vernünftigen Einsicht) und praktisch der freien Verwirklichung in der Welt zugeführt - motiviert durch das Ethos freier Selbstbestimmung zum Tun des von Gott Vorgesehenen. In beiden Hinsichten vollzieht sich eine Entwicklung zu mehr Freiheit. Lessing unterläßt es, den Modus des Zusammenwirkens von Gott und Mensch in der Geschichte genauer zu bestimmen - er gibt keine concursus-Lehre. Doch nimmt er deren Intention auf, indem er ihre beiden konfligierenden Postulate - die Handlungsfreiheit des Menschen und die omnipräsente Wirksamkeit Gottes - im Rahmen einer aktualistischen Vorsehungslehre zusammenzudenken versucht. Anthropozentrismus und Theozentrismus sind geschichtlich, genauer: entwicklungsdidaktisch vermittelt. Das Wesen des Menschen und der Geschichte befindet sich im Prozeß der Entwicklung. Seine Freiheit ist verdankter - wie zu verantwortender Spielraum, in dem – und durch den sich Gottes Vorsehung realisiert. Damit tritt Lessing einem hybriden Vernunftoptimismus entgegen.

Die dem angemessene Haltung des Menschen kann einzig in der unbedingten, geduldig-vertrauensvollen und darin gerade ›vernünftigen‹ Gottergebenheit liegen, die auch ein Hiob-Schicksal[211] wie das des Nathan, dessen Frau und sieben Söhne von den Christen ermordert worden waren, aus Gottes Hand hinnimmt und in solcher Hinnahme Theodizee existentiell praktiziert. Es ist dies die Christus-konforme, die der »Religion Christi« entsprechende Haltung. Zu Beginn des Jahres 1778 mußte Lessing selbst dieses Schicksal erleiden, als sein Sohn kurz nach der Geburt und bald darauf auch seine Frau starb. - Nathan überwindet den Schmerz, indem er ›zur Vernunft kommt‹ und spricht: »Und doch ist Gott! Doch war auch Gottes Ratschluß das«.[212] In dieser Einsicht kommt Gottes Pädagogik an Nathan zum Ziel.

Ob sich eine solche lebensgeschichtlich praktizierte Theodizee aber auf die Ebene der Universalgeschichte heben läßt, ob sich die gottergebene Lebenshaltung zu einer providentiellen Geschichtsdeutung ausdehnen läßt, bleibt zweifelhaft. Zu sehr hängt ihre Plausibilität von einer auf Vernunft und Ethos verengten, vergeistigenden Geschichtsschau ab, die sich idealisierend im Rahmen eines optimistischen, im Vertrauen auf Gottes Wirken gegründeten Fortschrittsparadigmas entwirft. Lessings pädagogischer Perfektibilitätsgedanke besaß noch zu wenig dialektische Kraft, um das gottwidrige Unheil in der Geschichte systematisch einzuholen. Nicht erst seit den grauenvollen Geschichtskatastrophen des 20. Jhs. hat eine solche Schau ihre Überzeugungskraft eingebüßt. Die negative Ausübung der Freiheit des Menschen muß ernster genommen werden als Lessing es tat - bis hin zu der Einsicht, daß sie Gottes Schöpfungswerk dämonischen Schaden zufügen kann. Gottes Herrschaft über die Geschichte kann nur als tragische und gebrochene, immer wieder scheiternde und

211. Siehe das Kapitel: »Personale religio-Erfahrung und Hiob-Konnotationen in Szene IV,7« in: Strohschneider-Kohrs, I. (1991) {→ A. 167}, 62-90.

212. Nathan IV/7 (Z. 675f), in: G II, 316.

doch solchem Scheitern immer wieder entgegenwirkende »Kraft der Schwachheit« {→ S. 453ff} gedeutet werden. Bei Hegel wird sich ein Ansatz dazu finden.

Die Vorstellung des göttlichen Erziehungshandelns begegnet auch in den romantischen und in den von der Romantik beeinflussten theologischen Geschichtsdeutungen immer wieder als Leitmotiv, um den Weltprozeß im ganzen wie den geschichtlichen Fortschritt im besonderen zu deuten. Die Geschichte erscheint als »Offenbarung eines göttlichen Planes« und als eine »große Erziehungsanstalt« Gottes an der Menschheit.[213] Insbesondere in der katholischen Theologie der ersten Hälfte des 19. Jhs. hat dieser Motivkomplex einen Niederschlag gefunden (so wie zu dieser Zeit auch dort eine intensive Debatte um die »Perfektibilität des Christentums« und die »Perfektibilität des Katholizismus« geführt wurde). So legte etwa F. A. Staudenmaier - maßgeblich von Hegel beeinflußter Vertreter der zweiten Generation der älteren Tübinger Schule - die Vorsehung durch das schöpfungsteleologische Motiv der göttlichen Pädagogik aus: Als Erzieher der Menschheit bewegt Gott nach Staudenmaier die Welt auf ihre Vollendung hin, wobei er unter »Vollendung« die Erlösung in Jesus Christus als neue Schöpfung versteht. Gottes Weltwirksamkeit bleibt also nicht von seinem Gnadenhandeln getrennt, so daß die Vorsehung lediglich als Erhaltung der Welt und als Regierung der Weltgeschichte auf das Ziel des Reiches Gottes hin verstanden wäre. Vielmehr wirkt die Gnade Gottes in ihr selbst, die Erlösung geht »durch alle Zeiten hindurch und erscheint als das ewige Thema der Weltgeschichte«.[214]

Die systematische Möglichkeitsbedingung für diese Verbindung von Vorsehungs- und Heilshandeln im Entwurf einer heilsgeschichtlichen Entwicklungsidee liegt in der Interpretation des Theologoumenons von der Schöpfungsmittlerschaft Christi im Licht einer creatio-continua-Konzeption. Dadurch erfährt die Schöpfungsmittlerschaft eine Ausdehnung auf die aktuelle Weltregierung durch Christus, die ihrerseits heilshaft finalisiert ist - ein solch heilsökonomisch orientiertes und christologisch zentriertes, ›johanneisches‹ Geschichtsdenken findet sich schon in Irenäus' Entwurf der göttlichen oikonomia.[215]

Im Rahmen der Divine-Action-Debatte wurde und wird die Analogie des pädagogischen Handeln immer wieder zur Illustration der aktualen Gott-Welt-Beziehung herangezogen.[216]

213. Eschenmayer, C.A. (1818): Religionsphilosophie, Teil I. Tübingen, 57ff.
214. Staudenmayer, F.A. (1840²): Enzyklopädie der theologischen Wissenschaften als System der gesamten Theologie, Mainz, 624. Vgl. auch ders. (1835): Das göttliche Princip in der Geschichte und seine Bedeutung für Philosophie und Theologie (JTCP 4), 1-48; - Siehe dazu: Scheffczyk, L. (1963) {→ L.}, 144.
215. Adv. haer 18. - Auch Irenäus hebt die Heilshaftigkeit des schöpferischen Handelns Gottes hervor (Adv. haer 18,1).
216. So etwa bei: Mitchell, B. (1973): The Justification of Religious Belief (Philosophy of Religion Series), London u.a., 153-155; Brown, D. (1990): God and Symbolic Action, in: Hebblethwaite, B. L., Henderson E. H. (Hg) {→ L.}, 107f.

H. Vorsehung als »List der Vernunft« bei Hegel

Bei der im Pietismus verbreiteten individualistischen »Kleinkrämerei des Glaubens an die Vorsehung« (11, 40)[217], die diese primär als Behütung und Führung im Leben des einzelnen am Werk sah, will Hegel nicht stehen bleiben. Ebensowenig scheint es ihm sachgemäß, die Weisheit Gottes - wie in der Frühaufklärung - primär (oder gar exklusiv) im Bezugsrahmen der Natur zu lozieren und zu explizieren (11, 42).[218] Demgegenüber stellt er die universalgeschichtlichtliche Dimension der Vorsehung wieder in den Vordergrund.[219] In der Terminologie der klassischen Vorsehungslehre:

217. Hier wie im folgenden zitiere ich aus Hegels Werken nach der Glockner-Ausgabe. Dabei nehme ich Band- und Seitenangabe eingeklammert in den Text mit auf. Um der werkübergreifenden Einheitlichkeit willen, entnehme ich auch die Bezüge auf die »Vorlesungen über die Philosophie der Weltgeschichte« dieser Ausgabe und greife nur bei Texten, die dort nicht enthalten sind, auf die von J. Hoffmeister hg. umfassendere und philologisch präzisere Edition (PhB 171a), Hamburg 1970, zurück. - Vgl. auch die Ausgabe der »Vorlesungen über die Philosophie der Weltgeschichte« aus dem Jahre 1822f, hg. von K. H. Ilting u.a. (Georg Wilhelm Friedrich Hegel: Vorlesungen 12), Hamburg 1996.

218. »Die Veränderungen in der Natur ... zeigen nur einen Kreislauf, der sich immer wiederholt; in der Natur geschieht nichts Neues unter der Sonne ... Nur in den Veränderungen, die auf dem geistigen Boden vorgehen, kommt Neues hervor« (11, 89).

219. Die für Hegels Gedanken zur Vorsehung Gottes im Rahmen seiner providentiellen Geschichtsphilosophie relevanten Belege finden sich vor allem in der Einleitung zur »Philosophie der Geschichte« von 1840 (11, 25-120; siehe auch 7, 452); daneben in: §§ 341ff der »Philosophie des Rechts« (7, 446ff), im »System der Philosophie« im Zusatz zu § 147 (8, 332ff), § 209 (8, 420) und § 548f (8, 426ff), in der »Philosophie der Religion« (16, 142-144); einzelne Hinweise gibt es in: 7, 435; 9, 55; 17, 65; 18, 555.

Literatur zur Teleologie in Hegels Geschichtsphilosophie, insbesondere zum Motiv der Vorsehung und der »List der Vernunft«: Löwith, K. (1939): Von Hegel zu Nietzsche - Der revolutionäre Bruch im Denken des 19. Jahrhunderts (Sämtliche Schriften 4, Stuttgart), 47-69; Löwith, K. (1949, 1953) {→ A. 157}, 61-69; Beerling, R. F. (1959): De List der Rede in de Geschiedenisfilosofie van Hegel, Arnhem; Bloch, E. (1962, 1971²): Subjekt - Objekt. Erläuterungen zu Hegel, Frankfurt, 234-237; Theunissen, M. (1970): Hegels Lehre vom absoluten Geist als theologisch-politischer Traktat, Berlin, 60-100; Avineri, S. (1971): Consciousness and History: List der Vernunft in Hegel and Marx, in: Steinkraus, W. E. (Hg): New Studies in Hegel's Philosophy, New York, 108-118; Riedel, M. (1973): System und Geschichte. Studien zum historischen Standort von Hegels Philosophie, Frankfurt, bes. 58ff; Wilkins, B. T. (1974): Hegels Philosophy of History, Ithaca, London, 107-109, 138-142; Angehrn, E. (1977): Freiheit und System bei Hegel, Berlin, New York, 240-290; Fulda, F. (1980): Art. »List der Vernunft«, in: HWP 5, 343; Bautz, T. (1988): Hegels Lehre von der Weltgeschichte. Zur logischen und systematischen Grundlegung der Hegelschen Geschichtsphilosophie, München, 60-79 (bes. 72f), 91-102 (Lit.); Schmidt, G. (1989): Kausalität oder Substantialität? Zu Hegels Ontologie der Geschichte, in: Lucas, H.-C., Planty-Bonjour, G. (Hg) (1989): Logik und Geschichte in Hegels System (Spekulation und Erfahrung II/10), Stuttgart - Bad Cannstatt, 147-171, bes. 154ff; Hodgson, P. C. (1989) {→ L.}, 70-74, 118-122; Weichel, E. (1991): Hegels Geschichtsphilosophie, in: NZSTh, 33, 23-43; Inwood, M. (1992): Art. »Fate, Destiny and Providence«, in: ders.: A Hegel Dictionary, Oxford, 101-103; Beiser, F. C. (1993): Hegel's Historicism,

Hegel hebt die providentia specialis sowohl gegenüber der providentia generalis als auch gegenüber der providentia specialissima hervor. Dabei unterscheidet er sich allerdings deutlich sowohl von der ›alten‹ heilsgeschichtlichen Theologie (mit ihrer Tendenz, der allgemeinen Geschichte eine Sondergeschichte Gottes mit seinem Volk überzuordnen) als auch von Lessings »Theodizee der Religionsgeschichte«[220] (mit ihrer stufenförmig-linearen Aufwärtsentwicklung von Vernunft und Ethos und ihrer Unterscheidung von allgemeiner und besonderer Pädagogik).

1. Das organische Geschichtsdenken der Romantik als Ausgangspunkt

Mit seiner providentiellen Geschichtstheologie, die M. Beintker zu Recht als »die für die Neuzeit wohl wirkungsträchtigste Variante des Vorsehungsglaubens« bezeichnete[221], knüpft Hegel an das *romantische Konzept der Geschichte als Walten des Geistes und der Ideen* an.

In der Abkehr von der mechanischen und statischen Welterklärung der frühneuzeitlichen Naturwissenschaft hob das romantische Wirklichkeitsverständnis den lebendig-dynamischen Charakter aller Entwicklung hervor. Gegenüber der aufklärerisch rationalistischen Betonung der Vernunft, des Begriffs, des Allgemeinen wurde die schöpferische Kraft des Individuums und der »begabten Völker« entdeckt. Dem Glauben an die wirklichkeitsgestaltende Macht der Vernunft stellte man den Hinweis auf die nicht-verstandesmäßigen, irrationalen, gefühlsmäßigen Mächte im Menschen und in der Welt entgegen: Wille und Empfindsamkeit, Kreativität und Phantasie. Sinn für das Ursprüngliche und Volkstümliche, für das Naive und Anschauliche, für das Lebendige und Kraftvolle erwachte. Dem entspricht das vorrationale Sich-ein-Fühlen und die »Anschauung« im Sinne der lebendigen Partizipation an den Gegenständen der Wirklichkeit als primärer Modus der Erkenntnis.

Die romantische Geschichtsauffassung erlaubte es einerseits, die tatsächlich geschehene Geschichte durch den Entwicklungsgedanken mit dem Postulat einer teleologischen Intention zu vermitteln, die im historischen Prozeß zur Verwirklichung strebt. Andererseits lag aber gerade darin auch die Möglichkeit, die normative Zielrichtung des gesamten Weltprozesses vom faktischen Geschehen kritisch abzuheben. In dieses, um den Entwicklungsbegriff kristallisierte ganzheitliche Konzept war auch die Natur wieder eingeholt, wie umgekehrt die Geschichte nach organischen Denkmustern gedeutet wurde. Alles Werden und Vergehen in der Geschichte wie in der Natur vollzieht sich – dem romantischen Wirklichkeitsverständnis zufolge – nach festen Gesetzen aus natürlichen Bedingungen in der Streberichtung der Kraft des Geistes.

in: ders. (Hg): The Cambridge Companion to Hegel, Cambridge, 270-300, bes. 288-293; Werder, A. v. (1993): Philosophie und Geschichte. Das historische Selbstverständnis des objektiven Idealismus bei Hegel und bei Hösle, Diss. Aachen (ist für das Thema der vorliegenden Studie nicht sehr ergiebig - siehe bes. 38ff, 97-112 -, enthält aber eine Zusammenstellung relevanter Lit.); Kocher, R. (1993) {→ L.}, 305-308.

220. Beleg {→ A. 185}.

221. Beintker, M. (1993) {→ L.}, 444.

Das Fortschrittsgesetz der Natur pflanzt sich in die Geschichte hinein fort und wird mit zunehmender Bewußtseinsbildung der höheren Lebewesen immer klarer erkannt. Es bewirkt die Emporbildung des Seins in einer aufsteigenden Reihe von den primalen anorganischen Strukturen über die organischen Wesen bis hin zu den geistigen Bestrebungen der Menschen in der Geschichte. Der Fortschritt zu immer höheren Formen des Lebens, der Geistbegabung und der Sittlichkeit gilt demnach ebenso als Ausdruck der göttlichen Macht, Vernunft und Weisheit wie die Gesetzlichkeit und Ordnung des Weltprozesses.

In dem damit abgesteckten Bezugsrahmen ließ sich Gottes Weltwirken in der Geschichte in den Kategorien des Geistes und der Kraft bestimmen. Es wurde wieder möglich, sein Wirken in eine Beziehung zum geschichtlich Besonderen und Individuellen zu setzen und damit einen neuen Zugang zur Lehre von der providentia individualis zu entwickeln. Anders als in der Vorstellungswelt der Aufklärung erschien Gottes Wirken nicht zuerst als Prinzip, das Gleichmaß, ästhetische und funktionale Perfektion und Harmonie generiert und damit die Bewahrung der Schöpfung garantiert, sondern als Quelle von Innovation, Originalität und geistiger Lebenskraft: Aus Gottes unendlicher Schöpferfülle geht immer wieder Neues, Individuelles und Vielfältiges hervor. Alles Sein und Geschehen steht in unmittelbarer genetischer und teleologischer Relation zu Gott und ist somit auf einen höchsten, übergeschichtlichen, sittlichen Zweck - auf die fortschreitende Verwirklichlung von Humanität - ausgerichtet, ohne daß seine inkommensurable Eigenheit und Eigengesetzlichkeit dabei nivelliert würde.

Im Gegenteil: Dem Einzelnen kommt nach romantischer Auffassung in der geschichtsleitenden Providenz Gottes besondere Bedeutung zu - vor allem dem genialen, in herausragender Weise empfindsamen, mit Phantasie und Kreativität begabten Einzelnen. Er erscheint als Objekt der besonderen ›providentia specialissima‹. Anders als in Konzeptionen eines pantheistischen Idealismus versinkt er nicht im All, sondern wächst daran. Doch wird der Einzelne nicht als vereinzeltes Individuum gesehen. Das Interesse richtet sich auch auf die organischen Einbindungen des Menschen in kollektiv geteilte metaindividuelle Manifestationen des Geistes, wie Volkstum, Tradition und Sprache, die damit in die providentielle Deutung einbezogen werden.

An dieses, in der Romantik ausgeprägte, von den Kategorien »Geist« und »Entwicklung« geleitete Geschichtsverständnis knüpft Hegel an: Geschichte ist Geistes-Geschichte.[222]

2. Geschichte als Geistes-Geschichte

Geschichte ist Geistes-Geschichte und Gott das ihren Gang leitende Subjekt. Die entscheidende Qualifikation, die Hegel diesem Grundgedanken anfügt, liegt in der ›Historisierung‹: der »Weltgeist« ist nicht der ›unbewegte Beweger‹ des Geschichtsprozesses, nicht nur das statisch in sich ruhende Subjekt aller Entwicklungen der Weltgeschichte, sondern selbst in die Entwicklung eingebunden. Er hat Werdecha-

222. »Die geistige Welt ist die substantielle Welt, die physische bleibt ihr untergeordnet« (11, 46).

rakter. Der Ausdruck »Geistes-Geschichte« bezeichnet damit zugleich einen genitivus subjectivus et objectivus. Im Prozeß der Geschichte vollzieht sich der stufenweise - nicht linear-progressive, sondern dialektische - Aufstieg der absoluten Vernunft zur Erkenntnis und darin zur ›theogonischen‹ Realisierung ihrer selbst.[223]

Analoges gilt für die Geistnatur des Menschen wie des Menschengeschlechts: Auch sie steht dem geschichtlichen Werden nicht in einer an sich ungeschichtlichen Positivität gegenüber, um dann handelnd Geschichte zu gestalten. Vielmehr konstituiert und realisiert sie sich selbst allererst im Modus der Geschichte. Sowohl die Geistnatur Gottes als auch die des Menschen sind demnach einer radikalen Vergeschichtlichung unterzogen worden.

Möglich wurde diese Denkweise durch die schon von Herder vorgenommene Anwendung des von Leibniz gebildeten metaphysischen Kraftbegriffs auf die Geschichte {→ S. 173}. Sie ist für das Verständnis des Hegel'schen Geschichtsdenkens und seiner Aussagen zur Vorsehung Gottes von grundlegender Bedeutung. Gegenüber dem rein mechanistischen, einseitig wirkkausal konzeptualisierten Kraftbegriff, wie er nach Descartes und seinen Schülern den Konnex zwischen den res extensae bestimmte, gewann Leibniz die qualitative und teleologische Bestimmung der Kraft zurück: Die zielgerichtete Kraft, die in den Monaden (als an sich unräumlichen, dynamischen Kraftzentren) lokalisiert ist, konstituiert seiner Auffassung nach die materielle Substanz, indem sie durch die Wirkung ihrerselbst Bewegung und damit die res extensae schafft.[224] In dieser Vorstellung, daß die strebende Kraft in den Körpern diese allererst realisiert, geht Leibniz über die aristotelische, in der Scholastik rezipierte Vorstellung der Entelechie hinaus und gelangt zu der wirkungsgeschichtlich folgenreichen Vorstellung eines »immerwährenden Fortschritts« {→ S. 203}. Kant nimmt diesen Gedanken in seiner Unterscheidung zwischen bewegender und bildender Kraft auf.

Bei Hegel ist der *Geist* (d.h. der göttliche Logos) die strebende Geistes-Kraft in den geschichtsbildenden Aktzentren. Umgekehrt wird die Logik damit zum Bewegungs- und Lebensprinzip der gesamten Wirklichkeit. Ist ein solcher Panlogismus lediglich die vergeistigte Form des Pantheismus? Lehrt Hegel letztlich lediglich einen dialektisch weitergebildeten Spinozismus[225]?

Scharf wehrt Hegel jene polemische Auslegung des Pantheismus-Begriffs ab, die unterstellt, hier werde Gott mit dem Seienden identifiziert (15, 110). Eine solche Vorstellung könne »nur in verrückten Köpfen entstehen und finde(t) sich weder in irgendeiner Religion ... noch in irgendeiner Philosophie« (12, 486). Dem setzt Hegel den von ihm sog. »Akosmismus« entgegen, demzufolge nicht das Seiende, sondern vielmehr »das Eine, das Sein, das Sein in allem Dasein, die absolute Substanz« (16, 510f) mit dem Göttlichen identisch ist (vgl. 19, 372ff) und hebt damit das von Spino-

223. Siehe dazu: Theunissen, M. (1970) {→ A. 219}, 216-291.
224. Siehe dazu: Cassirer, E. (1902, 1962²) {→ A. 48}, 283ff; Stammel, H. (1982) {→ A. 59}, bes. 20-39.
225. Die Pantheismusvorwürfe gegen Hegel kamen in der Mitte der 20er Jahre des 19. Jhs. auf, etwa bei: Tholuck, F. A. G. (1825): Blütensammlung aus der Morgenländischen Mystik nebst einer Einleitung über Mystik überhaupt und Morgenländische insbesondere, Berlin, 33, 37; ders. (1825²): Die Lehre von der Sünde und vom Versöhner, Hamburg, 231; Anonymus (Hülsemann) (1829): Über die Hegelsche Lehre, oder: Absolutes Wissen und moderner Pantheismus, Leipzig.

za Intendierte hervor. Er nimmt also Spinoza gegenüber dem Pantheismusvorwurf in Schutz und entwickelt eine Auffassung, die der von Spinoza wirklich vertretenen Lehre sehr nahekommt. Dem polemischen Zerrbild eines pantheistischen Spinozismus erteilt er eine scharfe Abfuhr, doch die Lehre Spinozas vom Gott-durchwirkten Wesen der Wirklichkeit nimmt er auf.

Die Position des Akosmismus bedarf einer Interpretation in folgenden drei Hinsichten: a) »Identität« ist hier nicht auszudeuten als verströmende Auflösung Gottes in das Sein des Seienden, sondern als relationale Bezogenheit des Gottgeistes auf den von ihm distinkten Welt- und Menschengeist - in der Dialektik von Selbst- und Anders-Sein. Es handelt sich also nicht um eine Einheit der Verschmelzung, sondern der Anteilgabe - so wie die Liebe den Liebenden vollkommen erfüllen kann. b) Sie ist nicht als eine statische, sondern als eine prozessuale Identität im Vollzug zu verstehen. Und schließlich c) hat die mit Gott identische Geist-Substanz und d.h. der gesamte substantielle Weltprozeß seinen Ort in Gott. Hegel lehrt also nicht einen pantheistischen Idealismus, zu dessen Etikettierung man in Anlehnung an Spinoza die Formel ›Deus sive historia‹ prägen könnte. Sein »Akosmismus« bzw. Panlogismus erweist sich vielmehr als ein Pan*en*theismus, wobei das »pan« im Sinne von Allgemeinheit bzw. Universalität, nicht im Sinne von Allheit bzw. Totalität zu verstehen ist. Wenn aber das Sein des Seienden in Gott in dieser Weise identisch ist mit dem Geist-Sein Gottes - als vom Geist Gottes unterschiedener Geist der Welt -, dann kann sowohl Gott als auch dem Menschen Freiheit zugeschrieben werden. Gott ist Substanz und Subjekt.

3. Vorsehung als Selbst- und Weltgestaltungsprinzip der absoluten Vernunft

»Vorsehung« ist der *theologisch* adäquate Terminus zur Bezeichnung der zielgerichteten Wirkweise des Geistes als der göttlichen Kraft, die den gesamten Weltprozeß antreibt und darin ihre eigene Explikation und Realisation betreibt. In 11, 34 faßt Hegel diesen Grundgedanken seiner Geschichtsphilosophie in der knappen Formulierung zusammen, »daß die Vernunft die Welt beherrsche, daß es also auch in der Weltgeschichte vernünftig zugegangen sei« (so auch in: 11, 39.54), und in 11, 67 wendet er ihn ins Theologische: »Dieses Gute, diese Vernunft in ihrer concretesten Vorstellung ist Gott. Gott regiert die Welt, der Inhalt seiner Regierung, die Vollführung seines Plans ist die Weltgeschichte«. In genau dieser Bedeutung - als religiöse Ausdrucksform des o.g. philosophischen Grundgedankens - spricht Hegel von der »Vorsehung«, um zum Ausdruck zu bringen, »... daß die Welt nicht dem Zufall und äußerlichen zufälligen Ursachen preisgegeben sei, sondern eine Vorsehung die Welt regiere« (11, 39)[226]. Er bestimmt sie als »die Weisheit nach unendlicher Macht, welche ihre Zwecke, das ist den absoluten, vernünftigen Endzweck der Welt verwirklicht« (ebd.). Vorsehung - so läßt sich zusammenfassen -

226. Ausführlicher in: PhB 171a {→ A. 217}, 38ff.

bezeichnet das der Geschichte innewohnende Selbst- und Weltgestaltungsprinzip der absoluten Vernunft.

Doch bleibt der religiöse Vorsehungsglaube gegenüber der philosophischen Darstellung der in ihm zum Ausdruck gebrachten Idee defizient und unterbestimmt. Denn er haftet zu sehr am Individuellen und Abstrakten und erreicht nicht die ganze Dimension der Universalgeschichte in ihrer *konkreten* Bestimmtheit, wie sie durch die in ihr wirkenden Kräfte und den sich in ihr enthüllenden göttlichen Plan gegeben ist. Eine solche Anwendung des allgemeinen Prinzips auf das Konkrete der Realgeschichte hält Hegel aber für unabdingbar, wenn eine wirkliche Erklärung der Geschichte und ihrer mit Notwendigkeit sich vollziehenden dialektischen Dynamik gelingen soll (11, 39f). Auch der allgemeine Begriff der Vernunft vermag dies nicht zu leisten, sondern nur die inhaltlich (durch ihr Wesen) bestimmte, als normativ begriffene Vernunft, die zur kritischen Urteilsbildung und d.h. zur Unterscheidung zwischen Vernunftkonformem und Vernunftwidrigem in der Geschichte anleitet. Es bedarf der philosophischen Aufhebung des Vorsehungsbegriffs.

Ihr erst erschließt sich, daß sich die Grundbewegung der Weltgeschichte und damit der Gang der Vorsehung in einer historischen Dialektik des göttlichen Weltgeistes vollzieht: Der absolute Geist entäußert sich (in seinem abstrakten Wesen, d.h. in seinem An-sich-Sein) an die Zeit (2, 618f), manifestiert sich als Weltgeist in den Objektivierungen der Geschichte (Für-sich-Sein) und realisiert sich in dieser Selbsterkenntnis (An-und-für-sich-Sein).[227] Da das Wesen des göttlichen Logos bzw. die Natur des Willens Gottes und damit die Natur Gottes selbst (11, 47) aber durch *Freiheit* bestimmt ist[228], kann Hegel die gesamte Weltgeschichte als »Fortschritt im Bewußtsein der Freiheit« (11, 46) verstehen.[229] Darin liegt der Endzweck der Geschichte: im Zu-sich-selbst-Kommen des Geistes im Bewußtsein seiner Freiheit durch die Selbstmanifestation im Gegenüber der Geschichte. Oder anders: In der vollkommenen Deckung von Freiheit und Notwendigkeit. In der Notwendigkeit im einzelnen bringt sich die Freiheit des ganzen zum Ausdruck, an dem das einzelne partizipieren kann, um so seine Freiheit zu verwirklichen. Der Inhalt des göttlichen Vorsehungswirkens besteht demnach in der Verwirklichung zunehmender Freiheit als Gestaltwerdung der von Gott ›vorgesehenen‹ und gesetzten Notwendigkeit.

227. So sehr Theunissens Hinweis auf Hegels Unterscheidung zwischen dem absoluten Geist und dem Weltgeist als dem »Geist der Welt, wie er sich im menschlichen Bewußtsein expliziert« (zit. nach: PhB 171a {→ A. 217}, 60) zu beachten ist, so zweifelhaft erscheint doch seine Interpretation, der Weltgeist sei nur das an sich subjektlose Medium des absoluten Geistes [Theunissen, M. (1970) {→ A. 219}, 71f].

228. »Wie die Substanz der Materie die Schwere ist, so ... ist die Substanz, das Wesen des Geistes die Freiheit« (11, 44). Freiheit meint dabei das Bei-sich-selbst-Sein des Geistes im Anderen.

229. »Die Weltgeschichte stellt nun den Stufengang der Entwicklung des Princips, dessen Gehalt das Bewußtsein der Freiheit ist, dar« (11, 92). - J. Kims Arbeit über die dialektische Struktur von Hegels spekulativem Freiheitsbegriff ist für die *Geschichts*philosophie nicht wirklich aufschlußreich: Kim, J. (1996): Der Begriff der Freiheit bei Hegel. Die logische Struktur der positiven Freiheit des Individuums im Licht der Hegelschen Logik und Anerkennungstheorie (EHS, Reihe XX, Philosophie, Bd. 504), Frankfurt u.a.

Wie ist der Vollzug der providentiellen Wirksamkeit des Geistes nach Hegel vorzustellen? Als absoluter Akt, actus purus, wirkt und verwirklicht sich der Geist. Erst durch seine Aktivität, durch das Aus-sich-Heraustreten aus seinem abstrakten Ansich-Sein in die Objektivität der Geschichte gelangt er in die Existenz und auf den Weg der zunehmenden Selbsterkenntnis. In diesem Tätigsein aber setzt er Geschichte: »Die Geschichte des Geistes ist seine That, denn er ist nur, was er tut, und seine Tat ist, sich und zwar hier, als Geist ... sich zum Gegenstande seines Bewußtseins zu machen, sich für sich selbst auslegend zu erfassen« (7, 447).[230] Doch vollzieht sich die Wirkung des Weltgeistes nicht nach dem Modell des subjektanalogen »aktualen« Handelns, sondern selbst im Modus der Geistes; er wirkt sapiential-ordinativ: nicht als *unmittelbare* Einwirkung - weder als unmittelbar physische, noch auch als unmittelbar geschichtliche Einflußnahme. Im Raum der Geschichte richtet die Weltvernunft alle partikularen Einzelzwecke mit »absoluter List« (8, 420) auf den allgemeinen Endzweck der Geschichte aus. »Vorsehung« bezeichnet also zum einen die in Gott gesetzte Zweckbestimmung seiner Selbstrealisierung in der Geschichte und ist darin auf Gott bezogen. Zum anderen bezeichnet sie das Aus-sich-Heraustreten Gottes, seine geschichtsgestaltende Entäußerung und beschreibt darin die Logizität des Geschichtsprozesses.

4. Die »absolute List« der Weltvernunft

Indem sie sich mit »absoluter List« betätigt, bleibt die Weltvernunft in quasi-doketischem Abstand zu den konfliktreichen Umbrüchen des Geschichtsprozesses und läßt »des Menschen Bedürfnis, Trieb, Neigung und Leidenschaft« (11, 50) für sich wirken. Sie nimmt die ihren partikularen Eigeninteressen folgenden individuellen und kollektiven Handlungssubjekte der Geschichte in Anspruch, um in ihnen und durch sie ihr Wesen zu manifestieren (11, 54) und darin die Geschichte ihrer Zweckbestimmung mit absoluter (logischer, nicht kausaler) Notwendigkeit[231] und d.h. ohne Zwang entgegenzuführen.[232] Der Weltgeist wirkt also nicht in unmittelbarer Beziehung zu seinem Objekt, was ihn in dessen Abhängigkeit brächte, sondern durch Mittelinstanzen, die er für sich ins Feld führt.[233] Im Raum der Geschichte sind dies die menschli-

230. Zum Tätigsein des Geistes siehe auch: 11, 35. 56.

231. Zum Notwendigkeitscharakter der Vorsehung siehe 8, 331-333. Ohne solche Notwendigkeit stellte sie sich als bloße Willkür dar.

232. In 8, 420 heißt es: »Dies, daß der subjektive Zweck, als die Macht dieser Processe, worin das Objektive sich aneinander anreibt und aufhebt, sich selbst außer ihnen hält und das in ihnen sich erhaltende ist, ist die List der Vernunft«. - In 11, 63 ist von der »List der Vernunft«, die »die Leidenschaften für sich wirken läßt« die Rede: »Nicht die allgemeine Idee ist es, welche sich in Gegensatz und Kampf, welche sich in Gefahr begibt; sie hält sich unangegriffen und unbeschädigt im Hintergrund (ebd.) (vgl. 2, 52.68).

233. In einem Brief vom 5.7.1816 an Niethammer deutet Hegel die Befreiungskriege gegen Napoleon als Werk der »unsichtbaren Hand« des Weltgeistes und gibt damit ein eindrückliches Beispiel für die Wirkweise der »List der Vernunft« [Briefe von und an Hegel II, hg. von J. Hoffmeister (Werke 28, PhB 236, Hamburg 1953), 85-87].

chen Handlungssubjekte im allgemeinen, die »welthistorischen Individuen« (11, 59) als »Geschäftsführer des Weltgeistes« (11, 61) im besonderen.[234]

Indem Hegel postuliert, der Weltgeist wirke in und durch menschliche Mittelinstanzen, muß er eine Differenz zwischen deren bewußten Handlungsintentionen und den Resultaten ihrer Handlungen annehmen. Mit einer solchen Unterscheidung von Intention und Handlung (bzw. Handlungsfolge) setzt er sich vom romantischen Subjektivismus ab, aber auch vom Rationalismus Leibnizens. Stärker als es in diesen Konzepten möglich war, vermag er damit das Moment der Kontingenz im menschlichen Geschichtshandeln ernstzunehmen, ohne dieses Moment andererseits in die Geschichtsleitung des Weltgeistes einzutragen.

Die Relation zwischen den geschichtlichen Handlungssubjekten und der sich in der Geschichte verwirklichenden ›Logik‹ Gottes wird von Hegel als eine Beziehung des ›in‹ und ›durch‹, d.h. der Partizipation und der Funktion bestimmt: Die geschichtsgestaltenden Menschen handeln in der Freiheit ihres Willens nach ihrem je partikular-vernünftigen Eigeninteresse, doch in diesen und durch diese Zwecksetzungen wirkt der Geist, indem er sie in Dienst nimmt und damit zugleich instrumentalisiert und universalisiert. So sind sie »Mittel und Werkzeuge eines Höheren und Weiteren ..., von dem sie nichts wissen, das sie bewußtlos vollbringen« (11, 54; 7, 448). Das Allgemeine betätigt sich mittels des besonderen Interesses bzw. der Leidenschaft des je Einzelnen. Es kann sich jedoch darin nur betätigen, weil die Vernunftnatur des Menschen der göttlichen Weltvernunft wesensgleich ist, d.h. diese an jener partizipiert, auch wenn diese Partizipation dem geschichtlich handelnden Individuum noch nicht zu Bewußtsein gekommen ist. So ereignet sich gerade in der Indienstnahme des geschichtlichen Handlungssubjekts für Gottes Selbstverwirklichung, in seiner instrumentalen Zweckfunktion also, seine Würdigung als Selbstzweck.

Wie genau die Inanspruchnahme der menschlichen Aktinstanzen im allgemeinen und der welthistorischen Individuen im besonderen durch den Weltgeist zu denken ist und wie weit diese Organe sich der Mission bewußt sind, die ihnen die absolute Vernunft zugedacht hat, wird von Hegel nicht präzise klargelegt. Drei Interpretationsmöglichkeiten lassen sich durch Äußerungen Hegels belegen:

a) In einigen Passagen hat es den Anschein, als erfaßten die menschlichen Handlungssubjekte die universale Zweckbestimmung der Geschichte und orientierten ihr eigenes Handeln auf die Realisierung des Gesamtzwecks hin.
b) Von anderen Stellen her legt sich die Deutung nahe, sie folgten dem Universalzweck wie einem vorbewußten Instinkt, während sie auf der Ebene ihrer bewußten Intentionalität ihren eigenen Partikularzwecken nacheifern.

234. Napoleon ist für Hegel das eindrucksvollste Beispiel eines solchen welthistorischen Individuums. In einem Brief bezeichnet er ihn sogar als »diese Weltseele« [Briefe von und an Hegel I, hg. von J. Hoffmeister (Werke 27, PhB 235, Hamburg 1952), Nr. 74, Brief vom 13.10.1806 an Niethammer, S. 120]. Hegels Faszination von Napoleon hält auch nach dessen Niederlage noch an: »Keine größeren Siege sind je gesiegt, keine genievolleren Züge je ausgeführt worden; aber auch nie ist die Ohnmacht des Sieges in einem helleren Licht erschienen, als damals« (11, 562).

c) Schließlich gibt es Aussagen - wie die oben zitierte -, die den weltgeschichtlich Handelnden jedes Bewußtsein für den Richtungssinn der Weltvernunft absprechen und sie als deren Werkzeug erscheinen lassen. Der Grundgedanke der Hegel'schen Geschichtsphilosophie, daß die Geschichte ein Prozeß zunehmender Bewußtwerdung der welthistorischen Teleologie darstellt, ist hier nicht wirklich durchgehalten.

In die Unklarkeiten der Darstellung Hegels kommt etwas Licht, wenn man innerhalb des Textes zwischen den Aufzeichnungen Hegels und den Mit- bzw. Nachschriften seiner Studenten unterscheidet, was durch die Druckgestalt der Hoffmeister-Ausgabe ermöglicht wird. Es zeigt sich dann, daß Hegel das Motiv der »List der Vernunft« nur in der mündlichen Rede verwendet hat. In seinem Skript taucht es nicht auf. Es kommt ihm also eine eher metaphorisch-illustrative Funktion und Bedeutung zu. Weiter läßt sich erkennen, daß die eigenen Aufzeichnungen Hegels stärker als die Nachschriften die nicht-instrumentalisierbare Eigenwürde der geschichtlich handelnden Individuen hervorheben. Und schließlich betont er in seinem Skript die Fähigkeit der welthistorischen Figuren, die Pläne der Weltvernunft zu erkennen und sich bewußt in ihren Dienst zu stellen, während die Nachschriften eher die Vorstellung einer instrumentellen Beanspruchung nahelegen.

Aus welchen Quellen schöpft Hegel die Vorstellung der »absoluten List«? Bloch weist auf die gesellschafts- und wirtschaftstheoretischen Entwürfe hin, die Hegel bekannt waren: So sei der Begriff »List der Venunft« implizit schon in Hobbes' Gesellschaftslehre enthalten gewesen, vor allem aber in der »Bienenfabel« Mandevilles, »wonach aus dem Getriebe der selbstsüchtigen, sogar lasterhaften Leidenschaften das Gleichgewicht, wo nicht die Segnungen der kapitalistischen Gesellschaft entstehen«[235]. In der Ökonomie Adam Smiths fand diese Vorstellung einer Harmonie zwischen »selfish system and progress of the whole«[236] eine wissenschaftliche Grundlage. Smith deutete diese Harmonie durch das Wirken der »invisible hand« Gottes und arbeitete damit einer theologischen Legitimierung der Marktmechanismen und ihrer Folgen zu (so daß man hier – wenn auch in ganz neuer Bedeutung – von einer ›ökonomischen‹ Vorsehungslehre sprechen kann).

Zudem nimmt Hegel das Motiv (nicht den Begriff) der Ironie auf, das von der Französischen Revolution aus in die deutsche Romantik hinübergewirkt hatte und dabei entpolitisiert worden war. Er verkehrt es aber in sein Gegenteil: Während sich der romantische Gebildete (Schlegel vor allem) in das Distanzverhältnis einer spielerischen Ironie zu den Objektivierungen der Geschichte setzte, spielt bei Hegel umgekehrt die Geschichte mit ihren Handlungssubjekten. Der Mensch ist weniger Subjekt als Objekt der ›Ironie des Schicksals‹.

Eine andere, von Bloch nicht aufgewiesene Quelle liegt in Leibniz' »Theodizee«: »Gott scherzt sozusagen mit diesen kleinen Göttern«. Er überläßt die Menschen ihren Leidenschaften und ihrer Sinnlichkeit, prüft, züchtigt und straft sie aber auch »bald wie ein Vater oder Lehrer ... bald wie ein gerechter Richter«. Wohl vermag er nicht zu verhindern, daß sie in den ihnen gewährten kleinen Freiräumen »aneinander geraten«, »Gott aber wendet mit wunderbarer Kunst alle Mängel dieser kleinen Welten zur Ausschmückung seiner großen Welt an«.[237]

235. Bloch, E. (1962, 1971²), 234f.
236. Ebd.
237. Alle Zitate aus: Theodizee (PhB 499) {→ A. 48}, § 147 (S. 199f).

Doch läßt sich diese Spur noch viel weiter zurückverfolgen. In seinem Buch »Logos und List« arbeitet G. Schröder die These heraus, »daß die Entwicklung in Europa seit der Antike nicht nur durch die Tradition der antiken Logosphilosophie geprägt ist, sondern ebenso durch das offene oder latente Weiterleben einer anderen Tradition des antiken Denkens, welche die Vernunft als List (›métis‹) definiert«[238]. Im 17. Jh. vollziehe sich der Durchbruch des Verständnisses der Vernunft als Einsicht in den zyklischen, gesetzmäßigen, ›logistischen‹ Funktionszusammenhang der Dinge nach dem Paradigma der (autopoietischen) Maschine und verdränge die teleologische Auffassung der Vernunft als listige Strategie. Damit trete ein systemzentriertes Denken, dem das Einzelne nur noch unter funktionalem Gesichtspunkt relevant ist, an die Stelle eines subjektzentrierten. Die Gegenbewegung erfolge in der verstärkten Wahrnehmung handelnder Individuen im Gestaltungsraum der Geschichte, wie sie sich vor allem in der Romantik vollzog. Doch sei dieses Modell zu allen Zeiten, auch im 16. und 17. Jh. durchaus präsent gewesen.[239]

Für die systematisierende Interpretation der theologischen Vorsehungslehre und ihrer philosophischen Surrogate ist diese These interessant, denn jede der beiden, von Schröder rekonstruierten Linien bildet eine charakteristische Matrix für das Vorsehungsdenken. Dabei steht die Logos-Tradition dem sapiential-ordinativen - und die Tradition der List dem aktualen Modell der Providenz näher. Wenn Hegel das Motiv der List in seine sapiential-ordinative Grundauffassung rezipiert, dann zeigt sich darin, wie seiner Vorstellung vom Weltgeist Züge eines christlichen Theismus anhaften. Dem korrespondiert auch die personanaloge Rede von der »Tätigkeit« des Weltgeistes (s.o.). Nicht zuletzt deshalb wurde dieses Motiv von Interpreten immer wieder als schwer integrierbarer Fremdkörper im Kohärenzzusammenhang seines Systems empfunden.

An das Wiederaufleben jenes Vernunftverständnisses, das auf zweckrationale, aber auch ästhetische Handlungsvollzüge ausgerichtet ist, knüpft Hegel an, verbindet es mit dem Systemdenken und projiziert es auf die Ebene der Universalgeschichte.

5. Geschichtsphilosophie als Theodizee

Einerseits hält Hegel daran fest, daß Gott in der Immanenz seines Geistes in allem geschichtlichen Handeln in einer praesentia operosa wirksam gegenwärtig ist. Andererseits aber unterstellt er, daß die absolute Vernunft weniger im Modus des unmittelbaren Mitwirkens mit den Handlungsabsichten der Menschen (im Sinne des concursus) aktiv ist, sondern sich vielmehr im Rahmen des Gesamtaktes einer prae-, con- und postcurativen gubernatio durch die Inanspruchnahme der egoistischen

238. Schröder, G. (1985) {→ A. 50}, 9.

239. Vgl. Schröders Verweis auf das Spektrum der aus der Antike rezipierten Bilder und Erzählungen, mit denen im 16. und 17. Jahrhundert das Vorgehen der List verdeutlicht worden sei [Schröder, G. (1985) {A. 50}, 235]. Schröder summiert: »Die List ... ist der Versuch, dem Wechsel der Erscheinungen einen Schritt voraus zu sein, um sie damit zumindest begrenzt beherrschen zu können« (ebd.).

menschlichen Partikularinteressen betätigt.[240] Gott verwirklicht die logische Notwendigkeit seines Plans durch die psychologische Freiheit der Individuen, die ganz ihren partikularen Intentionen folgen, doch dabei mehr oder weniger das Substantielle dieses Plans (und damit das Wesen des Weltgeistes) realisieren. In der Mittelbarkeit des Geistwirkens ist nach Hegel also die Spannung zwischen relativer (und in fortschreitender Ausdehnung begriffener) Freiheit der geschichtlichen Aktinstanzen und absoluter Notwendigkeit des Geschichtsprozesses im ganzen vermittelt (11, 55). Anders ausgedrückt: Der schöpferische Geist, der sich als Freiheit begreift und prozeßhaft hervorbringt, wirkt nicht per direkter Determination, sondern durch ›Destination‹ (Ausrichtung) der geschichtlichen Handlungszusammenhänge.

Dabei werden die Handlungssubjekte der Geschichte – wie gesehen – zum einen als unverzichtbare Medien seiner Selbstverwirklichung gewürdigt, die in diesem Prozeß immer weiter zu freier Subjekthaftigkeit gelangen (indem sie die Notwendigkeit der Geschichte begreifen und damit ihre eigene Freiheit sukzessive verwirklichen). Zum anderen aber sind sie durch ihre Funktionalität definiert; sie unterstehen stets dem höheren Zweck der Geschichte, die über sie hinausgeht und sie auf der »Schädelstätte des absoluten Geistes« (2, 620) zurückläßt. Wohl fallen sie auch dann, wenn sie auf diese Weise funktionslos werden, nicht dem geistigen Tod anheim, sondern werden in das erinnerte Dasein des Geistes »aufgehoben«, doch herrscht der Geist nicht mehr in ihnen und durch sie. Sie sind die notwendigen Opfer der Geschichte (11, 47.49) und diese ist ihre »Schlachtbank« (11, 49). Wo immer sie ihre eigene Rolle im notwendigen Prozeß denkend erfassen, werden sie das Selbstopfer freiwillig erbringen.

Diese Mittelbarkeit hat zur Folge, daß nicht jedes geschichtliche Ereignis einfachhin positivistisch dem Geistwirken zugeschrieben werden kann: das Gute als Ausfluß des göttlichen Segens, das Böse als Gericht. Vielmehr erscheint die Geschichte als Gemengelage konfligierender Intentionen, in der *letztlich* die der Logizität Gottes zugrundeliegende Intention richtungs- und zielbestimmend ist. So versteht Hegel seine Geschichtsphilosophie als Theodizee (11, 42. 569; 19, 103f), doch nicht als eine metaphysisch-abstrakte - wie die Leibnizens, die den denkenden Geist mit dem Bösen *in seiner Allgemeinheit* zu versöhnen unternahm (11, 42) -, sondern als solche, die das *geschichtlich manifeste* Böse deutend auf den Endzweck der Geschichte zu beziehen vermag.

Wenn auch die Geschichte Manifestation des universalen Weltlogos ist[241], so muß demnach doch (gegenüber einem Pantheismus [12, 486] {→ S. 223f}) an der kriti-

240. Löwith interpretiert diese Interessen und Leidenschaften zu sehr als irrationalen, blinden, geradezu instinktiven Drang, nicht als bewußtermaßen Gewolltes, sondern als etwas, das die Menschen »wollen *müssen*«. In diesem Getrieben-Sein realisiere sich die Weltvernunft [Löwith, K. (1949, 1953) {→ A. 157}, 66]. Hegel unterstellt demgegenüber durchaus eine Rationalität in der Bestimmung und Verfolgung menschlicher Interessen, die ihren Willen und ihre Entscheidungen bestimmen. Doch ist diese Rationalität eine partikulare, auf die strategisch kluge Erreichung des naheliegenden Vorteils ausgerichtete und damit eine in ihrem Horizont beschränkte.

241. »Nur *die* Einsicht kann den Geist mit der Weltgeschichte und der Wirklichkeit versöhnen, daß das, was geschehen ist und alle Tage geschieht, nicht nur nicht ohne Gott, sondern wesentlich das Werk seiner selbst ist« (11, 569 - Hervorheb. G.H.).

schen Differenz zwischen der Realgeschichte und der Wirksamkeit der absoluten Idee festgehalten werden.[242] Anders formuliert: Es gehört nicht alles Geschehen zur vom Weltgeist geleiteten Weltgeschichte, sondern nur jenes, in dem sich der Geist substantiell manifestiert.

So fallen beispielsweise alle Völker aus dieser Geschichte heraus, die keine eigene Geschichtsschreibung hervorgebracht und keinen Staat (als Objektivierung des Volksgeistes) gegründet haben. Ebenso wußte Hegel durchaus darum, daß es in der Geschichte Katastrophen (wie den Peloponnesischen - oder den Dreißigjährigen Krieg) gab, die sich nicht einfachhin als Schritt zu einem höheren Guten der historischen Dialektik einordnen lassen und als Widerspruch unaufgelöst stehen bleiben müssen.

Da nach Hegels Grundüberzeugung »in der Geschichte dieselbe Vernunft herrscht, die in der Philosophie im Element des reinen Gedankens sich ausspricht«[243], steht diese Logizität dem philosophischen Erkennen prinzipiell offen (11, 41). Die im Modus des religiösen Fühlens und Vorstellens erfaßte »reiche Produktion der schöpferischen Vernunft ..., welche die Weltgeschichte ist« (11, 42), kann und muß auf die Ebene des Denkens gehoben werden. So lichtet sich die von Luther so betonte Verborgenheit des Welthandelns Gottes - von Hegel die »Rätsel der Vorsehung« genannt (11, 49) - im philosophischen Begreifen der Geschichte und d.h. im Begreifen des sich in ihr realisierenden Plans. Auf diese Weise transzendiert und antizipiert die Erkenntnis die Realgeschichte und wird ihrerseits zum Mittel der Selbstbewußtwerdung des Geistes.

6. Kritische Würdigung: Eine Theodizee, die Gott nicht zu rechtfertigen vermag

Eine kritische Würdigung dieses Ansatzes wird zunächst die Intention anerkennen müssen, das Individuelle, Besondere und Konkrete der Geschichte als deren wirkliches, wenn auch nicht wahres movens auszuzeichnen.[244] Hegel setzt damit die Linie des vor allem in der Romantik erwachten Geschichtsbewußtseins mit seinem Interesse an den einzelnen, konkreten Geschichtsgestalten fort. Gegenüber der naturwissenschaftlichen Wirklichkeitssicht, die sich auf das Allgemeine und Gesetzmäßige konzentrierte, war damit in neuer Weise die Möglichkeit eröffnet, das Weltwirken Gottes - als providentia individualis - in Relation zum konkret-individuellen Geschehen und zum

242. Siehe die genaue Formulierung des in der vorigen Anm. zitierten Satzes: Was in der Welt geschieht, ist *wesentlich* das Werk des Weltgeistes. - Nur unter diesem Vorbehalt, daß Geschichte immer auch der *Entäußerungsmodus* des Geistes ist, darf man Geist und Geschichte so identifizieren, wie Theunissen es tut: »In der Tat fallen für Hegel Geist und Geschichte zusammen« [Theunissen, M. (1970) {→ A. 219}, 61].

243. Dierse, U., Scholtz, G. (1974): Art. »Geschichtsphilosophie«, in: HWP 3, 428.

244. Ein Beispiel für die weltgeschichtliche Bedeutsamkeit banaler Alltäglichkeiten gibt Oscar Handlin in seinem Buch »Chance or Destiny: Turning Points in American History« (Boston 1955), wo er die Wendepunkte der amerikanischen Geschichte u.a. »aus wechselndem Wetter und der Scheu eines Höflings, aus der Gier einer Frau und dem Haß eines alten Mannes, aus dem Fehler eines Metallstücks und dem Versagen eines Soldaten« erklärt [zit. nach: Pollard, W. G. (1958, dt. 1960) {→ L.}, dt. Ausgabe, 66].

Freiheitsverlangen des nach-aufklärerischen Menschenbildes zu entfalten. Hegel nimmt diese Möglichkeit programmatisch auf. Er interpretiert die gesamte Geschichte als den Prozeß des Eingehens des Allgemeinen in das Besondere (wodurch sich das Allgemeine realisiert), aber auch - anders als bei Herder - als den Prozeß des Aufhebens des Besonderen in das Allgemeine (wodurch sich das Besondere idealisiert).

Wird jedoch dieses, so gewürdigte geschichtlich Besondere andererseits nicht gleich wieder vom Zweck zum Mittel depotenziert, indem es sich auf seine Funktionalität für die Erreichung des Endzwecks reduzieren lassen muß? Die primäre Intention der Vorsehung ist die Selbstverwirklichung des Geistes. So sehr die individuellen Akteure der Geschichte dazu ausersehen sind, an dieser Entwicklung zu partizipieren und so selbst zur Freiheit zu gelangen, so sehr der Weltgeist für seine Realisierung sogar auf sie angewiesen ist - sie bleiben doch im Status der dienenden Unterordnung unter das allgemeine Prinzip befangen. Letztlich identifiziert Hegel das Allgemeine mit dem platonischen Einen und ordnet ihm das Andere, das geschichtlich Konkrete, das Endliche und schließlich auch das Böse (als das Nicht-Sein - wie im Neuplatonismus und bei Augustin) unter. Die »List der Vernunft« bleibt dabei dem Prozeß der dialektischen Selbstwerdung offenbar enthoben.

Diese problematische, weil letztlich hinter das dialektische Prinzip zurückfallende Beziehungsbestimmung zwischen dem ideell Allgemeinen und dem geschichtlich Besonderen reproduziert sich in der Relation zwischen Notwendigkeit und Freiheit. Wo Geschichte als sukzessive Realisierung von selbstbewußter Freiheit entworfen ist, müssen die geschichtlich Früheren mit ihrer relativ geringeren Freiheit den Preis für die größere Freiheit der geschichtlich Späteren zahlen. Das Privileg der vollkommenen Freiheit als der vollkommen durchschauten Notwendigkeit werden erst die Spätestgeborenen genießen können, die kommen, wenn alle Leiden gelitten sind, die für das providentielle Zu-sich-selbst-Kommen des Geistes erforderlich waren. Solchem teleologischen Optimismus hielt Tillich zu Recht entgegen: »Das angebliche Wohlergehen einer ›letzten Generation‹ kann das Übel und die Tragik aller früheren Generationen nicht rechtfertigen«.[245]

Dieser problematischen Konsequenz einer Mediatisierung früherer Epochen und Generationen setzte Leopold von Ranke dann seine - auch schon von Herder vertretene - Überzeugung von der Eigenwertigkeit individueller geschichtlicher Erscheinungen und von der Gleichunmittelbarkeit aller Epochen zu Gott entgegen. Gottes Wirksamkeit vollzieht sich demnach nicht primär am gegenwärtigen Kopfende des Entwicklungsprozesses, um von dort aus abzufallen, sondern in potentiell gleicher Weise zu allen Zeiten und an Orten der Geschichte.

Die Theodizee scheint Hegel nur zu gelingen, indem er den individuellen und kollektiven Egoismen der Geschichte, den Verfeindungszwängen, in die sie hineinführen, und den katastrophalen Folgen, die sie austragen, eine Sinnrichtung unterlegt und

245. Tillich, P. (1966, 1987⁴): Systematische Theologie III, Stuttgart, 424 - siehe auch die dort (424f) geübte Kritik an Hegels Geschichtsphilosophie. - Von Bedeutung ist auch der Einwand Moltmanns: »Ist *Geschichte* im Bild des *Fortschritts* nicht immer auch ein Instrument der Herrschaft *einer* Gesellschaft, *einer* Klasse und der *gegenwärtigen* Generation zur Unterdrückung und Integration aller anderen?« [Moltmann, J. (1985) {→ L.}, 135, Hervorheb. J.M.].

damit die Abgrundhaftigkeit ihrer Bosheit triumphalistisch in seinen Panlogismus ›aufhebt‹. Dabei gibt sich die Denkfigur von der »List der Vernunft« - Hegels »ingeniösestes dialektisches Kunststück«[246] - als ein hochproblematisches Instrument zur Deutung der Geschichtswirksamkeit des göttlichen Geistes zu erkennen, das dementsprechend bei den Hegel-Interpreten (wie etwa bei H. Marcuse[247], O. Marquard[248] oder L. Weimer[249]) auf nahezu einhellige Ablehnung stößt. Denn nach diesem Konzept erscheint Gott als listig-zynischer Geschichtslenker, der narzißtisch nach Selbstverwirklichung strebt und dabei monströse Opfer in Kauf nimmt. Wie kann ein Gott, dessen Weltvernunft sich dem geschichtlichen Spiel der Interessen fernhält und diese mit List für sich ins Feld führt, damit sie das von ihm Vorgesehene verwirklichen, in seinem Wesen durch sorgende Güte bestimmt sein? Das individuelle Schicksal scheint ihn nicht zu berühren: »Es kann auch sein, daß dem Individuum Unrecht geschieht; aber das geht die Weltgeschichte nichts an, der die Individuen als Mittel in ihrem Fortschreiten dienen«.[250] Demnach wären die Grausamkeiten der Geschichte dem titanischen Willen Gottes anzulasten, der sich von jeglicher cura individualis dispensiert hätte: »Die Idee bezahlt den Tribut des Daseins und der Vergänglichkeit nicht aus sich, sondern aus den Leidenschaften der Individuen« (11, 63).

Es ist dies eine Theodizee, die Gott nicht zu rechtfertigen vermag; vielmehr läuft sie darauf hinaus, einerseits Gottes Vorsehung in ihrem Streben nach Selbstverherrlichung letztinstanzlich für die Untaten der Menschen mitverantwortlich zu machen und diese andererseits mit Sinn zu füllen. Das Leid der Welt ist zum unvermeidlichen Preis solcher Selbstverherrlichung verklärt und die Weltgeschichte (auch als Weltgericht[251]) zur Heilsgeschichte. Damit aber leistet sie der »erstaunlichen Verblüffungsfestigkeit«[252] der christlichen Theologie angesichts geschichtlicher Katastrophen Vorschub.

Im folgenden will ich im Anschluß an 5, 225f eine andere Deutung der Rede von der »List der Vernunft« favorisieren, die solchen Zynismus radikal vermeidet und nicht vor den aporetischen Gedanken einer doch recht irrationalen Selbstüberlistung des absoluten Subjekts führt. Sie kreist um die Frage der Beziehung von Weltgeist und Macht. Einzuräumen ist dabei, daß sich diese Deutung nur andeutungsweise bei Hegel findet und von ihm nicht wirklich ausgearbeitet wurde. Doch eröffnet sie eine interessante, über Hegel hinausführende Interpretationsperspektive.

246. Küng, H. (1978) {→ A. 36}, 194.
247. Marcuse, H. (1972): Vernunft und Revolution (Soziologische Texte 13), Darmstadt, Neuwied (New York 1941), 200-220, bes. 208f.
248. Marquard, O. (1973): Idealismus und Theodizee (1965), in: ders.: Schwierigkeiten mit der Geschichtsphilosophie, Frankfurt, 52-65.
249. Weimer, L. (1988): Wodurch kam das Sprechen von Vorsehung und Handeln Gottes in die Krise? Analyse und Deutung des Problemstandes seit der Aufklärung, in: Schneider, T., Ullrich, L. (Hg) {→ L.}, 25f.
250. Zit. nach: PhB 171a {→ A. 217}, 76.
251. 7, 446f; 10, 427; die Deutung der Weltgeschichte als Weltgericht findet sich schon in der Vorsehungslehre der Alten Kirche, so in Salvians: De gubernatione Dei, libri VIII.
252. J. B. Metz, in: Loewy, H. (Hg) (1992): Holocaust: Die Grenzen des Verstehens. Eine Debatte über die Besetzung der Geschichte, Reinbek, 40, ohne Bezug auf Hegel.

7. Relektüre: Die »List der Vernunft« als »Macht der Schwachheit«

Indem sich der Weltgeist der List der Vernunft bedient und Mittelinstanzen für sich wirken läßt, verzichtet er nach Hegel auf die Gewaltanwendung unmittelbarer Selbstdurchsetzung. Diese Einsicht gründet – nach seiner Auffassung – in einem allgemeinen Grundsatz: Wo immer ein Subjekt seine Zwecke nur *mittelbar* verwirklicht - dadurch, daß es eine Mittelinstanz zwischen seine Wirkkraft und das Objekt seiner Wirksamkeit einschiebt, praktiziert es Selbstzurücknahme (5, 225f). Wird dem Weltgeist solch indirektes Wirken zugeschrieben, dann ist damit ein von ihm bewußt gewollter Gewaltverzicht angezeigt. Seine List ist »das Negative der Gewalt« (16, 101).[253] Demnach wäre Gewalt und Leid-erzeugendes Böses in der Geschichte nicht der Urheberschaft des Weltgeistes anzulasten, sondern dem durch seine Selbstzurücknahme in die Mittelbarkeit eröffneten Freiheitsraum der Mittelinstanzen.

Dem entspricht die Relation zwischen dem Weltgeist und den von ihm ›gebrauchten‹ Mitteln. Sie darf nicht einfach als äußerliche, instrumentale ›Nutzung‹ gedeutet werden. Vielmehr partizipieren die Mittel an dem Zweck, der sich in ihnen realisiert (11, 64). Sie stehen in einer inneren Beziehung zu dieser übergeordneten Intention, ohne daß sie sich deshalb als Werkzeuge des Weltgeistes rühmen dürften: Denn die Tatsache, daß er *in* ihnen und *durch* sie wirkt, schließt nicht aus, daß sich diese Wirksamkeit auch *gegen* sie richten kann.[254]

Ins Theologische gewendet ließe sich Hegels metaphysische Geschichtsphilosophie dann so (über seine Intention hinaus) ausdeuten, daß Gott das Böse weder will, noch wirkt, noch aktiv zuläßt, um es für seine Selbstentwicklung zu nutzen. Solche Deutemuster setzen das Allmachtspostulat des klassischen Theismus voraus, das Hegel mit dem Motiv der »List der Vernunft« an einer entscheidenden Stelle durchbricht. In der Tatsache, daß Gott mit List handelt, dokumentiert sich demgegenüber seine Selbstzurücknahme auf die Wirkweise gewaltloser Liebe, die den Geschöpfen echte Selbst- und Weltverantwortung eröffnet. Es dokumentiert sich darin die wesenhafte Begrenzung der Weltvernunft auf *geistige* Operabilität, der nicht die Macht unbedingter Selbstdurchsetzung eignet. In der Metaphorik menschlicher Lebensäußerungen: Gott eignet nicht die Macht des handwerklichen »Machens«, sondern das Recht des letztgültigen Wortes.[255] Sein Handeln ist nicht instrumentell, sondern geistig-kommunikativ. Als

253. Diese Formulierung findet sich in der Bestimmung der (griechischen) »Religion der Schönheit« im zweiten Teil der »Vorlesungen über die Philosophie der Religion«. Siehe auch: § 158 in 6, 127; 4, 417; 9, 35f. - Wilkins, B. T. (1974) {→ A. 219}, 107-109; Fulda, F. (1980) {→ A. 219}. - Diese Deutung widerspricht der mehrheitlich in der Hegel-Auslegung vertretenen triumphalistischen Auffassung vom Gang der göttlichen Vernunft durch die Geschichte, wie sie H. Küng in journalistischer Diktion wiedergibt, wenn er vom »unbehinderten Marsch des freien, guten, aber auch listigen Weltgeistes« spricht [Küng, H. (1978) {→ A. 36}, 184].

254. Siehe dazu auch: Angehrn, E. (1977) {→ A. 219}, 259ff.

255. Vgl. Jes 11,4: Der Messias soll seine Macht ohne Anwendung von Gewalt nur »mit dem Stabe seines Mundes ... und mit dem Hauche seiner Lippen« erweisen. Nach Sach 4,6 wird Serubabbel den Tempel »nicht durch Heeresmacht und nicht durch Gewalt«, sondern durch Gottes Geist wieder aufbauen.

solches (als ein Handeln im - und durch das Verheißungs- und Weisungswort) sieht es sich aber immer dem Widerspruch wirkmächtiger ›Weltworte‹ ausgesetzt, die allzuoft den Gang der Dinge bestimmen und damit vorletztlich über jenes Wort triumphieren.

Vor dem Hintergrund einer solchen Interpretation der »List der Vernunft« verliert es allen zynischen Beigeschmack, wenn Hegel sagt, das Leiden der Kreatur sei Gottes eigenes Leiden. Gott trägt das Andere seiner selbst in sich.[256] »Der ungeheure Schmerz des Negativen« ist in die Gottheit selbst hineingenommen; sie stirbt tausendfach, bringt sich selbst als Opfer auf dem Altar der Geschichte, um gerade so - in der totalen Verendlichung ihrer selbst - ihrer wesenhaften Bewegungsrichtung weiter zu folgen. Nicht Gott selbst ist das Objekt seiner List, sondern die Verhängnisse der Wirklichkeit, der Leidesweg der Kreatur, die Gottes eigene Passion ist.

So gedeutet würde das Motiv der »List der Vernunft« nicht die Achillesferse der Hegel'schen Geschichtsphilosophie indizieren, sondern die zukunftsweise Tiefe dieses Entwurfs. Und es ließe sich als Aufnahme und Weiterführung des von Luther betonten Theologoumenons von der *Verborgenheit* der Wirksamkeit Gottes {→ S. 81ff} verstehen.

Allein wo der Glaube an die Vorsehung Gottes in der Geschichte gebrochen wird durch den Blick auf das Kreuzesleiden Christi, läßt sich eine triumphalistische und zynische Identifikation des faktischen Geschichtsverlaufs mit Willen und Wirken Gottes wirksam vermeiden. So liegt in Hegels Rede von der Entfremdung in Gott selbst, in welcher Gott in seinem abstrakten Ansichsein stirbt[257] (der »spekulative Karfreitag«; 1, 433, vgl. 2, 572) der Ansatz zu einer »staurozentrischen Vorsehungslehre«.[258] Ein anderer Hinweis findet sich in der Einleitung der Rechtsphilosophie. Dort deutet Hegel eine Verbindung von Vernunftphilosophie und Kreuzestheologie an, derzufolge die Vernunft als »die Rose im Kreuz der Gegenwart« (7, 35, vgl. 15, 293) zu erkennen sei.[259] Jürgen Moltmann nimmt die damit angedeutete Interpretationslinie auf und zieht sie hin zur Vorstellung vom Mitleiden Gottes aus.[260]

256. Siehe dazu: Küng, H. (1970): Menschwerdung Gottes. Eine Einführung in Hegels theologisches Denken als Prolegomena zu einer künftigen Christologie, Freiburg u.a., 207ff.

257. Zur Interpretation der Rede vom Tod Gottes bei Hegel siehe: Jüngel, E. (1977, 1992[6]): Gott als Geheimnis der Welt. Zur Begründung der Theologie des Gekreuzigten im Streit zwischen Theismus und Atheismus, Tübingen, 83-135.

258. Siehe dazu: Plathow, M. (1996) {→ L.}, bes. seine Rekonstruktion des Vorsehungsdenkens Bonhoeffers: 87-105. Auch Althaus hatte seine Vorsehungslehre im Blick auf das Kreuzesgeschehen entwikkelt. Gorringe, T.J. (1991) {→ L.} fordert, »... any Christian doctrine of providence must be founded on an understanding of power, and therefore of operation, which stems from the cross« (69).

259. Löwith interpretiert zutreffend, daß Hegel sowohl die Entzweiung als auch die Versöhnung von vorneherein geistesgeschichtlich im Gedanken an den Kreuzestod Jesu verstanden habe [Löwith, K. (1939) {→ A. 219}, 29].

260. Besonders in: Moltmann, J. (1972, 1993[6]): Der gekreuzigte Gott. Das Kreuz als Grund und Kritik christlicher Theologie, Gütersloh, Kap. 6; ders. (1980, 1994[3]): Trinität und Reich Gottes. Zur Gotteslehre, München, Gütersloh, 36-76, 123-127; ders. (1988): Art. »Leiden/Theodizee«, in: Schütz, C. (Hg): Praktisches Lexikon der Spiritualität, Freiburg u.a., 775-782; ders. (1989): Der Weg Jesu Christi. Christologie in messianischen Dimensionen, München, 199-203. - Siehe auch: Fiddes, P. S. (1988): The Creative Suffering of God, Oxford.

Doch vermag Hegel nicht, diese andeutungsweise vorgetragenen Gedanken zur Grundlage seiner Geschichtsphilosophie zu erheben.

- Zu sehr ist diese auf der Matrix eines apriorisch-universalen Einheitspostulates entwickelt: Der Entäußerung im dialektischen Prozeß liegt eine Einheit zugrunde, die das entäußerte Andere im Modus der »Aufhebung« wieder einholt, so daß es sich dabei nicht wirklich um eine radikale Entfremdung handelt, sondern um eine Differenz, deren Versöhnung auf höherer Ebene garantiert ist. Nicht real, sondern nur scheinbar vollzieht der Geist eine Selbstzurücknahme.
- Zu sehr untersteht sie auch dem in der »Phänomenologie des Geistes« angelegten Postulat der Logizität aller Wirklichkeit. Aus diesem Postulat aber folgt in unausweichlicher Konsequenz die gesamte Problematik seiner Theodizee: Hegel *muß* die abgrundtiefe Sinnlosigkeit des Bösen letztlich leugnen und dem unermeßlichen Leid in der Geschichte einen (wenn auch zumeist unerkannten) Sinn und gar eine Notwendigkeit zuerkennen (anstatt es ohnmächtig auszuhalten). So *muß* das Böse auf den Weltgeist zurückfallen und es *muß* der Anschein entstehen, dieser lasse auf dem Weg zu sich selbst in souveräner Machtvervollkommnung tausendfach Menschen und Völker als Opfer des dialektischen Stufengangs zurück.

Hätte Hegel die Vernunft des Gottgeistes nicht der Unvernunft der Realgeschichte souverän übergeordnet, sondern beide im Konfliktmodell einer immer wieder scheiternden und doch von Gott nicht aufgegebenen Geschichte des Bundes gegenübergestellt, dann wäre damit die contingentia mundi und die Freiheit der Menschen realistischer veranschlagt worden. Von hier aus hätte seine Rede von der List Gottes zu einer tiefgründigen Chiffre für die »Macht der Schwachheit« {→ S. 453ff} Gottes werden können, die nicht in triumphalistischer Selbstdurchsetzung, sondern vor allem in postcurativer Neuschöpfung Böses (das Gott nicht verhindern konnte) zu Gutem zu wenden versucht - wie eine liebende Mutter, die ihren Kindern ›nachgeht‹, um das von ihnen gestiftete Unheil wieder zu ›heilen‹.

Hätte Hegel seiner Dialektik keine harmonistische Versöhnungs- und Vervollkommnungs-Teleologie unterlegt, die das Andere mit Notwendigkeit in eine höhere Synthese aufhebt, hätte er zudem (und in enger Verbindung damit) die Kategorie »Zukunft« stärker gewichtet und sie als eine *offene* Zukunft zu denken gewagt, hätte er also den Gedanken zugelassen, daß die Weltgeschichte eine aus Gott *ent*lassene - gerade als solche aber von ihm durchwirkte und also nicht von Gott *ver*lassene Geschichte der Kontingenz und der Eigenwilligkeit ist, dann hätte die Erklärungskraft seines Systems nicht schon 1830 in die Krise geraten müssen, als in Frankreich, Belgien, Polen und Deutschland Unruhen und Revolutionen ausbrachen, was nach Hegels Teleologie nicht mehr hätte geschehen dürfen.[261] Und sie hätte möglicherweise auch durch das unermeßliche Leid tragen können, das die Katastrophen des 20. Jhs. verursacht haben. So aber fällt Hegels Versuch, das Irrationale der Geschichte spekulativ mit der Rationalität Gottes in Einklang zu bringen, in einen Dualismus dieser beiden Pole zurück.

261. Siehe dazu: Löwith, K. (1939) {→ A. 219}, 43f.

In unterschiedlicher Weise kehren Motive und Grundgedanken der providentiellen Geschichtstheologie Hegels im Rahmen der Divine-Action-Debatte wieder:

a) Vernon White hat die Metapher des ›loading the dice‹ entwickelt, die (nicht explizit, aber in ihrer Sachlogik) an die Vorstellung der ›List‹ Gottes anknüpft: Gott arrangiert das Gefüge der Bedingungen so, daß jede der darin stattfindenden geschöpflichen Handlungen (wie die des Judas) seine Intention »in a wider context of meaning« verwirklicht.[262] Menschliches Handeln »in every case and at every level is guaranteed to be encompassed within the divine action«.[263] In Rezeption handlungstheoretischer Einsichten setzt White dabei eine Hierarchie intentionaler Reichweiten voraus. Die Intention Gottes hat einen den jeweiligen Akt des Menschen übersteigenden Umfang, so daß sie diesen in sich aufheben kann, ohne mit ihm zu kollidieren.[264] Sie zielt nicht auf das einzelne Geschichtsereignis, sondern auf den geschichtlichen Gesamtverlauf.
b) Einen ganz im Licht der kritischen Hegel-Rezeption stehenden Entwurf zur Frage des Handelns Gottes hat Peter Hodgson vorgelegt. Die Beziehung zwischen Gott und der Welt kann ihmzufolge nicht länger im Sinne der Logik göttlicher Souveränität (expliziert in der Königsmetapher) und im Mythos der Heilsgeschichte gedacht werden. Vielmehr müsse ein Weg gefunden werden, diese Relation - und damit die Vorsehung Gottes »noninterventionist«, »nonmiraculous«, »noncausal« zu denken, »nonlinear« in ihrer Teleologie und »nonsuprahistorical« in ihrer Eschatologie.[265] Als »Triune Figuration« - »the One«, »love«, »freedom« - sei Gott in der Geschichte gegenwärtig in den Myriaden der »Gestalten der Freiheit«.[266] In der systematischen Explikation in Teil V dieses Buches werden wir noch einmal auf diesen Entwurf zurückkommen {→ S. 422ff}.
c) In der evolutiven Schöpfungsauffassung prozeßtheologisch informierter Entwürfe finden sich Parallelen zu Hegels universalgeschichtlicher Theodizee. So geht Paul Fiddes von einem Verständnis der Wirklichkeit als »a living organism, a community of relationships in the process of growth and development, a macro-process that requires as much sacrifice and pain as the building of any human community«[267] aus. Von dieser Reflexion auf die Verfaßtheit der Schöpfung aus führt der Weg seines theologischen Denkens unmittelbar zur theologia crucis: Gottes leidende Liebe setzt eine kreativ-persuasive Transformationskraft frei, die Liebe erzeugt.

262. White, V. (1985) {→ L.}, 115f.
263. A.a.O., 120.
264. Vgl. dazu die Darstellung des »Handlungsbaumes« {→ S. 326f}.
265. Hodgson, P.C. (1989) {→ L.}; 42f.
266. A.a.O., 44ff.
267. Fiddes, P. (1988) {→ A. 260}, 39.

J. Die Rückführung der Vorsehungslehre auf die Lehrstücke der Erhaltung und der Weltregierung bei Schleiermacher

Schleiermacher hat in seiner »Glaubenslehre«[268] die dreigliedrige orthodoxe Vorsehungslehre aufgelöst, das Lehrstück des concursus eliminiert, die conservatio der Schöpfungslehre (GL², §§ 36-39; 46-49); und die gubernatio der Erlösungslehre (»Von der Beschaffenheit der Welt bezüglich auf die Erlösung«) angegliedert (GL², §§ 164-169). Auch die sachlogisch verwandten Topoi der göttlichen Erwählung und Vorherbestimmung (GL², §§ 117-120) verlagert er in die Soteriologie.[269]

Diese Trennung ist darin begründet, daß die Lehre von der Erhaltung nicht das Bewußtsein der Gnade zur Voraussetzung ihrer Einsehbarkeit hat (sondern im Rahmen einer ›allgemeinreligiösen‹ bzw. religionsphilosophischen Untersuchung - und damit in Teil I der GL - behandelt werden kann), während die Explikation der Weltregierung Gottes sich allein vom Erkenntnisstandpunkt der Erlösung als dem Endzweck der Schöpfung erschließt (und so in Teil II der GL ihren Ort hat). Der damit bezeichnete Standpunkt ist aber dem auf das endliche Sein bezogenen und begrenzten ›weltmenschlichen‹ unmittelbaren Selbstbewußtsein nicht zugänglich. Wo das schlechthinnige Abhängigkeitsgefühl im (allgemeinen) Gottesbewußtsein erfaßt wird, ist er noch nicht erreicht, sondern erst dort, wo die durch Erlösung eröffnete Gemeinschaft mit Gott die (christliche) Erkenntnis bestimmt.

268. Für den Zweck dieser Untersuchung genügt der Bezug auf GL. – In der »Dialektik« rekonstruiert Schleiermacher den Begriff der Vorsehung als philosophischen Grenzbegriff der denkerischen Erfassung des Absoluten und ordnet ihn zusammen mit anderen Formeln, in denen das Unbedingte in endlichen Analogien dargestellt, darin aber in seiner Einheitlichkeit und Eigentlichkeit gerade nicht erreicht wird (so mit dem Begriff »Schicksal« als dem Gegenpol). Siehe dazu: Odebrecht, R. (Hg) (1942, ND 1988): Friedrich Schleiermachers Dialektik, Leipzig (ND Darmstadt), 261-270; Viering, K. A. (1928) {→ L.}, 698-670; Stadler, R. (1969): Grundlinien der Theologie Schleiermachers. I. Zur Fundamentaltheologie (VIEG 35), Wiesbaden, 379ff, im Kontext von 344-401; Saxer, E. (1980) {→ L.}, 62ff; Potera, M. (1996): Schleiermachers Hermeneutische Dialektik (Studies in Philosophical Theology 15), Kampen, 119-124.
Ich beziehe mich im folgenden primär auf die mit GL² bezeichnete zweite Auflage von: »Der christliche Glaube. Nach den Grundsätzen der evangelischen Kirche im Zusammenhange dargestellt« in der von M. Redeker neu hg. 7. Auflage, Berlin 1960. Vergleichende Bezüge auf GL¹ sind nach der von H. Peiter hg. Studienausgabe, Berlin, New York 1994 vorgenommen. Angaben der Belegstellen (nach Paragraphen) nehme ich eingeklammert in den Text mit auf.
Literatur zu Schleiermacher, die in besonderer Weise für das Thema dieses Buches relevant ist: Beißer, F. (1970): Schleiermachers Lehre von Gott (FSÖTh 22), Göttingen, 115ff, 219ff; Plathow, M. (1976) {→ L.}, 75-86; Saxer, E. (1980) {→ L.}, 49-79; Blackwell, A. L. (1982): Schleiermacher's Early Philosophy of Life: Determinism, Freedom and Phantasy, Chico, CA; Boyer, B. (1986): Schleiermacher on Divine Causality, in: RelSt 22, 113-123; Schulz, H. (1994) {→ A. 325}, 38-47; Tracy, T. F. (1995): Particular Providence and the God of the Gaps, in: CTNS Bulletin 15, 3-6.

269. Zur Systematik der beiden Lehrstücke im Kontext der gesamten »Glaubenslehre« siehe: Saxer, E. (1980) {→ L.}, 49-79; vgl: Viering, K. A. (1928) {→ L.}, 698-706.

In dieser Perspektive kann es dann allerdings keine *zwei* Reiche oder Regimente Gottes geben: die gesamte Wirklichkeit - die natürliche Welt wie die Anordnungen der Gnade (Erwählung, Erlösung) - sind auf den gleichen Endzweck ausgerichtet und fallen damit in eins (GL², § 164.1). Die soteriologisch qualifizierte Relation von Sünde und Gnade hat ihren Ort *in* der schöpfungstheologisch erfaßten Relation von Welt und Gott, nicht ›darüber‹.[270] Gottes weltregierendes Handeln (nach seinem Wohlgefallen) umfaßt auch die schöpferische, weltordnende und -erhaltende Tätigkeit (nach seiner Allmacht). Damit aber kann und muß eine eigenständige Vorsehungslehre als Vermittlung zwischen Schöpfung und Erlösung überflüssig werden.

Ich arbeite im folgenden zunächst den Zentralgedanken der Schleiermacher'schen Kritik an der reformatorischen (besonders calvinischen) Vorsehungslehre heraus und zeige dann, wie dieser Zentralgedanke zur Revision der traditionellen conservatio- und gubernatio-Lehre führt. Anschließend sollen die Gründe ans Licht kommen, die ihn zur Ablehung des *concursus*-Konzepts veranlaßt haben. Dabei tritt der Aktualismus zu Tage, der seine Gotteslehre grundlegend prägt.

1. Der Zentralgedanke: Ablehnung der providentia individualis

Schleiermacher verwirft den Begriff der Vorsehung, nicht bloß weil er (anders als »Vorherbestimmung« und »Vorherversehung«) nicht-biblischen Ursprungs sei, sondern vor allem weil in ihm das Handeln Gottes am *einzelnen* im Zentrum stehe und die Einbindung des einzelnen in den Zusammenhang des Ganzen nicht ausreichend zur Geltung komme. Die beiden Begriffe der »Vorherbestimmung« und »Vorherversehung« erfassen seiner Meinung nach demgegenüber genau diese Ganzheits- und Gemeinschaftsbezogenheit der göttlichen Wirksamkeit (GL², § 118.1; 119.1)[271] und bringen damit auch zum Ausdruck, daß sich Gottes Verheißung auf die gesamte Menschheit erstreckt.

In der Entfaltung der beiden Lehrstücke von Gottes Welterhaltung und -regierung weigert sich Schleiermacher, Gott einzelne Tätigkeiten zuzuschreiben (GL², § 36, Leitsatz). So sehr auch das Kleinste und Unbedeutendste in der grundlegenden Abhängigkeit von Gott stehe, so wenig dürfe es doch als besonderer (vom Gesamtzusammenhang abgesonderter) Gegenstand der göttlichen Fürsorge ausgezeichnet werden (GL², § 46.1; in starker Erweiterung von GL¹, § 59). Gottes weltzugewandte

270. In GL², § 100.2f bezeichnet Schleiermacher die erlösende Wirksamkeit Gottes als *Fortsetzung* der schöpferischen und erhaltenden. Würde hingegen Erlösung als radikale Erneuerung gedeutet, so geriete Gottes Handeln in Widerspruch zu sich selbst. - Zu Schleiermachers Begriff der Erlösung als »wunderbar eintretendes Sich-Realisieren der Gemeinschaftsidee, das die Sünde aufhebt und Schuld- und Strafanrechnung überflüssig macht« und darin als »Vollendung von Gottes Schöpfungshandeln« siehe: Deuser, H. (1987): Gottes Handeln - Rechtfertigung, Versöhnung und Erlösung, in: Härle, W., Preul, R. (Hg) (1987) {→ L.}, 51f.

271. In GL², § 119.3 verwirft Schleiermacher die Vorordnung der Vorsehung vor der Vorherbestimmung (wie sie Thomas gelehrt hatte). Vorsehung und Erwählung, Welt- und Heilsordnung dürfen nach Schleiermacher nicht getrennt werden - ebenso wie die Prädestination nicht individualisiert werden darf.

Wirksamkeit gilt primär der *ganzen* Schöpfung und erst sekundär und applikativ dem einzelnen Geschöpf. Sie ist zu verstehen als *ein* Gesamtakt[272] der Bewahrung und eschatologischen Finalisierung des Schöpfungswerkes.

Von daher erklärt sich seine Kritik an der Unterscheidung zwischen providentia generalis, specialis et specialissima, die er als »ziemlich unbrauchbar« (GL², § 164.3)[273] zurückweist. Vergegenwärtigt man sich, in welcher inhaltlichen Füllung Schleiermacher diese Unterscheidung rezipiert, dann wird deutlich, daß er auch hier mit seiner Kritik eigentlich die Vorstellung der providentia *individualis* anvisiert: Er bezieht die providentia generalis auf die ganze Welt als Einheit, die providentia specialis auf die Gattungen und die providentia specialissima auf die einzelnen Dinge und interpretiert damit das dreigliedrige Schema in der Polarität der Unterscheidung zwischen providentia universalis et individualis, wie es schon Quenstedt getan hatte {→ S. 136}.[274] Diskussionslos lehnt er dabei in GL¹, § 59.2, Anm., die calvinische Bestimmung der providentia specialis als auf das menschliche Geschlecht bezogene Vorsehung und der providentia specialissima als besondere Heilssorge Gottes für die Glaubenden ab.[275]

In der Sache richtet sich also Schleiermachers Kritik nicht gegen den Dreischritt von providentia generalis, specialis et specialissima, sondern gegen die Polarität von providentia universalis et individualis und dabei in erster Linie gegen die Vorstellung einer individuellen Vorsehung. Da für die göttliche Ursächlichkeit keine Differenz - weder die zwischen Einheit und Vielheit noch die zwischen Mehr oder Weniger - angenommen werden könne, sei die Weltregierung Gottes nur »als *eine* auf *eines* gerichtet« (ebd.) zu denken: auf das Eine und Ganze der Kirche oder des Reiches Gottes in seiner ganzen (räumlichen) Ausdehnung und (zeitlichen) Entwicklung. Alles Individuelle ist nach Schleiermacher nur insofern Gegenstand des göttlichen Wirkens, als es einen Teil dieses Einen und Ganzen bildet, nicht aber in seiner eigenen, für-sich-seienden Besonderheit.

Schleiermachers Ablehung der providentia individualis wurzelt in philosophischen und theologischen Grundentscheidungen:

a) in einem *ontologischen* Vorrang des Allgemeinen und Ganzen vor dem Besonderen und Einzelnen, der Gattung vor dem Individuum: Die eigentlichen Ursachen für Ereignisse in Natur und Geschichte liegen nicht primär in der Kraft einzelner Wirkursachen, sondern im Gesamtzusammenhang des jeweiligen Wirklichkeitsbereichs (vgl. auch GL², § 54.2); darin findet das romantische Organismusdenken seinen Niederschlag;

272. Schon in der altprotestantischen Orthodoxie begegnet die Auffassung des göttlichen Welthandelns als *eines* Aktes, so etwa bei C. Wittich (1625-1687) [siehe dazu: Hirsch, E. (1949-1954) {→ Teil II, A. 267}, Bd. 1 (1949, 1960²), 187].

273. In GL¹ hieß es in noch schärferer Formulierung: »ganz unzulässig« (§ 180.3).

274. Schleiermacher rechnet Quenstedt zu den Glaubenslehrern, »welche den Gegenstand im Ganzen sehr richtig gefaßt haben« (GL², § 46.2, Zusatz). F. Beißer arbeitet den grundlegenden Unterschied im Gesamtentwurf des Vorsehungsdenkens zwischen Schleiermacher und Quenstedt heraus: Beißer, F. (1970) {→ A. 268}, 122f, Anm. 69.

275. Siehe Calvin, Institutio I, 17,7.

b) in einem *noetischen* Vorrang des Allgemeinen und Ganzen vor dem Besonderen und Einzelnen: Das Gefühl *schlechthinniger* Abhängigkeit »ist am vollständigsten, wenn wir uns in unserem Selbstbewußtsein *mit der ganzen Welt* identifizieren« (GL^2, § 46.2; Hervorheb. R.B.). Hinzu kommt

c), daß die gegenteilige Annahme in die traditionell bekannten Aporien führen würde: Wenn *jedes* einzelne Ereignis auf die individuelle Anordnung Gottes zurückginge, dann müßte mit dem Unbedeutenden (»mit welchem Fuß einer zuerst aufsteht«) und dem Zufälligen (»Gewinn und Verlust bei Spiel und Wettkampf«) auch die sündige Tat darunter fallen (GL^2, § 46.1).[276] Würden dagegen nicht *alle* einzelnen Ereignisse, sondern nur *bestimmte* Akte der Vorsehung als besondere Zwecksetzungen Gottes angesehen, dann bedürfte es der *Unterscheidung zwischen Zwecken und Mitteln* in der Bestimmung des göttlichen Welt- und Erlösungshandelns (GL^2, § 168.1). Einzelne Tätigkeiten und ihre Gegenstände müssten als Mittel (= das »nicht-um-sein-selbst-willen Gesetzte« - GL^2, § 46.2, Zusatz) den zu erreichenden Zwecken (= das »um-sein-selbst-willen Gesetzte« - GL^2, § 46.2, Zusatz) funktional dienend untergeordnet werden. Diese Hierarchisierung der Intentionen und Tätigkeiten Gottes sowie ihrer Gegenstände und sogar der Mittel selbst[277] aber führte unmittelbar und unausweichlich 1. zur Frage nach seiner Gerechtigkeit: Kann unterstellt werden, Gott handle so an einem Menschen, daß er andere Handlungsreihen und die in sie eingebundenen Menschen für *diese* Handlung in Dienst nimmt und sie damit nicht selbst als Zweck eigener Dignität würdigt?[278] Und sie führte 2. zur Frage nach der inneren ›Widerspruchsfreiheit‹ der Handlungen Gottes, wie sie schon an Calvin zu stellen war {→ S. 119f}. Denn wenn Gott Handlungen nur vollzieht, um anderes hervorzubringen, dann tut er Nicht-eigentlich-Gewolltes - schärfer formuliert: Nicht-Gewolltes.

Dem ist nach Schleiermacher entgegenzuhalten, daß die Weisheit Gottes, die sich in seiner Wirksamkeit äußert, mit dem Wirken selbst identisch ist: was Gott will (als Bestimmung seiner Liebe) und verordnet (als Bestimmung seiner Weisheit), das geschieht auch. Eine Abstufung in seinem Willem nach Maßgabe seiner Weisheit kann es nicht geben.

276. Vom Erlösungsbewußtsein her kann Gott dann jedoch als auctor mali bezeichnet werden {→ S. 245}.

277. Die Vorstellung eines durch den Einsatz von Mitteln vollzogenen partikularen Handelns impliziert die im Bezug auf Gott problematische Annahme einer *Auswahl* der Mittel, was zu einer funktionalen Differenzierung unter ihnen führt: Wenn Gott einzelne Gegenstände oder Personen als Mittel seines Wirkens nutzt, andere aber nicht, dann scheint damit ein Urteil über ihre unterschiedliche ›Tauglichkeit‹ gefällt zu sein. – Zu fragen ist auch, in welcher Beziehung die Nutzung der Mittel zur Handlungskompentenz Gottes steht. Zieht Gott sie aus Notwendigkeit heran, weil er sein Handlungsziel sonst nicht erreichen würde (›weil er keine Arme hat, nur unsere Arme‹ {→ Teil V, A. 28}), dann ist damit eine Imperfektion in seine Wirkmacht eingetragen. – Dies war der traditionelle Einwand, der stets gegen das Konzept des mediaten Handelns erhoben wurde.

278. In GL^2, § 166.1 heißt es: »Wollen wir das Einzelleben als den Gegenstand derselben (der göttl. Liebe - R.B.) ansehen, so können wir doch, wenn wir nicht in den gröbsten Partikularismus zurücksinken wollen, auf die göttliche Liebe nicht aus solchen Lebensförderungen schließen, welche durch Lebenshemmungen anderer bedingt sind, weil dann jedesmal mit der Liebe zugleich auch ihr Gegenteil gegeben wäre«. Vgl. auch: GL^2, § 85.1.

Um dies zu veranschaulichen, beschreibt Schleiermacher Gottes welterhaltendes und -regierendes Wirken in Analogie zur Kreation eines Kunstwerkes, in dem alles einzelne so von der initialen Idee her aufeinander abgestimmt ist, daß die einzelnen Teile zueinander nicht mehr in der Relation von Zwecken und Mitteln stehen, sondern alles dem Gesamtzweck unterstellt ist. So kann auch das gesamte endliche Sein als »das schlechthin zusammenstimmende göttliche Kunstwerk« (GL², § 168.1)[279] und darin als die vollkommene Selbstdarstellung des göttlichen Schöpfers als des summus artifex verstanden werden. Kein einzelnes Teil dieses Kunstwerks ist bloß ein Mittel für anderes, sondern alles - als Mittel und Zweck zugleich - Teil des Ganzen ist.

Mit seiner Betonung der Universaldimension von conservatio und gubernatio will Schleiermacher nicht die Einflußnahme Gottes auf das Einzelgeschehen bestreiten, sondern nur jene *Betrachtungsweise* abwehren, die dieses Geschehen aus dem Zusammenhang der übergeordneten Intention bzw. des allgemeinen Gesetzes, dem es folgt, herauslöst und als Isoliertes in eine individuelle Beziehung zu Gott setzt. Diese bewußtseinstheologisch-konzeptualistische Wendung bildet dann auch die Grundlage für seine Rekonstruktion der Unterscheidung von providentia generalis, specialis et specialissima im Kontext der conservatio-Lehre. Nachdem er die altprotestantische Deutung dieses Dreischritts zurückgewiesen hat, weil sie - wie gesehen - eine unangemessene Differenzierung in Gottes Wirken eintrage (da die Wirksamkeit Gottes *eine* sei, vermöchten die drei Begriffe keine wirkliche Sinndifferenz zu bezeichnen – GL², § 46, Zusatz), legt er nahe, die Unterscheidung auf die *Wahrnehmung* des Handelns Gottes zu beziehen, so daß in ihnen drei differente Aspekte *eines* Gesamtgeschehens anvisiert sind. Diese erfassen demnach drei Gegenstandsbereiche des göttlichen Wirkens (das Weltganze insgesamt, die Gattungen und die Einzeldinge s.o.), die jedoch nicht hierarchisch wie konzentrische Kreise verschiedenen Umfangs einander übergeordnet sind, sondern verschieden fokussierte Spezifikationen des göttlichen Gesamtaktes darstellen.

Den sachlichen Vorrang verdient dabei jener Aspekt, der das Gesamtgeschehen als solches erfaßt und die individuellen Ereignis-Partikel ihm einordnet. Er schließt die anderen beiden Aspekte mit ein und hebt damit den Sinn der gesamten Unterscheidung auf. Um welchen Aspekt es sich dabei allerdings handelt, hängt von der jeweiligen Perspektive und vom Kontext der Betrachtung ab: Im Rahmen der Erhaltungslehre kommt der providentia generalis (im Sinne von »universalis«) diese Funktion zu, im Rahmen der Erlösungslehre hingegen der providentia specialissima.

279. Hatte Schleiermacher in GL¹ die Welt als den Schauplatz der Erlösung noch »die vollkommene Offenbarung der göttlichen Weisheit, oder *die beste Welt*« bezeichnet (§ 185 - Hervorheb. R.B.), so nimmt er in GL² diese an Leibniz anklingende Wendung zurück und formuliert zurückhaltender, die Welt sei »gut«. Vgl. auch die Kritik an der Vorstellung der Welt als »gewordener Vollkommenheit« in GL², § 58.3. - Interessant ist die Brücke zur Ethik, die Schleiermacher von hier aus schlägt: Es obliege dem Menschen, die Welt gemäß »der ursprünglich der Weltordnung zum Grunde liegenden göttlichen Idee« zur besten zu machen (GL², § 169.3).

2. Conservatio als Gottes Erhaltung des »Naturzusammenhangs«

Im Glauben an die Erhaltung erkennt Schleiermacher den unmittelbaren und angemessensten Ausdruck der schlechthinnigen Abhängigkeit der Schöpfung von Gott[280]. Die glaubende Behauptung der schlechthinnigen und unmittelbaren Abhängigkeit aller Wirklichkeit von Gott steht dabei jedoch nicht in Konkurrenz zur Einsicht, daß alle Erscheinungen der Wirklichkeit »durch den Naturzusammenhang bedingt und bestimmt sind« (GL², § 46, Leitsatz)[281]. Vielmehr handelt es sich bei diesen beiden Weisen der Wirklichkeitserfassung um unterschiedliche Perspektiven desselben Gesamtgeschehens. Die Eingebundenheit alles einzelnen in den allgemeinen Naturzusammenhang vermag auch im nicht-glaubenden Bewußtsein das Gefühl schlechthinniger Abhängigkeit als unmittelbares Selbstbewußtsein zu erregen; im glaubenden Bewußtsein hingegen weckt sie das Gefühl schlechthinniger Abhängigkeit *von Gott*.

Die Rede vom »Naturzusammenhang« ist dabei nicht mechanistisch, sondern vom romantischen Organismus-Gedanken her zu deuten. Dieser wiederum läßt sich zurückführen auf die anthropomorphe Umdeutung des aristotelischen Entelechieprinzips, wie sie in Renaissance und Humanismus vollzogen worden war. In der Naturphilosophie dieser Zeit konnte der Naturprozeß als subjektanaloge Handlungsinstanz beschrieben werden: man prädizierte ihm die Fähigkeit, in Aktualisierung der in ihm liegenden Potenz wie ein Künstler oder Werkmeister schöpferisch tätig zu sein und dabei quasi intentional Zwecke zu verwirklichen.[282]

Insgesamt geht Schleiermacher in seiner Naturauffassung von einer Hierarchie aus, die jedoch nicht ontologisch, sondern aktualistisch stratifiziert ist. Der Aufstieg von den mechanisch bewegten Materiepartikeln bis hin zur relativ freien Handlungskompetenz der Menschen vollzieht sich in einer Folge von Stufen, die durch unterschiedliche Grade der Ursächlichkeit (= Freiheit = selbstbewußte Lebendigkeit) gekennzeichnet sind. Die Vorstellung einer dualistischen »Zwei-Reiche-Lehre von der Notwendigkeit und der Freiheit« {→ A. 199} lehnt er demgegenüber ab (GL², § 49.1).[283]

Schleiermacher versteht unter »Naturzusammenhang« das Zusammenspiel natürlicher Prozesse mit den Akten der »freihandelnden Wesen« (GL², § 47.1), so daß »Natur« in diesem Sinne auch das Geschichtliche umfaßt.[284] Die treffendste Kenn-

280. J. Konrad, der Schleiermachers Verständnis der Religion als unmittelbares Bewußtsein schlechthinniger Abhängigkeit in die Nähe des Schicksalsglaubens rückt [Konrad, J. (1961): Art. »Schicksal, III. Theologiegeschichtlich und dogmatisch«, in: RGG³ 5, 1409], blendet nicht nur die aktualistische Gottesauffassung Schleiermachers ab, sondern auch dessen explizite Distanzierung von Begriff und Sache des Schicksals.
281. Hatte Schleiermacher in GL¹ das Lehrstück »Von der Erhaltung« zunächst ganz im Zeichen der Auseinandersetzung mit der orthodoxen Vorsehungslehre abgehandelt (GL¹, § 59) und dann in § 60 die Beziehung zwischen Gottes Erhaltung und dem allgemeinen Naturzusammenhang erörtert, so wird die letztgenannte Verhältnisbestimmung in GL², § 46, zum Leitmotiv erhoben, dem die Kritik der klassischen Vorsehungslehre - und hier besonders die Ablehung der Dreigliedrung von providentia generalis, specialis et specialissima - eingeordnet ist. In § 47 wendet Schleiermacher diese Gedankenreihe dann auf die Frage nach »Wundern« an.
282. Siehe dazu: Rosenau, H. (1994): Art. »Natur«, in: TRE 24, 103.
283. Zum Naturverständnis Schleiermachers in GL siehe: Hasler, U. (1982): Beherrschte Natur. Die Anpassung der Theologie an die bürgerliche Naturauffassung im 19. Jahrhundert (Schleiermacher, Ritschl, Herrmann), Bern, Frankfurt, 121-171, bes. 133-137.
284. Siehe dazu: Beißer, F. (1970) {→ A. 268}, 115-129, bes. 120.

zeichnung gibt er, wenn er den »Naturzusammenhang« als »Lebenszusammenhang« der Gesamtwirklichkeit bezeichnet (GL^1, § 63.1). In ihm fallen Schaffen und Erhalten zusammen.

Der Naturzusammenhang ist nach Schleiermachers Auffassung in dem Sinne geschlossen, daß nichts, auch nicht das Nicht-Erklärbare aus diesem Konnex des »All-Einen des endlichen Seins« (GL^2, § 46.2) herausfällt. Dementsprechend darf kein Ereignis auf supranaturale Verursachung zurückgeführt werden, weil dadurch die »Einheit und Ganzheit des Abhängigkeitsverhältnisses« (GL^2, § 46.1) zerstört werden würde.[285] Gott wirkt *durch* die All-Einheit des endlichen Seins.

Interessant ist dabei, wie Schleiermacher den aufkeimenden *Pantheismusverdacht* dadurch abweist, daß er die identifizierende Rede von Gott und Welt als dogmatischen modus loquendi bezeichnet und sie den Formeln komplementär zuordnet, in denen Gott und Welt voneiander geschieden werden. Pantheismus erscheint als *Konzept* zur Bezeichnung jenes Verhältnisses, das allen theologischen Bezeichnungen vorausliegt und sich unter anderem Gesichtspunkt auch durch andere Bestimmungen zutreffend erfassen läßt.[286] Damit dringt auch hier wieder die konzeptualistische Deutung dieses Lehrstücks durch.

Gottes Tätigkeit im Naturzusammenhang ist – je nach Gesichtspunkt – als mittelbare und als unmittelbare zu bestimmen: Er wirkt »*vermittelst* aller in die Welt verteilten und in derselben erhaltenen Kräfte« (GL^2, § 46.2, Zusatz; Hervorheb. R.B.), *in diesen* aber unmittelbar.[287] Sein Wirken vollzieht sich *im* Naturzusammenhang und entsprechend seiner Regelmäßigkeit (womit die Vorstellung einer providentia extraordinaria ausgeschlossen ist - GL^2, § 47.2), doch *in qualitativer Unterschiedenheit* von ihm. Gottes Ursächlichkeit ist keine den endlichen Ursachen gleichartige und in ihr Geflecht intervenierende; und sie ist auch keine sporadisch kontingente, sondern eine *allwirksame*, so daß alles in der Welt »nur so geschieht und geschehen kann, wie Gott es ursprünglich und immer gewollt hat« (GL^2, § 46.2, Zusatz).

An eine Identifikation des Handelns Gottes mit dem Naturprozeß ist also nicht gedacht.[288] Gott wirkt *in* diesem und *durch* diesen Prozeß in einer Art transzenden-

285. Siehe dazu auch Schleiermachers Auseinandersetzung mit den theologischen Wundertheorien in GL^2, § 47.2.

286. Zur Spinoza-Rezeption Schleiermachers siehe: Potera, M. (1994): Schleiermachers Auseinandersetzung mit Spinoza, in: Balibar, E. u.a. (Hg): Freiheit und Notwendigkeit. Ethische und politische Aspekte bei Spinoza und in der Geschichte des (Anti-)Spinozismus (Schriften der Spinoza-Gesellschaft 3), Würzburg, 133-142.

287. In diesem Sinne scheint mir Plathows Auslegung korrekturbedürftig, wo sie unterstellt, das einzelne sei unmittelbar vom Naturzusammenhang und dieser unmittelbar von Gott abhängig, so daß das einzelne in *mittelbarer* Abhängigkeit von Gott stehe [Plathow, M. (1976) {→ L.}, 82f,]. Von daher kann Plathow Schleiermachers concursus-Verständnis insgesamt als *mediates* auslegen (a.a.O., 84, 86). Demgegenüber ist jedoch festzuhalten, daß Schleiermacher auch das einzelne in die Beziehung unmittelbarer Dependenz von Gott stellt, doch nicht als isoliertes, sondern als Teil des Gesamtzusammenhangs. Er folgt darin in der Sache Quenstedts Bestimmung der Unmittelbarkeit des concursus.

288. Siehe dazu auch: »Dialektik« {→ A. 268}, 238-249. - Wie gekünstelt eine Deutung der von Schleiermacher entworfenen Gott-Welt-Beziehung als Pantheismus ausfällt, zeigt sich etwa an: Plathow, M. (1976) {→ L.}, 84f, 86. In Auslegung von GL^2, § 4.4 heißt es bei ihm: »Der Pantheismus

ter, universaler Präsenz. Auf diese Weise kann ihm Allwirksamkeit prädiziert werden.

Damit ist Schleiermachers Stellung zum *Problem des Übels* (einschließlich des ihm eingeordneten Bösen - GL^2, § 48.1) berührt. Nachdem er eine teleologische Erörterung dieser Frage (die postuliert und nachzuweisen sucht, daß jedes Böse ein höheres Gutes bewirkt) als ebenso spekulativ ablehnt wie eine protologische (die den Ursprung des Bösen und seine Funktion in Gottes Schöpfungsratschluß zu ergründen sucht), wendet er sich dem Nachweis zu, daß das, was nach allgemeinmenschlicher Auffassung einander entgegengesetzt erscheint - Gutes und Böses, Lebensförderndes und -hemmendes -, hinsichtlich der schlechthinnigen Abhängigkeit alles Endlichen von Gott zusammengehört (GL^2, § 48.2). Denn die göttliche Mitwirkung beziehe sich auf alles Geschehen in gleicher Weise. Das Übel darf nicht aus dem Gesamtzusammenhang der Wirklichkeit isoliert und als eigenständige Größe betrachtet werden - so als bringe Gott es an und für sich hervor, um mit ihm bestimmte Einzelzwecke zu verfolgen. Vielmehr ist es »nur als Mitbedingung des Guten und in Beziehung auf dasselbe von Gott geordnet« (GL^2, § 48.3).

Darin kommt Schleiermacher der augustinischen Auffassung vom Bösen als corruptio bzw. privatio boni nahe: Das Böse ist keine Wirkursache, sondern eine Mangelursache. Doch legt er diese Auffassung nicht in dem Sinne aus, daß er dem Bösen gewissermaßen eine geringere ontische Dignität als dem Guten zuerkennt. Die Unterscheidung zwischen Bösem und Gutem liegt ihmzufolge nicht in der Wirklichkeit selbst, sondern verdankt sich den von ihr ausgehenden Wirkungen auf das Existenzgefühl des Menschen. Böse ist, was sich böse auswirkt. Damit ist das Böse als solches keineswegs geleugnet oder aus dem Gesamtakt der göttlichen Welterhaltung und -regierung herausgenommen; es wird vielmehr als Moment an diesem Akt verstanden. Dabei darf es jedoch nicht hypostasiert und auf eine eigene Tätigkeit Gottes zurückgeführt werden - auch nicht auf eine bloß zulassende Tätigkeit. Die Vorstellung einer Zulassung ist nach Schleiermacher zurückzuweisen (GL^2, § 80.1).

Im Rahmen der Erlösungslehre zieht Schleiermacher diesen Gedanken dann zur letzten Konsequenz aus und schließt auch die *Sünde* in Gottes Vorherversehung ein (GL^2, § 79-81, 164.3)[289] - wenn auch als das, was in Gottes Wirksamkeit immer schon überwunden ist. Es ist der Erkenntnisstandpunkt des *erlösten* Gottesbewußtseins - und dieser allein -, von dem her Gott als auctor mali bezeichnet werden kann.

Schleiermachers wird hier dadurch eingeschränkt, daß der Gottesvorstellung ein formalisierter theistischer Zug beigeordnet bleibt« (85). - Auch Beißers Schleiermacher-Interpretation läuft auf den Vorwurf des pantheisierenden Immanentismus hinaus, etwa wenn er schreibt: »Gottes Tun ist nicht ein spezielles Handeln innerhalb der Geschichte, sondern es ist die Weltwirklichkeit selbst« [Beißer, F. (1970) {→ A. 268}, 123]. Gegen diese Vorstellung aber hat sich Schleiermacher stets verwahrt, besonders deutlich in seinem ersten Sendschreiben an Lücke [abgedruckt in: Bolli, H. (Hg) (1968): Friedrich Daniel Ernst Schleiermacher. Schleiermacher-Auswahl, München, Hamburg, 120ff, hier: 134ff]. - Vgl. Hasler, U. (1982) {→ A. 283}, 144-149.

289. Vgl. dazu den Gesamtkomplex der Sündenlehre in GL^2, § 65ff. - Dazu: Beißer, F. (1970) {→ A. 268}, 185-192; Hasler, U. (1982) {→ A. 283}, 149-156.

3. Gubernatio als Ausrichtung auf die Erlösung

Alles Einzelne ist nach Schleiermacher in den *einen* Gesamtzweck der göttlichen Wirksamkeit eingebunden, der in der *Erlösung* besteht. Die Weisheit Gottes ordnet nach Maßgabe seiner Liebe das gesamte Weltgeschehen auf die erlösende Offenbarung Gottes in Christus hin, um es so in die Ausbreitung des Reiches Gottes einzubeziehen.

In diesem Kontext erkennt Schleiermacher der providentia specialissima den sachlichen Vorrang gegenüber der providentia generalis und specialis zu. In ihr findet er die von ihm betonte Zielausrichtung der göttlichen Wirksamkeit auf das Reich Gottes am klarsten zum Ausdruck gebracht. Doch darf diese Wirksamkeit eben nicht individualisiert - als providentia individualis - vorgestellt werden.

Damit zieht er die in der Leidener Synopse angedeutete Linie weiter aus. Dort heißt es: »Rectius igitur dicemus ad providentiam non pertinere, ut per eam res unaquaeque ad finem particularem sibi convenientem dirigatur, sed absolute in finem, qui toti operi congruit« (XI, 17f).

Dem hat die christliche Wirklichkeitsdeutung zu entsprechen, indem sie – die ihr gesetzten Erkenntnisgrenzen respektierend – auf jegliche spekulative Divinisierung einzelner Ereignisse in Natur und Geschichte verzichtet und die gesamte Wirklichkeit als von Gott auf die Verwirklichung seines Reiches hin ausgerichtet bekennt. Welche göttliche Zweckbestimmung einzelnen Ereignissen im Lichte dieses Ziels eignet, entzieht sich notwendigerweise der glaubenden Weltsicht (GL^2, § 168.2). Damit ist aller ›suprahistorischen‹ Geschichtstheologie eine Absage erteilt, die mit dem »God's eye view« historische Werturteile zu fällen sich anmaßt. Vielmehr gilt es, dem Gesamtzusammenhang von Natur und Geschichte und damit auch allen einzelnen Ereignissen als Teilen desselben göttliche Weisheit »zuzuschreiben« (ebd.), so daß er sich insgesamt als ein auf Erlösung hin finalisierter Prozeß erschließt. Er soll von der Voraussetzung aus verstanden werden, daß der Heilige Geist die »letzte weltbildende Kraft« sei (GL^2, § 169.3). In ihm fließt das weltordnende Werk des Vaters mit dem welterlösenden Werk des Sohnes zusammen, woraus sich die Erweckung des frommen Selbstbewußtseins ergibt.

Schleiermacher plädiert auf diese Weise für eine *verheißungstheologische* Hermeneutik der Wirklichkeitsdeutung, die nicht göttliche Zwecksetzungen und -verwirklichungen aus Natur und Geschichte exegesieren will, sondern dem Wirklichkeitszusammenhang einen Gesamtsinn *prädiziert*, zu dem alles einzelne in Beziehung steht, ohne daß er an diesem spezifischen einzelnen ausweisbar wäre.[290] Möglich wird eine solche Prädikation nur vom Erkenntnisstandpunkt oder besser: *Be*kenntnisstandpunkt des von Gott mitgeteilten Gottes-, vor allem aber des in Christus vermittelten Erlösungsbewußtseins - als durch den Heiligen Geist erleuchtete, eschatologische Schau der Wirklichkeit.

Daß es sich bei dieser *Prädikation* nicht um eine *Projektion* handelt, verbürgt der Gedanke der Repräsentation: Nicht die religiöse Disposition des frommen Subjekts, sondern die schlechthinnige Ursächlichkeit Gottes ist der Grund des schlechthinni-

290. Wo dies übersehen wird, muß die Deutung seiner Vorsehungslehre in Aporien geraten, wie etwa bei: Tracy, T. F. (1995) {→ A. 268}.

gen Abhängigkeitsgefühls.[291] Im glaubenden Selbstbewußtsein wird die Vergegenwärtigung des absoluten Subjekts als Urgrund der Wirklichkeit in der Identität von Geist und Sein erfaßt. *Von daher* kann der Wirklichkeit jener auf die Verwirklichung des Gottesreiches finalisierte Gesamtsinn zugeschrieben werden.

Einem heilsgeschichtlichen Positivismus oder gar Fatalismus, der behauptet, alles Wirkliche sei - allein schon aufgrund seiner Existenz - in gleicher Weise von Gottes Weisheit geschaffen, durchdrungen und angeordnet, ist damit gewehrt.[292] Denn der Grad und die Weise, in dem einzelnes der göttlichen Anordnung entspricht oder ihr zuwiderläuft, kann gerade nicht fixiert werden. Die Gesamtentwicklung der biologischen, geistigen und sozialen Lebensäußerungen läßt sich nach Schleiermacher jedoch durchaus auf der Matrix eines Fortschrittsglaubens als Resultat der teleologischen Wirksamkeit Gottes deuten. Nicht ihre einzelnen Gestalten, wohl aber die umfassende Bewegungs- und Zielrichtung des Weltprozesses erfährt dadurch eine Divinisierung. Wo die Wirklichkeitsauffassung allerdings nicht mehr von einem solchen universalgeschichtlichen Optimismus getragen ist, wird auch die so konzipierte Lehre von Gottes Welthandeln ihre Plausibilität einbüßen.

4. Kritik und Rekonstruktion der concursus-Lehre

Schleiermacher lehnt die altprotestantische Systematik der Providenzlehre insgesamt ab, weil er in ihr eine sinnlose Komplizierung des von ihm postulierten einfachen, zur Bestimmung des Sachverhaltes aber vollkommen suffizienten Grundsatzes erblickt, daß in der Lehre von der Erhaltung Gottes das Gefühl schlechthinniger Abhängigkeit von Gott (in der Eingebundenheit in den Naturzusammenhang) adäquat ausdrückt sei. Demgegenüber lege die orthodoxe Schultheologie eine unsachgemäße Unterscheidung der Modi innerhalb des göttlichen Handelns nahe und verstelle damit den Blick dafür, daß es sich hier um einen Gesamtakt handele.[293]

Diese Kritik betrifft auch die Unterscheidung von conservatio, concursus und gubernatio und darin besonders *die concursus-Lehre*. Schleiermacher weist sie ab, weil sie das eine Leitmotiv der schlechthinnigen Abhängigkeit allen Seins von Gott nicht sachgerecht zum Ausdruck bringe.

In GL[1], § 59.1 hatte er noch von der Konsistenz des orthodoxen Systems her argumentiert und den Nachweis zu erbringen versucht, daß die innere Systematik der Zuordnung zwischen conservatio, concursus und gubernatio nicht schlüssig sei und die concursus-Lehre darin keinen eigenständigen Platz beanspruchen könne:

291. Siehe dazu: Ebeling, G. (1975): Schlechthinniges Abhängigkeitsgefühl als Gottesbewußtsein, in: ders.: Wort und Glaube III, Tübingen, 116-136, bes. 118-123.

292. Siehe dazu auch Schleiermachers Predigt über »Gott als Maß und Ordnung aller Dinge«, in: Predigten von F. Schleiermacher. Neue Ausgabe, Bd. 2, Berlin 1843, 85-103.

293. So verfallen auch andere scholastische Distinktionen der Wirkweise Gottes Schleiermachers Kritik: GL[2], § 54.4.

a) Es könne nicht sinnvoll unterschieden werden zwischen der Behauptung, die Tätigkeiten der Dinge seien von Gott *an und für sich* abhängig (concursus) und sie seien von Gottes *Ratschluß* abhängig (gubernatio). Die zweite Behauptung schließe die erste mit ein. Damit ist der concursus-Lehre ein eigenes Recht gegenüber dem Motiv der gubernatio bestritten.

b) Indem sie die Ausrichtung des Seins und der Kräfte der Dinge auf göttliche Zwecksetzungen zum Ausdruck bringt, muß die gubernatio-Lehre immer schon voraussetzen, daß in den Dingen das Sein und die Kraft dazu angelegt ist, wie es das conservatio-Konzept eigens festzustellen unternimmt. Damit ist das eigene Recht der concursus- gegenüber der conservatio-Lehre geleugnet.

Im Zusatz zu GL², § 46.2 verzichtet Schleiermacher auf die Darstellung der systematischen Inkonsistenz der orthodoxen Providenzlehre und arbeitet stärker seine inhaltliche Kritik vor allem an der *concursus-Lehre* heraus, um vor diesem Hintergrund die von ihm favorisierte Auffassung klarer ans Licht treten zu lassen.

a) Dieses Lehrstück prädiziert nach Schleiermacher den geschöpflichen Aktinstanzen die Potenz zur Eigenwirksamkeit und steht damit in direktem Gegensatz zu seiner Grundüberzeugung von der allgemeinen und unmittelbaren Abhängigkeit allen Seins, aller Kraft und allen Wirkens von Gott, wie er sie in seiner Reformulierung der Erhaltungslehre zum Ausdruck gebracht hat. Daher vermag die Lehre von der Erhaltung das zu bewahrende Anliegen der concursus-Vorstellung in sich aufzuheben, ohne die problematische Konnotation einer geschöpflichen Selbständigkeit im Wirken zu übernehmen.

b) Ein zweites Ungenügen haftet der concursus-Lehre in den Augen Schleiermachers an, weil sie die »leidentlichen Zustände« der Dinge vernachlässigt. Sie beschränkt die Wahrnehmung auf deren Aktivitätsmodus - oder wie Schleiermacher sagt: auf ihre tätigen Zustände. Wie Selbsttätigkeit und Empfänglichkeit, so sind jedoch auch Aktivität und Passivität nicht voneinander zu trennen. Da die conservatio-Lehre aber geeignet ist, auch dieses Motiv der »leidentlichen Zustände« konzeptuell in sich einzuschließen, kann und muß das concursus-Konzept preisgegeben und in die Erhaltungslehre integriert werden.

Im Hintergrund dieser Ablehnung stehen gewichtige theologische Vorentscheidungen, die Schleiermachers gesamte Auffassung von Gottes Welterhaltung und -regierung bestimmen und die an dieser Stelle herausgearbeitet werden sollen:

a) Seine *Deutung des Seins als Aktivität:* Die Einbindung des einzelnen in den Gesamtzusammenhang des Weltprozesses betrifft sein Sein wie sein Wirken. So wie in Gott als actus purus Sein und Wirken zusammenfallen, so wie sein Wesen als schlechthinnige Ursächlichkeit und seine Allmacht als Allwirksamkeit aufzufassen ist (GL², § 54), so wie alle göttlichen Eigenschaften seine Tätigkeiten sind[294], so gibt es auch in der Welt das Sein immer nur im Modus der Aktivität (zu der auch die von ihr hervorgebrachte Passivität gehört) - als Kraft, die wirkt oder Wirkung zurückhält. Diesem Aktualismus zufolge kann also nicht ontisch zwischen dem Sein und dem Wirken eines Dinges unterschieden werden, wie es die orthodoxe Providenzlehre (in Rezeption der scholastischen Substanzontologie) mit der Differenz von conservatio

294. Siehe dazu: Ebeling, G. (1969): Schleiermachers Lehre von den göttlichen Eigenschaften, in: ders.: Wort und Glaube II, Tübingen, 305-342.

und concursus getan hatte, sondern nur analytisch. In der *Wirk*lichkeit fallen Sein und Akt - Für-sich-Sein und Aus-sich-heraus-Wirken des Dinges - zusammen. So besteht auch das Dasein eines Menschen in der Gesamtheit seiner Tätigkeiten.

Es handelt es sich bei diesem theologischen Aktualismus jedoch nicht um einen Kausalismus, der Gottes Handeln auf die Kategorie der Wirkursächlichkeit fokussierte und reduzierte. Das tritt besonders klar in Schleiermachers Umschreibung der göttlichen Allursächlichkeit (bzw. Allmacht und Allwissenheit) als »schlechthinnige *Lebendigkeit*« zu Tage (GL², § 51.2). Wirksamkeit ist das Prinzip des Lebens schlechthin.

b) Ein *ganzheitliches Kausalitätskonzept*, das sich unmittelbar aus dem ontologischen Vorrang des Allgemeinen und Ganzen vor dem Besonderen und Einzelnen ergibt (s.o.): Jegliche Wirksamkeit eines Gegenstandes resultiert aus seiner Bezogenheit auf die Aktivität und Passivität anderer Gegenstände und muß daher immer auch der *Interrelation* der Gegenstände im Gesamtprozeß der Wirklichkeit zugeschrieben werden. Diesem organisch-systemischen Denken zufolge ist der Konnex der Dinge eine konstitutive Komponente ihrer Wirksamkeit. Demgegenüber war die orthodoxe concursus-Lehre zu sehr von der Wirkung des einzelnen Gegenstandes (bzw. von Gottes Mitwirkung mit ihm) ausgegangen.

Schleiermacher lehnt die *Gestalt* der orthodoxen concursus-Lehre ab, nicht aber deren grundlegende *Intention*, die relationale Freiheit der geschöpflichen Aktinstanzen mit dem Postulat der Allwirksamkeit Gottes zu verbinden. In welcher Beziehung aber stehen geschöpfliche Freiheit und göttliche Allwirksamkeit nach Schleiermacher?

Auf der ›horizontalen‹ Ebene der Geschöpflichkeit erfährt sich der Mensch in Abhängigkeit vom Gesamtzusammenhang der Schöpfung, d.h von den Rahmenbedingungen seiner Existenz, die er nicht selbst generieren und garantieren kann. Diesem relativen (teil- und beziehungsweisen) Abhängigkeitsgefühl korrespondiert ein ebenso relatives Freiheitsgefühl, wobei sich beide - als Empfänglichkeit und Selbsttätigkeit - in wechselseitiger Bezogenheit gegenseitig bedingen: Einerseits wäre das Gefühl der Abhängigkeit ohne das Freiheitsgefühl als solches nicht zu bestimmen (GL², § 4.3); andererseits vollziehen sich die freien Handlungen immer nur innerhalb der Konstitutionsbedingungen der Abhängigkeit.

Diese ›horizontale‹ Dimension untersteht der ›vertikalen‹: Die relative Freiheit ist zusammen mit der relativen Abhängigkeit eingebunden in die *schlechthinnige* Abhängigkeit zu Gott. Alle Freiheit gründet also nicht in sich selbst, sondern ist eine empfangene und damit eine relative, nie eine absolute (GL², § 49.1).

Schleiermacher lehrt demnach keineswegs einen Determinismus. Freiheit steht in dialektischer Beziehung zur Notwendigkeit und mit ihr im Gesamtzusammenhang der Abhängigkeit vom Bedingungsgeflecht der Wirklichkeit und von Gott als ihrem Urgrund. Es ist dies allerdings - wie bei Luther und vor allem bei Calvin, zu dessen Prädestinationslehre sich Schleiermacher bekennt - immer nur die relative Freiheit coram mundo, niemals aber eine Autonomie gegenüber Gott.[295] In der Beziehung zu

295. Siehe dazu: Christe, W. (1996): Kirche und Welt. Eine Untersuchung zu ihrer Verhältnisbestimmung in der Theologie Friedrich Schleiermachers (FTS 50), 41-47. Vgl. auch die dort (46f) zitierte Predigt Schleiermachers, in der es heißt, die Menschen müßten als »Werkzeuge« Gottes dessen Ratschlüsse

Gott kann es nur reine Empfänglichkeit, Verdanktheit und Passivität geben (GL², § 32.2). Solche Unfreiheit coram Deo hebt die Freiheit coram mundo nicht auf, sondern begründet sie.

Schleiermachers Rekonstruktion der Intention, die der klassischen concursus-Lehre zugrundelag, läßt sich folgendermaßen zusammenfassen: Die göttliche Mitwirkung ist eine allumfassende und daher genaugenommen keine *Mit*wirkung, sondern eine Allwirksamkeit. Sie bezieht sich auf das Gebiet der naturhaften Vorgänge nicht weniger als auf das Gebiet der freien Handlungen (GL², § 49. Leitsatz), wenn auch Gott in beiden Relationen immer nur so wirkt, wie es der Natur der jeweiligen Wirkinstanz gemäß ist, ohne dabei jedoch in eine Wechselwirkung mit diesen Instanzen einzutreten (GL², § 49.2). Wie die (Mit-)Wirkung Gottes in allem Geschehen zu denken ist, läßt Schleiermacher offen. Er bietet weder eine Theorie noch auch nur eine Analogie an, um dieses Postulat zu plausibilisieren. Es ist Ausdruck des Glaubens, der sich reflexiv nicht weiter auflösen und erklären läßt. Lediglich negativ lassen sich eindeutige Bestimmungen treffen. Deren erste und wichtigste liegt in der strikten Ablehnung jeden Gedankens einer partikularen Kausalierung einzelner Geschehensmomente durch Gott. Konsequent hält Schleiermacher demgegenüber den qualitativen Unterschied zwischen endlicher und göttlicher Ursächlichkeit fest. Gott wirkt nicht als innerweltliche Ursache im Konzert der innerweltlichen Ursachen, sondern als Urgrund aller Ursächlichkeit.

Im Rahmen der Divine-Action Debatte erinnert vor allem Kathryn Tanners Versuch, konsequent zwischen horizontaler und vertikaler Ursächlichkeit zu unterscheiden und die Vereinbarkeit zwischen den Postulaten der Omnikausalität Gottes und der Freiheit des Menschen zu erweisen, an Schleiermachers Ansatz. Sie geht davon aus, daß Gott unmittelbares und infallibles Handlungssubjekt in jedem kreatürlichen Geschehen ist, dabei aber nicht als Ursache unter kreatürlichen Ursachen wirkt, sondern diesen Ursachen allererst Existenz und Wirkmacht verleiht.[296]

5. Bilanz, Würdigung und Ausblick

Mit seiner charakteristischen Verbindung von Akt und Sein, die nur analytisch getrennt werden können, führt Schleiermacher das sapiential-ordinative und das aktuale, bzw. aktualistische Modell der Vorsehung zusammen. Jede Spur von Willkür scheidet er aus der Konzeption der Weltwirksamkeit Gottes konsequent aus - symptomatisch dafür ist die (in GL¹, § 59.2 noch schroffe, im Zusatz zu GL², § 46,

ausführen. »Allein dies ist der große Unterschied, daß die einen die Freunde Gottes sind, seine mitwissenden, mitwollenden, in Lust und Liebe mitwirkenden Werkzeuge ...; die andern hingegen ... seine Knechte, unbewußte, gezwungene Werkzeuge ...«.

296. Tanner, K. (1988): God and Creation in Christian Theology: Tyranny or Empowerment? Oxford, bes. 82ff; dies. (1994): Human Freedom, Human Sin, and God the Creator, in: Tracy, T. F. (Hg) {→ L.}, 111-135. Zur Diskussion siehe: Tracy, T. F. (1994): Divine Action, Created Causes, and Human Freedom, in: ders. (Hg) {→ L.}, 83ff; Hasker, W. (1994): God the Creator of Good and Evil? in: Tracy, T. F. (Hg) {→ L.}, 137.

etwas moderatere) Zurückweisung des »quousque vult«. Es kann keine Diskontinuität, kein Anfangen und Enden in Gottes Willen geben - Gott bleibt außerhalb der Zeit. Andererseits aber verweigert Schleiermacher in der Tradition der Reformatoren den spekulativen Rückgang von der externen Aktuosität auf die inneren Akte Gottes. Daß Gott einem Ratschluß folgt, war den Reformatoren ebenso unzweifelhaft wie Schleiermacher. Doch untersagten sie (besonders Luther) es sich, diesen Ratschluß ergründen zu wollen. Alle Erkenntnis der Weltwirksamkeit Gottes hat vom glaubenden Bewußtsein auszugehen - d.h. aber von der Erleuchtung durch Gott, wie sie durch die Offenbarung in Christus zum Durchbruch gekommen ist und durch den Heiligen Geist zugeeignet wird.

Damit ist keineswegs einem religiösen Subjektivismus das Wort geredet, wie vor allem Karl Barth und seine Nachfolger in ihrer Schleiermacher-Interpretation immer wieder argwöhnten. Die von Gott aktuierte Glaubensweckung geht aller christlichen Gotteserkenntnis sachlogisch voran. Erst unter dieser Prämisse ist Schleiermachers ›Konzeptualismus‹ sachgerecht zu erfassen und damit von einem religiösen ›Konstruktivismus‹ radikal zu unterscheiden. Man kann diesen ›Konzeptualismus‹ durch den bekannten hermeneutischen Grundsatz Thomas' beschrieben sehen, demzufolge der Erkennende die Gegenstände seiner Erkenntnis nur so erkennt, »wie es der Weise seiner Erkenntnis entspricht«[297]. So konnten selbst die Vertreter der Erlanger Schule Schleiermachers Einsatz bei der Erfahrungstheologie und seine Hervorhebung der Wiedergeburt (als Erleuchtung des Bewußtseins) als eine sachgemäße Neuaneignung der lutherischen Lehre würdigen.

Auch im zugespitzten Aktualismus seines Gottesbegriffs hat Schleiermacher die reformatorische Theologie erneuert und zu ihrer logischen Endgestalt getrieben. Gott ist als reine Ursächlichkeit und Tätigkeit zu denken, als reine Aktivität ohne alle Passivität, zu der sich die Schöpfung im Verhältnis schlechthinniger Abhängigkeit befindet. Dem korrespondiert die Bestreitung eines eigenen Vorsehungshandelns. Es gibt lediglich den *einen* allumfassenden Akt der Welterhaltung und -regierung in der Ausrichtung auf die Verwirklichung des Reiches Gottes. Dieser Gesamtakt vollzieht sich im Modus des Naturzusammenhangs, der insgesamt als Wirksamkeit Gottes zu deuten ist - doch eben nicht in der Weise scholastischer Ontologie, demnach er der seinshaft von Gottes Logizität geordnete Raum relativer Eigenwirksamkeit kreatürlicher Aktinstanzen wäre, sondern dergestalt, daß alles in ihm in unmittelbarer *aktualer* Abhängigkeit von Gott steht.

Erfaßt wird dieser Gesamtakt zunächst a) durch das fromme Selbstbewußtsein, das alles, was es erregt und auf es einwirkt, in die schlechthinnige Abhängigkeit von Gott stellt. Die lebensfördernden wie die lebensbeeinträchtigenden Erregungen (das Übel, das Böse) sind in diese Abhängigkeit von Gott eingeschlossen (GL^2, § 48). Damit ist jene epistemische Differenz zwischen dem *Wirken* Gottes und der *Erkenntnis* seines Wirkens in der Welt konzeptuell eingeholt, die Luther in seinem theologischen Referenzrahmen unter die Kategorie der »Verborgenheit« gefaßt hatte. Doch darf die bezeichnete Differenz nicht als Einschränkung der göttlichen Ur-

297. S.th. II/II, 1,2.

sächlichkeit gedeutet werden, so als wirke Gott nur in der Transformation des menschlichen Bewußtseins.

Erfaßt wird der Gesamtakt des göttlichen Wirkens aber vor allem und erst recht b) in der Perspektive der durch Christus vollbrachten Erlösung. Von hier erst erschließt sich, daß die Kirche, bzw. das sich in der Welt ausbreitende Reich Gottes »der eine Gegenstand der göttlichen Weltregierung« (GL^2, § 164.3) ist.

Darin liegt die bedeutendste und für jeden Neuentwurf der Vorsehungslehre unverzichtbare Grundüberzeugung der Schleiermacher'schen Auffassung von Gottes Weltwirksamkeit: Klarer als die theologische Tradition vor ihm arbeitet er heraus, daß Gottes providentielles Welthandeln nur perspektivisch, d.h. nur vom endlichen Erkenntnisstandpunkt des durch diese Wirksamkeit selbst ›erleuchteten‹ Subjekts erfaßt werden kann.[298] Die Gesamtkonzeption seiner Lehre von Gottes Welterhaltung und -regierung folgt dieser Erkenntnis, die sich nicht zuerst aus der *Welt*erfahrung speist, sondern aus der Erfahrung der Glaubensweckung, von der her die Welt in anderem Licht erscheint. Es kann also keine Aussage über Gottes Wirken an sich, in seiner erkenntnisneutralen Objektivität geben, erst recht kein Herauslesen der Spuren dieses Wirkens aus der Wirklichkeit der Welt, sondern immer nur die von Gott erleuchtete, glaubende Zuschreibung eines ›Mehr-Wertes‹ über das empirisch Vor-Augen-Liegende hinaus.[299] Vorsehung kann kein Thema einer »natürlichen Theologie« sein, wie schon Thomas wußte.[300]

In diesem Sinne sind auch die biblisch überlieferten Machttaten Gottes für Schleiermacher als Niederschlag der glaubenden Deutung besonders eindrücklicher Natur- und Geschichtserfahrungen zu verstehen. Das Außergewöhnliche an ihnen liegt in der von ihnen durch den Heiligen Geist geweckten Antwort des Glaubens, nicht in einer quasi göttlichen Substanz, die sie qualitativ von anderen Ereignissen unterschiede.

Die entscheidende Akzentverschiebung gegenüber der reformatorischen Vorsehungsauffassung besteht zum einen in dieser ›subjektivitätstheologischen‹ Grundüberzeugung, zum anderen in der Wendung, die Schleiermacher der Lehre von der Allwirksamkeit Gottes gibt, indem er sie primär an den Weltprozeß im ganzen - als Prozeß der Ausbreitung des Gottesreiches - bindet und erst sekundär auf die cura Dei individualis bezieht. Dabei spricht er nicht von einem *verursachenden* Wirken Gottes im Weltgeschehen, sondern immer nur von der *Abhängigkeit* von Gott, bzw. davon, daß alles durch Gott *besteht* oder von ihm *geordnet* ist. Doch bleibt Gott »außer allem Mittel und Gelegenheit der Zeit« (GL^2, § 46.2, Zusatz). *In* der Zeit wird die Erhaltung eines Dinges vom Maß seiner Kraft in Relation zur Kräftigkeit der anderen Dinge, mit denen es in Interrelation steht, gewirkt (ebd.).

298. Darin läßt sich eine Anwendung der Kant'schen Grundüberzeugung, daß der endliche Erkenntnisstandpunkt des menschlichen Bewußtseins niemals die Welt in ihrer Totalität zu erfassen vermag, auf die Vorsehungslehre erkennen.

299. Damit ist keineswegs die Bestimmung der *Wirksamkeit* Gottes auf ein »subjektives Bewußtsein der eigenen Abhängigkeit« zurückgenommen, wie M. Plathow es in seiner Schleiermacher-Deutung unterstellt [Plathow, M. (1976) {→ L.}, 86], sondern nur eine Aussage über die *Erkennbarkeit* dieser Wirksamkeit gemacht.

300. S.th. II/II, 1,7.

Zu fragen ist, ob Schleiermachers Tendenz zur Unifizierung und Universalisierung - wie sie *theologisch* in der Bestimmung des göttlichen Wesens und Wirkens, *ontologisch* in der Hervorhebung der Einheit der Wirklichkeit (im Gesamtgeschehen des Naturzusammenhangs) und *noetisch* im Vorrang der eschatologischen Gesamtschau vor der analytisch-historischen Wirklichkeitsdeutung begegnet - nicht in die Gefahr des triumphalistischen Monismus[301] gerät.[302] Die Widersprüche und Abgründe der Wirklichkeit können nicht wirklich ernstgenommen werden, wo diese als ein einheitlicher, schon jetzt im Zeichen der Vollendung stehender, von Gott geleiteter, zielsicher auf die Verwirklichung seines Reiches zusteuernder Gesamtprozeß erscheint.[303]

Wo sich die vom Heiligen Geist erleuchtete Erkenntnis dagegen unverklärt der realen Wirklichkeit zuwendet, wird sie zuallermeist gerade nicht die (von Schleiermacher letztlich unterstellte) Identität von Geist und Sein erkennen, sondern die eklatante Spannung zwischen Gottes Willen und dem Geschehen in der Welt. Die Verzweiflung über die Wirklichkeit gebietet dann nur allzuoft, in der Haltung des prophetischen Protests und der tätigen Initiative von einem Gesamtsinn zu sprechen, d.h. ihn nicht als in der Geschichte bereits verwirklichter festzustellen, sondern ihn als einen noch ausstehenden gegen die Geschichte einzuklagen.

Wo Gottes Vorsehung als praemovierende Allwirksamkeit gedeutet wird, gerät sie in die Gefahr, ihre kritische Distanz zur Faktizität der Wirklichkeit einzubüßen. Als ›in, mit und unter‹ dem Weltgeschehen sich vollziehende Prinzipalursächlichkeit droht sie, in diesem Geschehen aufzugehen und ihm sogar noch die Legitimation des Gottgewollten zu verleihen. Demgegenüber ist die Kontrafaktizität der Vorsehung Gottes zur Geltung zu bringen: ihre kritische Unterschiedenheit, die sich immer auch im prophetischen Protest *gegen* das Geschehen manifestiert. Die Bestimmung des Wirkens Gottes als *Mit*wirken darf den Blick nicht dafür verstellen, daß es sich immer auch - wenn nicht sogar primär - um ein *Gegen*wirken handelt (an dem Christen in Wort und Tat teilzunehmen haben). Pointiert formuliert: Gott identifiziert sich nicht mit der Wirklichkeit, er solidarisiert sich mit ihr.

Mit diesem Gedanken ist eine Interpretationsperspektive eröffnet, die über Schleiermacher hinausgeht und erst von Paul Tillich eingenommen wurde. In ihr erscheint die Rede von der »Vorsehung Gottes« als Reflexionsidee eines Glaubens (an die regierende Weltwirksamkeit Gottes), der sich - aufgrund der Kontrafaktizität seines Inhaltes

301. Vgl. schon die Hegels Vorsehungsdenken vorwegnehmende Formulierung aus der zweiten Rede über die Religion: »... seht Ihr, wie der hohe Weltgeist über alles lächelnd hinwegschreitet, was sich ihm lärmend widersetzt ... das ist das große, immer fortgehende Erlösungswerk der ewigen Liebe« (zit. nach: reclam-Ausgabe, Stuttgart 1985, 69f).

302. Darin liegt das begrenzte Wahrheitsmoment der insgesamt ungerechtfertigten Etikettierung der Schleiermacher'schen concursus-Auffassung als »pantheistisch-naturalistischer Monismus« durch Karl Barth (KD III/3 {→ L.}, 132).

303. Schleiermachers ›providentieller Positivismus‹ bringt sich u.a. in dem Postulat zum Ausdruck, es gebe »nur einen unbedingten Ratschluß, durch welchen nämlich das Ganze in seinem ungeteilten Zusammenhang, vermöge des göttlichen Wohlgefallens, so ist, *wie es ist*« (GL^2, § 120.4, - Hervorheb. R.B.).

- nur im Paradox erfassen, an der Wirklichkeit aber nicht ausweisen läßt. Lediglich im Modus der bekenntnishaften Prädikation vermag er sich auszudrücken, gerade in solcher epistemologischer »Kraft der Schwachheit« {→ S. 453ff} tritt er dann aber auch der Wirklichkeit in prophetischem Protest entgegen. Vorsehungsglaube bleibt weltzugewandter Glaube im Modus des »Dennoch«, wie es Paul Tillich hervorgehoben hat.[304]

Gegen Schleiermacher bleibt festzuhalten, daß die Geschichte der Welt als aus Gott entlassener Prozeß nicht in ›theo-logischer‹ Entwicklung verläuft, sondern als kontingente Abfolge von Ereignissen und Handlungen mit offenem Ausgang. Gottes Geist gibt diesem Prozeß Ziel und Richtung, ohne sich gegen dessen vielgestaltige Eigendynamik einfachhin durchsetzen zu können. Er wirkt in der geistigen »Macht der Schwachheit«. Daher können die Erscheinungen der Geschichte nicht ungebrochen als Verwirklichungsgestalten eines initial festgelegten Gesamtsinns gewürdigt werden. Ein solcher Gesamtsinn steht ihnen vielmehr zumeist *entgegen*, sucht sich in ihnen und durch sie zur Geltung zu bringen, verfügt aber nur über die »Allmacht der Liebe«, der nicht die Macht souveräner Selbstdurchsetzung eignet. Schleiermacher selbst bringt diesen Zusammenhang in einer seiner Predigten zum Ausdruck: »... Allmacht und Liebe können wir in dem höchsten Wesen nirgend und in keiner Beziehung voneinander trennen«.[305]

Hätte Schleiermacher seine verheißungstheologische Hermeneutik der Wirklichkeitsdeutung in *dieser* Weise expliziert, anstatt sie im Lichte eines erfüllungs- oder vollendungstheologischen Optimismus auszulegen[306], hätte er die Notwendigkeit der Erhaltung der Welt angesichts jener Mächte, die ihre Existenz gefährden, nicht der souveränen Weltregierung Gottes ein- und untergeordnet und dabei das Moment des Übels und des Bösen marginalisiert, so hätte die Rede von der Vorsehung Gottes - als das, was er für die Welt verheißend vorsieht - eine neue Bedeutung erhalten können: als Ausdrucksmöglichkeit der immer auch kontrafaktischen Sorge Gottes *um* seine Schöpfung und *für* sie.

Eine solche Auslegung erfordert zum einen eine ›Messianisierung‹ der Eschatologie[307], die Gott in der Differenzerfahrung der Utopie[308] am Werk sieht: in der ›von

304. »Vorsehung ist ein paradoxer Begriff. Glaube an die Vorsehung ist Glaube »dennoch«, trotz der Dunkelheit des Schicksals und der Sinnlosigkeit der Existenz« [Tillich, P. (1958, 1987[8]): Systematische Theologie I, Berlin, New York, 304; siehe auch Tillichs Predigt zu Röm 8,38f: Tillich, P. (1987): Von der Vorsehung, in: ders.: Religiöse Reden, Berlin 99-102.].

305. Passionspredigt zu Apg 2,23; in: Bolli, H. (Hg) (1968) {→ A. 287}, 214.

306. In diesem Sinne kann man auch A. Ritschls Einspruch gegen Schleiermachers unterbestimmte Eschatologie auffassen. Zu recht konstatiert Ritschl, daß von dieser Eschatologie nicht genügend kritisches Potential gegenüber der Verfassung der Welt ausgeht: Ritschl, A. (1874, 1895[4]): Die christliche Lehre von der Rechtfertigung und Versöhnung, Bonn, I, § 65, bes. 511.

307. In dem Sinne etwa, wie sie expliziert ist in: Moltmann, J. (1995): Das Kommen Gottes. Christliche Eschatologie, Gütersloh. Doch schon H. Cohen formulierte: »Der Abschluß der Vorsehung aber ist der Messianismus, die geschichtliche Vorsehung« [in: Cohen, H. (1929[2], ND 1978): Religion der Vernunft aus den Quellen des Judentums (Grundriß der Gesamtwissenschaft des Judentums), Frankfurt (ND Wiesbaden), neu bearbeitet von B. Strauß, 307]. Dabei nimmt er dem Motiv des Messianischen allen Triumphalismus und versteht es ganz vom Leiden der Menschheit her: »Der messianische Begriff der Weltgeschichte ist eingestellt auf das Leiden der bisherigen Mehrheit des Menschengeschlechts« (a.a.O., 308).

308. Formuliert in Anlehung an: Deuser, H. (1987): Gottes Handeln - Rechtfertigung, Versöhnung und Erlösung, in: Härle, W., Preul, R. (Hg) (1987) {→ L.}, 54.

vorne‹ entgegenkommenden Verheißung, von der her ein radikal kritisches Licht auf den status quo der Weltzustände fällt. Wird Gottes Handeln als die kritisierende und transformierende Kraft in der Verheißung des entgegenkommenden, neue Formen des Lebens aus verhärteten Strukturen schaffen-wollenden Geistwortes verstanden, dann liegt darin keineswegs ein Selbstwiderspruch Gottes gegenüber seinem Schöpfungswort. Es liegt darin allerdings auch nicht die kontinuierlich-souveräne ›Fortsetzung‹ dieses Wortes {→ A. 270}, sondern der immer neue Impuls, seiner Ursprungsintention gegen widerstrebende Kräfte zum Durchbruch zu verhelfen. In eschatologischer Perspektive muß die starre Trennung von Schöpfung, Welthandeln Gottes und Versöhnung aufgegeben werden. »Der Vorsehungsglaube bekräftigt das *Evangelium der Schöpfung*«.[309] Diese Argumentationslinie werden wir in den thesenhaften Schlußüberlegungen wieder aufnehmen {→ S. 450ff}.

Die angezeigte Auslegung erfordert zum zweiten die Revision des Allmachtspostulats in der Entfaltung der Gotteslehre. Der im Sinne einer souveränen Weltregierung Gottes verstandene Aktualismus hat bei Schleiermacher zur Folge, daß jegliche Passivität und Passibilität aus der Bestimmung Gottes ausgeschlossen werden muß. Würde Gott ein Zustand des Erleidens zugeschrieben, so wäre er damit – ihm zufolge – in die Abhängigkeit vom Weltprozeß im allgemeinen und vom menschlichen Handeln im besonderen gebracht. – Dieser Gedanke aber müßte keineswegs befremdlich sein, wenn zwischen Gott in seiner von allen Bindungen freien Aseität und Gott in seiner Selbst-Bindung an die Schöpfung konsequent unterschieden würde. Mit dieser Selbst-Bindung hat er sich in der Tat in die Abhängigkeit des sorgend Mitleidenden gebracht. Darin liegt die Tiefe des Theologoumenons von der Inkarnation Gottes, die nicht radikal zur Entfaltung kommen kann, wo eine Theologie wie die Schleiermachers an den Gotteseigenschaften des klassischen Theismus festhält (GL^2, § 50-56).

Mit der Darstellung der Schleiermacher'schen Lehre von Gottes Welterhaltung und -regierung schließe ich die Diskussion der großen, in der protestantischen Theologiegeschichte erarbeiteten Konzepte zur Vorsehungslehre ab. Die Übersicht über die weitere Entwicklung bis in die Gegenwart beschränkt sich in den beiden folgenden Kapiteln auf eine knappe Skizze. Daß ihr auch Karl Barths breitangelegter Neuentwurf eingeordnet ist, mag überraschen. Die Gründe für diese Entscheidung werden in Kapitel III.L offengelegt.

Mit Schleiermacher schließt sich auch inhaltlich der Kreis des bisher zurückgelegten Weges: Dieser nahm seinen Ausgang beim schöpfungstheologischen Aktualismus Luthers, zeichnete dann die Entfaltung immer stärker sapiential-ordinativ geprägter Vorsehungskonzepte im Bezugsrahmen von Natur und Geschichte nach und gelangte schließlich bei Schleiermachers Aufhebung des sapiential-ordinativen in das aktuale Modell an.

309. Lochman, J. M. (1994) {→ L.}, 377; in Aufnahme von: Prenter, R. (1960) {→ Teil I, A. 88}, 196.

K. Historistischer Positivismus als Bestreitung der providentia in historiam im 19. Jahrhundert

War die Behandlung der Profangeschichte bis ins 19. Jh. hinein durchaus noch von religiösen Motiven getragen, so setzte sich mit dem historischen Positivismus und dem Historismus die vollkommene Säkularisierung des Geschichtsverständnisses durch. Diese ›Entgöttlichung‹ der Geschichtsauffassung in der Geisteskultur des 19. Jhs. machte sie als Bezugsrahmen für die Explikation der Vorsehungslehre weitgehend untauglich. Damit aber verschloß sich nun nach dem Feld der Natur auch das der Geschichte einer providentiellen Ausdeutung, was sich besonders in der scharfen Kritik an der concursus-Lehre niederschlug.[310] Wo sie nicht gänzlich marginalisiert wurde, blieb der protestantischen Vorsehungslehre nur der Weg in die Innerlichkeit des glaubenden Subjekts, in seine Geistigkeit und Sittlichkeit. Damit aber büßte die Vorsehung Gottes ihren unmittelbaren Weltbezug weitgehend ein.

Die geistesgeschichtlichen Wurzeln dieser Profanisierung des Geschichtsverständnisses reichen zurück bis in die Renaissance.

1. Ansätze zur Anthropozentrierung und Säkularisierung des Geschichtsverständnisses

Neben den beiden o.g. Leitmotiven der Zeitgerichtetheit und der Unendlichkeit von Raum und Zeit {→ S. 202} war das seit der Renaissance in ersten Ansätzen aufgebrochene und in der Aufklärung zu umfassender Wirksamkeit gekommene neuzeitliche Geschichtsverständnis durch eine Tendenz zur Anthropozentrik gekennzeichnet. Mehr und mehr erhob sich der Mensch zum Subjekt der Geschichte. Damit aber geriet die Vorstellung von Gott als dem handelnden Beherrscher der Geschichte in die Krise. Während die beiden erstgenannten Vorstellungskomplexe für eine theologische Deutung anschlußfähig waren, wenn sie auch tiefgreifende geschichtstheologische Rekonstruktionen des tradierten biblisch-augustinischen Geschichtsbildes erforderlich machten, lag in der Zentrierung auf den Menschen als geschichtsgestaltender Macht das kritische Potential, das im 19. Jh. zur fundamentalen Infragestellung der theologischen Geschichtsdeutung und damit zur Abkehr von der geschichtstheologisch konzipierten Vorsehungsauffassung führte.

Erste Durchbrüche zu einer anthropozentrischen, ›immanentistischen‹ Sicht der Geschichte begegnen schon in der Rezeption der »Florentiner Geschichte« Giovanni Villanis durch *Leonardo Bruni*[311], der dabei alle mirakulösen und theologischen Deu-

310. Siehe dazu: Plathow, M. (1976) {→ L.}, 75ff.
311. Historiarum Florentinarum (Florentini populi) libri XII, vor 1416, gedruckt Straßburg 1610.

temuster eliminierte und auf diese (implizite) Weise auch jede Einwirkung der göttlichen Vorsehung auf den Gang der Geschichte bestritt.[312]

Programmatische Gestalt gewann die neue Geschichtsauffassung in *J. Bodins* »Methodus ad facilem historiarum cognitionem« (1566). Bodin unterschied die historia divina von der historia naturalis und der historia humana.[313] Der historia humana - als der Gesamtgeschichte der Menschheit - galt dabei sein Interesse. Er erfaßte und deutete sie als immanenten, weder auf die ›Heilsgeschichte‹ mit Christus als ihren Mittelpunkt noch auf die Christentums- bzw. Kirchengeschichte zentrierten, von Menschen gestalteten Wirkungszusammenhang. Damit setzte er auch die einlinige Verfallstheorie außer Kraft, die in der Geschichte den permanenten, auf die Endzeit und das Jüngste Gericht zusteuernden Abfall von Gott erblickte, und bereitete auf diese Weise das Feld für das kommende Fortschrittsparadigma.[314]

Gegen Ende des 16. Jhs. erfuhr somit die Geistes- und Kulturgeschichte eine eigenständige Würdigung neben der kirchlichen und politischen Geschichte.[315] Doch gab sich diese ›Immanentisierung‹ zunächst noch keineswegs als Abkehr von einer theologischen Deutung der Geschichte als ganzer zu verstehen, sondern in der Mehrzahl ihrer Vertreter gerade umgekehrt als deren zeitgemäße Erneuerung. So sehr ein unmittelbares Einwirken Gottes in die Ereignisfolge der historia humana (bzw. civilis) methodisch abgeblendet und aus der Erklärung des Geschichtsverlaufs ausgeschieden wurde, so wenig mußte damit doch die teleologische gubernatio des historischen Prozesses insgesamt geleugnet sein. Wie die Ordnung der *naturhaften* Wirklichkeit und ihrer regulären Bewegungsabläufe zunehmend als Wirksamkeit eigengesetzlicher Verursachungsketten erklärt wurde, so stellte sich der Prozeß der Menschheits*geschichte* – dem neuen Paradigma zufolge – als interagierende Abfolge von (zumeist freien, intentionalen und reflexiven) Handlungen und Unterlassungen der Menschen in der Zeit dar. Doch konnte man gerade darin die mediate Wirksamkeit Gottes am Werk sehen.

Im 18. Jh. fand das säkularisierte Geschichtsverständnis in das allgemeine Bewußtsein der abendländischen Geisteskultur Eingang. Vor allem in *G. Vicos* »Scienza Nuova« (1725), die den handelnden Menschen an Stelle des handelnden Gottes zum Subjekt der Geschichte erhob[316] und damit W. Bossuets Repristination der patristisch-

312. Dieser Hinweis entstammt: Engels, O. (1984): Art. »Geschichte/Geschichtsschreibung/Geschichtsphilosophie, VI: Von Augustin bis zum Humanismus«, in: TRE 12, 622.

313. Im Hintergrund dürfte dabei das irenische Motiv gestanden haben, einen Beitrag zur Überwindung der konfessionellen Spaltung zu leisten, die zu jener Zeit in Frankreich herrschte.

314. Siehe dazu: Klempt, A. (1960) {→ A. 157}, 42-44, 64-69; ders. (1969) {→ A. 157}, 211ff; Benrath, G. A. (1984) {→ A. 157}, 633f.

315. Vor allem bei B. Keckermann. Siehe dazu: Klempt, A. (1969) {→ A. 157}, 214ff. Für Keckermann ist die Beschränkung des Geschichtsverständnisses auf die historia humana aber auch Grund zur Klage. Siehe: Pannenberg, W. (1984) {→ Teil I, A. 47}, 658.

316. Löwith, K. (1949, 1953) {→ A. 157}, 125-149; Löwith, K. (1968): Vicos Grundsatz: verum et factum convertuntur. Seine theologische Prämisse und deren säkulare Konsequenzen (Sämtliche Schriften 9), Stuttgart, 195-227; Fellmann, F. (1976): Das Vico-Axiom: Der Mensch macht die Geschichte, Freiburg, München; Schmidt, R. W. (1982): Die Geschichtsphilosophie G. B. Vicos, Würzburg. -

mittelalterlichen Geschichtstheologie[317] zurückwies, kam es zum Durchbruch. In seinen »Letters on the Study and Use of History« faßte Lord Bolkingbroke 1735 die Grundüberzeugung der anthropozentrischen Geschichtssicht zusammen: »Man is the subject of every history«.[318] Der nunmehr im Kollektivsingular »Geschichte« erfaßte Ereignis- und Handlungszusammenhang ist der von Menschen und Völkern gestaltete Raum. Daher muß auch die Deutung geschichtlicher Ereignisse gänzlich nach innerweltlich-empirischen, d.h. ›theologiefreien‹ Kategorierastern erfolgen und die Tradition einer kritischen Analyse und Prüfung unterzogen werden. Im 19. Jh. setzte sich diese veränderte Geschichtsauffassung in der Geisteskultur durch und brachte damit die Entwürfe einer providentiellen Geschichtsdeutung in die Defensive.

2. Die Durchsetzung der profanen - gegenüber der providentiellen Geschichtsdeutung im 19. Jahrhundert

Schlaglichtartig und exemplarisch läßt sich die skizzierte Verschiebung an folgenden geschichtsphilosophischen Weichenstellungen erkennen:

- In seinem von Saint-Simon beeinflußten »klassischen Positivismus« lehnte A. Comte jegliche metaphysische Geschichtsdeutung ab und bestimmte die ›Vorsehung‹ als Gesetzmäßigkeit des *natürlichen* Geschichtsprozesses.[319] Es ist dies der große Gegenentwurf zur philosophisch-theologischen Geschichtsdeutung Hegels. Gegenüber Hegels substantieller Geschichtsauffassung postulierte Comte eine kausalistische. Damit setzte er sich in der Geschichtswissenschaft wie überhaupt im allgemeinen Geschichtsbewußtsein weitgehend durch.
- Während die spekulativen Theisten (I. H. Fichte, H. M. Chalybäus, C. J. Braniss) daran festhielten, daß die »Erziehung der Menschheit durch den göttlichen Geist« das Zentralproblem der Geschichte sei[320], vollzog auch der ›linke‹ Zweig der Hegelschule eine Materialisierung und Säkularisierung der Geschichtsauffassung. So ist es nach Michelet der *Menschen*geist, der in der Weltgeschichte zur Erkenntnis seiner selbst zu gelangen trachte.[321] Wo aber der Mensch zum Subjekt der Geschichte - und damit zum homo providens erhoben wird, dort ist es *seine* Vorse-

Siehe aber dazu den Hinweis Hünermanns auf M. Cano [Hünermann, P. (1995): Art. »Geschichte, Vorsehung: In der Theologie«, in: LThK³ 4, 562].

317. Bossuet, J.-B. (1681): Discours sur l'Histoire Universelle (a Monseigneur de Dauphin: pour expliquer la suite de la religion & les changemens des empires), Paris. dt.: Einleitung in die allgemeine Geschichte der Welt und der Religion, Leipzig, 1748-1786. - Siehe dazu: Löwith, K. (1949, 1953) {→ A. 157}, 150-158.
318. Ganz ähnlich A. Pope: »Know then thyself, presume not God to scan / The proper study of Mankind is Man« [Pope, A (1733f): Essay on Man, in: Butt, J. (Hg) (1963): The Poems of Alexander Pope, London, 516]. Dieser Satz wurde zur Programmformel der zeitgenössischen Geisteskultur.
319. Löwith, K. (1949, 1953) {→ A. 157}, 78-101.
320. Zitat aus: Fichte, I. H. (1867): Die Seelenfortdauer und die Weltstellung des Menschen, XXXIVf, 361-438.
321. Michelet, C.L. (1879-1881, ND 1968): Das System der Philosophie als exakter Wissenschaft, Bd. 4: Die Philosophie der Geschichte, Berlin, ND Brüssel, 4.

hung, welche die Welt und die Geschichte gestaltet.[322] Es bleibt dann nur noch das Bemühen, diese Art der anthropozentrischen, wissenschaftlich-technischen ›Vorsehung‹ an die Sittlichkeit des religiösen Bewußtseins zurückzubinden.

- Symptomatisch für die Eliminierung des Vorsehungsmotivs aus der Geschichtswissenschaft ist der Wandel der universalgeschichtlichen Geschichtsschau zu einer realgeschichtlichen, kausalistischen, historisch-kritischen Rekonstruktion konkreter Ereigniszusammenhänge. Besonders deutlich tritt er hervor im Übergang von der kontemplativen Geschichtssicht L. v. Rankes, der die Geschichte noch als »Hieroglyphe Gottes« wertete und dem Historiker die Aufgabe zuwies, diese zu dechiffrieren[323], zu T. Mommsen, der sich allen transzendenten Ausdeutungen des geschichtlichen Prozesses konsequent verweigerte und von der Voraussetzung ausging, daß die Geschichte ausschließlich von einer ihr eigenen inneren Dynamik angetrieben werde. Sinn mag geschichtlichen Ereignissen retrospektiv zugeschrieben werden. Doch können solche historischen Werturteile nicht beanspruchen, einen quasi ontisch der Geschichte zugrundeliegenden Sinn ans Licht zu heben, wie es das idealistische Postulat der in der Geschichte waltenden Vernunft voraussetzte. Es bleiben an die Geschichte herangetragene, perspektivisch gebundene Urteile. Sinn kann nur per Sinn*gebung* den geschichtlichen Ereigniszusammenhängen beigelegt, nicht aber per Sinn*findung* aus ihnen herausgelesen werden.

3. Der Rückzug des Vorsehungsdenkens aus dem Bezugsrahmen der Geschichte im 19. Jahrhundert

Zwar zieht sich auch jene Linie des geschichtstheologischen Denkens weiter aus, die bei Bengel zu Tage getreten {→ S. 198} war; in der Erweckungsbewegung des 19. Jhs., vor allem bei J. T. Beck und J. C. v. Hofmann, erreichte sie ihre volle Ausprägung. Doch selbst hier wirkte sich der Einfluß von Romantik und Idealismus und des aus diesen Wurzeln erwachsenen Historismus aus, wie sich besonders an der Anwendung des organischen Entwicklungsgedankens auf die Offenbarungsgeschichte bei Beck und Hofmann zeigt. Movens der offenbarungsgeschichtlichen Entwicklung war für Beck die Dynamik des göttlichen Geistes, den er als »das dynamische Organisationsprinzip bezeichnete, das der Welt immanent ist« und in ihr »nach ethischen und

322. »Schließlich aber mußte gerade die Fortschrittsidee die Funktion der Vorsehung übernehmen, nämlich vorauszuschauen und für die Zukunft vorher zu sorgen« [Löwith, K. (1949, 1953) {→ A. 157}, 70; siehe auch die dort - in Anm. 2 - angeführten Zitate von R. A. Knox und Reinhold Niebuhr, wie insgesamt das Kapitel »Fortschritt contra Vorsehung«, 69-114]. Außerdem: Marquard, O. (1981): Abschied vom Prinzipiellen, Stuttgart, 67-90 (»Ende des Schicksals? Einige Bemerkungen über die Unvermeidlichkeit des Unverfügbaren«).

323. »In aller Geschichte wohnt, lebt, ist Gott zu erkennen. Jede That zeugt von ihm, jeder Augenblick predigt seinen Namen, am meisten aber dünkt mich der Zusammenhang der großen Geschichte. Er steht da wie eine heilige Hieroglyphe ...« [Ranke, L. v. (1820): Brief an Heinrich Ranke, in: Leopold von Rankes Sämtliche Werke, Bd. 53/54 (hg. v. A. Dove), Leipzig 1890, 89f].

pädagogischen Gesetzen« wirksam ist.[324] – Jedoch konnten diese, sich bibeltheologisch verstehenden Entwürfe einer providentiellen Geschichtstheologie noch nicht einmal mehr innertheologisch auf allgemeine Zustimmung hoffen, wie sich vor allem in Kierkegaards radikaler Kritik dokumentierte.

Kierkegaard vermochte Natur und Geschichte nicht mehr als Raum der Gotteserfahrung zu erkennen. Damit kam die Verabschiedung der Vorsehungslehre aus diesen beiden Bezugsrahmen zu ihrer konsequenten Endgestalt. Die glaubende Existenz ist ganz auf sich selbst zurückgeworfen und gründet allein in einer von aller weltlichen Vermittlung gelösten Entscheidung.[325] Von Vorsehung Gottes kann dann nur noch in einer existenzdialektischen Zentrierung auf das glaubende Subjekt und d.h. unter dem Aspekt der providentia specialissima gesprochen werden: »Der Gedanke einer Vorsehung ist der, daß Gott sich um den Einzelnen kümmert und um die geringste Einzelheit bei ihm ...«.[326] Die Relativitätserfahrung der radikalen Geschichtlichkeit, Endlichkeit und Begrenztheit des menschlichen Seins, dessen So-sein immer auch anders sein könnte, läßt keinen Raum mehr für Hegels Geschichtsauffassung eines sich mit Notwendigkeit vollziehenden dialektischen Stufengangs.

A. Ritschl lehnte den Aufweis der Weltregierung Gottes programmatisch ab und warnte davor, die faktische Geschichte und das Handeln der Menschen mit dem Willen und Handeln Gottes zu identifizieren. Um ein solches Providenzkonzept abzuwehren, das auf die Ereignisebene des geschichtlichen Weltgeschehens bezogen ist, unterstellte Ritschl die Vorsehungs- der Versöhnungslehre und interpretierte diese im Sinne ethischer Vervollkommnung. Das providentielle Handeln Gottes war demnach als die Aktivität Gottes in der Geschichte zu bestimmen, mit der er - motiviert durch seine Liebe - die Menschheit zur Fülle der moralischen Persönlichkeit emporhebt und ein universales Reich der Moralität heraufführt. Für den Christen liegt in der Vertrauenshaltung dieses Glaubens ein der Welt zugewandter Ausdruck des in Christus versöhnten Lebens, der sich in den Tugenden der Demut und im vertrauensvollen Gebet bewährt.[327]

324. Beck, J. T. (1886): Vorlesungen über christliche Glaubenslehre, hg. v. I. Lindenmeyer, Gütersloh, 398f, zit. nach: Pannenberg, W. (1984): Art. »Geschichte/Geschichtsschreibung/Geschichtsphilosophie, VIII: Systematisch-theologisch«, in: TRE 12, 660. – Von besonderem Interesse für das Thema dieser Studie ist Becks Explikation des Wirkens Gottes in Kategorien der Kraftwirkung.

325. Siehe dazu: Hirsch, E. (1968): Die Umbildung des überlieferten Vorsehungsglaubens durch Sören Kierkegaard, in: ders.: Wege zu Kierkegaard, Berlin, 65-112; vor allem aber die umfassende Studie: Schulz, H. (1994): Eschatologische Identität. Eine Untersuchung über das Verhältnis von Vorsehung, Schicksal und Zufall bei Soeren Kierkegaard (TBT 63), Berlin (Lit.), bes. 245ff. - Vgl. auch die Auseinandersetzung Kierkegaards mit Lessing in: Abschließende, unwissenschaftliche Nachschrift zu den philosophischen Brocken, 1.Teil (Ges. Werke 16), Düsseldorf, Köln 1957, 55-117; Michalson, G. E. (1979): Lessing, Kierkegaard and the »Ugly Ditch«: A Reexamination, in: JoR 59, 324-334.

326. Kierkegaard, S. (1846): Sören Kierkegaard, Gesammelte Werke. Die Tagebücher, hg. von H. Gerdes, Düsseldorf, Köln, II, 101. – Ebd. heißt es: »Die Erlösung ist die *fortgesetzte Vorsehung*, daß Gott sich um den Einzelnen kümmert und um die geringste Einzelheit bei ihm ...«.

327. Ritschl, A. (1874, 1895^{4}): Die christliche Lehre von der Rechtfertigung und Versöhnung III, §§ 25f, 38, 63-66; ders. (1875, 1903^{6}): Unterricht in der christlichen Religion, Bonn (ND Gütersloh 1966), § 17f, 60, siehe auch § 15. - Barth wirft Ritschl vor, er löse den Vorsehungsglauben in eine subjek-

W. Herrmann[328] und E. Troeltsch knüpfen an diese Grundgedanken an. Wie Ritschl, so bezieht auch Troeltsch die Vorsehung ganz auf den »Weltregierungsglauben« und unterzieht diesen einer scharfen Sachkritik, die in der Feststellung kulminiert: »Die Art der Weltregierung ist unausdenkbar, und der Glaube an sie erläutert und erklärt nicht die empirischen Hergänge«.[329] Anknüpfend an Schleiermachers »Pietismus höherer Ordnung« rekonstruiert er dann das gubernatio-Konzept als Kategorie der glaubenden Weltdeutung im Sinne einer »Generalbetrachtung der Dinge als in verborgener Weise auf den Zweck des Heils der Seele gerichtet«.[330]

Indem Troeltsch auf diese Weise nach dem Projekt einer christlichen Naturtheologie auch das Projekt einer providentiellen Geschichtstheologie zu den Akten gelegt hatte, schien dem Vorsehungsdenken nur noch der von Kierkegaard verfochtene Bezugsrahmen einer christlichen Existentialtheologie als letztes Rückzugsgebiet zu verbleiben. Doch die Geschichtserfahrungen des 20. Jhs. und ihre Bewältigung in der existentialistischen Philosophie drangen schließlich auch auf dieses dritte und letzte Feld vor, das traditionelles Hoheitsgebiet des Vorsehungsglaubens war: in die Deutung der menschlichen Existenz. Von hier aus erhellen sich die Verlegenheiten der Providenzlehre in der protestantischen Theologie der Gegenwart.

4. Resümee und Ausblick: Vorsehung im Bezugsrahmen der Geschichte

Blicken wir noch einmal zurück auf den Durchgang durch die wichtigsten Vorsehungskonzepte, die im Kontext des Geschichtsdenkens entwickelt wurden:

Lag das zentrale Problem einer im Bezugsrahmen der *Natur* entfalteten Vorsehungslehre in der Beziehungsbestimmung zwischen dem natürlichen Kausalnexus in seiner Gesetzlichkeit bzw. Notwendigkeit und der Wirksamkeit der göttlichen causa prima, so liegt das zentrale Problem des *geschichtstheologisch* explizierten Vorsehungsdenkens in der Beziehungsbestimmung zwischen der geschichtlichen Faktizität und der geschichtsleitenden Intentionalität Gottes. Dieses Problem stellt sich auf *epistemologischer* Ebene als Frage nach der Erkennbarkeit des Willens und Handelns Gottes aus der Geschichte (dem hält Luther seine Betonung der Verborgenheit Gottes entgegen); alle geschichtliche Deutung der Vorsehung unterstellt in der einen oder anderen Weise, daß Gottes Wirken in der Geschichte aufgewiesen werden kann. Und es stellt sich in *historischer* Hinsicht als Frage, ob und inwieweit die tatsächlich geschehen(d)e Geschichte als Realisierung des Willens Gottes verstanden werden darf (wie bei Eusebius, der die Herrschaft Konstantins als Heilszeit für die Kirche

tivistische Weltanschauung auf und werde damit dem »objektive(n) Sachverhalt, auf den sich der Vorsehungsglaube bezieht«, nicht gerecht (KD III/3 {→ L.}, 19). Demgegenüber ist daran festzuhalten, daß Ritschls (an Schleiermacher geschultes) hermeneutisches Differenzbewußtsein eine unmittelbare Aussage dieses »objektiven Sachverhalts« nicht zuläßt.

328. Herrmann, W. (1887): Die Lehre von der göttlichen Vorsehung und Weltregierung, in: ChW 1, 48ff.

329. Troeltsch, E. (1925): Glaubenslehre (1911f), München, Leipzig, 254, im Kontext des gesamten § 17 (252-266).

330. A.a.O., 260.

und die Welt deutet, oder bei Orosius, der dem Römischen Reich eine heilsgeschichtliche Funktion zuerkannte) oder ob sie im Gegensatz dazu als sündige Pervertierung dieses Willens aufzufassen ist (wie in Augustins Verständnis der civitas terrena).

Die Gefahr einer geschichtstheologischen Konzeption des Vorsehungsglaubens- und denkens liegt einerseits darin, die Realgeschichte durch den Überbau einer theologischen »Legitimationsgeschichte« (Lyotard) zu überhöhen und sie auf diese Weise als »Spiegel der göttlichen Providenz« (Leibniz)[331] zu sanktionieren. Sie liegt andererseits darin, die Realgeschichte als Reich dämonischer Mächte zu verteufeln und sich in frommer Weltabwendung ganz auf die davon grundlegend unterschiedene Heilsgeschichte zu konzentrieren.

Demgegenüber ist der kritische Einspruch einer historia profana berechtigt, sofern er auf die bleibende Differenz zwischen a) Gottes Absicht mit der Geschichte und seiner Geistwirksamkeit in der Geschichte und b) der ›positiven‹ Geschehensfolge hinweist. Spätestens seit den epochalen Geschichtskatastrophen des 20. Jhs. ist jeder Versuch, die geschichtliche Faktizität als Realisierung eines universalgeschichtlichen Gesamtsinns zu behaupten, obsolet geworden. Es wird immer nur eine gebrochene, im Hypothetischen verbleibende, sich der perspektivischen Begrenztheit der eigenen Sicht bewußte und damit notwendig revisionsoffene Beurteilung einzelner Ereignisse in der Geschichte im Lichte der in Bibel und Tradition bezeugten Selbstkundgabe Gottes geben können.[332] Nur so ist der Ambivalenz der Geschichte zwischen Sinnverwirklichung und Sinnverfehlung gerecht zu werden.

In einer solchen Interpretation liegt keine Kapitulation der Theologie vor der Geschichte, sondern die sachgemäße Aufnahme, aber auch die Radikalisierung eines zentralen theologischen Motivs: der von Luther zu Recht betonten Verborgenheit des Handelns Gottes. Diese Verborgenheit kann nicht im Sinne eines in die Nicht-Offensichtlichkeit verlagerten Allmachtswirkens (in der Identität von Ratschluß und Tat) ausgelegt werden. Vielmehr ist sie als Selbst-Auslieferung der Wirkmacht Gottes an die Faktizität des Geschichte aufzufassen. So erst erhält Luthers Rede von der Anfechtung ihren tiefsten Sinn: nicht bloß als Resultat noetischer Ambivalenz, sondern als ›echte‹ Frage nach der Geschichtsmächtigkeit Gottes im Blick auf Situationen, die an ihr zweifeln und verzweifeln lassen.

331. »Historia Divinae providentiae speculum est« [Leibniz, G. W. (undatiert, ca. 1680): Guilielmi Pacii initia et specimina Scientiae Generalis ..., in: Gerhardt, C. J. (Hg) (ND 1961): Die philosophischen Schriften von Gottfried Wilhelm Leibniz, Hildesheim, Bd. 7, 139].

332. Schon Herder machte auf die unhintergehbare »Standortgebundenheit« (K. Mannheim) jeder menschlichen Geschichtsdeutung aufmerksam: »Eben die Eingeschränktheit meines Erdpunktes, die Blendung meiner Blicke, das Fehlschlagen meiner Zwecke ... - eben das sei mir Bürge, daß *ich* Nichts, das Ganze aber Alles sey«. So sehr die Weltgeschichte als Schauplatz der Absicht Gottes angesehen werden müsse, so wenig dürfe sich doch der Mensch anmaßen, den »Plan Gottes im Ganzen« überschauen zu wollen [Herder, J. G. (1774): Auch eine Philosophie der Geschichte zur Bildung der Menschheit, in: Suphan, B. (Hg) (1877-1913, ND 1967f): Sämtliche Werke, Berlin, V, 513; 558-560; 84f].

L. Die Verlegenheit der Vorsehungslehre im 20. Jahrhundert

Nach der weitgehenden Auflösung der klassischen Vorsehunglehre im 19. Jh. kam es im 20. Jh. neben einigen bemerkenswerten Aufbrüchen zur nahezu vollständigen Abkehr von diesem Lehrstück. So stellte W. Dantine 1959 fest, daß »die gesamte Vorsehunglehre gegenwärtig zu den gemiedensten und offenkundig uninteressant gewordenen Provinzen der christlichen Theologie gehört«[333]. Zwar hatte Karl Barth in KD III/3 (1950), §§ 48-50 noch einmal einen umfassenden Entwurf zu diesem Theologoumenon vorgelegt, der es in seiner klassischen Dreigliederung in einer »durchgehenden Korrektur«[334] wiederzubeleben versuchte, doch entfaltete dieser Aufbruch keine weitreichende Wirkung und keine wirkliche Durchschlagskraft. Das hat seinen Grund u.a. darin, daß er letztlich doch zu sehr den Fragestellungen und Kategorien der klassischen Lehrgestalt verhaftet blieb. So vermochte er die Verabschiedung der Providenzlehre in der protestantischen Theologie nicht zu verhindern. Seit diesem Projekt und den sich darauf beziehenden Nacharbeiten hat die Darstellung der providentia Dei in der deutschsprachigen Theologie kaum mehr Beachtung gefunden.

1. Der Neueinsatz des Vorsehungsdenkens bei Karl Barth

Aus den o.g. Gründen und unter Hinweis auf die vorliegenden aktuellen und profunden Studien[335] beschränke ich mich im folgenden darauf, nur einige zentrale Leitgedanken der Barth'schen Vorsehungslehre zu skizzieren.

333. Dantine, W. (1959) {→ Teil I, A. 56}, 202; Belege dafür, daß diese Feststellung unverkürzt auch für die zeitgenössische katholische Theologie gilt, nennt: Kocher, R. (1993) {→ L.}, 31, Anm. 31.
334. KD III/3 {→ L.}, Vorwort VI, 15-38, 69 u.ö.
335. Whitehouse, W. A. (1951): Providence: An Account of Karl Barth's Doctrine, in: SJTh 4, 241-256; Gloege, G. (1965): Der Heilsplan Gottes als geschichtstheologisches Problem, in: ders.: Heilsgeschehen und Welt. Theologische Traktate, Bd. 1, 27-52; Geiger, M. (1966): Providentia Dei. Überlegungen zur christlichen Vorsehungslehre und dem Problem der Beziehung Gott - Welt, in: Parrhesia (FS K. Barth), Zürich, 673-707; Duthie, C. (1969): Providence in the Theology of Karl Barth, in: Wiles, M. (1969) {→ L.}, 62-76; Plathow, M. (1976) {→ L.}; 99-175; Saxer, E. (1980) {→ L.}, 81-121; Körtner, U. (1989): Der handelnde Gott. Zum Verständnis der absoluten Metapher vom Handeln Gottes bei Karl Barth, in: NZsTh 31, 18-40; Davies, H. (1992) {→ L.}, 127-162; Hempelmann, H. (1992): Unaufhebbare Subjektivität Gottes? Probleme einer Lehre vom concursus divinus. Dargestellt an Hand von Karl Barths Kirchlicher Dogmatik (TVGMS 376), Wuppertal; Link, C. (1994): Gestalt und theologischer Ort der Vorsehungslehre Karl Barths, in: ZDT 10, 113-115; Goebel, H. T. (1994): Struktur und Aussageabsicht der Vorsehungslehre Karl Barths. Historische und dogmatische Analyse von KD III/3 {→ L.}, in: ZDT 10, 135-158; Adriaanse, H. J. (1994): Providenz und Theodizee. Wie läßt sich das Reden von Gott im Horizont geschichtlicher Erfahrung verantworten?, in: ZDT 10, 159-170; Link, C. (1991) {→ L.}, 308-323.

Barth unterzieht die Providenzlehre der altprotestantischen Orthodoxie - lutherischer wie reformierter Provenienz - einer scharfen Kritik, weil sie die Vorsehung zunehmend von der Christologie und Soteriologie gelöst habe (III/3, 34ff)[336]. Um solcher Verselbständigung entgegenzuwirken, legt er alles Gewicht seines Lehrentwurfs auf die Gründung des Vorsehungs- im Christusglauben und versteht Gottes erhaltendes und regierendes Handeln als Konsequenz der göttlichen Erwählung, als Ausführung des Dekrets der Prädestination (III/3, 3). Er will damit kein Universalmodell der Welterklärung und Geschichtsdeutung geben, sondern die Glaubensperspektive entfalten, in der das Kreaturgeschehen als Abspiegelung der in Christus zentrierten Bundesgeschichte Gottes erscheint.

- So gibt Barth der *conservatio* eine soteriologische Ausrichtung, indem er sie als Errettung (servatio) aus der Macht des Nichtigen deutet.
- Die *concursus*-Lehre löst er ganz aus dem Bezugsrahmen des scholastischen und neoscholastischen Kausalitätsdenkens[337] und entfaltet sie in personalistischer Kategorialität als Lehre von der Begleitung Gottes.[338]
- Gottes *Weltregierung* schließlich dient – seiner Ausdeutung nach – ganz dem Zweck, die Weltgeschichte auf den Bund hin auszurichten, dessen Vollzug sich im Kreaturgeschehen analogisch abspiegelt. Diese Spiegelung wird jedoch nur in strikter Einlinigkeit vom Bundesgeschehen her erkennbar.

Vorsehung ist damit wieder ganz in den biblischen Metaphernfeldern des herrschenden Königs, des mitgehenden Vaters und des gerechten Richters ausgesagt und als

336. Im folgenden nehme ich Belegstellenangaben, die sich auf KD III/3 {→ L.}, § 48f beziehen, eingeklammert in den Text mit auf.
Als Vorarbeiten Barths zur Entfaltung der Vorsehungslehre in KD III/3 sind zu nennen: Barth, K. (1936): Gottes Gnadenwahl, in: ThEx, Heft 47, München; ders. (1939): Die Souveränität des Wortes Gottes und die Entscheidung des Glaubens (ThSt(B) 5), Zollikon; ders. (1945): Hominum confusione et Dei providentia Helvetica regitur (1941), in: ders.: Eine Schweizer Stimme, Zollikon-Zürich, 234; ders. (1948): Die christliche Lehre nach dem Heidelberger Katechismus, Zollikon-Zürich, 22-29, 51-57; ders. (1949): Die Unordnung der Welt und Gottes Heilsplan (1948), in: ThEx NF 15, München.
Saxer gibt einen Überblick über die Entwicklung der Vorsehungslehre Barths in vier Phasen, die er folgendermaßen etikettiert: dialektisch-eschatologisch, trinitarisch-analogisch, heilsontologisch-abschirmend, gleichnishaft-dynamisch [Saxer, E. (1980) {→ L.}, 81-121].

337. In der katholischen Neuscholastik im zweiten Drittel des 19. Jhs. war der Bezugsrahmen des Kausalitätsdenkens wieder als Matrix der Schöpfungs- und Vorsehungslehre restituiert worden. Ins Zentrum rückte die wirkursächliche Bestimmung des Handelns Gottes in der Welt, demgegenüber die (soteriologische) Finalität der Weltregierung zurücktreten mußte. - Siehe dazu: Scheffczyk, L. (1963) {→ L.}, 147.

338. Es ist jedoch zu fragen, ob Barth das Kausalschema wirklich überwunden hat. Anlaß zu dieser Frage gibt zum einen die inhaltliche Näherbestimmung des Dreischritts von Vorausgehen, Begleiten und Nachgehen *(praecurrere, concurrere* und *succurrere)* [III/3, 134ff, 149ff, 171ff] als Vorherbestimmen, Befehlen und *Bewirken*. Damit wird das Hervorbringen der Wirkung (durch Gott) vom Vollzug der Handlung (durch den Menschen) gelöst und dieser sachlich nachgeordnet. Zum anderen stellt sich die o.g. Frage im Blick auf Barths Betonung des *praecursiven* gegenüber dem concursiven und succursiven Gotteshandeln; Gott handelt ihmzufolge dabei als allwirkende »causa prima« (III/3, 122) und als »Alleinherrscher seines Geschöpfs« (III/3, 106, vgl. 120-123). Auf diese Weise fällt Barth wieder in ein - wenn auch christologisch geprägtes - Kausalitäts-Denken zurück.

»Dennoch« Gottes (III/3, 59) der Bedrohung durch das Nichtige entgegengesetzt. Gegen den »Triumph der Gnade« (Berkouwer) vermag das Nichtige jedoch letztlich nichts auszurichten. Wie die Frage nach dem Leiden so wird auch die kosmische Dimension der Vorsehungslehre in Barths ›Heilsontologie‹ marginalisiert.[339] Die gleichnishafte Analogie zwischen dem Weltgeschehen und der Verwirklichung des göttlichen Heilsplans assimiliert das Subjektsein der Welt und des Menschen dem Subjekt-Sein Gottes und bewegt sich damit auf einen problematischen heilsgeschichtlichen Monismus zu, der die unverrechenbare Eigen- und Widerwilligkeit der Schöpfung, wie sie alle Welterfahrung prägt, letztlich nicht mehr ernst zu nehmen vermag.

Dabei unterscheidet Barth durchaus die Geschichte des Bundes platonisierend von der Realgeschichte der Welt: Der heilsgeschichtliche Monismus setzt einen historischen Dualismus aus sich heraus, in dem die Weltgeschichte coram Deo als eine bloß uneigentliche erscheinen muß, die ihre Dignität erst von der eigentlichen Geschichte, der (Heils-)Geschichte Gottes, erhält. Mit dieser ›doppelten Ontologie‹ ist aber dem Theologoumenon von der Inkarnation Gottes die Spitze gebrochen. Barths Vorsehungslehre erscheint in dieser Gestalt als die Entfaltung einer universalisierten providentia specialissima und erinnert darin an die klassischen heilsgeschichtlichen Systementwürfe.

Besonderes Interesse verdient jedoch die Fortentwicklung seines Vorsehungsdenkens im Kontext der Versöhnungslehre in KD IV.[340] Stand die Weltherrschaft Gottes nach KD III/3 ganz im Licht der Erwählung und des Bundes, so daß das reale Weltgeschehen ›heilsontologisch‹ in die Schwebe zwischen dem sich in ihm abspiegelnden Bundesgeschehen und einem abstrakt bestimmten Nichtigen geriet (was in der oben bezeichneten Kontrastharmonie von Monismus und Dualismus zum Ausdruck kommt), so tritt es hier wieder stärker in seiner eigenen Gewichtigkeit und Widerständigkeit dem auf Versöhnung zielenden Handeln Gottes gegenüber[341]; – wenn auch zunächst nur in der Weise, daß Gottes Weltherrschaft in ihrer Rätselhaftigkeit wahrgenommen wird. Die präsentische Eschatologie, wie sie noch in KD III/3 durchschien, wird wieder stärker zu einer futurischen, ja endzeitlichen. Damit einher geht die Öffnung des Vorsehungsdenkens für die Pneumatologie: »Veni, creator spiritus« (IV/3, 865).

2. Ortsbestimmungen der Vorsehungslehre in Dogmatikentwürfen der Gegenwart

Barth hatte - nach dem Vorbild der orthodoxen Systematik - eine zusammenhängende Darstellung der Vorsehungslehre im dritten Teil seiner Schöpfungslehre gegeben. Auch andere protestantische[342] Theologen, die dem altprotestantischen Gliederungs-

339. So auch: Saxer, E. (1980) {→ L.}, 114.
340. Siehe dazu die Kurzdarstellung in: Saxer, E. (1980) {→ L.}, 116-121.
341. So etwa in der Rede von der »erstaunlich andere(n) Geschichte, die da draußen geschieht« (IV/3, 787). Oder in der Bestimmung des Weltgeschehens als Gemengelage aus »Dei providentia et confusione hominum« (IV/3, 793-795).
342. Zum Vorsehungsthema in aktuellen katholischen Dogmatikentwürfen siehe: Kocher, R. (1993) {→ L.}, 32f, Anm. 35.

schema folgen, behandeln dieses Lehrstück en bloc im Kontext der Schöpfungslehre. Emil Brunner bezieht »Vorsehung« dabei – in Abwehr metaphysischer Philosopheme – auf die »Urbeziehung der Ruf-Offenbarung« bzw. auf die »Urstruktur der Wahrheit als Begegnung«)[343]. Ebenso entscheiden sich Otto Weber[344] (in seinem stark von Barth geprägten Entwurf) und Wolfhart Pannenberg[345] {→ S. 302ff} für diese Zuordnung. Von einem dezidiert lutherischen Ansatz her entfaltet Werner Elert das Providenzmotiv im Licht der Unterscheidung zwischen Gesetz und Evangelium.[346] Helmut Thielicke wendet sich diesem Lehrstück im Rahmen seiner »Theologischen Ethik«[347] zu. Eine auffallend knappe und zurückhaltende Darstellung gewährt Gerhard Ebeling der Vorsehungslehre am Ende des 3. Kapitels seiner »Dogmatik des christlichen Glaubens«.[348] Er verweist sie an den Ort des Gebets und entnimmt sie damit der Relation von Natur und Geschichte.[349]

Während in diesen und anderen[350] Dogmatikentwürfen die Vorsehungslehre als zusammenhängendes, wenn auch zuweilen stark in den Hintergrund gedrängtes Lehrstück - zumeist als Extension der Schöpfungslehre - dargestellt wird, zergliedern andere Autoren deren theologische Aussageintentionen und behandeln sie an verschiedenen Orten im jeweiligen Systementwurf; so etwa Paul Althaus[351] und Paul Tillich[352]. Auch Edmund Schlink geht in der »Ökumenischen Dogmatik« nur zum

343. Brunner, E. (1950, 1960²): Dogmatik II: Die christliche Lehre von der Schöpfung und Erlösung, Zürich, Stuttgart, Kap. 6 (»Von der Vorsehung, der Welterhaltung und der Weltregierung Gottes« 162-203); die Zitate sind S. 190 entnommen. Siehe aber auch: Kap. 7 (»Geschichte und Heilsgeschichte«, 210-226, und: ders. (1960): Dogmatik III: Die christliche Lehre von der Kirche, vom Glauben und von der Vollendung, Zürich, Stuttgart, Kap. 24 (»Theologie des Gebets«, 364-376).

344. Weber, O. (1955): Grundlagen der Dogmatik I, Neukirchen 554-580.

345. Pannenberg, W. (1991) {→ L.}, 50-76.

346. Elert, W. (1940, 1960⁵): Der christliche Glaube. Grundlinien der lutherischen Dogmatik, Hamburg, X. Kap., 269-287.

347. Thielicke, H. (1959, 1986⁵): Theologischen Ethik II/1: Mensch und Welt, Tübingen, Abs. 818-905 (S. 304-328).

348. Ebeling, G. (1979): Dogmatik des christlichen Glaubens I, Tübingen, 328-330.

349. Ähnlich: Fischer, K. P. (1977): Zufall oder Fügung? (ThMed 47), Zürich u.a.

350. Trillhaas, W. (1972): Dogmatik, Berlin, New York, 10. Kap., 152-176; Fritzsche, H. G. (1967, 1984²): Lehrbuch der Dogmatik II: Lehre von Gott und der Schöpfung, § 12, 332-397; Buri, F., Ott, H., Lochman, J. M. (1976): Dogmatik im Dialog, Bd. 3, 120-131; Joest, W. (1987): Dogmatik I, Göttingen 131-133; Mildenberger, F. (1993): Biblische Dogmatik. Eine Biblische Theologie in dogmatischer Perspektive, Bd. 3: Theologie als Ökonomie, Stuttgart u.a., 86-107.

351. Althaus, P. (1947, 1969⁸): Die christliche Wahrheit. Lehrbuch der Dogmatik, Gütersloh, § 28.3 (Erhaltung), § 30 (»Der Herr der Natur«), § 33 (»Der Herr der Geschichte«), § 64 (»Sinngebung der Schicksale«). - Siehe dazu: Link, C. (1991) {→ L.}, 207-218.

352. Tillich, P. (1958, 1987⁸): Systematische Theologie I, Stuttgart (engl.: Chicago 1951), 301-309 (»Gottes erhaltendes Schaffen«, »Gottes lenkendes Schaffen«); ders. (1966, 1987⁴): Systematische Theologie III, Stuttgart (engl.: Chicago 1963), 423-425 (»Die geschichtliche Vorsehung«). Wie kaum ein anderer der zeitgenössischen Entwürfe vermag Tillich sowohl die Realität des moralischen und physischen Übels, als auch die Freiheit der Schöpfung in sein Vorsehungsdenken zu integrieren. - Vgl. auch: ders. (1961): Philosophie und Schicksal, (Ges. Werke 4), Stuttgart, 15-39. - Zu Tillichs Vorsehungsdenken siehe: Rolinck, E. (1976): Geschichte und Reich Gottes. Philosophie und Theologie der Geschichte bei Paul Tillich, München u.a., 179f; Link, C. (1991) {→ L.}, 243-253.

Schluß des 9. Kapitels (»Die Regierung der Welt«) explizit auf die Providenzlehre ein, obwohl er in diesem, wie in den beiden vorangehenden Kapiteln (»Die Erhaltung des Menschen« und »Die Erhaltung der Welt«) jene Anliegen thematisiert, die traditionellerweise im Rahmen des Vorsehungstopos verhandelt wurden.[353] Andere Autoren integrieren sie sogar material in die Schöpfungstheologie (und die Eschatologie), wie J. Moltmann[354] und C. Link[355].

Der Grundentscheidung, die in der vorliegenden Studie getroffen ist, die Vorsehungslehre als Näherbestimmung des Weltwirkens Gottes aufzufassen, kommt Wilfried Härles Lozierung am nächsten. Er stellt sie im Zusammenhang des Teils »Das Gottesverständnis des christlichen Glaubens« im Kapitel »Gottes Wirken« seiner Dogmatik dar.[356] Allerdings werde ich diese Bestimmung pneumatologisch entfalten.

353. Schlink, E. (1883, 1985²): Ökumenische Dogmatik. Grundzüge, Göttingen, 201-206.
354. Moltmann, J. (1985) {→ L.}.
355. Link, C. (1991) {→ L.}, 333ff.
356. Härle, W. (1995) {→ L.}, 282-302.

M. Zusammenfassung

Der Überblick über die Entwicklung der protestantischen Vorsehungslehre vom schöpfungstheologisch geprägten Glauben Luthers an die Allwirksamkeit Gottes (und seine cooperatio mit den Geschöpfen) über die Entfaltung einer hochdifferenzierten Providenzsystematik in der Schultheologie bis hin zur Verabschiedung dieser Lehre und ihrem Neuentwurf bei Schleiermacher hat gezeigt, wie Luthers reformatorische Grundüberzeugung von der gütigen Königsherrschaft Gottes über die gesamte Schöpfung in kritischer Referenz zur zeitgenössischen Natur- und später zur Geschichtsphilosophie konzeptualisiert wurde. Die Auffassungen des Weltwirkens Gottes verorten sich dabei je unterschiedlich im Spannungsfeld zwischen den Polen des aktualistischen und des sapiential-ordinativen Modells.

Das aktualistische Modell geht vom tätigen Willen und der in der Welt wirksamen Macht, d.h. von den externen Akten Gottes aus und vermag daher die Individualität und Besonderheit seines Handelns hervorzuheben. Demgegenüber zielt das sapiential-ordinative Modell auf die Kontinuität und Generalität bzw. Universalität der ordnenden und teleologischen Wirksamkeit Gottes in Natur und Geschichte gemäß seiner inneren Logizität und seiner initialen Bestimmung. Hier steht die (im Wesen, in den ›Ideen‹ und/oder in der Absicht Gottes begründete) Zielgerichtetheit seiner Handlungsdisposition im Vordergrund, dort die Macht bzw. Durchsetzungskraft seines tätigen Willens. Dem Einsatz von Gottes Weisheit her droht dabei die Gefahr, in eine spekulative Ergründung der ›Gedanken‹ Gottes zu geraten, während die Zentrierung auf die externale Aktuosität an die Betonung der Verborgenheit Gottes rückgebunden werden muß, wenn es nicht zu einer allzu unmittelbaren Divinisierung natürlicher Phänomene und geschichtlicher Ereignisse kommen soll.

Die für die Vorsehungsauffassung der Reformatoren charakteristische Lehre von einer verborgenen, aktualistisch-individuellen Allwirksamkeit nimmt die Traditionslinie der franziskanischen Theologie auf und geht auf kritische Distanz zum thomasischen prudentia-Konzept. Andererseits halten Luther und Calvin aber betont an der Vorstellung der schöpferischen Allgegenwart Gottes fest. Dieser Topos korreliert sachlogisch dem sapiential-ordinativen Modell von der allwirksamen Weisheit Gottes. In den aktualistischen Vorsehungslehren der protestantischen Orthodoxie tritt dieses Motiv im Moment der providentia ordinata und universalis weiter in den Vordergrund und damit die sapiential-ordinative Ausrichtung, wie sie von Melanchthon wieder in die protestantische Theologie eingeführt worden war.

In der Physikotheologie der frühen Aufklärung entfaltet sich das sapiential-ordinative Modell der Vorsehung in einem naturwissenschaftlichen und -philosophischen Kategorierahmen (in einem eher zyklischen Paradigma) und bei Hegel im Bezug auf die Geschichte (in linearen bzw. dialektischen Denkformen). In seiner Geschichtstheologie liegt der Entwurf einer sapiential-ordinativen Vorsehungslehre par excellence vor. Dabei tritt ans Licht, was schon bei Thomas angedeutet ist[357]: daß die sapiential-ordinative Konzeption der Providenzlehre auf einen Panentheismus hin tendiert.

Schleiermacher vermochte, die Aussageintentionen des sapiential-ordinativen Typus weitgehend in sein aktualistisches Grundverständnis der Weltwirksamkeit Gottes zu integrieren, indem er die Gott-Welt-Beziehung als transzendentale Relation bestimmte: Gott wirkt nicht einzelne Akte *in* der Welt, sondern den Weltprozeß im ganzen. In diese Synthese fand der dem sapiential-ordinativen Modell anhaftende Ontologismus ebensowenig Eingang wie der Gedanke individueller Tätigkeiten Gottes aus dem aktualistischen Modell. Indem Schleiermacher die Notwendigkeit einer Erhaltung der Schöpfung als creatio continuata betonte und indem er diese als Mitwirken mit allen Tätigkeiten der Geschöpfe explizierte, schaffte er ein Gegengewicht gegen die einseitige Bestimmung der Vorsehung im Sinne einer universalgeschichtlichen Teleologie, wie sie in Lessings aktualistischer – und in Hegels sapiential-ordinativer Konzeption das Vorsehungsdenken dominierte.

In der Entwicklung der Providenzlehre seit Schleiermacher läßt sich eine Tendenz erkennen, Vorsehung auf die Existenzdeutung frommer Innerlichkeit zurückzunehmen. Auch der Entwurf Karl Barths steht gerade in seinem Widerstand gegen diese Tendenz unter ihrem Einfluß, verlagert er das Vorsehungsgeschehen doch ganz in die von Natur und Geschichte abgehobene, allein im gottgewirkten Glauben zu erfassende Selbstoffenbarung Gottes in Christus. Doch trat mit der Existentialphilosophie des 20. Jhs. auch in dieser Sphäre eine einflußreiche Konkurrenzmacht auf, dergegenüber das Vorsehungsdenken seinen Wahrheitsanspruch oft nur noch im Modus der (fideistischen) Behauptung geltend zu machen wußte. Damit war nach den Bezugsrahmen von Natur und Geschichte nun auch der des individuellen Lebens für die Explikation der Vorsehungslehre einer grundlegenden Bestreitung ausgesetzt.

Mit dieser Zuordnung des aktualistischen und des sapiential-ordinativen Grundmodells der Vorsehungslehre im Sinne eines zwischen zwei Polen ausgespanntes Feldes, in dem die unterschiedlichen Entwürfe die Intentionen der beiden Pole je verschieden integrieren, wende ich mich vor allem gegen die von Joachim Konrad u.a. vertretene, scharfe apologetisch-polemische Abgrenzung eines biblisch-christlichen Vorsehungsglaubens von einem natürlich-theologischen. Konrad, der damit Barths Verdikt gegen die natürliche Theologie auf die Vorsehungslehre anwendet, unterscheidet strikt zwischen dem »theozentrisch, soteriologisch und eschatologisch

357. »Insofern sind die Dinge mehr in Gott als Gott in den Dingen« (S.th. I, 8,3, ad 3). Vorsehung erscheint als sorgendens ›Denken‹ Gottes, der die Wirklichkeiten der Welt als Gedanken in sich trägt. Gott ist unmittelbar (»intime« – S.c.g. III, 89; vgl. S.th. I, 8,1) gegenwärtig »in allen Dingen als der, der ihnen Sein und Kraft und Vollbringen gibt« (S.th. I, 8,2). Es handelt sich bei dieser Gegenwart nicht um einen »Pantheismus der Auflösung«, sondern um eine Einheit des Vollzugs oder Geschehens. Gott wird »alles in allem«, nicht »zu allem«. Siehe dazu: Wucherer-Huldenfeld, A. K. (1997): Thomas von Aquin und die Überwindung pantheistischer (monistischer) Tendenzen, in: Religionen unterwegs 3, Nr. 1, 15.

ausgerichtete(n) biblisch-christliche(n) Vorsehungsglaube(n)«[358] und jener »natürlichen Theologie«, die einer weltimmanenten providentiellen Teleologie huldige und sie aus dem Weltlauf mit den Mitteln der Vernunft zu erkennen unternehme. Dabei zieht er die Linie dieser von der stoischen pronoia ausgehenden, in seinen Augen rein philosophisch statt offenbarungstheologisch grundgelegten Providenzkonzeption von den Apologeten über die Scholastik zu Leibniz und von dort über den »verflachten Gottesglauben« der Aufklärung, Hegel und den Fortschrittsglauben des 19. Jhs. »bis hin zu Hitlers frevelhafter Inanspruchnahme der ›Vorsehung‹ für seine Machtplanung«[359]. Die damit aufgerissene ideologische Diastase zwischen einem vermeintlich biblisch-christlichen und dem natürlich-theologischen Vorsehungsverständnis im Rahmen einer Natur- und Geschichtsphilosophie wird nicht nur den vielfachen geistesgeschichtlichen Prozessen gegenseitiger Interpenetration nicht gerecht, sie verstellt auch den Blick für die legitime, weil sachgemäße Vielfalt der theologischen Bemühungen, Gottes Weltwirksamkeit zu erfassen. Selbst dort, wo ein theologischer Erkenntnisoptimismus herrschte, der Gottes Wirken aus Natur und Geschichte mehr oder weniger ungebrochen erkennen zu können glaubte, ging eine solcherart ›natürliche‹ Theologie stets von der Unterstellung der Teilhabe der menschlichen an der göttlichen (Welt-)Vernunft bzw. von einer göttlich erleuchteten Erkenntnisbefähigung aus - auch und gerade im Zeitalter der Aufklärung. Es war die von Gott erleuchtete Vernunftnatur des Menschen, die als Subjekt aller natürlichen Theologie in erster Linie in Betracht kam.

358. Konrad, J. (1962): Art. Vorsehung, in: RGG³ 6, 1497.
359. Ebd.

IV. Kontingenzphänomene in der Natur als neue Möglichkeit, vom Handeln Gottes zu reden?

Mit der Wiedereinführung des Zufalls- bzw. ontischen Kontingenzprinzips a) in der Evolutionstheorie (aufgrund des Mutationstheorems) b) in der Quantentheorie (aufgrund der Heisenberg'schen Unschärferelation) und c) in der Chaosforschung (aufgrund der Komplexität der Wechselwirkungen - s.u.) war und ist ein Impuls gegeben, der die theologische Verlockung freisetzte, Gottes Wirken in solchen Kontingenzphänomenen anzusiedeln und so etwa auf der Matrix der Quantenmechanik eine »Quantentheologie«[1] zu entwickeln. Wo Gott als Verursachungsprinzip kontingenter Erscheinungen im atomaren und subatomaren Bereich der (Mikro-)Physik (d.h. als Ursache von Quantensprüngen) eingeführt wird und wo dieses Prinzip im Sinne der Allwirksamkeit allen Geschehens ausgelegt wird, vollzieht sich die Untermauerung des naturwissenschaftlichen (oder eher: natur*philosophischen*) Indeterminismus durch einem theologischen Determinismus: Gottes Aktuosität rückt in die »Lücken« des vormals geschlossenen Kausalzusammenhangs ein. Damit aber ist im Kern nur die Grundüberzeugung des physikalistischen Determinismus, wie er den naturalistischen Materialismus bestimmte, übernommen, aber mit einem theologisch gewendeten Kontingenzprinzip verbunden: Das Geschehen folgt einer strengen Notwendigkeit, doch ist es nicht mehr die Notwendigkeit naturgesetzlicher Regulation, sondern die des kontingenten göttlichen Handelns. Nur im Blick auf dieses Handeln läßt sich also von einer Kontingenz im Naturprozeß sprechen – als Ereigung der höheren Notwendigkeit, die aus der kontingenten Wirksamkeit Gottes fließt.

Wie sich das *Notwendigkeits*prinzip in der Naturdeutung theologisch in Anspruch nehmen und einholen ließ (in den Konzepten der providentia ordinata), so kann auch das *Kontingenz*prinzip zum Explikator der göttlichen Weltwirksamkeit werden. Ebenso lassen sich beide Prinzipien aber auch umgekehrt, d.h. gänzlich immanentistisch bestimmen - als Grundkategorien des autonomen, autopoietischen Weltprozesses - und stehen dann dem Glauben an Gottes Weltwirksamkeit entgegen.

Das Kontingenzprinzip ist also in dieser - wie auch in der entgegengesetzten Richtung ausdeutbar, je nachdem ob der postulierte Zufall als theonome oder als autonome Größe, als das von Gott Zu-Fallende oder als naturalistisches Innovationsprinzip - bis hin zu seiner metaphysischen Überhöhung zur anonymen Schicksalsmacht - gedacht ist. Im zweiten Fall ist jegliche Einwirkung Gottes auf den Weltprozeß ausgeschlossen und damit dem Reden von Gottes Wirken in der Natur der Boden entzogen.

1. Kolping, A. (1969): Wunder und Auferstehung Jesu Christi (TBP 20), Bergen-Enkheim; zit. nach: Kocher, R. (1993) {→ L.}, 101. Anm. 38.

In diesen Optionen findet die Grundfrage nach dem metaphysischen Gestaltprinzip des Naturprozesses unterschiedliche Fundamentalantworten, die sich aus Kombinationen der beiden Koordinaten: a) Zufall versus Notwendigkeit und b) Autonomie versus Theonomie ergeben: theonome Kontingenz, theonome Determination, autonome Kontingenz und autonome Determination {→ Systematik S. 60}. Zur weiteren Ausdifferenzierung dieser Prinzipienkoordinationen lassen sich noch weitere Unterscheidungen - wie die zwischen Binnen- und Außenverursachung - hinzuzuziehen. Alle solche Kategorien verstehen sich als Denkmuster zur Deutung der Steuerungsmechanismen von systemischen Naturprozessen, wobei sich diese Deutung stets als das komplementäre Zusammenwirken polar-entgegengesetzter Prinzipien darstellt. Das Novum der im folgenden zu sichtenden Entwürfe liegt darin, daß sie generative und regulative Impulse im Naturgeschehen nicht auf die Effektivität einzelner der genannten Prinzipien zurückführen, sondern sie im Prozeßzusammenhang komplexer Systeme beschreiben, die ihrerseits wiederum in hierarchisch-stratifizierte Systemkomplexe eingebunden sind.

Die vor dem Hintergrund der paradigmatischen Veränderungen des naturwissenschaftlichen Weltbildes geführte Debatte zwischen Physikern, Biologen und Theologen zur Frage nach Gottes (providentiellem) Wirken in der Natur kann und soll hier nicht nachgezeichnet werden.[2] Es wird im folgenden lediglich darum gehen, die zentralen Diskussionskreise zu eruieren und - soweit sie für die Vorsehungslehre relevant sind - systematisch zusammenzustellen, in denen sich die theologische Rezeption des Indeterminismusprinzips in der Evolutionslehre, der Quantenphysik und in der sog. Chaostheorie vollzogen hat. Zielpunkt ist dabei das von Pannenberg im Rahmen seiner Schöpfungslehre entworfene Konzept des Handelns Gottes im kontingenten Naturgeschehen. In Kapitel V.C.3 dieses Buches wird die Diskussion dieses Ansatzes noch einmal aufgenommen, um zu prüfen, ob das darin vorgeschlagene Modell des physikalischen Kraftfeldes ein geeignetes Interpretament zur Deutung des Wirkens Gottes darstellt.

Um ›terminologische Unschärferelationen‹ zu vermeiden, ist eine exkursartige Klärung der in diesem Kontext zentralen *Begriffe »Zufall« und »Kontingenz«* erforderlich: Grundlegend ist zu unterscheiden zwischen ontischer und logischer (bzw. epistemischer) Kontingenz.[3] Unser Interesse gilt der ersten der beiden Begriffsbedeutungen. Nach der Definition des Thomas: »Contingens, quod potest esse et non esse«[4] ist kontingent, was sein kann, aber auch nicht sein kann. Dieser modaltheoretische Begriff der ontischen »Kontingenz« als Nicht-Notwendigkeit (und Nicht-Unmöglichkeit) bedeutet also nicht: Unverursachtheit, ursachelose Spontaneität eines Ereignisses E. Er verweist lediglich auf die Tatsache, daß die Bedingungen, die E

2. Siehe die in Teil I, Anm. 40 zusammengestellte Literatur.
3. G. H. v. Wright spricht von einem »epistemischen Indeterminismus« im Gegensatz zum ontologischen [Wright, G. H. von (1977): Handlung, Norm und Intention, Berlin, New York, 96]. Siehe auch: Gwynne, P. (1996) {→ L.}, 210ff.
4. S.th. I, 86,3. Vgl. auch: S.c.g. II, 15, wo das Kontingente definiert ist als »quod est possibile esse et non esse«.

bewirken, so beschaffen sind, daß sie auch ein anderes oder gar kein Ereignis hervorbringen könnten. Keines der relevanten konditionalen Antezedentien ist eine notwendige *und hinreichende* Bedingung für E.

Die Vorstellung, daß jedes Ereignis (in exakt dieser und keiner anderen Ereignung) durch eine antezendente notwendige und hinreichende Bedingung bewirkt sei, die es mit Notwenigkeit hervorbringt, kreiert eine deterministische Weltsicht, in der jegliche ontische Kontingenz ausgeschlossen ist, so daß Möglichkeit und Wirklichkeit zusammenfallen.

Zur Differenzierung und Präzisierung des Zufallsbegriffs bediene ich mich der Unterscheidungen, die D. J. Bartholomew herausgearbeitet hat. In seiner Studie »God of Chance« entwickelt er eine theologische Kosmologie, in der dem Zufall (»chance«) eine fundamentale Rolle als Innovationsprinzip zuerkannt wird. Dabei rekonstruiert er drei Bedeutungstypen von »Zufall«[5]:

a) Zufall als »accident«, d.h. als Koinzidenz von zwei voneinander unabhängigen Kausalketten oder zwei Handlungsintentionen oder einer Kausalkette mit einer Handlungsintention (z.B. das »zufällige« Zusammentreffen von Straßenglätte und einseitiger Bremswirkung). Nach dieser - schon auf Aristoteles[6] zurückgehenden - Definition ist lediglich das *Zusammentreffen* der Kausalketten zufällig, nicht aber diese selbst und damit auch nicht das Resultat des Zusammentreffens. In dieser Bedeutung deckt sich der Zufalls- mit dem Kontingenzbegriff.
b) Zufall als »pure chance«, d.h. als ontische Nicht-Notwendigkeit von Ereignissen, die in zeitlicher Abfolge stehen (z.B. beim Quantensprung).
c) Zufall als »pseudo chance«, d.h. als aleatorische Nicht-Notwendigkeit des Eintretens bestimmter Ereignisse aus einer Vielzahl von Möglichkeiten (z.B. beim Würfeln); das Eintreten der Möglichkeiten ist unvorhersehbar und bestenfalls als statistischer Wahrscheinlichkeitswert zu bestimmen. Nach dieser Definition meint »Zufall« nicht ontische, sondern epistemische Indeterminiertheit, die der »Laplace'sche Dämon« durch Kenntnis aller Determinanten prinzipiell überwinden könnte.[7]

5. Bartholomew, D. J. (1984): God of Chance, London, 4. Kap. (66-89); in seinem aktuellen Buch »Uncertain Belief. Is it Rational to be a Christian« (Oxford 1996) nimmt Bartholomew diese Fragestellung noch einmal auf, siehe bes. 54ff. Siehe auch: ders. (1991): Probability, Belief and Truth, in: Mott, N. (Hg): Can Scientists Believe? Some Examples of the Attitude of Scientists to Religion, London, 49-65; ders. (1991): Chance in God's World, in: Linzey, A., Wexler, P. (Hg): Fundamentalism and Tolerance. An Agency for Theology and Society, London, 138-147. – J. Haught unterscheidet fünf Bedeutungen von »Zufall«: epistemologischer, mathematischer, existentialer, (mikro-)physikalischer und metaphysischer [Haught, J (1984): The Cosmic Adventure, New York, 78-82].
6. Zu Aristoteles' Auffassung des Zufalls siehe: Seifen, J. (1992) {→ Teil III, A. 48}, 23-29. - Insgesamt bietet der philosophiegeschichtliche Teil der Studie Seifens (15-91) einen wertvollen Überblick über die Entwicklung des Zufallsgedankens von der griechischen Antike bis zu Leibniz.
7. Eine interessante Verbindung zwischen ontischer und epistemischer Interpretation von Zufälligkeit könnte sich sich aus dem Naturverständnis I. Prigogines ergeben, demzufolge das Sein im Werden liegt. Zufall wäre demnach als Mangel des In-Erscheinung-getreten-Seins eines Phänomens und damit verbunden als Mangel an Intelligibilität des Phänomens für den Beobachter zu bestimmen.

Die sog. Komplexitätstheorie, die Ereignis- bzw. Zeichenfolgen auf ihre Regelmäßigkeit hin untersucht, bietet eine informationstheoretisch-mathematische Definition des Zufalls: Eine Folge, die nicht komprimierbar ist, weil sie keine Regelmäßigkeiten enthält, gilt als Zufallsfolge. Die Bestimmung von Zufälligkeit als Nicht-Regelmäßigkeit erweist sich dabei aber als kontextabhängig - so ist der Zufall beim Würfeln durchaus von der Form des Würfels abhängig, wobei schon kleinste Unterschiede der Ekken zu Regelmäßigkeitsverteilungen führen können. Als zufällig im strengen Sinn können allein die Quantenprozesse, wie der radioaktive Zerfall, gelten. Doch läßt sich das vermeintliche Zufallsmoment quantenphysikalischer Vorgänge nach der Kopenhagener Deutung auf die nicht scharfe Trennbarkeit von Phänomenen - und nach der Heisenberg'schen Unschärferelation auf die nicht scharfe Trennbarkeit von Phänomenen und Meßvorgängen zurückführen. Auf keinen Fall dient der Begriff des Zufalls der *Erklärung* von Phänomenen; er bringt lediglich die Nicht-Regelmäßigkeit ihres Auftretens zum Ausdruck. Wird er zu einem generativen Prinzip von Prozessen erhoben, ist der Rahmen der naturwissenschaftlichen Deutung ebenso verlassen wie dort, wo teleologische Prinzipien angenommen werden. Solche meta-physischen Deutemuster stellen wissenschaftliche Nicht-Erklärungen dar, wie Karl Popper immer wieder betont hat.

Eine ganz andere Füllung erhielt der Begriff der Kontingenz aufgrund der menschlichen Erfahrung existentieller Ungesichertheit im Raum der Geschichte. Nicht mehr die auf die ontologische Kategorie der Nicht-Notwendigkeit zentrierte Spannung von Gesetz und Zufall macht hier seinen Inhalt aus, sondern die Erfahrung geschichtlicher Relativität in der Polarität von So-sein und Anders-sein-können, Faktizität und der Vielfalt des Möglichen. Die Allgegenwart der immer denkbaren Alternativen und die sich aus ihr ergebende Unvorhersehbarkeit der Zukunft ist zum einen Möglichkeitsbedingung menschlicher Freiheit, zum anderen aber Quelle von Unsicherheit und Zukunftsangst. So definierte schon Duns Scotus: »dico hic contingens ... cuius oppositum posset fieri quando istud fit«[8].

8. Zit. nach Deuser, H. (1990): Art. »Kontingenz II. Theologisch«, in: TRE 19, 553.

A. Gott als kontingent Handelnder – Georg Gabriel Stokes' Anstoß

In den Gifford-Lectures von 1891 hatte Georg Gabriel Stokes eine sehr einflußreiche, wenn auch letztlich keineswegs überzeugende Argumentation entfaltet, in welcher er die ›deistische‹ Gott-Welt-Relation kritisiert, die Leibniz im Gleichnis der perfekt konstruierten Uhr veranschaulicht hatte. Stokes zeigte, wie der regelmäßige Gang einer Uhr sehr wohl beeinflußt werden könne, ohne die Gesetze der Mechanik oder der Gravitation zu verletzen - indem etwa durch Unterschieben eines Elektromagneten eine zusätzliche Kraftwirkung in das Zusammenspiel von Mechanik und Gravitation eingeführt werde. Damit verändern sich die ›Rahmenbedingungen‹ des gesetzlich geregelten Bewegungsprozesses. Durch diese Zulassung kontingenter (hier im Sinne von: willentlich beeinflußbarer) Randbedingungen aber war der Determinismus in der Naturauffassung durchbrochen, ohne die Kausalgesetzlichkeit im ganzen bestreiten zu müssen. Es gibt kontingente Konditionen und Impulse im naturgesetzlichen Zusammenhang. Das führt zur Unterscheidung von Determination und Vorhersagbarkeit eines Ereignisses: Die Notwendigkeit eines durch seine Anfangs- und Randbedingungen konditionierten Geschehens geht nicht mehr - wie bei Laplace - mit der Prädiktabilität (Vorhersagbarkeit) dieses Geschehens einher.[9] Es kann unterschiedliche Verläufe annehmen, die je für sich notwendig sind.

Aus der Analogie der beschriebenen Kraftfeldwirkung zieht nun Stokes eine für das Reden vom Handeln Gottes unmittelbar relevante Konsequenz: »Es würde absurd sein, dem schöpferischen Willen (Gottes) Fähigkeiten abzusprechen, welche die geschaffenen Wesen besitzen«[10] - die Fähigkeit, willentlich in den naturgesetzlich regulären Geschehensablauf der Natur zu intervenieren.

Ganz ähnlich hatte schon G. C. Storr zu Beginn des 19. Jhs. argumentiert: So wie die freien Geschöpfe, unbeschadet der Naturgesetze, durch ihre Einwirkung den Lauf der Natur abändern könnten, so könne auch Gott, ohne die Naturgesetze zu verletzen, mittelbar oder unmittelbar in der Welt wirken.[11] Doch hatte Storr dieses Postulat nicht mit einer naturwissenschaftlichen Erklärung untermauert.

9. Deutlich wird diese Trennung u.a. bei: Penrose, R. (1989): The Emperor's New Mind. Concerning Computers, Minds, and the Laws of Physics, Oxford, 431, der aus seiner Darstellung des determinierten Indeterminismus die Folgerung zieht, »that the future would not be computable from the present, even though it might be determined by it«. An seine »correct quantum gravity theory« schließt er die Deutung der Providenz- als conservatio-Lehre an (353ff, 431f).
10. Zit. nach: Jenssen, H.-H. (1991): Gedanken zur Predigt über Schicksal, Vorsehung und Bittgebet im Hinblick auf den Dialog zwischen Theologie und Naturwissenschaften (Arbeitstexte des Bundes für Freies Christentum, hg. von P. Schwarzenau und U. Tworuschka, Nr. 22), Stuttgart, 6.
11. Storr, G. C. (1803): Lehrbuch der christlichen Dogmatik, Stuttgart, 320.

Durch seine naturwissenschaftliche Analogie gab Stokes der Behauptung des Welthandelns Gottes neue Plausibilität. Indem er die Wirkung eines Kraftfeldes als Analogat nahm, wies er voraus in Richtung jener Entwürfe des Welthandelns Gottes, die gegenwärtig im Dialog zwischen Naturwissenschaft und Theologie diskutiert werden. Gegen seinen Ansatz ist jedoch einzuwenden, daß er wieder zurückführt in die von Leibniz erkannte und kritisierte Problematik, die entsteht, wo Gott als in der Welt wirkende Ursache in den Zusammenhang der endlichen Ursachen gestellt und seine Wirkweise damit physikalisiert wird.

Stokes Argument taucht auch im Rahmen der Divine-Action-Debatte immer wieder auf[12], um die Möglichkeit eines freien und personalen Handelns Gottes im Naturprozeß zu behaupten und damit die beiden Extreme des extrinsischen Interventionismus (Gottes Handeln als supranaturale providentia extraordinaria) und des transzendentalen Immanentismus (Gottes Handeln als identisch mit dem Vollzug des naturgesetzlichen Weltprozesses) abzuwehren.[13] Dabei wird der materialistischen Sicht der Wirklichkeit als eines ›von unten‹ - d.h. von der Ebene der mikrophysischen, chemischen und -biologischen Prozesse her - sich aufbauenden, geschlossenen Kausalzusammenhangs, in dem die Naturgesetze alles Geschehen in einer »upward causation« determinieren, das (im weiteren Sinne idealistische) Modell der in Stufen zunehmender Komplexität, Eigendynamik und Freiheit aufgebauten Seinspyramide gegenübergestellt, in der die jeweils niedrigeren Ebenen ›nach oben offen‹ sind und sich *von dort* - letztlich von der Realität Gottes - formieren lassen. So entwickeln die je höheren Ebenen im Rahmen des ihnen ›von unten‹ vorgegebenen Bedingungsgefüges eigene Ausdrucksgestalten, die ihrerseits wieder nach Zuwachs an Sein streben. Diesem Modell zufolge bildet der Bereich natürlicher Kausalität nicht die Determinationsmatrix, sondern lediglich die »Infrastruktur« des menschlichen Handelns[14], ein Netzwerk notwendiger Bedingungen, innerhalb dessen die Handlung vollzogen wird, das aber den intentionalen Handlungsimpuls nicht (zumindest nicht vollständig) aus sich heraus hervorbringt. In diesem Sinne ›interveniert‹ der Handelnde beständig in den natürlichen Kausalzusammenhang der Wirk-

12. Zumeist ohne Bezugnahme auf Stokes, gelegentlich aber in Anknüpfung an die Auseinandersetzung um Humes Wunderkritik. Siehe dazu: Burns, R. (1981): The Great Debate on Miracles, London, 232f.

13. So etwa bei: MacMurray, J. (1969): The Self as Agent, London, 158f; Baelz, P. (1968) {→ Teil I, A. 54}, 113; Kirkpatrick, F. G. (1983): Understanding an Act of God, in: Thomas, O. C. (Hg) {→ L.}, 173; Brümmer, V. (1985) {→ Teil I, A. 54}, 63; Brown, D. (1985): The Divine Trinity, London, 20; ders. (1990): God and Symbolic Action, in: Hebblethwaite, B. L., Henderson E. H. (Hg) {→ L.}, 105f. Brown stellt den von ihm als »interventionist« charakterisierten Theismus der Position eines »non-interventionist« Deismus (wie er ihn bei Wiles findet) gegenüber und favorisiert das interventionistische Modell [Brown, D. (1985), x]; Peacocke, A. (1990, 1993²) {→ Teil I, A. 43}, 182; Alston, W. (1985) {→ Teil I, A. 118}, 209f; ders. (1993) {→ Teil I, A. 118}, 189-191; Gwynne, P. (1996) {→ L.}, 179ff, 184ff.

14. Diese Formulierung geht auf E. Pols zurück, der argumentiert, the act »embraces, makes use of, even in some measure dominates the realities of the infrastructure, but neither act nor infrastructure cancels the authenticity of the other« [Pols, E. (1980): The Ontology of the Rational Agent, in: RMet 33, 689-710, hier: 691f].

lichkeit, ohne ihn jedoch zu ›durchbrechen‹. Menschliches Handeln läßt sich demnach nicht nach dem Kausalitätsmuster von (natürlichen) Ereignissen mit dem Konzept der »event-causality« erklären, vielmehr ist es als »agent-causality« {→ S. 323} zu verstehen. Menschliches Handeln gründet in der Selbstbestimmung des Handelnden, nicht (zumindest nicht primär) in äußeren Einflußfaktoren. Diese Faktoren bilden lediglich die Möglichkeitsbedingungen der Selbstbestimmung.[15]

Aus dieser Voraussetzung nun ziehen zeitgenössische Vertreter des aktualistischen Modells (d.h. des Divine-Action-Konzepts) den Schluß, daß sich die kontingenztheoretische Explikation des menschlichen Handelns per eminentiam auf die Rede vom Handeln Gottes übertragen lasse: Freie menschliche Handlungen transzendieren die Kausalordnung und stellen ein Modell für das Handeln Gottes zur Verfügung.[16]

In dem Gedanken aber, daß per eminentiam für das göttliche Handeln gelten muß, was für das menschliche zu sagen ist, liegt die Problematik dieser Argumentation. Denn damit wird ein Bündel zusätzlicher Voraussetzungen eingeführt, die Gott Handlungsfähigkeit prädizieren. So sehr die »agent-causality« ein *metaphorisches Modell* für die Rede vom Handeln Gottes zur Verfügung zu stellen vermag, so wenig leistet sie doch eine begründende Plausibilisierung dieser Rede. Erst dort, wo die Wirklichkeit des göttlichen Handelns in der Welt vorgängig anerkannt ist, kann der Aufweis der Möglichkeitsbedingung solchen Handelns (d.h. der Nachweis, daß es mit der Verfaßtheit der kreatürlichen Realität vereinbar ist) überzeugen. Doch handelt es sich dabei um eine nachträgliche Rationalisierung des zuvor glaubend Unterstellten.

Aus dem Aufweis der *Möglichkeit* handelnder Intervention läßt sich nicht auf die *Wirklichkeit* des Handelns Gottes schließen. Das gilt auch und erst recht, wo die Erkenntnisse der Quantenphysik herangezogen werden, um das Determinismuspostulat zu durchbrechen und die Vorstellung der Wirklichkeit als eines geschlossenen Ursache-Wirkungs-Zusammenhangs für handelnde Interventionen Gottes zu öffnen.

15. Mit: Hansson, M. J. (1991) {→ L.}, 98.
16. So etwa: Hansson, M. J. (1991) {→ L.}, Kap. 7 (95-107).

B. Quantenphysikalischer Indeterminismus als Grundlage für die Rede vom Handeln Gottes?

Durch die Entwicklung der Relativitätstheorie und der Quantentheorie mit ihrer Unbestimmtheitsrelation[17] kam es seit Beginn dieses Jahrhunderts zu fundamentalen Veränderungen des Naturverständnisses, die der auf die Mechanik Newtons errichteten Physik den Anspruch auf wirklichkeitsübergreifende Allgemeingültigkeit entzogen und sie auf den Mesobereich der sinnlichen Erfahrungswelt beschränkten. Dadurch wurden folgende Grundlagen der klassischen Physik infrage gestellt: a) ihr erkenntnistheoretischer Realismus bzw. Objektivismus, mit dem sie ihre Gegenstände im festen Bezugssystem von Raum und Zeit nach dem Grundsatz der Subjekt-Objekt-Trennung unabhängig vom Beobachter zu erkennen vermeinte, b) ihr (metaphysischer) kausalistischer Determinismus, der alle Bewegungen im gesamten Universum vom Bewegungsimpuls der *causae efficientes* verursacht sah, und c) ihr methodischer Reduktionismus, der in seiner analytischen Perspektive den kleinsten Einheiten und ihren Bewegungsgesetzen wirklichkeitskonstitutive Bedeutung beimaß und komplexere Strukturen nach dem Modell der Partikelmechanik zu erklären versuchte.[18]

Besonders die Verschiebung des zweiten Postulats ist für die Frage nach Gottes Wirksamkeit in der Natur von unmittelbarer Relevanz: die Erhebung des (bis dahin in der Regel als potentiell behebbares *epistemisches* Defizit gedeuteten) Indeterminismus zum *ontischen* Prinzip. War noch im mechanistischen Modell der Newton'schen Physik das Zufallsprinzip durch das der gesetzlichen Verursachung gänzlich verdrängt, so daß die Rede von einem »Zufall« auf eine Unerklärbarkeit in der Erkenntnisordnung (»asylum ignorantiae«), nicht aber auf eine Spontan-Kausativität in der Seinsordnung verwies[19],

17. Die Quantenmechanik nahm ihren Ausgang von der Entdeckung des Wirkquantums h durch Max Planck und wurde durch die Kopenhagener Deutung N. Bohrs weitergeführt. In der Mitte der 20er Jahre hatten Heisenberg und Schrödinger unabhängig voneinander einen eigenen mathematischen Formalismus entworfen, der die »Neue Quantenmechanik« begründete, wobei sich der Schrödinger'sche Typus durchgesetzt hat. Heisenberg entwickelte die sog. Unbestimmtheitsrelation, die von Max Borns und Pascual Jordans statistischer Interpretation gestützt wurde. Die aus diesem Durchbruch sich ergebende Entwicklungslinie zieht sich weiter aus bis zu den Quantenfeldtheorien wie der Quantenelektrodynamik, die die Wechselwirkung zwischen dem elektromagnetischen Feld und dem Materie-Feld der Elektronen und Positronen beschreibt.
18. Vgl. Barbour, I. G. (1990) {→ Teil I, A. 41}, 95f. - Das heißt nicht, diese Auffassungen seien damit überwunden. Der methodische Reduktionismus hat beispielsweise nach wie vor viele Anhänger.
19. Etwa bei Leibniz: Theodizee (PhB 499) {→ Teil III, A. 48}, Anhang: »Betrachtungen über das von Herrn Hobbes veröffentlichte englische Werk über Freiheit, Notwendigkeit und Zufall«, § 2, S. 405. - Ganz ähnlich Spinoza: »Dagegen heißt ein Ding zufällig allein im Hinblick auf einen Mangel unserer Erkenntnis und sonst aus keiner anderen Ursache« [Ethik I (PhB 92) {→ Teil III, A. 23}, Anm. 1 zu Lehrsatz 33]. Die epistemische Auffassung des Zufalls als Deutekategorie für Unerklärbares und d.h. als Mangel an intellektueller Erklärungskraft findet sich schon bei Demokrit [Diels, H., Kranz, W. (1903, 1989[18]): FVS II, 68, B 119 (S. 166f)] {→ Teil II, A. 147}.

so kam besonders seit der Kopenhagener Deutung der Quantentheorie (ab 1925) dem Postulat des ontischen Indeterminismus für den Bereich des quantenphysikalischen Mikrokosmos wissenschaftliche Evidenz zu[20], auch wenn ihm von seiten bedeutender Wissenschaftler - wie Albert Einstein - stets heftig widersprochen wurde.[21]

1922 stellte Schrödinger fest, »daß zum mindesten für die erdrückende Mehrzahl der Erscheinungsabläufe, deren Regelmäßigkeit und Beständigkeit zur Aufstellung des Postulats der allgemeinen Kausalität geführt haben, die gemeinsame Wurzel der beobachteten strengen Gesetzmäßigkeit - der Zufall ist«[22]. Wenn aber der Grundsatz der klassischen »Kontinuumsphysik«[23] »natura non facit saltus« keine generelle Geltung mehr beanspruchen konnte, wenn vielmehr der ontische Zufall als »Grundsituation der physikalischen Welt«[24] angesehen werden mußte, dann war der Glaube der neuzeitlichen Naturwissenschaft an die vollkommene Erklärbarkeit und Prognostizierbarkeit der Welt aus sich selbst heraus im Prinzip preiszugeben. An die Stelle kausaler Zusammenhänge traten statistisch signifikante Relationierungen, wodurch die metaphysische und naturwissenschaftlich-deterministische Deutung der Naturgesetze außer Kraft gesetzt war. Bestenfalls *retrospektiv* lassen sich deterministische Gesetzmäßigkeiten in der Dynamik physikalischer Systeme aufweisen.

Die metaphysische Vorstellung eines geschlossenen Kausalzusammenhangs der gesamten Wirklichkeit war damit in die Annahme einer Vielzahl einzelner Determinationsketten zerbrochen, deren Antezedens- bzw. Randbedingungen als kontingent und beinflußbar erschienen. Aus dieser Zersplitterung der »goldenen Kette der Natur« (J. Arndt[25]) zog N. Hartmann die Konsequenz, das Ganze der Realsphäre sei als solches zufällig und sprach in diesem Sinne von der Gesamtzufälligkeit der Realität bzw. von »Realzufälligkeit«.[26]

Die Annahme der durchgängigen immanenten Determination aller Ereignisse, Prozesse und Zustände der Wirklichkeit entzieht dem Glauben an eine Einwirkung Gottes in die Kausalkette prinzipiell den Boden. Gottes Weltverhältnis muß unter dieser

20. Siehe dazu: Bohr, N. (1931): Atomtheorie und Naturbeschreibung, Berlin; ders. (1958): Atomphysik und menschliche Erkenntnis (Die Wissenschaft 112), Braunschweig. - In seinen späten Schriften schließt sich auch Heisenberg dieser Sicht an, u.a. in: Heisenberg, W. (1959, 1990^5): Physik und Philosophie, Stuttgart.
21. Vor allem in seinen Briefen an Max Born vom 4.12.36 und 17.9.44 in: Born, M. (Hg) (1969): Albert Einstein, Hedwig und Max Born, Briefwechsel 1916-1955, München, 129f (siehe auch 118f), 204. - Siehe dazu: Wheeler, J.A. (1984): Die Experimente der verzögerten Entscheidung und der Dialog zwischen Bohr und Einstein, in: Kanitscheider, B. (Hg): Moderne Naturphilosophie, Würzburg, 203-222.
22. Schrödinger, E. (1962): Was ist ein Naturgesetz? Beiträge zum naturwissenschaftlichen Weltbild, München, Wien, 10.
23. Wölfel, E. (1994): Art. »Naturwissenschaft I«, in: TRE 24, 189-213, hier: 201.
24. Poser, H. (1990): Art. »Kontingenz I«, in: TRE 19, 550. Schon Max Planck hatte formuliert: »Die Natur scheint in der Tat Sprünge zu machen, und zwar solche von recht sonderbarer Art« [Planck, M. (1933, 1944^4): Wege zur physikalischen Erkenntnis, Leipzig, 47].
25. Arndt, J. (1605-1609, 1853^4): Vier Bücher vom wahren Christentum, Berlin, 4.I.4.36.
26. Hartmann, N. (1938): Möglichkeit und Wirklichkeit, Berlin, 39, 219f.

Voraussetzung deistisch gedeutet und/oder spiritualisiert werden. Um dieser Konsequenz zu entgehen, wurde - eher von naturwissenschaftlicher als von theologischer Seite - der Versuch unternommen, die Vorstellung von Gottes Wirken in der Welt (ebenso wie die der menschlichen Handlungsfreiheit) in Anknüpfung an die quantenphysikalischen Indeterminismusphänomene neu zu konzeptualisieren.

Vor allem der Physiker und Theologe *W. G. Pollard*[27] und der sich zum christlichen Glauben bekennende, theologisch interessierte Physiker *P. Jordan*[28] glaubten, in solchen mikrophysischen Kontingenzerscheinungen eine naturwissenschaftlich begründbare Möglichkeitsbedingung für das Postulat des göttlichen Handelns entdecken zu können. Gottes wie der Menschen Aktivität bricht demzufolge die Kausalkette der natürlichen Wirklichkeit nicht auf, weil sie in diesem Bereich nicht geschlossen ist.

Ende der 50er Jahre stellte Pollard - ausgehend vom Unschärfeprinzip der Quantenphysik, die Behauptung auf, Gott übe sein providentielles Handeln im subatomaren Bereich, in dem keine Determination herrscht, aus. Er wirke als »the ultimate nonlocal ›hidden variable‹«[29], die aus einem Möglichkeitsfeld im Rahmen der Wahrscheinlichkeitsverteilung einzelne Ereignisse durch Konstellierung atomarer Strukturen realisiert.[30]

Der quantentheoretische Indeterminismus wird auf diese Weise von Pollard in einen ›theologischen Determinismus‹ aufgehoben.[31] Vorausgesetzt ist dabei, daß jedes Geschehen eine Ursache haben müsse, »Zufall« aber keine Ursache, sondern gerade deren Abwesenheit, sei.[32] Wo sich jedoch keine innerweltliche Ursache angeben lasse, könne - in der Interpretation des Glaubens - Gottes Wirksamkeit als causa angenommen werden. Doch handelt es sich dabei nach Pollard um eine in die Welt wirkende metaphysische, nicht um eine physische Ursächlichkeit. Es bedarf keiner physikalischen Krafteinwirkung, da Elektronen nach Pollards Forschungsstand keine Position haben, die durch einen Bewegungsimpuls geändert werden müßte.

In diesem Ansatz läßt sich der Versuch erkennen, das Theologoumenon von der Allwirksamkeit Gottes - demzufolge »alle Veränderungen in der Welt als verborgene Wirkungen seiner Hand anzusehen sind«[33] - mit naturwissenschaftlichen Theoremen zu untermauern, um so mit der menschlichen auch die göttliche Freiheit zum Wirken in der Welt im Rahmen des naturwissenschaftlichen Weltbildes intelligibel und plausibel

27. Pollard, W.G. (1958, dt. 1960) {→ L.}. Vgl: ders. (1987): Transcendence and Providence. Reflections of a Priest, Edinburgh.

28. Jordan, P. (1963, 1972[6]): Der Naturwissenschaftler vor der religiösen Frage. Abbruch einer Mauer, Oldenburg, Hamburg; ders. (1970): Schöpfung und Geheimnis, Oldenburg; ders. (1972): Erkenntnis und Besinnung, Oldenburg, bes. 158f; ders. (1979): Religion und Naturwissenschaft in ihrer Wechselbeziehung, in: Theologisches, Nr. 108, 3170-3174. - Ähnlich (wenn auch vorsichtiger): Rawer, K. (1982): Kausalität - Zufall - Vorsehung (CGG 4), Freiburg u.a., 47-73, bes. 71-73.

29. So: Barbour, I. G. (1990) {→ Teil I, A. 41}, 117 in seiner Darstellung des Ansatzes von Pollard.

30. Pollard, W. G. (1958) {→ L.}, bes. Kap. 4, 89-119.

31. Im Ansatz ganz ähnlich: Jordan, P. (1963, 1972[6]) {→ A. 28}, bes. 158f; Geach, P. T. (1977) {→ Teil I, A. 51} und MacKay, D. M. (1978) {→ Teil I, A. 40}. Siehe dazu: Britten, B. (1986): Evolution by Blind Chance, in: SJT 39, 341-360.

32. Pollard, W. G. (1958) {→ L.}, 92ff.

33. Calvin, J. (1955, 1988[5]) {→ Teil II, A. 109}, I,16, 9, S. 112; siehe auch I,16, 5, S. 108.

zu machen. Gottes Weltwirken kann wieder als freie und spontane Allkausalität aufgefaßt werden. Die Rede vom Zufall muß dagegen geradezu als defizitäre Wirklichkeitswahrnehmung erscheinen, weil sie die göttliche Providenz methodisch ausblendet.

Aus theologischer wie auch aus naturwissenschaftlicher und naturphilosophisch-ontologischer Perspektive sind Einwände gegen Pollards (und im wesentlichen auch gegen Jordans) ›kontingenztheologischen‹ Versuch zu erheben:

1. Naturwissenschaftlich, naturphilosophisch-ontologisch:
a) Für naturwissenschaftliches Wirklichkeitsverständnis kann die Unterstellung einer Zielrichtung quantenphysikalischer Prozesse, wie sie für das Wirken Gottes angenommen werden muß, nicht akzeptiert werden. Das Indeterminismuspostulat im Bezug auf physikalische Quantenprozesse ist logisch inkompatibel mit der Annahme einer absichtsvollen Gerichtetheit des Gott-Geistes. So konstatiert S. Hawking, eine Einwirkung Gottes im mikrophysischen Bereich wäre »a strange kind of intervention«, denn »there is no evidence that it is directed toward any purpose«[34].

b) Andererseits gilt jedoch auch: Wo aus den quantenphysikalischen Indeterminismusphänomenen ein Kontingenzpostulat abgeleitet wird, das sich auf alle Wirklichkeit erstreckt, herrscht ein ontologischer Reduktionismus vor, der die gesamte Wirklichkeit - ebenso wie alles Wirken Gottes - in einer »upward causation« von der Ebene der Elementarteilchen aus erfassen will und dabei die Möglichkeit ausblendet, daß auf den höheren Ebenen der Wirklichkeit - der chemischen, der biologischen, der geistigen - andere Bewegungsimpulse möglich sind und andere Bewegungsgesetze herrschen, die dann auch ›top-down‹ finalisierend und komplexitätssteigernd auf die niedrigeren Ebenen einwirken können.[35] Doch ist ein ›atomistisches‹ Naturverständnis unter Naturwissenschaftlern ebenso umstritten wie die Vorstellung einer finalisierenden top-down-causation.[36] Physiker, die im Bereich der Quantenphysik forschen -

34. Hawking, S. (1988): A Brief History of Time. From the Big Bang to Black Holes, New York, 166.
35. Zum Konzept einer »downward causation« siehe: Polanyi, M. (1969): Knowing and Being, Chicago, 153ff, 226ff; Torrance, T. F. (1981): Divine and Contingent Order, Oxford, 126f; Peacocke, A. R. (1990, 1993²) {→ Teil I, A. 43}, 157-160; Gwynne, P. (1996) {→ L.}, 189ff. Auch bei K. Popper begegnet der Gedanke einer top-down-causation. Diese Vorstellung, die sich als teleologisches Prinzip deuten läßt, findet unter Naturwissenschaftlern allerdings kaum Zustimmung. Innerhalb naturwissenschaftlicher Paradigmen läßt sich nicht bestimmen, wie die Einwirkung höherer auf niedrigere Ebenen zu denken ist. Demgegenüber vertritt die Mehrheit der Forscher weiterhin einen methodischen Reduktionismus. Zugestanden wird lediglich, daß sich neue Regelmäßigkeiten in emergenten Prozessen bilden könnten. – Polkinghornes Deutung, derzufolge das Verhalten komplexer Systeme nicht durch kausal wirkenden Energieinput ›von unten‹, sondern durch finalisierenden Informationsinput ›von oben‹ (von übergeordneten Schichten der hierarchisch strukturierten Wirklichkeit) gesteuert wird, kann nicht überzeugen, weil nach naturwissenschaftlichem Verständnis Information immer durch Energieimpulse vermittelt wird.
36. Vor allem im Anschluß an das 1935 von E. Schrödinger vorgestellte Gedankenexperiment, in dem er das Unschärfeprinzip auf mesokosmische Strukturen ausdehnte [Schrödinger, E. (1935): Die gegenwärtige Situation in der Quantenmechanik, in: Die Naturwissenschaften 23, 807-812, 823-828, 844-849], hat sich eine Diskussion über die Geltungsreichweite des quantenphysikalischen Indeterminismus entwickelt.

wie H. Neumann - warnen zu Recht vor einer Ausdehnung quantentheoretischer Erkenntnisse und Theoreme auf die ganze Welt.[37] Für die Interpretation makroskopischer Prozesse bedürfe es der Anwendung zusätzlicher Regelsysteme. Wie sich in der Darstellung des chaostheoretischen Modells zeigen wird, bedeutet Nicht-Linearität keineswegs Nicht-Notwendigkeit, sondern zunächst nur Nicht-Vorhersagbarkeit, weil niemals alle Faktoren des nicht-linear verlaufenden Prozesses bekannt sein können. Die Annahme einer durchgehenden ontischen Kontingenz allen Geschehens bleibt eine wohl durch menschliche Alltagserfahrung in geschichtlichen Bezügen sich nahelegende und durch das Postulat der Handlungsfreiheit und Verantwortlichkeit des Menschen geforderte natur*philosophische* Unterstellung, die sich aber natur*wissenschaftlich* weder verifizieren noch falsifizieren läßt. Sie liegt auf der Ebene eines meta-physischen »seeing-as« und durchbricht als solches die methodischen Grenzen naturwissenschaftlicher Erkenntnisverfahren und -dispositionen.

c) Hinzu kommt, daß der hier skizzierte ontische Indeterminismus selbst in der Mikrophysik nicht als allgemein akzeptiertes Paradigma gegenwärtiger Theoriebildungen gelten kann. Es stehen ihm zwei Positionen gegenüber, die beide auf unterschiedliche Weise am Postulat der kausalen Verkettung der Naturprozesse und damit an einem prinzipiellen Determinismus festhalten:

- Wo die durchgängige Determination aller Ereignisse behauptet wird, können Kontingenzphänomene nicht auf ontische Unverursachtheit, sondern nur auf epistemische Nichtvorhersehbarkeit und damit auf eine Defizienz der Erkenntnis zurückgeführt werden. Diese u.a. von Einstein, Planck und Popper verfochtene Position verbindet sich in der Regel mit der Erwartung, mit dem Fortschritt der wissenschaftlichen Entwicklung würden scheinbare Kontingenzphänomene zunehmend kausalistisch erklärbar.
- Es gibt eine durchgehende ›Legalität‹ der Natur, doch sind nur die Nahewirkungsgesetze deterministisch, – quantentheoretische Gesetze dagegen probabilistisch und statistisch. Diese statistischen Gesetze steuern den Zufall, indem sie den Spielraum der realisierbaren Möglichkeiten begrenzen.[38]

In den Interpretationen der Heisenberg'schen Unschärferelation finden sich alle drei Positionen wieder: die Deutung der Kontingenzphänomene als ontische Kontingenz, als epistemische Nichtvorhersehbarkeit und als statistische Regelmäßigkeit.

2. Theologisch:

a) Es reproduziert sich in den ›quantentheologischen‹ Entwürfen die Problematik der auf Gott angewandten causa-Kategorie: Gottes Aktuosität erscheint als causa unter innerweltlichen (quantenmechanischen) causae. Dem ist entgegenzuhalten: Selbst dort, wo Kausalität probabilistisch und statistisch bestimmt wird, darf Gott nicht wie ein missing link *in* ihr am Werk gesehen werden. Wo dies geschieht, wo Gottes Wir-

37. In seinem Vortrag »Der Meßprozeß. Probleme einer Quantentheorie der Messung«, gehalten an der Ev. Akademie Mühlheim/Ruhr im Rahmen der Tagung »Quantentheorie und Erkenntnis« 28.-30. Januar 1994, abgedruckt in: Begegnungen 6/94, 100.
38. So: Eigen, M., Winkler, R. (1975) {→ A. 62}.

ken als unmittelbare Einwirkung auf (quanten)physikalische Ereignisse nach Art innerweltlicher *causae* gedacht wird, kommt die Transzendenz Gottes und damit die qualitative Differenz zwischen göttlichen und geschöpflichen Wirkweisen nicht ausreichend zur Geltung. Demgegenüber ist mit Emil Brunner daran zu erinnern, daß Gott der *Schöpfer* des physikalischen Kosmos - einschließlich der ihm vorausliegenden Bedingungen der Möglichkeit seiner Existenz ist. Das Gesamt des ›Arrangements‹ von a) Kontingenzspielräumen als Innovationsprinzipien, b) naturgesetzlichen Regulativen und c) Ordnungsstrukturen von relativer Stabilität verdankt sich seinem Wirken. Die ontologische Kategorie der Kausalität ist sinnvoll nur auf die Relationen zwischen Geschaffenem, nicht aber - zumindest nicht univok - auf das Weltverhältnis des Schöpfers anzuwenden.[39] Brunners eigener Versuch, *per eminentiam* von einer »Überkausalität« zu reden, bringt dieses Problem zum Ausdruck, bleibt als Lösungsvorschlag allerdings in bildhafter Schwebe.[40]

b) Zudem ist die (mikrophysikalische und molekularbiologische) Indeterminiertheit deutlich von der Wirksamkeit Gottes zu unterscheiden. Kontingenz im Naturprozeß kann nicht einfachhin mit dieser Wirksamkeit identifiziert werden[41]; sie ist bestenfalls deren Möglichkeitsbedingung. Gott handelt nicht *als* Zufall, sondern als *Gott* durch den Zufall. Gleiches gilt für die Versuche, menschliche Freiheit im Indeterminismuspostulat (d.h. etwa im innerzerebralen Zerfall von Atomen) begründet zu sehen[42]: Kontingenz ist noch nicht Freiheit, sondern die Bedingung ihrer Möglichkeit. Der Aufweis einer Möglichkeitsbedingung aber wird niemals zur Verifikation der behaupteten Wirklichkeit herangezogen werden dürfen. Das Theologoumenon von Gottes Wirksamkeit als Herrschaft in der - und über die Kontingenz bleibt ein selbst kontingentes Konzept der Naturdeutung.

Zu den genannten Einwänden ist noch die prinzipielle Warnung Bonhoeffers hinzuzufügen, »daß man Gott nicht als Lückenbüßer unserer unvollkommenen Erkenntnis figurieren lassen darf«[43], indem man ihn als *deus ex machina* an den Grenzen wissenschaftlicher Theoriebildungen einführt. Der Versuch, Gottes Wirksamkeit an den naturwissenschaftlich noch nicht eindeutig erklärbaren ›Rändern‹ des Naturzusammenhangs anzusiedeln, oder sie als Notwendigkeitsprinzip zur Erklärung von Kontingenzphänomenen heranzuziehen, wurde zu Recht immer wieder mit dem Hinweis zurückgewiesen, daß damit die Plausibilität theologischer Aussagen an den Erkennt-

39. »Kausalität gibt es zwischen Geschaffenem, nicht aber zwischen Schöpfung und Schöpfer« [Brunner, E. (1950): Die christliche Lehre von Schöpfung und Erlösung. Christliche Dogmatik II, Zürich, 168].
40. A.a.O. 139ff.
41. So auch: Polkinghorne, J. (1986) {→ Teil I, A. 42}, 71-73. – Siehe dazu den instruktiven Artikel: Gregersen, N. H. (1995) {→ Teil I, A. 40}.
42. So: Jordan, P. (1968[5]): Der Naturwissenschaftler vor der religiösen Frage. Abbruch einer Mauer, Oldenburg, Hamburg, 153ff.
43. Bonhoeffer, D. (1951): Widerstand und Ergebung, München, Brief vom 25.5.44; vgl. die Briefe vom 30.4.44 und 8.6.44; ganz ähnlich: Althaus, P. (1969[8]): Die christliche Wahrheit, Gütersloh, 320f; Pannenberg, W. (1991) {→ L.}, 90, Anm. 174.

nisstand und die Interpretationsmodelle der Naturwissenschaft gebunden und die naturwissenschaftlichen Forschungsparadigmen theologisch überhöht würden. Ein ›God of the gaps‹ gerät in die Abhängigkeit der naturwissenschaftlichen Deutung der ›gaps‹.[44] Die »Wohnungssuche für den unendlichen Gott beim Indeterminismus der Atomphysik«[45] läuft Gefahr, ihn in die erneute Obdachlosigkeit zu führen.

Die Frage, ob sich das Theologoumenon von Gottes providentieller Weltwirksamkeit eher von *quantenphysikalischen* Theorien als von denen der klassischen Physik aus explizieren läßt, kann ich mit den Worten M. W. Worthings nur folgendermaßen beantworten: »Both theories are rich source of models, metaphors and paradigms that theology is free to use in its confession of the providential presence of God in the context of modern, scientific worldviews, yet any attempt to go beyond this would seem an abuse of both science and theology«.[46]

44. T. F. Tracy verweist auf »Newton's contention that God steps in occasionally to correct accumulating inaccuracies in the orbits of the planets«. Ein Jahrhundert später vermochte Laplace die von Newton theologisch gedeuteten Erscheinungen naturwissenschaftlich zu erklären [Tracy, T. F. (1995): Particular Providence and the God of the Gaps, in: CTNS Bulletin 15, 1-18, hier: 1]. Tracys eigener Versuch, Gottes Handeln in der »gapy« Struktur der mikrophysischen und -biologischen Wirklichkeit anzusiedeln, führt jedoch in die gleiche Abhängigkeit vom naturwissenschaftlichen Forschungsstand, in die sich auch Newton begeben hatte. Daß er seine These ganz im Abstrakten beläßt und darauf verzichtet, konkrete Beispiele anzuführen, vermag dieses Probelm nur dem ersten Anschein nach zu verschleiern. Siehe dazu auch {→ A. 91}. – Auch Ward [Ward, K. (1990) {→ L.}, 77 u.ö.] setzt den »causal joint« zwischen Gottes Handeln und dem Weltprozeß in den postulierten mikrophysikalischen »gaps« dieses Prozesses an. Kritisch gegen den Ansatz bei quantenmechanischen Indeterminismusphänomenen bleibt dagegen Polkinghorne; demgegenüber geht er vom kontingenten Verhalten meso- und makrophysikalischer dynamischer Systeme aus. [u.a. in: Polkinghorne, J. (1995a) {→ Teil I, A. 42}]. Weitere Kritiker benennt: Gwynne, P. (1996) {→ L.}, 217ff.
45. Weimer, L. (1988): Wodurch kam das Sprechen von Vorsehung und Handeln Gottes in die Krise? Analyse und Deutung des Problemstandes seit der Aufklärung, in: Schneider, T., Ullrich L. (Hg) (1988) {→ L.}, 19.
46. Worthing, M. W. (1996) {→ Teil I, A. 40}, 134.

Theorem = Lehrsatz

C. Molekularbiologische Kontingenz versus teleologisches design in der Deutung der Entstehung und Entwicklung des Lebens

In anderer Weise stellt sich die Frage nach Gottes Wirken in der Natur im Blick auf die Evolution des Lebens. War es im Bereich der Physik das immanentistische Determinismuspostulat, das die Vorstellung einer transzendenten Einwirkung auf den Naturprozeß ausschloß, so ist es im Bereich der Biologie ein ebenso immanentistisch gedachtes Zufallsprinzip, das den Gedanken einer göttlichen Teleologie in der Höherentwicklung der Lebensformen untergräbt. Während die Behauptung ontischer Kontingenz in der anorganischen (Elementarteilchen-)Physik neue Ansatzpunkte für eine »Theologie der Natur« (W. A. Whitehouse, T. F. Torrance, A. R. Peacocke u.a.) bot, desavouierte das Mutationstheorem in der Biologie die theologische Deutung des Naturgeschehens im Lichte göttlicher Zwecksetzungen. Wie die Prinzipialisierung dieses Theorems (d.h. seine Erhebung zum grundlegenden Entwicklungsprinzip der gesamten biologischen Wirklichkeit) zu einer Radikalkritik – und in ihrem Gefolge zu einer scharfen Absage an jeden Vorsehungsglauben führen konnte, läßt sich besonders an dem einflußreichen biologistischen Erklärungsansatz J. Monods zeigen.

Es kann im folgenden wiederum nur darum gehen, Monods grundlegende These als Herausforderung des Theologoumenons vom Wirken Gottes in der belebten Natur zu skizzieren. Weder die Debatte um seinen vielbeachteten Gesprächsbeitrag[47] noch erst recht die Auseinandersetzung zwischen Evolutionslehre und Theologie im ganzen kann in den Blick genommen werden.[48] Im Zentrum der theologischen Anfragen stand immer wieder das Erklärungsdefizit der Evolutionstheorie hinsichtlich der Entstehung neuer Bauplantypen. Die »beiden großen Konstrukteure des Artenwandels« (K. Lorenz), Mutation und Selektion,

47. Exemplarisch: Eigen, M. (1971, 1978[5]): Vorwort zu: Monod, J.: Zufall und Notwendigkeit. Philosophische Fragen der modernen Biologie, München, 9-16; Dumas, A. (1973, 1980[16]): Geschichte und Kosmos, in: Feiner, J., Vischer, L. (Hg): Neues Glaubensbuch. Der gemeinsame christliche Glaube, Freiburg, 423-445; Thielicke, H. (1976): Mensch sein - Mensch werden. Entwurf einer christlichen Anthropologie, München 1976; Küng, H. (1978) {→ Teil III, A. 36}, 704-708; Lüth, P. (1981): Der Mensch ist kein Zufall, Stuttgart.
48. Zusätzlich zu der in Teil I, Anm. 40 genannten Literatur, die zu Teilen dem hier angezeigten Themenbereich zuzurechnen ist, siehe: Hübner, J. (1966): Theologie und biologische Entwicklungslehre, München; ders. (1987): Der Dialog zwischen Theologie und Naturwissenschaft. Ein bibliographischer Bericht, München; ders. (1992): Art. »Naturwissenschaft und Theologie«, in: EKL[3] 3, 648-656 (Lit.); Pannenberg, W. (1991) {→ L.}, 143-146; Kocher, R. (1993) {→ L.}, 103ff. - Im englischsprachigen Raum arbeitet(e) besonders R. J. Russell vom »Center for Theology and the Natural Sciences« an einem Konzept zur Bestimmung der Beziehung zwischen Evolutionslehre und der Rede vom (providentiellen) Handeln Gottes: Russell, R. J. (1995) {→ Teil I, A. 40}; siehe auch die Ankündigung des von ihm u.a. hg. Bandes »Evolution: Scientific Perspectives on Divine Action« in: Teil I, A. 44. Außerdem: Peacocke, A. (1986): God and the New Biology, San Fransisco; Chandler, H. S. (1993): Divine Intervention and the Origin of Life, in: FaPh 10, 170-180.

bieten dafür nach Auffassung zahlreicher Forscher kein ausreichendes Deutemodell. Auch die Hinzufügung der Prinzipien Isolation und Ordnung vermag nicht zu erklären, wie es zur Ausbildung hochdifferenzierter Strukturen kommen konnte, wenn schon die Entstehung eines bestimmten Proteinmoleküls extrem unwahrscheinlich ist.[49] Daß solche komplexen Strukturen zudem sprunghaft und weltweit aufgetreten sind (was paläontologisch als erwiesen gelten kann)[50], ist mit Darwins Abstammungslehre nicht leicht vereinbar. Denn sie erklärt die Differenzierung der Formen als Abfolge kleinster Schritte im Rahmen des Modells einer kontinuierlichen Entwicklungslinie und setzt sich damit der nie befriedigend gelösten Aufgabe aus, die Linie lückenlos und in chronologischer Linearität zu rekonstruieren.[51] - Der molekular-darwinistische Ansatz der Gruppe um Manfred Eigen vermag demgegenüber, sehr rasche Phasenübergänge bis hin zu plötzlichen Sprüngen in »Evolutionsspielen« theoretisch zu plausibilisieren und in nichtlinearen Differentialgleichungen zu erfassen.[52] Solche emergenten Phasenübergänge sind wohl nicht vorhersagbar, doch lassen sie sich retrospektiv durch den Aufweis von Bedingungsfaktoren - wie Wechselwirkungen und Gesetzmäßigkeiten des Stoffaustauschs - als wahrscheinlich erklären. In diesem Sinn läßt sich dann von einer Teleonomie des Prozesses sprechen {→ S. 292f}.

Während noch Teilhard de Chardin in seinem Vitalismus annahm, der Aufstieg des Lebens aus dem Unbelebten bis in die Sphäre des Geistes hinein folge einem teleologischen »Gesetz der Entwicklung«, geht für Jaques Monod - dem zum Existentialismus ›konvertierten‹ ehemaligen dialektischen Materialisten - die Invarianz notwendigerweise der Teleonomie voraus[53]. Die Entstehung des Lebens selbst verdankt sich nach Monod einem höchst unwahrscheinlichen, einmaligen Zufall im Gesamtprozeß der Selbstorganisation der Materie. Die Annahme einer auf die Genese des Menschen zielenden Entwicklungsrichtung erscheint in dieser Perspektive als kollektive, narzißtische Egozentrik der Menschheit - so wie die Unterstellung einer kosmischen Teleologie immer anthropozentrisch gedacht war: von der Weltformel der Stoa, die besagt, die Welt sei durch das Logosprinzip zu einem geeigneten Heim für den Menschen geschaffen, bis zur modernen Annahme eines ›anthropischen Prinzips‹[54] in der Entwicklungsgeschichte der Welt.

49. F. Hoyle, C. Wickramasinghe, zit. in: Barbour, I. G. (1990) {→ Teil I, A. 41}, 172f.
50. Siehe die Überblicksdarstellungen: Eigen, M. (1987): Stufen des Lebens. Die frühe Evolution im Visier der Molekularbiologie, München; Bonner, J. T. (1988): The Evolution of Complexity By Means of Natural Selection, Princeton; Haken, H., Haken-Krell, M. (1989): Entstehung von biologischer Information und Ordnung, Darmstadt.
51. Siehe dazu: Illies, J. (1983): Der Jahrhundert-Irrtum. Würdigung und Kritik des Darwinismus, Frankfurt.
52. Siehe dazu auch: Kauffman, S. A. (1993): The Origins of Order. Self Organization and Selection in Evolution, New York.
53. Monod, J. (1971, 1978[5]): Zufall und Notwendigkeit. Philosophische Fragen der modernen Biologie, München (frz.: Paris 1970), 35; siehe auch 65-71. Auf S. 141 schreibt Monod: »Der reine Zufall, nichts als der Zufall, die absolute, blinde Freiheit« sei die »Grundlage des wunderbaren Gebäudes der Evolution«.
54. Breuer, R. (1981): Das anthropische Prinzip. Der Mensch im Fadenkreuz der Naturgesetze, Wien; Davies, P. (1984): God and the New Physics, Harmondsworth, 171-174, 183-189; Barrow, J., Tipler, F. (1986): The Anthropic Cosmological Principle, Oxford; Peacocke, A.R. (1990, 1993[2]) {→ Teil I, A. 43}, 106-112; Bartholomew, D.J. (1984) {→ A. 5}, 64f; Polkinghorne, J.C. (1988) {→ Teil I, A. 42}; Pannenberg, W. (1991) {→ L.}, 93-96; Corey, M. A. (1993): God an the new Cosmology: The Anthropic Design Argument, Lanham, MD.

Ein kosmischer Plan oder ein verborgener Sinn, in dem sich eine weise göttliche Absicht manifestiert haben könnte, ist nach Monod im Zusammenspiel von Zufall und Notwendigkeit nicht zu erkennen. Bestenfalls von »Zweckmäßigkeiten *ohne Zweck*, d.h. ohne eine Zweck*ursache*«, von einer (in den Radikalen der Polypeptid-Ketten wurzelnden) Teleo*nomie* statt von einer Teleo*logie* könne noch die Rede sein.[55] Die Frage nach Herkunft und Wesen des *telos* müsse als metaphysische aus dem naturwissenschaftlichen Blickfeld ausgeschlossen werden.

Geschehensabläufe in Natur (und Geschichte) lassen sich nach diesem Biologismus nur noch als Nacheinander von Ereignissen ohne intendierten Zusammenhang darstellen, nicht aber als ›Entwicklungen‹ einer ihnen vorausliegenden Zielursache. »Der Wärmestrom der Teleologie, der unser Bewußtsein getragen hat, versiegt immer mehr«[56] und eine »zarte Indifferenz der Dinge« (A. Camus / J. Monod) umgibt den Menschen. Damit ist auch für die Entwicklungsgeschichte der Menschheit in Geltung gesetzt, was Friedrich II als sein weltanschauliches Credo formuliert hatte: die Weltregierung liege in den Händen des Zufalls: »Sa sacrée Majestée le hazard«.– und was Nietzsche in die Worte faßte: »Über allen Dingen steht der Himmel Zufall«[57].

Zu ihrem logischen Ende wurde diese Linie in der Soziobiologie von R. Dawkins geführt, der den Egoismus der Gene als Motor der Evolution betrachtete und damit jedes ›tele‹ - sowohl die immanente Teleonomie des Naturgeschehens als auch erst recht jeden Gedanken an eine Teleologie Gottes programmatisch verabschiedete.[58] Damit aber läßt sich auch nicht mehr sinnvoll von einer »Evolution« reden. Denn allein schon die Verwendung dieses Begriffes impliziert die Vorstellung einer zielgerichteten Entwicklung und damit einer sie steuernden Instanz. So fordert die konsequent zu Ende gedachte »neodarwinistische Antiteleologie«[59] die Preisgabe der Vorstellung a) finalisierter Höherentwicklung und b) einer subjekthaften Intelligenz, die

55. Spaemann, R., Löw, R. (1981): Die Frage Wozu? Geschichte und Wiederentdeckung des teleologischen Denkens, München u.a., 217.

56. Metz, J.B. (1972): Erinnerung des Leidens als Kritik eines teleologisch-technologischen Zukunftsbegriffs, in: EvTh 32, 338-352. - Es ist dies - wie alle anderen Beiträge zu Heft 4/72 der EvTh - ein Vortrag, der auf der Konferenz »Hope and the Future of Man« im Oktober 1971 in New York gehalten wurde. Diese Konferenz kann als geistesgeschichtlich einschneidender Wendepunkt gelten, an dem die tiefe Krise sichtbar wurde, in welche die Hoffnung auf Zukunftsgestaltung durch technologischen Fortschritt und wirtschaftliches Wachstum im Westen geraten war und die ein neues Nachdenken über die (geistigen wie materiellen) Ressourcen und Zielbestimmungen der Welt- und Menschheitsentwicklung unausweichlich machte.

57. Werke VI, 243. Auch Foucault nimmt ein Zitat Nietzsches auf, wenn er schreibt: »The world of actual history knows only one kingdom, without providence or final cause, where there is only ›the iron hand of necessity shaking the dice-box of chance‹« [Rabinow, P. (Hg) (1984): The Foucault Reader, New York, 88f; das bekannte Zitat von Nietzsche stammt aus: Nietzsche, F. (1880f): Morgenröthe. Gedanken über moralische Vorurtheile. Zweites Buch, in: Friedrich Nietzsche. Gesammelte Werke, Musarionausgabe Bd. 10, München 1924, Nr. 130. S. 124 (»Jene eisernen Hände der Notwendigkeit, welche den Würfelbecher des Zufalls schütteln, spielen ihr Spiel unendliche Zeit«).

58. Dawkins, R. (1978): Das egoistische Gen, Berlin u.a.

59. Kocher, R. (1993) {→ L.}, 120 u.ö.

ein Ziel vorgibt und den daraufhinführenden Prozeß steuert. Anders formuliert: Sie fordert den vollständigen Verzicht auf jegliches naturalistische Substitut des Vorsehungsgedankens. Ob sich ein solcher Verzicht jedoch durchhalten läßt, wird selbst von Naturwissenschaftlern bezweifelt.[60]

Marvin Minsky, der auf dem Gebiet künstlicher Intelligenz forscht, dehnte die Grundauffassung Monods auf den Bereich des menschlichen Bewußtseins aus und bestritt jegliche Form von Willens-, Entscheidungs- und Handlungsfreiheit: »According to the modern scientific view, there is simply no room at all for ›freedom of the human will‹. Everything that happens in the universe is either completely determined by what's already happened in the past or else depends, in part on random chance. Everything, including that which happens in our brains, depends on these and only these: A set of fixed, deterministic laws. A purely random set of accidents. ... Whatever actions we may ›choose‹, they cannot make the slightest change in what might otherwise have been because those rigid, natural laws already caused the states of mind that caused us to decide that way. And if choice was made by chance - it leaves nothing for us to decide«.[61] Ein solcher Determinismus aus Notwendigkeit und Zufall läßt weder für ein menschliches Handeln in freier Selbstbestimmung noch für eine Wirksamkeit Gottes in der Welt Raum.

Grundlegend - und noch bevor theologische Deutungen überhaupt ins Gespräch gebracht werden - ist gegenüber diesen necessitaristischen und tychistischen Positionen zu fragen, ob Notwendigkeit und Zufall an sich schon kreative Agentien sein können oder ob sie nicht vielmehr als konstitutive (Zufall) und regulative (Notwendigkeit) Prinzipien für Kreativität zu verstehen und damit von dieser als dem generativen Prinzip zu unterscheiden sind. Angesichts dieser Frage geraten die angedeuteten Positionen in Begründungsnot und es zeigt sich, daß sie auf einer metaphysischen Vorentscheidung aufruhen. Die Bestimmung des generativen Prinzips der Kreativität entzieht sich einer wissenschaftlichen Grundlegung. Die theologische Deutung kann hier immer noch den höchsten Grad an Plausibilität beanspruchen.

Ziehen wir eine Zwischenbilanz: Zentrales methodisches Anliegen der neuzeitlichen Naturwissenschaft war es, das Unregelmäßige und scheinbar Zufällige in die Kategorien der Notwendigkeit und Gesetzmäßigkeit einzuholen und ihm auf diese Weise Sinn beizulegen. Seit Darwins Mutationsprinzip und dem quantenphysikalischen Unschärfetheorem hat sich demgegenüber eine »Zunahme des Kontingenten« (E. Scheibe) in der Mikro-Biologie und der Elementarteilchenphysik, aber von da ausgehend auch in anderen naturwissenschaftlichen Bereichen ereignet, der eine »Apologie des Zufälligen« (O. Marquard) in der Philosophie und anderen Geisteswissen-

60. Die Zweifel haben ihren Grund vor allem in der extremen Unwahrscheinlichkeit der Annahme, die Entstehung des Lebens auf der Erde lasse sich mit dem Zufallsprinzip erklären. In einem Bonmot (dessen Quelle ich allerdings nicht belegen kann) vergleicht der Biologe Edwin Conklin eine solche Erklärung mit der Erwartung, die Explosion einer Druckerei könnte eine Lexikon erzeugen. – Siehe auch die Beispiele, die Kocher, R. (1993) {→ L.}, 120-122 anführt.

61. Minsky, M. (1987): The Society of Mind, London, 306 - Zur Kritik siehe: Bartholomew, D. J. (1996): Uncertain Belief. Is it Rational to be a Christian, Oxford, 60-65.

schaften zur Seite gegangen ist. In Reaktion auf diese Entwicklung vollzog sich jedoch auch eine ›Determinisierung‹ des Zufalls, wie sie besonders in Minskys Äußerung deutlich wird, wie sie aber auch in vielen der sog. chaostheoretischen Ansätze zum Ausdruck gekommen ist.

Wo die Zulassung nicht-determinierter ontischer Kontingenz theologisch rezipiert wurde, eröffnete sich die Möglichkeit, die exklusive Alternative ›Gott oder Zufall‹ aufzulösen. Gottes Wirken ließ sich als Wirksamkeit in den Spielräumen der Kontingenz denken: in den quantenphysikalischen Indeterminismen und in den Entwicklungsstufen des Evolutionsprozesses.

Dabei ist jedoch sehr genau zu prüfen, in welcher Weise die wissenschaftlich konzedierte Kontingenz zum Wirken Gottes in Beziehung gesetzt wird:

- widerfährt ihr eine theologische Inanspruchnahme, die sie unter der Hand in eine höhere theonome Notwendigkeit transformiert? Oder
- ist vorausgesetzt, Gott wirke kontingent in der Kontingenz, nutze ihren Spielraum, ohne ihn jedoch durch seine Wirksamkeit aufzuheben? Oder
- erscheint die Kontingenz geradezu als Modus der Herrschaft Gottes, der nicht nur *durch* sie wirkt, sondern sie selbst durch sein Wirken allererst schafft und sie regiert? Demnach bestünde Gottes Aktuosität nicht in erster Linie in der Konstitution von gesetzlichen Ordnungszusammenhängen, sondern umgekehrt in der Öffnung immer neuer Möglichkeitsspielräume, aus denen Innovationsimpulse fließen, die dann in Regelmäßigkeiten übergehen.

Wie gesehen eignet dem ontischen Kontingenzprinzip Ambiguität. Es kann als Inbegriff autonomer, arbiträrer Zufälligkeit (im Sinne von: Nicht-Notwendigkeit geschöpflicher Kausativität) oder als Ausdruck des von Gott in spontankausaler Freiheit Gewirkten und dem Menschen Zu-Fallenden ausgelegt werden. Im Blick auf die Phänomene quantenphysikalischer Indetermination setzte dieses Prinzip den Impuls für Neuentwürfe einer Lehre vom Handeln Gottes im Bezugsrahmen der Natur frei, während es im Bezug auf das biologische Mutationsprinzip eher die Annahme einer solchen (teleologischen) Wirksamkeit untergrub. Der Grund für diese konträre Ausdeutung liegt im unterschiedlichen Referenzpunkt des jeweiligen Kontingenzkonzepts: Das Mutationsprinzip der Evolutionslehre setzte die Behauptung *finaler* Kausalität und damit die Unterstellung eines intentional eingerichteten und teleologisch ausgerichteten *design* der Natur außer Kraft; die quantenphysikalischen Kontingenzphänomene liessen hingegen Zweifel an der allgemeinen, die gesamte Wirklichkeit übergreifenden Geltung des Postulats der *effektiven* Kausalität aufkommen. Anders formuliert: Während die auf dem Prinzip der Wirkkausalität gegründete naturalistische Interpretation des Weltprozesses als einer geschlossenen, in autonomer Selbstregulation verlaufenden Ereigniskette mit der Entdeckung quantenphysikalischer Kontingenzen fragwürdig wurde, erlitt die Unterstellung einer intentional gelenkten Finalkausalität im Bereich des Biologischen durch das Evolutionstheorem einen Plausibilitätsverlust. Wie gesehen hatte beides erhebliche Konsequenzen für die theologische Bestimmung des göttlichen Wirkens in der Natur.

D. Gott als Regent des »deterministischen Chaos«?

Dem von Monod eingeräumten Vorrang des Zufalls vor der Notwendigkeit - nicht nur im Mikrokosmos der Quantenmechanik, sondern auch im Mesokosmos der gesamten belebten Natur - hielt der Biophysiker M. Eigen programmatisch entgegen: »Naturgesetze steuern den Zufall«[62] und leistete mit dieser Verhältnisbestimmung von Kontingenz- und Notwendigkeitsprinzip einen wesentlichen Beitrag zur Entwicklung der sog. Chaostheorie {→ S. 293ff}. Er konzedierte durchaus, daß sich die Entstehung individueller Formen dem Zufall verdanke, doch ordnete er diese Kontingenzphänomene dem nach strenger Notwendigkeit verlaufenden Prozeß der Auslese und Evolution ein.

Damit hatte Eigen nicht einfach das Zufalls- wiederum an ein Notwendigkeitsprinzip zurückgebunden, sondern eine entscheidende Durchbrechung der für das ›klassische‹ Naturwissenschaftsverständnis charakteristischen Alternative zwischen beiden Prinzipien vollzogen. Indem »Notwendigkeit« nicht mehr als Gesetz, sondern als Regel - d.h. nicht mehr als deduktiv bestimmbare und vorhersagbare Prädetermination durch ein unumstößliches Verusachungsprinzip, sondern als induktiv erhebbare und statistisch erfaßbare Regelmäßigkeit - gedeutet ist, muß Indeterminiertheit nicht mehr mit Zufälligkeit - und Kausalität nicht mehr mit Notwendigkeit gleichgesetzt werden. Die ein Ereignis auslösende Wirkursache darf nicht mehr isoliert werden, sie wirkt im Kontext eines Gefüges von Bedingungsfaktoren, deren Gesamtheit Wirkmächtigkeit eignet.

Gänzlich entgegen Eigens Intention sahen einige Naturwissenschaftler und Theologen die Möglichkeit, die vom ›geregelten Zufall‹ ausgehenden naturwissenschaftlichen Systemtheorien teleologisch zu interpretieren und theologisch in Anspruch zu nehmen. Gottes Wirksamkeit in der Natur wurde dabei nicht nur einseitig in den »Sprüngen« des Naturpozesses und den »Lücken« des Kausalzusammenhangs lokalisiert (wie bei Pollard, der sie in den quantenphysikalischen Kontingenzphänomenen ansiedelte). Vielmehr ließ sie sich nun als von Gott aktuiertes Zusammenspiel von Notwendigkeit und Zufall deuten - und konnte so in ganz neuer Weise als *providentia ordinata et extraordinata* dargestellt werden. Dieses Modell war zudem nicht mehr auf den Bereich des quantenphysikalischen Mikrokosmos beschränkt, sondern auf systemische Prozesse im gesamten Mikro-, Meso- und Makrokosmos applizierbar.

Schon Teilhard de Jardin hatte im Rahmen seines teleologischen Konzepts vom »geplanten Zufall« gesprochen. Die geschöpflichen Wirkursachen unterliegen ihmzufolge statistischen Zufallsgesetzen, die dazu

62. Nach dem Untertitel des Buches: Eigen, M., Winkler, R. (1975): Das Spiel. Naturgesetze steuern den Zufall, München; siehe auch: Eigen, M., Schuster, P. (1979): The Hypercycle. A Principle of Natural Self-Organisation, Berlin. - Kritisch zum Ansatz von Eigen: Weingartner, M. (Hg) (1996): Gesetz und Vorhersage (Grenzfragen 22), Freiburg, München.

führen, daß es keine einheitliche und lineare Zielverwirklichung geben kann. Das Zufallsprinzip verzweigt den Entwicklungsstrom, der als ganzer dem Ziel zusteuert, auch wenn einzelne seiner Entwicklungslinien retardieren oder absterben.

Das Modell der von Gott generierten, beherrschten und gelenkten Kontingenz bietet den gegenwärtig meistherangezogenen Referenzrahmen für die Konzeptualisierung des Wirkens Gottes in der Natur. Seine Axiome sind neben a) dem Prinzip durchgängiger, von Gott eröffneter und gesteuerter Ereigniskontingenz b) der Grundsatz der Irreversibilität der Zeit und c) die Relationalitäts- bzw. Systemstruktur von Ereigniszusammenhängen.

Im folgenden soll die Dynamik offener Systeme und die sog. Chaostheorie mit der für sie charakteristischen Kombination des Kontingenz- mit dem Notwendigkeitsprinzip in ihren Grundzügen nachgezeichnet werden.

1. Das Modell des offenen Systems

Das von dem Biologen Ludwig von Bertalanffy entwickelte, in Chemie und Physik (besonders in der Thermodynamik und der Biochemie)[63] ausgebaute und mittlerweile auch in die Soziologie, Sozialpsychologie und Ökonomie übertragene Zentralmodell des dynamischen, irreversiblen »*offenen Systems*« läßt sich auf organische wie anorganische, natürliche (z.B. Organismen) wie künstliche (z.B. Maschinen) Funktionszusammenhänge anwenden. Es beschreibt die Wechselwirkung von Notwendigkeit und Kontingenz, Chaos und Ordnung in dynamischen Systembildungen und überwindet damit die Schwäche des Modells kausalistischer Determination. Dieses führte alle Entwicklungszustände auf die Wirksamkeit der unmittelbaren Einwirkung der Wirkursache zurück und blendete den Einfluß der äußeren Bedingungen, in dem die Einwirkung stattfindet, aus. Nach den naturwissenschaftlichen Systemtheorien erklärt sich die Hervorbringung von bestimmten Zuständen demgegenüber aus dem ›Feld‹ von zusammen- und gegeneinander wirkenden Faktoren.

Für den gesamten Anwendungsbereich dieses Modells - und damit weit über den quantenphysikalischen Mikrokosmos hinaus - ist das Kontingenzprinzip zur Möglichkeitsbedingung für Innovation und Entwicklung erklärt. Die »Geschichte der Natur« (C. F. v. Weizsäcker) vollzieht sich im Zusammenwirken von zufälliger Spontankausalität, die Ordnungszustände aufbricht, mit gesetzlich-regelhaften Abläufen, die zur Bildung neuer Strukturen führt.

63. In der Chemie und Thermodynamik von: Prigogine, I. (1979): Vom Sein zum Werden, München; ders. (1993): Das Paradox der Zeit, München; weitere Literatur s.u. Vgl. Carrier, M. (1995): Art. »Prigogine«, in: Mittelstraß, J. (Hg): Enzyklopädie Philosophie und Wissenschaftstheorie, Bd.3, Stuttgart, Weimar, 338f.
Im Bereich der Physik von H. Haken {→ A. 80} und in der Biochemie von M. Eigen {→ A. 50 und A. 62). Eine Kurzcharakteristik gibt: Hartlieb, E. (1996) {→ Teil III, A. 2}, 86-91.

In der folgenden summarischen Darstellung dieses Zusammenspiels von Kontingenz und Gesetzmäßigkeit in den sog. offenen Systemen gebrauche ich die in der deutschsprachigen Diskussion übliche Unterscheidung von offenen und geschlossenen Systemen[64] und konzentriere mich auf die *nichtlinearen* (im Gegensatz zu den linearen) offenen Systeme, wie sie in der sog. Chaostheorie erfaßt sind. Die Beschreibung soll sich auf Grundzüge beschränken und auf möglichst viele Anwendungsbereiche des Modells applizierbar sein. Daraus ergibt sich notwendig ein hoher Grad an Allgemeinheit.[65]

Gegenüber der klassischen Newton'schen Mechanik, in der die einlinige Kausalität zwischen Ursache und Wirkung das grundlegende Bewegungsgesetz bildet, ist ein ›System‹ intern durch die Interaktion seiner Elemente und extern durch die Wechselwirkung mit der ›Umwelt‹ bestimmt. Die Bewegung des Systems wird von einem äußeren oder inneren Impuls initiiert und vollzieht sich im Bedingungsgefüge von (inneren) Systemeigenschaften und Faktoren der (äußeren) System-Umgebung (›Randbedingungen‹). Sowohl die - natürliche oder künstliche - Konstruktion und Konfiguration (die funktionale Zuordnung der Komponenten, z.B. der Bauplan einer Maschine oder die genetische Information eines Lebewesens) als auch das Netzwerk von Umweltbedingungen (vor allem: naturgesetzlichen Notwendigkeiten) regulieren nicht nur die Funktion des Systems, indem sie die Bewegungsmöglichkeiten seiner Komponenten selegieren und kanalisieren; sie üben auch Einfluß auf seine Organisiation aus, indem sie auf dem Wege der ›Rückkopplung‹ die Konfiguration beeinflussen. So kann man von einer Selbstorganisation (Autopoiesis) des Systems sprechen, die in Emergenzprozessen zu Komplexitätssteigerungen führt.[66]

In der Wechselwirkung mit der Umwelt liegt der entscheidende Unterschied zwischen dem in sich geschlossenen, ›autarken‹ System und dem offenen »dissipativen« System, das »in ständigem (sei es materiellem, energetischem oder informatorischem) Austausch mit seiner Umgebung steht und sich gegen die auflösenden, widerstrebenden Tendenzen durchzusetzen und zu erhalten sucht«[67]. Ständige Energiezufuhr von außen (die im geschlossenen System nicht möglich ist) wirkt der Tendenz zur Entropiezunahme nach dem zweiten Hauptsatz der Thermodynamik entgegen und läßt im Zustand des ›Fließgleichgewichts‹ (statt in einem statischen Gleichgewichtszustand) dynamische Ordnungen und Strukturen entstehen.

In einem für sie günstigen Milieu vollziehen offene Systeme Wachstumsprozesse (»umgekehrte bzw. negative Entropie«), d.h. kontinuierliche oder auch sprunghafte

64. Zur Terminologie in der amerikanischen Debatte (mit ihrer Unterscheidung zwischen isolierten, offenen und geschlossenen Systemen) und zum Begriffsgebrauch in der physikalischen Kosmologie siehe: Pannenberg, W. (1991) {→ L.}, 130, Anm. 277 (Lit).

65. Zum Ganzen siehe: Weizsäcker, E. (Hg) (1974): Offene Systeme, Bd. 1, Beiträge zur Zeitstruktur von Information, Entropie und Evolution (FBESG 30), Stuttgart; Maurin, K. u.a. (Hg) (1981): Offene Systeme, Bd. 2: Logik und Zeit (FBESG 35), Stuttgart; Altner, G. (Hg) (1986): Die Welt als offenes System. Eine Kontroverse um das Werk von Ilya Prigogine, Frankfurt; Pannenberg, W. (1991) {→ L.}, 88ff.

66. Zum Begriff der Emergenz siehe: Beckermann A. u.a. (Hg) (1992): Emergence or Reduction. Essays on the Prospects of Nonreductive Physicalism (Grundlagen der Kommunikation und Kognition), Berlin, New York; Krohn, W., Küppers, G. (Hg): (1992^2): Emergenz. Die Entdeckung von Ordnung, Organisation und Bedeutung, Frankfurt.

67. Gloy, K. (1994) {→ Teil III, A. 7}, 131.

Komplexitätssteigerungen. Das gilt besonders für chemische Reaktionen und biologische Entwicklungen. Die sich dabei vollziehenden strukturellen Ausdifferenzierungen, bei denen zunehmend Determinanten (Einflußfaktoren) integriert werden können, dienen der (inneren) funktionalen Optimierung des Systems bzw. der Anpassung an Veränderungen seiner (äußeren) Umwelt. Unangepasstes Wachstum (etwa durch überhöhte Energiezufuhr) kann allerdings die innere Kohärenz (den relativen, dynamischen Gleichgewichtszustand) des Systems gefährden, so daß Stabilisationsprozesse erforderlich werden, wenn es nicht kollabieren soll. Die Alternative zum Zerfall in regelloses Chaos ist die Reformation des Systems in einen Zustand höherer Ordnung nach einer chaotischen Zwischenphase.

Komplexitätssteigerungen sind nur durch Energiezufuhr und Entropieabgabe möglich. Ein Gewinn an lokaler Information und Organisation geht also unvermeidlich auf Kosten globaler Entropiezunahme, d.h. zunehmender Unordnung der Systemumwelt.

2. Die Kombination des Kontingenz- mit dem Notwendigkeitsprinzip in der sog. Chaostheorie

Die sog. *Chaostheorie*[68] versucht, die Bildung von Strukturen aus Prozessen spontaner Fluktuation durch *›nichtlineare‹* - im Gegensatz zu linearen - Differentialgleichungen zu erfassen. Die autokatalytische oder zyklisch katalytische Verände-

68. Aus der Flut der Literatur zu diesen Thema habe ich folgende Auswahl vorgenommen: Prigogine, I., Stengers, I. (1984): Order out of Chaos. Man's New Dialogue with Nature, New York; Küppers, B. O. (1987): Ordnung aus dem Chaos. Prinzipien der Selbstorganisation und Evolution des Lebens, München; Gleick, J. (1988): Chaos - die Ordnung des Universums, Frankfurt; Cramer, F. (1989): Chaos und Ordnung. Die komplexe Struktur des Lebendigen, Stuttgart; Ebeling, W. (1989): Chaos - Ordnung - Information, Frankfurt; Ford, J. (1989): What is Chaos That We Should be Mindful of It, in: Davies, P. (Hg): The New Physics, Cambridge; Briggs J., Peat, F.D. (1990): Die Entdeckung des Chaos, München, Wien; Ebeling, W. (1991): Chaos - Ordnung - Information, Frankfurt; Jantsch, E. (1992²): Die Selbstorganisation des Universums, München; Peat, F.D. (1992): Der Stein der Weisen. Chaos und verborgene Weltordnung, Hamburg; Ekeland, I. (1992): Zufall, Glück und Chaos. Mathematische Expeditionen, München, Wien; Wyss, D. (1992): Die Philosophie des Chaos oder das Initiale, Würzburg; Coveney, P., Highfield, R. (1992): Anti-Chaos. Der »Pfeil der Zeit«, Reinbek; Peitgen, H.-O., Jürgens, H., Saupe, D. (1992): Bausteine des Chaos-Fraktale, Berlin, Heidelberg; Ruelle, D. (1992): Zufall und Chaos, Berlin, Heidelberg; Heinrichs, G. (1993²): Chaos: Einführung in eine neue physikalische Theorie, Köln; Kanitscheider, B. (1993): Von der mechanistischen Welt zum kreativen Universum. Zu einem neuen philosophischen Verständnis der Natur, Darmstadt; Briggs, J. (1993): Chaos: Neue Expeditionen in fraktale Welten, München, Wien; Breuer, R. (1993): Der Flügelschlag des Schmetterlings. Ein neues Weltbild durch die Chaosforschung, Stuttgart; Peitgen, H.-O., Jürgens, H., Saupe, D. (1994): Chaos - Bausteine der Ordnung, Heidelberg, Berlin; Thomas, H., Leiber, T. (1994): Determinismus und Chaos in der Physik, in: Mainzer, K., Schirmacher, W. (Hg): Quanten, Chaos und Dämonen. Erkenntnistheoretische Aspekte der modernen Physik, Mannheim u.a., 147-207; Polkinghorne, J. C. (1994) {→ Teil I, A. 42}; Ganoczy, A. (1995): Chaos – Zufall – Schöpfungsglaube; Leiber, T. (1996): Kosmos, Kausalität und Chaos. Naturphilosophische, erkenntnistheoretische und wissenschaftstheoretische Perspektiven (Spectrum Philosophie 1), Würzburg. Krapp, H., Wägenbaur, Th (Hg) (1997): Komplexität und Selbstorganisation. »Chaos« in den Natur- und Kulturwissenschaften, München. Weitere Lit. in den folgenden Anm.

rung nichtlinearer Systeme vollzieht sich demzufolge nach den Prinzipien des »gerichteten Zufalls« oder des »deterministischen Chaos« (J. Yorke)[69] in der Polarität von Notwendigkeit und Zufall: Der Zufall - das quasi-spontane, ›mutative‹ Hervorbrechen neuer Systemeigenschaften - ist die Möglichkeitsbedingung innovativer Strukturbildungen, die sich im Regulationsgefüge komplexer, nicht monokausal zu beschreibender Notwendigkeiten ereignen, so daß man von einer »nomological contingency« (R. J. Russell) sprechen kann. »Ursache« meint dabei nicht ein »Aktivitätszentrum, das eine unumkehrbare Beziehung von Ursache und Wirkung setzt«, sondern ein »plurikausales Band zwischen zwei Bezirken oder zwei Aspekten des einen vierdimensionalen Systems (statt einer eindeutigen unumkehrbaren Verbindung zwischen zwei dreidimensionalen Systemen in unterschiedlichen Zeitmomenten)«[70]. Kants »Grundsatz der Zeitfolge nach dem Gesetz der Kausalität« ist damit suspendiert.

Offene, nichtlineare Systeme verhalten sich nicht nach *einem* gesetzlich starren Prinzip. Die Veränderungen, die im Prozeß ihrer Selbstorganisation stattfinden, können verschieden sein und »in quantitativer Zu- und Abnahme, qualitativer Veränderung (Strukturveränderung, z.B. Komplexitätszunahme oder Vereinfachung), in Entwicklung (teleologischer Prozeß), Evolution oder Paradigmensubstitution mit und ohne Richtungssinn (mutative Prozesse) und in rhythmischen dynamischen Prozessen bestehen«.[71] Von einer Teleologie des Systems läßt sich nicht sprechen, wohl aber von einer informationellen (bzw. genetischen) »Prädisposition«[72], die sich im Netzwerk der inneren und äußeren ›Randbedingungen‹ zu realisieren versucht und damit dem deterministischen Chaos eine »Vorzugsrichtung« (M. Eigen, R. Winkler) gibt. Das System entwickelt sich teleonomisch, was sich allerdings nicht in einer prospektiven, kausalistischen oder gar finalistischen Erklärung erfassen läßt, sondern einzig in einer retrospektiv-probabilistischen: Es können und sollen keine vorhersagbaren, weil gesetzmäßigen Ursache-Wirkungs-Zusammenhänge aufgewiesen werden. Das Untersuchungsziel besteht vielmehr darin, die Wahrscheinlichkeit des Auftretens beobachteter Erscheinungen nach ihren Bedingungsfaktoren im Rahmen bekannter Regelhaftigkeiten zu beschreiben. Eigen wehrt sich ausdrücklich dagegen, in den von ihm dargestellten teleonomischen

Thomas und Leiber (1994) unterscheiden zwischen drei Formen von Chaostheorien in der Physik: a) Das Hamilton'sche Chaos, das sich auf niedrigdimensionale Systeme bezieht (etwa H. Poincares Himmelsmechanik mit dem sog. Dreikörperproblem); b) das statistische Chaos (etwa in der von Brown dargestellten Molekularbewegung); c) das dissipative bzw. deterministische Chaos (etwa die von Lorenz erforschten turbulenten Strömungen in der Meteorologie). - In der folgenden Darstellung beziehe ich mich allein auf den dritten Typ, d.h. auf das dissipative bzw. deterministische Chaos.

69. Siehe dazu: Morfill. G., Scheingraber H. (1991): Chaos ist überall ... und es funktioniert, Frankfurt, Berlin, 7, 17. Zur genaueren Definition des deterministischen Chaos siehe: Thomas, H., Leiber, T. (1994); Leiber, T. (1996) {→ A. 68}.
70. Miskotte, K. H. (1958): Art. »Determinismus«, in: RGG³ 2, 99.
71. Gloy, K. (1994) {→ Teil III, A. 7}, 131.
72. Davies, P. (1988³): Das Prinzip Chaos. Die neue Ordnung des Kosmos, München, 281.

Entwicklungen bewußtseins- und intentionalitätsanaloge Steuerungskräfte am Werk zu sehen.[73]

Die Dynamik nichtlinearer Systeme im Zusammenspiel von systemischer Prädisposition und systeminternen und -externen Randbedingungen ist Produkt einer multikausalen Interdependenz, nicht des blinden Zufalls, wie Monod unterstellt hatte. »Obgleich die Gesetze, die ein nichtlineares System beherrschen, streng deterministische Gesetze sind, ist eine präzise Vorhersage eines Endzustandes nicht möglich, weil die kleinste anfängliche Unbestimmtheit sich lawinenartig verstärkt«.[74] Mit der Dauer des vorausberechneten Prozesses, d.h. mit zunehmender Komplexität - nimmt der Wahrscheinlichkeitsgrad der Vorausberechnung ab. Nahezu alle organischen Vorgänge scheinen nichtlinear zu verlaufen und entziehen sich damit prinzipiell langfristig gültiger Berechenbarkeit.[75]

Auf diese Weise vollziehen sich Geschehensabläufe in ontischer Kontingenz, bei gleichzeitiger nomologischer Notwendigkeit.[76] Die Nicht-Notwendigkeit liegt nicht im Geschehensablauf selbst (dieser folgt nichtlinearen Gesetzen), sondern in seinen Anfangs- und Randbedingungen. Die einfache Beziehung zwischen Ursache und Wirkung wird durch die Vorstellung eines komplexen Wirkzusammenhanges ersetzt, dessen Dynamik - aufgrund der Vielfalt von einwirkenden Faktoren - bei zunehmender Dauer mit abnehmendem Wahrscheinlichkeitsgrad vorausberechnet werden kann. Das Interesse der Chaostheorie ist es dabei, in scheinbar ›chaotisch‹ verlaufenden Prozessen im Meso- und Makrokosmos nichtlineare Gesetzmäßigkeiten zu entdecken und auf diese Weise die scheinbare nomologische Kontingenz zurückzudrängen.[77]

Anfangs- und Endzustand eines Prozesses lassen sich nur analytisch fixieren, denn jeder ›Anfang‹ ist seinerseits multikausal determiniert und jedes ›Ende‹ wirkt als Determinante auf komplexe Anschlußprozesse ein. Der Anfang verliert sich in der Entwicklungsgeschichte und das Ende ist nicht nur notwendig unvorhersagbar (weil sich Systemveränderungen nichtlinear potenzieren), sondern prinzipiell offen.[78]

73. So wie es Ian Barbour tut, wenn er von einer »historical memory« der Natur als Möglichkeitsbedingung für die Hervorbringung komplexer Strukturen spricht [Barbour, I. G. (1990) {→ Teil I, A. 41}, 173].

74. Küppers, B.-O. (1990): Wenn das Ganze mehr ist ..., in: GEO-Wissen 2/90, Chaos und Kreativität, 29.

75. Zum Problem der Unvorhersagbarkeit und zu den Grenzen der Berechenbarkeit physikalischer Chaosprozesse siehe: Thomas, H., Leiber, T. (1994); Leiber, T. (1996) {→ A. 68}; Weingartner, P. (Hg) (1996) {→ A. 62}.

76. Die Unterscheidung zwischen ontischer Ereigniskontingenz als Offenheit realer Geschehensabläufe in der Zeit (im Gegensatz zur Determiniertheit durch Antezedentien) und nomologischer Kontingenz als Nicht-Konformität eines Ereignisses in Relation zu einem bestimmten Bewegungsgesetz übernehme ich von: Pannenberg, W. (1991) {→ L.}, 85, Anm. 161.

77. Worthing, M. W. (1996) {→ Teil I, A. 40} 135, geht sogar so weit, in Heinz Georg Schusters Beschreibung des deterministischen Chaos [Schuster, H. G. (1984): Deterministic Chaos: An Introduction, Weinheim] die »language of Laplacian determinism« zu entdecken.

78. Die nicht genaue Bestimmbarkeit der Anfangs- bzw. Randbedingungen liegt darin begründet, daß diese nicht erfaßt werden können, ohne sie dabei zu stören. Und auch die Bestimmung der Störung eines Systems im Meßprozeß selbst führt wieder zu einer Störung dieses Prozesses.

Ordnung ist also nicht ein vorgegebenes statisches Formprinzip, das sich realisiert, indem es Chaos eliminiert, sondern eine im Prozeß der Energie- bzw. Informationszufuhr sich durch ›Nichtgleichgewichtsphasenübergänge‹ erst aus Chaos bildende, ›originelle‹ Struktur von relativer Stabilität. Ordnung und Chaos stehen in nichtlinearer Wechselwirkung, sie bedingen sich gegenseitig. Aus Chaos entstehen lokale Muster, die sich - nicht selten sprunghaft - zu globalen Strukturen aufbauen. Diese formieren sich ihrerseits wiederum zu Hierarchien wachsender Komplexität.[79] Mit zunehmender Komplexität wächst allerdings auch das Risiko des Zerfalls in chaotische Unordnung.

Die von H. Haken entwickelten Modelle der »Synergetik«[80] erlauben die Beschreibung solcher Hierarchiebildungen und konstituieren damit die mathematische Grundlage des ›holistischen‹ Weltbildes, das dem ›Ganzen‹, dem Zusammenhang der Teile, sachliche Priorität vor den Teilen selbst gibt. Für nichtlineare Systeme gilt: Mit höherem Organisationsgrad bilden sich neue Qualitätseigenschaften (Emergenz). Das Ganze ist mehr als die Summe seiner Teile. Im Gegensatz zum Postulat einer einseitigen »upward causation« ist dabei eine Wechselwirkung zwischen dieser aufstrebenden und der entgegengerichteten absteigenden »top-down-causality« anzunehmen.

Die naturwissenschaftliche Beschreibung der Dynamik offener, nicht-linearer Systeme verschließt sich dem Postulat einer Teleonomie oder gar einer Teleologie. Der Überschritt zum Gedanken einer solchen Zielbestimmung - sei es als Entelechie in den Systemkomplexen, sei es als externale Vorgabe eines Entwicklungszieles (Außenfinalität) - bleibt ausgeschlossen. Das Modell erlaubt, Phänomene wie die informationellen Prädispositionen offener Systeme durch die Annahme einer inneren Kraft der Selbstveränderung zu deuten. Es erlaubt jedoch nicht, in solchen autopoietischen Transformationsprozessen die Intention einer übergeordneten Intelligenz am Werk zu sehen. So bleibt die Analogie zur Fähigkeit des menschlichen Willens, innere oder äußere Veränderungen nach Maßgabe eines zu verwirklichenden Zwecks in Gang zu setzen, ausgeschlossen.

3. Die theologische Interpretation des chaostheoretischen Modells

Die theologische Inanspruchnahme chaostheoretischer Modelle setzt sich über diese Grenzziehung hinweg, indem sie die Behauptung der intentionalen Herrschaft Gottes in der - und über die determinierte Kontingenz einführt. Gott bedient sich des Zufalls[81] oder er generiert ihn sogar, wie es in der (auf Einstein zurückgehenden - von ihm allerdings in negativem Sinn gebrauchten[82] - und seither immer wieder verwen-

79. Beschrieben etwa bei: Prigogine, I., Stengers, I. (1981²): Dialog mit der Natur, München.
80. Haken, H. (1988): Information and Self-Organisation, Berlin, Heidelberg; ders. (1990): Synergetik, Berlin.
81. In diesem Sinne hatte MacKay, D. M. (1978) {→ Teil I, A. 40}, 30, auf Prov 16,33 verwiesen.
82. »Die Quantenmechanik ... liefert viel, aber dem Geheimnis des Alten (d.h. Gottes - R.B.) bringt sie uns kaum näher. Jedenfalls bin ich überzeugt, daß *der* nicht würfelt« [Brief an Max Born, 4.12.36, in: Born, M. (Hg) (1969): Albert Einstein, Hedwig und Max Born, Briefwechsel 1916-1955, München, 129f (vgl. 118f)]. Siehe dazu auch: Iain, P. (1986): Science and Theology in Einstein's Perspective, Edinburgh.

deten[83]) Metapher vom »würfelnden Gott« unterstellt ist. Wenn diese Sprachfigur vom »Deus ludens« in der Regel auch nicht als theologisches Argument gemeint ist, sondern bloß eine illustrative Glosse darstellt[84], so verbildlicht sie doch die Komplementarität von gottgewirktem Zufall und gottverordneter Notwendigkeit, wie sie in einer Formulierung des Biologen R. Riedl zum Ausdruck kommt. In Anknüpfung an M. Eigen {→ S. 18} schrieb er: »Ein Gott, der nur würfelt, wäre ein Spieler; keines seiner Produkte gewänne einen Sinn. Noch Einstein hatte dies ja beunruhigt. Ein Gott aber, der nie würfelt, baut eine Maschine, und keines seiner Produkte wäre frei. ›Gott würfelt also?‹, fragt Manfred Eigen, ›Gewiß! Doch er befolgt auch seine Spielregeln. Und nur die Spanne zwischen beiden gibt uns Sinn und Freiheit zugleich«.[85]

Übersetzt man diese Äußerung in den Bezugsrahmen und in die Terminologie der Providenzlehre, dann ist darin eine interessante inhaltliche Revision der Unterscheidung von providentia ordinata et extraordinata anvisiert: Gott wirkt als Generator von Kontingenz, öffnet neue Möglichkeitsspielräume, setzt innovative Impulse (providentia extraordinata), die sich dann entsprechend der von ihm verordneten Prozeßverlaufsregeln entfalten (providentia ordinata). Gott wirkt nicht jedes einzelne Geschehen in seiner Positivität, vielmehr garantiert er den Bestand der kontinuitätssichernden Regelsysteme (conservatio) und inspiriert stets neue Anfänge, die den Gesamtprozeß in die Richtung des von ihm ›Vorgesehenen‹ lenken (gubernatio). Es ist dies keine determinierende, sondern eine influierende Wirksamkeit, welche die relative Freiheit der handelnden Menschen und die relative Eigendynamik interagierender Systemkomplexe ermöglicht, erhält, umschließt und mit Richtungssinn ›versieht‹ (concursus). Gott agiert nicht nur *in* der kontingent verfaßten Wirklichkeit und *durch* sie, wodurch ihre Kontingenz in eine höhere Notwendigkeit aufgehoben wird; vielmehr ist sein eigenes Wirken kontingent verfaßt und wirkt die Kontingenz selbst.

Soll diese Vorstellung allerdings nicht zu einem theologischen Tychismus führen, in dem Gottes Wirken mit reiner, ungerichteter Kreativität identisch wäre, dann muß sie mit dem Postulat finaler Direktivität verbunden werden. Gottes krea-

83. Ihrer Bildkraft wegen wurde die Sprachfigur in die Titel einiger Veröffentlichungen zu diesem Thema aufgenommen: Stewart, I. (1990): Does God Play Dice? The New Mathematics of Chaos. London; Daecke, S. M. (1991): Der Herrgott würfelt nicht. Naturgesetz und jüdisches Gesetz im Denken Albert Einsteins, in: EvKomm 11/91, 642-645; Buttler, J. (1992): Gottes Würfel. Schicksal oder Zufall, München; Evangelische Akademie Baden (Hg) (1993): Gott würfelt (nicht)! Chaos, Zufall, Wissenschaft und Glaube. Beiträge einer Tagung der Evangelischen Akademie Baden vom 27.-29. November 1992 in Bad Herrenalb, Karlsruhe; Schroten, E. (1992): Playing God: Some Theological Comments on a Metaphor, in: Van den Brink, G. J. M., Van den Brom, L. J., Sarot, M. (Hg): Christian Faith and Philosophical Theology (FS V. Brümmer), Kampen, 186-196; Matthews, R. (1994): Und Gott hat doch gewürfelt. Die letzten Rätsel der Naturwissenschaften, München; Copray, N. (1995): Hat Gott gewürfelt? (Literaturbericht), in: Publik Forum 4/95, 40f; Johnson, E. A. (1996): Does God Play Dice? Divine Providence and Chance, in: TS 57, 2-18.

84. Wie in S. W. Hawkings Diktum: »Doch alles spricht dafür, daß Gott ein unverbesserlicher Spieler ist und bei jeder sich bietenden Gelegenheit würfelt« [Hawking, S. W. (1993): Einsteins Traum. Expedition an die Grenze der Raumzeit, Reinbeck, 64].

85. Riedl, R. (1976, 1984[7]): Die Strategie der Genesis. Naturgeschichte der realen Welt, München, Zürich, 122.

tives, Kontingenzspielräume öffnendes Wirken ist immer auch ein zielorientierendes, das einen richtungsweisenden Einfluß ausübt (in Richtung auf das von ihm ›Vorgesehene‹). In dieser Hinsicht wirkt er per Attraktion. »A final cause ›acts‹ only in the sense that it attracts«.[86]

D. J. Bartholomew gießt eine solche kontingenztheoretische Bestimmung der providentiellen Wirksamkeit Gottes in ein theologisches Konzept und zeigt damit, wo die Stärken einer theologischen Rezeption des chaostheoretischen Modells liegen. In »God of Chance« weist er zunächst die Auffassung zurück, die vorfindliche Wirklichkeit der Welt sei das Resultat von *pure chance*. Diese Behauptung begründet er nicht mit theologischen Argumenten, sondern mit dem Hinweis darauf, daß eine solche Weltsicht mit den Ergebnissen der statistischen Wissenschaften unvereinbar sei. In vielen Prozessen, die nicht in linear-deterministischen Gesetzen erfaßbar sind und scheinbar chaotisch verlaufen - von der Genetik bis zum Käuferverhalten - lassen sich statistisch erhebbare Strukturbildungstendenzen erkennen. Aus Chaos entsteht Ordnung.

Das Chaos-auslösende, Innovations-generierende Prinzip ist der Zufall. Als Äquivalent zu den spezifisch menschlichen Freiheitsvollzügen liegt in ihm die für die »Geschichte der Natur« konstitutive innovative Triebkraft, die Evolutionssprünge und damit auch die Entstehung des Lebens ermöglicht hat.[87] Mehr noch: Zufall ist auch die Möglichkeitsbedingung für das Zurechtbringen von menschengemachter Unordnung - von der Rekreation ökologischer Systeme bis zur Korrektur von Ungerechtigkeiten in den politischen, sozialen und ökonomischen Strukturen. Der Umfang der Zufallsspielräume verhält sich proportional zur »Fehlerfreundlichkeit« (E. und Chr. von Weizsäcker) gestörter Systeme.

Der Modus der Wirksamkeit Gottes liegt nach Bartholomew nicht in der Stabilisierung von Ordnungen, sondern im Auslösen von chaosförmigen Destrukturierungen und in der seinem Willen konformen Restrukturierung von sinnhaften Ereignismustern.[88] Gott öffnet Zufallsspielräume, um auf diese Weise das der Schöpfung inhärente kreative Potential freizusetzen, das auf dem Weg der Selbstorganisation aus Chaos zu Strukturen höherer Komplexität emergiert. So kann Bartholomew summieren, der Zufall sei aufzufassen »as grist for the providential mill rather than as an obstacle to providential action«.[89]

Dieses Modell kommt vollkommen ohne die problematische Annahme einer Prädetermination aller Prozesse der Wirklichkeit aus. Gott wirkt als Zufallsgenerator, als Mutationsmotor. Dabei muß - und darf - nicht behauptet werden, jedes individuelle

86. Cobb, J. B., Jr. (1973): Natural Causality and Divine Action, in: Thomas, O. C. (Hg) (1983) {→ L.}, 107.

87. »God chose to make a world of chance because it would have the properties necessary for producing beings fit for fellowship with himself« [Bartholomew, D. J. (1984) {→ A. 5}, 138].

88. »...there is every reason to suppose that a Creator wishing to achieve certain ends might choose to reach them by introducing random processes whose macro-behaviour would have the desired character« [Bartholomew, D.J. (1984) {→ A. 5}, 98].

89. Bartholomew, D.J. (1984) {→ A. 5}, 143.

Ereignis entspreche der Sinnintention Gottes. Diese drückt sich vielmehr in den »aggregate effects« komplexer Ereigniszusammenhänge aus.[90]

Diese Deutung ist der Interpretation quantenphysikalischer Experimente - wie des Doppelspaltexperiments von Tonomura im Jahre 1989 - vergleichbar. Sie geht davon aus, daß nicht die Bewegung einzelner Elementarteilchen, sondern nur das Verhalten eines großen Ensembles von Teilchen (d.h. ihre Verteilung) probabilistischen Gesetzmäßigkeiten folgt.

Bartholomew vollzieht mit seinem Ansatz eine Durchbrechung der traditionellen Auffassung von Gottes Wirken als conservatio: Gottes Handeln ist nicht ein primär Stabilisierendes und in diesem Sinne ›konservatives‹, vielmehr setzt es Neues und wirkt damit innovativ. Er erhält und festigt nicht zuerst bestehende Strukturen, sondern führt sie über sich hinaus, indem er ihnen neue, kreative Impulse gibt, die ihre Verhärtungen aufbrechen und sie zu neuen Anpassungsleistungen befähigen. Damit wird das Moment des Geschichtlichen konstitutiv auch in das Naturwirken Gottes eingetragen. Gott ruft Systeme aus ihren Selbstabschließungstendenzen heraus und mutet ihnen kreative Transformationen zu. Seine Kausalität ist dabei weniger eine effektive als eine finale.

Wo immer - wie bei Bartholomew oder bei T. F. Tracy[91] - das Kontingenzprinzip theologisch für die Deutung der Wirksamkeit Gottes in der Welt in Anspruch genommen wird, geschieht das durch eine teleologische Qualifizierung des Zufalls. Nicht der blinde Zufall, die pure chance, ist movens der »Geschichte der Natur«, sondern die eschatologisch ausgerichtete kreative Energie Gottes. Unter ihrem Einfluß vollzieht sich die Aktualisierung nicht-notwendiger Möglichkeiten. Dabei ist es keine prästabilisierte Harmonie, die sich in den Ordnungen der Schöpfung lediglich verwirklicht, sondern umgekehrt: Gott wirkt durch spontankausale Kreativität und durch poststabilisierende Sinngebungen. Die »Geschichte der Natur« verläuft weder vorgeplant noch planlos, weder determiniert noch unter der »tyranny of chance«[92], sondern

90. »...God generates the requisite degree of randomness much as we do, by deterministic means. We emphasize again that this does not imply or require fore-knowledge of the consequences at the micro-level on God's part. He is concerned with macro-effects« [Bartholomew, D. J. (1984) {→ A. 5}, 102]; damit wendet sich Bartholomew u.a. gegen P. Geach, der auch die Zufallsphänomene auf der Ebene der Mikroprozesse unmittelbar auf Gottes Handeln zurückgeführt hat [Geach, P. T. (1977) {→ Teil I, A. 51}, 116 o.ö].

91. Tracy, T. F. (1995) {→ A. 44}, 11-15. Tracy entwirft ein in fünf Modi differenziertes Konzept des Handelns Gottes: (1) Gott wirkt *unmittelbar* in jedem Ereignis, um die es konstituierenden Faktoren im Sein zu erhalten und (2) um Ereignisse aus Kontingenzspielräumen hervorzubringen. (3) In *indirekter* Weise beeinflußt er Determinationsketten und (4) freie Handlungen. (5) Zudem hat er die Möglichkeit, über die Kräfte der natürlichen Agentien hinweg Effekte zu verursachen. Das Gewicht seiner Argumentation liegt auf (2), wobei er unterstellt, daß in der Struktur der Schöpfungsordnung Indeterminismen angelegt sind, in denen Gottes Handeln ansetzt. Indem er den Kosmos als *offenes* System deutet, vermag er wohl die Vorstellung von »gaps« als Durchbrechungen eines geschlossenen Systems zu vermeiden. Doch bietet diese Umdeutung des »God of the gaps«-Modells keine Lösung der Schwierigkeiten, in die schon Pollards Konzept geführt hatte. Sie bleibt der »god-of-the-gaps fallacy« [Hansson, M. J. (1991) {→ L.}, 99] verhaftet.

92. Gorringe, T. J. (1991) {→ L.}, 2.

durch eine von Gottes Geist inspirierte und damit zielgerichtete Selbstorganisation. Gott realisiert nicht ein - nach dem Vorbild der platonischen Idee - präfiguriertes design, er generiert, kanalisiert und finalisiert den Zufall.

Ganz ähnlich argumentierte der Biologe und Systemtheoretiker R. Riedl: Die im Naturprozeß sich immer wieder bildende Ordnung sei nicht Resultat eines vorausgesetzten Plans, sondern einer poststabilisierten Harmonie.[93] Sinn und Zweck ergäben sich als *Konsequenz* der Natur, als *Folge* der »Strategie der Genesis«. Die skizzierte Modellvorstellung eines durch Richtungsimpulse ›inspirierten‹ Systems der Selbstplanung kann als Mittelweg zwischen dem Postulat einer vollkommen planlosen und dem einer vollkommen determinierten Genesis gelten.[94]

So läßt sich auch an diese Argumentationslinie die schon eingeführte Behauptung anschließen, Gottes Pro-videnz - im Sinne von »Fürsorge« - bestehe im wesentlichen in seiner »Nachsorge«. Jede Prädetermination würde die generierte Kontingenz von vorneherein in eine höhere Notwendigkeit aufheben und damit sowohl die Handlungsfreiheit der Menschen als auch die Eigendynamik der biophysischen Systeme eliminieren. Expliziert man die damit angezeigte Vorstellung in der Kategorialität des von Karl Barth innerhalb der concursus-Lehre vollzogenen Dreischritts von praecurrit, concurrit und succurrit[95], dann läßt sich das *praecurrere* als Öffnen von Möglichkeitsspielräumen interpretieren, das *concurrere* als Gottes geistige (und daher niemals zwingende) Einflußnahme auf die Realisierung einzelner Gestalten aus der Fülle der Möglichkeiten und das *succurrere* schließlich als (negative wie positive) Sinnstiftung. In diesem »Nachgehen« inspiriert Gott (in Akten, die als Berufung und Bevollmächtigung prophetischer Stimmen innerhalb, aber durchaus auch außerhalb der Kirche deutbar sind) die Interpretation der entstandenen Realitätskonstellationen, um auf diese Weise auf den weiteren Fortgang des Weltprozesses einzuwirken. Dabei realisiert sich die Zielrichtung seines von Ewigkeit her bestehenden Willens im Sinne einer »long-range strategy«[96]. Wo Sinnmuster nicht *in* den Dingen und ihren Zusammenhängen selbst liegen, können sie ihnen von Gott her zukommen, der die Dinge ›nachsorgend‹ zurechtzubringen, d.h. sie in die gute Ordnung seines Schalom einzufügen oder sie von dorther zu kritisieren vermag. Die Konsequenzen für die theologische Epistemologie liegen auf der Hand: Vor allem in der Retrospektive erschließt sich der Sinn, aber auch der Unsinn von Geschehenszusammenhängen coram Deo. Wo immer sich eine solche Erschließung ereignet, steht sie jedoch unter eschatologischem Vorbehalt, denn alles Sinnverstehen vollzieht sich im Rahmen menschlicher Begrenztheit. In dieser an Bartholomews Ansatz anknüpfenden Deuteperspektive liegt eine offensichtliche Nähe zu Molinas Konzept. In den Schlußüberlegungen werden wir darauf zurückkommen.

Offen bleibt nach wie vor die Frage, wie sich diese theologischen Überlegungen zu den naturwissenschaftlichen Beschreibungen offener Systeme und chaostheoreti-

93. Vgl. Riedl, R. (1976) {→ A. 85}, 10f.
94. Vgl. Riedl, R. (1976) {→ A. 85}, 186-193.
95. Barth, K. (1950): KD III/3, 134ff, 149ff, 171ff. Barths Betonung liegt dabei auf dem praecurrere.
96. Barbour, I.G. (1990) {→ Teil I, A. 41}, 173.

scher Modelle, sowie zu den naturphilosophischen Füllungen des Kontingenzbegriffs verhalten. Von der großen Mehrheit der Naturwissenschaftler werden sie entschieden abgelehnt, sofern sie beanspruchen, metaphysische Deutungen in naturwissenschaftliche Theoreme einzuführen. Wenn sie Geltung haben sollen, so kann diese nicht auf der Ebene der wissenschaftlichen Wirklichkeitserklärung angesiedelt sein.

Mit dem Problembewußtsein, das wir in den vorangegangenen Überlegungen zu entwickeln suchten, sollen nun Wolfhart Pannenbergs Überlegungen zu einer »Theologie der Natur« in den Blick genommen werden. Nicht zuletzt aufgrund Pannenbergs profunder naturwissenschaftlicher Kompetenz stellen diese Überlegungen einen der bedeutendsten Neuansätze zum Reden von Gottes Wirken in der Natur dar. Den aktuellen Forschungsstand verarbeitend versucht er zu zeigen, wie das durch die Quantenphysik und die Thermodynamik veränderte Naturverständnis die Rede von einem Handeln Gottes in der Natur in neuer Weise ermöglicht. Dabei erhebt er das Kontingenzprinzip zur Grundlage seines Gesamtverständnisses der Weltwirklichkeit und ordnet die naturgesetzliche Ordnung in diesen Referenzrahmen ein - so wie er generell die naturwissenschaftliche Weltsicht in die theologische integriert.[97] Der Modus dieser Integration wird sich jedoch als das Grundproblem seines Ansatzes erweisen.

97. Pannenberg, W. (1991) {→ L.}, 90: »... die Theologie (kann) die naturwissenschaftlichen Gesetzesaussagen prinzipiell in den Kohärenzrahmen ihrer Beschreibung der Welt als Schöpfung Gottes einordnen ...«.

E. Kontingenz und schöpferisches Handeln Gottes bei Pannenberg

Von der Voraussetzung der theologisch gedeuteten Einheit der Wirklichkeit aus will Pannenberg das naturwissenschaftliche Wirklichkeitsverständnis als Materialgrundlage für eine zeitgemäße Explikation des christlichen Gottesglaubens nehmen. Soll die bekenntnishafte Rede von Gottes Wirken in der Welt plausibel sein, dann muß sie zunächst intelligibel sein, d.h. sie muß ihren Sinngehalt an naturwissenschaftlichen Erkenntnissen erweisen, in dem sie diese aufnimmt und über eine bloß naturalistische Deutung hinausführt. Das hat seinen Grund letztlich darin, daß Gott - wenn auch im Modus der Verborgenheit - in der Welt schöpferisch tätig ist, so daß die Welt Spuren dieser Tätigkeit zu erkennen gibt. Im Resultat muß diese Grundüberzeugung zu einer Neufassung der natürlichen Theologie im Sinne einer »Theologie der Natur« hinführen. Die Brücke zwischen natur*wissenschaftlichen* Theoremen und theologischen Deutungen bilden dabei natur*philosophische* Begriffe und Hypothesen.

Pannenberg führt damit das naturphilosophische Programm, das C. F. v. Weizsäcker in »Die Einheit der Natur« entfaltet hatte, christlich-theologisch weiter und stellt sich auf diese Weise in die Tradition jener Weltdeutungen, die theologische und naturwissenschaftliche Kosmologien vermitteln wollen. Im angloamerikanischen Raum herrscht diese Tradition noch weitgehend ungebrochen vor, während sie in der deutschsprachigen theologischen Debatte vor allem durch die Abwehr der »natürlichen Theologie« in der Dialektischen Theologie stark zurückgedrängt worden ist. Naturwissenschaft und Theologie beziehen sich nach Pannenberg nicht auf unterschiedliche Wirklichkeiten bzw. Wirklichkeitssegmente (Materie und Geist, Natur und Übernatur, Sphäre der Tatsachen und der Werte, Sein und Sollen, Wissenschaft und Religion), sondern auf die *eine* Realität Gottes und der Welt.

1. Gott als »fons contingentiae primus«

Im Anschluß an Emil Brunner bezeichnet Pannenberg den Begriff der Kontingenz als den philosophischen Ausdruck für das, »was theologisch als schöpferisches Handeln Gottes gewürdigt werden muß«[98]. Kontingenz ist der Ausdruck für die aller Kausalität einzelner Ereignisse, Prozesse und Zustände wie auch der gesamten naturgesetzlichen Ordnung vorausliegenden Spontaneität Gottes.[99] Mit dieser Auffassung revita-

98. Pannenberg, W. (1991) {→ L.}, 88, siehe auch 34: »Die Kontingenz der Welt im ganzen und aller einzelnen Ereignisse, Dinge und Wesen gründet in der allmächtigen Freiheit des göttlichen Schaffens«. Ebenso: Pannenberg, W. (1988): The Doctrine of Creation and Modern Science, in: Zygon 23/1, 3-21, hier: 8. Siehe dazu auch: Pannenberg, W. (1988): Providence, God, and Eschatology, in: Musser, D., Price, J. (Hg): The whirlwind in Culture. Frontiers in theology (FS L. B. Gilkey), Bloomington, IN, 171-182.

99. Pannenberg, W. (1991) {→ L.}, 84ff.

lisiert Pannenberg die seit Kant aufgegebene und von Blumenberg scharf kritisierte *theologische* Fundierung des Kontingenzbegriffs auf dem Postulat der Vollmacht des Willens Gottes (nach Scotus: der Kontingenz der absoluten Freiheit Gottes). Der Säkularisierung der Welt unter dem »Diktat des unheilvollen Begriffs der Kontingenz«[100], die Gottes Herrschaft nicht mehr in Natur und Geschichte am Werk zu sehen vermag, setzt er ein Konzept entgegen, das ontische Ereigniskontingenzen als Erscheinungsweisen des göttlichen Welthandelns (im Sinne der intentionalen Hervorbringung ›gottkonformer‹ Geschehensmuster aus einem Feld von Möglichkeiten) sehen lehrt. Gott ›bedient‹ sich nicht vorgängig bestehender Kontingenzspielräume; diese sind vielmehr selbst Ausdruck seiner kreativen Wirksamkeit. In dieser Auffassung liegt eine unmittelbare Anknüpfung an Melanchthons Bezeichnung Gottes als »fons contingentiae primus« {→ S. 132}.

Darin zeigt sich für Pannenberg, daß mit der theologischen Inanspruchnahme des Kontingenzbegriffs keine außertheologische Kategorie übernommen und ›getauft‹ wird. Dieser Begriff, der auf die Latinisierung des aristotelischen endechesthai durch Boethius zurückgeht, bezeichne einen spezifisch christlich-theologischen Vorstellungsinhalt: die Geschaffenheit der Welt durch einen Willensakt Gottes.[101] Das damit ausgesagte Nicht-aus-sich-selbst-Bestehen der Welt korreliere unmittelbar der theologischen Lehre von Schöpfung und Erhaltung.

Mit der Axiomatisierung des theologisch gefüllten Kontingenzbegriffs gibt Pannenberg die Sicht der naturhaften Wirklichkeit als eines in sich geschlossenen Kausalzusammenhanges auf. Ihrzufolge wäre Gottes Einwirken auf natürliche Prozesse nur in den »gaps«, den vermeintlichen Lücken dieses Prozesses anzusiedeln. Kontingenz ist aber – so hält er entgegen – nicht als *Durchbrechung* des Kausalnexus zu denken, sondern als seine *Voraussetzung*. Pannenberg geht so weit, »solche Kontingenz von *allem* Einzelgeschehen und darum auch von der Welt im ganzen«[102] einschließlich ihrer Naturgesetze zu behaupten.[103]

Schon 1874 hatte der französische Philosoph E. Boutroux in seinem Buch »De la contingence des lois de la nature« (dt. 1911) die Auffassung vertreten, die Naturgesetze selbst seien kontingent. Sein leitendes Interesse war es dabei, die Überzeugung schöpferischer Handlungsfreiheit sowohl für menschliche Handlungssubjekte als auch für Gott zu begründen.

100. Link, C. (1977): Die theologischen Wurzeln der Unterscheidung von Theorie und Praxis in der Philosophie der Neuzeit, in: ZEE 21, 13.
101. »Kontingenz bringt die ontische Verfassung einer aus dem Nichts geschaffenen und zum Vergehen bestimmten, nur durch den göttlichen Willen im Sein gehaltenen Welt zum Ausdruck, die an der Idee des unbedingten und notwendigen Seienden gemessen wird« [Blumenberg, H. (1959): Art. »Kontingenz«, in: RGG³ 3, 1793].
102. Pannenberg, W. (1991) {→ L.}, 88 (Hervorheb. W.P.); siehe auch 90.
103. Zu Pannenbergs Interpretation des Begriffs Naturgesetz siehe: Pannenberg, W. (1979): Kontingenz und Naturgesetz, in: Müller, A. M. K. (Hg): Erwägungen zu einer Theologie der Natur, Gütersloh, 34-80; ders. (1987): Wissenschaftstheorie und Theologie, Frankfurt, 60-73; ders. (1991) {→ L.}, 77ff. Vgl. H. Sachsses »Gedanken eines Naturwissenschaftlers zum Gebet«, in denen er die Überwindung des metaphysischen Verständnisses von Naturgesetzen darstellt: Sachsse, H. (1980): Hat Beten Sinn? Gedanken eines Naturwissenschaftlers zum Gebet, in: HeTe 19: Hat Beten Sinn?, Bad Herrenalb, 58-66.

Pannenbergs Behauptung, die Schöpfung im ganzen und die naturgesetzliche Ordnung im besonderen sei kontingent, hat ihre geistesgeschichtlichen Wurzeln in der »geschichtlichen Kontingenz« des israelitischen Gottes- und Wirklichkeitsverständnisses.[104] Systematisch ergibt sie sich aus dem voluntaristischen Akzent einer theistischen Gotteslehre, welche den Schöpfungsprozeß nicht als mit Notwendigkeit aus Gott (bzw. seinem Wesen) hervorgegangene Emanation sehen will, sondern auf einen intentionalen Akt des personal gedachten Gottes zurückführen möchte. Das kontingent aktuale Handeln Gottes zur Erhaltung und Lenkung der Schöpfung wirkt das Hervorbrechen von unableitbar Neuem ebenso wie es die naturgesetzliche Anordnung regelhafter Prozessabläufe hervorbringt, in denen sich die Funktionen der Selbsterhaltung und -organisation innerweltlicher Systeme vollziehen.

Nicht nur die Schöpfung als ganze verdankt sich einem kontingenten Akt Gottes, der sie - einschließlich ihrer Ordnungen - in freier Setzung *ex nihilo* ins Dasein rief, sondern jedes einzelne Ereignis wird von Gott innerhalb der in Prozessen naturgesetzlicher Regulation verlaufenden Naturordnung kontingent gewirkt.[105] Um diesen Gedanken durch naturwissenschaftliche Konzepte und ihre philosophischen Implikationen zu stützen, rekurriert Pannenberg auf die in der Thermodynamik und der Biologie entwickelte Einsicht in die zukunftsoffene Dynamik dissipativer Systeme sowie auf die im quantenphysikalischen Mikrokosmos (bei Quantensprüngen und beim Zerfall einzelner Atome) zu beobachtenden Kontingenzphänomene[106], um im Grundprinzip der Kontingenz und der Irreversibilität der Zeit Anknüpfungspunkte für seine theologische Rede von einem Wirken Gottes in der Natur zu gewinnen. In diesen beiden Grundprinzipien dokumentiert sich nach seiner Meinung die Zukunftsoffenheit allen Geschehens.[107] Die Wirklichkeit ist demnach konstitutiv *geschichtlich* verfasst, auf die Zukunft als Dimension der Ganzheit ausgerichtet und als solche Raum der Wirksamkeit Gottes.

Nimmt man nun Pannenbergs theologische Entfaltung der *Schöpfungs- und Vorsehungslehre* in den Blick, so zeigt sich, daß die naturwissenschaftlichen Einsichten und naturphilosophischen Reflexionen kaum Einfluß auf ihre materiale Ausgestal-

104. Pannenberg, W. (1970): Kontingenz und Naturgesetz, in: Pannenberg, W., Müller, A. M. K.: Erwägungen zu einer Theologie der Natur, Gütersloh, 37, 74f; Pannenberg, W. (1991) {→ L.}, 86f.

105. »Der Schöpfungsgedanke enthält ... mehr als eine Aussage über den Anfang der Welt. Jedes einzelne Geschöpf, sogar jedes neue Ereignis, jeder Augenblick, hat seinen ›Anfang‹ in Gottes Schöpfung« [Pannenberg, W. (1991) {→ L.}, 59].

106. Genauer gesagt: Er rekurriert auf die in der Tradition der Kopenhagener Deutung stehende Interpretation dieser Kontingenzphänomene. Diese Deutung der Quantentheorie konkurriert mit der statistisch-deterministischen Interpretation Max Borns, welche die Bewegung der Partikel lediglich durch Wahrscheinlichkeitsgesetze erfassen will und dabei voraussetzt, daß sich »die Wahrscheinlichkeit selbst ... im Einklang mit dem Kausalgesetz aus(breitet)« [zit. nach: Puff, H. (1994): Warum die Quantentheorie nicht »lokal realistisch« und dennoch richtig ist. Über die Bellschen Ungleichungen, in: Ev. Akademie Mühlheim/Ruhr (Hg): Begegnungen 6/94, 56].

107. So zieht H.-P. Dürr, auf den sich Pannenberg bezieht, aus der Beobachtung, daß der einlinig gerichtete »Zeitpfeil« im Bereich quantenphysikalischer Phänomene nicht besteht, die Konsequenz einer »in der Quantenphysik prinzipiell angelegten Offenheit der Zukunft« [Dürr, H.-P. (1986): Über die Notwendigkeit, in offenen Systemen zu denken, in: Altner, G. (Hg) {→ A. 65}, 31].

tung haben. Diese dienten vor allem der Untermauerung einer auch ohne sie, im Referenzrahmen der reformatorischen Theologie entwickelten Auffassung.

Durch die Trinitätslehre sind Schöpfung, Erhaltung und Regierung der Welt nach Pannenberg auf die Heilsökonomie des göttlichen Handelns in der Welt bezogen. Dadurch wird es möglich - ähnlich wie bei Schleiermacher, aber auch schon in der Reformierten Orthodoxie[108] -, Gottes Handeln als einen einzigen, den ganzen Weltprozeß umspannenden Akt zu verstehen, der eine Vielzahl von einzelnen Akten umfaßt und dadurch einer Vielfalt von Geschöpfen Raum gibt.[109]

Schöpfungs- und Erhaltungslehre sind durch das Theologoumenon der creatio continua(ta)[110] miteinander vermittelt. Pannenberg schließt sich darin - gegen K. Barth - der auf Philo zurückgehenden, besonders bei Augustin geprägten Auffassung an, daß die Schöpfung korrelativ zur Ewigkeit Gottes als ewiger Akt zu denken sei, der aller geschöpflichen Zeit gleichzeitig ist. Auf diese Weise kann er die Rede von der creatio immediata et mediata über den Bezug auf die creatio originalis hinaus in den Raum des Welthandelns Gottes ausdehnen, so daß sie sachlich mit der providentia (im Sinne der conservatio) immediata et mediata - zusammenfällt.[111] Die conservatio besteht in der permanenten creatio, die sich von der initialen Schöpfung nur dadurch unterscheidet, daß sie *in* der Zeit (und nicht ex nihilo zusammen mit der Zeit) erfolgt. Eine Restriktion der conservatio auf die bloße Erhaltung des »am Anfang« Geschaffenen müßte zur Leugnung der biblisch bezeugten[112] Möglichkeit führen, daß Gott auch gegenwärtig und zukünftig Neues schaffen kann - bis hin zum neuen Himmel und der neuen Erde. Gottes conservatio ist eminent kreativ. Creatio continua geht einher mit creatio nova.[113]

Pannenberg interpretiert die theistische Auffassung, die das schöpferische Handeln Gottes in den beiden Modi der unmittelbaren, spontan-kausalen (*creatio immediata*) und der mittelbaren - durch die naturgesetzliche Ordnung vermittelten - Einwirkung (*creatio mediata*) verstehen will, durch die im Sinne naturwissenschaftlicher Theoriebildung verstandenen Deutekategorien von Zufall und Notwendigkeit (bzw. Gesetz), wobei vor allem dem Kontingenzbegriff zentrale Bedeutung zukommt.

108. Siehe dazu: Heppe, H. (1861, 1958²) {→ Teil II, A. 209}, 199 und das Zitat von Braun (»Est enim respectu Dei eadem actio creatio et providentia, cum Deus per unicam simplicissimam voluntatem omnia operetur, ut existant, in existentia permaneant et operentur« - a.a.O. 204, Anm. 1).
109. Pannenberg, W. (1991), 49.
110. A.a.O., 49, 52ff.
111. In Anlehung an die Unterscheidung L. Hutters [Pannenberg, W. (1991) {→ L.}, 92, Anm. 176].
112. Belege bei: Pannenberg, W. (1991) {→ L.}, 57.
113. Auch nach Moltmann umfaßt die Schöpfung creatio continua und creatio nova. Daraus ergibt sich für ihn die Folgerung: »Das Verständnis von Vorsehung muß entsprechend erweitert werden: Mit der Vorsehung und der allgemeinen Weltregierung Gottes ist nicht nur die fortdauernde Bewahrung der Schöpfung vor der Vernichtung gemeint, sondern auch das Offenhalten ihrer wahren Zukunft durch die Gabe der Zeit gegen alle Tendenzen der Selbstabschließung [Moltmann, J. (1980, 1994³) {→ Teil III, A. 260}, 227]. Ebenso hat Edmund Schlink betont, daß Erhaltung nicht konservativ als Konservierung in einem bestehenden Zustand zu verstehen sei, sondern als weitere Ermöglichung eines dynamischen Geschehens [Schlink, E. (1983, 1985²): Ökumenische Dogmatik, Göttingen, 188].

Mit der Erhebung der Kontingenz zum grundlegenden Weltprinzip ordnet Pannenberg die *creatio/providentia immediata* der *creatio/providentia mediata* sachlich vor. Das findet seinen klarsten Ausdruck in seiner Formulierung, die Naturgesetze hätten »eine unentbehrliche *Dienstfunktion* in der trinitarischen Geschichte der Schöpfung«.[114] Die naturgesetzliche Ordnung steht demnach für Pannenberg keineswegs »im Gegensatz zum kontingenten Wirken Gottes bei der Hervorbringung der geschöpflichen Gestalten«; sie ist vielmehr »das wichtigste Mittel dazu«[115]. In der Terminologie der altprotestantischen Vorsehungslehre interpretiert: Als Selbstbindung Gottes an die von ihm kontingent verordneten Naturgesetze ist die *providentia ordinata* (»secundum ordinem«) der *providentia extraordinata* (»praeter naturam«[116]) sachlich (nicht notwendig auch zeitlich) konsekutiv. In den Regelmäßigkeiten natürlicher Prozesse liegt die Möglichkeitsbedingung für Ordnungszustände, die wiederum die Voraussetzung für die Entstehung immer komplexerer Formbildungen - bis hin zum menschlichen Leben - bilden. So dient die gesetzliche Gleichförmigkeit natürlicher Vorgänge dem von Gott intendierten und per contingentiam verwirklichten Schöpfungszweck.

2. Theologische Usurpation naturwissenschaftlicher Theorien?

Als Grundproblem des Pannenberg'schen Ansatzes gibt sich die Bestimmung der Beziehung zwischen Naturwissenschaft und Theologie zu erkennen. Bei aller Klarheit in der Grenzziehung zwischen beiden Disziplinen[117] erhebt Pannenberg doch die Forderung, in der naturwissenschaftlichen Beschreibung des Naturgeschehens müßten »die Ansatzpunkte für die theologische Interpretation der Naturwirklichkeit als Ausdruck und Ergebnis kontingenten göttlichen Handelns aufweisbar sein«.[118] Er sieht diese Ansatzpunkte vor allem in den beiden Postulaten a) der Kontingenz allen Geschehens, die von den klassischen naturwissenschaftlichen Theoriebildungen mit ihrem Interesse an der Gesetzlichkeit von Prozessen marginalisiert worden war, sowie b) der Irreversibilität der Zeit, die es seiner Auffassung nach erlaubt, ja erfordert, von einer zukunftsoffenen »Geschichte der Natur« zu sprechen. Damit setzt Pannenberg naturwissenschaftliche Theoriebildung - vermittelt durch naturphilosophische Reflexion - in ein *inklusives* Verhältnis zur theologischen Interpretation.[119] »Die Theo-

114. Pannenberg, W. (1991) {→ L.}, 92 (Hervorheb. R.B.).
115. A.a.O., 91.
116. Zur Unterscheidung zwischen »praeter naturam« und »contra naturam« siehe: Pannenberg, W. (1991) {→ L.}, 60f.
117. Pannenberg, W. (1991) {→ L.}, 83ff: Das Erkenntnisinteresse der naturwissenschaftlichen Wirklichkeitserfassung liegt nach Pannenberg in der Beschreibung des Naturprozesses unter dem Aspekt gleichförmig wiederkehrender Verlaufsformen. Es richtet sich nicht auf das Individuelle und seine Besonderheit, sondern auf das Allgemeine, gesetzlich Ablaufende, Wiederholbare und führt von daher zu einer abstrakten mathematischen Darstellung der Verlaufs*regeln*.
118. Pannenberg, W. (1991) {→ L.}, 89.
119. In der Reflexion der Beziehung zwischen Naturwissenschaft und Theologie sind verschiedene Modellschemata entwickelt worden. H. H. Olivers Unterscheidung zwischen der »Conflict Theory«, der

logie ... bedient sich solcher philosophischen Reflexion der naturwissenschaftlichen Weltbeschreibung, um die Kontingenz des Geschehens im einzelnen wie im Hinblick auf die Welt als ganze als Ausdruck der schöpferischen Tätigkeit des geschichtlich handelnden Gottes der Bibel zu identifizieren«.[120]

Die Gefahr des Inklusionsmodells liegt in der vereinnahmenden Überbietung naturwissenschaftlicher Konzepte. In aller Deutlichkeit findet sie ihren Ausdruck in Pannenbergs Anspruch, daß in der theologischen Schöpfungslehre »das eigentliche Wesen dieser Welt in den Blick kommt«[121]. An seiner theologischen ›Aufhebung‹ (im dreifachen Sinne Hegels) des naturwissenschaftlichen Kontingenzbegriffes dokumentiert sich exemplarisch, wie er diesen Anspruch einlöst.

Wenn Pannenberg die Annahme einer durchgehenden ontischen Kontingenz allen Geschehens in irreversibler Zeit durch die Behauptung zum Ausdruck bringt, der gesamte Naturzusammenhang sei »ein für Kontingenzen offenes, nicht geschlossenes System«[122], verschränkt er das naturwissenschaftliche Modell des offenen Systems mit dem israelitischen Gottes- und Wirklichkeitsverständnis der offenen Zukunft. Im Kontext naturwissenschaftlicher Systemtheorien verweist »Offenheit« auf den für die Funktion des Systems notwendigen Austausch von Energie bzw. Information mit der Systemumwelt. Die Übersetzung dieses Begriffs in die theologische Explikation ontischer Kontingenz läßt seinen naturwissenschaftlichen Bedeutungsinhalt hinter sich. Für eine solche Inanspruchnahme wissenschaftlicher Konzepte durch die Theologie gilt, was L. B. Gilkey - im Rekurs auf S. Toulmin - gegen das Integrationsmodell eingewandt hat: »Überträgt man einen wissenschaftlichen Terminus in einen anderen Bereich, wo man voraussetzen muß, daß er metaphorisch verwendet wird, geht die wissenschaftliche Einsicht verloren.«[123] Der Versuch, den theologischen Kontingenzbegriff mit naturwissenschaftlichen Vorstellungsinhalten zu füllen

»Compartement Theory« und der »Theory of Complementarity«, die er zur »Relational Theory of Complementarity« weiterbildete [Oliver, H. H. (1978): The Complementarity of Theology and Cosmology, in: Zygon 13, 19-33], wurde in vereinfachter und nicht ganz stimmiger Form als Typus der »Diastase«, der »Integration bzw. Inklusion« und der »Komplementarität« tradiert. - Eine achtfach differenzierte Typologie findet sich bei: Peacocke, A. R. (1981): Introduction, in: ders. (Hg): The Sciences and Theology in the Twentieth Century, Stocksfield, London, ix-xviii. Siehe dazu: Russell, R. J. (1985): A Critical Appraisal of Peacocke's Thought on Religion and Science, in: Religion and Intellectual Life, 48-58. Vgl. Peacocke, A. R. (1990, 1993²) {→ Teil I, A. 43}, 19-23. I. G. Barbour unterscheidet die vier Typen »Conflict«, »Independence«, »Dialogue«, »Integration« [Barbour, I. G. (1990) {→ Teil I, A. 41}, 3ff; dieses Schema hatte Barbour schon entwickelt in: ders. (1988): Ways of Relating Science and Theology, in: Russell R. J. u.a. (Hg): Physics, Philosophy, and Theology. A Common Quest for Understanding, Vatican City State, Notre Dame, IN, 21-48].
Eine Zusammenstellung der im 20. Jh. vertretenen Verhältnisbestimmungen von Theologie und Naturwissenschaft gibt: Barbour, I. G. (1966, 1968²) {→ Teil I, A. 41}, 115ff; Mortensen, V. (1995): Theologie und Naturwissenschaft, Gütersloh, Teil I, 25-78. Eine instruktive Überblicksdarstellung bietet außerdem: Hübner, J. (1992): Art. »Naturwissenschaft und Theologie«, in: EKL³ 3, 648-656 (Lit.).

120. Pannenberg, W. (1991) {→ L.}, 89.
121. A.a.O. (1991) {→ L.}, 77.
122. A.a.O. (1991) {→ L.}, 129.
123. Referiert von: Mortensen, V. (1995): Theologie und Naturwissenschaft, Gütersloh, 48.

und ihn damit zur Gelenkstelle für die Rede vom Wirken Gottes in der Natur einzusetzen, muß scheitern, weil er die angestrebte Integration nur um den Preis der Verzerrung der zu integrierenden Konzepte zu leisten vermag. Pannenbergs »Anknüpfung« an naturwissenschaftliche Erkenntnisse und Modelle erweist sich als Vereinnahmung dieser Modelle und Theorien, die durch die Integration in theologische Referenzrahmen aus ihrem Begründungszusammenhang gerissen und ihm entfremdet werden.

Das Postulat einer durchgehenden Kontingenz allen Geschehens ist ein natur*philosophisches* Paradigma, das sich in dieser Allgemeinheit natur*wissenschaftlich* nicht erhärten läßt. Und selbst wenn man es als gültig voraussetzt, ergibt sich daraus noch keineswegs mit Notwendigkeit eine theologische Deutung dieser Kontingenz. Nimmt man auch diese als gegeben an, so liegt doch darin nicht *mehr* als die Offenlegung der *Möglichkeitsbedingung* einer Einflußnahme des göttlichen Handlungssubjekts auf das kontingente Naturgeschehen. Weder über das *Daß* noch erst recht über das *Wie* des Handelns Gottes ist Auskunft gegeben.

Mit dieser Kritik ist nicht der Wahrheitsgehalt des theologischen Kontingenzpostulats als solchem bestritten, wie es auch von Bartholomew u.a. vorausgesetzt wird. Es ist jedoch der Erwartung entgegengetreten, naturwissenschaftliche Kontingenzphänomene und den Grundsatz der Irreversibilität der Zeit theologisch so in Anspruch nehmen zu können, daß sich dabei ein *fundamentum in re* für die Rede vom Handeln Gottes in der Natur gewinnen liesse.[124]

Ein überzeugenderer (weil intellektuell redlicherer) Versuch, die Beziehung zwischen Theologie und Naturwissenschaft zu bestimmen und damit die Rede von Gottes Weltwirken wissenschaftstheoretisch zu lokalisieren, stellt in meinen Augen die *two-language Theorie* dar, wie sie in der Theologie vor allem von I. G. Barbour[125] und in der Philosophie im Gefolge Wittgensteins von W. D. Hudson, D. Z. Phillips und P. Winch entwickelt wurde. Schöpfungstheologie (wie religiöse Wirklichkeitsdeutung überhaupt) und Naturwissenschaft (vor allem in Gestalt der Evolutionslehre) verhalten sich demnach wie zwei unterschiedliche Sprachen zueinander, die sich nicht einfach ineinander übersetzen lassen, sondern inkommensurabel nebeneinanderstehen, auch wenn sie sich auf den gleichen Gegenstand der Betrachtung beziehen.[126] In jedem der beiden Sprachspiele wird die eine Wirklichkeit gültig, wenn

124. Siehe dazu auch: Russell, R. J. (1988): Contingency in Physics and Cosmology: A Critique of the Theology of Wolfhart Pannenberg, in: Zygon 23, 23-43.

125. Barbour, I. G. (1966) {Teil I, A. 41}, 355-375, 359, 416. Vgl. Ramsey, I. (1964): Miracles. An Exercise in Logical Mapwork, in: ders. u.a. (Hg): The Miracles and the Resurrection, London, 22-26.

126. Vgl. die von A. G. N. Flew vorgestellte und abgelehnte »Conflict Thesis«, derzufolge sich die eine menschenweltliche Wirklichkeit in logisch inkommensurabler Weise durch »mechanical explanations« und durch »personal explanations« dekodieren läßt [Flew, A. G. N. (1965): A Rational Animal, in: Smythies, J. R. (Hg): Brain and Mind, London, 111ff]. Ist hier das Moment des Konfliktes zwischen den beiden Erklärungsweisen betont, so läßt sich von der *two-language*-Theorie aus die Kommunikabilität der beiden ›Sprachen‹ hervorheben. – Weitere Vertreter des *two-language* Modells nennt Gwynne, P. (1996) {→ L.}, 103ff.

auch immer nur perspektivisch erfaßt. Während sie durch die ›Sprache‹ der Wissenschaft im Kategorienrahmen objektivierbarer, allgemeingültiger Wissensbestände zur Darstellung kommt, porträtiert die ›Sprache‹ der Religion den gleichen Betrachtungsgegenstand als Wirkraum Gottes. Da sich die göttliche Wirksamkeit aber nicht dem Schauen, sondern nur dem Glauben zu erkennen gibt, kann sie nur in Form existentieller, personaler Wahrheiten mit Letztgültigkeitsanspruch zum Ausdruck kommen.[127]

Allem ›theologischen Objektivismus‹ und aller vergegenständlichenden Bemächtigung des Handelns Gottes in der Welt setzt die *two-language*-Theorie ebenso Widerstand entgegen wie einem naturwissenschaftlichen Positivismus, der für seine Deutung einen Monopolanspruch erheben will. Ohne sich selbst mit einem Anspruch auf Überbietung zu bewehren, kann und muß die Theologie auf die Geltungsreichweiten naturwissenschaftlicher Modelle hinweisen und jeder Überschreitung dieser Reichweiten - wie sie sich in den Totalitätsansprüchen eines zur Weltanschauung erhobenen Quantenphysikalismus oder eines neodarwinistischen Evolutionismus vollzieht - mit Deutlichkeit entgegentreten. Wo naturwissenschaftliche Deutemuster (mit den für sie charakteristischen methodisch erforderlichen Blickfeldverengungen) Universal-Weltsichten sein wollen, kommt es zu einem Reduktionismus der Wirklichkeitsauffassung, dem von seiten der Theologie zu widersprechen ist.

Diese Position führt sachlich zurück zu Schleiermacher, wo sie allerdings noch nicht sprachanalytisch ausgedeutet ist, sondern als Auffassung zweier Bewußtseinshaltungen begegnet. Und sie führt in die Nähe der existentialen Interpretation Bultmanns: Nur in der Binnensicht der Artikulation eigener personaler Erfahrungen, nicht aber mit dem Anspruch allgemeingültiger Wahrheitsbehauptungen[128] läßt sich von Gottes Wirken in der Welt sprechen - nicht auf der Ebene des objektiven Geschehens, sondern der existentiellen Bedeutsamkeit. Gottes Wirksamkeit am Menschen besteht nach Bultmann primär im Ruf zum Glauben und in der Transformation des Glaubenden in eine neue Existenzweise, die sich in einer neuen Sicht der Wirklichkeit als Welt Gottes manifestiert. Eine objektivierende Rede von Gottes Wirken würde dagegen unmittelbar zurückführen in die zu überwindende Mythologisierung, womit die qualitative Differenz zwischen Gott und Welt unterbestimmt wäre.

Die Einwände - etwa Pannenbergs, Polkinghornes und Griffins - gegen die *two-language*-Theorie laufen im Kern auf den Vorwurf hinaus, hier werde die theologische Wirklichkeitsdeutung auf einen subjektivistischen Perspektivismus reduziert. Demgegenüber ist festzuhalten, daß die Referenzmatrix beider ›Sprachen‹ die Wirklichkeit ist. Es sind zwei Modi, die *eine* Wirklichkeit zu erfassen und auf ihre je eigene Weise zur Darstellung zu bringen. Ihre theologische Inanspruchnahme setzt nicht die naturwissenschaftliche Deutung der Welt voraus. So sehr sich diese Inanspruchnahme auch auf die Erkenntnisse der Naturwissenschaften beziehen und sie verarbeiten

127. Siehe die Darstellung und Diskussion bei Mortensen, V. (1995): Theologie und Naturwissenschaft, Gütersloh, 49-60. In »Creationism on Trial. God and Evolution at Little Rock« (San Fransisco 1985) neigt auch L. B. Gilkey dieser Position zu.

128. Vgl. die sachliche Nähe zu K. Jaspers' Differenzierung zwischen existentieller und rationaler Wahrheit [Jaspers, K. (1948, 1981^7): Der philosophische Glaube, München, 11]. Siehe auch die Bestimmung der personalen Erfahrungsweise des geschöpflichen Seins im Gegenüber zur Sachlichkeit der gegenständlichen Erkenntnis bei: Schulte, R. (1988) {→ Teil I, A. 50}, 131ff.

soll, so wenig kann und braucht sie sich doch von ihnen abhängig zu machen; und so wenig muß sich ihre Wahrheit an der Fähigkeit erweisen, den aktuellen Forschungsstand integrieren zu können.

Als *Glaubens*erkenntnis ist die theologische Erkenntnis notwendig an das glaubende Erkenntnissubjekt und seinen Bedeutungskontext rückgebunden. Von hier aus ergibt sich an Pannenberg (wie auch an Polkinghorne u.a.) die Anfrage, ob in seinem Ansatz die im erkennenden (bzw. glaubenden) Subjekt und der sprachlichen Verfaßtheit seines Erkenntisapparates (bzw. Glaubens) liegenden Konstitutionsbedingungen für Erkenntnis (bzw. Glauben) nicht zu sehr unterbestimmt sind.

Dieser erkenntnistheoretischen und pisteologischen Einsicht korreliert die Integration des Erkenntnissubjekts in den Erkenntnisprozeß, wie sie durch die Unschärferelation der Quantentheorie in die naturwissenschaftliche Epistemologie eingeführt wurde. Die Kopenhagener Deutung kündigte die Annahme einer isomorphen Korrespondenz zwischen Wissen und Sein auf und verstand die Quantentheorie nicht als ontologische, sondern als epistemologische Theorie, die ihre Resultate als Auskunft über mögliches Wissen ansieht. Zustände (Position und Impuls) können dieser »positivistischen« (im Gegensatz zur »realistischen«[129]) Deutung zufolge nicht mehr den Teilchen als ihnen anhaftende Eigenschaften zugeschrieben werden; als ›Observablen‹ sind sie vielmehr Resultat des Meß- und Erkenntnisvorgangs. Wir erkennen keine Gegenstände, sondern gegenständlich (E. Cassirer).

Die *two-language*-Theorie fordert keineswegs den prinzipiellen Verzicht auf eine theologische Naturdeutung. Sie führt nicht in den existentialistischen Rückzug aus dem Bereich der Natur. Doch wird sie sich als bewußt *theologische* Deutung nicht dem Optimismus anheimgeben, naturwissenschaftliche Evidenz für ihre Aussagen gewinnen zu können. Die Glaubensperspektive, die natürliche und geschichtliche Geschehensabläufe auf einen transeunten Sinngehalt oder auf Chiffren der Transzendenz abtastet, die in ihnen »Führungen und Fügungen, Winke und Zeichen, gesetzte Grenzen und eröffnete Möglichkeiten, Drohungen und Gerichte, gnädige Bewahrungen und Durchhilfen«[130] erkennt, ist naturwissenschaftlich nicht zu verifizieren, aber auch nicht zu falsifizieren. Es bleibt bei der von Rahner konstatierten »letztlichen Disparatheit, ›Nicht-Synthetisierbarkeit‹ ... von Vorsehungsglaube und naturwissenschaftlichem (Kausal-)Denken«[131], was ihre Nicht-Widersprüchlichkeit nicht aus-, sondern einschließt. Beide Wirklichkeitszugänge liegen auf qualitativ unterschiedlichen Ebenen[132] und können daher nicht in Konkurrenz - aber auch nicht in ein Begründungsverhältnis zueinander treten.

Die Problematik der *two-language*-Theorie wird durch die Frage angezeigt, ob und wie sich sicherstellen läßt, daß sich beide Sprachspiele auf die gleiche Wirklich-

129. Vgl. den von Steven Weinberg fingierten »Dialogue on the Meaning of Quantum Mechanics« zwischen Tiny Tim, dem »positivistischen« Vertreter der Kopenhagener Deutung und Scrooge, ihrem »realistischen« Kritiker: Weinberg, S. (1992): Dreams of a Final Theory, New York, 78-81. - Bohr selbst hätte sich allerdings wohl kaum als »Positivist« im Sinne Weinbergs verstanden.
130. Barth, K. (1950): KD III/3, 26.
131. Pesch, O. H. (1982) {→ Teil I, A. 40}, 92.
132. Zu Recht weist Schwöbel darauf hin, daß sich die »occurrence-language« und die »language of divine agency« unterscheiden »with regard to their logical status and their ontological presuppositions« [Schwöbel, C. (1987): Divine Agency and Providence, in: Modern Theology 3, 228].

keit beziehen. Kann diese Identität nur fideistisch unterstellt werden, wie es in der Tendenz bei Wittgenstein der Fall war? Theologisch ist dem entgegenzuhalten, daß die Einheit der Wirklichkeit, auf die sich beide Sprachen beziehen, durch die Einheit Gottes und die Identität der Person sowie der Personengemeinschaft, die beide Sprachwelten ›bewohnt‹, garantiert ist. Darin kommt kein fideistisches Postulat zum Ausdruck, sondern eine in der »story« {→ Teil V., A. 13} der Juden und Christen bewahrheitete Einsicht. Sie führt nicht zur Behauptung der letztlichen Identität beider Sprachspiele, sondern zur begründeten Unterstellung, daß beide die *eine* Wirklichkeit, wenn auch auf unterschiedliche Ebenen, authentisch erfassen. Darin wurzelt ihre Kommunizierbarkeit.

Nicht auf dem Wege der theologischen Usurpation naturwissenschaftlicher Theoreme, nicht durch deren - von Naturwissenschaftlern selbst bestrittenen - Prinzipalisierung und Überhöhungen zu naturphilosophischen Grundsätzen kommt es zur Verwirklichung des von Melanchthon entworfenen, großangelegten »Plan(s) des freien Dialogs der himmlischen und der irdischen Wissenschaften«[133]. Dieser Dialog kann nur geführt werden, wo der theologischen Rede vom Wirken Gottes in der Welt die naturwissenschaftliche Kosmologie als komplementäre Wirklichkeitsdeutung eigenen Rechts zur Seite gestellt wird.

133. Geyer, H. G. (1959): Gott und Welt. Zur Frage des Aristotelismus bei Melanchthon, Diss. Bonn, unveröffentlicht, zit. nach Link, C. (1991) {→ L.}, 117.

V. Gottes Weltwirksamkeit als Macht, Weisheit und Liebe

In zweiten und dritten Teil dieser Studie wurde die Lehre von Gottes Vorsehung im Durchgang durch die protestantische Theologiegeschichte einschließlich der natur- und geisteswissenschaftlichen Entwicklungen, die auf sie eingewirkt haben, als Lehre von der Weltwirksamkeit Gottes dargestellt. Es zeigte sich dabei, wie sie sich in - und zwischen den Polen eines aktualistischen und eines sapiential-ordinativen Grundmodells ausbildete. Im Blick auf die in jüngerer Vergangenheit und in der Gegenwart in der englischsprachigen Theologie geführte Divine-Action-Debatte sollen nun zunächst die beiden, durch die Geistesgeschichte verfolgten Modelle des Wirkens Gottes - in systematisierender Rekonstruktion ihrer zentralen Denkformen - nachgezeichnet, durch aktuelle und zukunftsweisende Konzepte und Diskussionen angereichert und damit über ihre gewachsenen Denkformen hinausgeführt werden. Vor diesem Hintergrund werde ich dann ein drittes Modell - das der wirksamen Präsenz - einführen und entfalten.

A. Das aktuale Modell - Gott als personal Handelnder

1. Die Metaphorik des »Handelns« Gottes

Wo Gottes Weltwirken als personale Aktion aufgefasst wird, bieten sich von der biblischen und altkirchlichen Überlieferung her sehr unterschiedliche Metaphernfelder als Leitmotive an, die dieses Wirken in der Bildsprache bestimmter Handlungsweisen als Ausübung von Macht veranschaulichen:

- die kreative Erzeugung bzw. Formung von Gegenständen nach Analogie des handwerklichen Herstellens (z.B. in der Arbeit eines Töpfers),
- die Verordnung von Strukturen, die den regelmäßigen Naturlauf garantieren und das Chaos eindämmen nach Analogie eines Baumeisters (modern gesprochen: eines Ingenieurs oder Architekten),
- die politische Herrschaft über einen Sozialverband nach Analogie des regierenden Königs und die juridische Verfügung nach Analogie des gnädig-gerechten Richters,
- die erzieherische Führung nach Analogie des liebenden, aber auch strafenden Vaters,
- die Ausübung kriegerischer Befehlsgewalt nach Analogie eines souveränen Feldherrn,
- die Fürsorge (»oikonomia«) des göttlichen Haushalters (»oikonomos«) für das Leben aller Glieder des Hauses.[1]

Neben 1. den *gegenstandsbezogenen* Handlungen »an« Objekten durch Ausübung einer Kraftwirkung auf sie stehen damit 2. die *interpersonal-kommunikativen* Aktionen »mit« abhängigen Subjekten. Sie können entweder 2a) unmittelbar oder 2b) vermittelt durch (geistige) Medien erfolgen.[2] Das entspricht der handlungstheoretischen Unterscheidung zwischen gegenständlichem und kommunikativem Handeln. Der kommunikative Akt bewirkt eine Veränderung in einer zwischenmenschlichen Beziehung durch Einwirken einer Person auf eine andere, der gegenstandsbezogene die Modifikation einer materiellen Entität oder einer Relation zwischen materiellen Entitäten durch physikalisch-mechanische Krafteinwirkung.

Im Bezug auf *Gottes* Wirken kann sowohl die gegenstandsbezogene wie auch die kommunikative Handlungsweise als »Wortgeschehen« zum Ausdruck gebracht werden: als Schöpfung durch das Wort, als Erlassung von Gesetzen und Übermittlung von Botschaften, als vollmächtiger Freispruch, als Schutz- und Geborgen-

1. Siehe dazu I. T. Ramseys Rekonstruktion dieses vor allem von altkirchlichen Theologen vertretenen »Model of Economy« [Ramsey, I. T. (1973) {→ L.}, 15-27, 48-51.]. Es spielt in der ökumenischen Theologie der Gegenwart eine wichtige Rolle: Raiser, K. (1989): Ökumene im Übergang. Paradigmenwechsel in der ökumenischen Bewegung? München, 158-161, bes. 159.
2. Die drei sich daraus ergebenden Formen des Handelns Gottes hat Francis Watson in seiner Untersuchung von Gen 1 als »speech-act-model«, »fabrication-model« und »mediation-model« herausgearbeitet [Watson, F. (1994): Text, Church and World. Biblical Interpretation in Theological Perspective, Edinburgh, 140ff].

heitszusage, aber auch als Strafandrohung, die gerade auf die *Abwendung* der angesagten Handlung zielt (es sind also nicht alle der genannten »Sprechakte« als performative Sprachhandlungen zu verstehen, die das Gesprochene unmittelbar bewirken). Diese Interpretation des Handelns als wirkmächtiges Sprechen ermöglicht es, Gott ein *unkonditionales*, von den Vorgegebenheiten der ›Welt‹ unabhängiges Generieren und Aktuieren ex nihilo zu prädizieren (wie im pristerschriftlichen Schöpfungsbericht). Dabei setzt Gott zugleich mit dem Akt auch dessen Möglichkeitsbedingungen.

Wo Metaphern aus dem Bereich des gegenständlich-instrumentellen, handwerklichen Handelns herangezogen werden, entsteht die Gefahr, Gottes Handeln zu extrinsisch darzustellen: Im instrumentellen Handeln bleibt das Handlungssubjekt dem Gegenstand und dem Mittel seiner Handlung so äußerlich wie der Waldarbeiter der Axt oder dem gefällten Baum.[3] Das gilt auch dann, wenn die Instrumentalursache nicht als passive vorgestellt ist (wie ein Handwerkszeug), sondern als aktive (wie ein Nutztier oder ein anweisungsbefohlener Mensch).[4] Diese extrinsische Auslegung des aktualen Modells vermag nicht, die aktive Gegenwart des Schöpfers in seiner Schöpfung zum Ausdruck zu bringen, sondern bestenfalls die (äußere) Einwirkung auf Gegebenheiten und die Intervention in Prozesse. Das führt in zahlreichen Entwürfen der Divine-Action-Debatte dazu, das *künstlerische* Schaffen als Leitmetapher zu bevorzugen.[5] Dieses läßt sich sowohl auf das gegenständlich-instrumentelle als auch auf das interpersonal-kommunikative Handeln beziehen: Die Analogie eines Bildhauers etwa, der sich in seinem Werkstück vergegenwärtigt[6], bietet ein Beispiel für eine instrumentelle Aktivität, die dem Gegenstand nicht äußerlich bleibt. Und die Vorstellung eines Dramaturgen, der mit seinem Ensemble ein Stück erarbeitet[7], veranschaulicht die Repräsentanz des Handelnden im Resultat seiner kommunikativen Wirkweise.

Doch sind diese beiden Formen des Zusammenwirkens nicht mehr kompatibel mit dem Gedanken der allmächtigen Wirksamkeit Gottes. Denn sowohl die Eigenart bzw. die Widerständigkeit des Materials, das der Bildhauer bearbeitet, als auch die individuelle Befähigung und die Eigenwilligkeit der Schauspieler lassen sich mit der Vorstellung einer souveränen Selbstdurchsetzung des Regisseurs nicht vereinbaren. Sie verlangen entweder eine Selbstzurücknahme der Allmacht - wie in

3. E. Gilson gebraucht dieses Bild: Gilson, E. (1919, engl. 1956): The Corporeal World and the Efficacy of Second Causes, auszugsweise abgedruckt in: Thomas, O. C. (Hg) (1983) {→ L.}, 213-230, hier: 223. Doch warnt er selbst vor einem extrinsischen Verständnis des mittelbaren Wirkens Gottes. - Quenstedt hatte das Bild von der Hand, die eine Schreibfeder führt, herangezogen [Quenstedt, J. A. (1685, 1715[5]) {→ Teil II, A. 231}, pars I, cap. XIII, sect. II, qu. 13]; siehe dazu: Barth, K. (1950): KD III/3, 151.
4. Zu dieser Unterscheidung siehe: Gethmann, C. F. (1996): Art. »Instrumentalursächlichkeit«, in: LThK[3] 5, 549.
5. Schon Thomas von Aquin hatte diese Analogie herangezogen: S.th. I, 14,8.
6. So in: Doctrine Commission of the General Synod of the Church of England (1987): We Believe in God, London, Kap. 9 [nach: Barbour, I. G. (1990) {→ Teil I, A. 41}, 251].
7. Es ist dies die Leitmetapher von: Gorringe, T. J. (1991) {→ L.}.

der kabbalistischen Zimzum-Lehre[8] - oder ihre Interpretation im Sinne einer *transzendentalen* Allwirksamkeit Gottes im Gesamtakt der Schöpfung - wie bei Schleiermacher. Die im letztgenannten Ansatz gelegte Spur werden wir im folgenden immer wieder aufnehmen.

2. Handlungstheoretische Überlegungen

Als wissenschaftliches Instrumentarium zur Durchdringung der skizzierten Rede vom *Handeln* Gottes bietet sich der Theorierahmen der analytischen Handlungstheorie an.[9] Doch zeigt sich bald, daß nur sehr wenige und elementare der dort entwickelten Kategorien sinnvoll auf die Rede vom Handeln Gottes übertragen werden können. Und auch diese Übertragung kann nur im Bewußtsein der dabei zu überwindenden qualitativen Verschiedenheit erfolgen. Selbst dort, wo sich die an der Analyse des menschlichen Handelns gewonnenen Begriffe und Unterscheidungen via eminentiae auf die Aktivität Gottes anwenden lassen, muß immer auch via negationis die Differenz zwischen dem anthroplogischen und dem theologischen Handlungsbegriff herausgearbeitet werden. Umgekehrt vermag aber die handlungstheoretische Überle-

8. Moltmann, J. (1985) {→ L.}, 98ff. - Überträgt man den Grundgedanken dieser Lehre auf die Freiheitsproblematik [was Moltmann nicht explizit tut, doch klingt es bei anderen Autoren an, wie etwa bei Kessler, H. (1985) {→ L.}, 124], so führt das zur problematischen Annahme einer Konkurrenz zwischen der Freiheit Gottes und der des Menschen: Gott muß sich selbst beschränken und sich zurückziehen, um damit Raum für menschliche Freiheit zu schaffen. Wo demgegenüber die Freiheit Gottes als Ermöglichungsgrund der geschöpflichen Freiheit angesehen wird, oder wo Gott und Mensch im Prozeß zunehmender Realisierung von Freiheit begriffen sind, erübrigt sich ein solcher Konkurrenz-Gedanke. Das schließt nicht aus, sondern gerade ein, daß sich die Ausübung menschlicher Freiheit auch gegen Gott richten kann.
9. MacMurray, J. (1956, 1969²): The Self as Agent (Gifford Lectures), London; Hampshire, S. (1959): Thought and Action, ND Notre Dame 1983; Davidson, D. (1963): Actions, Reasons, and Causes, in: JPh 60, 685-700; White A. R. (Hg) (1968): The Philosophy of Action, London; Goldman, A. (1970): A Theory of Human Action, Englewood-Cliffs; Wright, G. H. v. (1971): Explanation and Understanding, London (dt.: Erklären und Verstehen, Frankfurt 1974); Danto, A. (1973): Analytical Philosophy of Action, Cambridge; King, R. H. (1973) {→ L.}, 33-42; 49-69; Lenk, H. (Hg) (1977-1984): Handlungstheorien - interdisziplinär, 4 Bde, München; Peukert, H. (1976): Wissenschaftstheorie - Handlungstheorie - Fundamentale Theologie. Analysen zu Ansatz und Status theologischer Theoriebildung, Düsseldorf; Wright, G. H. v. (1977): Handlung, Norm und Intention, Berlin, New York; Davidson, D. (1980): Essays on Actions and Events, Oxford, New York; Meggle, G., Beckermann, A. (Hg) (1985): Analytische Handlungstheorie, 2 Bde., Frankfurt; Arens, E. (1989): Bezeugen und Bekennen. Elementare Handlungen des Glaubens (BTRW), Düsseldorf; Hansson, M. J. (1991) {→ L.}, 23-51; Arens, E. (1992): Christopraxis. Grundzüge einer theologischen Handlungstheorie (QD 139), Freiburg u.a.; Engelstedt, N. (Hg) (1993): The Social Subject. Danish Conference on Activity Theory, Aarhus; Maurer, A. V. (1994): Homo Agens. Handlungstheoretische Untersuchungen zum theologisch-ethischen Verständnis des Sittlichen, Frankfurt; Arens, E. (1994): Gottesrede - Glaubenspraxis. Perspektiven theologischer Handlungstheorie, Darmstadt; Arens, E. (Hg) (1997): Kommunikatives Handeln und christlicher Glaube. Ein theologischer Diskurs mit Jürgen Habermas, Paderborn.

gung auch kritisches Potential gegenüber einer absolutistischen Überqualifikation des Allmachtswirkens Gottes freizusetzen.

Schon bei der Anwendung der elementarsten Bezüge menschlichen Handelns auf die Wirksamkeit Gottes lassen sich diese Schwierigkeiten erkennen: Handeln ist konstituiert durch die Gegebenheit von Handlungssubjekt, -ziel, -organ, -gegenstand, und -mittel[10]:

- Subjekt: Konstitutiv für die Bestimmung einer Handlung ist die *Zurechenbarkeit* (imputatio) der Handlungsträgerschaft.[11] Ein Ereignis (»event«) muß als Akt (»act«) qualifizierbar, d.h. einer Aktinstanz zuzuschreiben sein, was dann der Fall ist, wenn sich die Aktinstanz als die ausschlaggebende Ursache der eingetretenen (bzw. aktiv verhinderten) Veränderung bestimmen läßt. Damit ist noch nicht gesagt, daß die Handlung auch der Intention des Handlungssubjekts gemäß vollzogen wurde. Dennoch trägt jenes Subjekt, dem die Handlung zugeschrieben wird, die Verantwortung dafür. Verantwortlichkeit korreliert unmittelbar der Zurechenbarkeit.

Zurechenbarkeit vollzieht sich in einem Bedeutungskontext. Das Ereignis der Zerstörung einer Glasscheibe beispielsweise wird dem starken Wind zugeschrieben und somit als »event« bestimmt werden, wenn es bei Sturm geschehen ist; in der Umgebung ballspielender Kinder wird es dagegen der Fahrlässigkeit eines Kindes (»accident«) und im Kontext eines Einbruchs dem Einbrecher (»act«) zur Last gelegt.

Die Unterscheidung von »act« und »accident«, willentlich vollzogener Handlung und ungewollt verursachtem Ereignis (etwa einer fahrlässigen Unfallverursachung) leitet sich also von der vorausgesetzten Intentionalität des in Frage stehenden Aktes ab.[12] Wo Intentionalität zum grundlegenden Konstituens des Handlungsverständnisses erklärt wird, so daß Handlungen als »enacted intentions« und Intentionen als implizite Aktionen erscheinen, fällt »accident« nicht mehr unter diesen Begriff. Auch all jene Akte, die nicht in bewußter Willentlichkeit vollzogen werden, sondern aus der Persönlichkeit eines Menschen ›fließen‹ (›emanieren‹), können dann nicht mehr

10. Mit dieser Bestimmung ist schon eine gewichtige Vorentscheidung für ein am Handlungssubjekt orientiertes Handlungsverständnis und damit für die dritte der von Hansson gegenübergestellten Handlungstheorien getroffen. Hansson unterscheidet a) event-explanantion-Theorien, die eine Handlung (wie jedes Geschehen) primär im (rückwärts gerichteten) Blick auf die sie verursachenden Ereignisse und Bedingungsfaktoren beschreiben wollen (»action in terms of antecedent events«), von solchen b), die sie vor allem durch ihre intentionale Zweckrationalität qualifiziert sehen (»›act‹ als a qualified change«), und schließlich c) den Konzepten, die »action in terms of human agency« deuten, d.h. das sich-selbst-bestimmende menschliche Subjekt als suffiziente Ursache der von ihm hervorgebrachten Veränderungen verstehen [Hansson, M. J. (1991) {→ L.}, 24ff]. Diese Unterscheidung korrespondiert den drei von Tracy referierten »descriptions of human beings as 1. causally structured organisms, 2. agents of intentional action, and 3. centres of free decision ...« [Tracy, T. F. (1990): Narrative Theology and the Acts of God, in: Hebblethwaite, B. L., Henderson E. H. (Hg) {→ L.}, 182f].
11. In der Divine-Action-Debatte wird diese Frage als »problem of identification« verhandelt, etwa bei: Helm, P. (1994) {→ L.}, 34f.
12. Siehe dazu: Kirkpatrick, F. G. (1983): Understanding an Act of God, in: Thomas, O. C. (Hg) {→ L.}, 163-180, hier: 171-174.

als »Handlungen«, sondern nur noch als »Verhaltensweisen« bezeichnet werden (siehe dazu die Überlegungen zur »Intentionalität« der Handlung).

Dem handelnden Subjekt muß die *Macht* eignen, die Handlung auszuführen, sei es durch unmittelbare körperliche Kraft, sei es durch Verfügungsmacht über Kraftmittel (siehe dazu die Überlegungen zum »Organ« des Handlungssubjektes). Wird diese Voraussetzung mit dem Allprädikator verbunden, entsteht das Prädikat der Allmacht (als Zuerkennung vollkommener Potenz) bzw. der Allwirksamkeit (als Zuerkennung allumfassender Aktuosität).

Dem handelnden Subjekt muß weiterhin *Rationalität* eignen: die Fähigkeit zur Wahrnehmung und Deutung situativer Gegebenheiten, zur Erkenntnis vorhandener und zur Imagination potentieller Handlungsmöglichkeiten, zur Bestimmung sinnvoller Handlungsziele, zur Auswahl und Koordination geeigneter Mittel zu ihrer Erreichung (Zweck-Mittel-Relation) bei Minimierung unerwünschter Sekundärfolgen (siehe dazu die Überlegungen zum »Ziel« bzw. der Intention des Handlungssubjektes).

Wird dieses Bündel von Voraussetzungen mit dem Allprädikator verbunden, entsteht das Prädikat der Allwissenheit a) als zukunftsorientierte Antizipation aller potentiellen Zustände, d.h. als allumfassendes Möglichkeitswissen und damit auch als Ausschluß irrealer Handlungsmöglichkeiten (Allwissenheit im Sinne Molinas {→ S. 150ff}), b) als Kenntnis aller realen Zustände in Vergangenheit, Gegenwart und Zukunft. Die in der menschlichen Handlungsorientierung stets drohende Gefahr der perspektivischen Begrenztheit oder des Irrtums in der Wahrnehmung realer Möglichkeiten und der illusionären Imagination potentiell realisierbarer Möglichkeiten ist damit im Bezug auf Gott prinzipiell vermieden.

Angewendet auf die Frage nach Gottes Handeln vollzieht sich der Vorgang der Zurechnung dadurch, daß ein Ereignis, Prozeß oder Zustand a) als intentionaler Akt bestimmt und b) der Handlungsträgerschaft Gottes zugeordnet wird. Beides kann nur im Bedeutungskontext der individuellen Lebensdeutung und der universellen Natur- und Geschichtsdeutung geschehen. Es handelt sich dabei also um eine »story«-relative Identifikation.[13]

Im Zusammenhang der Allmachts- und Allwissenheitsprädikation einer am philosophischen Theismus orientierten Theologie führt die Erörterung der Zurechenbarkeit unmittelbar in die Theodizeethematik hinein: Können und müssen gottwidrige Ereignisse, Prozesse und Zustände dem intentionalen Handeln Gottes zugeschrieben werden oder sind sie als Aberration vom intentional Erstrebten zu verstehen? In der Theodizeefrage bringt sich die im Bezug auf menschliches Handeln unaufgebbare Forderung zum Ausdruck, der Handelnde trage die Verantwortung für seine Handlung sowie für deren primäre und sekundäre Folgen (Nebenfolgen).

Ein Mangel an Zurechenbarkeit kann auch in den Erkenntnisbegrenzungen des Beobachters begründet liegen. Dieser Vorbehalt wurde in der Theologiegeschichte

13. Zum Begriff der »story« siehe: Ritschl, D., Jones, H. (1976): »Story« als Rohmaterial der Theologie (ThExh 192), München; Ritschl, D. (1984): Zur Logik der Theologie. Kurze Darstellung der Zusammenhänge theologischer Grundgedanken, München, 45-47; Schoberth, I. (1992): Erinnerung als Praxis des Glaubens (Öffentliche Theologie 3), München.

bei der Explikation der Allmacht Gottes im Blick auf gottwidrige Ereignisse, Prozesse und Zustände in der Regel geltend gemacht: Der endlichen Erkenntnis des Menschen bleibe die eigentliche Intention des Handelns Gottes verborgen.
Handeln hat einen internalen (intentionalen, geistigen) und einen externalen (›behaviouristischen‹, körperlichen, instrumentellen), einen finalen und einen kausalen Aspekt.[14] Die Reflexion auf das Ziel bzw. auf die Intention der Handlung erfaßt ihre ›Innenseite‹, die Darstellung ihrer Organe, Gegenstände und Mittel die »Außenseite«:

- Ziel: Eine bewußte Handlung (action) setzt - im Gegensatz zum bloßen unbewußten »Verhalten« (behaviour) oder zu einem subjektunabhängigen »Geschehen« (event) - *Intentionalität* voraus, d.h. den internen Akt der Selbstbestimmung zum Vollzug des äußeren Aktes.[15] Intentionalität kann jedoch auf zwei sehr verschiedene und doch sachlich eng zusammenhängende Weisen bestimmt werden: a) als rationale Zwecksetzung und -verwirklichung und b) als expressive Selbstsetzung und -verwirklichung.

Ganz ähnlich hatte schon Schleiermacher zwischen gestaltendem und symbolisierendem Handeln unterschieden.[16] Während das gestaltende Handeln Veränderungen in der jeweiligen Handlungsumgebung bewirkt, bringt das symbolisierende Handeln diese Situation und die Verfaßtheit des Handlungssubjektes in dieser Situation (einschließlich seiner noch unrealisierten Erwartungen) zum Ausdruck. – In neueren katholischen Entwürfen zur Soteriologie – bei Th. Pröpper und G. Greshake – wird zwischen herstellender und darstellender Praxis unterschieden: Die darstellende Praxis verleiblicht Gottes Heilshandeln nicht in einzelnen zweckverwirklichenden Akten, sondern zeichenhaft im gesamten Lebensvollzug des Menschen und bleibt damit transparent auf das, was in ihr zur Darstellung kommt, ihr aber immer vorausliegt.[17]

a) Handeln heißt zunächst, *absichtsvoll* eine Veränderung von Zuständen zu bewirken oder zu verhindern. Es hat die finale Grundstruktur des »worumwillen«. Die Intention läßt eine Folge von Einzelaktivitäten (Subakten) als *eine* Handlung erkennen (etwa die kombinatorische Handlung einer Fahrrad-Reparatur).

Intentionalität impliziert dabei die o.g. rationalen Fähigkeiten, Alternativen zu bestehenden Gegebenheiten zu imaginieren, den Mitteleinsatz zu ihrer Verwirklichung zu planen und zu realisieren und die Folgen dieser Einwirkungen abzusehen. Sie rekurriert damit auf die Kenntnis realer - und auf die Imagination potentiell realisierbarer Möglichkeiten.

14. Siehe dazu die handlungstheoretische Grundunterscheidung zwischen der kausalen und der finalen Beschreibung einer Handlung, wie sie von MacMurray u.a. herausgearbeitet worden ist: MacMurray, J. (1969): The Self as Agent, London, 147-150; Davidson, D. (1980): Essays on Actions and Events, Oxford, bes. 43-61; Gwynne, P. (1996) {→ L.}, 57ff.
15. So definiert R. Bubner Handlungen als intentionale Vollzüge, die »einer Struktur wechselseitiger Relation des Vollzugs auf das Ziel und des Ziels auf den Vollzug entsprechen« [Bubner, R. (1984): Geschichtsprozesse und Handlungsnormen, Frankfurt, 30f]. - Zur Intentionalität als dem konstitutiven Merkmal des Handelns siehe: Anscombe, G. E. M. (1957, 1963^2): Intention, Ithaca; White, V. (1985) {→ L.}, 102-105.
16. Schleiermacher, F. D. E. (1812f): Ethik (PhB 335, hg. v. H.-J. Birkner), Hamburg, 23ff, 27ff, 231ff.
17. Pröpper, Th. (1985, 1988^2): Erlösungsglaube und Freiheitsgeschichte, München, 117ff; Greshake, G. (1987): Erlöst in einer unerlösten Welt? Mainz, 127ff.

Die Selbstbestimmung zur Verwirklichung von Intentionen und Zwecken beinhaltet die Entscheidung zwischen möglichen Optionen, was die Qualität einer Handlung als eines Aktes der Freiheit ausmacht.[18] Der Spielraum dieser Möglichkeiten ist bestimmt durch interne und externe Bedingungen (d.h. durch die Kompetenzen des Handelnden und die Verfaßtheit von Situationen).

b) Intentionalität darf jedoch nicht auf Zweckrationalität verengt werden. Demgegenüber ist daran zu erinnern, daß sich ein Großteil menschlicher Handlungen nicht als Realisierung von Zwecken, ja noch nicht einmal in den Kategorien selbstreflexiv kontrollierter Intentionalität verstehen läßt; sie sind sub-intentional oder besser: intentional in einem weiteren Sinn des Wortes, ohne daß man sie deshalb zu bloßem Verhalten herabstufen könnte. Vom funktional-zielgerichteten Handeln ist ein expressives zu unterscheiden, in dem sich ebenfalls eine Intention manifestiert. Sie verwirklicht sich aber im Handlungsvollzug selbst, nicht in der Erreichung eines handlungstranszendenten Zwecks.[19] Auch jedes *funktionale* Handeln hat immer einen expressiven Effekt, doch ereignet es sich primär im Rahmen einer Zweck-Mittel-Relation und nicht als selbstzweckliche Handlung, in der sich der Handelnde selbst repräsentiert.

Auch das im weitaus größten Teil der biblischen Überlieferung dargestellte Handeln Gottes ist ein selbstrepräsentativ-offenbarendes. Selbst dort, wo Gott ein funktionales Handeln zugeschrieben wird, erweist sich dies als Medium seiner Selbstrepräsentation. Besonders die synoptischen Wundererzählungen, wie überhaupt die Berichte göttlicher »Machttaten« sind so zu deuten. Gottes Handeln, wie es die biblische Tradition bezeugt, erscheint als ein primär expressives.

Die Frage, ob Gottes Intentionalität als je aktuelle freie Selbstbestimmung seines Willens zu bestimmen ist oder ob sie einer übergeordneten, in seinem Wesen begründeten normativen Handlungsorientierung untersteht, erwies sich als einer der zentralen Differenzpunkte zwischen dem voluntativ-aktualistischen und dem intellektualordinativen Typus der Vorsehungsauffassung. Er führt unmittelbar in die Bestimmung der Beziehung von Gottes Wirken und seinem Wesen. Hier entscheidet sich grundlegend, wie die Rede vom »Handeln Gottes« verstanden werden soll: als bewußter Vollzug einer willentlichen Intention in einer je individuell-singulären Tat oder als permanenter Ausfluß aus dem Wesen Gottes, das sich in solcher Entäußerung kontinuierlich repräsentiert (als disclosure seiner »character traits« - T. F. Tracy[20]) - und sich darin selbst konstituiert (C. Hartshorne[21], S. Ogden {→ S. 52})[22]. Dieses zweitgenannte Verständnis kann sich auf die oben angedeutete handlungstheoretische Ein-

18. R. Preul entwickelt den interessanten Gedanken, daß die Übertragung des Handlungsbegriffs auf Gott mit dem Postulat einer konsequent vorgestellten Allwirksamkeit Gottes logisch nicht vereinbar wäre. Denn damit wäre die für menschliches Handeln konstitutive Freiheit bestritten, »Handeln« wäre eine Fiktion, die Gott beigelegt würde [Preul, R. (1987): Problemskizze zur Rede vom Handeln Gottes, in: Härle, W., Preul, R. (Hg) {→ L.}, 9].

19. Diese Unterscheidung ist u.a. von T. Parsons herausgearbeitet worden. Siehe dazu: Brandt, S. (1993): Religiöses Handeln in moderner Welt. Talcott Parsons' Religionssoziologie im Rahmen seiner allgemeinen Handlungs- und Systemtheorie, Frankfurt, 82-84.

20. Tracy, T. F. (1984) {→ L.}, 3ff. Bei Tracy steht dieser Ausdruck allerdings im Kontext einer aktualistischen Explikation der Wirksamkeit Gottes. Er knüpft damit an P. F. Strawsons Analyse der

sicht berufen, daß Handeln stets Äußerung des *Seins* des Handelnden ist. Durch die handelnde Selbstentäußerung bringt das Handlungssubjekt nicht nur anderes äußerlich hervor, es repräsentiert sich selbst in diesem (so schon Thomas, der die Wirksamkeit Gottes als Überfluß seiner Güte verstand) und konstituiert sich in dieser Repräsentation (so schon Hegel mit seiner Auffassung, der Geist konstituiere sich durch Selbstentfremdung).

In menschenweltlichen Bezügen gelingt eine authentische Selbstrepräsentation jedoch nicht immer vollständig, sondern immer nur in gradueller Annäherung. So gibt es Handlungen, in denen sich das Wesen des Handelnden charakteristisch abbildet, so daß man sie als »typisch« für das Handlungssubjekt bezeichnet. Andere Vollzüge erscheinen demgegenüber als weniger oder nicht charakteristisch.

Die Intention eines Menschen ist demnach nur gebrochen aus dem Handlungsvollzug selbst erkennbar, da sie sich in der Regel nicht unbeeinflußt von anderen Einwirkungen und Randbedingungen souverän realisieren kann. Zu ihrer Bestimmung bedarf es daher der authentischen Selbstexplikation des Handelnden, d.h. des deutenden Wortes, das die Tat kommentiert.[23]

In theologischer Anwendung führt diese Überlegung unmittelbar zur Frage nach der Beziehung zwischen Gottes Wort und seinem Werk und weiter zur Frage nach der Möglichkeit einer Geschichtstheologie im Gegenüber zur Wort-Gottes-Theologie.[24] Der Versuch, Gottes Intention aus den geschichtlichen Manifestationen erkennen zu wollen, führte in aporetische Fragen, die vor allem von Luther scharf zurückgewiesen wurden: Ist es denkbar, daß Gott in einer Weise handelt, die seiner eigentlichen Intention nicht entspricht? Gibt es unterschiedliche Willensrichtungen in Gott? Liegt seine Intention im Dunkeln?

Das bezeichnete epistemologische Problem hat sein fundamentum in re in der Differenz zwischen der Intention der Handlung und ihrem Resultat (Effekt). Ein zu stark an der Intentionalität orientiertes Handlungskonzept gelangt zu einer »Gesinnungspragmatik«, die Handeln vergeistigt, d.h. sowohl von den interaktiven Emergenzprozessen ablöst, die die initiale Intention im Vollzug der Handlung übersteigen[25], als auch

Wahrnehmung und Zuschreibung von »personal predicates« an: Strawson, P. F. (1958): Persons, in: Feigl, H., Scriven, M., Maxwell, G. (Hg): Minnesota Studies in the Philosophy of Science, Bd. II: Concepts, Theories, and the Mind-Body-Problem, Minneapolis, 330-353; ders. (1959): Individuals, London 1959.

21. Hartshorne, C. (1941) {→ A. 60}, Kap. VII, 230-250.
22. Pannenberg, der auch von einer Selbstverwirklichung Gottes sprechen kann, lehnt den Gedanken der Selbstkonstitution Gottes dagegen strikt ab. Gottes Selbst sei nicht in die Entwicklung einbezogen; sein Handeln sei dem Selbst konsekutiv [Pannenberg, W. (1991) {→ L.}, 422ff].
23. Siehe dazu: King, R. H. (1973) {→ L.}, 37f, der auf Strawsons Unterscheidung von Selbst- und Fremdzuschreibung rekurriert {→ A. 20}.
24. Siehe dazu die Überlegungen von: Wood, C. M. (1981): The Events in which God Acts, in: HeyJ 22, 278-284. Zu Recht weist Wood darauf hin, daß Gottes Selbstbekundung in seinem Wort prinzipiell ebenso der Ambiguität menschlicher (Glaubens-)Erkenntnis unterliegt wie seine Geschichtstaten.
25. Sehr schön verdeutlicht G. Kaufman diese Eigendynamik am Beispiel zwischenmenschlicher Kommunikation [Kaufman, G. D. (1993) {→ A. 164}, 275-277].

die Resultate ausblendet, zu denen sie führt. Die Folge kann ein Solipsismus sein, der das Konstituens der Handlung in das Innere des Handlungssubjekts verlegt und damit die sozialen Bezüge, die eine Handlung in ihrer Entstehung, in ihrem Verlauf und in ihrem Resultat ebenso begründen, unterbelichtet.

Von denjenigen Autoren, die im Rahmen der Divine-Action-Debatte an der Sinnhaftigkeit der Rede vom Handeln Gottes festhalten wollen, wurde und wird zumeist auf eine solcherart vergeistigte, stark von der expressiven Intentionalität her bestimmte Handlungsvorstellung zurückgegriffen (s.u.).

- Organ: Eine Handlung besteht in einem verbalen oder tätigen Äußerungsakt, der von einem Organ des Handelnden an die Umwelt vermittelt wird. Diesem Verständnis nach können Denkprozesse nicht als Handlungen gelten, wohl aber Sprechakte. »Vorsehung« im Sinne von Thomas wäre demnach nicht als Handlung zu bestimmen. Denn sie liegt in dem Wollen und Entscheiden Gottes, das der Handlung vorausgeht.

Die Schwierigkeit bei der Übertragung dieses Moments des Handlungsbegriffs auf Gott liegt in der dabei vorausgesetzten Körperlichkeit. Verbale wie erst recht tätige Äußerungsakte werden von somatischen Organen vollzogen, die Gott nicht realiter zugeschrieben werden können. Die Auseinandersetzung mit dieser Schwierigkeit erfolgt(e) in folgenden Strategien:

a) durch die Fokussierung des Handlungsbegriffs auf die inneren, unkörperlichen Akte der Selbstbestimmung, des Denkens, Wollens, Entscheidens. Der Handlungsbegriff erfährt dabei eine Zurücknahme von einem objektiven (gegenstandsrelativen) auf einen subjektiven (auf die Intention des Handelnden ausgerichteten) Bezugspunkt.[26] Er wird entmaterialisiert, d.h. geistig bestimmt. Die entscheidende Frage lautet jedoch: Kann es auch *äußere* unkörperliche Handlungen geben?

b) indem Gott in *metaphorischer* Sprechweise Handlungsorgane zugeschrieben werden (etwa in der Rede von der »Hand« oder dem »Mund« Gottes).[27] Diese Deutung läßt sich verbinden mit der Bezeichnung der Hände des Menschen als »Werkzeuge des Geistes« (Theoderet) oder auch mit Sprachfiguren aus der Frömmigkeitspraxis, wie: »Gott hat keine Hände - wir sind seine Hände«[28];

26. Siehe die Diskussion bei: McLain, F. (1990): Narrative Interpretation and the Problem of Double Agency, in: Hebblethwaite, B. L., Henderson E. H. (Hg) {→ L.}, 147ff; Gwynne, P. (1996) {→ L.}, 54-56.
27. Nur einige Beispiele: In Ps 92,5; 139,5 u.ö. ist von Gottes Hand die Rede, in Gen 6,11; 18,3 u.ö. von seinem Auge, in Jer 31,20 u.ö. von seinem Herz, in Mt 5,35 von seinen Füßen.
28. Diese Sprachfigur geht zurück auf einen Text, der Teresa von Avila zugeschrieben wird:
Christus hat jetzt auf Erden nur Deinen Leib,
nur Deine Hände, nur Deine Füße,
nur durch Deine Augen kann er
mitleidsvoll auf die Welt blicken,
auf deinen Füßen wandelt er, um Gutes zu tun,
und deine Hände sind es, mit denen er uns jetzt segnet.
Zitiert nach: Vardy, P. (1997): Das Gottesrätsel. Antworten auf die Frage nach Gott, München, 120.

c) Vor allem in der Prozeßtheologie und im Dialog mit ihr hat sich auf die Frage nach der Körperlichkeit Gottes die zum Pantheismus neigende Auffassung entwikkelt, die Welt als ganze sei der Leib Gottes (bei Hartshorne[29], vorsichtiger bei Ogden, dezidiert bei Jantzen {→ A. 89}).[30] In der Diskussion des Entwurfes von Austin Farrer wird auf diese Vorstellung zurückzukommen sein {→ S. 334ff}.

Einen wichtigen handlungstheoretischen und sprachanalytischen Beitrag zu dieser Frage hat John Compton geleistet, der die »logic of bodily events« von der »logic of actions« unterschied: »The analysis of actions reveals a different structure and system of relations from the analysis of bodily events ... Whereas bodily events sustain causal connections in space and time, the same events, viewed as an action, sustain relations in a means-end continuum, with other more inclusive actions«[31]. Eine körperliche Bewegung kann demnach in zwei völlig verschiedenen und doch einander kompatiblen Sprachspielen beschrieben werden: als physiologischer Vorgang, hervorgebracht von neuronalen Impulsen, und als Handlung, die eine Intention ausführt. Während das erste Sprachspiel den Akt nach dem Muster der »event-causation« ganz in den Kategorien biophysischer Kausalrelationen darstellt, erfaßt ihn das zweite in einem psychologisch-handlungstheoretischen Kategorienraster als »agent-causation«[32]. Teleologische, evaluative und moralische Aspekte sind nur dem zweiten Sprachspiel angemessen, im ersten haben sie keinen Platz. Eine Handlung aber ist nicht primär durch die einzelnen Bewegungen charakterisiert, die zu ihrer Ausführung erforderlich sind, sondern durch den übergreifenden Zusammenhang der jeweiligen Intention. Sie kann eine Fülle einzelner Bewegungen, ja sogar eine Fülle unterschiedlicher Akte umfassen. Compton postuliert also eine »two-language-Theorie«, die es möglich machte, den Handlungsbegriff von seinen physiologischen Konnotationen zu befreien und ihn einer vergeistigenden Ausdeutung zu unterziehen. Damit ist die Kategorie der Finalkausalität eingeholt und der Kategorie effektiver Kausalität zur Seite gestellt.[33] Wille und Intention werden zu causae

29. Siehe dazu vor allem das einflußreiche 5. Kap. von: Hartshorne, C. (1941) {→ A. 60}, 174-211.
30. Schon Newton hatte den Gedanken ausgebildet, der Raum sei das Sensorium Gottes. Auf die Tradition dieser Vorstellung, wie sie sich vor allen in der Stoa, dann bei Descartes (etwa in einem Brief an Henry More vom 15.4.1649) und Spinoza manifestiert, braucht hier nicht weiter eingegangen zu werden. – Jantzen bezieht sich vor allem auf Dantos Konzept der immediaten »basic action« {→ S. 326}. Zur Kritik {→ A. 93}.
31. Compton, J. J. (1972) {→ Teil I, A. 40}, 38.
32. Zur Unterscheidung zwischen »agent causation« und »event-causation« siehe: Chisholm, R. M. (1976): Person and Object. A Metaphysical Study, La Salle, IL, Kap. II, 5 (69-72) im Kontext des gesamten Kapitels II (53-88); ders. (1976a): The Agent as Cause, in: Brand, M., Walton, D. (Hg): Action Theory. Proceedings of the Winnipeg Conference on Human Action, Held at Winnipeg, Manitoba, Canada, 9-11 May 1975, Dordrecht, Boston, 199-211. - Chisholm grenzt sich von den sog. naturalistischen Handlungstheorien ab, die in Absichten, Motiven und Überzeugungen die ›Ursachen‹ für Handlungen sehen. Siehe dazu: Goldman, A. (1970): A Theory of Human Action, Englewood Cliffs; Davidson, D. (1980) {→ A. 9}, 149-162 (»Causal Relations«).
33. Dieser Weg nahm seinen Anfang mit G. Ryles »The Concept of Mind« (1949). Ryle hatte den Handlungsbegriff zur Überwindung eines dualistischen Person-Verständnisses herangezogen. Eine Handlung lasse sich lediglich analytisch, nicht aber real in einen leiblichen und einen mentalen Akt

erklärt.[34] Nach dem Modell der »agent-causation« wird die Handlung nicht durch eine ihr äußere Ursache, sondern durch den in der subjektiven Selbstbestimmung des Handelnden liegenden Grund (der freien Wahl des Willens aus Gewißheit) erklärt. In der Handlung manifestiert sich dieser Wille als Sinn. Das skizzierte Argument wurde breit aufgenommen und für die Divine-Action-Debatte fruchtbar gemacht, so etwa von R. H. King[35], T. F. Tracy und W. Alston.

Nach T. F. Tracy ist das Konzept des Handelns nicht an die Kategorialität des Leib-Seele-Dualismus, sondern allein an die Intentionalität eines einheitlichen Handlungssubjekts gebunden: »The agent is not a discrete entity that is uniquely related to a particular body; rather the agent is the operative unity of bodily and intentional activity taken as a single complex individual«.[36] Tracys Konzept des Handelns Gottes besteht dabei aus den beiden Schritten der Abstraktion und der Perfektibilisierung: Zunächst abstrahiert er die Handlung an sich von ihrem konkreten Vollzug in einer instrumentalen Substruktur; dadurch wird sie als Äußerung der personalen »traits of character« bestimmt. Dann perfektibilisiert er in einer »logic of perfection«[37] die so rekonstruierte Handlung, um sie auf Gott anwenden zu können. Dabei hat er vor allem die geistigen bzw. kommunikativen Akte des Liebens, Vergebens, Leitens usw. vor Augen. Körperlichkeit erscheint als Begrenzung des Handlungssubjektes, die von Gott zurückgelassen ist.[38]

Ebenso konstatiert W. Alston, konstitutiv (»minimally essential«) für Handeln sei die Intentionalität, nicht die Bewegung eines Körperteils. Letztere sei charakteristisch für menschliches (psychophysisches) Handeln, nicht aber für Handeln überhaupt. Auf diese Weise läßt sich seiner Auffassung nach der Handlungsbegriff von seiner körperlichen Komponente befreien und als körperlose Ausübung ›reiner‹ Intentionalität auf Gott anwenden.[39]

So berechtigt Comptons »two-language-Theorie« auch ist, so wenig bietet sie doch einen zureichenden Grund für die Vergeistigung des Handlungsbegriffs, d.h. für die

differenzieren. Beide Aspekte flössen vielmehr in *einer* Handlung zusammen. [Ryle, G. (1949): The Concept of Mind, New York, bes. 25]. Dabei tendierte Ryle dazu, Handeln einseitig von seiner internal-intentionalen Seite her zu bestimmen.

34. Im Lateinischen umfaßt der causa-Begriff neben dem wirkursächlichen auch das Moment des willentlichen Hervorbringens und bedeutet darin »Grund« einer Handlung. Durch Kant und Schopenhauer wurde der erste dieser beiden Bedeutungsinhalte monopolisiert. - Eine hilfreiche Klärung der Terminologie von »Ursache« und »notwendiger und hinreichender Bedingung«, sowie eine Systematik der causa-Kategorie bietet: Hansson, M. J. (1991) {→ L.}, 67-70. Siehe auch: Cobb, J. B., Jr. (1973): Natural Causality and Divine Action, in: Thomas, O. C. (Hg) (1983) {→ L.}, 101-116.
35. Siehe etwa: King, R. H. (1973) {→ L.}, 35ff.
36. Tracy, T. F. (1984) {→ L.}, Kap. 3 und 4, 54-84, Zitat: 175, Anm. 5; ders. (1990): Narrative Theology and the Acts of God, in: Hebblethwaite, B. L., Henderson E. H. (Hg) {→ L.}, 177f.
37. Nach dem Buchtitel von C. Hartshorne, LaSalle, IL, 1962.
38. Zur Kritik dieses Gedankens siehe: Brümmer, V. (1985): Rezension zu T. Tracy, God, Action and Embodiment, in: RelSt 21, 603-605.
39. Alston, W. (1990): How to Think About Divine Action, in: Hebblethwaite, B. L., Henderson E. H. (Hg) {→ L.}, 68. - Andere Autoren, wie Paul Helm, schließen sich diesem Argument an [Helm, P. (1994) {→ L.}, 36f]. Siehe auch die Lit.angaben bei: Gwynne, P. (1996) {→ L.}, 55, Anm. 57.

Ausblendung der körperlichen Aspekte des Handelns. Eine reine Intentionalität, die sich nicht physiologisch verwirklicht, kann nicht als Handlung im Vollsinn des Wortes gelten. Auch die geistigen Akte des Liebens und Vergebens usw. realisieren sich in körperlichen Ausdrucksweisen und werden erst dadurch wahrnehmbar. So führt der von Compton eingeschlagene Weg nicht zu einer befriedigenden Antwort auf die Frage nach der Körperlichkeit des Handelns Gottes, sondern nur zu einer definitorischen Spiritualisierung des Handlungskonzepts.

- Gegenstand/Situation: Eine Handlung setzt die Gegebenheit von gegenständlichen oder personalen Bezugspunkten voraus, in Relation zu denen sie vorgenommen wird. Sie läßt sich bestimmen als Veränderung des Gegenstandes bzw. der Situation nach Maßgabe der vorausliegenden Intention. Diese bildet dabei die *notwendige* Bedingung der Handlung; ihre Verbindung mit der Gesamtheit der situativen Umstände, welche die Ausführung der Handlung möglich machen, ist die *hinreichende* Bedingung.

Die Art der Handlung hängt von der Beschaffenheit des Gegenstandes ab, wobei vor allem zwischen personalen, mit Bewußtsein begabten Handlungsreferenten und impersonalen, dinglichen Objekten zu unterscheiden ist. Dies führt auf die o.g. Abhebung gegenstandsbezogener-instrumenteller Handlungen von personenbezogenen-kommunikativen.

Die Veränderung der Situation durch Einwirkung auf Gegenstände oder Personen vollzieht sich in einem Rahmen von situativen Randbedingungen, die in die Handlungsdisposition einbezogen werden. Zu diesen situativen Konditionen gehört auch das über die bewußten Intentionen hinausgehende Zusammenspiel von Interessen, Bedürfnissen, Anlagen und vorgeprägten Verhaltensweisen, die eine Handlung - vor allem eine interaktive Handlung - beeinflussen.

Ob eine solche Beeinflussung durch vorgegebene, nicht durch die Handlung selbst veränderbare und ihr daher widerständige Randbedingungen auch in der Rede von *Gottes* Handeln anzunehmen ist, führt unmittelbar in sehr komplexe Fragen des Allmachts- und Schöpfungsverständnisses und in der weiteren Konsequenz in die Theodizeeproblematik. Die Vorstellung einer *unbedingten* Selbstdurchsetzung der Intention Gottes hätte zur Folge, der geschöpflichen Wirklichkeit, d.h. dem ›Gegenstand‹ und der ›Situation‹ des göttlichen Handelns jede Eigenwirksamkeit abzusprechen. Statt dessen ist die Wirksamkeit Gottes als Inanspruchnahme der Bedingungen seiner Schöpfung zu entfalten.

Von Bedeutung ist in diesem Zusammenhang auch die Unterscheidung zwischen konventionellem und innovativem Handeln. Während das erste sich im Rahmen bekannter und erprobter Möglichkeiten bewegt, besteht das zweite in der imaginativen (meist analogischen) Antizipation bisher unversuchter Handlungen zur Verwirklichung neuer Möglichkeiten. Im Rahmen menschlichen Handelns ergibt die Vorstellung einer creatio ex nihilo nur hinsichtlich imaginativer Denkakte Sinn, nicht aber im Bezug auf die Versuche, das Imaginierte zu realisieren. Denn alle solche Versuche sind von den jeweiligen Antezedentien abhängig. Die Vorstellung einer handelnden creatio ex nihilo sprengt den Konnex raumzeitlicher Möglichkeiten und ist ein Spezifikum der Rede vom Handeln Gottes.

• Mittel: Eine Handlung kann mittelbar oder unmittelbar erfolgen. Im ersten Fall schließt sie die Wahl und den Einsatz solcher Instrumente ein, die geeignet sind, den Gegenstand der Intention gemäß zu verändern. Im zweiten Fall wirkt sie direkt auf den Gegenstand ein, wie es etwa bei unmittelbaren Bewegungsimpulsen oder bei verbalen Interventionen (Sprechhandlungen) der Fall ist. Beides konnte Gott prädiziert werden. Dabei erweist sich die Vorstellung einer *mittelbaren* Wirksamkeit jedoch als abhängig von der Annahme einer *unmittelbaren* Einwirkung – sei es, daß diese am zeitlichen Anfang des Weltprozesses angesetzt wird (wie im sog. Deismus, in dem der Gedanke eines infiniten Regresses der Mittelinstanzen zum logischen Ende gedacht wird), sei es, daß sie als unmittelbares Einwirken Gottes auf die Mittelinstanzen in jedem Moment ihrer Wirksamkeit konzipiert ist (wie im aktualen Pantheismus). Diese logische Schwäche haftet auch der noch zu diskutierenden Zweitursachentheorie an.

Die Feststellung, daß eine Handlung auch als Mittel in einem größeren Handlungszusammenhang fungieren kann, führt 1. zur Bestimmung von *Hierarchien* von Handlungen (»Handlungsbaum«) und 2. zur Beschreibung von *Handlungsbögen*:

1. Eine Gesamthandlung (wie etwa Salomos Tempelbau {→ S. 333}) schließt eine Vielzahl einzelner Handlungsvollzüge von unterschiedlicher Komplexität ein. Je höher der Komplexitätsgrad, um so differenzierter die instrumentale(n) Substruktur(en). Zur Bezeichnung einer nicht mehr weiter zerlegbaren Handlung hat A. C. Danto den Begriff »basic action« geprägt.[40] Es handelt sich dabei um einen intentionalen und immediaten Akt, der nicht mehr durch eine andere Handlung getan wird, für den also keine instrumentelle Substruktur mehr aufweisbar ist - wie etwa das Heben des Armes. Im Unterschied zu (externalen) Einwirkungen des Körpers auf ihm äußere Gegenstände (z.B. beim Einschlagen eines Nagels), ist beim »basic act« der Körper selbst der Gegenstand der Handlung, der von Bewußsein und Willen bewegt wird. Schon das Einschlagen eines Nagels geschieht durch Kombination mehrerer basic acts.

Doch läßt sich jede dieser einzelnen Handlungen auch im Kontext von Handlungsvollzügen höherer Komplexität beschreiben, wodurch ihre Absicht und damit ihr Sinn immer deutlicher und umfassender zu Tage tritt. So kann der Arbeiter, der einen Nagel in ein Kirchendach einschlägt, seine Handlung auf folgende Weisen beschreiben: »Ich hebe den Arm«, »Ich schlage einen Nagel ein«, »Ich befestige eine Dachlatte«, »Ich errichte einen Dachstuhl«, »Ich helfe, eine Kirche zu bauen«.[41] Die je höhere

40. Danto, A. C. (1965): »Basic Actions«, in: APQ 1965/2, 141-148; siehe auch seinen Beitrag zu: White, A. R. (Hg) (1968) {→ A. 9}, 43-58; und: ders. (1973) {→ A. 9}, Kap. 4 (79-115).
Zur Diskussion: Goldman, A. (1970) {→ A. 9}, Kap. 3; Penelhum, T. (1970): Survival and Disembodied Existence, London, New York, 40-42. - Siehe dazu: Chisholm, R. M. (1976) {→ A. 32}, 84-88, 204-209; Hansson, M. J. (1991) {→ L.}, 47ff; Kirkpatrick, F. G. (1994): Is the Notion of a Divine Basic Act a Necessary and Sufficient Way of Talking about God's Actions in the World? in: RelSt 30, 181-192.

41. Dieses Beispiel enthüllt, wie eine Handlung Gegenstand sehr unterschiedlicher Beschreibungen sein kann und wie es sie immer nur als Handlung »unter einer Beschreibung« gibt. Siehe dazu:

Ebene der Beschreibung innerhalb dieses »Handlungsbaums« wird mit der »warum«-Frage erreicht, die je niedrigere mit der »wie«-Frage. Je höher die Komplexität, um so differenzierter die instrumentelle Substruktur.

2. In horizontaler Sichtweise stellt sich eine Gesamthandlung als zeitliche Abfolge einzelner Handlungsschritte dar. Als prozessual-durative Handlung (z.B. »segeln«) ist eine solche Sequenz – auch wenn sie mit Unterbrechungen vollzogen wird – von einer punktuellen (z.B. »das Fenster öffnen«) zu unterscheiden. An ihr können auch unterschiedliche Agenten beteiligt sein, die auf verschiedenen, nach ihrer Reichweite differenzierten Ebenen (wie Architekt und Bauarbeiter) zusammenwirken.

Diese Analyse komplexer Handlungen verweist auf die Notwendigkeit der Individuation des jeweils zu bestimmenden Aktes, d.h. auf seine Positionierung im Handlungsbaum: So kann der gesamte Handlungszusammenhang als *ein* Akt bezeichnet werden; er kann aber auch in seine Sequenzen bzw. Komponenten zerlegt und als Vielzahl aufeinander bezogener Akte bestimmt werden. Im Hinblick auf die Rede von Handeln Gottes ergibt sich aus der Möglichkeit und Notwendigkeit der Individuation ein Spektrum zwischen generellen und partikularen Bestimmungen (s.u.).

Läßt sich dieses, am freien menschlichen Selbstvollzug entwickelte Modell auf Gott anwenden? Kann man *ihm* einzelne, intentionale Interventionen zuschreiben - bis hin zur Vorstellung der *All*wirksamkeit, wie sie von den Reformatoren betont wurde. Besonders der Blick auf die biblisch überlieferten *Geschichtstaten* Gottes (einschließlich der Naturwunder) nährte die Plausibilität und Deutekraft einer solchen Auffassung. Ihre Problematik beginnt dort, wo der anthropologische Handlungsbegriff ohne ausreichende Beachtung der qualitativen Differenz auf Gott übertragen wird. Die dabei entstehenden Aporien seien im folgenden im Anschluß an Überlegungen von R. Preul rekonstruiert.

3. Aporien der Rede vom Handeln Gottes

Zunächst wirft Preul[42] die sprachanalytische Frage auf, ob überhaupt sinnvoll in Form eines Kollektivsingulars von *dem* Handeln Gottes die Rede sein kann. In der biblischen und theologiegeschichtlichen Überlieferung ist demgegenüber nach Preuls zutreffender Beobachtung stets konkret von *einzelnen* Handlungsvollzügen die Rede.[43] Erst die Abstraktion von dieser Konkretheit und die Ausbildung eines vereinheitlichenden Reflexionsbegriffs gerät in die Gefahr, die Rede vom Handeln Gottes nach

Runggaldier, E. SJ, Quitterer, J. (1994): Handlungsbeschreibungen und -erklärungen. Eine Herausforderung für den Naturalismus, in: ZKTh 116, 321-329, hier: 322f. - Vgl. auch das Beispiel in: Helm, P. (1994) {→ L.}, 170.

42. Preul, R. (1987): Problemskizze zur Rede vom Handeln Gottes, in: Härle, W., Preul, R. (Hg) {→ L.}, 3-11.

43. A.a.O., 3.

Maßgabe anthropomorpher Vorstellungen auszudeuten und damit die Spezifität des *göttlichen* Handelns unterzubelichten. Es ist dies die gleiche Gefahr, die im sapiential-ordinativen Modell durch die Anwendung der Kausalitäts-Kategorie auf die Wirksamkeit Gottes entstand.

Dann stellt Preul die Grundfrage nach dem logischen Status von Aussagen, die Gott Handlungen prädizieren: »In welchem Verhältnis stehen das Gesagte und das damit Gemeinte (Zeichen und Bezeichnetes) zueinander? In welchem Sinne designiert oder denotiert die Rede von Gottes Handeln hier etwas? Im Sinne wahrheitsfähiger, also durch Erschließung der Sache selbst verifizierbarer oder falsifizierbarer Aussagen? Oder in irgendeinem symbolischen, metaphorischen oder analogischen Sinne?«[44]

Die erste dieser beiden Optionen - die Rede vom Handeln Gottes als Bezeichnung realer Geschehnisse in Raum und Zeit - stößt auf die grundlegende Schwierigkeit, eine Aussage zu machen, für die keine adäquate Vorstellung gebildet werden kann. Denn jegliche Vorstellung setzt raumzeitliche Kategorien voraus, die im Blick auf Gott - als dem Grund dieser »Anschauungsformen« - gerade zu durchbrechen sind. Nach Preuls Auffassung, die deutlich von Kants Erkenntnistheorie geprägt ist, entziehen sich a) der Vorgang des Handelns (etwa im Falle der creatio ex nihilo) oder b) der Vorgang und das Resultat (wie in der Erhöhung Jesu zur Rechten Gottes) den Möglichkeitsbedingungen der Vorstellbarkeit. In beiden Fällen (und nicht, wie Preul meint, als eigener, dritter Fall) bleibt auch das Subjekt des Handelns unvorstellbar.[45]

Der zentrale Kritikpunkt an der Bestimmung der Wirksamkeit Gottes nach der analogia operationis (als Rede vom *Handeln* Gottes) läßt sich folgendermaßen zusammenfassen: Wo Gottes Weltwirken anthropomorph nach Art einer innerweltlichen Aktinstanz beschrieben wird, unterliegt diese der contingentia mundi, d.h. dem Raum-Zeit Gefüge mit seinen Begrenzungen, wie auch den Widerständen situativer Gegebenheiten, die mit den Gottesprädikaten des klassischen philosophischen Theismus (vor allem mit dem Prädikat der Unveränderlichkeit und Zeitenthobenheit Gottes) nicht vereinbar sind. Da sich der Begriff des Handelns nach Preuls Auffassung aber nicht von seinen Implikationen, d.h. vom Kategoriensystem der Möglichkeitsbedingungen welthafter Aktivität lösen läßt, lehnt er die Übertragung dieses Begriffs auf Gott mit Entschiedenheit ab.[46]

Neben den von Preul aufgewiesenen Implikationen wären weitere zu nennen, die in Anwendung auf Gott in Schwierigkeiten führen und Qualifikationen des am menschlichen Handeln gewonnenen Aktverständnisses erforderlich machen:

1. Als intentionales Geschehen hat eine Handlung einen abgrenzbaren Verlauf mit (zumindest prinzipiell) klar bestimmbarem Anfang und Ende. Sie ist notwendig par-

44. A.a.O., 4.
45. A.a.O., 4f.
46. »Ich sehe nun nicht, wie es möglich sein soll, den Handlungsbegriff aus diesem Kategoriengefüge herauszulösen und auf eine nicht-innerweltliche Instanz namens Gott zu übertragen, ohne Ungereimtheiten zu produzieren« (a.a.O., 8)

tikular[47], auch wo sie aus einem Zusammenhang von Subakten besteht. Wo Gott die Partikularität solcher Einzelakte zugeschrieben wird, muß sein Wirken als sporadisches erscheinen - unterbrochen von Phasen des Nichtwirkens und qualifiziert durch unterschiedliche Intensitätsgrade des jeweiligen Wirkens. Die Vorstellung eines Handelns Gottes suggeriert, Gott interveniere durch individelle Akte in einen bestehenden, dem Handlungssubjekt vorgegebenen Weltzusammenhang, in dem dadurch eine reale Veränderung bewirkt werde. Damit verengt sich die Bestimmung göttlicher Aktivität auf einzelne Akte im Weltprozeß und es fokussiert sich auf das außerordentliche Geschehen. Dieser Gedanke aber steht nicht nur in Spannung zu den Postulaten der Allmacht und Allwirksamkeit Gottes, er führt auch mit Unausweichlichkeit vor die Theodizeeproblematik: Warum übt Gott sein partikulares Handeln nicht zur Vermeidung von Unheil und Bösem aus?

2. Nicht nur in seinem aktuellen Verlauf, auch in der zeitlichen Differenz von Zwecksetzung und Zweckverwirklichung ist intentionales Handeln nicht aus seiner geschichtlichen Verfassung zu lösen. Damit aber gerät es in Konflikt zum Postulat der Ewigkeit Gottes, wie auch mit der Behauptung seiner Vollkommenheit. Denn Zwecksetzung und -verwirklichung impliziert eine Bedürftigkeit auf seiten Gottes. Umgekehrt ist die Vorstellung der Zeitlosigkeit inkompatibel mit dem Begriff des Handelns.[48]

Das in diesen beiden Anfragen anvisierte Grundproblem liegt im Anthropomorphismus des Handlungskonzepts: Es setzt ein Subjekt voraus, das Zwecke setzt und realisiert, das also mit Selbstbewußtsein und Willen begabt ist und durch instrumentelle oder kommunikative Interventionen partikulare Akte in der Zeit vollbringt. Soll die in Analogie zur personalen und interpersonalen Aktion entwickelte Rede vom »Handeln« sinnvoll auf Gott übertragen werden, dann bedarf es einer Korrektur dieses anthropologischen Handlungsbegriffs und damit einer sprachanalytischen Qualifikation der analogia actionis. Der ihm anhaftende Anthropomorphismus muß durch

47. So auch: Hansson, M. J. (1991) {→ L.}, 117.

48. Siehe dazu die von Hansson angeführten Verweise auf R. C. Coburn, W. Kneale, R. Swinburne und N. Pike: Hansson, M. J. (1991) {→ L.}, 127f. Pike verweist zu Recht darauf, daß dies auch für die Akte der conservatio gelte. Demgegenüber unterscheiden E. Stump und N. Kretzmann (mit Thomas) zwischen dem ewigen Akt Gottes und seinen zeitlichen Effekten in der Schöpfung. Es ist dies - ihrem Konzept zufolge - ein zeitloser bzw. überzeitlicher, nicht-sequentieller Handlungsmodus, der Ereignisse in allen Zeiten - in Vergangenheit, Gegenwart und Zukunft - hervorbringen kann, weil das Handlungssubjekt allen diesen Zeiten gleichzeitig ist [Stump, E., Kretzmann, N. (1981) {→ Teil I, A. 35} 448, auch D. B. Burrell und B. Leftow vertreten diese Auffassung]. Burrell definiert Gottes (schöpferisches) Handeln als »action that is not a change because it presupposes nothing and takes no time« [Burrell, D. B. (1994): Divine Action and Human Freedom in the Context of Creation, in: Tracy, T. F. (Hg) (1994) {→ L.}, 104]. Eine solche Lösung führt allerdings dazu, Gott das logisch Unmögliche zuzuschreiben, daß er auch Ereignisse in der Vergangenheit bewirken kann. Dieser bewußte Verstoß gegen das »principle of the fixity of the past« gründet in einer steilen Behauptung der Allwissenheit und Allmacht Gottes im Sinne der potentia absoluta. Zu Recht kritisiert Hansson die Unvermeidlichkeit des Determinismus als Konsequenz dieses Ansatzes [Hansson, M. J. (1991) {→ L.}, 127-146, bes. 145f. Siehe auch die in Teil I, A. 35 genannte Literatur zur Auseinandersetzung zwischen Stump/Kretzmann und Widerker.

kritische Bewußtmachung seiner Analogizität eliminiert bzw. durch überpersonale Konnotationen gekontert werden.

Stichhaltig weist Preul die Unmöglichkeit nach, univok von einem Handeln Gottes zu sprechen. Es kann sich bei dieser Rede nur um einen *analogischen* Sprachgebrauch handeln, der das unvorstellbare und unverfügbare Geist-Wirken Gottes in der Kategorialität menschlicher Handlungsvollzüge und ihrer Implikationen darstellt. Doch kann damit nicht unterstellt sein, Gottes Wirken ereigne sich realiter in diesen Kategorien. Die Rede vom Handeln Gottes ist ein gleichnishafter Ausdruck unverrechenbarer Widerfahrnisse des Heiligen. Sie läßt sich theoretisch nicht erklären und plausibilisieren, sondern nur in einer Art zweiter Naivität im Modus bekennender, zeugnishafter (statt beschreibend-explikativer) Sprache zuschreiben, womit nicht unterstellt ist, sie habe keinen kognitiven Inhalt. Diese Sprache aber ist eine aus menschenweltlichen Handlungszusammenhängen »entliehene« (D. Ritschl[49]) und im übertragenen Sinn auf Gottes Wirken angewendete.

Damit ist vor allem dem Ansatz Karl Barths widersprochen, der in sachlogischer Parallelität zu seinem scharfem Widerspruch gegen jede Form der analogia entis auch die vom menschlichen Handeln aus entworfene analogia actionis grundlegend infrage stellte. Der Ausgangspunkt aller Rede vom Handeln Gottes muß - seiner Auffassung zufolge - strikt in der Offenbarung des göttlichen Handelns selbst liegen. Die Handlungen Gottes - Schöpfung, Erwählung, Offenbarung, Erlösung usw. - seien aber von vorneherein menschlicher Aktivität inkommensurabel. In unumkehrbarer Einseitigkeit falle von ihnen her auch auf diese ein erhellendes Licht, ohne daß die menschlichen Akte zu Bedeutungsträgern der Rede vom Handeln Gottes erhoben werden dürften. Das göttliche Handeln bilde die unhintergehbare Bedingung ihrer Möglichkeit und ihrer Erkennbarkeit. Eine Reflexion *über* dieses Handeln, die es zum *Gegenstand* rationaler Befragung macht, verstoße gegen den Erkenntnisstandpunkt des Menschen *unter* der Offenbarung.

Mit der Betonung der genuinen Eigenartigkeit der Aktivität Gottes und der exklusiven Selbstreferentialität der biblischen Rede von dieser Aktivität ist aber der historische Entstehungszusammenhang solcher Überlieferung (etwa die Plausibilisierung der Rede von »Erlösung« durch ihre Relationierung zu den zivilrechtlichen Bestimmungen des Loskaufs) und damit die Tatsache, daß es sich hier zumindest teilweise um geliehene Sprache handelt, abgeblendet und Gottes Wirken ins Ineffable des Überzeitlichen gerückt.

Nicht durch die oben angedeutete Akzentverschiebung innerhalb des Handlungsbegriffs von der externen Kausativität zur internen Intentionalität und von der zweckrationalen Instrumentalität zur expressiven Selbst-Repräsentation und -Konstitution, auch nicht durch die von Barth vollzogene konsequente Entanthropologisierung dieses Begriffs, sondern allein durch seine sprachanalytische Qualifikation als analogischer modus loquendi läßt sich sinnvoll von einem »Handeln Gottes« sprechen.

49. Ritschl, D. (1994) {→ L.}, 128-130.

4. Concursus als »double agency«

a) *Die Wiederkehr der Frage: Können zwei Agenten in* einem *Akt zusammenwirken?*

Soll Gott Handlungsfähigkeit in der Schöpfung zugeschrieben werden (gegen die ›deistische‹ Grundannahme der Handlungsabstinenz Gottes in der Schöpfung), soll diese aber nicht zu einem aktualistischen Absolutismus gesteigert werden (demzufolge Gott allein die unmittelbare Ursache aller Wirkungen ist), dann wird das Theologoumenon vom concursus notwendig. Es erfüllt die Funktion, die von Gott ausgehende Wirksamkeit mit der Eigendynamik der geschöpflichen Agentien zusammenzudenken. Mit den Versuchen, die Rede von »Divine Action« zu plausibilisieren, kehren auch die Problemstellungen zurück, die schon im Zeitalter der protestantischen Orthodoxie debattiert wurden.

Die Kritik, die in der Geschichte der Vorsehungslehre immer wieder am concursus-Konzept geübt wurde, kommt im Rahmen der Divine-Action-Debatte bei D. Griffin[50] und F. B. Dilley[51] in gebündelter Form zum Ausdruck. Dilley benennt zunächst die Bedingungen, die erfüllt sein müßten, um die Vorstellung eines Zusammenwirkens von Gott und Geschöpf in *einem* Akt zu plausibilisieren: »there must be two active agents, God on the one hand, and man and nature on the other, both actually carrying out the same action independently, in such a way that both parties are free, and neither produces the other's action. There must be a continual perfect coincidence of action by two sets of free causes, and this seems inconceivable«.[52] Alle Strategien, die Intelligibilität des concursus-Theorems herzustellen, laufen nach Dilley darauf hinaus, entweder die Freiheit einer der beiden Handlungsinstanzen zu eliminieren (wie im instrumentalen Handeln) oder die Handlung unter ihnen aufzuteilen, so daß die beiden unterschiedliche Einzelakte innerhalb des Gesamtaktes vollbringen. Der Gesamtakt würde dann teilweise von Gott und teilweise vom Menschen hervorgebracht. Entweder - so das von Dilley rekonstruierte Dilemma - muß die Mutualität der Aktion oder die Mutualität der Freiheit aufgelöst werden. Er summiert: »If there is genuine unity of action, two parties doing exactly the same act at the same time, then there is no duality of causes; and if there is duality of causes, then there is no unity of action.«[53] Sein Argumentationsgang endet also im Aufweis der prinzipiellen Unintelligibilität der concursus-Theorie nach der zitierten Definition.

Dilley entwickelt diese Argumentation als Kritik an der »Biblical Theology«, wie sie von G. E. Wright u.a. propagiert wurde. Er deckt das zentrale systematische Begründungsdefizit ihrer Ansätze auf, die die Faktizität der »mighty acts of God«

50. Griffin, D. R. (1975): Relativism, Divine Causation, and Biblical Theology, in: Thomas, O. C. (Hg) (1983) {→ L.}, 117-136, bes.: 117-123; ders. (1976): God, Power and Evil: A Process Theodicy, Philadelphia, Kap. 14.
51. Dilley, F. B. (1966): Does the ›God Who Acts‹ Really Act? in: AThR 47, 66-80, abgedruckt in: Thomas, O. C. (Hg) (1983) {→ L.}, 45-60.
52. A.a.O., 56.
53. A.a.O., 57.

behaupten, aber keine überzeugungskräftigen Reflexionen zum Modus dieser Akte anbieten. Der aktuale concursus erscheint wie das Zusammenwirken *geschöpflicher* Ursachen. Damit ist unterstellt, daß Gott als eine Ursache *in* der Welt handle, die dem Wirken der geschöpflichen Ursachen addiert werden könne. Von dieser Voraussetzung muß sich dann tatsächlich die Frage stellen, wie *eine* Handlung von zwei Ursachen gewirkt sein könne. Doch ist damit die Transzendenz Gottes und d.h. die qualitative Differenz zwischen göttlicher und geschöpflicher Ursächlichkeit verkannt.[54] Dilleys Kritik betrifft also nicht die concursus-Lehre im ganzen, sondern die Schlichtheit der Vorstellung von Gottes Geschichtstaten, wie sie in der Biblical Theology dargestellt worden ist. Hier hat sie ihr Recht, sie bleibt aber auch darauf begrenzt.[55] Wie sich in der Interpretation der altprotestantischen concursus-Lehre zeigte, erlaubte etwa das Konzept des mediaten Handelns durchaus, Gottes und der Menschen Handeln widerspruchsfrei zusammenzudenken {→ S. 129ff}).[56] Ob es sich dabei allerdings um eine überzeugende Interpretation handelt, wird im folgenden zu diskutieren sein.

Handlungstheoretisch kreist diese Überlegung also um die Frage, in welcher Weise sich ein Zusammenwirken zweier Aktinstanzen in *einer* Aktion denken läßt. Unverzichtbar für eine präzise Analyse des concursus-Theorems erscheint die genaue Bestimmung der im jeweiligen Ansatz anvisierten Schnittstelle des gott-menschlichen Zusammenwirkens: a) Fließen *zwei* Handlungen – die göttliche und die kreatürliche – im *Resultat* des Handelns (d.h. in der Wirkung, im Effekt, im Geschehen, das die Handlung hervorgebracht hat) zusammen? Oder ist b) gemeint, daß Gott und Mensch schon im *Vollzug* der Handlung zusammenwirken, so daß die beiden Aktinstanzen *eine* Handlung hervorbringen? Oder c) bezieht sich der concursus auf die Bereitstellung der *Bedingungen* der menschlichen Handlung und/oder auf ihre *Motivation*. Alle diese Auslegungen wurden und werden in der Divine Action Debatte vertreten, wie wir im nächsten Abschnitt sehen werden.

Grundlegend zu unterscheiden ist weiter zwischen a) dem Modell der Kooperation auf gleicher Ebene, bei der die beiden Wirkfaktoren nur noch numerisch zu unterschieden sind (zwei Männer, die gemeinsam ein Glockenseil[57] oder ein Schiff ziehen {→ S. 152}) und b) dem Modell des vermittelten Handelns, bei dem beide Agenten auf verschiedenen Ebenen so zusammenwirken, daß der eine die Intention des anderen aktual vollzieht. Dabei wiederum muß das kommunikative vom instrumentellen Handeln abgehoben werden.

54. Eine ähnliche Kritik ließe sich gegen die Darstellung der Zweitursachentheorie bei D. R. Griffin erheben [Griffin, D. R. (1983): Relativism, Divine Causation, and Biblical Theology, in: Thomas, O. C. (Hg) {→ L.}, 117-124]. – Zur Spannung zwischen dem Theologoumenon der Transzendenz Gottes und der Rede vom Handeln Gottes in der Welt siehe auch: Gwynne, P. (1996) {→ L.}, 229ff.
55. Zu Recht fragt M. Wiles darüberhinaus, ob Dilley der »logical oddity of religious language« gerecht werde [Wiles, M. (1971): Religious Authority and Divine Action, in: Thomas, O. C. (Hg) (1983) {→ L.}, 181-194, hier: 185 (die Formulierung nimmt einen Ausdruck Ian Ramseys auf)].
56. Zur Kritik an Dilleys Artikel siehe auch: Brown, D. (1990): God and Symbolic Action, in: Hebblethwaite, B. L., Henderson E. H. (Hg) {→ L.}, 105f.
57. T. F. Tracy gebraucht dieses Beispiel: Tracy, T. F. (1984) {→ L.}, 80.

In der Rede vom Handeln Gottes ist es vor allem die Betonung der Akkomodation Gottes an die spezifische Eigenart der geschöpflichen Agentien, die auf die Unterscheidung zwischen kommunikativem und instrumentellem Handeln führt: Im concursus mit Handlungssubjekten, die mit Bewußtsein begabt sind, vollzieht sich das Zusammenwirken nach Art des kommunikativen Handelns. In Relation zu impersonalen Gegenständen, denen selbst keine Handlungsfähigkeit prädiziert werden kann, gestaltet es sich dagegen als instrumentales Handeln. Doch wurde die Analogie zum instrumentellen Handeln in der Theologiegeschichte immer wieder auch auf den concursus Gottes mit den Menschen bezogen, wobei sie zum einen zur Darstellung der vollkommenen Abhängigkeit des Geschöpfs von seinem Schöpfer und zum anderen zur Beschreibung des concursus divinus mit den *bösen* Taten der Menschen diente.[58]

Sowohl dort, wo das Zusammenwirken von göttlicher und geschöpflicher Aktinstanz nach dem Vorbild des instrumentalen Handelns bestimmt ist, als auch dort, wo es als kommuniktativer Akt gedacht wird, bot und bietet das Modell des *mediaten* Handelns eine von zahlreichen Autoren der Divine-Action-Debatte herangezogene Matrix, auf der sie den concursus Gottes mit seinen Geschöpfen konzeptuell entfalten.

Für das kommunikative Handeln sei dies in freier Anlehnung an ein Beispiel reflektiert, das J. Lucas[59] anführt: Wenn Salomo der Bau des Tempels und Herodes der Mord an den Kindern von Bethlehem zugeschrieben wird, dann sind Salomo und Herodes dabei als *mediat* handelnde Subjekte angesprochen. Das ›Supersubjekt‹ der Handlung (Salomo) und die ›Subsubjekte‹ (die Bauarbeiter)[60] wirken auf unterschiedlichen Ebenen in verschiedener Weise zusammen: Das primäre Handlungssubjekt setzt den Gesamtzweck und beauftragt die untergeordneten Wirkinstanzen mit der Verwirklichung; diese zerlegen den Gesamtzweck in immer operationalere Teilzwecke und führen sie aus. Dabei beziehen sich die Zwecke ebenso hierarchisch aufeinander wie die Funktionen der Bauarbeiter. Und der Primäragent steht ebenso an der Spitze der personalen Hierarchie wie der von ihm gesetzte Gesamtzweck an der Spitze der funktionalen steht. Subjekt und ausführende Mittelinstanzen sind in einem einheitlichen, aber in Substrukturen differenzierten Funktionsverbund aufeinander bezogen. Innerhalb dieses Verbundes geht die Verwirklichung des Gesamtzwecks und damit die Realisierung der Freiheit des übergeordneten Handlungssubjekts notwendig einher mit einer (je nach Stellung in der Hierarchie graduell differenzierten) Einschränkung der Freiheit und Selbstbestimmung der je untergeordneten Ausführungsinstanzen: Die Bauarbeiter bringen auf Befehl, unter Zwang oder bestenfalls aus ökonomischer Überlebensnotwendigkeit (bewußt) den höheren Zweck zur Vollendung. Sie realisieren nicht *ihre* Intention, so daß zu fragen ist, ob sich hier überhaupt von *einer* Handlung im oben umrissenen Sinn sprechen läßt.

Das zeigt sich auch im Sonderfall des mediaten Sprechaktes, etwa in der Botenrede. R. Thiemann führt folgende Beispiele dafür an: Die Schwester ruft ihren Bruder zum Essen: »Mutter hat gesagt, Du sollst zum Essen kommen«; der Ausrufer proklamiert ein königliches Dekret; ein Minister verliest eine Erklärung im Namen des Präsidenten; der Liturg spricht die Absolution.[61] In allen diesen Fällen kommt die Verschränkung der Aktuosität zweier Agenten in einem Akt nur durch einen Legitimationskontext zustande: Der Zweitagent muß durch den Erstagenten bevollmächtigt sein, um in seinem Namen zu sprechen. Auch hier ist die Intention des Zweitagenten für die Konstitution des Aktes letztlich irrelevant. Daher ist auch hier zu fragen, ob beide Agenten wirklich *einen* Akt vollziehen oder ob sie nicht vielmehr eine je

58. Siehe etwa Luther: WA 18, 709,28-36. In diesem Zusammenhang heißt es, wo Gott in Bösen und durch Böse wirke, handele er als bewegende Kraft nicht anders, als wenn ein Zimmermann mit einem schlechten und schartigen Beil schlechte Hiebe tut.
59. Lucas, J. R. (1976): Freedom and Grace, London, 7.
60. Diese Terminologie ist gebildet in Anlehnung an: Hartshorne, C. (1941): Man's Vision of God and the Logic of Theism, Chicago, New York, 174ff.
61. Thiemann, R. F. (1985): Revelation and Theology: The Gospel as Narrated Promise, Notre Dame, IN, 106.

eigene Handlung ausüben, wobei die beiden Akte in einer engen zeitlichen und räumlichen, vor allem aber einer effektiven Relation zueinander stehen.[62]

Nach dem kommunikativ-mediaten Handeln *veranlaßt* der Primäragent (z.B. Salomo) einen oder mehrere Sekundäragenten (Bauarbeiter), eine Wirkung zu erzeugen (den Bau des Tempels). Nach der Leitvorstellung des gegenständlich-instrumentellen Handelns *verursacht* der Agent (Bauarbeiter) das Instrument (Hammer und Nagel), eine bestimmte Wirkung (Befestigung der Dachlatte) hervorzubringen. Im ersten Fall droht die qualitative Differenz zwischen Primär- und Sekundäragent unterbestimmt und das Zusammenwirken als Koeffizienz bzw. Synergie erfaßt zu werden. Im zweiten Fall ist dieser grundlegende Unterschied dagegen klar betont, doch vermag dieses Modell dem Freiheitswesen menschlicher Sekundäragenten nicht gerecht zu werden. Es bestimmt die Relation zwischen Handlungssubjekt und Handlungsinstrument als eine rein funktionale.

Nach dieser handlungstheoretischen und sprachanalytischen Rekonstruktion der Problematik, die dem concursus-Theorem und dem zu seiner Explikation herangezogenen Konzept des mediaten Handelns traditionell - wie auch in der zeitgenössischen Divine-Action-Debatte anhaftet, soll nun der wohl bedeutendste Neuentwurf der concursus-Lehre dargestellt und diskutiert werden, der im Kontext dieser Debatte entwickelt wurde.

b) Austin Farrers Konzept der double agency

Zu Recht gilt *Austin Farrers*[63] Interpretation der concursus-Lehre als Theorie der *double agency* (104ff) in der Wertschätzung zahlreicher Interpreten als einer der bedeutendsten Beiträge in der Debatte um Divine-Action. Klarsichtig nimmt er die Aporien des

62. Nach O. C. Thomas ist dies die einzig mögliche Weise, eine cooperatio zweier Aktinstanzen in einem Geschehen denken zu können [Thomas, O. C. (1990): Recent Thought on Divine Agency, in: Hebblethwaite, B. L., Henderson E. H. (Hg) {→ L.}, 50].

63. Von Bedeutung ist hier vor allem: Farrer, A. M. (1967, ND 1988): Faith and Speculation. An Essay in Philosophical Theology, London, ND Edinburgh. Belegstellen, die sich auf dieses Werk beziehen, nehme ich ohne weitere Angaben eingeklammert in den Text mit auf.
Siehe auch: Farrer, A. M. (1943, 1959², ND 1979): Finite and Infinite, Glasgow, New York; ders. (1957): The Freedom of Will, London; ders. (1961): Love Almighty and Ills Unlimited. An Essay on Providence and Evil, Garden City, NY; ders. (1964): Saving Belief. A Discussion of Essentials, London, bes. 37-58 (»Providence and Evil«); ders. (1966): A Science of God? London; ders. (1972): Reflective Faith. Essays in Philosophical Theology (hg. v. C. C. Conti), London, bes. 137-148, 178ff; ders. (1976): Interpretation and Belief (hg. v. C. C. Conti), London.
Zur Diskussion um den Entwurf Farrers: Hebblethwaite, B. L. (1970): Austin Farrer's Concept of Divine Providence, in: Theology 73, 541-551; ders. (1976): The Experimental Verification of Religious Belief in the Theology of Austin Farrer, in: Eaton, J. C., Loades, A. (Hg): For God and Clarity: New Essays in Honour of Austin Farrer, Allison Park, Penn., 1983, 163-176; ders. (1978): Providence and Divine Action, in: RelSt 14, 223-236; Eaton, J. C. (1980): The Logic of Theism. An Analysis of the Thought of Austin Farrer, Lanham, MD; Wiles, M. (1981): Farrer's Concept of Double Agency, in: Theology 84, 243-249; Galilee, D., Hebblethwaite, B. (1982): Farrer's Concept of Double Agency. A Reply, in: Theology 85, 7-10; Wiles, M. (1982): Continuing the discussion, in:

aktualen Modells der Vorsehungslehre in den Blick und versucht, in neuer Weise ein Reden vom Handeln Gottes zu ermöglichen. Zudem vermag er (gerade auch in seiner Kritik am Kausaldenken), zentrale Aussageintentionen der sapiential-ordinativen Providenzlehren in sein dezidiert aktualistisches Modell zu integrieren.

Der Voluntarismus und Aktualismus seines Entwurfs bringt sich vor allem in seiner Kritik an der aristotelischen Vorordnung des Seins vor dem Werden bzw. der Aktivität zum Ausdruck. Dem stellt Farrer die Formel »determinators before determinants« oder »esse est operari« gegenüber. Wie das Wesen Gottes so interpretiert er auch menschliche Existenz ganz als Aktivität und Interaktivität. Eine passive Substanz kann es nach Farrer nicht geben (142ff).[64] Das aristotelisch-thomasische actus-purus-Konzept ist als »perfect agency« zu verstehen, in der Wesen und Wille Gottes aktual zusammenfallen, ohne daß Gottes Aseität in seinen handelnden Weltbezug aufgelöst werden müßte. Gott ist »unconditioned Will« in vollkommener Freiheit.

Damit kommt eine Entwicklung bei Farrer zum Abschluß, die in »Finite and Infinite«[65] - seinem ersten größeren Werk zur philosophischen Theologie - begonnen hatte. In diesem Buch dokumentiert sich der Versuch, die hier noch deutlich erkennbare aristotelisch geprägte Seinsmetaphysik (Gottes Wirken als Mitteilung absoluten Seins) durch eine aktualistische Umdeutung zu überwinden. Treffend wurde Farrer in einer Rezension zu diesem Buch als »modern Thomist« bezeichnet, der einen »reformed Thomism« vetrete.[66] Noch 1990 konnte ihn R. Harries »an Anglican of Catholic persuasion«[67] nennen.

Eine der an das concursus-Konzept immer wieder gestellten Anfragen lautet, ob es die von ihm erwartete Leistung wirklich zu erbringen vermag, die Art und Weise des

Theology 85, 10-13; Surin, K. (Hg) (1985): MoTh 1: Special Issue on Austin Farrer, 165-243, darin die folgenden Beiträge: Henderson, E. H.: Valuing in Knowing God: An Interpretation of Austin Farrers Religious Epistemology, 165-182; Dalferth, I. U.: Esse est operari. The Anti-scholastic Theologies of Farrer and Luther, 183-210; Eaton, J. C.: The Problem of Miracles and the Paradox of Double Agency, 211-222; Henderson, E. H.: Austin Farrer and D. Z. Philips on Lived Faith, Prayer and Divine Reality, 223-243; Gill, J. H. (1987): Divine action as mediated, in: HThR 80, 369-378; Hebblethwaite, B. L., Henderson E. H. (Hg) (1990) {→ L.}; Conti, C. (1991): Farrer's Christian Humanism, in: MoTh 7, 403-434; Hansson, M. J. (1991) {→ L.}, 79ff; Brümmer, V. (1992): Farrer, Wiles and the Causal Joint, in: MoTh 8, 1-14; Dalferth, I. U. (1992): The Stuff of Revelation. Austin Farrer's Doctrine of Inspired Images, in: Loades, A., McLain, M. (Hg): Hermeneutics, the Bible and Literary Criticism, New York, 71-95; Morris, J. (1994): Religious Experience in the Philosophical Theology of Austin Farrer, in: JThS 45, 569-592; Tracy, T. F. (1994): Divine Action, Created Causes, and Human Freedom, in: ders. (Hg) {→ L.}, 79-83; Davie I. (1995): Inverse Analogy, in: DR 113, 196-202.
Zu Person und Biographie von A. Farrer: Curtis, P. (1985): A Hawk Among Sparrows. A Biography of Austin Farrer, London. - Einen Überblick über Farrers Werk gibt: Hartt, J. (1983): Austin Farrer as Philosophical Theologian: A Retrospective and Appreciation, in: Eaton, J. C., Loades, A. (Hg): For God and Clarity. New Essays in Honour of Austin Farrer, Allison Park, PA, 1-22.

64. Siehe dazu: Dalferth, I. U. (1985) {→ A. 63}.
65. Farrer, A. M. (1943, 1959², ND 1979) {→ A. 63}.
66. The Church Times vom 11.6.1943. - In: Farrer, A. M. (1967, ND 1988) {→ A. 63}, 140, distanziert er sich explizit von diesem Ansatz.
67. Harries, R. (1990): »We Know On Our Knees ...«. Intellectual, Imaginative and Spiritual Unity in the Theology of Austin Farrer, in: Hebblethwaite, B. L., Henderson E. H. (Hg) {→ L.}, 21.

Zusammenwirkens von göttlicher und weltlicher Ursächlichkeit überzeugend erklären zu können. Zwar bietet es eine Analogie für die Möglichkeit des *Daß* der wirkenden Vermittlung beider Aktinstanzen - die Analogie des mediaten Handelns -, nicht aber ein Deutung des *Wie*.

Farrer unterzieht diese Fragestellung einer fundamentalen Kritik und weist sie zurück. Dabei setzt er in den beiden Argumentationsgängen, die im folgenden in ihren Grundzügen rekonstruiert werden sollen, bei erkenntnistheoretischen Überlegungen an[68], so daß sich sein Ansatz in dieser Erörterung als ein bewußtseins- und erfahrungstheologischer[69] zu erkennen gibt. Im Mittelpunkt der beiden Argumentationsgänge steht je eine zentrale analogische Leitvorstellung - die (aktualistisch interpretierte) *mind-body*-Analogie und das Konzept der *double agency*. Die erste bezieht sich eher auf Gottes Wirken in der nicht mit Bewußtsein begabten Schöpfung, während sich die zweite stärker auf das Zusammenwirken mit menschlichen Handlungssubjekten richtet.

Der systematische Bezugspunkt der folgenden Darstellung ist Farrers Explikation der »rationalen Theologie« im Gegenüber zur »Offenbarungstheologie«.[70] Rationale Theologie geht von Erfahrung aus und durchdringt sie per Reflexion, während die Offenbarungstheologie aus den Quellen der biblischen Überlieferung und ihrer Explikation in der theologischen Tradition schöpft. Erst vom Erkenntnisstandpunkt der Offenbarungstheologie her wird erkennbar, daß die »prior actuality of God« trinitarisch-aktual zu deuten und d.h. auf die Interaktion schöpferischer Tätigkeiten zwischen den trinitarischen Personen Gottes zurückzuführen ist. Aus dieser Perspektive erscheint Gott als »in sich selbst trinitarisch strukturierte Ursprungsaktivität der kosmologischen Relation«[71]. So kann die Frage nach dem Wesen Gottes letztlich nur aus den Quellen der Offenbarungstheologie beantwortet werden. Die hier nachgezeichnete rationale Theologie hingegen bleibt auf die Methode des analogischen Rückschlusses und der Zuschreibung begrenzt.

1. Der Erkenntnisweg der rationalen Theologie, der das religiöse Bewußtsein dazu führt(e), von Gottes Handeln zu sprechen, geht stets von der *Praxiserfahrung* der Gott-Welt-Relation - genauer: von der glaubend erfassten Interaktion mit Gott - aus und d.h. nicht von der apriorischen Bestimmung der *Ursächlichkeit* des Wirkens, sondern von bestimmten erfahrenen *Wirkungen* (63), die Gott zugeschrieben werden.[72] Das klarste Beispiel für eine solche Erfahrung bietet das Widerfahrnis von Gnade: Vom Widerfahrnis her wird auf seine Ursache in Gott zurückgeschlossen oder anders: Das Widerfahrnis wird Gott als dem Autor zugeschrieben.

68. Siehe dazu: Henderson, E. H. (1985) {→ A. 63}, Dalferth, I. U. (1992) {→ A. 63}.
69. Morris, J. (1994) {→ A. 63}.
70. Zu dieser Unterscheidung siehe: Dalferth, I. U. (1993): Jenseits von Mythos und Logos. Die christologische Transformation der Theologie (QD 142), Freiburg u.a., 239-246.
71. Dalferth, I. U. (1993) {→ A. 70}, 241.
72. In dieser erkenntnistheoretischen Grundentscheidung wirkt sich sicher der Einfluß des philosophischen Pragmatismus aus, wie er etwa bei C. S. Peirce auf die Formel gebracht ist: »Wir sehen, was Er faktisch tut« [Peirce, C. S. (1931-1958): Collected Papers, 8 Bde., Cambridge, Mass., hier: 6.613, S. 431 (1893)]. Siehe dazu: Deuser, H.: Gottes Handeln - Rechtfertigung, Versöhnung und Erlösung, in: Härle, W., Preul, R. (Hg) (1987) {→ L.}, 39-42 (die Übersetzung des Zitats findet sich auf S. 39).

Die Zentrierung auf die Frage nach der *Kausalierung* führt demgegenüber nach Farrer unvermeidbar in die Spekulation, die davon absieht, daß die empirische Welterfahrung die unhintergehbare Matrix aller - faktisch auch aller spekulativen - Denkbewegungen bildet. Auch die prima-causa-Vorstellung läßt sich nur auf dieser Matrix und d.h immer nur im Vorstellungsrahmen endlicher Kausalrelationen bilden. Jenseits dieser Erkenntnisgrenzen ist die Wirkung einer prima-causa nicht intelligibel und daher auch als theologisches Konzept nicht operabel - so Farrer, in seiner von Kants Epistemologie beeinflußten rationalen Theologie. Die voluntative-aktuale Gott-Welt-Relation ist nur praktisch-aposteriorisch, nicht aber theoretisch-apriorisch zu verifizieren.

Mit diesem Ausgangspunkt bei den Werken Gottes und beim Vollzug ihrer Erkenntnis nimmt er ein zentrales Anliegen der aktualistischen Vorsehungslehre auf, das besonders von Luther stark unterstrichen worden war. Und mit der bewußtseinstheologischen Klammer, die er um die materiale Ausführung seiner Überlegungen zur Rede von Gottes Handeln legt, steht er in der Tradition Schleiermachers. Sein dezidierter ontologischer Aktualismus (nach dem o.g. Grundsatz »esse est operari«) verdankt sich aber auch seiner Rezeption des naturwissenschaftlichen Weltbildes, das die kosmische Wirklichkeit eher durch wirkende Energie als durch substantielle Entitäten konstituiert sieht (Kap. 5, bes. 82ff).[73]

Gegenüber einer Denkbewegung, die spekulativ bei einer kausalistischen Interpretation ansetzt, die also Gottes Aktivität wirkursächlich durch den Aufweis von »causal joints«[74] bestimmen will, geht Farrer von der *Erfahrung* des Zusammenwirkens aus und deutet von daher das concursus-Konzept erkenntnistheoretisch im Sinne einer doppelten *Zurechnung*: Die *eine* erfahrene Wirkung wird zwei Agentien - der Wirksamkeit Gottes und der des Menschen - *zugeschrieben*. Erst in der reflexiven Rückfrage, wie dieses Widerfahrnis des Zusammenwirkens möglich sei, bildet sich in analogischer Imagination die Anschauung einer Kausalrelation[75], der sich zum Konzept der *double agency* theoretisiert. Doch ist diese Interpretation keineswegs konstitutiv für den Akt der Zuschreibung. Dieser vollzieht sich aufgrund der Erfahrung, in der Kraft Gottes gehandelt zu haben und er hat die sprachliche Grundform des: »Aber nicht ich (habe gehandelt), sondern Gottes Gnade in mir« (nach 1. Kor 15,10).[76]

Um den Akt der Zuschreibung zu veranschaulichen, führt Farrer das Beispiel der Identifikation des Kunstwerks mit dem Künstler an, wie sie etwa in der Aussage »Dies ist ein Rembrandt« vollzogen wird. Eine solche Aussage ist möglich, ohne Rembrandts ursächliches Wirken bei der Entstehung des Bildes zu kennen. Die Ursprungsrelation wird im Akt der Zuschreibung prädikativ hergestellt - und zwar nach dem Kohärenzmodell der Wahrheit (durch Vergleich mit anderen, als authentisch

73. Siehe dazu auch: King, R. H. (1983): The Agent's World: Farrer's Contribution to Cosmology, in: Eaton, J. C., Loades, A. (Hg) {→ A. 63}, 23-34.
74. Dieser Begriff begegnet zuerst in: Farrer, A. M. (1967, ND 1988) {→ A. 63}, 65.
75. In: Farrer, A. M. (1967, ND 1988) {→ A. 63}, 23, formuliert er zugespitzt, die Rede von Kausalität sei lediglich »distantly analogous« auf die Explikation des göttlichen Wirkens anzuwenden.
76. Farrer, A. M. (1972) {→ A. 63}, 198f.

bezeugten Bildern Rembrandts). Im Blick auf die Rede von Handlungen Gottes bedeutet das: Die Zuschreibungen solcher Handlungen vollzieht sich in der Deutung der eigenen Erfahrung im Lichte der paradigmatischen Akte Gottes, wie sie ihm in der biblischen Überlieferung und der »story« {→ A. 13} der Christenheit zugeschrieben worden sind.

Soll dieser Gedanke jedoch nicht in einen infiniten Regress der Zuschreibungen führen, muß er mit der Berufung auf die autoritative Tradition verbunden werden, in der die biblische Überlieferung und besonders das darin bezeugte Handeln Gottes gedeutet wurde. Das führt in einen hermeneutischen Zirkel zwischen der (inhaltlichen) Behauptung spezieller Aktionen Gottes und der (formalen) Akzeptanz traditionaler Autoritäten als dem Referenzrahmen der Interpretation solcher Behauptungen.

Vor dem Hintergrund dieses erkenntnistheoretischen Prolegomenons[77] entwickelt Farrer seine Theorie der *double agency*. Gott wirkt in der - und durch die Weltwirklichkeit und ist dabei in allem Weltgeschehen immer und überall mit am Werk. Doch ist sein Handeln nicht auf der empirisch-wahrnehmbaren Oberfläche der Wirklichkeit, sondern auf der Ebene der Ontologie angesiedelt. Und diese bleibt der unmittelbaren Sinneswahrnehung entzogen. Im ordo essendi gibt es demnach den »causal joint«, auch wenn er sich erkenntnistheoretisch nicht fixieren läßt.[78] Er darf allerdings nicht einseitig im Sinne der effektiven Kausalität verstanden werden. Vielmehr wirkt er als Ursache im umfassenderen Sinn, vor allem auch als causa finalis.

Im Blick auf die Konzepte, von denen er sich abgrenzt, kann man Farrers concursus-Lehre konturieren: Zunächst bestreitet er jede pantheistische Identifikation des göttlichen mit dem geschöpflichen Wirken. Andererseits hält er daran fest, in Gottes Wirken mehr als nur den (transzendentalen) Ermöglichungsgrund des eigendynamisch sich vollziehenden Weltprozesses zu sehen. Gegenüber der Theorie der »general action« (wie sie später dann maßgeblich von M. Wiles vertreten wurde) besteht er auf der Überzeugung, daß Gottes Handeln immer nur als partikulares zu denken sei.[79] Schließlich weist er die Auffassung der »Biblical Theology« (vor allem G. E. Wrights) zurück, die dieses partikulare Handeln als unmittelbares Wirken in der Welt verstehen wollte.

Demgegenüber postuliert er einen transzendentalen praecursus [die Begründung der Möglichkeit des geschöpflichen Eigenwirkens in Gottes »prior causality« (154)[80]]

77. Mit seinen Überlegungen zu den »limits on theological speculation« knüpft T. F. Tracy hier unmittelbar an Farrer an [Tracy, T. F. (1990): Narrative Theology and the Acts of God, in: Hebblethwaite, B. L., Henderson E. H. (Hg) {→ L.}, 177-180].

78. Der Einwand von M. Wiles gegen Farrers Gebrauch der Analogie des mediaten Handeln greift daher zu kurz. Nach Wiles muß sich beim mediaten Handeln unter Menschen stets ein »link« zwischen den beiden Aktinstanzen angeben lassen (im Falle des Salomonischen Tempelbaus etwa ein Edikt, das die Bausausführung in Auftrag gibt), was Farrer für den concursus zwischen Gott und den Menschen aber gerade ablehne [Wiles, M. (1986) {→ L.}, 61f]. Bei Farrer ist jedoch zwischen der ontologischen *Annahme* und der epistemologischen *Bestreitung* des »causal joint« zu unterscheiden. Das »link« besteht, doch hält Farrer es für prinzipiell unerkennbar und unbestimmbar.

79. Farrer, A. M. (1967, ND 1988) {→ A. 63} 63: »If God acts in this world, he acts particularly«.

80. Siehe auch den Artikel »The Prior Actuality of God«, in: Farrer, A. M. (1972) {→ A. 63}, 178-191.

und einen mediaten concursus [Gottes Wirken vollzieht sich durch die Aktuosität der Geschöpfe im allgemeinen, durch den freien Willen des Menschen im besonderen[81]] und verbindet dieses Konzept mit den für die concursus-Lehre traditionell üblichen beiden Klauseln: Gottes Mitwirkung übe keinen Zwang auf die geschöpflichen Aktinstanzen aus und sie operiere auf einer von der Wirklichkeit der Welt qualitativ verschiedenen Ebene, zu der sie nicht in die Relation der Synergie und damit auch nicht in Konkurrenz treten könne. Vielmehr verursachten beide Agentien das Geschehen je ganz.

Gott wirkt also nach Farrer nicht als zusätzliche Kraft im Gemenge der Weltkräfte, sondern als Ausrichtung dieser Kräfte. Er ist nicht nur der Ermöglichungsgrund ihres Seins und Wirkens, sondern auch ihr Zielgrund, der *in* ihnen wirkt. Die transzendentale Relation umfaßt diese beiden Dimensionen.

Bliebe die zweite ausgeblendet - wie in dem von Preul vorgeschlagenen »transzendentalen Modell«, so könnte Gottes Wirken nur noch ›deistisch‹ nach seiner Ursprungsrelation in Anspruch genommen werden. Die Weltwirklichkeit ließe sich dann nur noch als Prozeß denken, der in seinem Sein und in seinen Wirkmöglichkeiten von Gott konstituiert wäre, dessen Entwicklung aber vollkommen seiner eigenen Dynamik überlassen bliebe.

Mit der Trennung von physikalischer und psychischer Wirklichkeit weist Farrer eine Zurücknahme des göttlichen Wirkens auf den Bereich des Geistigen, des Bewußtseinsmäßigen und Existentiellen zurück. In einer Replik auf Bultmann schreibt er: »... it is not in fact true that nature is set apart from spirit by the hard-and-fast dichotomy which Kant defined«.[82] Mit jenen Entitäten, die nicht mit Bewußtsein begabt sind, wirkt Gott zusammen wie die zerebrale Steuerung und das vegetative Nervensystem physiologisch mit dem Herzen des Menschen zusammenwirken, so daß ein Herzschlag entsteht (siehe dazu die Darstellung der *mind-body*-Analogie). Mit den bewußtseinsbegabten Wesen kooperiert er durch Einflußnahme auf ihren Willen. Dieses Zusammenwirken ist auf zwei Ebenen zu denken: als Schaffung der Möglichkeitsbedingungen für menschliches Wirken überhaupt und als aktuale Einflußnahme auf die Willensrichtung des Menschen, indem diese dem göttlichen Willen assoziiert wird. Doch bleibt die transformative Wirksamkeit dieser Einflußnahme Gottes ganz in die freie Willentlichkeit des Menschen gelegt; sie vollzieht sich nach Analogie des »changing one's mind« in zwischenmenschlichen Interaktionen.[83] So sehr die Initiative dazu von Gott ausgeht, so sehr bleibt doch andererseits der Glaubensakt (als Assoziierung mit Gottes Willen) selbst ein Wil-

81. Siehe dazu auch die Artikel: »Freedom and Theology« und »Grace and Human Will«, in: Farrer, A. M. (1972) {→ A. 63}, 163-170, 192-199: »... free and sovereign actions on our part, anyhow actions of thought and of decision, are the chief occasions and, as it were, organs for the reception of actual grace. ... our most free acts are those most purely and pellucidly expressive of a will sovereign over all ...« (199).
82. Farrer, A. (1961): An English Appreciation, in: Bartsch, H. W. (Hg): Kerygma and Myth, New York, 212-223, Zitat: 222.
83. Siehe dazu: Kap. »Causes«, in: Farrer, A. M. (1972) {→ A. 63}, 200-217.

lensakt in der Interaktion zwischen Gott und Mensch als zwei freien Subjekten. Glaube ist aktive Antwort auf den Ruf Gottes. Erst auf dieser Ebene läßt sich sinnvoll von einer »double action« reden.

Die kommunikative Interaktion zwischen Gott und Mensch ereignet sich also nicht durch wirkursächliche Vermittlung - wie beim Ineinandergreifen zweier Zahnräder -, sondern von Gott her als Inanspruchnahme des menschlichen Willens und Handelns durch Inspiration und vom Menschen her als Vertrauen und Verpflichtung auf diese, von Gott her sich ereignende »creative purposive action«. Mit dieser ›geistigen‹, genauer: theletischen Bestimmung des concursus im Sinne einer von Gott ermöglichten und vom Menschen in freier Einstimmung vollzogenen Teilhabe an Gottes Aktuosität[84] ist die an das concursus-Konzept gestellte Frage nach dem »causal joint« zwischen Erst- und Zweitursächlichkeit von A. Farrer für prinzipiell unbeantwortbar erklärt. Mehr noch: Er spricht dieser Frage für seinen Ansatz jede Relevanz ab: »The causal joint (so to speak) between infinite and finite action plays and in the nature of the case can play no part in our concern with God and his will. ... on empirical ground, the question about it is a question which does not arise and may be condemned as no question at all« (65).

Der concursus ist als personal-interaktive Submission, als Orientierungs-, Sendungs-, Führungs- oder Leitungshandeln zu denken, nicht als kausale Verursachung, welche die menschliche Selbstbestimmung außer Kraft setzt. Die geschöpflichen Agentien können sich dieser Submission entziehen und verweigern. Zur Veranschaulichung der damit vorausgesetzten Freiheitsbeziehung zwischen Gott und Mensch zieht Farrer Analogien heran, die an Hegels Metapher von der »List der Vernunft« anklingen - etwa die Darstellung Gottes im Bild eines Novellisten, der aus den natürlichen Charakteren und Verhaltensweisen seiner Figuren eine gute Gesamthandlung komponiert.[85]

2. Farrer versteht die Rede vom »Handeln« Gottes als *analoge* Sprechweise und unterstellt die Unhintergehbarkeit eines solchen *analogischen* modus loquendi in der Gott-Welt-Relation (36ff, 62 u.ö.). Mehr noch: Allein in Form von Analogien kann sie intelligibel und plausibel sein. Die Analogiebildungen - auch die Vorstellung der Kausalität - seien immer menschenweltlichen Wirkweisen entnommen und (per negationis et per eminentiam) auf Gottes Wirken übertragen. Jede Physikalisierung und Anthropologisierung des Handelns Gottes ist damit abgewehrt.

84. In: Farrer, A. M. (1967, ND 1988) {→ A. 63}, 143, spricht er von einer »moral relation«. Und in: Farrer, A. M. (1966) {→ A. 63}, 106, findet sich die Feststellung: »There is a union of wills in which God's will is inevitably directive and superior«.

85. Farrer, A. M. (1966) {→ A. 63}, 76ff. D. Burrell, der diese Analogie ebenfalls verwendet [Burrell, D. (1984): Maimonides, Aquinas and Gersonides on Providence and Evil, in: RelSt 20, 349f], führt sie zurück auf: Sayers, D. (1941): The Mind of the Maker, London, 23. Stärker als Farrer betont Burrell dabei allerdings das Freiheitsmoment: Die menschlichen Akteure sind keine fingierten Figuren, sondern Handlungssubjekte, die die ihnen zugedachte Rolle ›in eigener Regie‹ spielen. Wiles und Gorringe folgen im darin {→ S. 356}.

Doch gibt Farrer der Analogie des Handelns die schon oben angedeutete Wendung, indem er Handeln nicht primär als externale Wirkung des Menschen auf Personen und Gegenstände seiner Umwelt, sondern als internale Steuerung des Körpers durch den Geist deutet (die »*mind-body*-Analogie«). Handeln ist zunächst ein *Willens*akt, der im Vollzug des Aktes körperliche (Re-)Aktionen hervorruft.[86] Analog dazu muß Gottes Welthandeln als unmittelbare *Konsequenz* seiner *internalen* Operativität verstanden werden, ohne daß es dabei jedoch zu einem davon distinkten Akt erklärt würde.

Es legt sich nahe, in Whiteheads Beziehungsbestimmung zwischen »mind and body« die Matrix zu sehen, auf der Farrer seine Analogie konstruiert: Obwohl »mind and body« nach Whitehead unterschiedene Entitäten sind, stehen sie in einer so engen und immediaten Beziehung zueinander, daß sie in *einem* Akt zusammenwirken. Hartshorne bestimmt »mind« dagegen als operative Einheit der multiplen Teile des Körpers: »The body as a whole, as a dynamic individual unit (not a collection) or - it is the same thing - as a mind, wills: the parts of the body (which may be mind, but not *that* mind) respond«.[87] Damit aber gerät er in einen Panpsychismus: Die einzelnen Zellen des Körpers sind mit Rezeptivität begabte Subzentren der Erfahrung, so daß sich zwischen ihnen und dem Bewußtsein des Menschen ein »immediate sharing of feeling« vollzieht.[88]

Mit der Bestimmung der Gott-Welt-Relation nach dem Modell der Beziehung zwischen Seele (bzw. Geist) und Leib nimmt Farrer einen Motivkomplex auf, der sich der Explikation des sapiential-ordinativen Vorsehungsdenkens in der Theologie- und Philosophiegeschichte immer wieder nahegelegt hat: vom göttlichen »nous« als Weltprinzip bei Platon und in der stoischen Logosphilosophie (besonders Seneca stellt die Welt als Leib Gottes dar) über den Panentheismus Spinozas, Schellings Identitätsphilosophie und Hegels Konzept der Weltvernunft bis hin zur prozeßtheologischen Bestimmung Gottes als »Selbst der Welt« (S. Ogden) und der Welt als »embodiment« Gottes (C. Hartshorne).[89] - Doch deutet er diesen Motivkomplex konsequent im Sinne seines ontologischen Aktualismus' um und kritisiert dabei diejenigen Entwürfe einer Gott-Welt-Relation, die Gott und sein Wirken spiritualisieren (›diskarnieren‹). Gegenüber einer solch vergeistigenden Transzendentalisierung Gottes (Gott als »incorporeal spirit«, 156ff) legt Farrer das ganze Gewicht seiner Interpretation

86. Zur *mind-body*-Analogie und der Kritik ihrer vergeistigten Form: Farrer, A. M. (1967, ND 1988) {→ A. 63}, Kap. 10, bes. 153-155. Zur Frage, ob sich überhaupt von einem Akt des Willens reden läßt: Sturch, R. (1990) {→ L.}, 54-63.
87. Hartshorne, C. (1941) {→ A. 60}, 182.
88. A.a.O., 188ff, 289ff.
89. Auf die zentrale Rolle der mind-body-Analogie in Entwürfen, die prozeßtheologisch informiert sind, kann hier nur hingewiesen werden. Siehe dazu: Jantzen, G. (1984): God's World, God's Body, London, bes. Kap. 5f (67-130); Page, R. (1985) {→ A. 163}, 118ff; McFague, S. (1987): Models of God. Theology for an Ecological, Nuclear Age, Philadelphia, 69-78; dies. (1993): The Body of God. An Ecological Theology, Minneapolis, bes. Kap. 5 und 6. – Siehe auch: Smart, N. (1981f): God's Body, in: USQR 37, 51-59; Lipner, J. (1984): The World as God's »Body«. In Pursuit of Dialogue with Ramanuja, in: RelSt 20, 145-161; Van den Brom, L. (1984): God's Omnipresent Agency, in: RelSt 20, 641-643, 653-655. Die Diskussion summiert: Gwynne, P. (1996) {→ L.}, 50-53.

der *mind-body*-Analogie auf die aktuale Verleiblichung Gottes als »creative Will« bzw. als »intelligent Act« (175) in der Welt.[90] Sie ist in einer »theology of will« zu konzeptualisieren (104ff).

Mit der *spiritualisierenden* ist - zweitens - eine *pantheistische* Deutung der Welt als Extension Gottes vermieden[91], so daß sich alle Kritikpunkte, die traditionell gegen den (polemisch sog.) »Spinozismus« vorgebracht wurden, nicht gegen Farrers Entwurf ins Feld führen lassen.

R. Preul hat diese Einwände in kurzer Form zusammengestellt: a) Gott kann nicht als Ursprung der Welt gedacht werden, wo die Gott-Welt-Beziehung als Relation zwischen Seele (bzw. Geist) und Leib vorgestellt ist, denn der Geist schafft den Körper nicht, sondern findet sich in ihm vor und ist damit von ihm ontisch abhängig. Indem Gott der Welt nicht mehr als Schöpfer in unabhängigem Selbstsein gegenübersteht, sondern »in« ihr als seinem Körper lebt, gerät er in Abhängigkeit von ihrer endlichen Verfaßtheit. b) Gott und Welt lassen sind nur noch analytisch in der Weltdeutung, aber nicht mehr in re unterscheiden; c) die Entitäten der Wirklichkeit sind nicht mehr Geschöpfe, sondern Bestandteile Gottes.[92] Daraus ergibt sich: Schöpfung ist nicht ein Akt freier Gnade, sondern Gott-interner Notwendigkeit.

Diese Einwände treffen Farrers Entwurf nicht, weil er zum einen die *mind-body*-Analogie als *will*-body-Analogie auffasst und weil er zum anderen keine *Theorie* der Gott-Welt-Beziehung, sondern eine *Analogie* und hier wiederum nicht eine analogia attributionis, sondern eine analogia relationis entwickelt. Beide Relationen ähneln sich darin, daß ihr funktionaler Zusammenhang praktisch konstatierbar, nicht aber theoretisch erklärbar ist. Das Handeln Gottes wie die Aktivität des Mentalen vollzieht sich in der »Anomalität«, d.h. sie wirken auf die Welt bzw. auf den Bereich des Neurobiologischen und Physikalischen ein, ohne daß diese Einwirkung nach kausalen Gesetzen beschreibbar wäre.[93]

90. So auch in: Farrer, A. M. (1966) {→ A. 63}, 85: »... God acts as the soul of the world. It is better ... to say ›*acts* as the soul of the world‹ than to say ›*is* the soul of the world‹«.
91. Das schließt seine dankbare Erinnerung an Spinozas Überwindung einer oppressiv-personalistischen Gottesvorstellung nicht aus [Farrer, A. (1948): The Glass of Vision, London, 8].
92. Preul, R. (1987): Problemskizze zur Rede vom Handeln Gottes, in: Härle, W., Preul, R. (Hg) {→ L.}, 8f. Vgl. White, V. (1985) {→ L.}, 100.
93. Anders als Farrer gerät G. Jantzen mit ihrer ontischen Interpretation der Gott-Welt-Relation (die Welt *als* Körper Gottes) in direkte Nähe zum Pantheismus [Jantzen, G. (1984) {→ A. 89}]. Gott *verkörpert* sich ihrer Auffassung nach nicht in der Welt, die Welt *ist* sein Körper. Auf diese Weise erscheint das gesamte Weltgeschehen zum einen als *ein* Organismus (nicht als dynamische Struktur einer Vielzahl organischer und inorganischer Systeme unterschiedlicher Komplexität) und zum anderen als unmittelbare Wirkung göttlicher Aktivität (womit die Transzendenz der Schöpfer-Geschöpf-Relation unterbestimmt und das Böse auf Gottes Verursachung zurückgeführt werden muß). Jedes Ereignis in der Welt muß als »basic act« {→ S. 326} Gottes gelten (85-93). In letztlich nicht ausgeglichener Spannung zu dieser Bestimmung der Gott-Welt-Relation hält Jantzen andererseits an einer voluntaristischen Gottesauffassung und der Vorstellung der spontan-kausalen Intervention Gottes in den Weltprozeß fest: God can intervene in the affairs of the world if he wants to, and sometimes he does just that« (a.a.O., 16, 90). Auch ist seine Allmacht - als durch Liebe qualifizierte - the »power to give independence, autonomy« (a.a.O., 152) - bestimmt. Vorsichtiger und konsistenter argumentiert S. McFague, indem sie die *mind-body*-Analogie durchgehend als Analogie interpretiert [McFague, S. (1987) {→ A. 89}], 69ff; dies. (1993) {→ A. 89}].

Mit der voluntaristischen Interpretation der »mind-body-analogy« bleibt drittens auch jeder Anklang an eine deterministische Auslegung ausgeschlossen - Gott wirkt auf den verschiedenen Ebenen der Wirklichkeit (von der mikrophysischen über die biologische bis hin zur Ebene des bewußten Lebens und seiner kulturellen Objektivationen) in der jeweiligen Eigenaktivität der geschöpflichen Aktzentren. Der Kosmos, der als ganzer ›Körper‹ Gottes ist, darf nach Farrer einerseits weder als ein ontologisch *uniformer* Organismus (wie es sich nach dem sapiential-ordinativen Essentialismus nahelegt), noch als funktional prädeterminiertes Strukturganzes (wie es im »argument from design« {→ Teil III, A. 138} unterstellt ist) vorgestellt werden. - Wo das »soul of the world«-Modell in dieser panorganistischen Weise aufgefasst wird, endet nach Farrer seine Berechtigung. Andererseits wendet er sich gegen die Sicht des Kosmos als einer Zusammenfügung einzelner, für sich bestehender, heterogener Wirkelemente zu einem *pluriformen* Funktionsgebilde.

Gegenüber diesen beiden abgelehnten Deutemustern interpretiert er (mit Whitehead) das Ganze der natürlichen und geschichtlichen Wirklichkeit als Netzwerk einzelner, aufeinander ausgerichteter, hierarchisch stratifizierter Aktivitätszentren, wobei jedes von ihnen den je eigenen Fokus eines dynamischen Kraftfeldes von unterschiedlicher Reichweite bildet (82ff).[94] Auf jeder Ebene der geschöpflichen Wirklichkeit - von der atomischen über die molekulare, die zellulare, die vegetative und die animalische bis hin zur humanen und sozialen - interagieren die jeweiligen Einheiten auf diesen Ebenen nach ihrer arteigenen Regelhaftigkeit in relativer Unabhängigkeit von Gott - so, wie das Zusammenspiel der Funktionen auf diesen unterschiedlichen Ebenen im Organismus des menschlichen Körpers keiner jeweils individuellen Willensaktivität bedarf, sondern selbstregulativ abläuft. Je nach dem Grad der Bewußtheit der Aktinstanz ist die Dynamik dieser Felder als energetischer Impuls, als Triebregung oder als intentionale Selbstbestimmung ausgeprägt. In ihrer Überlappung und Interdependenz machen die dynamischen Aktivitätsfelder die Struktur des kosmischen Leibes Gottes aus (150ff), der nach Farrers dezidiertem Aktualismus nicht als Seins-, sondern als Aktivitätspyramide zu denken ist. Gottes Wirksamkeit stimmt die Aktivitätszentren soweit aufeinander ab, daß ihre Existenz und ihre Zielausrichtung gewährleistet bleibt und der Gesamtprozeß auf Einheit

So schlägt sie vor, »(that) we think of God metaphorically as the spirit that is the breath, the life, of the universe, a universe that comes from God and could be seen as the body of God« [McFague, S. (1993) {→ A. 89}, 144].

94. Verbreitet spricht er von »activity systems«. Siehe auch: Farrer, A. M. (1972) {→ A. 63}, 187f: »The universe we know isn't *a* system, still less *an* organism; it's a free-for-all of a million million million bits of systems, interacting as they can and largely with irrelevance to one another, according to a few elementary rules of the game controlling the nature of their mutual collisions and mutual exploitations ... All histories, time-sequences, continuities of trend, all entities, systems, what you will - all activities, in fact attach to the several and multitudinous constituens of which the universe is made up. ›The universe‹ is a name for their interaction and mutual conditioning - for the rule according to which all entities constitute a field of force conditioning the action of any given entity«. In: Farrer, A. M. (1966) {→ A. 63} setzt er sich in eher journalistischer Diktion mit der Frage der Aktivität Gottes in der Natur auseinander.

zustrebt.[95] Doch liegt es in seiner Intention, ihre arteigene[96] und eigenständige Handlungskompetenz zu erhalten und zu fördern (110).[97]

Gottes providentielles Handeln ereignet sich im Feld dieses interaktiven Netzwerks energetischer Systeme. Als ›offene Systeme‹ folgen sie ihrer Eigendynamik, aber auch den Impulsen anderer Systeme und der ›Radiation‹[98] des göttlichen Geistes. Dessen Kraft führt sie zu höheren Organisationsformen, leitet den Evolutionsprozeß, wie auch die Universal- und Individualgeschichte(n).

Die beiden rekonstruierten Argumentationsgänge 1. und 2. korrigieren sich gegenseitig. Die *mind-body*-Analogie verhindert eine extrinsische Deutung des Zusammenwirkens. Die Theorie der *double agency* wahrt die Relation des Gegenüber zwischen Gott und Welt und setzt damit der in der *mind-body*-Analogie implizierten pantheistischen Tendenz Widerstand entgegen. Wo die Gott-Welt-Relation konsequent nach Analogie der Beziehung zwischen Leib und Seele entworfen wird, kann alle Wirkung im Weltprozeß als Entwicklungsschritt in Gott selbst gedeutet werden, wie es am deutlichsten in Hegels Geschichtsphilosophie und in Hartshornes Prozeßtheologie[99] zum Ausdruck kam. Das Weltgeschehen ist dann die Selbstkonstitution Gottes. Dem hält Farrer entgegen, daß Gott - als »free Spirit« (142) – als *Gegenüber* des Weltprozesses agiert – im Modus des aktualen Zusammenwirkens mit dem Willen des Menschen in spezifisch-partikularen Einzelakten. Dabei wirkt er - als »creative Wisdom« (153) – im Organismus seines Leibes jedoch mit Geduld, statt mit Zwang. Das Sinnlose, Chaotische und Böse wird weder Gottes aktiver Hervorbringung, noch seiner passiven Zulassung, sondern seiner nicht-zwingen-wollenden Geduld zuzuschreiben. Gott kann also nicht Allwirksamkeit prädiziert werden - es gibt »accidents« {→ S. 317}, die »inseparable from the character of our universe«[100] sind und nicht auf eine göttliche Handlungsinitiative zurückgeführt werden können.

Mit der *mind-body*-Analogie und dem Konzept der *double-agency* stehen sich nicht zwei gleichartige Modelle gegenüber. Vielmehr muß man die *mind-body*-Analogie

95. Das meint die Rede von der »social providence« (153). Sie deutet hin auf die für ihre Existenz konstitutive (weil von Gott gewollte) Vernetzung der individuellen Akt-Entitäten zu Sozial›körpern‹.
96. Am Beispiel eines Erdbebens zeigt Farrer, wie Gott die Aktivität der physikalischen Erdbewegungen ›will‹, die zum Beben führen: »The will of God expressed in the event is his will for the physical elements in the earth's crust or under it: his will that they should go on being themselves and acting in accordance with their natures« [Farrer, A. M. (1966) {→ A. 63}, 87f]. »The volcanic eruption, taken in itself, shows the Creative Mind thinking physically, not humanly. For the divine thought identifies itself with nature at every level on which nature operates« (a.a.O., 90). Darin liegt ein Ansatz, den in der Vorsehungslehre verbreiteten Anthropozentrismus aufzubrechen. Siehe dazu den von Paul Lakeland skizzierten Ansatz einer betont nicht-anthropozentrischen Vorsehungsauffassung {→ S. 446f}.
97. Siehe auch: Farrer, A. M. (1961) {→ A. 63}.
98. Galilee, D., Hebblethwaite, B. (1982) {→ A. 63}, 9.
99. Siehe dazu: Hartshorne, C. (1941) {→ A. 60}, Kap. VII, 230-250; ders. (1984): Omnipotence and Other Theological Mistakes, Albany.
100. Farrer, A. M. (1961) {→ A. 63}, 70.

gleichzeitig als Matrix und als Ausdrucksgestalt des *double-agency*-Konzepts deuten, die dessen Interpretation im Sinne des extrinsischen, instrumentellen Handelns verhindert und den Blick auf die internalen Aspekte der Aktuosität lenkt.

So sucht Farrer den Mittelweg zwischen zwei Analogien zum Handeln Gottes, die er schon in »Finite and Infinite« gegenübergestellt hatte: dem Konzept »agency and interior effect«, nach welchem sich die Wirkung auf die Wirkursache selbst bezieht, d.h. in dieser eine Fortentwicklung anstößt, und dem Modell der »operation and external affection«, nach welcher die erzeugte Wirkung der Wirkursache äußerlich ist und eine externe Veränderung auslöst.[101]

c) Kritische Würdigung von Farrers Entwurf

Die Leistung, die Farrer mit seinem erfahrungstheologischen und analogischen Ansatz erbringt, ist beträchtlich: Zunächst vermag er die Aporien der traditionellen Concursuslehren, die sich aus ihrer Fixierung auf den *causal joint* ergeben haben, vollkommen aufzulösen. Im concursus mit dem Menschen wirkt Gott über die Vermittlung des menschlichen Willens, wobei er in einer praevenierenden Aktivität den Menschen anspricht und zur Einstimmung in seinen Willen ruft. Darin liegt eine gewisse sachliche Nähe zu dem von Calov vertretenen Ansatz {→ S. 153f}. Deutlicher noch als Calov es im Kontext des zeitgenössischen Denkens konnte, zieht Farrer daraus die Konsequenz im Blick auf den Konflikt zwischen Gottes Wirksamkeit und menschlicher Freiheit: Selbst in soteriologischer Hinsicht gesteht er die Freiheit des Willens zu (66). Gott wirkt durch den *freien* Willen des Menschen, indem dieser in die Konformität mit der Intention bzw. dem Willen Gottes gerufen wird. Auf diese Weise »makes God the world make itself«.

Die zweite bedeutsame Konsequenz, die sich aus Farrers Ansatz ziehen läßt, ist die Überwindung der Separation zwischen einem allgemeinen Welthandeln Gottes und dem speziellen Gnadenwirken (66f). Jedes ›Handeln‹ Gottes bedeutet einen Ausfluß seiner Gnade, während diese umgekehrt weder als substantielle Infusion noch als bloß geistige Influenz, sondern als wirkmächtige Aktion zu verstehen ist. Dieser Gedanke vermag das zentrale Anliegen der reformatorischen Theologie - die *aktuale* und daher je neue Konstitution der Gott-Welt-Relation - zum Ausdruck zu bringen, ohne dabei aber die Implikationen des anthropomorphen Handlungsbegriffs in diese Relation einzutragen.

Der Begriff des Handelns ist damit allerdings weit ausgedehnt - so weit, daß Farrer ihn sogar auf die Wirkung physischer Energien beziehen kann. Statt von einem »Akt« wäre dann jedoch sachgerechter von »Aktivität« zu reden, wobei das Moment des Intentionalen zurückträte. Damit aber verliert der Begriff des »acting« seine Spezifität als Ausdruck einer personhaft-intentionalen Äußerung und wird gleichbedeutend mit »Wirkung« oder »Dynamik«. In der nicht selten durchscheinenden Übertragung dieser weiten Bedeutung auf die Rede vom Handeln Gottes transzendiert Farrer das aktuale Modell und nähert sich der causa-Kategorialität an.

101. Farrer, A. M. (1943, 1959², ND 1979) {→ A. 63}, 21-25, vgl. 272ff.

Die eigentliche Problematik des Konzepts der *double agency* liegt jedoch in der Ungeklärtheit seines Gebrauchs von Analogien:

- zum einen in der Präsentation unterschiedlicher Vergleiche, die
  a) in sich selbst prekär sind, wie die Wirkung des Geistes auf Organe des Körpers[102],
  b) die anvisierte Sache nur unzureichend treffen, wie das mediate Handeln, das sich nicht konsistent als mutuales Zusammenwirken zweier freier Handlungssubjekte in *einem* Akt bestimmen läßt und das sich auch nicht auf *jeden* Akt anwenden läßt, sondern nur auf ein bewußtes (wenn auch ggf. widerwilliges) Tun dessen, was ein anderes Subjekt verfügt hat; Farrers Konzept der *double agency* beanspruchte jedoch eine größere Reichweite: Es zielte darauf ab, die Mitwirkung Gottes in *allen* Akten von Menschen anzunehmen, auch wenn sie diese nicht bewußt erfassen oder sich ihr gegenüber sogar verschließen (wie Cyrus, der nach Jes 44,28; 45,3f gegen seinen Willen und ohne sein Wissen Gott diente). Damit aber gerät Farrer in die Nähe einer manipulativen Bestimmung der göttlichen Mitwirkung, die seinem eigenen Freiheitspostulat widerspricht;
  c) in teilweiser Spannung zueinander stehen wie das *double agency* Konzept mit seiner mediaten concursus-Vorstellung und die *mind-body*-Analogie mit ihrer immediaten Bestimmung des Zusammenwirkens;
- zum anderen in der schillernden Beziehung der Analogien auf die durch sie auszudrückende, letztlich alle Analogiebildungen sprengende Sache.[103] Farrer gebraucht sie als Veranschaulichung für die prinzipielle Unbeantwortbarkeit der Frage nach dem *Wie* des concursus, aber auch für die Demonstration der Unnötigkeit einer Antwort. Die Aussage: »God's way of acting is the infinitely higher analogue of our way« (62) rückt die Gott zugeschriebene Aktivität in eine ineffable Transzendenz, die durch den Gebrauch von menschenweltlichen Analogien nicht mehr eingeholt werden kann.[104] Andererseits erhebt Farrer den Anspruch, Analogien anzubieten, die der Wirksamkeit Gottes in relativer Angemessenheit entsprechen.

Die in diesem Kritikpunkt angedeutete Diskussion um den sprachlogischen Status der Rede von Gottes Handeln kann hier nicht weiter verfolgt werden.[105] In seinem Buch »Models for Divine Activity«

102. Sowohl ein monistisches als auch ein dualistisches Konzept der Leib-Seele-Beziehung bereitet Schwierigkeiten. So versucht etwa Schubert Ogden mit seiner Auffassung Gottes als »Selbst der Welt« eine in der Tendenz dualistische Auslegung: Der Akt der Selbstbestimmung gehe dem körperlichen Vollzug voraus und sei darin distinkt von ihm. Es finde eine Interaktion zwischen Seele und Körper als zwei für-sich-seienden Entitäten statt. Die damit unterstellte anthropologische Leib-Seele-Relation wurde als krypto-cartesianisch kritisiert [Belege: Tracy, T. F. (1984) {→ L.}, 156, Anm. 18]. Wird demgegenüber die *Einheit* des leib-seelischen Aktes betont, führt dies in der Anwendung auf Gottes Handeln zum Pantheimus. Die oben angedeutete Beziehungsbestimmung Whiteheads im Sinne einer prozessualen Identität distinkter Größen bildet die überzeugendste Lösung, doch erscheint auch sie - kritisch betrachtet - als Quadratur des Kreises.
103. Vgl. Davie, I. (1995) {→ A. 63}.
104. Zu Recht fragt Wiles: »Is complete agnosticism about how God acts compatible with belief that he does?« [Wiles, M. (1981) {→ A. 63}, 247].
105. Dazu wären die Kapitel »Theology and Analogy« und »Metaphysics und Analogy« in: Farrer, A. M. (1972) {→ A. 63}, 64-90 heranzuziehen.

leistete Ian Ramsey einen wichtigen Beitrag dazu. Er arbeitete nicht nur drei Modelle des göttlichen Handelns heraus - Geist, Oikonomia (Haushalterschaft) und Präsenz -, sondern stellte auch grundlegende Überlegungen zur Anwendung von Modellen in der Rede über Gottes Wirken an. Dabei erhob er die (Farrers Ansatz nur scheinbar diametral entgegenstehende) Forderung, von Gottes Handeln gänzlich unanalogisch-literalistisch zu sprechen: »talk about God's activity must be literal and univocal, straightforwardly reliable«[106]. Die Rede vom Handeln Gottes müsse beanspruchen, einer realen göttlichen Aktivität objektiv zu referieren, wenn sie das auch nur in einer Vielfalt von Modellen tun könne. Diese dürften nicht nur bildhaft-veranschaulichender Art (»picturing models«) sein. Vielmehr gelte es, »disclosure-models« zu rekonstruieren, in denen sich Gottes Präsenz *erschließt*.[107]

Mit seinem betonten Ansatz bei den erfahrbaren bzw. erfahrenen ›Früchten‹ des Zusammenwirkens glaubt Farrer, die Aporie der Zweitursachentheorie vermeiden zu können, die in ihrer kausalistischen Ausdeutung unvermeidlich ist. Und er beansprucht, eine Auslegung anzubieten, die das Je-Ganz-Postulat intelligibel macht. Doch ist dieser Plausibilitätsgewinn lediglich durch die Ausblendung des aporetischen Moments erwirkt, ohne an dessen Stelle ein funktionales Äquivalent zu setzen.[108] Die Theorie der *double agency* beansprucht nicht und kann nicht beanspruchen, eine kognitive theologische Theorie zu sein. Sie bietet lediglich eine *Anschauung* für den in biblischer Überlieferung und glaubender Wirklichkeitsdeutung ausgesagten concursus Gottes mit den geschöpflichen Aktinstanzen, nicht aber eine »*erklärungskräftige* Anschauung« (D. Ritschl) der ausgesagten Sache selbst. In diesem Ausgang von der Voraussetzung des freien Zusammenwirkens ist sie zirkulär und fideistisch selbstreferentiell. Das *Daß* scheint so sicher, daß das *Wie* für unintelligibel erklärt werden kann. Doch hat die Erfahrungsgewißheit des Handelns Gottes in einem bestimmten Ereignis, Prozeß und Zustand eine qualitativ andere Evidenz als die Erfahrungsgewißheit des Zusammenspiels von Willen und Körperfunktion. Während der funktionale Konnex in der Leib-Geist-Relation trotz seiner wissenschaftlichen Ungeklärtheit empirisch unstrittig ist, steht in der Gott-Welt-Beziehung mit dem *Wie* immer auch das *Daß* infrage. Indem Farrer den Modus des concursus für prinzipiell unerklärbar hält, setzt er die Gott-Welt-Beziehung als ganze der Bestreitung aus.

106. Ramsey, I. (1973) {→ L.}, 58. Auf S. 61 schreibt Ramsey: »activity is that of which we can speak - even in relation to God - literally: it is for all our discourse a logical primitive«. Andere Autoren [wie: Alston, W. (1990): How to Think About Divine Action, in: Hebblethwaite, B. L., Henderson E. H. (Hg) {→ L.}, 68f] versuchen, zwischen »univocity« und »literality« zu unterscheiden. Während »univok« als relationaler Terminus die Bedeutungsgleichheit zweier, in unterschiedlichen Kontexten gebrauchter Begriffe konstatiert, zeigt die Qualifikation »literal« im Gegenüber zu »figurativ« oder »metaphorisch« einen wortwörtlichen, nicht-übertragenen Sprachgebrauch an und ist damit nicht notwendigerweise relational. Alstons Interesse an dieser Unterscheidung besteht darin, die Rede von »Handeln Gottes« als eine nicht univoke, wohl aber literale Sprechweise zu deuten. Doch stellt sich damit die Frage, welches ihr Literalsinn im Vergleich mit der Rede vom Handeln des Menschen ist und wie er sich feststellen läßt.

107. Zum Verständnis von »Modellen« im theologischen Diskurs siehe auch: Ramsey, I. (1964): Models and Mystery, New York; Barbour, I. G. (1973) {→ Teil I, A. 41}; ders. (1990) {→ Teil I, A. 41}, 41ff, und seine Beschreibung des »critical realism«, 99.

108. Siehe dazu sein eigenes Eingeständnis: »Not knowing the modality of the divine action we cannot pose the problem of their mutual relation« (66).

Für Farrer entsteht das unauflösbare »Paradox« (104) der *double agency* an der Freiheitsfrage, sofern dieses Konzept unterstellt, in der aktualen Gott-Welt-Relation ereigne sich das Zusammenwirken zweier Aktinstanzen in *einer* Aktion, wobei die freie Selbstbestimmung beider vollumfänglich erhalten bleibe. Weder die Gott-Welt-Relation nach Analogie der (immediaten) Beziehung zwischen Geist und Körper, noch das Modell des mediaten Handelns vermag das Problem jedoch zufriedenstellend zu lösen. Die Bestimmung der Gott-Welt-Relation nach Analogie der Beziehung zwischen Geist und Körper neigt sachlogisch zum Determinismus, und so hat sie in der Theologie- und Philosophiegeschichte immer wieder zur Einforderung menschlicher Willensfreiheit geführt. Wird Gott als *mind* und die Welt - einschließlich der Menschen - als *body* verstanden, dann läßt sich dem Menschen keine eigene Intentionalität prädizieren. Würde dem Menschen dagegen Intentionalität zuerkannt, wäre damit die Analogie gesprengt. Ein ähnliches Problem stellt sich im Blick auf das mediate Handeln. Denn – wie gesehen {→ S. 333}) – handelt das ›Medium‹ - der Bauarbeiter - hier nicht in freier Selbstbestimmung, sondern bestimmt durch den Auftraggeber.

Doch entsteht die Problematik der *double-agency*-Theorie nicht erst an der Freiheitsfrage. Diese stellt sich nur, wo der concursus so bestimmt wird, daß es zu einer Konkurrenz zwischen den Freiheitssphären der beiden Handlungssubjekte kommt. Dies ist in der Gott-Mensch-Relation jedoch gerade nicht der Fall. Denn Gottes Freiheit *konstituiert* die Freiheit des Menschen.

Die Problematik der *double-agency*-Theorie liegt vielmehr schon in der Denkmöglichkeit einer doppelten Täterschaft in *einem* Akt selbst. Farrer hatte zum einen die Unintelligibilität dieses Konzepts gesehen und eingestanden, andererseits aber auch immer wieder um Plausibilisierungen gerungen. So etwa, wenn er zunächst im Konjunktiv formuliert: »Two agents for the same act would be indeed impossible, *were they both agents in the same sense and on the same level*«[109] und wenn er dann die indizierte Voraussetzung aufzuheben versucht. Damit wird die Konsequenz unausweichlich, daß beide Akteure nicht nur unterschiedlichen Intentionen folgen (was Farrer zugesteht)[110], sondern daß sie beide auch eine je eigene Handlung (bzw. den je eigenen Teil einer Handlung) vollziehen, so daß nicht mehr von einer *double agency*

109. Farrer, A. M. (1967, ND 1988) {→ A. 63}, 104 (Hervorheb. R.B.).

110. Nach Farrer verwirklicht sich Gottes Intention in der menschlichen Handlung, deren Subjekt seinen eigenen Intentionen folgt. Im Versuch, diese Behauptung Farrers auszudeuten, entwickelt V. White den Gedanken unterschiedlicher Intentionsreichweiten: Die Intention Gottes unterscheidet sich von der der Menschen durch den Grad ihrer Universalität: Gott arrangiert die Entitäten der Realität so, daß »whatever happens is encompassed without uncertainty, within a higher meaning of God's intention« [White, V. (1985) {→ L.}, 120]. Als Beispiel führt er Gottes Handeln durch das Verhalten des Judas an: »Judas' act will be a sub-act in God's overall purpose« (a.a.O., 116). Dieser Versuch eröffnet die Möglichkeit, das einzelne Widerfahrnis von Üblem oder Bösem in der Hierarchie des »Intentions- und Handlungsbaums« {→ S. 326f} auf höhere Ebenen zu heben, d.h. in den Zusammenhang einer ›höheren‹ Intention oder Handlung zu stellen, in dem dann die Qualität des partikularen Übels oder des Bösen in ein größeres Gutes aufgehoben wird. Darin zeigt sich erneut, wie die Bedeutung eines Ereignisses von seinem Erfahrungs- und Deutungskontext abhängt. Eine knappe Zusammenfassung der These Whites findet sich auf S. 161-164 seines Buches. Die Problematik dieser Antwort auf die Theodizeefrage liegt offensichtlich darin,

in *einem* Akt gesprochen werden kann. Salomo erläßt ein Edikt, die Bauarbeiter vollziehen einzelne Akte, um es auszuführen. Wenn der Tempelbau als *eine* Aktion Salomo und den Arbeitern zugeschrieben wird, dann handelt es sich dabei um eine abstrahierende Äquivokation, die von den konkreten, sehr unterschiedlichen Handlungsvollzügen absieht.

Auch Farrer gerät damit in das schon klassisch zu nennende Dilemma: Von einer Kooperation in *einer* Aktion läßt univok nur sprechen, wenn die beiden Aktinstanzen synergistisch auf *einer* Ebene zusammenwirken und sich ihre Wirkkräfte dabei überlagern (wie die beiden Männer, die gemeinsam ein Glockenseil ziehen – s.o.). Eine solche Relation der Komplementarität kann nicht auf den concursus Gottes mit seiner Schöpfung angewendet werden, weil Gott damit zu einer geschöpflichen Ursache herabgewürdigt wäre. Wird demgegenüber – wie von Farrer gefordert – die qualitative Unterschiedenheit der Aktinstanzen betont, dann läßt sich nicht mehr univok davon sprechen, daß Gott und das Geschöpf im je konkreten Akt als zwei Ursachen zusammenwirken.

Zum einen sucht Farrer diese Konsequenz zu vermeiden, indem er das Modell des mediaten Handelns im Sinne der *mind-body*-Analogie interpretiert, d.h. Gottes Aktuosität als *immediate* und *internale* auslegt, die *im* Akt des Menschen wirkt. Zum anderen muß er eingestehen, daß es sich bei der »double action« (aus subjektiver Perspektive betrachtet - wie er einschränkend hinzufügt) tatsächlich um *zwei* Handlungen handelt, die lediglich im Resultat (»effect«) in *einem* Geschehen zusammenwirken (159). Damit aber ist die Theorie der *double action* in ihrer Kernaussage - dem Postulat des inneren Zusammenwirkens zwischen Gott und geschöpflicher Ursache *in einem Akt (basic act)* - überwunden. Das kommt gerade dort zum Ausdruck, wo er sie auf einen *transzendentalen* Aktualismus hin auszudeuten beginnt: »two agencies of different level taking effect in the same finite action, the finite agency which lives in it, the infinite agency *which founds it*«[111].

Farrer schwankt also zwischen einer *mediaten* Bestimmung des Handelns Gottes (nach dem Modell der *double agency*), einer *immediaten* (nach Analogie der *mind-body*-Relation) und einer *transzendentalen*. Der Versuch, diese Ansätze zu vermitteln oder sie doch wenigstens sich wechselseitig interpretieren zu lassen, kann letztlich nicht als gelungen betrachtet werden. Und doch ist hier eine enorme Vertiefung des Problembewußtseins gegenüber den concursus-Vorstellungen der vorausgegangenen Divine-Action-Debatte (besonders der Biblical Theology) erreicht.

daß die Bosheit des Bösen hier per ›Aufhebung‹ relativiert und damit die existentielle Krise, die sie auslöst, rational wegdefiniert wird. Das ist der Preis, den White für seine Behauptung zahlt, *jedes* Ereignis sei als Akt Gottes zu verstehen.

111. Farrer, A. M. (1967, ND 1988) {→ A. 63}, 159 (Hervorheb. R.B.).

d) Weiterentwicklungen des double-agency-*Konzepts*

Zur Präzisierung und Plausibilisierung des Konzepts der *double agency* sind eine Fülle von Überlegungen in die Diskussion eingebracht worden. Vor allem Brian Hebblethwaite hat sich um seine Verteidigung und Weiterentwicklung bemüht {→ A. 63}.[112] Beachtung verdienen jedoch vor allem *Vincent Brümmers* Überlegungen. In Aufnahme von Gedanken, die in der Handlungstheorie entwickelt und von der Prozeßtheologie aufgenommen wurden, schlägt er eine weniger strenge Definition der *double-action* vor, die das Zusammenwirken nicht im Handlungsvollzug oder -effekt, sondern im handlungsermöglichenden Bedingungsgefüge lokalisiert. Es kann und muß demnach nicht gefordert werden, daß dabei zwei Aktinstanzen so zusammenwirken, daß ihrer beider Aktivität als *eine* konjunkte notwendige und hinreichende Bedingung der einen Handlung anzusehen ist. Vielmehr handelt Gott nach Brümmer durch die Handlungen von Menschen »indem er a) ihre faktischen Umstände so arrangiert, daß sie befähigt werden zu tun, was er will ... und indem er sie b) durch seinen Geist inspiriert, damit sie motiviert sind, seinen Willen zu tun«.[113] In bildhafter Paraphrase lassen sich diese beiden Ebenen in der hermeneutischen Polarität von Text und Kontext beschreiben: Gott wirkt Kontexte und nimmt Einfluß auf die darin sich bildenden Texte, ohne diese selbst zu verfassen. Die menschliche Handlungsfreiheit bleibt dabei vollumfänglich erhalten - als notwendige, wenn auch nicht suffiziente Bedingung eines Ereignisses, Prozesses oder Zustandes. Der Mensch kann das Tun des göttlichen Willens verweigern und damit die ›double action‹ verhindern, die seine Tat zur Tat Gottes machen würde.

Der von J. R. Lucas angeregte und auch von Tracy aufgenommene Vorschlag Brümmers löst die zentrale Komplikation in Farrers Konzept, indem er die *double-action*-Theorie im Kern außer Kraft setzt. Die konkrete Handlung kann nicht Gott, sondern nur dem Menschen zugeschrieben werden. Gott schafft bzw. beeinflußt notwendige Möglichkeitsbedingungen und Dispositionen für den Akt, dessen Ausführung aber allein vom Menschen vollzogen wird. Die gleichen Möglichkeitsbedingungen könnten auch zur Unterlassung der Handlung oder zur Entscheidung für eine alternative Handlung führen. Brümmer nimmt also das Zusammenwirken zwischen Gott und Mensch von der Koeffizienz zweier qualitativ verschiedener Handlungssubjekte einerseits auf die transzendentale Relation und andererseits auf ein (geistiges) *Mit*wirken im jeweiligen Akt zurück. Wenn er dieses jedoch nach dem Modell des mediaten Handelns artikuliert und sich dabei auch auf das Beispiel von Salomos Tempelbau bezieht[114], so ist das durch sein Konzept nicht wirklich abgedeckt. Denn Gott handelt nach Brümmer nicht durch den Menschen, sondern der Mensch handelt in Anspruch-

112. Siehe auch die Arbeiten von: Alston, W. (1985): God's Action in the World, in: McMullin, [illegible] (Hg): Evolution and Creation, Notre Dame, IN, 197-220; ders. (1988): Divine and Human Action, in: Morris T. V. (Hg) {→ L.}, 257-280; ders. (1990): How to Think About Divine Action, in: Hebblethwaite, B. L., Henderson E. H. (Hg) {→ L.}, 51-70; Tracy, T. F. (1994): Divine Action, Created Causes, and Human Freedom, in: ders. (Hg) {→ L.}, 77-102, bes. 92ff.
113. Brümmer, V. (1985) {→ Teil I, A. 54}, 64f.
114. A.a.O., 65ff.

nahme der von Gott zur Verfügung gestellten notwendigen Bedingungen. Wohl steht Gottes Handeln nicht in einer bloß kontributiven[115], sondern in einer konstitutiven Beziehung zu dem individuellen Akt des Menschen, doch vollzieht Gott als Subjekt des concursus den Akt nicht selbst. Vielmehr ermöglicht er ein ›Feld‹ möglicher Handlungen - ein Gedanke, der ganz in die Nähe der Konkursuslehre des Suárez führt {→ S. 80}.[116]

Farrer und Brümmer weisen ein extrinsisches Verständnis des Handelns Gottes zurück, das sich in die Formeln fassen läßt:

- »Gott handelt äußerlich *an* den geschöpflichen Aktivitätszentren«; oder:
- »Gott handelt als ›God of the gaps‹ *zwischen* den geschöpflichen Aktivitätszentren«.

Doch unterscheiden sie nicht hinreichend zwischen den durch die folgenden Aussagen anvisierten Optionen, die sie dem extrinsischen Verständnis entgegensetzen:

- »Gott handelt *zusammen mit* den geschöpflichen Aktivitätszentren« (concursus, wie auch die Grundvorstellung des *double-agency*-Konzepts);
- »Gott handelt *durch die* geschöpflichen Aktivitätszentren« (mediates Handeln);
- »Gott handelt *in den* geschöpflichen Aktivitätszentren« (durch Einflußnahme auf ihre Handlungsdispositionen wie Verstand und Willen).
- »Gott handelt nicht primär als Ursache, sondern wirkt als Grund: als *Ermöglichungsgrund* des geschöpflichen Seins und Wirkens« (die transzendentale Relation).

Farrer geht vom Moment des Zusammenwirkens aus und zieht die anderen der genannten Aussagen als Interpretamente heran. Auf diese Weise kann er stärker die Dimensionen des Internalen und des Transzendentalen betonen, vermag aber die unterschiedlichen Ebenen nicht zu einem konsistenten Gesamtkonzept zusammenzufügen. Die *double-action*-Theorie muß eine ungeklärte und unklärbare Behauptung bleiben. Das Paradox ist nicht auflösbar.[117]

Nicht in erster Linie der Anthropomorphismus (wie er in Preuls Kritik im Vordergrund steht), sondern die einseitig externale Ausdeutung des Handlungsverständnisses macht nach Farrer seine Anwendung auf Gottes Wirksamkeit unmöglich. Mit seiner Betonung der internalen (intentionalen) Aspekte leistet er einen wichtigen Beitrag, einen zu stark extrinsisch und effektiv gefaßten Handlungsbegriff (wie Preul ihn

115. Das ist gegen Gwynnes Darstellung geltend zu machen: Gwynne, P. (1996) {→ L.}, 79f. Gwynne bezeichnet den Ansatz Brümmers und Tracys als »contribution theory« [a.a.O., 78, Anm. 84].

116. Zur Diskussion des Brümmer'schen Konzepts siehe: Hansson, M. J. (1991) {→ L.}, 70-72. - Siehe auch Hanssons eigenen Ansatz zu dieser Frage: a.a.O., 100-107.

117. Nach seiner Prüfung der Analogien, die von verschiedenen Autoren zur Plausibilisierung der *double-action*-Theorie vorgetragen wurden, kommt O. C. Thomas zu dem Ergebnis, daß nur die beiden ›theologieinternen‹ Analogate der Verkündigung und des Gnadenwirkens diese Funktion zu erfüllen vermögen [Thomas, O. C. (1990): Recent Thought on Divine Agency, in: Hebblethwaite, B. L., Henderson E. H. (Hg) {→ L.}, 48]. Doch gehören sie zum explanandum und können nur im Zirkelschluß als explanans ausgegeben werden. Das Gleiche gilt für Gorringes These, die einzige Analogie für die gott-menschliche cooperatio sei das Zusammenwirken der beiden Naturen in Christus [Gorringe, T. J. (1991) {→ L.}, 86].

unterstellt) zu überwinden und die in der Tradition sapiential-ordinativer Vorsehungslehren entwickelten Modelle, die Gott als Weltseele deuten, in das aktuale Modell zu reintegrieren. Doch hält er programmatisch daran fest, ein Zusammenwirken zwischen göttlichem und geschöpflichem Handlungssubjekt *im einzelnen Akt* (basic act) anzunehmen. So sehr er den neuralgischen Punkt der Interaktion zwischen Gott und Geschöpf ins prinzipiell Unerkennbare verlegt, so sehr beharrt er doch darauf, daß sich eine solche Interaktion in jeder individuellen Aktuosität der geschöpflichen Wirklichkeit vollzieht. Auf diese Weise bleibt er der Kausalitäts- und der Partikularitätsproblematik verhaftet, auch wenn er sie konsequent als »agent causality« deuten will. Sein Versuch, das Problem zu lösen, tendiert letztendlich dazu, das Gott-menschliche-Zusammenwirken im Sinne einer transzendentalen Relation zu bestimmen und setzt damit die Konzeption der *double-agency* außer Kraft.

Das zeigte sich bei Brümmer. Sein Ansatz bei der *Motivation* des Menschen und bei den notwendigen und dem Menschen unverfügbaren *Bedingungen* des Handelns stellt einen weiterführenden, die *double-action*-Theorie aber sprengenden Gedanken dar.[118] Gott wirkt ihmzufolge nicht im einzelnen Akt - er wirkt als »enabler« und »inspirer« auf den handelnden Menschen und den Kontext seines Handelns, d.h. im ›setting‹ des Handlungsfeldes, dessen Bedingungen dem Akteur vorgegeben sind bzw. ihm widerfahren. Unklar bleibt allerdings, wie Gott Einfluß auf das Arrangement der situativen Umstände und Möglichkeiten nimmt. Dennoch wird eine Explikation des Weltwirkens Gottes, die im Kontext des aktualen Modells verbleiben will, in Brümmers Entwurf den bislang überzeugendsten Ansatz finden, nicht zuletzt weil er Akte und Ereignisse nicht auf einzelne Wirkursachen, sondern auf vielschichtige Bedingungsgeflechte zurückführt.

5. Handeln Gottes als »universal action« - Maurice Wiles

Einen vieldiskutierten Gegenentwurf zu Farrers Konzept der *double-agency* hat - zunächst noch ohne Bezug auf Farrer[119] - *Maurice Wiles* (emeritierter Regius Professor of Divinity an der Universität Oxford) vorgelegt. Ganz ähnlich wie Schleierma-

118. E. Schroten folgt ihm darin. Er interpretiert das concursus-Motiv »in terms of ›double agency‹ und bestimmt diese als mediate Aktion Gottes: »God's agency in the world is mediate; he acts by means of the secondary causes, and thus through human actions, not by manipulation but by inspiration and motivation« [Schroten, E. (1987): Providence and Contingency, in: NedThT 41, 48-59, Zitat: 56]. - Das Postulat göttlicher Einflußnahme auf die Motivation des Menschen klingt an die prozeßtheologische Beschreibung des Handelns Gottes durch »persuasion« an. Doch verbinden Vertreter der Prozeßtheologie das Plädoyer für eine solche Bestimmung des göttlichen Wirkens gerade mit einer Kritik an der Theorie der *double agency*, weil sie zu einer Identifikation göttlicher und menschlicher Aktuosität führe. So schreibt L. Ford: »This identification is not possible in process theism, which sees self-decision and divine persuasion, along with the multiplicity of past causal conditions, as distinct but indispensable and complementary aspects of every act of freedom« [Ford, L. (1978): The Lure of God: A Biblical Background for Process Theism, Philadelphia, 19].

119. Als dieser Bezug dann von D. Galilee und B. Hebblethwaite eingefordert wurde [Galilee, D. (1975):

cher bestreitet Wiles die Annahme einer Partikularität des Handelns Gottes. Doch während Schleiermacher am Allwirken Gottes im je einzelnen Akt des geschöpflichen Handlungssubjekts festgehalten hatte, faßt Wiles Gottes Aktivität als eine lediglich generelle auf: sie besteht im Gesamtakt der intentionalen und damit zielgerichteten creatio continua sowie in der Konstitution der »regular patterns according to which the physical world operates«[120]. Und während Schleiermacher diesen Gesamtakt als einen in sich differenzierten verstanden hatte, betont Wiles seine Uniformität.

Besonders in seinen 1986 gehaltenen und im gleichen Jahr veröffentlichten *Bampton Lectures*[121] - Wiles bezeichnete sie als »lecture-sermon«[122] - entfaltete er die These: »that the primary usage for the idea of divine action should be in relation to the world as a whole rather than to particular occurences within it« (28).[123] Das als »uniform and universal action« verstandene Handeln Gottes spezifiziert sich in der Wahrnehmung und im antwortenden Handeln der Menschen. Die Bedingung der Möglichkeit, von einzelnen Akten Gottes zu reden, liegt also ganz auf seiten des Menschen, der seine Biographie und die Geschichte im ganzen im Lichte des Handelns Gottes deutet.

Der Einwand, den Wiles gegenüber dem Konzept eines partikularen Handelns Gottes vorbringt, besteht zum einen in der Behauptung seiner Inkompatibilität mit dem neuzeitlichen Weltbild und zum anderen in den mit diesem Konzept verbundenen moralischen Schwierigkeiten, die auch schon Schleiermacher erkannt hatte: Wie kann Gott in einem Traum Joseph vor den mörderischen Absichten des Herodes warnen und so Jesu Leben retten - das Leben der anderen Kinder von Bethlehem dafür

Letter, in: Theology 78, 554f; Hebblethwaite, B. L. (1978) {→ A. 63}, 223], erwiderte Wiles in: Wiles, M. (1981) {→ A. 63}. Die Diskussion setzte sich fort in: Galilee, D., Hebblethwaite, B. (1982) {→ A. 63}; Wiles, M. (1982) {→ A. 63}.

120. Wiles, M. (1989) {→ A. 121}, 193.

121. Wiles, M. (1986) {→ L.}. Ich beziehe mich im folgenden in erster Linie auf dieses Werk und nehme Belegangaben, die auf Stellen daraus hinweisen, ohne weitere Angaben eingeklammert in den Text mit auf.
Siehe auch: Wiles, M. (1969) {→ L.}, 9-14; ders. (1971): Religious Authority and Divine Action, in: RelSt 7, 1-12, abgedruckt in: Thomas, O. C. (Hg) (1983) {→ L.}, 181-194; Mitchell, B., Wiles, M. (1980): Does Christianity need a Revelation? A Discussion, in: Theology 83, 103-114, bes. 109-114; Wiles, M. (1982): Faith and the Mystery of God, London, bes. Kap. 2; ders. (1989): In What Context Does it Make Sense to Say, »God Acts in History«? in: Devenish, P., Goodwin, G. (Hg): Witness and Existence (FS. S. Ogden), Chicago, 190-199; abgedruckt, in: Wiles, M. (1994): A Shared Search. Doing Theology in Conversation With One's Friends, London; ders. (1994a): Providence, in: EpRe 21, 76-83. ders. (1994b): Divine Action: Some Moral Considerations, in: Tracy, T. F. (Hg) {→ L.}, 13-29; ders. (1997): Revelation and Divine Action, in: Avis, P. (Hg): Divine Revelation, Grand Rapids, 100-111.
Zur Diskussion um den Entwurf Wiles': White, V. (1985) {→ L.}, 64-71; Rothuizen, G. T. (1987): Apologetics in Oxford: The Theology of Maurice F. Wiles, Kampen; Hansson, M. J. (1991) {→ L.}, 59-63.
Zu Person und Werk von M. Wiles: Pailin, D. A. (1994): Maurice Wiles. Profile of a Liberal Theologian, in: EpRe 21, 33-42.

122. Wiles, M. (1986) {→ L.}, vii.

123. Vgl. die Summarien in: Wiles, M. (1986) {→ L.}, 93, 96, 107f.

aber preisgeben?[124] Dabei unterstellt Wiles, daß die Annahme der Partikularität des Wirkens Gottes mit der Unterstellung seiner Allmacht verbunden ist, d.h. mit der Überzeugung, daß er potentiell jedes partikulare Ereignis wirken könne. Erst durch diese Unterstellung bricht das bezeichnete Problem auf. Da er jedoch diese Verbindung nicht aufdeckt und reflektiert, muß er das Konzept des partikularen Handelns insgesamt zurückweisen. Seine These soll im folgenden in zwei Schritten rekonstruiert werden.

a) Schöpfung als Gesamtakt Gottes

In der Spannung zwischen biblischer und philosophischer Gotteslehre, zwischen dem Konzept eines personanalog handelnden Subjekts und der Vorstellung eines ungeschichtlichen, statischen Seinsgrundes hält Wiles dezidiert an einer *aktualistischen* Explikation des Gott-Welt-Verhältnisses fest[125], denn allein eine solche Auffassung ermögliche es, die Welt als intentional kreierten Gesamtzusammenhang zu erfassen, ohne sie zu einem einheitlichen Prozeß erklären zu müssen, d.h. sie erlaubt, die Schöpfung als sinnhafte Identität in Differenz zu beschreiben. Vor allem das Moment der Intentionalität, das der Kategorie des Handelns zugrundeliegt und sie konstituiert, leistet nach Wiles diese Integration der multiplen Einzelereignisse zu *einem* komplexen Akt, ohne dabei eine kausale Verbindung der Elemente (wie im Prozeß) unterstellen zu müssen (28).

Damit ist angezeigt, daß für Wiles eine Handlung nicht schon im basic act besteht, sondern in dem durch eine Fülle solcher individueller Vollzüge gebildeten sinnhaften Geschehenszusammenhang. Er denkt vom Ganzen her, nicht vom Einzelnen.[126] Und so bezieht er - wie Schleiermacher - die Aktuosität Gottes nicht primär auf das einzelne Ereignis *in der* Schöpfung, sondern in erster Linie auf den Gesamtakt *der* creatio continua in Vergangenheit, Gegenwart und Zukunft (96).[127] Jede Partikularität im Sinne sporadischer Interventionen würde ein Moment der Willkür in Gottes Wirken

124. Wiles, M. (1994a) {→ A. 121}, 79f, weitere Beispiele dieser Problematik führt er auf S. 15ff an.

125. Damit widerlegt Wiles den Vorwurf von Galilee und Hebblethwaite, er verabschiede die Kategorie des Handelns zur Deutung der göttlichen Wirksamkeit, weil sich der Modus des Handelns nicht plausibilisieren lasse [Galilee, D., Hebblethwaite, B. (1982) {→ A. 63}; 8, 10]. Schon in der direkten Replik auf diese Kritik hatte er seine Position eines universalisierten Aktualismus deutlich herausgearbeitet: Wiles, M. (1982) {→ A. 63}, 10-13.

126. Siehe Wiles' Definition von Handlung: »To call something an ›act‹ ... is to give a unity to what would otherwise appear only as random occurences, and to do so by bringing them together as contributory to some overall intention« (28).

127. Auch in der (vor allem nachkonziliaren) katholischen Theologie fand dieser Gedanke im Kontext der Lehre von der Schöpfung als creatio continua breite Aufnahme. So etwa bei Ratzinger: »Schöpfung ist ... nicht ein ferner Anfang und auch nicht ein auf mehrere Stadien verteilter Anfang, sondern sie betrifft das Sein als zeitliches und werdendes: das zeitliche Sein ist als ganzes umspannt von dem einen schöpferischen Akt Gottes, der ihm in seiner Zerteilung seine Einheit gibt, in der zugleich sein Sinn besteht ...« [Ratzinger, J. (1969, 1985[4]): Schöpfungsglaube und Evolutionstheorie, in: Schultz, H. J. (Hg): Wer ist das eigentlich - Gott? Frankfurt, 232-245, Zitat: 242].

eintragen und unmittelbar in die Theodizeefrage führen (66f).[128] Darin sieht Wiles zu Recht die Grenze der Analogie zwischen göttlichem und menschlichem Handeln.

In seinem 1971 erstveröffentlichten Aufsatz »Religious Authority and Divine Action« hatte er noch stärker zwischen dem schöpferischen Handeln Gottes in der Natur und seinem Handeln in der Geschichte unterschieden und zwischen der Generalität der Aktuosität in beiden Bereichen eine Analogie konstatiert. 1986 interpretiert er dagegen den einen Gesamtakt des Handelns Gottes als das Werk der creatio continua in Natur und Geschichte.

In Abgrenzung von der dualistischen Konzeption einer formativen Einwirkung Gottes auf das von seiner Wirksamkeit unabhängige Prinzip der Kreativität, wie sie in der Prozeßtheologie entwickelt wurde[129], hält Wiles am Gedanken der aktualen creatio *ex nihilo* fest. Doch besteht dieser ›Schöpfungs‹akt gerade darin, den Kreaturen nicht nur die natürliche *Potenz* zur Eigenwirksamkeit zu verleihen, die dann im je einzelnen Handlungsvollzug von Gott realisiert werden müßte, sondern ihnen die Wirkmacht zum eigenen Handeln zu geben, das sie ohne Gottes spezifische (d.h. auf den individuellen Akt bezogene) Mitwirkung vollziehen. Nicht hinsichtlich ihres Seins, wohl aber hinsichtlich ihres Handelns sind somit zumindest die menschlichen Geschöpfe in eine aktuale Unabhängigkeit von Gott versetzt. Gott als die Macht allen Seins muß nicht als Macht allen Handelns gedacht werden (20f). Mit diesem Gedanken geht Wiles über Schleiermacher hinaus, der stets an der schlechthinnigen Abhängigkeit aller Aktinstanzen in ihrem Sein und Handeln von Gott festgehalten hatte und diese Abhängigkeit gerade darin begründet sah, daß Gott den Gesamtakt der Schöpfung wirkt.

Der Aktualismus des Wiles'schen Entwurfes dokumentiert sich in seiner Ablehnung der neuplatonischen Bestimmung des Gott-Welt-Verhältnisses im Sinne einer Emanationsvorstellung.[130] Demgegenüber betont er die Differenz zwischen Schöpfer und Schöpfung. Diese verdanke sich nicht einem Ausfluß an Seinssub-

128. In drastischer Deutlichkeit brachte Bischof David Jenkins diesen Zusammenhang in einer Rede vor der Generalsynode der Church of England am 6.7.86 zum Ausdruck: Ein Gott, der Wunder zu wirken in der Lage sei, es aber nicht tue, um Auschwitz, Hiroshima, Hungersnöte und Apartheid zu überwinden »must be the very devil« [Jenkins, D. E. (1987): God, Miracle and the Church of England. Anglicanism, Accident and Providence, London, 5].

129. Wie A. N. Whitehead, so faßt auch J. Cobb »Kreativität« als chaotische Produktivität, ungeformtes Werden, blinden schöpferischen Drang auf, der Gottes formativer Wirksamkeit vorausgeht. Erst durch die von Gott ausgehende Formkraft bekommt dieser »random flux« Permanenz und eine feste Richtung [Whitehead, A. N. (1929): Process and Reality. An Essay in Cosmology, New York, 519-533; Cobb, J. B. Jr. (1965): A Christian Natural Theology Based on the Thought of Alfred North Whitehead, Philadelphia, 143-168].

130. Vgl. aber auch Wiles' positive Würdigung des Wahrheitsmoments der Emanationsvorstellung, die eine Bestimmung des Handelns nicht von willentlich vollzogenen Einzelakten, sondern vom kontinuierlichen ›Ausfluß‹ des Wesens einer Person her erlaube. Von daher kann er die thomasische Explikation der kreativen Gott-Welt-Relation als Überfließen der Güte Gottes anerkennen (26f). Mit diesem Gedanken nimmt er ein zentrales Motiv des sapiential-ordinativen Modells in das aktualistische mit auf. Doch akkomodiert er es dessen Grundausrichtung, indem er nicht eine Seinssubstanz, sondern die personal-aktuale Qualität der Güte aus Gottes Wesen ausfließen sieht.

stanz und -qualität, sondern einem Willensakt Gottes und der Setzung, die diesen Akt realisiert (21). Gerade in dem damit vollzogenen Akt der Selbstbeschränkung kommt Gottes Absolutheit zum Ausdruck. In seiner durch Liebe qualifizierten Allmacht schafft er sich ein Gegenüber unabhängiger, frei handelnder Wesen.

»Macht« ist dabei nach Wiles nicht in Analogie zu physikalischer Kraftwirkung als wirkkausale Effektivität, sondern in der personalen Kategorialität des kommunikativen und damit reziprok-interaktiven Handelns aufzufassen. Und auch hier sind weitere Differenzierungen angebracht: Weder der Vergleich mit der politischen, legislativ-juridischen und/oder militärischen Machtausübung eines Monarchen erscheint ihm angemessen, um Gottes Macht zu beschreiben, noch die Parallelisierung mit den Praktiken eines Wirtschaftsführers im Kampf gegen seine Konkurrenz. Vielmehr legt sich für Wiles der Vergleich mit dem Verfechter eines Anliegens nahe, der um die freie Zustimmung von Menschen werben muß, um diese für sein Anliegen zu gewinnen (22). Darin schließt er sich der prozeßtheologischen Auffassung an, nach der Gott seine Macht nicht durch »coercion«, sondern durch »suasion« ausübt.

Die Frage, inwiefern das Postulat eines kreativen göttlichen Gesamtaktes die Annahme *menschlicher Freiheit* - die nach Wiles zentral in Gottes Intention verankert ist - zuläßt, beantwortet er mit einer Analogie, die an Farrers Bild des Novellisten anklingt: In seinem Interesse, das Moment der geschöpflichen Freiheit stärker als in den beiden genannten Metaphernfeldern zu veranschlagen, schlägt er den Vergleich der Beziehung zwischen Gott und den Menschen mit einem improvisierten Drama vor. Der Dramaturg stattet die Schauspieler dabei lediglich mit einer Handlungsdisposition aus, die sie dann in kreativer Freiheit in der Interaktion mit den anderen Teilnehmern am Spiel zu einer Rolle entwickeln. Sie werden dadurch zu Mit-Autoren des entstehenden Stücks (37f).[131]

b) Die Realisierung des Gesamtaktes in spezifischen Einzelakten

Die Generalität des göttlichen Gesamtaktes der »gradual emergence of our world« (54) gründet in der Einheit der Intention Gottes. Wiles bestimmt ihren Inhalt als »maximizing the growth of personal freedom and creativity within relationships of love both at the human level and between human beings and God« (54). Doch kann sich - wie im Falle des Tempelbaus - die Gesamtintention nur realisieren, indem sie sich operationalisiert und damit differenziert und partikularisiert. Wiles gesteht diese Notwendigkeit zu, betrachtet aber nicht mehr Gott, sondern die Menschen als Subjekte der Verwirklichung seiner Gesamtintention und seines schöpferischen Gesamtaktes in einer Fülle von einzelnen, konkreten Subakten. Wo sie ihr Wirken in den Dienst des overall purpose Gottes stellen, verdienen ihre Handlungen als »specially significant aspects of the divine activity« gewürdigt zu werden (93). Allerdings las-

131. So schon: Wiles, M. (1982) {→ A. 63}, 12f. Er verstand diese Analogie als Reformulierung des *double-agency*-Konzepts - T. J. Gorringe nahm das Gleichnis auf und stellte es in das Zentrum seines Buches: Gorringe, T. J. (1991) {→ L.}. Allerdings korrigierte er dabei Wiles Non-Interventionismus: Der Dramaturg nehme durchaus Einfluß auf das Spielgeschehen (a.a.O., 79).

sen sie sich nicht auf eine unmittelbare göttliche Initiative zurückführen oder einem Zusammenwirken Gottes mit den kreatürlichen Aktinstanzen zuschreiben und auf diese Weise als »specific, identifiable acts of God« (ebd.) verstehen.

Um diesen Gedanken zu untermauern, rekurriert Wiles auf *Gordon Kaufmans Unterscheidung zwischen einem »master-act« und den »sub-acts«*, in denen sich dieser Universalakt realisiert.[132] Gottes Wirksamkeit sei nicht zuerst in einzelnen, herausgehobenen, aber temporal begrenzten »mighty acts« aufzusuchen (wie sie die Biblical Theology in das Zentrum ihrer Bestimmung der Aktuosität Gottes gestellt hatte), sondern in dem einen universalgeschichtlichen master-act.[133] Die partikularen sub-acts müßten als abgeleitete, sekundäre Aktivitäten aufgefaßt werden, die ihren Sinn erst in der Ausrichtung auf den »master-act« erhielten. Nicht um ihrer selbst willen, sondern um die Gesamtintention zu verwirklichen, würden sie ausgeführt. Ebenso dürften auch die ostentativen Machttaten Gottes nicht aus der Beziehung zum »ultimate goal«[134] gelöst werden, das sich in ihnen partikular und exemplarisch darstellt.

Der »master-act« ist auf die Wirklichkeit der Schöpfung im ganzen bezogen und besteht in dem von Schleiermacher beschriebenen Gesamtakt der Welterschaffung, -erhaltung und -regierung. Die fundamentalen Strukturen der Wirklichkeit gründen ebenso in ihm wie die Zielorientierung des Weltprozesses. Weil sich darin *eine* Intention *eines* Agenten realisiert, ist von *einem* allumfassenden, höchst komplexen Akt zu sprechen.

Mit dieser Auffassung will Kaufman vor allem das interventionistische Verständnis des Handelns Gottes überwinden, dessen Hauptschwierigkeit in der Vorstellung einer durch keine weltlichen Antezedentien konditionierten ›absoluten‹ Initiative[135] besteht. Diese Vorstellung sei mit dem Verständnis der Wirklich-

132. Kaufman, G. D. (1968): On the Meaning of ›Act of God‹, in: HThR 61, 175-201, abgedruckt in: ders.: God the Problem, Cambridge, Mass., 119-147, abgedruckt in: Thomas, O. C. (Hg) (1983) {→ L.}, 137-162. - Vgl.: Kaufman, G. D. (1993) {→ A. 164}, 268-273, 329-332; ders. (1994): Some Reflections on a Theological Pilgrimage, in: RSR 20, 3/94, 177-181.
Zur Diskussion dieses Ansatzes siehe: Griffin, D. R. (1973): Gordon Kaufmans Theology: Some Questions, in: JAAR 41, 558-563; Wiebe, D. (1974): On Kaufman's Problem God, in: RelSt 10, 189-198; Mason, D. R. (1977): Can We Speculate on How God Acts? in: JoR 57, 16-32; Hebblethwaite, B. L. (1978) {→ A. 63}, 223ff; Tracy, T.F. (1984): Enacting History: Ogden and Kaufman on God's Mighty Acts, in: JoR 64, 20-36; Mason, D. R. (1987): Selfhood, Transcendence, and the Experience of God, in: MoTh 3, 293-314; McLain, F. (1990): Narrative Interpretation and the Problem of Double Agency, in: Hebblethwaite, B. L., Henderson E. H. (Hg) {→ L.}, 163ff; Ward, K. (1990) {→ L.}, 107f; Tracy, T. F. (1995) {→ Teil IV, A. 44}, 6-8; Gwynne, P. (1996) {→ L.}, 29-32.
133. »... it is *the whole course of history* ... that should be conceived as God's act in the primary sense« [Kaufman, G. D. (1968): On the Meaning of ›Act of God‹, in: Thomas, O. C. (Hg) (1983) {→ L.}, 149; Hervorheb. G.K.].
134. Kaufman, G. D. (1968): On the Meaning of ›Act of God‹, in: Thomas, O. C. (Hg) (1983) {→ L.}, 150.
135. Kaufman beschreibt die von ihm kritisierte Auffassung folgendermaßen: »Acts of God in this sense ... are absolute beginning points for chains of events that occur ... *within* ongoing natural and historical processes« [Kaufman, G. D. (1968): On the Meaning of ›Act of God‹, in: Thomas, O. C. (Hg) (1983) {→ L.}, 147; Hervorheb. G.K.]. - Zur Kritik siehe: Hansson, M. J. (1991) {→ L.}, 75-79.

keit als eines interrelationalen, interdependenten Netzwerks von Ereignissen und Handlungen und den sie beeinflussenden Anfangs- und Rahmenbedingungen nicht kompatibel.

Der *eine* komplexe Akt vollzieht sich in einer Vielzahl von Subakten. Kaufman identifiziert diese zunächst mit den Entwicklungsstufen des kosmischen und historischen Gesamtprozesses: Zuerst mit den drei qualitativen Hebungen des Seins auf die physische (Kosmogenese), biologische (Biogenese) und geistige Ebene (Noogenese), wie sie sich vollzogen haben a) mit der Schöpfung und Erhaltung der Naturordnung in einer Weise, daß Leben aus ihr entstehen konnte, b) mit der Hervorbringung des Lebens und seiner evolutionären Entwicklung über immer vielfältigere Lebensformen bis hin zur selbstbewußten Existenz des Menschen, c) mit der Erschaffung menschlichen Lebens und seiner sozialen, kulturellen und religiösen Formation.[136] Im Blick auf die Geschichte lokalisiert Kaufman die sub-acts im Beginn der Landwirtschaft und in den Anfängen kultureller Zivilisation, in der Ausbildung immer komplexerer und stärker vernetzter Systeme im Bereich der sozialen, politischen und ökonomischen Organisation der Gemeinwesen, in den Anfängen religiöser Kulte und ihrer Reflexionsformen. Diese Linie setzt sich fort in den Bereich der Geschichte Gottes mit seinem Volk (Heilsgeschichte). Hier zieht Kaufman die Linie der Akte Gottes vom Exodus über die Bildung des Königtums und die Exilierung bis hin zum Leben, Leiden, Sterben und Auferstehen Christi. Darin sieht er »the supreme act of God«[137].

Einer weiteren Ausdifferenzierung und Konkretisierung, die letztlich bis hin zu den basic-acts führen müßte, verweigert sich Kaufman. Keineswegs sei jedes Ereignis in Natur und Geschichte als eigener »sub-act« Gottes zu deuten - »only those events which move the creation forward a further step toward the realisation of God's purposes could properly be so designated«[138]. Für den Bereich der stabilen Naturordnungen zieht Kaufman ein deistisches Erklärungsmodell heran: Gott habe sie eingerichtet und sie dann ihrer Eigendynamik überlassen, so daß nicht jede der von ihnen hervorgebrachten Wirkungen der distinkten Handlungsinitiative Gottes zugeschrieben werden müsse. Ebenso lassen sich die Mehrzahl der menschlichen Akte nach Kaufman nicht als »sub-acts« Gottes verstehen. Sie folgten eigenen Intentionen, die nicht auf die Realisierung der Gesamtintention, wie sie sich im »master-act« manifestiert, ausgerichtet sind.

Als Modell für menschliche Akte, in denen sich Gottes übergreifende Zielbestimmung verwirklicht, führt auch Kaufman das mediate Handeln an.[139] Doch löst er es aus dem Kontext eines nach Farrers Vorbild streng ausgelegten *double-agency*-Konzepts. Es bezeichnet ihmzufolge nicht das Zusammenwirken zweier Agenten in *einem* Akt auf qualitativ unterschiedenen Ebenen, sondern lediglich die Ausführung einer übergeordneten Intention. Nur an *einem* historischen Ort, im Kreuzweg Jesu,

136. Kaufman, G. D. (1968): On the Meaning of ›Act of God‹, in: Thomas, O. C. (Hg) (1983) {→ L.}, 160f, Anm. 21.
137. A.a.O., 155.
138. A.a.O., 155.
139. A.a.O., 161, Anm. 22.

vermag Kaufman eine »direct one-to-one correspondence and coincidence of human activity with divine«[140] zu erkennen.

Kritisch ist zu fragen, ob bei der Deutung der »sub-acts« das Problem, das Kaufman durch sein Konzept des »master-act« zu vermeiden suchte, nicht in gleicher Weise wieder zurückkehrt: Wie vermag Gott durch inkommensurable innovative Impulse in das lückenlose Netzwerk der Wirklichkeit zu intervenieren? Wie kann er im Prozeß von Natur und Geschichte ›erste‹ Ereignisse ohne Antezedentien setzen? Kaufmans Theorie verschiebt das Problem nur von der Ebene des individuellen Ereignisses auf die der signifikanten qualitativen ›Sprünge‹ in der Entwicklungsgeschichte der Welt und der Menschheit. Wie dieses Handeln vorzustellen ist, bleibt ebenso ungeklärt wie die Frage, warum Kaufman gerade diese - anthropozentrisch selegierten - Entwicklungsschritte benennt.[141]

Maurice Wiles schließt sich Kaufman weitgehend an, distanziert sich jedoch von dessen Annahme, *Gott* vollziehe die »sub-acts«. Demgegenüber setzt er einen besonderen Akzent darauf, daß es zu keinem Zusammenwirken zwischen Gott und Mensch in den einzelnen Akten komme. Der auctor des »master-act« sei nicht identisch mit den Agenten der »sub-acts« (97). Gott handele nicht durch Menschen. Vielmehr bleibe es deren eigenständigem Wollen und Wirken überlassen, den »master-act« auszuführen. Ihr Handeln bildet das Individuationsprinzip der non-interventionistischen Aktuosität Gottes. Damit aber kann nur noch eine indirekte Beziehung zwischen »master-act« und »sub-acts« postuliert werden. Es ist nicht der Agent des »master-act«, der diesen differenziert und konkretisiert, um ihn zu operationalisieren; die kreatürlichen Entwicklungsprozesse und die menschlichen Handlungen können als »sub-acts« verstanden werden, sofern sie auf die Realisierung des »overall purpose« zielen.

In einem Diskussionsbeitrag, der fünf Jahre vor Erscheinen der *Bampton Lectures* veröffentlicht worden war, hatte Wiles noch konzediert, es gebe »*particular divine purposes* for individuals in their specific situations«[142]. Lediglich von partikularen *Akten* Gottes wollte er nicht sprechen. Dieses, ihm von Schubert Ogden abgerungene[143] Zugeständnis begegnet im Text von 1986 nicht mehr. In seinem Beitrag zur Festschrift für Ogden nimmt Wiles das Thema noch einmal auf, interpretiert aber die Rede von besonderen Intentionen Gottes als bekenntnishaften modus loquendi. Einer theologischen Sprachprüfung gebe sie sich als retrospektive Interpretation zu erkennen. Damit ist das o.g. Zugeständnis faktisch revidiert. In Wiles' jüngsten Äußerungen zum Thema ist von »particular intentions« Gottes nicht mehr die Rede.

Breiten Raum gewährt er der Frage, wie die *vier Typen von Handlungsweisen* zu verstehen sind, *die traditionell als herausgehobene Fälle des göttlichen Weltwirkens aufgefaßt wurden*. Die ersten beiden Typen beziehen sich vor allem auf das Naturge-

140. A.a.O., 155.
141. In seinem späteren Werk wird deutlicher, daß es sich hier um die Rekonstruktion eines bewußt anthropozentrischen »world-view« handelt, der die Entstehung und Geschichte der Menschheit in Beziehung zum göttlichen »ultimate point of reference« [Kaufman, G. D. (1993) {→ A. 164}, 327)] setzen will. So erstellt er das Bild eines »evolutionary-historical trajectory or movement« (329 u.ö.), das seinen Zielpunkt in der Vollendung der Menschheitsgeschichte hat.
142. Wiles, M. (1981) {→ A. 63}, 245 (Hervorheb. R.B.).
143. Wiles, M. (1989) {→ A. 121}, 190.

schehen, die beiden letzten auf menschliches Handeln. Die Unterscheidung der Typen innerhalb der beiden Bereiche folgt dem Schema »allgemein - speziell«. Die Systematik der Typologie ist also analog zu den Differenzierungen der klassischen Providenzlehre gebildet: providentia generalis (differenziert in ordinata et extraordinata), providentia specialis und providentia specialissima.

- Die Installation von *Strukturen, die Naturprozesse regelhaft ablaufen lassen* und damit Bedingungen von relativer Stabilität für die Ausbildung zunehmend komplexerer anorganischer und organischer Entitäten geschaffen haben (30-38, 97).

Diese Strukturen verdanken sich nach Wiles dem Gesamtakt der schöpferischen Tätigkeit Gottes. Doch bedarf es keiner aktualen göttlichen Initiative, um die einzelnen Evolutionsprozesse - auch die von Kaufman genannten qualitativen ›Sprünge‹ - zu bewirken. Die Eigendynamik der Naturordnung bringt diese »sub-acts« hervor.

Zu den zentralen Inhalten des overall purpose Gottes gehört die Erschaffung selbstbewußten menschlichen Lebens und die Vollendung der Gemeinschaft zwischen Gott und der als imago Dei geschaffenen Kreatur. Die physische Wirklichkeit dient als Substruktur, welche die Verwirklichung dieser übergreifenden Intention ermöglicht - vergleichbar den vegetativen Funktionen des menschlichen Körpers, die nicht selbst Gegenstand intentionalen Handelns sind, aber die notwendigen Bedingungen für solches Handeln bereitstellen. Von dieser Voraussetzung aus bestreitet Wiles die Vorstellung eines unmittelbaren und mittelbaren göttlichen Einwirkens auf *einzelne* natürliche Ereignisse.[144] Denn diese stellen - seiner Auffassung nach - niemals einen eigenständigen Zweck für Gott dar, sondern fungieren immer nur im Gesamtzusammenhang des Naturgeschehens als Träger höherer Existenzformen und tragen als solche zur Realisierung der übergeordneten Intention Gottes bei (30).

Dabei will sich Wiles weder dem anthropozentrischen Schöpfungsverständnis Bultmanns mit seiner Dualität von naturwissenschaftlicher und theologisch-existentialer Perspektive anschließen, noch will er dem prozeßtheologischen Monismus folgen, für den es keine fundamentale Differenz zwischen der Wirksamkeit Gottes in der Natur und in der Geschichte (wohl aber eine Spezifität der Aktionen Gottes in Relation zu unterschiedlichen Ereignissen) gibt. In Farrers Entwurf glaubt er demgegenüber eine Position zu finden, die seine These einer generellen Aktuosität Gottes im Naturgeschehen zu stützen vermag. Dabei reduziert er allerdings dessen *double-agency*-Konzept auf die Dimension des Transzendentalen (durch seine Schöpfung ermöglicht und ermächtigt Gott den Naturprozeß als eigendynamische Interaktion zwischen energetischen Aktivitätszentren), des Konservativen (durch seine Erhaltung garantiert Gott die Existenz und Selbsttätigkeit dieses Prozesses) (33-35) und des generell-Konkursiven (Gott wirkt allgemein *in* der Eigendynamik des Naturgeschehens, doch nicht in der Hervorbringung einzelner Ereignisse).

Indem Wiles auf diese Weise versucht, Farrer für seine Theorie einer generellen Aktivität Gottes in Anspruch zu nehmen, stellt er sich dessen ausdrücklichem Plä-

144. Explizit lehnt Wiles »particular divine acts in the form of special immediate *or mediated* divine initiatives« ab (108 - Hervorheb. R.B.).

doyer für einen speziellen concursus divinus im individuellen Akt des kreatürlichen Wirkens entgegen. Auch für die Dynamik auf dem »sub-human level« (34f) gilt nach Farrer diese Partikularität. Wiles' Aussage: »The divine intention of which Farrer speaks is uniform« (34) und »of a very general kind« (ebd.) läßt sich nicht trennen von dessen Grundsatz: »If God acts in this world, he acts particularly« {→ A. 79}. Diese Partikularität aber besteht für Farrer nicht bloß in der Ermöglichung dessen, was ein in bestimmter Weise konfigurierter Geschehenszusammenhang ›von sich aus‹, also autopoietisch wirkt, sondern gerade in der *Hervorbringung* dieser Wirkung. Daher kann und muß sie in ihrer Partikularität der Aktuosität Gottes zugeschrieben werden.

In einer eigentümlich tendenziösen Argumentation versucht Wiles, seine Auffassung zu bestätigen, indem er die beiden Hauptmodelle, die in seinen Augen in der Vergangenheit zur Bestimmung der aktiven Gott-Welt-Relation herangezogen worden seien, als zwei Metaphernfelder interpretiert, die beide auf ihre je eigene Weise erlaubten und dazu ermutigten, Gottes Handeln als universal action zu deuten: a) Im extrinsischen Modell des handwerklichen Herstellens will er das deistische Konzept veranschaulicht sehen, demzufolge sich die schöpferische Wirksamkeit Gottes nicht in der permanenten Erzeugung des Seins und Wirkens der geschöpflichen Entitäten vollzieht, sondern primär in deren initialer Ausstattung mit den für ihre Eigentätigkeit charakteristischen Eigenschaften. In Emergenzprozessen realisieren die so programmierten Entitäten nach Wiles ihre Eigenschaften evolutiv und schaffen dabei autopoietisch komplexere Strukturen. b) Das intrinsische soul-body-Modell hingegen steht nach Wiles für die permanente Präsenz und Aktivität des theistisch gedachten Gottes, der die Eigenschaften der Seinsformen aktuiert. Beide Modelle stimmen - seiner Überzeugung nach - in der Tendenz darin überein, daß sie von partikularen Akten Gottes im Naturgeschehen nicht zu sprechen erlauben (35f).

- Die Erwirkung von außergewöhnlichen Ereignissen, die den Regelmäßigkeiten des Naturlaufs inkommensurabel sind - die sog. *Naturwunder* (64-69, 97):

Wenn auch eine statistische Interpretation der Naturgesetze solche Ereignisse nicht mehr für logisch unmöglich erklären muß, so spricht doch alle menschliche Wirklichkeitserfahrung nach Wiles' Auffassung gegen ihre Wahrscheinlichkeit. Zu diesem empirischen Argument, das nicht die Un*möglichkeit*, sondern in Un*wahrscheinlichkeit* von Wundern behauptet, kommt das schon genannte theologische: Würde Gott wunderwirkende Potenz und Aktuosität zugeschrieben, dann müßte sich die Theodizeefrage in zugespitzter Weise stellen: Warum wirkte Gott keine Wunder, um historische Geschichtskatastrophen wie Auschwitz und Hiroshima, aber auch individualgeschichtliche Unheilswiderfahrnisse zu verhindern (66f)? Da Wunderüberlieferungen nicht als Wiedergabe realer Geschehenszusammenhänge, sondern als retrospektive Imaginationen und darin als Ausdrucksgestalten spiritueller Bedeutungsgehalte aufzufassen sind, stellt sich die Frage nach einem Handeln Gottes für Wiles hier nicht.[145]

- Die *Indienstnahme von handelnden Menschen (bzw. ihrer Handlungen) ohne deren bewußte Kenntnis davon oder Zustimmung dazu* (60-62, 98):

Für Farrers *double-agency*-Konzept stellte dieser Gedanke den Normalfall des Zusammenwirkens zwischen Gott und den kreatürlichen Aktinstanzen dar (s.o.). Doch

145. Siehe dazu auch: Wiles, M. (1994b) {→ A. 121}, 26ff. Neben »miracles« stellt er hier sein Verständnis von »revelation«, »virginal conception« und »the physical resurrection« dar.

läßt sich nach Wiles kein Bindeglied angeben, das von einer Einflußnahme Gottes auf Menschen zu sprechen erlaubte, die sich nicht selbst auf die Verwirklichung der Intention Gottes verpflichtet haben. Im Falle des Tempelbaus fungiere Salomos Edikt als eine solche Verbindung. Im Falle von Cyrus dagegen - als einem der beiden paradigmatischen Exempel der bezeichneten Indienstnahme (neben Judas) - fehle Vergleichbares.[146] Daher könne lediglich eine Koinzidenz seines Herrschaftshandelns mit Gottes Absicht konstatiert werden, ohne daß sich von einem wirklichen Zusammenwirken sprechen ließe. Ein solcher concursus könnte sich in diesem Fall nur in Form verdeckter Manipulationen ereignen, was aber mit dem Postulat menschlicher Freiheit nicht vereinbar wäre.[147]

• Die *bewußte und willige Mitarbeit von Menschen* an der Realisierung der Gesamtintention Gottes (70-81, 98f):

In und mit seinem kreativen Gesamtakt teilt Gott inspirativ der Schöpfung sein »overall purpose« mit und läßt damit den Auftrag zu ihrer Verwirklichung ergehen. Zudem wirkt er kreativ die Möglichkeitsbedingungen zu ihrer Realisierung. Die Antwort der Menschen auf diesen, durch die allgemeine Kreativität und Inspiration ergangenen Ruf aber bleibt seiner Einwirkung entzogen. Gott setzt die Subjektivität des Menschen im Akt des Empfangens nicht außer Kraft, sondern gewährt ihm die Freiheit, sich seinem Ruf zu entziehen.

Gleiches gilt für den zugespitzten Fall der Konversion eines Menschen. Das *Gesamt* der ›natürlichen‹ Bedingungsfaktoren, die seinen Durchbruch zum Glauben vorbereiten und begleiten, verdankt sich der universalen Gnade Gottes. Der Akt selbst jedoch wird allein vom Glaubenden vollzogen. Wiles zieht die interpersonale Analogie von Freundschaft und Liebe heran, um zu veranschaulichen, daß der Akt der Konversion in all seiner Einbettung in das Geflecht unverfügbarer Bedingungen vom konvertierenden Subjekt selbst vollzogen wird (75f). In ihm kommt es nicht zu einem Zusammenwirken von Gottes Gnade und menschlicher Glaubensantwort, sondern zum selbstbestimmten Tun dessen, was Gott will, allein durch den Menschen. Nur auf diese Weise - im Rekurs auf die »genuinely free human choice« (78) - läßt sich nach Wiles erklären, warum der eine Mensch zum Glauben kommt, der andere aber nicht, ohne ein Moment der Willkür in Gottes Handeln einzutragen.

Dort, wo es zu einer Konversion kommt - wie in den besonders prominenten Fällen des Paulus oder des Augustin -, kann retrospektiv von einer besonderen Manifestation der göttlichen Intention gesprochen werden. Im metaphorischen Sinne lassen sich diese herausgehobenen Konkretionen bzw. Kristallisationen der allgemeinen Aktuosität Gottes als dessen spezifische Akte bezeichnen.[148] Es sind rein menschli-

146. Daß diese Kritik Farrer jedoch nicht zu treffen vermag, wurde in {→ A. 78} dargestellt.

147. In: Wiles, M. (1989) {→ A. 121}, 193f, erfährt die Indienstnahme der Assyrer (Jes 10,5f) und des Perserkönigs (Jes 44,28; 45,3f) eine noch schärfere Zurückweisung. Sie sei theologisch inkompatibel mit der Grundüberzeugung von der Liebe Gottes als dem Movens seiner Weltzuwendung.

148. Siehe dazu auch: Wiles, M. (1989) {→ A. 121}, 195-198. Die Rede von Konversionen als individuellen Akten könne »only coherently be understood as a vivid way of expressing retrospectively the significance of a person's life in relation to God's purpose in the world« (196).

che Akte, die jedoch im vollkommenen Einklang mit Gottes Intention vollzogen werden, so daß sich diese darin exemplarisch realisiert. Nicht die eigenwillige Aktivität des Menschen, sondern seine gottoffene Responsivität löst die Konversion aus.[149]

Selbst im Bezug auf Christus verweigert sich Wiles der Annahme, hier habe Gott in besonderen, supranaturalen Handlungen einzelne Ereignisse - wie die Inkarnation und die Auferstehung - hervorgebracht (82-94).[150] *Inkarnation* bedeute »the perfection of human response« (87, 102), die vollkommene Antwort auf die universale Gnade Gottes und in diesem Sinne ihre Fleischwerdung.[151] Daher darf Christi Leben als das herausragende Beispiel der Aktivität Gottes in der Welt bezeichnet werden (82). Darin kommt Wiles' Präferenz für eine adoptianisch-arianische Christologie zum Ausdruck. *Auferstehung* sei nicht als mirakulöse Wiederbelebung eines Leichnams, sondern als Transformation in eine neue Art von Leben zu verstehen (91). Das durch die Erscheinungserfahrungen bezeugte Auferstehungs›ereignis‹ konstituiere nicht den christlichen Auferstehungsglauben, sondern bestätige ihn und stelle seinen höchsten Ausdruck dar (92). Konstituiert sei er durch die Gesamtintention Gottes.

149. In: Wiles, M. (1971): Religious Authority and Divine Action, in: Thomas, O. C. (Hg) (1983) {→ L.}, 185, hatte er die These aufgestellt, daß »much of the most profound personal experience has about it a quality of response; men have found a meaning and a sense of purpose ... being elicited as it were by the events of history«. Bestimmte eindrückliche Widerfahrnisse erweisen sich demnach als ›occasions‹, die eine religiöse Erschließungserfahrung (I. Ramsey) und damit dieses jeweilige Ereignis - in einem Akt responsiver Prädizierung - als Tat Gottes ›sehen‹ lassen. Als Ausdruck eines solchen »experiencing-as« hat die Rede von Gottes Taten also expressiven Charakter. Doch handelt es sich dabei nicht einfach um eine Projektion, sondern um eine je authentische »response to an overall purpose at work in the world« (ebd.).
Bestimmte Ereignisse, die in der christlichen Tradition überliefert wurden (so vor allem aus dem Zusammenhang des Lebens Jesu Christi), erweisen sich als »particularly potent vehicles for human awareness of divine creativity« (186) und lassen sich daher als spezielle Akte Gottes bezeichnen. Das veranlaßt Wiles, die mißverständliche Behauptung aufzustellen, »that it is the specialness of the events rather than the special way in which the divine action was understood to be operative in them« (193). Damit soll gesagt sein: Es ist die Eindrücklichkeit bestimmter Ereignisse, das »seeing-as« also, die zur Prädizierung dieser Ereignisse als spezieller Akte Gottes führt, nicht aber eine in ihnen selbst liegende besondere göttliche Wirksamkeit. Doch will Wiles mit diesem Ansatz die Rede vom Handeln Gottes nicht in puren Subjektivismus auflösen, sondern in ihrem unlösbarem Bezug zur religiösen Erfahrung und ihrer Deutung darstellen. Er muß dabei allerdings auf die Autorität der biblischen Überlieferung rekurrieren, um von dorther normative Exempel vollkommener Responsivität zu gewinnen (191-193).
150. Siehe dazu auch: Wiles, M. (1982) {→ A. 121}, Kap. 4.
151. Entwickelt wurde diese These in: Wiles, M. (1971): Religious Authority and Divine Action, in: Thomas, O. C. (Hg) (1983) {→ L.}, 186-189. Ganz ähnlich wird sie von K. Ward vertreten, der postuliert, Jesus sei »the paradigm case of universal divine action« [Ward, K. (1991): A Vision to Pursue. Beyond the Crisis in Christianity, London, 81]. Wie Wiles, so versteht auch Ward das Handeln Gottes in Christus primär als »inspirational« (siehe dazu: a.a.O., 97ff). Er bevorzugt damit eine Inspirations- gegenüber der Inkarnationschristologie. - Zur Entfaltung dieser beiden Typen christologischer Lehrbildung in der englisch-anglikanischen Theologie des ausgehenden 19. und 20. Jhs siehe: Link-Wieczorek, U. (1998): Inkarnation oder Inspiration? Christologische Grundfragen in der Diskussion mit britischer anglikanischer Theologie, Göttingen.

Im Gesamtprozeß des kontinuierlichen kreativen Gotteshandelns gibt es Ereignisse, Prozesse und Zustände, in denen sich nach Wiles das »overall purpose« deutlicher als in anderen manifestiert, doch verdankt sich diese Differenzierung nicht der Spezifität der Tätigkeit Gottes, sondern unterschiedlichen Graden menschlicher »responsiveness« (108) auf den einen Generalimpuls Gottes - bis hin zu der von Jesus vollzogenen »totality of ... commitment to and fulfilment of the will of God for the world« (89). In solcher Rezeptivität und Responsivität realisiert sich Gottes Handlungsintention. Umgekehrt führt die Verweigerung der Antwort zur Verfehlung dieser Intention. War Schleiermacher geneigt, auch das Böse und selbst die Sünde der allumfassenden Aktuosität Gottes zuzuschreiben, so muß nach Wiles allein der Mensch zum auctor mali erklärt werden. Wo das Geschöpf hingegen die Gott-gegebene Freiheit im Einklang mit seiner Schöpfungsbestimmung ausübt, wird es zum auctor der actio Dei und erlangt darin authentisches und erfülltes Leben.

Theologiegeschichtliche Anknüpfungspunkte für die von Wiles vertretene Auffassung lassen sich schon in der Alten Kirche im Einflußbereich der stoischen Vorsehungslehre finden. So führte etwa bei Athenagoras die Betonung der Transzendenz Gottes zur Preisgabe der Vorstellung einer individuellen Fürsorge durch den Schöpfer; Gott sorge nur »im allgemeinen für das Ganze und das Große«, für das Einzelne sorgten die dafür eingesetzten Engel.[152] Auch bei Justin, Clemens von Alexandrien und Novatian erschienen Engel als Organe der göttlichen Vorsehung. - Während die stoische Pronoia jedoch als gesetzlich wirkendes Prinzip gedacht war, spielt dieser Aspekt in Wiles' Lehrauffassung keine Rolle. In der Terminologie der altprotestantischen Vorsehungslehre: Wiles lehrt eine providentia universalis, nicht eine providentia ordinata.

c) Neuer Deismus?

Der Versuch einer kritischen Würdigung wird zunächst die Schlüssigkeit des Wiles'schen Entwurfs anerkennen müssen. Anders als Farrer[153] braucht er keine Zuflucht bei einer vermeintlich unvermeidlichen Paradoxalität und Ineffabilität des Handelns Gottes zu suchen. Er kann die Eigenständigkeit der Schöpfung und die Handlungsfreiheit der Menschen uneingeschränkt zugestehen und sie sogar in Gottes positivem Willen begründen - Gottes Schöpfungsintention zielt geradezu auf die Entfaltung einer »radical freedom« (93). Diese Freiheit geht nicht aus einer (sekundären) Selbstbeschränkung der Allmacht hervor, sondern aus ihrer (primären) Ausübung. Gottes Allmacht nimmt die Allverantwortung des Menschen in Anspruch und begibt sich damit der Möglichkeit unmittelbarer Selbstdurchsetzung - weil Gott es so gewollt und entschieden hat. Es bringt sich darin auch die Treue Gottes zu seiner eigenen Entscheidung zum Ausdruck: Er kann nicht die Freiheit der von ihm willentlich als Freiheitswesen geschaffenen Menschen aktual unterminieren. Damit aber entäußert sich das »overall purpose« Gottes letztlich der Garantie auf Realisierung. Diese bleibt nach Wiles Gegenstand der Hoffnung auf »God as final succour« (50f), der

152. Suppl 24,3; zit. nach: Scheffczyk, L. (1963) {→ L.}, 39.
153. Wiles selbst bestimmt seine Beziehung zum Konzept Farrers in überraschender Weise: »... his position seems to be in some respects quite close to my own in substance, while being at the opposite pole from it at a formal level« [Wiles, M. (1981) {→ A. 63}, 244].

die Zielrichtung seines von Ewigkeit her bestehenden Willens im Sinne einer »long-range strategy« (I. Barbour) {→ S. 300} verfolgt.

Der starken Betonung der *menschlichen* Freiheit korrespondiert das Theologoumenon von *Gottes* Freiheit und Transzendenz. So sehr die ganze Schöpfung als Gesamtakt Gottes von seiner universalen Aktuosität durchdrungen ist, so sehr steht Gott - als personale Aktinstanz - doch der Welt gegenüber. In diesem Gedanken liegt eine Abgrenzung gegenüber der Prozeßtheologie. Andererseits darf Gottes Handlungsfähigkeit jedoch nach Wiles nicht im Sinne eines Willkürabsolutismus aufgefaßt werden. Gegenüber einem auf diese Weise überzogenen voluntaristischen Theismus postuliert er die Generalität und Universalität des Handelns Gottes.

Wiles verzichtet darauf, seine Position auf der Grundlage eines philosophischen Theismus zu erhärten, was sich im Kontext der britischen Religionsphilosophie durchaus nahelegen könnte. So ließe sich als Argument für die Annahme eines »master-act« ins Feld zu führen, daß dieses Konzept mit den Prädikaten der Einfachheit und Zeitüberlegenheit Gottes zusammenstimmt. Doch orientiert sich Wiles viel zu sehr an den Eigenschaften der Personalität, Willentlichkeit und Aktuosität Gottes.

Gott handelt diesem Entwurf zufolge in einem unmittelbaren Sinne weder *mit* den Menschen, noch *durch* sie, noch *in* ihnen. Seine Wirksamkeit als Primäragent beschränkt sich zunächst auf die Erschaffung der Möglichkeitsbedingungen freier Selbstentfaltung der Geschöpfe im design der Schöpfungsintention und dann in der Ausstrahlung seines Rufs zur Realisierung der übergreifenden Schöpfungs- und Vollendungsintention. Der Geschichtsverlauf ist nicht prädeterminiert, die Zukunft offen (51) - das schließt die Möglichkeit der Verfehlung dieser Intention ein. Gott kann nicht als Subjekt einzelner Akte *in* der Schöpfung verstanden werden.

Darin läßt sich eine aktualistische Rekonstruktion des prima-causa Konzepts sehen, wobei der Primäragent nicht mit den Sekundäragenten zusammenwirkt, sondern die Bedingung der Möglichkeit ihres Wirkens schafft und diesem durch Evokation eine Sinnrichtung vorgibt.[154] Doch erzeugt er weder die Rezeption der Sinnrichtung noch erst recht die Realisation, sondern - als universale und uniforme Erstursache - lediglich die generelle Matrix von Ereignissen unter Vorgabe einer bestimmten Zielrichtung.

Am Beispiel von Salomos Tempelbau wird deutlich, warum gegenüber diesem Modell einer non-interventionistischen Aktuosität Gottes der Deismusvorwurf erhoben wurde und wird[155]: Nach Wiles' Darstellung legt Salomo nach seinem Beschluß, den Tempel

154. In: Wiles, M. (1981) {→ A. 63}, 245, deutet er »the ›primary cause‹ view of God as the uniform power of action in all acting«.

155. Besonders von: Sturch, R. (1990) {→ L.}. Er bezeichnet Wiles' Position als »continuism«. Da sie sich besonders in der theologischen Erkenntnistheorie vom Deismus des 18. Jhs. unterscheide, verdiene sie, »*new* Deism« genannt zu werden (3). In seiner nicht allzu tiefgründigen Argumentation plädiert Sturch demgegenüber für einen »discontinuism«, demzufolge Gottes reguläres Handeln im Kontext der natürlichen Regelmäßigkeiten von intentionalen Interventionen unterbrochen ist, die inkommensurabel Neues setzen. Dazu zieht er die Analogie des menschlichen Bewußtseins heran, das mit seiner Begabung zur Kreativität und Imagination ebenfalls innovative Impulse geben könne. – Das Hervortreten dieses Bewußtseins als Träger von Rationalität, ethischer Reflexion, Willens-

zu bauen, die Verwirklichung seines Plans ganz in die Verantwortung der Arbeiter, ohne selbst in das Baugeschehen zu intervenieren (80). Es gibt demzufolge keine partikularen Akte Gottes im Weltprozeß, sondern nur die Erwirkung des Weltprozesses im ganzen. Schleiermacher hatte aus der gleichen Voraussetzung die entgegengesetzte Konsequenz der Allwirksamkeit Gottes gezogen: Gott wirkt alles Geschehen in mittelbarer Unmittelbarkeit. Nach Wiles ist seine Wirksamkeit hingegen nicht als »acting«, sondern als »enacting« zu verstehen, was sich nur im Englischen adäquat ausdrücken läßt: He enacts the acts of men and women and empowers their power.

Gleichwohl kann von einem Deismus im Sinne der radikalen Handlungsabstinenz Gottes bei Wiles nicht die Rede sein. Denn Gottes »master act« ist allpräsent und ›ruft‹ nach den von Menschen in Freiheit ausgeführten »sub-acts«, die ihn operationalisieren. Gottes kreativ-inspirativer Gesamtakt realisiert sich, indem er evokativ einzelne Akte von menschlicher Selbstverpflichtung auf die Intention Gottes hervorbringt. In solchen Konversionen, in denen sich Menschen mit Gottes Willen assoziieren, erfüllt sich sein Schöpfungswerk (81). In *diesem* Sinne des unhintergehbar *vermittelten* Wirkens kann von einer Weltwirksamkeit Gottes gesprochen werden. Damit steht Wiles dem ›historischen‹ Deismus der englischen Aufklärungstheologie {→ S. 180ff} nahe und geht sachlogisch über das Konzept des bloß initialen Handelns hinaus, wie es in der Analogie des Salomonischen Tempelbaus veranschaulicht ist. Denn während Salomos Edikt lediglich als Ursprungsimpuls wirkt, agiert Gottes Schöpfungsintention in permanenter Präsenz als kontinuierliche, kreative und finalisierende Aktivität.[156]

Die Problematik des Wiles'schen Entwurfs liegt nicht - wie von einigen Kritikern angezeigt - in seinem ›Modernismus‹, d.h. in der Erhebung des naturwissenschaftlichen Weltbildes zum Maßstab theologischer Aussagen.[157] Vielmehr sucht er die Rede

freiheit und (auf Offenbarung gegründeter) religiöser Erfahrung in der Entwicklungsgeschichte der Schöpfung muß nach Sturch selbst als Akt gottgewirkter Diskontinuität gesehen werden, der das Konzept einer linearen, bruchlosen Evolution sprenge.

Helm, P. (1994) {→ L.}, 76, etikettiert Wiles' Position als »continuous deism« und unterstellt ihm zu Unrecht, er schränke Gottes Relation zur Welt auf die initiale Erschaffung ein. Schon Brown, D. (1985): The Divine Trinity, London, 10ff, hatte Wiles' Ansatz zur Illustration seiner Kritik an einer »deistischen« Gotteslehre herangezogen. – Siehe auch: Gwynne, P. (1996) {→ L.}, 293ff, 298ff.

156. Aufschlußreich ist in diesem Zusammenhang die schon 1974 von Wiles selbst vorgenommene Verhältnisbestimmung seiner Position zum »Deismus«: Seine Auffassung sei nicht deistisch »in the most strongly pejorative sense«, denn »it allows for a continuing relationship of God to the world as source of existence and giver of purpose to the whole«. Andererseits räumt er ein: »It is deistic in so far as it refrains from claiming any effective causation on the part of God in relation to particular occurrences« [Wiles, M. (1974): The Remaking of Christian Doctrine, London, 38].

157. So etwa: Sturch, R. (1990) {→ L.}, 4f.
In »Religious Authority and Divine Action« war Wiles von der Frage ausgegangen, wie sich die biblisch überlieferte Rede von Gottes Taten mit dem naturwissenschaftlichen Naturverständnis in Einklang bringen lasse [Wiles, M. (1971): Religious Authority and Divine Action, in: Thomas, O. C. (Hg) (1983) {→ L.}, 181-194]. Dabei hatte er die auch in »God's Action in the World« entfaltete These im Kontext der von Bultmann inaugurierten Entmythologisierungsdebatte entfaltet, was den angedeuteten kritischen Einwand auslöste.

von Gottes Weltwirksamkeit im Horizont der Plausibilitäten seiner Zeit zu deuten, ohne diese Überzeugungen zur normativen Quelle seiner Aussagen zu erheben. Die Problematik seines Konzepts liegt auch nicht in der subjektivistischen Reduktion des Handelns Gottes auf die *Erfahrung* dieses Handelns.[158] Vom kreativen Gesamtakt geht ein ›wirklicher‹, permanenter intentionaler Impuls aus, der inspirativ - und damit niemals determinativ - auf die Handlungsorientierung der Menschen wirkt.

Die Problematik des Entwurfs liegt vielmehr in der Generalisierung der Aktuosität Gottes. Wiles löst die Polarität von Generalität und Intimität ganz in den ersten dieser beiden Pole auf. Gottes ›Intimität‹, seine *unmittelbar* wirkende Nähe zum je einzelnen, wie sie die Bergpredigt bezeugt, findet darin keine Ausdrucksgestalt. Damit bleibt die Bestimmung der Aktuosität Gottes ganz im Bereich der »high-level-intentions«, bildlich gesprochen: ganz oben im »Handlungsbaum« {→ S. 326f} Gottes. Es gibt keine instrumentale Substruktur seiner Intentionalität und seines Handelns. Die Wirksamkeit eines »overall purpose« aber, das sich nicht zu »subordinate and individual purposes« individuiert und konkretisiert, bleibt auf den Modus einer nur appellativen Evokation beschränkt. Gott eignet keine exekutive Macht, um seinen Willen zu verwirklichen.

Wie diese Zielorientierung dort wirkt, wo sie nicht von einem menschlichen Bewußtsein erfaßt und verwirklicht wird - im Bereich der subhumanen Ebenen der Wirklichkeit - kann nicht angegeben werden. Die Vorstellung einer Inspiration von Prozessen struktureller Kreativität bleibt inhaltlich, aber auch hinsichtlich ihres Ereignungsmodus unbestimmt. Und im Bezug auf Gottes Relation zu menschlichen Wesen muß Wiles beim Postulat der einseitigen Einflußausübung Gottes auf den Menschen verharren (ohne auch hier angeben zu können, wie diese Impulsgabe vorzustellen ist). Sein Modell erlaubt nicht, eine wirkliche Interaktion zwischen Gott und Mensch anzunehmen. Gott kann nicht affiziert werden von - und reagieren auf individuelle Ereignisse, Prozesse und Zustände der Geschichte. Seine Aktuosität ist eine überall in gleicher Weise heilswirksame.

Mit der so verstandenen Uniformität geht zudem die Einsicht in die innere Vielfalt der Wirksamkeit Gottes verloren. Sie einigt nicht nur, sie unterscheidet auch, sie versöhnt nicht nur, sie löst auch, wenn auch (und gerade weil) beides letztlich einer heilshaften Intention untersteht.

158. So: Griffin, D. R. (1975): Relativism, Divine Causation, and Biblical Theology, in: Thomas, O. C. (Hg) (1983) {→ L.}, 117-136, hier: 120f. Ohne Wiles explizit zu nennen, hat er seinen Ansatz im Auge, wenn er dem »liberal primary-secondary schematist« vorwirft, er löse die einzelnen Handlungen Gottes in die Erkenntnis des Menschen, d.h. in ein »*experiencing-as* acts of God« auf, was in einen »complete relativism« führe. - Vgl. Gilkey, L. B. (1961): Cosmology, Ontology, and the Travail of Biblical Language, in: Thomas, O. C. (Hg) (1983) {→ L.}, 29-43, hier: 40. - B. Mitchell stellt an Wiles und Kaufman die Frage, wie Gottes overall purpose zu erkennen und die Adäquanz der menschlichen Antwort darauf zu bestimmen sei, wenn Gott sich nicht durch eine spezielle (Verbal-)Offenbarung zu erkennen gebe. Aus den »ordinary processes of human cultural development« könne die Intention Gottes doch nur so uneindeutig erkannt werden, wie die Intention eines Menschen aus seinem nonverbalen Verhalten [Mitchell, B. (1980) {→ A. 121}, 103-109, bes. 106-109, Zitat 109]. Dem hält Wiles entgegen, daß auch die Heilige Schrift als Dokument menschlicher Gotteserfahrung eine solche Eindeutigkeit nicht zu garantieren vermöge [a.a.O. 112f].

Eine weitere Anfrage betrifft Wiles' autonomistisches Verständnis der menschlichen Freiheit im Sinne der »Free-Will-Defense« {→ Teil I, A. 55}. Die Relationalität der Freiheit und damit ihre unaufhebbare Begrenztheit sind dabei nicht ausreichend in Rechnung gestellt. Daß Gott den Menschen als Freiheitswesen gewollt und geschaffen hat, schließt in keiner Weise eine Einflußnahme auf diese Freiheit aus - und zwar nicht nur in ihrer Disposition (in der ›Dramaturgie‹ des von Gott entworfenen Welttheaters - s.o.), sondern auch in ihrem aktualen Vollzug. So wie sich der Mensch in seinen sozialen Bezügen immer nur in relationaler Freiheit erfährt, so steht er in der unverfügbaren Relation zu Gott in ›schlechthinniger Abhängigkeit‹, die gerade als solche freiheitskonstitutiv ist, indem sie von menschenweltlichen Abhängigkeiten befreit. Mit seinem Freiheitsverständnis bleibt Wiles also hinter Schleiermacher zurück.

Auffällig, von Wiles aber keiner Erwähnung für wert befunden, ist seine schon mehrmals konstatierte offensichtliche Nähe zu Schleiermacher. Wie dieser beschreibt er die aktive Relation Gottes zur Welt auf den beiden - nicht immer klar unterschiedenen - Ebenen des schöpferischen und des weltregierenden Gesamthandelns. Letzteres - und damit die Dimension des erlösenden Handelns - begegnet in der Betonung der Intentionalität, des »overall purpose« Gottes, das dem Universalprozeß der creatio continua sein Ziel gibt.[159] Eine explizite Auseinandersetzung mit dem Ansatz Schleiermachers hätte Wiles zu einem vertieften Problembewußtsein führen können.

Wiles läßt keinen Zweifel daran, daß er - wie Farrer - in der Rede vom Handeln Gottes eine *Analogiebildung* zum menschlichen Handeln sieht (76, 79f). Jede Übertragung eines menschenweltlichen Konzepts auf die Rede von Gott hat aber stets von einem kritischen Bewußtsein begleitet zu sein, das die Grenzen der Übertragbarkeit bestimmt und die Analogizität des Sprachspiels in dessen Gebrauch integriert. Zu fragen ist, ob die von Wiles skizzierte allumfassende »uniform action« Gottes überhaupt noch durch die Analogie des menschlichen Handelns erfaßbar ist. Rückübertragen auf die Praxis des Menschen würde das bedeuten, allein der Gesamtakt des menschlichen Lebens wäre als eine - und als die einzige - Handlung des Menschen anzusprechen. In welcher Weise handelt es sich dabei noch um eine intentionale Aktion und nicht nur um Aktivität (vergleichbar dem Kreativitätsprinzip in der Prozeßtheologie)?

Farrer hatte zu Recht darauf hingewiesen, daß sich die Rede von einem generellen Handeln vor allem auf impersonale Handlungsinstanzen beziehe - etwa dem ›Handeln‹ eines Gesetzes - und dabei auch nur metaphorisch zu verstehen sei.[160] Lediglich in einer übertragenen Bedeutung lasse sich die durch ein Gesetz erzeugte Konformität im Handeln der Menschen, die in seinem Geltungsbereich stehen, dem Gesetz selbst prädizieren. Handlungs*folgen* könnten generell sein, nicht aber Handlungen selbst.

159. Damit ist dem Einwand von V. White widersprochen, Wiles' Konzept des universalen Gotteshandelns laufe auf einen Amoralismus der Intention Gottes hinaus [White, V. (1985) {→ L.}, 69]. White blendet das Moment der universalisierten Soteriologie aus Wiles' Argumentation aus.

160. Farrer, A. M. (1967, ND 1988) {→ A. 63}, 61.

Müßten dann aber nicht impersonale Analogien zur Veranschaulichung herangezogen werden?[161] Die personalen Analogien, auf die Wiles verweist, vor allem der Vergleich mit einem improvisierten Drama, bieten keine zufriedenstellende Lösung, denn hier kann von einem Handeln des Autors *während* des Stücks gerade nicht die Rede sein. So läuft Wiles' Ansatz mit der Bestreitung der Partikularität einzelner Akte (im Plural) letztlich auf die Selbstaufhebung der Kategorie des Handelns in der Rede von Gott hinaus.

Darin zeigt sich: Die Rede von einem generellen Handeln ist nicht konsistent zu konzeptualisieren. Wo Gottes Wirken in den Kategorien personalen Handelns beschrieben werden soll, können nicht Qualifikationen eingeführt werden, die diesem Konzept inkommensurabel sind. Das gilt selbst dann, wenn vorausgesetzt ist, daß es sich hier um einen analogischen Sprachgebrauch handelt. Auch eine Analogie ist auf ihre theoretisch-konzeptuelle Tragkraft zu prüfen.

Überzeugender wäre es gewesen, die Kategorie des Handelns zu verabschieden und nach einer individualisierbaren Ausdrucksform für die Bestimmung der Wirksamkeit Gottes als transformativer Präsenz im Geist zu suchen[162], wie dies in Kapitel V.C dieser Studie versucht werden soll.

Am Ende seiner »Hans and Geraldine Frei lecture« deutet Wiles diese Grundauffassung an: Er unterscheidet zwei paradigmatische Modelle der Gott-Welt-Realtion, wie sie in der theologischen Tradition ausgearbeitet worden seien (»the one more personal - God as creator, Father and Lord; the other more pervasive, God as Spirit - a hidden immanent power at work in the world«) und bekennt sich zum zweiten. Damit überschreitet er das aktualistische Modell.

Auch Ruth Page, eine Schülerin von Wiles, hat diese Konsequenz gezogen. Sie bestreitet die Berechtigung, von Gottes Weltwirken in Analogie zum menschlichen Handeln zu sprechen. Gott agiere nicht durch Interventionen in den Weltprozeß, sondern durch Entfaltung seines Wesens: »The attractiveness, goodness and unoppressive power of God make a difference in what one does in the world«.[163] Gott wirkt im Vollzug seines Seins. Unter dem Einfluß prozeßtheologischer Konzepte bestimmt Page Gottes Omnipräsenz als Wirksamkeit, die sich relational auf das Gesamt der Schöpfung bezieht. Diese ist *in* Gott, ohne mit ihm identisch zu sein. Pages Versuch, Gottes operative Präsenz nach Analogie der sozialen Rollentheorie zu bestimmen und dabei »the companionship of God« als zentrale Rolle auszuweisen, führt formal nicht über die bekannte Notwendigkeit hinaus, Gottes Wirken analogisch zu beschreiben und vollzieht diese Beschreibung inhaltlich in einer einseitig affirmativen Weise. Demgegenüber ist stärker zur Geltung zu bringen, daß Gott nicht nur als affirmativ-stabilisierendes Prinzip »mit«, sondern auch als kritisches Prinzip »gegen« den Weltprozeß wirkt.

161. Vgl. die ähnliche Anfrage von B. Hebblethwaite [Hebblethwaite, B. L. (1978) {→ A. 63}, 223] und O. C. Thomas [Thomas, O. C. (Hg) (1983) {→ L.}, 14; ders: Rezension zu: Wiles, M. (1986) {→ L.}, in: AThR 69, 403]. Thomas verweist auf die impersonalen Analogien, die J. A. Pike anführt, etwa auf das Beispiel eines Vulkanausbruches [Thomas, O. C. (Hg) (1983) {→ L.}, 14, Anm. 18]. Wiles selbst hatte sich jedoch diese Frage schon früher vorgelegt [Wiles, M. (1971): Religious Authority and Divine Action, in: Thomas, O. C. (Hg) (1983) {→ L.}, 189f] und sich dabei gegen ein zu eng gefaßtes Verständnis der Personhaftigkeit Gottes und des personalen, notwendig partikularen Handelns gewandt.
162. Wiles, M. (1994a) {→ A. 121}, 82f.
163. Page, R. (1985): Ambiguity and the Presence of God, London, 128 (im Kontext von 118-162).

In anderer Weise überschreitet Gordon Kaufman den Ansatz von Wiles. Sein provozierender Neueinsatz zur Interpretation der Rede vom Handeln Gottes soll im folgenden wenigstens in seinen Grundgedanken in den Blick genommen werden.

d) »Handeln Gottes« als Konstrukt theologischer Imagination?

In seinem 1993 erschienenen Entwurf *In Face of Mystery*[164] wendet Gordon Kaufman den schon früher von ihm entwickelten konstruktivistischen Ansatz[165] auf die materiale Ausarbeitung vor allem der ›Gotteslehre‹ an und gibt dabei mit dem theistischen Gottesverständnis auch die Vorstellung eines Handelns Gottes preis.[166] Die Unterscheidung von »master-act« und den »sub-acts« spielt denn auch in seiner Argumentation keine Rolle mehr. In seinem Bemühen, die Viabilität der Rede von Gott zeitgemäß im Referenzrahmen des naturwissenschaftlichen, historischen und philosophischen Weltverständnisses der Gegenwart zu rekonstruieren, fokussiert er seine Deutung der natürlichen und geschichtlichen Wirklichkeit auf die beiden Zentralkategorien der »serendipitous creativity«[167] und der »cosmic directionality«. Noch deutlicher als Wiles (s.o.) arbeitet er diese beiden Ebenen heraus und knüpft damit unausgesprochen an die beiden Grundthemen der Schleiermacher'schen Vorsehungslehre an: die Ebene des schöpferischen Gesamthandelns einschließlich der permanent-aktualen Erhaltung des Schöpfungswerkes und die Ebene der Weltregierung.

Doch versteht Kaufman diese beiden Interpretamente nicht einfach als Beschreibungen der Weltwirksamkeit Gottes, sondern vielmehr - entsprechend seinem induktiv-konstruktivistischen Ansatz - als Anknüpfungspunkte für eine radikale inhaltliche Neubestimmung des Symbols »Gott« in Relation zum kosmischen (physisch-biologisch-geschichtlichen) Evolutionsprozeß. Das »Gott«-Symbol steht nach Kaufman a) für die innovative Dynamik (serendipitous creativity – deutbar als Material- und

164. Kaufman, G. D. (1993): In Face of Mystery: A Constructive Theology, Cambridge, MA, Kap. 19f. - Siehe dazu die drei Beiträge von S. Greeve, J. Cobb und G. Kaufman zum 1994 erschienenen Rezensionsartikel »Human Historicity, Cosmic Relativity and Theological Imagination: Reflection on the Work of Gordon D. Kaufman«, in: RSR 20, 171-181.
165. Angedeutet schon in: Kaufman, G. D. (1968): Systematic Theology. A Historicist Perspective, New York, xv. Dann vor allem in: Kaufman, G. D. (1975, 1979²): An Essay on Theological Method, Missoula, bes. Kap. II; ders. (1981): The Theological Imagination: Constructing the Concept of God, Philadelphia; ders. (1985): Theology for a Nuclear Age, Philadelpha [dt: ders. (1987): Theologie für das Nuklearzeitalter (ÖEh 2), München]. Im letztgenannten Werk versuchte Kaufman schon eine inhaltliche Neubestimmung von Zentralthemen traditioneller Theologie.
166. Kaufman, G. D. (1993) {→ A. 164}, 268ff.
167. Das Konzept der »serendipitous creativity« ist in Abgrenzung zur intentionalen Kreativität einer handelnden Person entworfen. Es verweist auf die Emergenz neuer Strukturen höherer Komplexität im Prozeß von Natur und Geschichte, d.h. auf die Hervorbringung von »increasingly complex patterns of culture, social institutions, language, constellations of value and meaning«, ohne daß *ein* intentionales Subjekt dieses Prozesses namhaft zu machen wäre. Die im Zusammenwirken einer Vielzahl von geschichtlichen Aktinstanzen erzeugten Entwicklungen gehen vielmehr über deren bewußte Intentionen hinaus und entfalten ihre eigene Dynamik [Kaufman, G. D. (1993) {→ A. 164}, 268ff]. An dem »micro-example« menschlicher Kommunikation zeigt Kaufman diese Eigendynamik auf (a.a.O., 275-277).

Wirkursache) und b) für den retrospektiv erkennbaren Richtungssinn (cosmic directionality – deutbar als Form- und Finalursache) dieses Prozesses. Noch nicht die Kreativität an sich, sondern erst ihre offensichtliche Tendenz auf lebensermöglichende und -fördernde Komplexität berechtigt, in analogischer Imagination von einer ›Intentionalität‹ des kosmischen Prozesses zu sprechen. Diese »›proto-teleological‹ directional movements«[168] zeigen nach Kaufman die Richtung einer in sich vielfach differenzierten Entwicklung an, die zur Steigerung von immer komplexeren, intelligenteren und humaneren Lebensformen führt. Doch dürfen sie keinesfalls als reale Teleologie des Weltgeschehens gedeutet werden.[169] Vielmehr ist der Gang der Entwicklung ganz durch die weltlichen Dynamiken und die aktiven Gestaltungen der Menschen bestimmt. Aus der Orientierung an der angezeigten Entwicklungsrichtung erwächst dem individuellen menschlichen Leben dabei eine ethische Anleitung. In dieser pragmatischen Ausrichtung auf eigenverantwortliches Handeln der Menschen im Dienst der »cosmic directionality« liegt der Zielpunkt der theologischen Arbeit Kaufmans.

Nicht eine extramundane Entität, sondern der durch »serendipitous creativity« und »cosmic directionality« charakterisierte Weltprozeß selbst - als »evolutionary-historical trajectory«[170] - wird damit also zum Referenzpunkt der monistischen Rede von »Gott«.[171] Das Postulat der providentiellen Sorge eines personal gedachten Gottes »kann nur [noch] um den Preis der Verleugnung der Situation, in der wir uns heute vorfinden ..., geschehen«[172]. In dieser Interpretation wird der Vorsehungsglaube - wie die Überzeugung von einem Welthandeln Gottes überhaupt - rein ideologiekritisch als frommes Beruhigungsmittel verstanden, das die aktive Weltverantwortung des Menschen zu lähmen droht.

Indem Kaufman zu Recht ein quietistisches Mißverständnis abwehrt, untergräbt er allerdings auch die Möglichkeit, von Gottes Handeln als real wirksamem kritischem Widerspruch gegen die Widersprüche der Welt zu sprechen und im Rekurs auf eine solche Ausdeutung Weltverantwortung zu begründen. Demgegenüber legt er von seinem Verständnis Gottes als eines ideellen Postulats der historischen Vernunft her[173] den Gang der Geschichte ganz in die Hände der menschlichen Handlungssubjekte und gerät damit in die entgegengesetzte Gefahr des Aktivismus.

168. Kaufman, G. D. (1993) {→ A. 164}, 284.
169. A.a.O., 279, 293 u.ö.
170. A.a.O., 335 u.ö.
171. Kaufman will das Symbol »Gott« *in terms of* the »serendipitous creativity« deuten, which is »at work within the unfolding evolutionary ecosystem, giving reality and directional movement and interconnectedness to the great multiplicity of particular events and beings in the world, but not itself a particular being« [Kaufman, G. D. (1993) {→ A. 164}, 418, vgl. 267].
172. Kaufman, G. D. (1987): Theologie für das Nuklearzeitalter (ÖEh 2), München, 12f. Daß in dieser Argumentation die Bestimmung gegenwärtiger Welterfahrung zur Norm theologischer Aussagen erhoben wird, ist einer der immer wieder gegen Kaufman vorgebrachten Einwände [so etwa: J. Cobb in dem o.g. Rezensionsartikel {→ A. 164}, 175-177].
173. Siehe: Kaufman, G. D. (1993) {→ A. 164}, Kap. 22.

6. Bilanz und Konsequenz aus den Schwierigkeiten der Rede vom »Handeln« Gottes: Ausdehnung oder Preisgabe des Handlungsbegriffs?

Aus dem zurückliegenden Untersuchungsgang ergibt sich: Alle Versuche, anders als in einem analogischen Sinn mit begrenztem Bedeutungsumfang von einem »Handeln« Gottes zu sprechen, sind mit unüberwindlichen Komplikationen behaftet und erweisen sich als letztlich nicht plausibel.

Das *Hauptmotiv* der Rede vom »God Who Acts«[174] lag und liegt in der damit unterstellten *freien, unkonditionalen* Wirkweise des *personal* gedachten Gottes[175], wie sie biblisch bezeugt ist. Die Kategorie des Handelns mit ihrer zentralen Implikation der Intentionalität ist an den Bezugsrahmen eines personalen Handlungssubjektes gebunden. Aus den Konnotationen dieses Bezugsrahmens ergibt sich aber andererseits auch das *Hauptproblem* der Übertragung dieser Sprachform auf die Explikation des Wirkens Gottes: Handeln setzt ein körperliches Subjekt voraus, das in der Zeit und unter den Bedingungen der Zeit und seiner jeweiligen Umwelt agiert und das durch diese Bedingungen und durch die Handlungen anderer Subjekte begrenzt ist. Die Eigenschaften der Körperlichkeit, Zeitlichkeit und Begrenztheit lassen sich Gott aber nicht zuschreiben. Auch eine instrumentelle Substruktur seines Handeln läßt sich nicht angeben. Daher stoßen die Bemühungen um eine reflexive Durchdringung der Rede vom Handeln Gottes schnell an Grenzen und machen eine doppelte Ausdehnung des Handlungsbegriffes erforderlich: seine Internalisierung und seine Universalisierung.

a) Kritik an der Internalisierung und Universalisierung des Handlungsbegriffs

Als gänzlich sachfremd erweist sich das vom externen menschlichen Handeln abgeleitete »Interventionsmodell«, das von einer extrinsischen Einflußnahme auf Geschehenszusammenhänge in Natur und Geschichte durch individuelle Akte ausgeht und sich von der (semi-deistischen) Vorstellung leiten läßt, im natürlichen Weltzusammenhang, der unabhängig von göttlicher Einflußnahme für sich besteht und seiner Eigendynamik folgt, würden einzelne reale Veränderungen durch spontan-kausale Aktionen Gottes bewirkt. Mit einem solchen Verständnis der Aktuosität Gottes als einem additionalen kausalen Faktor im Geflecht weltlicher Ereigniszusammenhänge verengt sich die Bestimmung göttlicher Aktivität auf das außerordentliche Geschehen. Diesem problematischen Gedanken einer manipulativen Hervorbringung bzw. Veränderung von Ereignissen und Situationen ist nur durch die zusätzliche Unterstel-

174. Nach den Buchtiteln von: Wright, G. E. (1952, 1956[3]) {→ L.} und Tracy, T. F. (1994) {→ L.}.

175. Besonders MacMurray hatte die unlösbare Bindung von Personalität und Handlungskompetenz hervorgehoben [Macmurray, J. (1956) {→ A. 9}]. – Andere Gründe für die Bevorzugung der Rede vom *Handeln* Gottes sind daraus abgeleitet und lassen sich leicht auch auf die sapiential-ordinative Explikation des göttlichen Wirkens übertragen. Siehe etwa die Begründungen, die King, Wood und Schwöbel anführen: King, R. H. (1973) {→ L.}, 42-48 (siehe aber auch 69, wo King die Notwendigkeit anderer Modelle anerkennt); Wood, C. M. (1981) {→ A. 24}; Schwöbel, C. (1992) {→ L.}, 37f. – Siehe dazu auch: Gwynne, P. (1996) {→ L.}, 293ff.

lung der *All*wirksamkeit Gottes zu wehren, die aber das Interventionsmodell und damit den Bezugsrahmen des externalen Handlungsverständnisses sprengt.

Demgegenüber betont Farrer in seinem dezidiert aktualistischen Ansatz die *Internalität* des Handelns Gottes im Rahmen der *mind-body*-Analogie und des Modells mediater Aktuosität. Die *mind-body*-Analogie überschreitet aber nicht nur (wie beabsichtigt) das *externale* Handlungsverständnis. Sie verläßt den Bezugsrahmen des Handelns insgesamt. Nur in einer vollkommen entgrenzten Bedeutung läßt sich von einem »Handeln« geistiger auf körperliche Prozesse (oder in ihnen) sprechen. Zudem: Wenn sich die Theorie einer doppelten Täterschaft auch als Postulat der religiösen Erfahrung nahelegen mag, so scheitert sie doch in der theologischen Reflexion an der prinzipiellen Unklärbarkeit des unterstellten Zusammenwirkens. Sie erfordert Zusatzhypothesen, die ihrerseits wieder problematisch und letztlich unplausibel sind. Bei dem ›Konzept‹ der *double agency* handelt es sich genau besehen nicht um eine theologischen Theorie, die sich zu ihrer Veranschaulichung Analogien bedient, sondern selbst um eine Analogie von begrenzter Geltungsreichweite. Ihr Grundproblem liegt in der Vorstellung eines unmittelbaren Zusammenwirkens Gottes mit den Geschöpfen in den einzelnen, von ihnen vollzogenen Akten, so daß diese als Akte Gottes prädizierbar werden.

Wiles stellt diesem Ansatz seine Theorie der *universal action* entgegen. Gottes Wirken besteht im zeitübergreifenden Gesamtprozeß der creatio continua, der danach strebt, Gottes »overall purpose« zu verwirklichen. Die dazu erforderlichen konkreten Handlungen in der instrumentellen Substruktur der Universalintention können jedoch nur von Menschen vollbracht werden, die sich Gottes Intention in freier Selbstbestimmung zu eigen machen. Gottes Handeln beschränkt sich auf die Schaffung der Möglichkeitsbedingungen für das freie Handeln der Menschen und auf die Werbung um ihre Einstimmung in seine Absicht. Wie Farrer und Kaufman so legt auch Wiles die Kategorie des Handelns nicht im Sinne der Schaffung von Gegenständen bzw. Ereignissen aus (God doesn't »make things happen«), sondern als formative Hervorbringung neuer Strukturen durch Emergenzprozesse, deren Zielrichtung vom Geist Gottes ›vorgesehen‹ ist. Doch während Farrer die Mitwirkung Gottes im einzelnen Akt verortet, vollzieht sie sich nach Wiles als Ausstrahlung des Gesamtaktes auf das allein vom Menschen ausgeübte Welthandeln.

Farrer, der frühe Kaufman und Wiles verabschieden eine wirkkausale Bestimmung des Handelns Gottes und stellen demgegenüber das Moment der finalen Kausalierung in den Vordergrund. Gott wirkt intentional durch die Vorgabe des Schöpfungszieles - sei es unmittelbar im Handeln der Menschen, sei es mittelbar durch Inspiration der Menschen, ihr Handeln an diesem Ziel zu orientieren. Mit der Hervorhebung des Formativen und Finalen gegenüber dem Effektiven erfährt der Handlungsbegriff jedoch eine vergeistigende Ausdeutung, die fragen läßt, ob das damit Gemeinte noch sinnvoll durch diesen Begriff, dem im anthropologischen Bezug gerade das Moment des Effektiven eignet, abzudecken ist.

Auch andere Bemühungen, das aktuale Modell durch Ausdehnung des Handlungsbegriffes zu plausibilisieren, geraten in Atemnot und/oder versuchen, durch die Rückkehr in den Rahmen des klassischen metaphysischen Theismus die Komplikationen der Rede von Gottes Handeln wegzudefinieren. So etwa der Ansatz von Christoph Schwöbel, der - in Anlehnung an Schleiermachers Deutung der Eigenschaften Gottes als Tätigkeiten und in Aufnahme der Gedanken T. F. Tracys zur »perfection of agency«[176] - durch die Einführung der vier, mit Allprädikatoren verbundenen Attribute Allmacht, Allgegenwart, Allzeitigkeit (Ewigkeit) und Allwissenheit die Rede vom Handeln Gottes durch überpersonale Bestimmungen durchbrechen und überhöhen will.[177] Ein Plausibilisierungsgewinn wird dabei jedoch kaum erzielt. Denn zum einen sprengt eine solche ›Omnisierung‹ des Handlungsbegriffs dessen Bedeutungsgehalt und löst ihn damit auf.[178] Und zum anderen kehrt mit der vorgenommenen Überhöhung die Problematik vor allem des philosophischen Allmachtsprädikats wieder in die Systematik der Gotteslehre zurück, ohne daß damit der Anthropomorphismus in der Rede von Gott wirklich überwunden wäre. Denn die Bestimmung des Handelns Gottes nach dem Modell der »perfect agency« expandiert lediglich eine menschenweltliche Kategorie bis zu ihrem logischen Endpunkt.

Schon in der theologischen Erkenntnistheorie John Lockes wird dieser Weg einer Interpolation menschlicher Qualitäten beschrieben. Wesen und Funktion der Religion besteht ihm zufolge darin, daß sie die Existenz eines ewigen, allmächtigen und allwissenden Wesens erkennen lehrt. Diese Erkenntnis aber kommt zustande, indem die Erkennenden ihre rationalen und moralischen Eigenschaften ins Unendliche verlängern und dadurch eine komplexe *Vorstellung* von Gott ausbilden.[179] Dem Projektionsverdacht sind damit die Tore geöffnet.

Interessant ist auch der Vergleich mit einem Gedankengang, der bei Leibniz begegnet. Er hatte die göttlichen Eigenschaften der Größe und der Güte Gottes einander gegenübergestellt und konstatiert, die Unterbestimmung der Größe Gottes führe zum Anthromorphismus und die Unterbestimmung der Güte Gottes zum Despotismus. Um demgegenüber die Größe ausreichend zur Geltung zu bringen, rekurrierte er auf die Attribute der Allmacht und Allwissenheit. Bezeichnenderweise zog er jedoch keine Allprädikate heran, um die Güte Gottes adäquat zur Darstellung zu bringen.[180] Das veranlaßt zur Rückfrage an Schwöbel, ob seine vierfache Gottesprädikation die Größe auf Kosten der Güte Gottes überbetont und damit die kenotische Dimension zugunsten der majestätischen unterbelichtet.

Das grundlegende Problem, das der Anwendung des Handlungsbegriffs auf die Relation zwischen Gott und der Welt anhaftet, liegt im Anthropomorphismus dieses Begriffs begründet. Der Versuch, durch Universalisierung die offensichtlichen Kompli-

176. T. F. Tracy postuliert, Gott repräsentiere die Perfektion des Handelns. »As the perfection of agency, then, God will be radically self-creative (he intends all that he is), fully unified as a self (the whole of his life displays the harmony of a single intention), and all-powerful (his activity faces no limitation that is not either necessary or self-imposed)« [Tracy, T. F. (1984) {→ L.}, 126; siehe auch: ders. (1990): Narrative Theology and the Acts of God, in: Hebblethwaite, B. L., Henderson E. H. (Hg) {→ L.}, 177]. Die Frage, *wie* Gottes Handeln in der Welt zu denken ist, bleibt dabei offen.
177. Schwöbel, C. (1992) {→ L.}, 37f, vgl. 46-62.
178. So schon: King, R. H. (1973) {→ L.}, der im Blick auf die klassischen vier All-Aussagen (Omnipotenz, Omnipräsenz, Allwissenheit und Ewigkeit) formuliert: »These terms all indicate ultimacy, yet they do so in such a way as to raise some questions as to whether the concept of agency survives the qualification« (89).
179. Locke, J. (1690): Essay Concerning Human Understanding, dt.: Versuch über menschliche Vernunft 1757, IV/10.
180. Causa Dei {→ Teil III, A. 66}, § 1-39.

kationen zu vermeiden, führt zur Auflösung seiner inhaltlichen Konturen. Es muß daher bezweifelt werden, ob der Begriff des Handelns nach einer solchen Überhöhung seiner inhaltlichen Bestimmtheit überhaupt noch sinnvoll verwendet werden kann. Durch die Universalisierung seiner Extension verschwimmt seine Intension und er stirbt den »Tod der tausend Qualifikationen« (A. Flew).

Sinnvoll kann an ihm nur festgehalten werden, wenn a) er nicht als Konzept, sondern als Metapher aufgefaßt wird {→ V.A.6.c} und wenn b) die in ihm liegenden Bedeutungsmöglichkeiten ausgeschöpft werden, ohne dabei seine Bedeutungsgrenzen ins Unendliche auszudehnen. Solche Bedeutungsmöglichkeiten, die sich akzentuieren lassen, liegen in:

- der *internalen* Dimension des Handelns, die aber die externale niemals ganz verdrängen kann und darf;
- der *interpersonal-kommunikativen* Dimension des Handelns, die gegenüber einer einseitigen Festlegung auf ein instrumentell-produktives Verständnis in Anschlag gebracht werden kann, ohne dieses gänzlich auszuscheiden;
- den *nicht-zweckrationalen* Dimensionen des Handelns, wie etwa der *expressiven* oder auch der *spielerischen.*

In diese zuletzt genannte Richtung werden wir unseren Gedankengang im nächsten Abschnitt weiterentwickeln.

b) Das Handeln des »Deus ludens«

Wo Gottes Wirken durch den Begriff des intentionalen Handelns gedeutet wird, erhält es ein Bedeutungsgefälle hin zur *zweckrationalen, ›ökonomischen‹ Verwirklichung* gesetzter Ziele. Ohne die Berechtigung dieser Analogie bestreiten zu wollen, soll im folgenden eine Komplementärmetaphorik erwogen werden, in der die kreative und innovative Aktuosität Gottes eher in ästhetischen als in rationalen Kategorien entfaltet wird: die gleichnishafte Rede vom »spielenden Gott«. Sie verbleibt im Bezugsrahmen des aktualistischen Modells, nimmt aber eine entscheidende Umdeutung seiner Zentralkategorie der Intentionalität vor.

Die Spieltheorie bietet eine Analogie für Gottes Wirksamkeit, die weder vom Kausalitätsprinzip ausgeht, noch vom Theologoumenon der Macht Gottes. Gottes Wirken wird nicht als Realisierung einer von Ewigkeit her bestehenden Notwendigkeit, auch nicht als Vollzug einer der Welt immanenten Gesetzlichkeit, aber auch nicht als die personale Herrschaft eines nach den Verfügungen seines Willens regierenden Königs gedacht. In seiner Doppelrolle als Schöpfer und Dramaturg des Weltdramas agiert Gott im Rahmen des von ihm gesetzten Regelwerks als freier, aber nicht allwirksamer Kreator neuer, erfüllungsoffener Situationen. Seine Wirksamkeit besteht in der zielgerichteten Öffnung neuer Spielräume, die von menschlichem Handeln und natürlichen Prozessen gestaltet werden.

Die Metaphorik des »Deus ludens« bietet die interessante Perspektive eines aus der Fülle der von ihm geschaffenen Möglichkeiten schöpfenden Gottes. Er aktualisiert Möglichkeiten, an denen er Wohlgefallen hat, wobei das Resultat seiner freien Kreativität sinnvoll, aber weder notwendig noch willkürlich, - zielgerichtet, aber nicht zweckgebunden ist. Gott unterliegt nicht den von ihm gesetzten Regelmäßigkeiten, er wirkt in ihnen und durch sie.

Diese Vorstellung kommt dem von Molina vorgeschlagenen konditionalen Prädeterminismus nahe, demzufolge Gott Möglichkeiten aktualisiert - nach Maßgabe seines Vorauswissens dessen, was der Mensch in seiner Freiheit tun wird {→ S. 150ff}. Doch verzichtet sie gänzlich auf das problematische Moment der Prädetermination und steigert damit den Aktualismus zur Vorstellung, in seinem Weltspiel aktualisiere Gott in jedem Moment je neu das ihm Wohlgefällige. Das Moment des Wohlgefallens als Motiv göttlicher Wirksamkeit unterscheidet es von der Analogie zum ökonomisch, zweckverwirklichenden Handeln, die sich besonders denjenigen theologischen Entwürfen nahelegen mußte, die »Vorsehung« primär als rationale Intentionalität Gottes verstanden (vor allem Thomas, unter den Reformatoren in erster Linie Calvin).

In der Metaphorik des Spiels erscheint die Schöpfung als »Spiel Gottes, ein Spiel seiner grundlosen und unergründlichen Weisheit. Sie ist selbst der Spielraum für Gottes Prachtentfaltung«[181] - ein Spiel mit Gottes Möglichkeiten, ein Kunst-Produkt freien Schaffens.[182]

Dieser Ansatz knüpft an die naturphilosophischen Implikationen aktueller naturwissenschaftlicher (vor allem system- und chaostheoretischer) Modellbildungen an, denn er erlaubt, Zufall und Notwendigkeit, Spontaneität und Regelhaftigkeit widerspruchsfrei zusammenzudenken. Er kann nicht beanspruchen, Ausdruck der auszusagenden Sache selbst zu sein, sondern nur, eine Vielzahl von Aussageinteressen der im Glauben zu deutenden Welterfahrung (vielleicht selbst mit einer Tendenz zum Spielerischen, ohne dabei unerst zu werden) konzeptuell zu intergrieren:

- Die Erfahrung der gottwidrigen Negativität des *moralischen* Bösen kann im Rahmen der Spielmetaphorik als (verdeckte) Regelverletzung eines Mitspielers beschrieben werden, der sich damit einen individuellen Spielvorteil auf Kosten seiner Mitspieler zu sichern versucht. Die Erfahrung der gottwidrigen Negativität des *physischen* Übels läßt sich als tragische Beeinträchtigung des Spielgeschehens durch unkontrollierbare äußere Störungen erfassen. Für beide Arten des leiderzeugenden Unheils ist Gott nicht ursächlich verantwortlich zu machen. Im Gegenteil dokumentiert sich in solchen Widerfahrnissen, daß sich Spielzüge immer wieder Gottes Kontrolle entziehen und er sie in diesem Sinne ›verliert‹. Durch Neueinsetzungen des Spielgeschehens (Öffnung neuer Spielräume) kann er postcurativ die Möglichkeitsbedingung für ›heilende‹ Aufbrüche schaffen. Diese selbst müssen jedoch von den Mitspielern gestaltet werden.

181. Moltmann, J. (1972^{3}): Die ersten Freigelassenen der Schöpfung. Versuche über die Freude an der Freiheit und das Wohlgefallen am Spiel, München, 24.

182. So schreibt H. Rahner: »Wenn wir sagen, der schöpferische Gott spielt, so hüllt sich in dieses Bild die metaphysische Einsicht, daß die Schöpfung der Welt und des Menschen zwar göttlich sinnvolles, aber in keiner Weise notwendiges Tun darstellt« [Rahner, H. (1952): Der spielende Mensch, Einsiedeln, 15].

- Die Erfahrung der relativen Willens- und Handlungsfreiheit des Menschen steht im Einklang mit der Freiheit der Spieler als dem grundlegenden Wesenszug des Spiels schlechtin. Der Spieler »verwirklicht seine Freiheit, ohne sie einzubüßen. Er entäußert sich, ohne sich zu veräußern«.[183] Das Spiel lebt nicht von funktionalen Zwecksetzungen, es gehört in den Bereich des selbstreferentiell Ästhetischen, des Schöpferischen und Künstlerischen. Es ist nicht notwendig, aber sinnvoll. Innerhalb fester Spielregeln herrscht freie Kreativität. »Im Spiel ›spielt‹ etwas mit, was über den unmittelbaren Drang nach Lebensbehauptung hinausgeht und in die Lebensbetätigung einen Sinn hineinlegt«.[184] Gemessen an den Notwendigkeiten, Nützlichkeiten und Sachzwängen der menschlichen Lebenswelt ist Spielen etwas ›Überflüssiges‹, ein Überfließen von Geist und Kraft. Doch gerade in dieser Freiheit wird es zur Quelle von Kraft und Geist, zum Ort ganzheitlicher Selbstvergewisserung. Im Spiel erfährt sich der Mensch als selbstbestimmtes, eigenverantwortliches und freies Wesen. Indem er sich in der Polarität von Spannung und Lösung, von Anspannung und Erlösung für das Spiel begeistert, wächst er und wächst über sich hinaus. Spiel fordert und fördert menschliche Fähigkeiten.[185] Lassen sich diese Züge nicht analogisch auf Gott als Deus ludens übertragen?

Die Metaphorik des Spiels verbleibt im Bezugsrahmen des aktualistischen Modells, wie sich besonders in Moltmanns Ausdeutung dieser Symbolik zeigt. Die kontinuitätsgewährenden, naturgesetzlichen Notwendigkeitsverordnungen (›Spielregeln‹), die für das sapiential-ordinative Modell fundamental sind, weil sich in ihnen als der ontischen Logizität des Weltprozesses die Rationalität Gottes abspiegelt, sind in Moltmanns Darstellung auf reine Wahrnehmungskategorien zurückgenommen. Während die Kontingenz als »Realzufälligkeit« damit in den Status der ontischen Grundverfassung der Wirklichkeit gesetzt ist, bilden die gesetzmäßigen Regelmechanismen ihmzufolge »nur ein offenes Raster von Einstellungen, die aus Erfahrungen der Vergangenheit gebildet worden sind, um zukünftige Möglichkeiten aufzufassen und wahrzunehmen«[186]. Im Vergleich dieser Deutung mit Küngs ontologischer Interpretation der Naturgesetze als von Gott verordneter Regeln des Naturprozesses[187] zeigt sich deutlich, wie der katholische Autor zum sapiential-ordinativen und der protestantische zum aktualistischen Modell der Vorsehung tendiert.

Wie jede Metaphorik so ist auch diese mißverständlich: Würde der »Deus ludens« einseitig als (Mit-)Spieler im Zusammenspiel der Schöpfung verstanden, dann wäre der qualitative Unterschied zu den geschöpflichen Teilnehmern am Spiel verwischt. Vielmehr muß er immer auch als transzendentaler Möglichkeitsgrund - und als solcher als Garant der Regelwerke - wie auch als eschatologischer Zielgrund des Spiels aufgefaßt werden.

Sollte sich das Wirken Gottes in der Welt bzw. das Wirken der weltzugewandten *Weisheit* Gottes (nach Prov 8,30f) als Spiel verstehen lassen, dann ließe sich die Fra-

183. Moltmann, J. (1972^3) {→ A. 181}, 25.
184. Huizinga, J. (1958): Homo ludens. Vom Ursprung der Kultur im Spiel, Hamburg, 9.
185. Ausführlicher habe ich diese Gedanken entfaltet in: Bernhardt, R. (1994): Theologia ludens, in: ders. u.a. (Hg): Theologische Samenkörner. Dem Lehrer Dietrich Ritschl zum 65. Geburtstag (Studien zur systematischen Theologie und Ethik, Bd. 1), Münster, Hamburg 1994, 60-70.
186. Siehe dazu: Moltmann, J. (1985) {→ L.}, 313.
187. Küng, H. (1978) {→ Teil III, A. 36}, 712-715.

ge nach dem Sinn dieses Wirkens letztlich nur in ästhetischen (nicht aber in funktionalen) Kategorien beantworten - als »Verherrlichung Gottes«, in der Gott sich zusammen mit seiner Schöpfung zu höchster Schönheit aufschwingt. Das führt in die Nähe prozeßtheologischer Denkfiguren.

c) Wirken statt Handeln

Die in V.A. nachgezeichneten Versuche, den Handlungsbegriff so auszulegen, daß er zur Explikation der Gott-Welt-Relation geeignet scheint, muten wie die Bemühungen einer Apologetik an, die das zu Rechtfertigende mit jeder ihrer Anstrengungen doch immer nur noch weiter verfraglicht. Wo die Übertragung des Handlungsbegriffs auf Gott die Skylla des Anthropomorphismus vermeiden will, gerät sie in die Charybdis der Ineffabilität. Daraus ist die Konsequenz zu ziehen, den Begriff des Handelns im Bezug auf Gott nicht als Konzept, sondern – wenn überhaupt, dann konsequent als Metapher zu verwenden.[188] Zur *konzeptuellen* Erfassung der aktiven Weltzuwendung Gottes eignet sich der Begriff des *Wirkens* oder der *Wirksamkeit* Gottes wesentlich besser als der des Handelns.[189]

Die Extension des Bedeutungsfeldes von »Wirken« ist weiter als die von »Handeln«; es enthält weniger Implikationen, die seine Bedeutung festlegen, wodurch es offener und anschlußfähiger für Bedeutungserweiterungen und -übertragungen wird. Vor allem ist der Begriff des Wirkens nicht an ein personales Subjekt gebunden, so daß ihm auch transpersonale Konnotationen beigelegt werden können. Das schließt keineswegs aus, ihn dennoch auf personale Akte zu beziehen, doch geht seine Reichweite darüber hinaus.

188. U. H. J. Körtner schlägt vor, die Rede vom »Handeln Gottes« als *absolute Metapher* zu verstehen, die sich »nicht begrifflich auflösen, wohl aber in der Sprache der Begriffe nach ihrer metaphorischen Wahrheit befragen« läßt [Körtner, U. H. J. (1997): Solange die Erde steht. Schöpfungsglaube in der Risikogesellschaft (Mensch – Natur – Technik 2), Hannover, 85, teilw. kursiv]. »Als absolute Metapher verstanden, thematisiert die Rede vom Handeln Gottes dasjenige, was K. Barth als ›reine Rezeptivität‹ des Menschen bezeichnet hat und was sich mit E. Jüngel oder G. Ebeling als Grundpassivität oder mit F. Schleiermacher schlechthinnige Abhängigkeit nennen läßt« (ebd., mit Angabe von Belegen). – Mit der Deutung als absoluter Metapher will Körtner vermeiden, daß ein bereits feststehender anthropomorpher Handlungsbegriff univok auf Gott angewandt wird. Damit aber kämpft er gegen eine Position, die niemals positiv vertreten worden ist. Die eigentlich entscheidende Frage lautet vielmehr: Wie soll sinnvoll von einem »Handeln« Gottes gesprochen werden, wenn dieser Begriff dazu von Implikationen gelöst werden muß, die für seine anthropologische Bedeutung konstitutiv sind? Es ist dies die Frage nach Möglichkeit und Grenze, den anthropomorphen Handlungsbegriff *analog* auf Gott anzuwenden. Wenn eine Analogie das Analogon soweit entstellen muß, daß es als solches seine Bedeutung weitgehend einbüßt, kann sie nicht sinnvoll sein und muß preisgegeben werden. Will sie sich als absolute Metapher verstehen und ihren Inhalt von der biblischen Überlieferung her bestimmen, dann ist daran zu erinnern, daß hier zum einen gerade nicht von einem Handeln Gottes im allgemeinen, sondern von einzelnen konkreten Vollzügen gesprochen wird, und zum anderen die dabei verwendete Sprache selbst hochgradig metaphorisch ist. So wäre die Rede vom Handeln Gottes eine abgeleitete Metapher zweiter Ordnung.

189. Mit: Härle, W. (1995) {→ L.}, 283-285.

Der umgekehrte Eindruck, daß der Begriff des Wirkens den des Handelns *verkürzt*, d.h. seine Reichweite beschränkt, indem er ausschließlich das *Resultat* der Handlung erfaßt, kann nur entstehen, wenn das Konzept des Wirkens (verstanden als Effektivität) auf den als normativ vorausgesetzten Handlungsbegriff bezogen und an dessen vollem Bedeutungsumfang gemessen wird. Doch liegt darin eine Vorentscheidung, die begründungsbedürftig ist. Die Begründungslast kann dabei nicht durch einen einfachen Rekurs auf eine personale Gottesvorstellung abgeworfen werden. Denn viel zu sehr ist diese selbst kontrovers und mit Klärungsbedarf behaftet.

In einer solchen, von personalen Vollzügen gelösten Bedeutungsoffenheit scheint die Gefahr einer zu großen Allgemeinheit zu liegen, die dann wieder inhaltliche Qualifikationen erforderlich macht, um sie sachgemäß zu reduzieren und auf Gott anwendbar zu machen. Auch un- bzw. unterpersonalen, dinglichen Gegebenheiten wie naturhaften Substanzen (z.B. Drogen) und Kräften (z.B. einem Winstoß) läßt sich »Wirkung« prädizieren.[190] Im Bezug auf Gott kann eine solche Prädikation in die Nähe eines (vermeintlich spinozistischen) Pantheismus führen. Dem ist entgegenzuhalten: Auch *über- bzw. transpersonalen* Instanzen und/oder Kräften wie der Liebe oder der Gerechtigkeit, die als Aktivitätsmodi bzw. als ›Tätigkeitseigenschaften‹ unmittelbar auf Gott bezogen werden können, kann man nicht ein Handeln, wohl aber ein Wirken zuschreiben. In diesem Sinne legt sich dem Modell der operativen Präsenz die Rede vom Wirken Gottes nahe. Zu ihrer Darstellung kann sie sich des modus loquendi vom »Handeln Gottes« bedienen und einzelne seiner Implikationen hervorheben, ohne das Bedeutungsfeld des Handlungsbegriffs insgesamt auf Gott übertragen zu müssen.

So soll im folgenden der Begriff des »Wirkens Gottes« als Konzept - und die Rede vom Handeln Gottes als dessen metaphorische Darstellung verwendet werden.

190. So etwa: Körtner, U. H. J. (1997) {→ A. 188}, 85, der beklagt, daß der Begriff des Wirkens »Konnotationen des Mechanischen oder Automatischen zuläßt«.

B. Das sapiential-ordinative Modell – Gottes wirksame Logizität

Als problematischer Zug des aktualen Modells erwies sich die Übertragung des anthropomorphen Handlungsbegriffs mit seinen Implikationen auf die Rede von Gottes Weltwirksamkeit. Von der personal wie impersonal zu bestimmenden Zentralkategorie der *Kausalität* aus scheint das sapiential-ordinative Modell diese Gefahr erst gar nicht aufkommen zu lassen. So sehr sich diese Kategorie auch auf die personal-intentionale Aktuosität beziehen läßt[191], so ist sie doch nicht von den Voraussetzungen personalen Handelns abhängig und kann damit überpersonale Charakteristika der Wirksamkeit zur Geltung bringen.

Gegenüber der Vorstellung eines personanalogen Handelns Gottes, die sich in technischen, handwerklichen, künstlerischen oder in sozio- bzw. politomorphen Metaphernfeldern artikuliert, geht das sapiential-ordinative Modell von stärker physiko- und biomorphen Leitgedanken aus. Es beschreibt Gottes Aktivität als Wirksamkeit einer transzendenten Kraft in den Prozessen der natürlichen Wirklichkeit. Sie wirkt deren innere Textur.

Dieses Modell hat seinen Entdeckungszusammenhang in den Regelhaftigkeiten der natürlichen Geschehensabläufe. Es geht von der philosophischen und theologischen Annahme einer Logizität bzw. Naturgesetzlichkeit der Schöpfung aus, in der sich der Logos des Schöpfers manifestiert hat und die keiner kontingenten Interventionen, sondern nur der Realisierung ihrer selbst bedarf. Es sind hier also eher die Ordnungen, die Konstanten und strukturierten Abläufe des Naturgeschehens und weniger die individuellen Geschichtstaten, die den Bezugspunkt für die Bestimmung des göttlichen Wirkens bilden. Gottes gegenwärtiges Wirken vollzieht sich *in* den Strukturen und Mechanismen dieses Gesamtprozesses und durch sie. Eine individuelle, willentliche Einwirkung, welche diese Regelhaftigkeit in kontingenter Spontankausalität aufhebt, ist weder nötig noch möglich. Gott wirkt vielmehr im Kontinuitätsmodus der von ihm weise eingerichteten Seinsordnung durch Mitteilung der ihm wesenhaften Güte und Logizität. Er bringt nicht einzelne Ereignisse, Prozesse und Zustände willentlich hervor, sondern wirkt, indem er seine Identität in Permanenz zum Ausdruck bringt.

Auf diese Weise vermag das sapiential-ordinative Modell im ›Normalen‹, Ordentlichen, Regelhaften Gottes erhaltende und finalisierende Wirksamkeit zu erkennen. Dadurch kann die Tätigkeit Gottes als universale und kontinuierliche ge-

191. Aristoteles hat die Vier-Ursachen-Theorie ganz im Blick auf das handwerkliche Herstellen von Gegenständen, also auf intentionales Handeln, entwickelt [nach: Farrer, A. M. (1967, ND 1988) {→ A. 63}, 134f; ders. (1972) {→ A. 63}, 207]. Doch wird sie in der Übertragung auf Gott ganz in den Rahmen einer essentialistischen Gottesvorstellung gestellt: Gott ist der seine Seinsfülle ausübende actus purus (a.a.O., 139).

dacht werden, die den gesamten Weltprozeß durchdringt und gerade in den lebensermöglichenden und -erhaltenden Strukturen alltäglicher Natur- und Geschichtszusammenhänge zum Ausdruck kommt. Diese sind damit von vorneherein als Ausfluß göttlicher Wirksamkeit in den Blick genommen. Gottes Wirken ist koextensiv mit der gesamten Wirklichkeit.

Im Rahmen des aktualistischen Modells kann Gott durch unmittelbare Eingriffe (providentia immediata) oder vermittelt durch geschöpfliche Agentien (providentia mediata) handeln, dem sapiential-ordinativen Modell zufolge wirkt er im Paradox einer unmittelbaren Mittelbarkeit in den - und durch die Zweitursachen. Nach dem aktualistischen Modell kann Gottes Aktivität als eine spontan-kausale und kontingente (providentia extraordinata) oder als Handeln im Einklang mit der Schöpfungsordnung (providentia ordinata) aufgefaßt werden. Gemäß dem sapiential-ordinativen Modell geschieht sie ordinativ in der - und vermittelt durch die Ordnung des Seins. Gott handelt nicht primär individuell, vielmehr wirkt er universal, indem er die geschaffene Ordnung in ihrem Bestand erhält und das einzelne Geschehen in Konformität zu ihr ergehen läßt.

Interpretiert man den Unterschied zum aktualen Modell im Blick auf die im Universalienstreit vertretenen Positionen, dann ließe sich formulieren: Wo Gottes Weltwirken nach dem Leitmotiv des personalen Handelns entfaltet wird, bezieht es sich primär auf die Einzeldinge und erst sekundär (d.h. vermittelt durch die Einwirkung auf die Einzeldinge) auf die Strukturen des Seins. Wo es dagegen nach dem Modell der ordinativen prudentia gedacht ist, manifestiert es sich zuerst im ordo, der den individuellen Dingen ihren Ort und ihren Wirkzusammenhang gibt. Gott wirkt auf sie, indem er diesen Zusammenhang aktuiert. Gottes ordo agendi vollzieht sich nach Maßgabe des - und vermittelt durch den - ordo essendi.

Stand im aktualistischen Modell mit dem Begriff des *Handelns* die Kategorie der *Intentionalität* (bzw. die Ausrichtung des Willens) im Zentrum, so nimmt in der sapiential-ordinativen Explikation des göttlichen Weltwirkens mit dem Begriff der *Kausalität* die Kategorie der *Teleologie* diese Stellung ein. Die Vorstellung, daß Gott als prima causa in den – und durch die von ihm gesetzten Entitäten und Seins-Strukturen wirkt, findet ihre Entfaltung in der *Zweitursachentheorie*.

Im folgenden sollen die zentralen Begriffe und Konzepte des sapiential-ordinativen Modells systematisch zusammengestellt und diskutiert werden: der causa-Begriff, das Motiv der Teleologie und die Theorie der Zweitursächlichkeit.

1. Der logische Status des causa-Konzepts im sapiential-ordinativen Modell

In einigen Modellschemata, die Konzepte der Wirksamkeit Gottes typologisch erfassen und systematisch zusammenstellen, ist die Zweitursachentheorie bzw. das Konzept der Kausativität[192] als eigenes Modell dem des personalen Handelns zur Seite

192. Es ist dabei zwischen physikalischer und metaphysischer Kausalität zu unterscheiden, d.h. zwi-

gestellt.[193] Die folgende Argumentation soll demgegenüber zeigen, daß sie als solche noch nicht den Status eines eigenen Modells beanspruchen kann, weil ihre Bedeutungsreichweite nicht gleich umfassend ist wie die des sapiential-ordinativen und des aktualistischen Modells.

Die Extension des causa-prima-Konzepts kann dadurch bestimmt werden, daß man es auf jene, auf S. 35 der vorliegenden Studie genannten Leitfragen bezieht, die sinnvollerweise an Gottes Wirken gestellt werden können. Das causa-Konzept zielt vor allem auf die erste dieser Fragen: »*Wie* wirkt Gott?«, d.h. auf die Bestimmung des *Modus* des göttlichen Wirkens. Es beschreibt die Art und Weise des Zusammenwirkens zwischen der unendlichen und den endlichen Wirkursachen. Selbst wenn man die breite Bedeutung der causa-Kategorie im Sinne des thomasischen Vier-Ursachen-Schemas voraussetzt, bleibt die auf Gott bezogene Kausalitätsvorstellung noch inhaltlich und final unbestimmt. Die Antwort auf die Fragen, *was* die causa prima wirkt und *mit welchem Ziel* sie es tut, kann nicht aus dieser Vorstellung selbst entwickelt werden. Sie ergibt sich nicht aus der *Funktion*, sondern aus dem *Wesen* der causa prima. Darin liegt ein entscheidender Unterschied zwischen dem Konzept der Kausativität und dem Modell des personalen Handelns: Letzteres ist untrennbar mit der Gegebenheit und der wesenhaften Bestimmung des Handlungssubjekts verbunden. Inhalt und Ziel des Wirkens verstehen sich als unmittelbarer Ausfluß des Wesens einer Person. Das Konzept der Kausativität ist demgegenüber zunächst subjektlos und kann auf unterschiedliche - personale wie impersonale Wirkinstanzen bezogen werden. Erst durch die Verbindung mit dem Subjekt Gott als causa prima erhält sie ihre inhaltliche Bestimmtheit.

Auch Christoph Schwöbel stellt dem Modell des personalen Handelns das »model of causality«[194] gegenüber und konstatiert die Differenz im logischen Status zwischen den beiden Modellen. Daraus zieht er dann die Konsequenz, das Modell der Kausativität sei für die Explikation des göttlichen (wie auch des menschlichen Wirkens) letztlich untauglich und dem Modell der personalen Aktion an Erklärungskraft unterlegen. Doch ist diese Argumentation offensichtlich zirkulär. Denn Schwöbel trägt die logische Asymmetrie schon von vorneherein in seine Darstellung ein, indem er zwei Explikate verschiedener Geltungsreichweite - ein Konzept und ein Modell - miteinander vergleicht.

schen a) dem Kausalgesetz, das für den Bereich der physikalischen Wirklichkeit gilt und postuliert, jedes Geschehen in diesem Bereich stehe in einem Ursache-Wirkungs-Zusammenhang und b) der Rede von Gott als causa prima, die durch geschöpfliche causae secundae wirkt. Beide Ebenen berühren sich in der Lehre von Gott als der ratio causandi, d.h. des selbst unverursachten Seinsgrundes, der geschöpfliche Ursachen allererst zu solchen macht. - Einen Überblick über den aktuellen Diskussionsstand zum Thema Kausalität geben: Posch, G. (Hg) (1981): Kausalität. Neue Texte, Stuttgart; Sosa, E., Tooley, M. (Hg) (1993): Causation, Oxford.

193. Exemplarisch: Thomas, O. C. (Hg) (1983) {→ L.}, 231-240, der das »primary cause«-Konzept als zweites seiner fünf Modelle {→ S. 56f} ausweist; Barbour, I. G. (1990) {→ Teil I, A. 41}, Kap. 9 (243-270) unterscheidet: »the monarchial model«, »primary and secondary causes«, »God's self-limitation«, »existentialism«, »God as agent«, »the world as God's body«, »God as creative participant«.

194. Schwöbel, C. (1992) {→ L.}, 37.

Dabei operiert er in Anlehung an J. MacMurray und T. F. Tracy[195] mit einem causa-Begriff im Sinne der »transeunt event-causation«, der sich gerade nicht auf göttliche Kausalierung beziehen läßt, weil er per definitionem in scharfer Abgrenzung gegen den Handlungsbegriff entwickelt ist und einseitig vom Verständnis der mechanischen Wirkkausalität als non-intentionaler Kraftwirkung auf einen Gegenstand ausgeht. »Causes« sind dieser Auffassung nach auf »events« bezogen, »acts« gründen dagegen in »reasons«.[196] Wo »Ursache« auf eine solche Weise bestimmt wird, kann sie nur als Transmitter, nicht aber als Erzeuger von Wirkungen verstanden werden.[197] Von einer solchen Voraussetzung aus aber muß Schwöbel zu der dann unvermeidlichen Konsequenz eines infiniten Regresses gelangen: Das Konzept der Ursache könne das Hervortreten eines Ereignisses nicht vollständig erklären, weil die Ursache selbst wieder verursacht und damit bedingt sei.[198]

Dem ist zum einen entgegenzuhalten, daß sich Analoges auch über die ›Ursächlichkeit‹ des menschlichen Handelns sagen läßt, das wohl nicht kausal determiniert, aber doch durch historisch-kontingente Randbedingungen konditioniert ist.[199] Und zum anderen liegt in der Übertragung des causa-Konzeptes auf die Wirksamkeit Gottes (als *metaphysische* Ursache) gerade die *Aufhebung* des infiniten Regresses. Denn Gott ist hier als die selbst nicht-verursachte, nur durch seine Selbstbestimmung geleitete Erstursache verstanden. So kann der Verweis auf die Endlosigkeit der endlichen Ursachenketten gerade nicht gegen die Anwendung des causa-Modells auf Gott sprechen, wenn dabei die qualitative Differenz zwischen endlicher und unendlicher Ursächlichkeit in Rechnung gestellt wird.

Daß dem causa-Konzept nicht die gleiche Reichweite wie dem der personalen Aktion (und dem der sapientialen Ordination) zukommt, liegt vielmehr daran, daß es - wie oben gezeigt - Aussageabsichten nicht aufzunehmen vermag, die dem Wirken Gottes prädiziert werden müssen, wie etwa die inhaltlichen und finalen Qualifikation des Wirkens, die sich aus dem Wesen Gottes ergeben: die Motivation des Wirkens durch Liebe und seine finale Ausrichtung auf das Reich Gottes. Dem causa-Konzept und der auf seinem Fundament errichteten Theorie der Zweitursächlichkeit kommt also nicht der Status eines eigenständigen Modells der Gott-Welt-Beziehung, sondern nur die Rolle des zentralen Theorems innerhalb des sapiential-ordinativen Modells zu.

195. MacMurray, J. (1956) {→ A. 9}, 153; Tracy, T. F. (1984) {→ L.}, 21-44.

196. Siehe dazu: Davidson, D. (1963) {→ A. 9}; Hansson, M. J. (1991) {→ L.}, 33-37.

197. Der Begriff der »(immanent) agent causation«, wie er von Chisholm ausgearbeitet wurde [Chisholm, R. M. (1976) {→ A. 32}, bes. 69ff; ders. (1976a) {→ A. 32}], ist gerade umgekehrt als unhintergehbare Verursachung eines Ereignisses durch eine Aktinstanz definiert. - Siehe dazu Dantos Kritik: Danto, A. (1973) {→ A. 9}, 59ff.

198. Schwöbel, C. (1992) {→ L.}, 37.

199. Vgl. in diesem Kontext auch die berechtigte Kritik G. Kaufmans am »model of the agent-self«, in dem das Handlungssubjekt »as freestanding, as metaphysically self-subsistent and self-explanatory« betrachtet werde [Kaufman, G. D. (1993) {→ A. 164}, 271].

2. Die Theorie der Zweitursächlichkeit und ihre Interpretation als transzendentale Relation

Von Thomas in seiner Rezeption des aristotelischen prima-causa Konzepts entwikkelt, bildet die Zweitursachentheorie seither das zentrale Denkmuster des sapiential-ordinativen Modells, demzufolge Gott als causa prima in den - und vermittelt durch die weise eingerichteten Strukturen seiner Schöpfung wirkt, indem er die geschöpflichen causae secundae als Mittelinstanzen ›nutzt‹. Sie stellt das Äquivalent zur Theorie der *double agency* im aktualen Modell dar. So kann man systematisierend feststellen: Wo sich das concursus-Motiv im Bezugsrahmen des aktualistischen Modells ausbildet, führt das zur Lehre der *double agency*. Formiert es sich dagegen im sapiential-ordinativen Modell unter der Ägide der causa-Kategorie, dann bekommt es die Gestalt der Zweitursachentheorie.

Vor allem in der katholischen (aber auch in der altprotestantischen[200]) Thomas-Rezeption spielte die theologische prima-causa-Lehre immer eine zentrale Rolle. In der deutschsprachigen katholischen Theologie der jüngsten Vergangenheit war es vor allem B. Weissmahr, der sie konsequent verfochten hat, indem er über Thomas hinaus[201] postulierte, *jegliches* Weltwirken Gottes (auch das wunderbare und heilshafte) sei ausnahmslos durch innerweltliche Wirkinstanzen vermittelt.[202] Er steht damit in einer Diskussion, die schon seit den 50er Jahren innerhalb der katholischen Theologie geführt wurde[203] und die durch seinen Entwurf einen starken neuen Impuls erhielt[204].

a) Die klassische Gestalt der Zweitursachentheorie

Die Theorie der Zweitursächlichkeit geht nach Thomas nicht von einer extrinsischen Einwirkung Gottes auf die geschöpflichen Wirkinstanzen aus, sondern von der Vorstellung ihrer intrinsischen Inanspruchnahme im Rahmen des mit ihnen bestehenden Seinsverbundes.[205] Als causa prima wirkt Gott in seiner gubernatio auf die -, in den -

200. Der calvinistische Aristoteliker H. Zanchi entwirft die Vorsehungslehre nach dem Vier-Ursachen-Schema, wobei Gott (als causa efficiens) die Welt (causa materialis) nach seinem ewigem Plan regiert (causa formalis) zur Ehre Gottes, zum Heil der Erwählten und zum Wohl des ganzen Kosmos (causa finalis) [Hieronymi Zanchii Operum Theologicorum, Genf 1613, Bd. 3.2, 849f]. Auch dem in Teil II summierten Schema Königs liegt die Unterscheidung der vier Ursachen zugrunde.
201. Thomas hatte stets an der *Möglichkeit* eines unvermittelten, extraordinären Eingreifens Gottes in den Weltprozeß festgehalten, etwa in S.th. I, 105,6f.
202. Weissmahr, B. (1973): Gottes Wirken in der Welt. Ein Diskussionsbeitrag zur Frage der Evolution und des Wunders, (FTS 15), Frankfurt (Zusammenfassung seiner These: 187); ders. (1974): Bemerkungen zur Frage der Möglichkeit eines nicht durch Geschöpfe vermittelten göttlichen Wirkens in der Welt, in: ZkTh 96, 426-430. - Siehe dazu: Schulte, R. (1988) {→ Teil I, A. 50}, 120ff; Kocher, R. (1993) {→ L.}, 219ff.
203. Siehe dazu: Kocher, R. (1993) {→ L.}, 219, Anm. 17. Ein starker Impuls ging dabei von der schon 1919 erschienenen Darstellung »Le Thomisme« von E. Gilson aus. Sie wurde mehrfach aufgelegt und 1956 ins Englische übersetzt: The Christian Philosophy of St. Thomas Aquinas, New York.
204. Siehe dazu: Kocher, R. (1993) {→ L.}, 224f.
205. Siehe dazu E. Gilsons Rekonstruktion der beiden Positionen, von denen sich Thomas abgrenzt [Gil-

und durch die causae secundae, nicht aber gegen deren ›natürliche‹ Disposition in Anwendung von äußerem Zwang. Vielmehr richtet er sie in ihrem Sein so aus, daß sie ihrer spezifischen, arteigenen Potentialität folgen. Er wirkt also durch ihr Wirken *nach Art ihres Wirkens*, wie es die von Gott gesetzte Seinsordnung vorgibt, indem er ihre Potenz in einem bestimmten Richtungssinn aktualisiert. Die so begründete sapientiale Lehre von der providentia ordinata unterscheidet sich vom aktualistischen Modell darin, daß Gott hier *durch* die Ordnung der Schöpfung wirkt, während er dort *im Einklang mit ihr* handelt. Die Kette der weltlichen Ursachen bleibt unversehrt. Gott interveniert nicht, sondern wirkt durch die Zweitursachen. Noch nicht, daß er vermittelt wirkt, sondern daß er nach der Eigenart der Mittelinstanzen im Rahmen der Seinsordnung durch deren Inanspruchnahme wirkt, schließt die Vorstellung einer ›unnatürlichen‹, wunderhaften Intervention logisch aus – jedenfalls dann, wenn unterstellt ist, er wirke *ausschließlich* auf diese Weise.[206]

Die Zweitursachentheorie ermöglicht es, auf die problematische Annahme einer supranaturalen Intervention Gottes in den Weltprozeß ebenso zu verzichten wie auf das Postulat eines theo-ontologischen Dualismus zwischen göttlicher Wirksphäre und geschöpflicher Wirklichkeit. Die Einheit der Wirklichkeit bleibt gewahrt. Gott ist ihr Ursprung, der Garant ihres Fortbestehens und ihr Wirkprinzip. Die *eine* Wirklichkeit wird auf zwei Ebenen aussagbar, in zwei Perspektiven beschreibbar, was naturwissenschaftlicher Wirklichkeitsdeutung einen Bereich eigenen Rechts garantiert.[207]

Die thomasische Zweitursachentheorie geht von Gottes Kausativiät als seinsermöglichender (productio), -erhaltender (conservatio) und ausrichtender (motio ad finem) Mitteilung aus. In einer Hierarchie der ontischen Ursächlichkeit mit der causa prima an ihrer Spitze gewährt Gott in seiner Güte Anteil an seinem Sein und erzeugt damit Entitäten, die durch den von ihm als dem actus purus ausgehenden Seinsakt zu causae secundae werden, d.h. zu Seinsmitteilungen für anderes Seiendes und so zum

son, E.: The Corporeal World and the Efficacy of Second Causes, Auszug aus: ders.: The Christian Philosophy of St. Thomas Aquinas, New York 1956, abgedruckt in: Thomas, O. C. (Hg) (1983) {→ L.}, 226]: (1) Vom Extrinsizismus, der ihm in den platonisierenden Systementwürfen von Avicenna und Ibn Gabirol begegnete: Gott wirkt von außen auf physische Prozesse, Bewußtseinsakte und Willensbildungen ein. (2) Vom Intrinsizismus (Gilson nennt ihn »Anaxagorismus«) eines stoischen (und dann auch auf die Aristoteles-Interpretation angewandten) Immanentismus, der alle Wirkung auf die samenhaften Logoskerne in den Dingen zurückführt {→ Teil II, A. 10}. Beide Positionen minimieren die Eigentätigkeit der geschöpflichen Ursachen und tendieren auf das Postulat der Allals Alleinkausalität Gottes hin. - Zur Zweitursachentheorie siehe auch: Barbour, I. G. (1966) {→ Teil I, A. 41}, 425-428.

206. So lehnt etwa H. Vorgrimler in seinen »Überlegungen zur Geschichtsmächtigkeit Gottes« die Vorstellung einer extraordinären Intervention Gottes in den Bereich der physikalischen, chemischen und biologischen Wirklichkeit unter Verweis auf die *potentia ordinata* ab: Gott habe sich in diesem Bereich selbst an die von ihm erlassenen Gesetzmäßigkeiten gebunden. Sein ›Handeln‹ beschränkt sich nach Vorgrimler auf die permanente Bestandserhaltung der Schöpfung, einschließlich ihrer inneren Befähigung, sich selbst qualitativ zu überschreiten [Vorgrimler, H. (1985) {→ Teil I, A. 50}, 132].

207. Siehe dazu: Griffin, D. R. (1983): Relativism, Divine Causation, and Biblical Theology, in: Thomas, O. C. (Hg) {→ L.}, 118ff.

Abbild der Kreatvität und Güte Gottes. Die Effizienz der Sekundärursachen ist damit keine autonome im Gegenüber zu Gott, sondern eine aus Gottes Vollkommenheit und Vollmacht gewährte und dieser entgegenstrebende. Eigen-Wirksamkeit der Zweitursachen kann es nur als von Gott verliehene und sich im Gott-Bezug der Seinsordnung vollziehende und also als relationale geben. Als solche aber gibt es sie wirklich - darauf legte Thomas den Akzent gegen die Behauptung einer Alleinkausalität Gottes. Er wollte also nicht begründen, wie *Gott* zusammen mit den Geschöpfen wirkt, sondern daß den *Geschöpfen* eine (nicht absolute, sondern relationale) Eigen-Wirksamkeit eignet, deren metaphysischer Ermöglichungsgrund in Gottes Prinzipalursächlichkeit liegt. So sprach er dem Menschen die Fähigkeit, aber auch die Pflicht zu, an Gottes Vorsehungswirken aktiv teilzunehmen durch eigene ›Vorsehung‹ für sich und andere.[208]

Eine synergistische Konkurrenz zwischen Gott und den kreatürlichen Instanzen ist nach Thomas vollkommen ausgeschlossen. Je ganz (»totus ab utroque«[209]) bringen Primär- und Sekundärursache durch ihr Zusammenwirken auf unterschiedlichen Ebenen *eine* Wirkung hervor. Der concursus Gottes ist dabei nicht als individueller Akt gedacht, sondern als die den kreatürlichen Akt ermöglichende, permanente Seinsmitteilung des actus purus.

Mit ihrer Unterscheidung zwischen den physischen Sekundärursachen und der metaphysischen causa prima vermag die Zweitursachentheorie die naturwissenschaftliche Wirklichkeitsdeutung anzuerkennen, sie aber durch die theologische Perspektive zu unterfangen. Weiterhin bringt sie das Motiv der Verborgenheit Gottes in Natur und Geschichte zur Geltung und kann damit jene historisierende Sicht des Geschichtshandelns Gottes, wie sie in der Biblical Theology G. E. Wrights (und in der deutschsprachigen Theologie vor allem von W. Pannenberg im Anschluß an G. v. Rad) entwickelt wurde, korrigieren. Die Tatsache, daß Gott nicht unvermittelt in der Schöpfung wirkt, hat zur Folge, daß sein Wirken nicht unmittelbar aufweisbar sein kann. Es kann immer nur als Sinnmuster eines Geschehens in der Perspektive des Glaubens erfaßt werden.

b) Die Zweitursachentheorie als transzendentale Relation (Karl Rahner)

Ihre eigentliche Bedeutungstiefe erreicht das Zwei-Ursachen-Konzept jedoch erst dort, wo es als Ausdruck der transzendentalen Ursächlichkeit Gottes (Gott als Ur-Sache bzw. Möglichkeitsbedingung der gesamten Wirklichkeit) aufgefaßt wird. Wenn diese Deutung auch schöpfungstheologisch vom aktualistischen Modell aus erreichbar ist - wobei die transzendentale Relation als Gesamtakt der creatio continua erscheint, durch den Gott den Fortbestand der Schöpfung als ganzer, wie auch die Existenz und Wirksamkeit der einzelnen Geschöpfe in permanenter schöpferischer Aktivität ermöglicht - so liegt sie doch dem sapiential-ordinativen Modell näher als dem

208. S.th. I/II, 91,2.
209. »non sic idem effectus causae secundae et divinae virtuti attribuitur quasi partim a Deo, et partim a naturali agente fiat, sed totus ab utroque secundum alium modum« (Contra gentiles III, 70).

aktualistischen: In seiner ordinatio des Schöpfungswerkes erweist sich Gott als transzendentaler Möglichkeitsgrund der Wirklichkeit in ihrer ontologischen Struktur.

Im Anschluß an die Bestimmung der Beziehung zwischen Natur und Gnade bei Thomas[210], aber auch unter dem Einfluß der Epistemologie Kants hat vor allem *Karl Rahner* die Zweitursachentheorie als *transzendentale* Gott-Welt-Relation interpretiert.[211] Demnach ist Gott »der transzendente, tragende Grund allen Tuns von allem, nicht aber ein Demiurg, dessen Tun innerhalb der Welt geschieht. Er ist Grund der Welt, nicht Ursache *neben* anderen Ursachen *in* der Welt«.[212] Und in seinem »Grundkurs des Glaubens« konstatiert Rahner, »daß Gott *die* Welt wirkt und nicht eigentlich *in der* Welt wirkt. Daß er die Kette der Ursächlichkeiten trägt, nicht aber sich als ein Glied durch sein Handeln in dieser Kette der Ursachen als eine unter ihnen hineinschiebt«.[213] Jede Kategorialisierung[214] des Wirkens Gottes, d.h. jede Verzeitlichung, Verräumlichung und Vergegenständlichung ist damit abgewiesen.

Rahner hatte seine Concursuslehre wesentlich im Blick auf die sog. Hominisationsthematik entwickelt, d.h. in Erörterung der Frage, wie die Entstehung des Menschen als beseeltem Wesen ontogenetisch und phylogenetisch zu denken sei. Sie bezieht sich also auf den Bereich der Natur, nicht auf den der Übernatur (d.h. auf die Vermittlung der Gnade), für den Rahner eine unvermittelte Einwirkung Gottes annahm. In seiner präzisen Analyse der Rahner'schen Concursuslehre schreibt Michael Plathow[215], nach Rahner wirke Gott als das Woher und Woraufhin des endlichen Seins und Geschehens, wobei sich diese Wirksamkeit zum einen »über« der Bewegung des geschöpflichen Werde-Seins, zum anderen als inneres Moment in ihm vollziehe. Man kann darin - über Plathow hinaus - eine Rezeption des aristotelisch-thomasischen Vier-Ursachen-Schemas erkennen: causa efficiens und causa finalis wirken als äußere Ursachen, während die causae materialis et formalis dem jeweiligen Seienden immanent sind. Dabei vermeidet er – unter Hin-

210. S.th. I, 45,3 u.ö. - R. Schulte stellt jedoch - sicher zu Recht - die Frage, ob Rahner sich wirklich auf Thomas berufen könne und weist auf Belegstellen hin, die seiner Interpretation widersprechen [Schulte, R. (1988) {→ Teil I, A. 50}, 157, Anm. 12]. Doch läßt sich mit diesem Einwand nicht die Validität des Rahner'schen Konzepts an sich bestreiten.
211. Rahner, K. (1976, ND 1984): Grundkurs des Glaubens. Einführung in den Begriff des Christentums, Freiburg u.a., 93f. - Schon in: Rahner, K. (1961): Die Hominisation als theologische Frage, in: Overhage, P., Rahner, K. (Hg): Das Problem der Hominisation. Über den biologischen Ursprung des Menschen (QD 12/13), Freiburg u.a., 57-61, und in: Rahner, K. (1967): Der dreifaltige Gott als transzendenter Grund der Heilsgeschichte (MySal II), hatte sich Rahner in diesem Sinne geäußert. Zu seinem Vorsehungsverständnis siehe: Rahner, K. (1965): Art. »Vorsehung, II. Dogmatisch«, in: LThK^2, Bd.10, 887-889.
212. Rahner, K. (1961) {→ A. 211}, 80.
213. Rahner, K. (1976, ND 1984) {→ A. 211}, 93f.
214. Zur Begrifflichkeit der Transzendentalität und der Kategorialität bei Rahner siehe: Bernhardt, R. (1990, 1993^2): Der Absolutheitsanspruch des Christentums. Von der Aufklärung bis zur Pluralistischen Religionstheologie, Gütersloh, 178f, bes. Anm. 96.
215. Plathow, M. (1976) {→ L.}, 87-97, hier: 90. Plathow konnte Rahners »Grundkurs des Glaubens« noch nicht im Blick haben, der ebenfalls 1976 erschien. Kocher, R. (1993) {→ L.}, 137-148 interpretiert Rahner in polemischer Ablehnung.

weis auf die Transzendentalität der Ursächlichkeit Gottes – die Verabsolutierung einer extrinsischen und einer intrinsischen Interpretation. Gottes Mitwirkung ist demzufolge weder als inneres (inhärentes) Wesensmoment des Seienden[216] noch als (transzendentes) Eingreifen von außen zu verstehen. Weder verschmelzen beide Ursachen zu einer, noch wirken sie bloß äußerlich koeffizent zusammen. Vielmehr stellt sich zwischen ihnen eine dynamische Beziehungseinheit her, in der sie *ineinander* agieren; oder anders: in der die Sekundärursache in der Kraft der absoluten Seinsfülle der Primärursache agiert - so, daß die Primärursache die Selbstüberbietung der Sekundärursache als deren eigene Aktivität ermöglicht und diese der sich selbst mitteilenden Primärursache eine Ausdrucksgestalt gibt. Beide bewegen sich also aufeinander zu mit dem Ziel der Vergöttlichung der Schöpfung und der Verherrlichung des Schöpfers.

Einen präzisen Ausdruck findet das so verstandene causa-prima Schema in Eberhard Wölfels Interpretation. Ihm zufolge arbeitet eine jede causa secunda »*in kraft* (›motu movente‹) der zugehörigen causa prima«. Dieses ›in kraft‹ aber sei »als etwas die Kausalität überhaupt und als solche Fundierendes ... außerhalb des Kausalschemas als solchem, und d.h. in eigener Kategorialität« zu beschreiben.[217]

Eine gewisse Präponderanz innerhalb des Ursachen-Schemas kommt dabei der Deutung der Wirksamkeit Gottes als Formalursache zu.[218] Rahner versteht diese Wirksamkeit nicht als wirkursächliche Infusion einer Seinsverfassung (habitus), sondern als ontische Selbstmitteilung Gottes, die eine Divinisierung der Existenz nach sich zieht. Dabei wirkt die »Ursache« *in* der Wirkung als deren intrinsisch-konstitutives Element, ohne je mit ihr identisch zu werden.

Durch Gottes dynamischen concursus erzielt das endliche Seiende einen qualitativen Mehrwert, einen Zuwachs an Sein, eine größere Aktualität - und zwar dadurch, daß es sich selbst aktiv transzendiert, d.h. die mit seinem Wesen gesetzten Grenzen übersteigt, so daß Neues entsteht.[219] Gottes Seinsmitteilung ist Ermöglichungsgrund und Integral dieser aktiven »Selbstüberbietung« bzw. »Selbsttran-

216. Die unendliche Ursache gehört nach Rahner »zur ›Konstitution‹ der endlichen Ursache als solcher, ... ohne ein inneres Moment an ihr als Seiendem zu sein« [Rahner, K. (1961) {→ A. 211}, 69, siehe auch 75, 82f].

217. Wölfel, E. (1981): Die Welt als Schöpfung. Zu den Fundamentalsätzen der christlichen Schöpfungslehre heute (ThExh 212), München, 33.

218. In: Rahner, K. (1960): Über den Begriff des Geheimnisses in der katholischen Theologie, in: Schriften zur Theologie IV, Einsiedeln u.a., 90ff, spricht Rahner in scholastischer Terminologie von der »quasiformale(n) Ursächlichkeit Gottes«. So auch in: Schriften zur Theologie IV, 170f. Im »Grundkurs des Glaubens« ist dann das »quasi« entfallen und nur noch vom »Modell formaler Ursächlichkeit« die Rede [Rahner, K. (1976, ND 1984) {→ A. 211}, 127f]. - A. Dulles nimmt diesen Gedanken auf [siehe den von O. C. Thomas referierten (bisher noch nicht ausgearbeiteten) Entwurf von Dulles: Thomas, O. C. (1990): Recent Thought on Divine Agency, in: Hebblethwaite, B. L., Henderson, E. H. (Hg) {→ L.}, 42-46].

219. Ein ganz ähnliches, von jeglicher seinsmetaphysischen Grundierung allerdings gelöstes Motiv begegnete in der aktualistischen Konzeption Farrers: God »enhances, or extends, the action of his creatures; they are able to do what is analogous with what they can commonly do, but goes beyond it« [Farrer, A. M. (1964) {→ A. 63}, 82f].

szendenz« des geschöpflich Seienden.[220] Aus ihr ergibt sich die geschichtliche Konstitution des Seins.

Ohne Zweifel kommt dem Modell der *transzendentalen Relation* das Verdienst zu, die qualitative Differenz zwischen prinzipieller (konstitutiver) Ursächlichkeit im weitesten Sinn und der durch sie ermöglichten (konsekutiven) Wirksamkeit der Geschöpfe angemessen zur Geltung zu bringen. Als Ur-Sache ist Gott die Möglichkeitsbedingung nicht nur des menschlichen In-der-Welt-Seins, sondern auch des menschlichen Handeln-Könnens - und zwar nicht nur in einem ein-für-allemal vollzogenen Schöpfungsakt, sondern in einer permanenten theo-ontischen (seinserhaltenden, -vermehrenden und -ausrichtenden) Präsenz. Sie manifestiert sich zuerst in der Ordnung (und bei Rahner: in der Höherentwicklung) des Seins. Gott handelt nicht unmittelbar in der Welt, sondern schafft - als Prinzipalursache - die Möglichkeit für die Aktivität und damit für die aktive Selbsttranszendenz der Zweitursachen, die er zum Erreichen seiner Zwecksetzungen in Anspruch nimmt. Er wirkt also gerade nicht auf gleicher Ebene mit den geschöpflichen Ursachen zusammen, sondern begründet ihr Wirken und die Möglichkeit, über das ihnen eigene Wirken-Können hinauszuwirken.

In dieser Bestimmung der Beziehung zwischen »Erst-« und »Zweitursache« ist weiterhin aller Anthropomorphismus der Rede vom Handeln Gottes wie auch jeglicher Physikomorphismus der Rede von Gott als physische causa vermieden. Gott ist die *metaphysische* Ursache, welche die physischen Ursachen allererst konstituiert. Von hier aus wird es möglich, den Gedanken der Allmacht Gottes unverkürzt beizubehalten, ohne ihn zum innergeschöpflichen Determinismus geraten zu lassen: Gottes Allmacht bezeichnet die seinsbegründende, -erhaltende und -regierende Macht des Gesamtaktes der Schöpfung. Gott wirkt nicht alles, aber er wirkt in allem, in dem er dieses zur Wirksamkeit befähigt.

Der Zweitursachentheorie gegenüber ist allerdings zu fragen, ob die Annahme einer transzendentalen Gott-Welt-Beziehung nicht das Wirken Gottes *in* der Welt unterbestimmt. Läuft sie nicht letztlich auf einen sapiential-ordinativen Deismus hinaus, bei dem der initiale Schöpfungsakt nicht nur zeitlich auf den Beginn des Weltprozesses terminiert ist, sondern als permanente Seinsmitteilung jedem einzelnen Seinsakt transzendental zugrundegelegt wird? Kann Gott in seiner transzendental gedachten Allwirksamkeit noch in eine besondere und d.h. unmittelbare Beziehung zu Ereignissen in Natur und Geschichte gesetzt werden? Als der schöpferische Urgrund, der aller Wirklichkeit gleich gegenwärtig ist, droht er sich im Schleier des Numinosen und der Transzendenz aufzulösen.[221]

220. Die prägnanteste Formulierung Rahners zur Beschreibung der zusammenwirkenden doppelten Aktivität lautet: »Es soll der Begriff des göttlichen Wirkens als aktives, dauerndes Tragen der Weltwirklichkeit derart entwickelt werden, daß eben dieses Wirken erscheint als die aktive Ermöglichung der aktiven Selbsttranszendenz des endlich Seienden durch sich selbst ...« [Rahner, K. (1961) {→ A. 211}, 61]. Zum Begriff der »aktiven Selbsttranszendenz« siehe auch: Rahner, K. (1962): Die Christologie innerhalb einer evolutiven Weltanschauung, in: Schriften zur Theologie V, Einsiedeln u.a., 192ff; ders. (1976, ND 1984) {→ A. 211}, 185ff. Siehe dazu: Moltmann, J. (1989) {→ Teil III, A. 260}, 321-325.

221. Dieses Argument ließe sich weiter in die philosophischen Begründungszusammenhänge der

Nach Rahner ist dieser Einwand dialektisch und unter Hinweis auf das Konzept der mediaten Kausativität zu beantworten. Wenn Gott auch nicht unmittelbar geschöpfliche Wirkungen hervorbringt, sondern in unvermittelter Allwirksamkeit ihren Möglichkeitsgrund wirkt, so folgt doch daraus nicht, daß seine dynamische creatio continua die Wirksamkeit des geschöpflichen Seienden unberührt ließe. Vielmehr wirkt er »in-ihm-über-ihm«[222] und bringt auf diese Weise - durch die unmittelbare Wirksamkeit Gottes in den Mittelursachen - mittelbar Wirkungen in der Welt hervor. So besteht die transzendentale Kausativität Gottes zum einen aus der unmittelbar-kreativen und zum anderen aus der mittelbar-konkursiven Wirksamkeit. In der Welt wirkt Gott vermittelt durch die kreatürlichen Sekundär- und Instrumentalursachen, in denen er unmittelbar tätig ist, ohne daß seine Wirkkraft mit der ihren wesenhaft identisch wäre. Nach dieser Auffassung erlaubt das Modell der transzendentalen Kausativität, Gottes Wirken als ein unmittelbares und dem geschöpflichen Wirken (etwa dem menschlichen Handeln) gleichzeitiges vorzustellen: Gott wirkt *im* Handeln des Menschen. Das Zusammenwirken vollzieht sich in unmittelbarer Mittelbarkeit bei bleibender qualitativer Verschiedenheit. Damit ist die Kategorie der Primärursächlichkeit dem endlichen Kausalzusammenhang enthoben und doch als Wirkkraft in ihm dargestellt.

Sprachlich läßt sich diese Beziehung am ehesten in der hebräischen Verbform des Kausativs zum Ausdruck bringen: Dem Handlungssubjekt kann mit dieser Sprachfigur ein Bewirken des Bewirkens zugeschrieben werden, d.h. Gott wirkt, daß der Mensch eine bestimmte Wirkung hervorbringen kann.

Die gegen Rahners Interpretation des causa-prima Konzepts als Theorie der transzendentalen Relation vorgetragenen Kritiken[223] nehmen zumeist die Dialektik dieses Theorieentwurfs nicht wirklich ernst und verkürzen ihn zu jenem »dynamischen Deismus«[224], den sie ihm dann vorwerfen. So auch Schulte, der mehrfach an Rahner die Frage stellt, ob die Alternative denn unausweichlich sei: »*Entweder* göttlicher

Rahner'schen Theologie hinein treiben, was hier nur als grundlegende Anfrage angedeutet werden soll: Wird hier ein im Kern neuplatonischer Transzendenz-Idealismus, der Gott als ewigen Grund allen Seins zu diesem in Beziehung setzt, in geschichtlichen Denkmustern rekonstruiert?

222. Rahner, K. (1961) {→ A. 211}, 73.

223. Siehe: Kocher, R. (1993) {→ L.}, 139ff. Auch diese Einwände sind zumeist - wie Rahners Theorie der aktiven Selbsttranszendenz - im Referenzrahmen der Hominisationsthematik entwickelt. Im Blick auf diese Frage sehen einige der Kritiker (wie Kocher selbst) bei Rahner (und noch stärker bei Teilhard de Jardin, der Rahner in dieser Hinsicht stark beeinflußt hat) zu sehr die *Kontinuität* der Entwicklung zum beseelten menschlichen Leben (im Sinne des Mehr-Werdens) betont und postulieren demgegenüber die Wahrscheinlichkeit von qualitativen ›Sprüngen‹ in der Ausdifferenzierung der Arten im allgemeinen und in der Erschaffung des Menschen als geistiger Person im besonderen. Diese Diskontinuitäten seien auf schöpferische Impulse zurückzuführen [Kocher, R. (1993) {→ L.}, 141]. Kocher beruft sich dabei auf das dualistische Leib-Seele-Modell von J. C. Eccles, das in der Neurophysiologie nahezu einmütig abgelehnt wird [siehe dazu den instruktiven Artikel von: Schnabel, U. (1997): Wanderer zwischen drei Welten. Mit John C. Eccles starb der letzte Neurophysiologe, der noch an die Seele glaubte, in: DIE ZEIT, Nr. 21 vom 16. Mai 1997, 34]. Nach Eccles ist die Einwirkung des Geistes auf das Gehirn weder von materieller noch von energetischer, sondern von eigener - geistiger - Art.

224. Dolch, H. (1974): Rezension zu: Weissmahr, B. (1973) {→ A. 202}, in: BiKi 29, 25.

Grund *oder* Funktion in einem Geflecht von Funktionen (oder, wie andernorts: Ursache unter Ursachen)«[225]. Muß die Behauptung, Gott wirke in der Welt, zu dem Schluß führen, er wirke als kategoriale Ursache? Kann und muß demgegenüber nicht angenommen werden – so Schulte weiter –, er handele in qualitativer Unterschiedenheit von den geschaffenen Ursachen *in* der Welt? – Diesem Einwand ist entgegenzuhalten, daß Rahner mit seinem Ansatz gerade dies zum Ausdruck zu bringen vermag, daß Gottes Nicht-Welt-Sein noch nicht sein Außer-der-Welt-Sein bedeutet. Er löst die Immanenz Gottes nicht in seine Transzendenz hinein auf, sondern bringt sie als geistige Kraftwirkung der absoluten Seinsfülle zur Geltung. Erst recht reduziert er die Kausativität des Schöpfers nicht auf die schöpferische Ursprungsbeziehung.

Im Gedanken der unmittelbaren Wirksamkeit Gottes in den Mittelursachen liegt die Möglichkeit begründet, die Eigendynamik der natürlichen Welt wie die Freiheitsgeschichte der Menschheit mit diesem Wirken zusammenzudenken. Mehr noch: Es liegt darin die Möglichkeit begründet, die Eigenständigkeit des Weltgeschehens auf Gottes positive Verfügung zurückzuführen. Gottes Wille und Gottes Wirken bildet den transzendentalen Möglichkeits- und Wirklichkeitsgrund nicht nur des geschöpflichen *Seins* und *Wirkens*, sondern auch der geschöpflichen *Freiheit*.

Der eigentlich gegen Rahners Interpretation der Zweitursachentheorie zu erhebende Einwand betrifft den darin implizierten metaphysischen Optimismus, demzufolge sich der Weltprozeß durch die zunehmende Selbstmitteilung der absoluten Seinsfülle teleologisch auf das Ziel der Vergöttlichung zubewegt. Sündige Verwerfungen müssen als retardierende Momente innerhalb dieses Prozesses der Höherentwicklung gedeutet werden. Gegenüber einem solchen theo-ontologischen Fortschrittsoptimismus aber gilt es, Gottes heilswirksame Gegenwart auch und gerade für die Schattenseiten der kreatürlichen Wirklichkeit auszusagen.[226]

Weiterhin ist der idealistische Grundzug der dynamisierten Onto-Theologie Rahners kritisch zu bedenken. Das Materielle erscheint im Prozeß der Seinswerdung des Geistes nur als »Moment am Geist«[227], als »eingegrenzter, gewissermaßen ›gefrorener‹ Geist = Sein = Akt«[228]. Andererseits bedarf der Geist des Materiellen als des Mediums, in dem er sich realisiert und vollendet, wobei die Materie zunehmend vergeistigt wird. Vor allem von prozeßtheologischen Ansätzen her stellt sich die Frage, ob der in dieser Weise unterstellte Dualismus von Materie und Geist und die Identifizierung des Seins mit dem Geistigen der materiellen Verfaßtheit - dem ›Fleischsein‹ - aller geistigen Erscheinungen genügend Rechnung trägt und damit das für Rahners Theologie fundamentale Theologoumenon der Inkarnation konsequent zur Geltung bringt.

An einem Beispiel, das auf H.-E. Hengstenberg zurückgeht, läßt sich veranschaulichen, wie sich die Bestimmung der Wirksamkeit Gottes im Sinne einer transzendentalen Relation von einem seinsmetaphysischen Idealismus abheben und als ›Anlegen‹ ontischer *Sinn*muster verstehen läßt:

»Ein Kind legt grünes Futter in kleinen Blättchen in den Sand, in den ein Käfer, den Futterblättchen nacheilend, eine bestimmte Linie einprägt. Der Käfer erkennt nicht die dahinterstehende höhere Sinnge-

225. Schulte, R. (1988) {→ Teil I, A. 50}, 158, Anm. 19 (Hervorheb. R.S.).
226. So auch: Plathow, M. (1976) {→ L.}, 96f, Pkt. 4; Moltmann, J. (1989) {→ Teil III, A. 260}, 324f.
227. Rahner, K. (1961) {→ A. 211}, 54.
228. Rahner, K. (1961) {→ A. 211}, 51f.

bung, die er mit seiner Bewegung ausführt. Er ernährt sich genau so, als ob er keiner Führung unterstehen würde, und dennoch nimmt in seinem Kriechen und Krabbeln der Gedanke des Kindes Gestalt an«.[229] Der Skopus dieses Gleichnisses liegt in der Aussage, daß der Käfer seinem Wesem und seinen (begrenzten) Dispositionen gemäß handelt, in diesem Handeln aber den von höherer Intelligenz vorgezeichneten teleologischen Strukturen folgt und sie unbewußt verwirklicht. Damit ist das menschliche Handeln keineswegs auf die Instinkthaftigkeit des ›käferischen‹ reduziert. Dem mit ihm einhergehenden Bewußtsein aber ist attestiert, daß es den eigentlichen Zweck seiner eigenen Handlungen (noch) nicht zu erfassen vermag.[230] Zwischen der Strukturvorgabe der göttlichen Rationalität und dem menschlichen Handeln, das diese Struktur einholt, besteht eine qualitative Differenz. Gott wirkt nicht als Glied in der innerweltlichen Ursachenkette - auch nicht als zeitlich erstes Glied -, sondern als transzendentaler Grund der Möglichkeit sinnhaften Handelns.

Das Beispiel verbleibt im Bezugsrahmen des sapiential-ordinativen Modells, indem es voraussetzt, daß Gott in prädeterminativem Wirken dem Sein Sinnmuster eingeschrieben hat. Doch unterstellt es nicht, daß zwischen Schöpfer und Schöpfung ein Seinsverbund besteht, in dem das geschaffene Sein für Gottes Selbstkonstitution unverzichtbar ist, so daß dieser ihm nicht mehr in Freiheit gegenübersteht.[231]

Doch unabhängig von diesen beiden Einwänden, die sich gegen Rahners Ansatz in genere richten, bleibt seine Interpretation der Zweitursachentheorie ein überaus bedeutsames Konzept in der Entwicklung einer sapiential-ordinativ grundierten Vorsehungslehre. Die Auffassung Gottes als transzendentalem Grund aller Existenz und allen Wirkens, der nicht unmittelbar Ereignisse, Prozesse und Zustände hervorbringt, sondern Sinn und Richtung in Ereigniszusammenhängen stiftet, läßt sich sogar - wenn auch ›nur‹ noch in analogischem Differenzbewußtsein - mit personalen Konnotationen belegen, so daß auch Gott in diesem Sinne als frei Agierender bezeichnet werden kann. Ebensowenig schließt sie die Annahme menschlicher Freiheit aus: Gott als transzendental wirkender Seins- und Sinngrund kann durchaus in der Beziehung eines Gegenüber zur Welt gedacht werden, so daß dem Menschen die Freiheit prädiziert werden kann, die ihm eröffnete Möglichkeit der auf Gott hin finalisierten Selbsttranszendenz unaktualisiert zu lassen.

3. Causa als Finalursächlichkeit - Das Motiv der Teleologie

Wie der Begriff des Handelns von den Vertretern des aktualistischen Modells ausgedehnt wurde, um ihn für den Bezug auf die aktive Relation Gottes zur Welt geeignet zu machen, so erfuhr auch das causa-Konzept im Rahmen des sapiential-ordinativen Modells eine Prinzipalisierung. Es wurde über die Verengung eines rein wirkursäch-

229. Hengstenberg, H.-E. (1940, 1947³) {→ Teil I, A. 55}, 100, zit. nach: Kocher, R. (1993) {→ L.}, 93.

230. Bei der Erörterung der Hegel'schen »List der Vernunft« begegnete eine Denkfigur, die dem Gleichnisinhalt ganz ähnlich war {→ S. 277}. Dort zeigte sich, daß die Bestimmung einer geschichtsteleologisch-transzendentalen Beziehung zwischen göttlicher und menschlicher Aktinstanz keineswegs notwendigerweise die Unbewußtheit der Zweckrealisation voraussetzen muß. Zumindest der Philosoph erkennt die vorgezeichnete Teleologie.

231. So Schwöbels Einwand gegen das Modell der transzendentalen Relation [Schwöbel, C. (1992) {→ L.}, 40].

lichen Verständnisses im Rahmen des funktionalen Ursache-Wirkungs-Zusammenhanges und schließlich sogar über das aristotelisch-thomasische Vier-Ursachen-Schema hinausgeführt. Durch diese Bedeutungserweiterung stellte sich Gottes Kausativität als eine transzendental kreative und konservative, aber auch als teleologisch innovative dar.

Der für das personale Handeln konstitutiven Kategorie der Intentionalität, die im aktualen Modell eine zentrale Rolle spielte, korrespondiert im sapiential-ordinativen Modell das Moment des *Teleologischen*. So sehr diese Teleologie bei Thomas und Rahner als eine *in* der Welt wirkende vorgestellt ist, so wenig darf sie doch nach Art der aristotelischen Entelechie als eine den einzelnen Dingen (vor allem den lebendigen Organismen) *immanente* Zweckmäßigkeit und auf der Ebene des naturhaften und geschichtlichen Weltprozesses als innere zielgerichete Dynamik vorgestellt werden. Vielmehr besteht sie letztlich in der Formal- und Finalursächlichkeit Gottes selbst, die eine verborgene Sinnrichtung in die Entitäten und Strukturen des Seins hineinlegt und den kosmischen Prozeß durch die gubernatio auf das göttliche Schöpfungsziel (finis ultimus) ausrichtet. Schöpfungsgrund und Schöpfungsziel sind identisch im gnadenhaften Wesen und Wirken Gottes, das sich vermittelt durch die Seinsordnung mitteilt. Nach Thomas steht die Schöpfung immer schon im finalisierenden Kraftfeld der Gnade. »Das Wozu bestimmt das Was, die perfectio finis bestimmt die perfectio formae«.[232] Auch nach Rahner hat das Ziel ontologischen Vorrang vor dem Sein und dem Wesen. Mit diesem Gedanken ist einer deistischen Auffassung der Gott-Welt-Relation gewehrt. Die Welt geht nicht nur von Gott aus, sie geht auch auf Gott zu. In ihrer Kreatürlichkeit eignet ihr gnadenhafte Finalität, so daß sie in der Polarität von Bestimmung und Erfüllung existiert.

Die Frage, ob der Verlauf des biophysischen Naturprozesses mit der Ausdifferenzierung immer komplexerer Lebensformen bis hin zum menschlichen Organismus mit seiner Bewußtseinsbegabung einer Teleologie folgt, ist in jenem Zweig der Divine-Action-Debatte virulent, der sich im Dialog vor allem mit biologischen Evolutionstheorien befindet. Besonders in der Diskussion um die Einführung eines »anthropischen Prinzips« {→ S. 286} zeigt(e) sich, daß sich diese Frage von seiten der Naturwissenschaft nicht beantworten läßt. Umstritten ist, welchen Status das anthropische Prinzip, wie überhaupt die Unterstellung einer Teleologie im Weltprozeß beanspruchen kann und soll: Handelt es sich dabei um ein konstitutives Prinzip der Wirklichkeit oder um ein regulatives Prinzip des Verstandes? Einerseits trägt die Depotenzierung der teleologischen Betrachtungsweise zur bloßen Deutekategorie der einheitssuchenden Urteilskraft, wie sie von Kant vollzogen worden war, der offensichtlichen Höherentwicklung in der Realität des biologischen und kulturellen Lebens nicht ausreichend Rechnung. Andererseits kann man die Annahme eines realen Finalitätsprinzips auf der Matrix naturwissenschaftlicher Evolutionskonzepte nicht erhärten.[233] Sie muß theologisch prädiziert werden.

In ihrer aktualen wie in ihrer sapiential-ordinativen Form schließt die Vorsehungslehre das Moment der Finalursächlichkeit (in der Form des Intentionalen oder des

232. Jorissen, H. (1988): Schöpfung und Heil: theologiegeschichtliche Perspektiven zum Vorsehungsglauben nach Thomas von Aquin, in: Schneider, T., Ullrich L. (Hg) (1988) {→ L.}, 99.
233. Siehe dazu: Spaemann, R., Löw, R. (1981): Die Frage Wozu? Geschichte und Wiederentdeckung des teleologischen Denkens, München u.a.

Teleologischen) in sich. Wie diese Lehre insgesamt, so ist das Motiv der Finalität der Schöpfung unhintergehbar ›glaubenshaltig‹ - was besonders Karl Barth immer wieder in Erinnerung gerufen hat. Mit sachlogischer Notwendigkeit entzieht es sich aller empirischen Verifizierbarkeit. So wie es nach Kants überzeugendem Argument keinen physikotheologischen Gottesbeweis geben kann, so kann es auch keine natur- oder geschichtstheologische Demonstration der finalisierenden Wirksamkeit Gottes geben.

Die Schwierigkeit des auf Gottes Weltwirksamkeit angewendeten Teleologiegedankens liegt in seiner Verbindung mit einem oder beiden der folgenden problematischen Postulate: a) mit dem eher neuplatonischen als biblischen Motiv des von Ewigkeit her feststehenden Weltplanes, der den Verlauf des Weltprozesses prädeterminiert; b) mit dem Philosophem einer linear oder dialektisch sich mit Notwendigkeit vollziehenden Entwicklung zu differenzierteren und vollkommeneren Entitäten und Strukturen in Natur und Geschichte, wie es besonders in Hegels panlogistischer Geschichtsphilosophie zum Ausdruck kam. Doch muß die Ablehnung solcher Verbindungen nicht zum Verzicht auf den Teleologiegedanken insgesamt führen.[234] Befreit von den genannten Überformungen läßt sich das Postulat der Finalität weniger retrospektiv-wirklichkeitsdiagnostisch und mehr prospektiv-verheißungstheologisch deuten - als Ausdruck der Hoffnung auf das, was Gott ›vorgesehen‹ hat und was sich in Natur und Geschichte immer wieder in »Gestalten der Gnade« repräsentiert.

Eine solche Interpretation des Teleologiemotivs sprengt allerdings die innere Logik des sapiential-ordinativen Modells. Denn sie legt die Wirksamkeit des göttlichen Logos nicht als fortschreitende, mit Notwendigkeit sich vollziehende Selbstverwirklichung des Weltgeistes und nicht als kontinuierlichen ›Triumph der Gnade‹, sondern als Gottes immer wieder neues Festhalten am Schöpfungsziel aus - gegen alle Widerstände des Weltgeschehens und in allem Scheitern der Zielausrichtung. Von einer vernünftigen und zweckmäßigen Weltordnung kann ebensowenig die Rede sein wie von einer mit ›logischer‹ Notwendigkeit ablaufenden Geschichtsteleologie. So sehr sich Gottes Wirksamkeit auch *in*, *mit* und *durch* den Prozeß der Wirklichkeit vollzieht, so sehr tritt sie ihm andererseits auch immer wieder *entgegen*. In dieser Kontrafaktizität läßt sie sich prinzipiell nicht im einfachen Rückschluß aus der positiven Verfaßtheit von Natur, Universal- und Individualgeschichte erkennen.

Diesen Gedanken gilt es, auch auf die theologisch-teleologische Deutung der Entstehung und Entwicklung des Lebens anzuwenden. Gottes Wirken darf nicht einfach im Sinne eines ›Evolutionspositivismus‹ mit der »Strategie der Genesis« gleichgesetzt werden. Seine Gnade knüpft nicht einfach nur positiv an die Natur an und führt sie über sich hinaus - wie es der thomasische Grundsatz besagt. Die im »Reich Gottes« symbolisierte ›Evolutionsabsicht‹ durchkreuzt vielmehr immer auch die Interaktion von Notwendigkeit und Zufall, Werden und Vergehen, Selektion und Mutation in der biologischen Evolution und wirkt ihr entgegen. Christologisch gewendet: Christus ist nicht Gipfel der Entwicklung - wie bei Teilhard und Rahner -, sondern ihr

234. Wie bei: Ratschow, C. H. (1959) {→ L.}, 63-73; Pesch, R. (1969) {→ Teil I, A. 17}, 18; Trillhaas, W. (1972) {→ Teil III, A. 350}, Krötke, W. (1983) {→ L.}, 244.

eschatologischer Erlöser.[235] Gottes inter-venierendes (dazwischen-kommendes) Wort setzt ›prophetisches‹ Protestpotential frei - nicht nur im Raum der Geschichte. Es ist ernstlich zu fragen, ob ein solcher Protest - in der Tradition der Klagepsalmen - nicht auch gegen Entwicklungen des Naturprozesses angenommen und artikuliert werden müßte - gegen das Aufkommen tödlicher Viren etwa. Nur so läßt sich die Existenz biologischen Übels, sowie die Erkenntnis der Irrwege und Sackgassen der Evolution theoretisch überzeugend in ein Konzept des Wirkens Gottes in der Natur integrieren.[236] Dann könnte freilich Gottes Herrschaft über die physische und biologische Sphäre nicht mehr allein als positiv-affirmative (im Sinne der effektiven Omni-Kausalität) gedacht werden. Vielmehr wäre zu sagen: Gott wirkt nicht nur »in, mit und unter« dem Naturgeschehen[237], sondern auch diesem (d.h. der Eigendynamik seiner eigenen Schöpfung) *entgegen*.

Teleologie und Eschatologie sind zu unterscheiden. Die Vollendung der Schöpfung besteht nicht in ihrer Perfektibilisierung, sondern in ihrer Neuschöpfung, nicht in der Evolution, sondern in der Re-volution Gottes.[238] Sie steht nicht am Ende des in die Zukunft weisenden Zeitpfeils, sondern vollzieht sich als zeitjenseitige Erfüllung der Zeit mitten in der Zeit der Welt - als Erlösung der Evolution.

4. Causa als Ur-Sache der Welt und als Wirkkraft in der Welt

Rahners Auslegung der Zweitursachentheorie deutete das Zusammenwirken zwischen göttlicher Erstursache und kreatürlichen Zweitursachen nach dem Modell der *transzendentalen* Relation. Für die Bestimmung des Wirkens Gottes in der Welt bediente er sich des Konzepts der *mediaten* Kausativität, das er aber nicht nach Analogie des kommunikativen Handelns als double action entfaltete, sondern als Wirken »in Kraft« der Seinsfülle Gottes. Die Integration des Modells mediater Kausativität in das der transzendentalen Relation führte zur Aussage der *unmittelbaren Mittelbarkeit* der Kausativität Gottes. Die Paradoxalität dieser Aussage ist eine nur scheinbare, weil sich ihre beiden Glieder auf unterschiedliche Ebenen der Wirksamkeit beziehen: auf die Ebene des transzendentalen Ermöglichungsgrundes und auf die Ebene der kategorialen Verursachung. In der ersten Bestimmung bringt sich das Anliegen der traditionellen creatio- und conservatio-Lehre zum Ausdruck, in der zweiten das concursus-Motiv. Das Postulat der Allwirksamkeit Gottes expliziert sich auf diese Weise in den Behauptungen »Gott wirkt in allem« und »Gott wirkt alles durch ...«, nicht aber

235. Mit: Moltmann, J. (1989) {→ Teil III, A. 260}, 324.

236. Ein sprechendes Beispiel für den aporetischen und hilflosen Versuch, diese negativen Seiten der Evolution in eine positive Relation zum Wirken Gottes zu setzen, bietet: Helm, P. (1994) {→ L.}, 193ff.

237. Sie wie A. Peacocke formulierte: »The processes revealed by the sciences are in themselves God acting as Creator and God is not to be found as some kind of *additional* factor added on the processes of the world. God, to use the language usually applied to sacramental theology, is ›in, with and under‹ all-that-is and all-that-goes-on« [Peacocke, A. (1990, 1993²) {→ Teil I, A. 43} 176].

238. So: Moltmann, J. (1989) {→ Teil III, A. 260}, 327.

in der Aussage »Gott wirkt alles«. Die Annahme einer absoluten Alleinwirksamkeit Gottes muß auf das schöpferische Wirken ex nihilo und auf die soteriologische Wirksamkeit beschränkt bleiben. Allwirksamkeit muß also deutlich von Alleinwirksamkeit unterschieden werden

Die transzendentaltheologische Bestimmung der Ursächlichkeit Gottes führt also auf die Unterscheidung zwischen dem unmittelbaren, die Existenz und Ordnung der Welt als Ganze betreffenden *schöpferischen* Handeln der creatio originalis ex nihilo und dem vermittelten Handeln Gottes *in* der Welt.[239] Der Gesamtakt der creatio - als freie Setzung der Welt in ihrem gesamten Seinsbestand durch die absolute und unvermittelte Alleinwirksamkeit Gottes - ist prinzipiell abgehoben von den Akten der creatio continua, die sich vermittelt durch kreatürliche Sekundär- und Instrumentalursachen vollziehen.

Ein weiterführendes Modellschema von vier Grundgestalten des Handelns Gottes, die zugleich vier aufsteigende Stufen seiner Selbstoffenbarung bilden, hat Hans Kessler[240] vorgeschlagen. Ihm zufolge agiert Gott a) in seinem *unmittelbaren* Schöpfungshandeln, in dem er die gesamte Wirklichkeit ihrem gesamten Seins- und Möglichkeitsbestand nach in absoluter Alleinwirksamkeit ohne jede Vermittlung durch geschöpfliche Instanzen ex nihilo schafft. b) Auf der Ebene seines kontinuierlichen und allgemeinen Schöpferwirkens (creatio continua) handelt er als transzendental ermöglichender, aktiv wirksamer Grund (causa prima) *vermittelt* durch die kreatürlichen Zweitursachen, indem er sie erhält und lenkt. Darin liegt keine Einschränkung ihrer Freiheit; die »endlichen Kräfte wirken selbst und autonom aus sich selbst«.[241] c) Auch sein besonderes, innovatorisches Gnaden- bzw. Heilshandeln vollzieht Gott *mittelbar* durch den Glauben der Menschen. Doch werden diese dabei nicht mehr nur befähigt, aus eigener Initiative und Kraft zu wirken, vielmehr widerfährt ihnen die Eröffnung neuer Möglichkeiten, die ihre eigenen Fähigkeiten befreiend transzendieren. d) Das radikal innovatorische Auferweckungs- und Vollendungshandeln, das alle Begrenzung endlicher Geschichtlichkeit durchbricht, Totes lebendig macht, aus Altem Neues schafft und die Agape vervollkommnet, kann wieder nur in Gottes exklusiver und d.h. *unvermittelter* Souveränität geschehen.

Der Wert dieses Schemas liegt zum einen darin, daß es die transzendentaltheologische Bestimmung der Wirksamkeit Gottes (als freie Setzung der Möglichkeitsbedingung geschöpflicher Eigenwirksamkeit) mit der Aussage vermittelt, daß Gott *in* der Welt – vermittelt durch die Geschöpfe – wirkt. Zum anderen stellt es diese beiden Modi der transzendentalen und immanenten Wirksamkeit Gottes in den größeren Rahmen der protologischen und eschatologischen Dimension, in dem sie von Gottes absoluter und notwendig unmittelbarer Alleinwirksamkeit umfangen

239. In gleichem Sinn unterscheidet W. Härle zwischen dem daseinskonstituierenden (schöpferischen und vollendenden) und dem geschichtlichen Wirken Gottes, wobei er das letztere mit der Providentia Dei identifiziert [Härle, W. (1995) {→ L.}, 282-296].

240. Kessler, H. (1985) {→ L.}, 123-129 [= Kessler, H. (1985a) {→ L.}, 292-296].

241. A.a.O. (1985) {→ L.}, 125.

sind. Zu fragen wäre allerdings, ob dieses Schema als zeitliche Aufeinanderfolge zu interpretieren ist - wie es den Anschein hat -, oder ob es nicht sachgerechter als Unterscheidung unterschiedlicher Ebenen, die sich in überzeitlicher Gleichzeitigkeit überlagern, verstanden werden muß. Es ließe sich dann von *einem* Handeln in *einer* Intention reden, das sich in unterschiedlichen Modi und Graden der Immanenz und der Vermittlung vollzieht. Ein Anhaltspunkt für diese Deutung findet sich bei Kessler in dem Hinweis darauf, daß die Intention Gottes »von Anfang an die universale Gemeinschaft der Liebe (allgemeiner Heilswille)« sei.[242]

Ziehen wir Bilanz: Die Versuche, Gottes Wirksamkeit im Rahmen des sapiential-ordinativen Modells zum Ausdruck zu bringen, sehen sich dem Problem ausgesetzt, die aus der Deutung naturhafter und menschenweltlicher Generativitätsprozesse abgeleitete Kategorie der Kausativität sinnvoll auf Gott als Primärursächlichkeit anzuwenden. Besonders deren Bestimmung im Sinne der causa efficiens einzelner Ereignisse, Prozesse und Zustände bereitet dabei erhebliche Schwierigkeiten, weil ein »causal joint« nicht ausweisbar ist. Der Rekurs auf die formativen und finalen Aspekte des causa-Konzepts vermag das Problem letztlich nicht zu lösen, weil diese mit dem effizienten Aspekt einhergehen müssen, um wirksam zu werden. Erst die Theorie der transzendentalen Relation überwindet die Komplikationen, die durch die Anwendung der causa-Kategorie auf Gott auftreten. Doch wo Gott als actus purus oder Sein-Selbst zur Bedingung der Möglichkeit allen Seins und Handelns erklärt wird, bleibt unklar, in welchem Sinne ihm ein Wirken *in* der Welt - erst recht ein spezifisches Wirken - prädiziert werden kann. Hier hat die Bestimmung der transzendentalen Relation ihre konzeptuelle Schwäche: Sie vermag Gottes Wirken in der Welt zu behaupten, nicht aber eine erklärungskräftige Anschauung dafür zu bieten.

Soll in einer intelligiblen und d.h. nicht gänzlich ineffablen Weise von Gottes Wirken in der Welt gesprochen werden, so gilt es, einen modus loquendi zu bestimmen, der die problematischen Implikate sowohl des Handlungsbegriffs als auch der transzendentalen Relation vermeidet, der also weder die Vorstellung einzelner Taten einer extramundanen Aktinstanz nahelegt und auf diese Weise die partikulare Immanenz des göttlichen Wirkens überbetont, noch von einer zum Wirken in der Welt letztlich unfähigen Transzendenz Gottes ausgeht. Demgegenüber wird in neuer Weise von einer Kausativität zu reden sein, die einen wirksamen Einfluß Gottes auf weltliches Geschehen zu denken erlaubt, ohne diesen als unmittelbare Hervorbringung partikularer Ereignisse, Prozesse und Zustände zu deuten.

Die *Prozeßtheologie* hat dazu weiterführende Überlegungen angestellt, sich dabei allerdings - vor allem im Gefolge Hartshornes - in pantheisierende Identifikationen Gottes mit dem Weltprozeß verstrickt, welche die Uniformität des göttlichen Wirkens zu stark in den Vordergrund stellten. Vor allem aus der Auswertung der Arbeiten von John Cobb ergaben sich wertvolle Impulse für die Divine-Action-Debatte. Pointiert stellte er schon zu Beginn der 70er Jahre fest: »Unless God is understood as a

242. A.a.O. (1985) {→ L.}, 124.

cause of events in the world, we have no reason to speak of him at all«.[243] Doch erfordert die Konzeptualisierung dieses Postulats nach Cobb eine Klärung der causa-Kategorie. Von Kausalität könne nicht mehr im Sinne notwendig vorausgehender Bedingungen (Antezedentien), die regelmäßig bestimmte Ereignisse (Effekte) nach sich ziehen, gesprochen werden.[244] Gegenüber einem solch deterministischen Verständnis, das alle Effekte aus vorangegangenen Konditionen ableiten will, gilt es nach Cobb, a) die Kategorie des »Novum« als Movens und damit das Moment der finalen Kausalität wieder zur Geltung zu bringen und b) Kausativität in diesem Sinne als reale Einflußnahme auf Genese und Entwicklung von Geschehnissen zu verstehen.

Von diesem Gedanken angeregt, aber über ihn und die Prozeßtheologie hinausgreifend, deute ich im folgenden die Konturen eines dritten Modells zur Explikation des göttlichen Weltwirkens an. Es steht dem sapiential-ordinativen Modell näher als dem aktualen und läßt sich verstehen als Neubelebung der concursus-Lehre. In operativer Präsenz wirkt Gott in der Welt in Unterschiedenheit von ihr, und auf diese Weise gegen gottwidrige Erscheinungen in ihr.

243. Cobb, J. B., Jr. (1973): Natural Causality and Divine Action, in: Thomas, O. C. (Hg) (1983) {→ L.}, 101-116, hier: 115.

244. Daß diese Auffassung leicht in Aporien führt, versucht Cobb mit einem Beispiel zu belegen: Ihrzufolge müßte die Dämmerung die Ursache des Tages sein. – Doch hat diese Aporie ihren Grund in der nicht vollzogene Unterscheidung von Ursache, Bedingung und vorausgehendem Ereignis.

C. Das Repräsentationsmodell – Gott in praesentia operosa

Dem aktualistischen Modell, das Gottes Aktivität als handelnde Machtausübung versteht, und dem sapiential-ordinativen Modell, das sie als ordinative und die Ordnung realisierende geistige Kraftwirkung (operative Logizität) auffasst, soll im folgenden ein drittes Grundkonzept zur Seite gestellt werden. Es versteht Gottes ›Welthandeln‹ als operative Präsenz, die sich als Ausstrahlung des göttlichen Wesens ereignet, per Partizipation aufgenommen wird, sich in Repräsentationen dieses Wesens manifestiert und durch deren Radiation weiterwirkt.

Im Blick auf die jeweils leitende Metaphorik: Neben a) die personale, soziomorphe Darstellung des Handelns Gottes, die sich in den Kategorien menschlicher Aktion und Interaktion darstellt und um die Zentralbegriffe der Macht und der Intention kreist, und b) die unterpersonale, ontologische, eher zum Physiko- und Biomorphen tendierende Vorstellung der Ordination der Seinsordnung, wie sie sich zuerst in den Regelhaftigkeiten des Naturgeschehens dokumentiert, modelliert sich dieses dritte Paradigma c) an der Erfahrung überpersonaler, die Personen aber ergreifender und transformierender Energien, wie z.B. dem Erfülltsein von der »Macht der Liebe«. Dort, wo diese Liebe als Ausfluß des Wesens Gottes, das Liebe ist, zur Wirkung kommt, wird sie sich in »Gestalten der Liebe« vergegenwärtigen, die Strahlkraft entfalten und dadurch die Wirkung fortpflanzen. Sie »strahlt aus, um in sich einzubeziehen«.[245] Sie bildet Keimzellen des Reiches Gottes, die dessen Verwirklichung entgegenstreben und dabei selbst wirkmächtige Repräsentationen des Gottgeistes erzeugen.

Gottes Wirksamkeit wird demnach nicht primär nach der Leitmetaphorik physischer Verursachung, biologisch-organisch-naturaler Entwicklung, künstlerischer Gestaltung, personaler (Inter-)Aktion, familialer Fürsorge, richterlicher Gerechtigkeit oder politischer Königsherrschaft expliziert, sondern als Wirkung einer überpersonalen Macht.

Jürgen Moltmann schlägt in seiner Pneumatologie ein erweiterungsoffenes Schema von vier Metaphernfelder mit je drei Metaphern für die Beschreibung des Heiligen Geistes vor: a) die personalen Metaphern: der Geist als Herr, als Mutter und als Richter, b) die formativen Metaphern: der Geist als Energie, als Raum und als Gestalt, c) die Bewegungsmetaphern: der Geist als Sturmwind, als Feuer und als Liebe, d) die mystischen Metaphern: der Geist als Lichtquelle, als Wasser und als Fruchtbarkeit.[246] Moltmanns »formative Metaphern« eignen sich in besonderer Weise, um Gottes operative Präsenz bildhaft zum Ausdruck zu bringen.

245. Jüngel, E. (1977, 1992[6]) {→ Teil III, A. 175}, 445.
246. Moltmann, J. (1991) {→ L.}, 287-298.

Im Modell eines Kraftfeldes läßt sich die Wirksamkeit der praesentia operosa sachgerecht beschreiben[247]: als Ausstrahlung einer realen Transformationsenergie, die Leben schafft, erhält und auf Vollendung ausrichtet, die menschliche Existenz verwandelt und Einfluß auf die Handlungsorientierung nimmt. Doch handelt es sich dabei nicht um einen extrinsischen Einfluß *auf*, sondern um ein Leben und Wirken *aus*. Am treffensten läßt sich diese Einflußnahme durch das von W. Joest in seiner Luther-Interpretation geprägte Bildwort vom »Inwirken« des Menschen im Wirken Gottes zum Ausdruck bringen {→ S. 72}. Diesem »Entheismus« zufolge wirkt die operative Präsenz, indem sie die Kreaturen in eine partizipative Relation einbindet, die über den anthropozentrischen Individualismus einer Ich-Du-Beziehung hinausgeht.[248]

Die als überpersonale Macht aufgefaßte Liebe übersteigt den anthropologischen Begriff der zwischenmenschlichen Liebe mit seinen emotiven Konnotationen. Auf die Übertragung der damit verbundenen Attribute - wie der personal gedachten Verletzlichkeit - auf Gott läßt sich verzichten. Die Rede von Gottes Passibilität kann bestenfalls als modus loquendi verstanden werden, der in anthropomorpher Form die immer nur relationale, nicht aber absolute Macht der operativen Präsenz Gottes zum Ausdruck bringt. Darin hat sie allerdings eine wichtige Aussagefunktion.

Die Wirkung des Kraftfeldes ist als real, d.h. als effektiv wirkende Macht zu verstehen. - Als eine Macht allerdings, der nicht die Gewalt unbedingter Selbstdurchsetzung eignet. Vielmehr korrespondiert ihr die Rede von der »Macht der Schwachheit« {→ S. 453ff}, die das Wirken der »Macht der Liebe« in der Welt zutreffend charakterisiert. Ihre Wirkweise läßt sich nicht sachgerecht in der personalen Metaphorik des handwerklichen »Machens« oder in der impersonalen Bildsprache der mechanischen Verursachung darstellen, sondern in Metaphern überpersonaler, geistiger Kraftwirkungen: als »umfangen und durchdringen«, »Lebenskraft geben und stärken«, »Orientierung und Sinn erschließen«, »Vorstellungskraft beflügeln« usw. Doch nicht nur in affirmativ-stabilisierender, sondern auch in kritischer Weise ist diese Wirkung zu explizieren: als »Aufsprengen« gott- und menschenfeindlicher Strukturen in individuel-

247. Zur bisherigen Verwendung des Feldbegriffs in Gotteslehre, Gesetzestheologie und Pneumatologie siehe die Literaturangaben in: Welker, M. (1992) {→ L.}, 224, Anm. 1. In seinem eigenen Gebrauch dieses Begriffs verzichtet Welker auf eine Beziehungsbestimmung zu naturwissenschaftlichen Feldtheorien. Dem korrespondiert eine stark anthropozentrische und soziozentrische Darstellung der Wirksamkeit des Geistes.

248. Dies bringt Welker in seiner Verwendung der Kraftfeldmetapher deutlich zum Ausdruck, indem er den Geist als »öffentliche Kraftfelder konstituierendes Kraftfeld« [Welker, M. (1992) {→ L.}, 226] auffaßt, das in der Polarität von Universalität und Intimität wirkt. Der aus diesem Feld hervorgegangene Glaube kann nicht eine individuelle Einstellung und Haltung sein. Vielmehr ist er als Partizipation an öffentlichen Kräften zu verstehen. Von daher verbietet sich »jede prinzipielle Individualisierung, Privatisierung und Irrationalisierung des Glaubens« (ebd). Siehe auch a.a.O., 233: »Im Kraftfeld des Geistes ... wird das Geben und Erfahren der Liebe über einfache Ich-Du-Verhältnisse hinausgeführt. Die Liebe wird zu einer vielfältige Beziehungsgeflechte bestimmenden, umgestaltenden, schaffenden Ausstrahlungs- und Anziehungskraft, die dabei komplexe soziale Lebensverhältnisse durchdringt«. In dem auf dieses Zitat folgenden Text findet sich eine brillante Charakterisierung der Liebe als »weltveränderndes Kraftfeld«.

len Einstellungen, sozialen Regelsystemen, ökonomischen Verteilungen, politischer Partizipation usw. Nach diesen beiden Hinsichten, die der Polarität von Schöpfung und Erlösung entsprechen, läßt sich (analytisch) zwischen der kreativ-konservativen und der lösend-innovativen Wirksamkeit der Geistkraft Gottes unterscheiden. Beide sind auf das gleiche Ziel ausgerichtet: auf die Schaffung, Erhaltung, Förderung, Erneuerung und Vollendung von Leben, das in Gott ist und aus Gott kommt.

Der Begriff des *movens* ist dem der *causa* dabei ebenso vorzuziehen wie der Begriff des Wirkens dem des Handelns. Der Modus des Wirkens ist die operative Präsenz[249] und die Inspiration. Die providentielle Wirksamkeit Gottes kann von hier aus als Kreation von heilshaften und schöpferischen Sinnzusammenhängen (»providing patterns of meaning«) in individuellen Lebensentwürfen, sozialen Strukturen und geschichtlichen Ereignisabfolgen aufgefaßt werden. In diesem Sinn läßt sich rückübersetzt in die personalistische Terminologie der Vorsehungslehre von Bewahrung, Behütung und Leitung Gottes sprechen.

Dieses Modell steht von vorneherein nicht in der Gefahr, die qualitative Differenz zur menschlichen Eigenwirksamkeit zu verwischen und zu dieser in ein Konkurrenzverhältnis zu treten. Der von der »Macht der Liebe« Erfaßte handelt »in« der Liebe und »aus« Liebe, ohne daß man sinnvollerweise sagen könnte, diese Macht ersetze seine Selbstbestimmung und determiniere sein Handeln. Sie begründet vielmehr gerade seine Freiheit, indem sie andere Bindungen »löst« und damit von ihnen »erlöst«. Gott wirkt als kreatives, versöhnendes und den Kosmos vollendendes Kraftzentrum durch das von ihm ausgehende Kraftfeld des Lebens.[250] In diesen Dimensionen bringt er Leben hervor, erhält und erneuert es.

In der Allpräsenz des Gottgeistes erstreckt sich dieses Kraftfeld über den gesamten Bereich der Schöpfung. Doch trifft es dabei auf unterschiedlich ausgeprägte Widerständigkeiten, in denen – und gegen die es sich durchzusetzen sucht. Es handelt sich dabei nicht um gottwidrige Mächte eigener Provenienz, so daß ein metaphysischer Dualismus vorausgesetzt wäre, sondern um eigendynamische Strukturbildungen des Schöpfungsprozesses, die mit ihren ›egozentrischen‹ Selbsterhaltungs- und Selbstoptimierungstendenzen dessen universaler Vollendungsintention zuwiderlaufen. Indem sie ihren partikularen, auf Selbstbehauptung ausgerichteten Zwecksetzungen folgen, entwickeln sie Selbstabschließungsbestrebungen. In diesem Sinne können sie als Manifestationen des ›Gegengeistes‹ prädiziert werden. Die keineswegs eindeutig bestimmbare Existenz und Wirksamkeit dieser ›Eigengeistigkeit‹ macht die immer neue Prüfung und Unterscheidung der Geister erforderlich.

Gottes operative Präsenz im Kraftfeld seines kreativen und innovativen Geistes kann also nicht einfachhin in ein positiv-affirmatives Verhältnis zur Ereignisfolge der

249. Aus der Vielzahl denkbarer Analogien für die Effektivität ›bloßer‹ Präsenz sei die tröstende Wirkung des Da-Seins einer Bezugsperson in einer Trauersituation genannt. Alle ihre Worte und Taten sind gegenüber der einfachen Gegenwart sekundär und dieser eingeordnet.

250. Die Bindung des Kraftfeldes an *Gott* als seinen Wirkgrund verhindert einen unbestimmten Gebrauch dieser Metapher, wie er bei Karl Barth begegnet und von ihm zurückgewiesen wird [Barth, K. (1950): KD III/3, 148].

Realgeschichte gesetzt werden, wie es oft im Kontext des Vorsehungsdenken geschehen ist. Weder das Modell linearer (organischer) Entwicklung, die Gottes Wirken als kontinuierlichen Entfaltungsprozeß immer komplexerer biologischer, geistiger und sozialer Gestaltwerdungen deutet, noch auch das Hegel'sche Grundgesetz der historischen Dialektik vermag der Wirksamkeit jener Kräfte, die dem von Gott ›Vorgesehenen‹ entgegenwirken, ausreichend Rechnung zu tragen. Dem Realismus der biblischen Überlieferung entspricht allein ein Konfliktmodell, das Gottes Geistkraft in der spannungsreichen Auseinandersetzung mit geschöpflichen (von Gott geschaffenen) Kräften der Beharrung und Zerstörung wirken sieht.[251] Die Gott-Welt-Relation ist als Beziehung von Kontinuität und Diskontinuität, Anknüpfung und Abwehr, Assimilation und Ausscheidung zu bestimmen. Die Uneingelöstheit der Vollendungsverheißung bekundet sich gegenüber jenen Ereignissen und Strukturen, die dieser Einlösung entgegenwirken, im Modus des kontrafaktischen, prophetischen Protests, in dem sich der Widerspruch Gottes gegen den Widerspruch des Menschen gegen Gott artikuliert. Es ist dies der Widerspruch Gottes gegen die Verfehlung der in der Geschöpflichkeit mitgesetzen Transzendentalbestimmung. Wo dieses Wahrheitsmoment der augustinisch-lutherischen Auffassung des göttlichen Welthandelns in das optimistische Bild einer in der Geschichte souverän waltenden und sich verwirklichenden göttlichen Teleologie aufgelöst wird, müssen die dämonischen Verwerfungen der Realgeschichte in einen harmonistischen Universalgeschichtsentwurf eingeordnet und damit verharmlost werden. Dem Menschen kann dann keine Widerstandskraft zugesprochen –, sondern nur die Ergebung in das von Gott Gefügte zugemutet werden.

Wo geschöpfliche Aktinstanzen demgegenüber im Kraftfeld des Gottgeistes die Sinnrichtung der göttlichen Vorsehung adaptieren und handelnd zur Geltung bringen, verdichtet sich die Allpräsenz der gratia victrix (Augustin) zu signifikanten Repräsentationen des Gottgeistes. Dieses Modell erlaubt es, die Dualität von allgemeiner und besonderer Wirkweise Gottes ebenso zu überwinden wie die Trias von providentia generalis, specialis und specialissima. Statt dessen läßt sich von unterschiedlichen Graden der Verdichtung (= Konzentration) von Geistpräsenz sprechen.[252] Christliche Hoffnung hält daran fest, daß sich diese Präsenz letztlich gegen alle Widerstände durchsetzen wird, weil ihre »schwache« Kraft unerschöpflich ist und sich aus allen Überwältigungen wieder neu zu erheben vermag.

251. Eine interessante Interpretationsperspektive dieses Konfliktmodells bietet die von Eugen TeSelle aufgearbeitete neutestamentliche Deutung des Kreuzes als »Loskauf« aus der Herrschaft des Teufels. Erlösung ist demnach nicht zuerst als Versöhnung mit Gott, sondern als von Gott ›erkaufte‹ Loslösung aus der Macht jener (in »Satan« symbolisierten) Mächte zu verstehen, die ihre Macht mißbrauchen, um den Menschen zu versklaven. Gott besiegt sie nicht durch Gewalt, sondern durch Güte, Gerechtigkeit und Weisheit (so schon Gregor von Nyssa und Dionysius Areopagita). Mögen sie auch noch *Macht* ausüben, so haben sie doch kein *Recht* mehr, denn sie sind ›legal‹ überwunden. - TeSelle, E. (1996): The Cross as Ransom, in: Journal for Early Christian Studies 4, 147-170.

252. In metaphorischer Ausdrucksweise lassen sich diese Verdichtungen als Akte der ›Konzentration‹ Gottes beschreiben: Solche ›mentalen‹ Fokussierungen des ›Geistes‹ Gottes wären dann die Energiequelle der Kraftfelder des Geistes in der Schöpfung.

Die Alternative zwischen den subjektanalogen und kausativen Vorstellungen des Wirkens Gottes ist damit aufgebrochen und um die partizipative Option ergänzt. Das Gegenüber der beiden Konzepte a) eines anthropomorph gedachten Selbstvollzuges Gottes (mit seiner Tendenz zur Überbetonung der partikularen Immanenz des transzendenten göttlichen Handlungssubjekts) und b) der Bestimmung göttlicher Wirksamkeit als ›logistisches‹ principium der Seinsordnung (mit seiner Tendenz zur Überbetonung der Transzendenz) findet in dieser Option einen dritten Pol, der allgegenwärtige Immanenz bei bleibender Transzendenz des Wirkens zu denken erlaubt und damit den Gedanken unmittelbarer operativer Intimität Gottes[253] in allem Geschehen mit der Behauptung der Generalität des göttlichen Wirkens in der Welt (und damit auch einer kritischen Distanz dieses Wirkens zum faktischen Weltgeschehen) zu verbinden vermag.

Nach diesem dritten Weg gegenüber aktiver Intervention und sapiential-ordinativer Ordination ist die Gott-Welt-Beziehung weder durch einen »causal joint« noch durch handelnde Einwirkung konstituiert, sondern durch die Wirksamkeit eines geistigen Kraftfeldes, von dem eine formative Ausstrahlung auf die Gestalten der geschöpflichen Wirklichkeit ausgeht, um sie in Entsprechung, Konformität und Analogie zum Wesen und zur heilshaften Schöpfungsintention Gottes zu transformieren. Wurde die Finalisierung der göttlichen Weltwirksamkeit auf Vollendung hin nach dem aktualen Modell durch die Vorstellung der *Intention* (bzw. des Willens) Gottes und nach dem sapiential-ordinativen Modell durch die Kategorie der *Teleologie* seines Logos zum Ausdruck gebracht, so ist sie nach dem Modell der operativen Präsenz als *Richtungssinn des Kraftfeldes* zu beschreiben. Einem Magnetfeld vergleichbar übt die Präsenz der Feldkraft *ausrichtenden* Einfluß auf die in ihrem Einflußbereich befindlichen Entitäten aus.

John Cobb gebraucht die Kategorie des »eros«, um den von Gottes Wirksamkeit ausgehenden richtungsweisenden Einfluß zu beschreiben. Es sei diese von Werten und Zielsetzungen geleitete und sie ansteuernde Kraft, die in einer jeden Erfahrung selektiv und direktiv wirke. Solcher erfahrungsimmanente »eros« verdanke sich dem universalen »Eros« (in bewußter Großschreibung), der Gott selbst sei.[254] Jürgen Moltmann kommt in seiner Charakterisierung des Heiligen Geistes als erotisierender Energie zu einer ähnlichen Bestimmung.[255] Und Peter Hodgson zieht »Eros« als einen der Leitbegriffe heran, um seine »Holistic Theology of Nature« zu entfalten.[256]

Im Blick auf die Vorsehungslehre läßt sich bilanzieren: Während das aktualistische Modell (wie es für die augustinisch-franziskanisch-reformatorische Theologie kennzeichnend war) Vorsehung als externe actio Gottes bestimmte und während das sapi-

253. Besonders J. Moltmann betont das In-Sein der Schöpfung im Kraftfeld des Gottgeistes. Diese pneumatologisch vermittelte Beziehung zwischen Schöpfung und Schöpfer sei ungleich enger als die zwischen Tat und Täter oder zwischen Werk zum Meister. Die Schöpfung ist Gottes *innerliches*, nicht sein äußerliches Werk. Siehe dazu: Moltmann, J. (1980, 1994^3) {→ Teil III, A. 260}, 128; ders. (1991) {→ L.}, 44-51, 209.

254. Cobb, J. B., Jr. (1973): Natural Causality and Divine Action, in: Thomas, O. C. (Hg) (1983) {→ L.}, 113.

255. Moltmann, J. (1991) {→ L.}, 209.

256. Hodgson, P. (1994) {→ A. 310}, 193-196.

ential-ordinative Modell (wie es in der thomasischen Tradition und der von ihr beeinflußten Theologie- und Philosophiegeschichte entwickelt wurde) Vorsehung primär als internen Akt der ordinativen Weisheit Gottes interpretierte, erscheint Providenz nach dem Modell der praesentia operosa als wirkmächtige *Repräsentation* des Gottgeistes. Sie weist auf die *Vergegenwärtigung* des von Gott für den Menschen und die Welt ›Vorgesehenen‹ und vollzieht sich als *Gestaltwerdung der Gegenwart Gottes*, als Erinnerungs- und Verheißungsgeschehen, das sich in »Gestalten der Gnade«, »Formationen der Freiheit«, »Manifestationen von Liebe und Gerechtigkeit« verdichtet. Von solcher Repräsentation läßt sich im Blick auf menschliche Existenzweisen, auf soziale Gruppenbildungen und Bewegungen, auf Modelle gerechter ökonomischer Verteilung und Strukturen politischer Partizipation, aber auch im Blick auf geistige Manifestationen sprechen.

1. Exemplarische Anknüpfungspunkte in biblischer Überlieferung, theologiegeschichtlicher Tradition und wissenschaftlichem Diskurs

Die Rede von Kraftfeldern der Liebe Gottes kann nur als analogische Rede verstanden werden, die allerdings als solche unmittelbarer und angemessener Ausdruck der auszudrückenden Sache selbst ist. Evidenz empfängt sie zum einen aus biblischen Motiven, zum anderen aus wissenschaftlichen Theoriebildungen, aber auch aus der Alltagserfahrung:

- Nur exemplarisch sei auf folgende biblische Überlieferungskomplexe verwiesen, die für das Modell der operativen Präsenz angeführt werden können: a) Das Begriffsfeld von »kabod«, das auch für Rudolf Otto eine zentrale Rolle in seiner Phänomenologie des Heiligen spielte. Martin Buber übersetzte »kabod« mit »Wucht« - wuchtige Präsenz Gottes - und unterschied diese Form der wirkmächtigen Gegenwart vom einfachen Da-Sein; b) die Rede vom Segen als von Gott gespendeter Lebenskraft, etwa in den Erzvätererzählungen; c) die Darstellung des Wirkens der Weisheit, Gnade und Liebe sowie des Geistes[257] Gottes als »Macht«, etwa im Corpus Paulinum; d) der paulinische topos des In-Christus-Seins, d.h. der Inkorporation des Gläubigen in den mystischen Leib Christi.
- An wissenschaftlichen Feldtheorien sind - ebenfalls nur beispielhaft - zu nennen:
  In der Physik: Elektro-, Magnet- und Gravitationsfelder des Makro- und Mesokosmos, nukleare Kraftfelder in der Atomphysik[258].
  In der Psychosomatik: Sozialpsychologisch zu beschreibende Wirkfelder, die somatische Reaktionen auslösen.
  In der Soziologie: Soziale Milieus als (Um-)Felder, die persönlichkeitsbildend wirken.
  In der pädagogischen Psychologie: Felder von Motivation.

257. Siehe die umfassende biblisch-theologische Darstellung der Lehre vom Heiligen Geist von: Welker, M. (1992) {→ L.}.
258. Von anderer Art sind hingegen Quantenfelder {→ S. 417}.

- Hinzuzunehmen sind die wissenschaftlich kaum erfaßbaren »Felder«, die von Personen ausgehen (»Ausstrahlung«, »Aura«) oder solche, die in Beziehungen, Gemeinschaften und Situationen herrschen (»Atmosphäre«, »Klima«).

In der vorreformatorischen Theologiegeschichte war es besonders *Bonaventura*, der Gottes Wirksamkeit als mächtige Präsenz und Repräsentanz auffaßte. Die Liebe bzw. Güte, die Gottes Wesen ausmacht, ist ihmzufolge nicht selbstreferentielle, sondern diffussive, ausstrahlende Liebe (»bonum diffusivum sui« - so schon Pseudo-Dionysius). In seinem antiaristotelischen Neoaugustinismus hob er - anders als Bernhard von Clairvaux - die menschliche Seele in den Status einer Gott-unmittelbaren imago Dei. Als solche empfängt sie aus der ratio aeterna Gottes die Einstrahlungen der göttlichen Erleuchtung (illuminatio), partizipiert auf diese Weise an der Ausstrahlung des göttlichen Lichtes und repräsentiert es in höchster Ausdrucksintensität. In Graden abnehmender Zeichenhaftigkeit ereignet sich diese Repräsentation auch auf den niedrigeren Ebenen der Wirklichkeit bis hin zu den materiellen Gegenständen. So ergibt sich eine hierarchische Stufung der Repräsentationen Gottes: Je nach ihrer Verweiskraft auf Gott stellen sie Schatten (umbra, Abschattungen der Existenz Gottes), Spuren (vestigia, Bezeugungen des trinitarischen Wesens Gottes) oder - wie der Mensch als mit Gedächtnis, Verstand und Willen begabtes Geistwesen - Bilder (imagines) Gottes dar. Die gesamte Schöpfung kann auf diese Weise als »free overflow of God's necessary, inner-divine fruitfulness«[259] gedeutet werden. Die Beziehung Gottes zur Wirklichkeit ist eine geistig-emanative (im ordo essendi) und eine analogische (im ordo cognoscendi). Sie schlüsselt sich in eine trinitarisch differenzierte Kausalitätsbestimmung auf: Die erste Person der Trinität (gedeutet als Gottes Macht) erhält die Geschöpfe im Sein (causa efficiens), die zweite Person (gedeutet als Gottes Weisheit) ist das Exemplar, nach dessen Gestalt die Kreaturen gebildet sind (causa exemplaris), und die dritte Person (gedeutet als Gottes Güte) bewirkt die Vollendung der gesamten Schöpfung (causa finalis). Gottes Vorsehung ereignet sich in der so bestimmten Kausalität als ausstrahlende Gnade.[260]

Das Konzept der praesentia operosa war in der protestantischen Orthodoxie - vor allem bei König {→ S. 135} – erwogen worden, hatte sich aber gegenüber der Leitvorstellung der Ursächlichkeit nicht durchzusetzen vermocht. Je weiter das naturwissenschaftliche Denken mit seiner Vorstellung eines durchgehenden nexus causarum

259. Hayes, Z. (1976): Incarnation and Creation in the Theology of St. Bonaventure, in: Almagno, R. S., Hawkins, C. L. (Hg): Studies Honoring Ignatius Charles Brady, Friar Minor, St. Bonaventure, NY, 315.

260. Zu Bonaventuras Vorsehungsdenken im Kontext seiner franziskanischen Theologie siehe: Ratzinger, J. (1959): Die Geschichtstheologie des Heiligen Bonaventura, München, Zürich; Scheffczyk, L. (1963) {→ L.}, 87ff; Hödl, L. (1971): Die Zeichen-Gegenwart Gottes und das Gott-Ebenbild-Sein des Menschen in des Hl. Bonaventura »Itinerarium mentis in Deum«, in: Zimmermann, A. (Hg): Der Begriff der Repraesentatio im Mittelalter, Berlin, New York, Kap. 1-3, (94-112); Heinz, H. (1985): Trinitarische Begegnungen bei Bonaventura. Fruchtbarkeit einer appropriativen Trinitätstheologie (BGPhMA, N.F. 26), Münster; Schlosser, M. (1990): Cognitio et amor: Zum kognitiven und voluntativen Grund des Gottesbegriffs nach Bonaventura (VGI, N.F. 35), Paderborn; Obenauer, K. (1996): Electio e sinu Trinitatis: Bonaventuras Prädestinationslehre nebst einem Reflexionsbeitrag, Hamburg.

das gesamte Weltbild bestimmte, um so stärker rückte die Frage der Kausalität auch ins Zentrum der Gott-Welt-Relation. Mit dieser Konzentration auf das gewirkte Geschehen und seine causa geriet die Wirkweise der operativen Präsenz aus dem Blick. Erst in der Romantik und bei Schleiermacher, sowie dann in der theologischen Schleiermacherrezeption des 19. Jhs. und zu Beginn des 20. Jhs. in Rudolf Ottos Buch »Das Heilige« kehrte das Bewußtsein für die Wirkung der emotiv zu erfassenden Präsenz Gottes zurück und der concursus wurde wieder als personal/überpersonale Energie der Allgegenwart Gottes denkbar.

Auch Karl Barth konnte den concursus Gottes als *praesentia actuosa* bestimmen, als Begleitung des Geschöpfes durch Gottes handelnde Gegenwart.[261] Doch verblieb er damit bewußt im Bezugsrahmen des aktualen Modells, das er auf Gottes Allpräsenz hin auslegte.

Martin Buber grenzte Ich-Es- von Ich-Du-Beziehungen ab. Im Gegensatz zur einseitigen Subjekt-Objekt-Relation zeichnet sich die interpersonale Subjekt-Subjekt-Relation durch Gegenseitigkeit, Symmetrie und Inhaltslosigkeit aus. Nicht das Wissen von einem »Es«, sondern das Erkennen des »Du« und das Von-ihm-Erkanntwerden macht ihren Kern aus – »nicht ein Inhalt, sondern *eine Gegenwart, eine Gegenwart als Kraft*«[262]. Sie allein eignet sich nach Buber zur Bestimmung der Beziehung zwischen Gott und Mensch.

In seinem Buch »The Future of Belief« hatte L. Dewart 1966 das Konzept der Präsenz in Abgrenzung von einer onto-theologischen (von einer Seinsmetaphysik ausgehenden) Gotteslehre entwickelt.[263] Ian Ramsey stellte es den Modellen des Geistes und der Oikonomia Gottes gegenüber und wies seine Wurzeln in der biblischen Überlieferung und der altkirchlichen Theologie auf.[264]

Über solche unmittelbaren Anknüpfungspunkte hinaus lassen sich in dem hier favorisierten Modell Linien zusammenziehen und ›aufheben‹ (im dreifachen Sinne Hegels), die in der Theologie- und Philosophiegeschichte entwickelt wurden, deren Relevanz für die Neukonzeption der Vorsehungslehre sich aber durch ihre Einbindung in den jeweiligen Systemkontext nicht unmittelbar erschließt.

- So etwa Luthers Darstellung der Besetztheit des menschlichen Personzentrums durch die Macht Gottes (bzw. des Satans). In kräftiger Bildsprache kommt darin zum Ausdruck, daß der Mensch immer schon im Spannungsfeld überpersonaler Mächte steht, die sein gesamtes Selbstsein formieren und denengegenüber der Appell an die rationale und/oder moralische Kompetenz des Menschen oft unrealistisch optimistisch bleibt.
- Oder die für die reformierte Orthodoxie zentrale, aber immer wieder prädeterministisch verzerrte Vorstellung des göttlichen praecursus. Nach dem Modell der

261. Barth, K. (1950): KD III/3, 104.
262. Buber, M. (1984⁵): Ich und Du, in: ders.: Das dialogische Prinzip, Heidelberg, 111 (Hervorheb. R.B.).
263. Dewart, L. (1966): The Future of Belief, New York, 176ff. - Die Einwände, die King diesem Modell entgegenhält, gehen zu stark von einer *personal* vorgestellten Präsenz aus: King, R. H. (1973) {→ L.}, 66.
264. Ramsey, I. (1973) {→ L.}, 28-39, 51-55.

operativen Präsenz kann sie als Ausdruck von »Gottes Apriori«[265], d.h. der allem menschlichen Wirken vorausliegenden weltzugewandten Gnade Gottes gedeutet werden, die nicht einzelne Ereignisse, Prozesse und Zustände erzeugt, sondern formativ die Möglichkeitsbedingungen und den Richtungssinn für die freie Bewirkung theophaner Gestalten der Wirklichkeit generiert. Einen bemerkenswerten Ausdruck hat dieses Motiv im Tridentinum in der Vorstellung von der »amicitia originalis« Gottes gegenüber dem Menschen gefunden.[266]

- Oder Hegels Motiv der »List der Vernunft«, die Entwicklungen ›lenkt‹, ohne ihren Gang zu erzwingen, weil das ihrer Intention der Freiheitsförderung entgegenliefe.

Andererseits lassen sich von diesem Modell her falsche Identifikationen zwischen Gott und dem Weltprozeß kritisieren und eliminieren, wie sie in Teilen der Prozeßtheologie angelegt sind. Demgegenüber ist die Relation des Gegenüber zu wahren, von der aus eine kontrafaktische Bestimmung der Wirksamkeit des Gott-Geistes in der Welt möglich wird. Wie dem Interventionsmodell der Biblical Theology entgegenzuhalten war, daß zwischen göttlichem und geschöpflichem Wirken ein qualitativer Unterschied besteht, so ist auch gegenüber dem Identifikationsmodell der Prozeßtheologie die grundlegende Differenz beider Instanzen zur Geltung zu bringen.

2. Auslegung des Modells im Blick auf die in der Divine-Action-Debatte verhandelten Sachfragen

Das Modell der operativen Präsenz geht über die problematische Unterstellung hinaus, daß Gott ausschließlich im Modus der Generalität und Uniformität wirke, ohne dabei in das entgegengesetzte Extrem des Interventionismus zu geraten. Es erlaubt, spezifische Ereignisse der Kraftwirkung Gottes zuzuschreiben, ohne ihre Einbindung in das menschenweltliche Bedingungsgefüge unterzubestimmen. Es handelt sich dabei um Ereignisse und Gestalten, in denen sich die Sinnrichtung des von Gott ausgehenden Kraftfeldes manifestiert - gegen den Einfluß anders gerichteter Kräfte, wie sie sich etwa in der Eigendynamik egozentrischer Orientierungen, der Verfestigung ideologischer Systeme oder in der Selbstabschottung sozialer Gefüge dokumentieren. Solche Ereignisse, Prozesse und Zustände, in denen sich die wirksame Präsenz Gottes gegen die ihr entgegenstehenden Widerstände durchsetzt und so zu einer besonderen Verdichtung kommt, lassen sich als Repräsentationen des Geistes Gottes bestimmen.

Mit Farrer ist daran festzuhalten, daß menschenweltliche Ereignisse vom endlichen Erkenntnisstandpunkt des Menschen aus nur per Rückschluß und auf dem Wege der Korrespondenzprüfung als Kraftwirkung Gottes prädizierbar sind: durch Befragung der empirisch begegnenden Gestaltbildungen auf die sich darin ausdrückende Sinnrichtung und durch die Prüfung dieser Sinnrichtung nach dem Kriterium der

265. Miskotte, K. H. (1975): Der (Un-)Sinn des Lebens, in: ders.: Der Gott Israels und die Theologie, Neukirchen, 158f.
266. Sessio VI, cap. 7 (Denzinger 1991[37], 1528).

»Konformität mit Jesu Handeln des Sich-selbst-Überschreitens auf Gott und die anderen zu in uneigennütziger und unbeschränkter Solidarität«[267]. Wo sich in einzelnen Ereignissen, Prozessen und Zuständen oder auch in komplexen Geschehenszusammenhängen und Strukturen jene Agape (nach Cobb sogar: jenes eros) repräsentiert, die aus dem Wesen Gottes fließt, weil sein Wesen nach 1. Joh 4,7f.16 Agape ist, kann die Wirksamkeit des Gottgeistes unterstellt werden. »Ubi caritas, ibi deus est« - »et agit«, wie Hans Kessler treffend hinzufügt.[268] ›Christusförmige‹ Strukturen lassen sich demnach hypothetisch und im Bewußtsein der Gebrochenheit menschlicher Erkenntnis und weltlicher Seinsverfassung der Wirksamkeit Gottes zuschreiben, ohne daß damit jedwede Form von Liebe als göttlich qualifiziert wäre.

Von der Spezialität der Wirksamkeit Gottes (die als solche nach dem Modell der operativen Präsenz zugestanden werden kann und muß) kann also einzig in empirischer Induktion und damit immer nur in einer unhintergehbar ambiguen und an den Modus menschlicher Erkenntnis gebundenen Weise die Rede sein. Jeder allgemeinen Bestimmung, die beansprucht, über das je neue glaubende »seeing-as« hinausgehen zu können und die dabei Gottes Wirken objektiviert und verdinglicht, muß eine Absage erteilt werden. Die Erkenntnis der Spezialität kann nur in der Perspektive des Glaubens erfolgen - gespeist aus der Unmittelbarkeit der Erfahrung solcher Wirksamkeit. Darin liegt keineswegs einfach ein die eigene religiöse Befindlichkeit auf Ereignisse der Wirklichkeit projizierender Subjektivismus, sondern eine potentiell authentische Erkenntnis der *realen* Einflußnahme Gottes auf diese Ereignisse. Auch das »seeing-as« selbst gehört dazu, verdankt es sich doch der Inspiration Gottes.

Auf diese Weise lassen sich empirische Gestaltwerdungen der »speziellen Providenz« Gottes zuschreiben, ohne die Wirkung Gottes aktualistisch oder kausalistisch definieren zu müssen; ohne auch unterstellen zu müssen, daß sich die so prädizierten Ereignisse, Prozesse und Zustände in ihrer Spezifität unmittelbar dem Willen (nach dem aktualistischen Modell) oder der besonderen Verfügung Gottes (nach dem sapiential-ordinativen Modell) verdankten. Sie verdanken sich vielmehr einem ›pneumatokinetischen‹ Formations- bzw. Transformationsprozeß, der sich im geistigen Einflußfeld der heilshaften Vorsehung Gottes vollzieht.

Innerhalb des Kraftfeldes kann der von Gottes Geist ausgehende Impuls nicht als exklusive, in der Regel noch nicht einmal als hinreichende -, sondern nur als notwendige Bedingung der Entstehung eines Ereignisses aufgefaßt werden. Es geht aus einer Vielzahl notwendiger Bedingungen hervor, die erst in ihrem Zusammenwirken die hinreichende Bedingung ausmachen. Die unterschiedlichen Attraktoren wirken dabei nicht in einer Resultanten zusammen, die dann dem jeweiligen Ereignis seine Gestalt gäbe. Sie überlagern sich vielmehr in einem heterogenen Feld, in dem sich die wirklichwerdenden Erscheinungen formieren. So sehr die von Gott ausgehende Kraftwirkung als notwendige Bedingung in diesem Feld von anderen Wirkfaktoren qualitativ unter-

267. Kessler, H. (1985) {→ L.}, 122.

268. Ebd. - 1. Joh 4,7f.16 kann als zentrale Bestimmung nicht nur des Wesens, sondern auch des Wirkens Gottes gelten. Siehe dazu: Klauck, H.-J. (1991): Der erste Johannesbrief (EKK 23/1), Zürich u.a., 247f.

schieden ist und als Matrix des Feldes angesehen werden kann, so bildet sie doch nicht per se die dominierende Wirkmacht. Sie fungiert nicht als zwingende Ursache, sondern als Einfluß und Impuls, der bestimmte Strukturen, Entscheidungen und Handlungen ›vorsieht‹ (nicht im Sinne von »vorhersieht« oder »vorherbestimmt«) und anstrebt, ohne sie in souveräner Selbstdurchsetzung erwirken zu können.

Dies entspricht einem Verständnis von Ursächlichkeit, das die Gestalt von Ereignissen, Prozessen und Zuständen eher auf die Bedingungen ihres Gewordenseins als auf die Wirkung einer effektiven Ursache zurückführt. Diese Ursache stellt lediglich den in ein Geflecht von Faktoren eingebetteten auslösenden Faktor dar, der das Ereignis hervorruft. Die Bedingungen sind dabei nicht gleichbedeutend mit den Antezedentien. Es kann sich auch - besonders in der Formierung bewußten Handelns - um zielverwirklichende Impulse handeln, die per Attraktion ›von vorne‹, d.h. aus der offenen Zukunft wirken. Bedingungen sind also nicht identisch mit Bedingtheiten. Gottes Geist wirkt als effektiv-formativ-finalisierende Kraft in diesem Bedingungsgefüge, wodurch dieses selbst sich transformiert, Handlungsmöglichkeiten eröffnet und andere beschränkt.

Im folgenden soll versucht werden, das Modell der repräsentativen Wirksamkeit Gottes in Auseinandersetzung mit Wolfhart Pannenbergs Entwurf einer pneumatologisch grundierten Kraftfeldtheorie und mit Peter Hodgsons Konzept der »Gestalten der Freiheit« zu präzisieren und material aufzufüllen.

3. Pannenbergs Konzept des pneumatischen Kraftfeldes

Im Modell des physikalischen Kraftfeldes erblickt Wolfhart Pannenberg[269] - im Anschluß an T. F. Torrance[270] - ein Analogat für die theologische Vorstellung vom Handeln Gottes, das die Deutekraft einer erklärungskräftigen Anschauung hat. Nach Torrance und Pannenberg ist die »Dynamik des göttlichen Geistes, die als Macht der Zukunft in allem Geschehen schöpferisch wirksam ist« (123) nach Art eines physikalischen Kraftfeldes zu denken.

Im folgenden soll nun Pannenbergs Feldmodell zunächst dargestellt und dann einer kritischen Würdigung unterzogen werden. Als neuralgischer Punkt wird sich da-

269. Ich beziehe mich hier wie im folgenden in erster Linie auf: Pannenberg, W. (1991) {→ L.}, 77-201 (zum Kraftfeldmodell bes. 99-104) und 414ff und nehme die diesbezüglichen Belegstellenangaben eingeklammert in den Text mit auf. Darüberhinaus sind vor allem zwei weitere Texte relevant: Pannenberg, W. (1988): The Doctrine of Creation and Modern Science, in: Zygon 23/1, 3-21; ders. (1996): Geist als Feld - nur eine Metapher? in: ThPh 71, 257-260.

270. Torrance, T. F. (1969): Space, Time and Incarnation, London u.a., bes. S. 70f. Das von Torrance anvisierte theologische Feldmodell erfaßt »the interaction of God with history understood from the axis of Creation-Incarnation, and therefore without the fatal split between *Historie* and *Geschichte* that has resulted from Newtonian physics and deistic natural theology« (71 - Hervorheb. T.F.T.). Es ist pneumatologisch verwurzelt: »Our understanding of this field will be determined by the force of energy that constitutes it, the Holy and Creator Spirit of God« (ebd.)

bei die Frage erweisen, in welcher Weise er naturwissenschaftliche Theoreme und theologische Interpretationen relationiert: ob er eine lediglich *analoge* Beziehung zwischen ihnen anvisiert oder ob er auch hier - wie schon beim Kontingenzbegriff - dieses Modell als Explikat der Sache selbst versteht, d.h. physikalische Kraftfelder als Instrumente der Wirksamkeit Gottes in der Welt identifiziert.

a) Darstellung des Modells

In der auf M. Faraday zurückgehenden[271], von J. C. Maxwell[272] und H. Hertz aufgenommenen und weiterentwickelten und schließlich von Einstein in seiner Relativitätstheorie universalisierten[273] und später auch in die Quantenphysik eingeführten[274] Feldtheorie ist Kraft nicht mehr Funktion von Körpern bzw. Massen, sondern Funktion selbständiger, den Massen vorgeordneter, raumzeitlich ausgespannter Energiefelder. »Das materielle Partikel gilt daher als Konvergenzpunkt von Kraftlinien bzw. als durch einige Zeit hindurch fortbestehendes ›cluster‹ solcher Kraftlinien« (101). Damit ist das materialistisch-mechanistische Wirklichkeitsverständnis überwunden, das alle Bewegung auf die Einwirkung einer *materiellen* Kraft, d.h. auf den von einem Körper ausgeübten Druck oder Stoß zurückführte und damit nicht in der Lage war, fernwirkende Kräfte (wie die Gravitation) zu erklären.[275] Die aristotelisch-scholastische Naturphilosophie hatte nur die Berührungskausalität (Nahwir-

271. 1832-1837 arbeitete Faraday sein Konzept der Kraftlinien als Träger elektromagnetischer Wechselwirkungen aus. Seine Forschung war dabei von schöpfungs- und vorsehungstheologischen (biblizistischen) Grundüberzeugungen motiviert und getragen: »Faraday conceived the laws of physics and chemistry as willed by God and the Creation. Moreover, the world manifests the aim of its designer. Secondly, since God created a perfect system both matter and ›force‹ are conserved and the system is self-sustainig« [Cantor, G. (1991): Michael Faraday: Sandemanian and Scientist. A Study of Science and Religion in the Nineteenth Century, London, 168]. Seine Überzeugung, daß die verschiedenen Naturkräfte in einer letzten Einheit miteinander verbunden seien, ist trinitätstheologisch begründet [a.a.O., 172].

272. Maxwell, J. C. (1865): A Dynamic Theory of the Electromagnetic Field, London, hg. v. T. F. Torrance, Edinburgh 1982.

273. Einstein, A. (1931): Maxwells Influence on the Development of the Conception of Physical Reality, in: ders.: J. C. Maxwell. A Commemoration Volume, Cambridge, 66-73; dt.: Maxwells Einfluß auf die Entwicklung der Auffassung des Physikalisch-Realen, in: Albert Einstein. Mein Weltbild, Amsterdam 1934, erw. Neuaufl. hg. von C. Seelig, Zürich 1953, Frankfurt u.a. 1979, 159-162. Siehe auch: Einstein, A., Infeld, L. (1938): Die Evolution der Physik, ND Hamburg 1955, 231-236. In: »Über die spezielle und allgemeine Relativitätstheorie« (1917, ND Braunschweig 1988[25]), 98 und 108, plädiert er dafür, »das Physikalisch-Reale als Feld aufzufassen«. - Zur Entwicklung des Feldmodells siehe: Berkson, W. (1974): Fields of Force. The Development of a World View from Faraday to Einstein, New York. Wegweisend - auch für Pannenbergs Entwurf - waren die Arbeiten von M. Jammer, bes.: Jammer, M. (1957): Concepts of Force. A Study in the Foundation of Dynamics, Cambridge, Mass.

274. Zur Entwicklung der Quantenfeldtheorie, die auf P. Dirac zurückgeht und den Welle-Teilchen-Dualismus zu überwinden erlaubt, siehe: Polkinghorne, J. (1984): The Quantum World, London, 7ff; Weinberg, S. (1995): The Quantum Theory of Fields, Cambridge.

275. Siehe dazu: Jammer, M. (1972): Art. »Fernwirkung«, in: HWP 2, 933-935.

kung) anerkannt.[276] Diese Vorstellung, die für die Entwicklung der Mechanik und damit für die Naturauffassung der beginnenden Neuzeit insgesamt grundlegend war[277], konnte durch die Feldtheorie aufgehoben werden. Denn diese ließ sich - über Faraday hinaus[278] - mit einem nichtmateriellen Kraftbegriff verbinden und eröffnete (bzw. *wieder*eröffnete[279]) damit die Möglichkeit, den Bewegungsimpuls (das movens) als eine vom bewegten Körper (das motum) getrennte und *von außen* auf ihn wirkende Energie zu verstehen.

Erst mit der Überwindung der Ätherhypothese, in der die Kraftwirkung an das materiell vorgestellte Substrat des »Äthers« gebunden war und die bis zum Ende des 19 Jhs. das herrschende Erklärungsmodell darstellte, konnte sich das Konzept eines der Materie gegenüber autonomen Kraftfeldes entwickeln, das die Deduktion der Fernwirkung aus der Nahwirkung überflüssig machte.[280] Damit einher ging die nichtsubstantielle Deutung der Masse als ›Kondensat‹ von Energie bzw. als Verdichtung von Feldstärke.[281] In diesem Verständnis liegt die Anschlußfähigkeit für eine ›geistige‹ Naturauffassung.

Pannenberg entwirft seine pneumatologische Rezeption des physikalischen Kraftfeldmodells von der Prädikation Gottes als Geist (Joh 4,24)[282] und vom priesterschriftlichen Schöpfungsbericht, insbesondere von Gen 1,2, aus. Dort ist die kreative Funktion des Geistes über den biologischen in den physikalischen Bereich hinein ausgedehnt. Der Geist wirkt nicht erst als Atem Gottes, der den Geschöpfen Seele und Leben einhaucht (wie in Gen 2.7), sondern schon als Urkraft und elementares Bewegungsprinzip, das als »Geistwind Gottes« über der Tiefe »rüttelt« und das Chaoswas-

276. Zu den aufsehenerregenden Ausnahmen gehören Duns Scotus, vor allem aber William von Occam.
277. So besagt das ›klassische‹, von Newton formulierte Bewegungsgesetz, daß die »Änderung der Bewegung (Impuls) der einwirkenden Kraft proportional ist und nach der Richtung derselben geschieht« (Philosophiae Naturalis Principia Mathematica, 1687, Praef.).
278. Faraday selbst hatte noch nicht von Kraftfeldern, sondern nur von »physical lines of force« gesprochen, diese aber als physische Substanz verstanden. Seine Grundüberzeugung bestand darin, »that force is a substance, that it is the only substance and that all forces are interconvertible through various motions of the lines of force« [Nessian, N. (1985): Faradays Field Concept, in: Gooding, D., James, F. (Hg): Faraday Rediscovered: Essays on the Life and Work of Michael Faraday, 1791-1867, London, 183; auf S. 175ff stellt Nessian fünf unterschiedliche Interpretationen des Faraday'schen Konzepts zusammen].
279. Während Kepler noch in seinen Frühschriften Kraft ›metaphysisch‹ als »anima« dargestellt hatte, die die Planeten - wie die Seele den Körper - bewegt (»animiert«), entwickelte er ab 1605 einen physikalisch-mathematischen Kraftbegriff [Jammer, M. (1976): Art. »Kraft«, in: HWP 4, 1178]. Selbst Newton hatte noch mit nichtmateriellen Kräften gerechnet [Beleg bei: Pannenberg, W. (1991) {→ L.}, 99, Anm. 199].
280. Noch Maxwell hatte mit der Ätherhypothese gearbeitet. Den Anstoß zu ihrer Überwindung gab der Michelson'sche Versuch (1881) und seine Erklärung durch Einsteins spezielle Relativitätstheorie.
281. So zumindest in der Deutung Einsteins, die besonders in der Darstellung H. Weyls einflußreich wurde [Weyl, H. (1990[6]): Philosophie der Mathematik und Naturwissenschaft, München, 210ff]. Zur Kritik siehe: Mutschler, H. D. (1995): Schöpfungsglaube und physikalischer Feldbegriff bei Wolfhart Pannenberg, in: ThPh 70, 543-558, hier: 549ff.
282. Pannenberg weist darauf hin, daß »Gott ist Liebe« und »Gott ist Geist« die einzigen unmittelbaren Prädikationen des Wesens Gottes in der Bibel sind (428). – Von diesen beiden Aussagen ist nach meiner Auffassung die gesamte Vorsehunglehre zu entwickeln (s.u.).

ser aufwühlt (97f). Um den Geist Gottes als grundlegendes Bewegungsprinzip *allen* Geschehens – nicht nur des protologischen - verstehbar zu machen, zieht Pannenberg das Modell des Kraftfeldes heran.

Ein philosophiegeschichtlicher Bezugspunkt liegt seiner Auffassung nach auch in der stoischen Pneumalehre, aus der sich die modernen Feldtheorien entwickelt haben.[283] Doch könne diese historische Entwicklungslinie nicht bruchlos in ein theologisches Feldmodell überführt werden. Vielmehr habe sich dieses an der *biblischen* Bestimmung der Beziehung von Raum und Zeit zur Ewigkeit Gottes zu orientieren. Von daher eröffnet sich für Pannenberg dann allerdings die Einsicht, daß die biblischen Aussagen über den Geist Gottes den Feldtheorien näher stehen als der klassischen Vorstellung von Gott als Nous und damit als die seit Origenes vorgenommene Identifikation von pneuma und nous (414).[284]

Die von Pannenberg entworfene theologische Interpretation des physikalischen Kraftfeldmodells läßt sich in vier Punkten zusammenfassen:

a) Priorität der Möglichkeit vor der Wirklichkeit:
Als Ausdruck für die Offenheit der Schöpfung ›nach vorn‹ erhält die Kategorie der Möglichkeit Vorrang vor dem Begriff der Wirklichkeit (bzw. des Faktischen), in dem die Gesamtheit *realisierter* Möglichkeiten erfaßt ist. Das Kraftfeld des Geistes Gottes hat schöpferische Potenz; es öffnet ein *Möglichkeitsfeld* und aktualisiert einzelne der Möglichkeiten. Auf diese Weise bringt es kontingente Ereignisse, Prozesse und Zustände hervor. Im Primat des Möglichen liegt die Entwicklung *neuer*, vollkommenerer Gestalten der Wirklichkeit begründet. Die sie vorantreibende Kraft ist die *dynamis* des göttlichen Geistes, in dessen Präsenz das eschatologische Reich Gottes anbricht (119f).

b) Priorität der Zukunft vor Gegenwart und Vergangenheit:
Pannenberg schließt sich Einsteins und Pichts Rückführung des Raumes auf die Zeit an und beschreibt die dynamische, schöpferische Wirksamkeit des göttlichen Geistes in der Dimension der »Raumzeit«. Das pneumatologisch verstandene Kraftfeld hat temporale Struktur - als Feld des Möglichen wirkt es aus der *Zukunft*.[285] In der schöpferischen Macht der Zukunft äußert sich die Dynamik des göttlichen Geistes in der Schöpfung (119). Die Zukunft ist derjenige Modus der Zeit, der Gottes Ewigkeit am nächsten steht (422). Der *Deus futurissimus* kommt der Wirklichkeit der Menschen »von vorne« entgegen und richtet sie eschatologisch aus. - An die Stelle der Vorstellung eines aus der Vergangenheit mit Zwangsnotwendigkeit wirkenden Kausalgesetzes, das alle Bewegung auf die Kraft von Druck und Stoß zurückführt, tritt die Be-

283. Jammer, M. (1972): Art. »Feld, Feldtheorie«, in: HWP 2, 923.
284. Siehe dazu 402ff, wo Pannenberg herausarbeitet, daß Gott bei Paulus und im johanneischen Schrifttum als pneuma, noch nicht jedoch als nous aufgefaßt war. Erst in nachneutestamentlicher Zeit vollzog sich die Identifizierung des biblischen Geistbegriffs mit dem der körperlosen Vernunft.
285. Mehrfach spricht Pannenberg vom »Möglichkeitsfeld zukünftiger Ereignisse« die Rede; so etwa in: 121f.

hauptung des aus der Zukunft kommenden und in die Zukunft führenden Gottgeistes, der Bewegung in finaler Kausalität steuert, indem er ›von vorne‹ in die Zukunft als dem Feld des Möglichen ›zieht‹.

In diesen beiden, unter a) und b) dargestellten, eng zusammenhängenden Gedanken ist der Determinismus der klassischen Naturwissenschaft revidiert. Während ihmzufolge alle Bewegungskraft in effektiver Kausativität ›von hinten‹ wirkt, so daß jedes zukünftige Ereignis durch die Faktizität von Vergangenheit und Gegenwart determiniert – und jeder echte Möglichkeitsspielraum der Zukunft damit geleugnet ist, geht nach Pannenbergs indeterministischem Konzept die Bewegung vom ›Reich des Möglichen‹ aus. Es kommt der Gegenwart entgegen und gibt ihr Gestalt, indem es einzelne seiner Möglichkeiten aktualisiert, andere dagegen unaktualisiert läßt. Der vom Prinzip der Wirkkausalität dominierte Determinismus ist dabei ersetzt durch das Modell einer pneumatologisch begründeten eschatologischen Ontologie.

Diese naturphilosophisch und theologisch untermauerte Umkehr des »Zeitpfeils« scheint der Wahrnehmungswelt der Geschöpfe diametral entgegenzustehen. Im sinnlich erfahrbaren, den Kategorien von Raum und Zeit unterliegenden Mesokosmos bestimmt die Aufeinanderfolge von Vergangenheit, Gegenwart und Zukunft die Perzeption von Geschehenszusammenhängen. Die Zukunft kann nicht einfachhin als uneingeschränkt offenes Feld der Möglichkeiten beschrieben werden - viel zu sehr ist die Realisierungswahrscheinlichkeit der Möglichkeiten von der Faktizität der Vergangenheit und Gegenwart einerseits, von der naturgesetzlichen Ordnung andererseits bestimmt. *Gottes* »Zeitpfeil« verläuft jedoch nach Pannenberg auch in diesem Bereich mit umgekehrtem Richtungssinn: das Wirken des Geistes kommt dem Geschöpf als seine Zukunft entgegen, die seinen Ursprung und seine mögliche Vollendung umschließt« (124).

Diesen entgegengesetzten Zeitrichtungen korrespondieren die unterschiedlichen Feldmodelle in der Physik einerseits und in der Philosophie und Theologie andererseits: während das physikalische Feld ex ante und von außen auf die von ihm hervorgebrachten bzw. beeinflußten Erscheinungen wirkt, entfaltet das philosophisch konzeptualisierte Geist-Feld eine finale, nicht-zwingende, sondern Richtung-weisende Anziehungskraft. Es wirkt nicht determinativ, sondern innovativ, nicht extrinsisch, sondern intrinsisch, nicht in gesetzlicher Regulation, sondern in Freiheit-schaffender Eröffnung von Zukunft.

c) Priorität der Kreativität vor der Kontinuität:
Im Mesokosmos menschenweltlicher Wirklichkeit wirkt das Kraftfeld des Geistes zum einen kreativ-ereignis*hervorbringend* und zum anderen kontinuitätsgewährend und Dauerhaftigkeit sichernd. Dauerhaftigkeit ist die Möglichkeitsbedingung der Entstehung komplexer Gestalten bis hin zu den hochentwickelten Lebewesen, die in Selbständigkeit ihrem Schöpfer gegenüberstehen (91ff, 131). Doch handelt es sich bei der *conservatio* um eine sekundäre, abgeleitete Funktion, welche die Bestandserhaltung und -entwicklung der *creatio* sichert. Aus ihr bricht die schaffende, neue Anfänge setzende Kreativität Gottes immer wieder hervor. *Sie* macht den »Grundcharakter des göttlichen Handelns« aus (59).

Als schöpferische Macht der Zukunft treibt die Dynamik des göttlichen Geistes alles Geschehen im Mikro-, Meso- und Makrokosmos der Vollendung der Schöpfung entgegen, so daß Pannenberg behaupten kann, *jedes* neue Ereignis gehe aus der Zukunft Gottes hervor (132). In der Setzung gesetzlich stabiler Regelzusammenhänge liegt ein Mittel, das diesem Ziel dient und d.h. nicht der temporalen Ausrichtung des göttlichen Geistwirkens auf die Zukunft entgegengesetzt sein kann.

d) Priorität des innertrinitarischen vor dem ökonomischen Feld des Geistes Gottes: Gott ist Geist und als solcher als trinitarisch strukturiertes, dynamisches Feld zu denken (96-105). In dieser feldhaften Verfaßtheit seiner gesamten Wesenheit sind die trinitarischen Personen als interrelationale Manifestationen des innergöttlichen Geistfeldes zu verstehen. Allein in ihrer Beziehung zueinander konstituieren sie sich als Person. Die Beziehung des Feldes zu den Personen ist von Pannenberg in Analogie zur Beziehung zwischen dem physikalischen Kraftfeld und den in ihm befindlichen Körpern als materiellen Manifestationen der Energie des Feldes vorgestellt. Die *Person* des Geistes Gottes (die dritte Person der Trinität) erscheint also als eine Manifestation des dynamischen Feldes, in dem Gott insgesamt als Geist (Geist als das Wesen Gottes) subsistiert.

In einem engeren und nicht mehr den innertrinitarischen Relationen, sondern der Schöpfung zugewandten, ›ökonomischen‹ Sinn spricht Pannenberg dann vom Wirken des Geistes (Geist als die dritte Person der Trinität) in der Welt als einer von dynamischen Feldstrukturen charakterisierten Wirksamkeit (104).

In der Operativität *ad extra* differenzieren sich die Werke der Trinität. Der *Geist* wirkt in schöpferischer, belebender und bewegender Dynamik als aus der Zukunft kommende Kraft des Seins und des Lebens, die Gestalten hervorbringt, ihnen Leben, die Befähigung zu Bewegung und Tätigkeit verleiht und sie auf die Vollendung der Schöpfung ausrichtet (47, 96ff, 132ff). Demgegenüber agiert der *Sohn* als Schöpfungsmittler (durch den Geist) zum einen als Form- oder Individuationsprinzip[286], der diesen Gestalten ihre Existenz, ihre Besonderheit und Individualität gibt, zum anderen als kreatives Ordnungsprinzip, als Ursprung und Inbegriff der Schöpfungsordnung, die die unterschiedenen Gestalten aufeinander und auf Gott als ihren Schöpfer bezieht (46, 80ff, 96, 104, 132f).[287] In seiner Zentrierung auf die Inkarnation des Logos ist auch dieses Wirken - wie das des Geistes - temporal strukturiert im Sinne der Hinordnung jedes Geschöpfs auf den Kairos der Erscheinung des Sohnes (21), die eine zunehmende »Verinnerlichung der Logoshaftigkeit in den Geschöpfen« (138)[288] bewirkt. Logos und Geist wirken im Schöpfungsprozeß zusammen wie En-

286. So wie der Sohn sich vom Vater unterschieden hatte, so wirkt er nach Pannenberg im Weltgeschehen als »generatives Prinzip der Andersheit (und also der Vielheit) der Geschöpfe« (79); vgl. 36ff, 42ff, 83. - Damit ist ein Gedanke Hegels aufgenommen.

287. Beide Funktionen zusammen führen zu Pannenbergs Bestimmung des Logos als *der nicht abstrakten, sondern konkreten Ordnung der Welt* (81) - im Gegensatz zur naturwissenschaftlich beschriebenen naturgesetzlichen Ordnung, die atemporal und damit der konkreten Besonderheit der Geschöpfe gegenüber gleichgültig ist.

288. Vgl. 82. Auf S. 48 heißt es: »Verinnerlichung der Selbstranszendenz der Geschöpfe«.

ergie und Information. Der Logos ist das Prinzip der Generativität und der Schöpfungsordnung, der Geist das Prinzip der Lebenskraft und Bewegung.

Die Wirkung des pneumatischen Kraftfeldes im kosmischen Prozeß ist als *Ausstrahlung* der Wirkung des innertrinitarischen Geistfeldes zu sehen, nicht aber als Integration des Weltprozesses in dieses Feld, wie es sich im panentheistischen Modell Moltmanns darstellt.[289] Pannenbergs Entwurf geht von einer Wirkung *ad extra* aus, so daß man hier von einer sachlichen Priorität des innertrinitarischen vor dem ökonomischen Feld des Geistes Gottes sprechen muß.

b) Kritische Erwägungen zu Pannenbergs theologischer Integration des physikalischen Kraftfeldmodells

Erstrebt Pannenberg eine »Theologie der Natur« im Sinne des *genitivus objectivus* oder im Sinne des *genitivus subjectivus*[290]? Beansprucht er, die von physikalischen Kraftfeldern ausgehenden Bewegungen pneumatologisch zu interpretieren, indem er sie in den Horizont des aus der Zukunft wirkenden und in die Zukunft führenden Gottgeistes stellt, oder will er umgekehrt das Geistwirken Gottes durch die Feldtheorie auslegen? Das in seinem systematischen Entwurf anvisierte explicandum sind die »Tatsachen« und Prozesse der Natur selbst (418), nicht die Konzepte der Theologie. Er will die Wirklichkeit coram Deo, d.h. unter dem Globalaspekt ihrer Sinntotalität deuten. So stellt er seinem Programm »Offenbarung als Geschichte« hier den Versuch zur Seite, »Offenbarung als Natur« zu verstehen. Dabei wird die biblische Pneumatologie im Licht naturwissenschaftlicher Erkenntnisse und Modelle so reformuliert, daß sie beanspruchen können soll, die intentionale Wirksamkeit Gottes in der Welt intelligibel und theoretisch plausibel zu machen.

Pannenberg glaubt sich zur pneumatologischen Rezeption des physikalischen Kraftfeldmodells berechtigt, weil a) zwischen der theologischen Pneumatologie und den Feldtheorien der Naturwissenschaften »ein sachlich viel engerer Zusammenhang (besteht) als er im Mittelalter im Verhältnis zur aristotelischen Bewegungslehre gegeben war« (102) und weil b) sich die Feldtheorien der modernen

289. Moltmann folgt Pannenberg nicht darin, das Feldmodell auf die Deutung des gesamten innergöttlichen Lebens anzuwenden und nimmt es auf die Beschreibung der Wirkung des Heiligen Geistes zurück. [Moltmann, J. (1991) {→ L.}, 287, Anm. 12]. Er gibt keine Gründe für diese Entscheidung an, doch legt sich aus seiner Betonung der Personalität des Geistes folgende Rekonstruktion nahe: Die Bestimmung des Wesens Gottes als trinitarisch strukturiertes Feld führt zu einer sachlichen Vorordnung des Feldes vor der Person des Geistes. Eine solche Tendenz zum pneumatologischen Subordinatianismus aber vermag die Eigeninitiative des Geistes nicht ausreichend zu würdigen. Der Geist darf nicht auf eine bloße Gotteskraft reduziert werden. - In Moltmanns Darstellung der »formativen Metaphern, die nicht von Subjekten und ihren Handlungen, sondern von prägenden Kräften sprechen, wie sie auch in der Natur zu beobachten sind«, kommt er selbst dann allerdings einer solch energetischen Auffassung der Wirksamkeit des Geistes nahe [Moltmann, J. (1991) {→ L.}, 287].

290. Vgl. die Programmskizze einer »Theologie der Natur«, die Ian Barbour als zweiten von drei idealtypischen Wegen innerhalb des Integrationsmodells entwickelt [Barbour, I.G. (1990) {→ Teil I, A. 41}, 23].

Physik aus der stoischen Pneuma-Lehre entwickelt haben. Daran knüpft Pannenberg die »Behauptung einer implizit theologischen Relevanz der Hinwendung der modernen Physik zu immer weiter ausgreifenden Feldtheorien des Naturgeschehens« (101).

Wohl weiß er um die prinzipiellen Differenzen zwischen physikalischen und theologischen Feldmodellen, die eine Identifikation beider verbieten (103). Es liegt nicht in seiner Absicht, die physikalischen Kraftfelder (etwa die Gravitation) als unmittelbaren Modus des göttlichen Weltwirkens zu verstehen und auf diese Weise Naturprozesse zu spiritualisieren.[291] Doch sieht er bei aller Unterschiedenheit in der theologischen und der naturwissenschaftlichen Betrachtungsweise einen *sachlichen* Zusammenhang zwischen beiden, der sich einer philosophischen Reflexion erschließt. Von Pannenbergs Grundvoraussetzung der von Gott geschaffenen Einheit der Wirklichkeit her *muß* es diesen Zusammenhang geben. Ihn genauer zu bestimmen, soll der erste Schritt der folgenden kritischen Auseinandersetzung sein.

Die Feldtheorie erlaubt nach Pannenberg, die »Auffassung des göttlichen Geistes als alles durchdringendes und dynamisch durchwaltendes Feld«[292] im Sinne der biblischen Überlieferung zum Ausdruck zu bringen und damit eine theologische Wirklichkeitsdeutung zu leisten. Bei der dabei stattfindenden Bedeutungsübertragung des Feldbegriffs vom physikalischen in den theologischen Bereich handelt es sich um eine sachgerechte *Rück*übertragung, bei der einige der Konnotationen des physikalischen Begriffs ausgeschieden werden (wie die Vorstellung wellenförmiger Ausbreitung der Feldwirkungen), seine konstitutive Bindung an Raum und Zeit aber erhalten bleibt.[293]

Pannenbergs zentraler Begründungsgang für die pneumatologische Rezeption physikalischer Feldtheorien knüpft hier an: Alle Bestimmung spezifischer Raum- und Zeitgrößen setzt die unendliche Ganzheit des Raumes und der Zeit und damit die Ewigkeit Gottes als »reale Bedingung der Möglichkeit alles Teilhaften in Raum und Zeit«[294] voraus. Die Raumzeit selbst muß aber nach Einstein als Feld beschrieben werden. In diesem Argument, das - gegen Kant - die bewußtseinstranszendente Realität von Raum und Zeit unterstellt, die Raumzeit auf ihre real-transzendentale Ganzheitsdimension hin auslegt und diese, wie die Raumzeit selbst, als Feld beschreibt, liegt die sachliche Verbindung zwischen physikalischer und theologischer Feldtheorie: Das »›Feld‹ der göttlichen Unermeßlichkeit und Ewigkeit (ist) Bedingung der Möglichkeit physikalischer Felder«.[295] Pannenberg bestimmt demnach die Beziehung zwischen physikalischer und theologischer Feldtheorie als *transzendentale* Relation. Sie erschließt sich nicht von der Physik aus, sondern von der philosophischen (und philosophiegeschichtlichen) Reflexion auf die Implikationen der von ihr verwendeten Begriffe. Aus dieser Reflexion ergibt sich nicht nur

291. So auch schon in: Pannenberg, W. (1988) {→ A. 269}, 14.
292. Pannenberg, W. (1996) {→ A. 269}, 257.
293. A.a.O., 257.
294. A.a.O., 258.
295. A.a.O., 259.

die Einsicht in die Anschluß*fähigkeit* der theologischen Deutung an das physikalische Feldmodell, sondern seiner Auffassung nach sogar die Erkenntnis einer Anschluß*notwendigkeit*.[296]

Die Schwierigkeiten, in welche diese Begründung und die auf ihr errichtete pneumatologische Feldtheorie führt, sind jedoch gravierend; sie entsprechen im Prinzip denen, die auch bei Pannenbergs theologischer Rezeption des naturphilosophischen Kontingenzbegriffs auftraten. Sie kreisen um die Frage, in welcher Weise hier das philosophisch-theologische und das physikalische Feldmodell zueinander in Beziehung gesetzt sind. Folgende kritische Rückfragen sind im einzelnen an Pannenbergs Konzept zu stellen:

1. Gebraucht er einen naturwissenschaftlich fundierten Feldbegriff und grenzt er diesen mit hinreichender Deutlichkeit vom philosophischen und theologischen Begriff des Feldes ab?

Mit M. W. Worthing[297] ist einzuwenden, daß Pannenberg eine generalisierte und unifizierte Vorstellung von wissenschaftlichen Feldtheorien verwendet, d.h. weder zwischen biologischen und physikalischen Konzepten, noch zwischen solchen der klassischen Physik und denen der Quantenphysik differenziert.[298] Eklektizistisch ziehe er Aspekte aus unterschiedlichen Ansätzen zusammen und kombiniere sie auf der Basis des Faraday'schen Konzepts – so Worthing. Dieses aber sei in den 130 Jahren seit seiner Ausarbeitung vielfach modifiziert und differenziert worden.

Zwischen klassischen Feldtheorien und Quantenfeldtheorien besteht ein gravierender Unterschied: Bei den letztgenannten handelt es sich nicht um Wirk- sondern um Wahrscheinlichkeitsfelder, denen weder Masse noch Energie eignet. Sie beschreiben die statistische *Verteilung* von Effekten, erklären aber nicht deren Auslösung. Der Übergang vom Möglichen ins Wirkliche, das »irreversible Entstehungsereignis« (N. Bohr) des Quantenphänomens bleibt ungeklärt. Daher eignen sie sich nicht als Analogate zur Explikation realer Wirkungen Gottes in der Welt.

Wenn Pannenberg vom »Feld« spricht, ist zudem nicht immer klar, in welcher der Grundbedeutungen dieses Begriffs - in der physikalischen, der philosophischen oder der theologischen - dies geschieht. Auch darin liegt ein Indiz für die Verschränkung dieser Bedeutungen. Dabei ist es nicht zuletzt der Rekurs auf die ›Feldtheorie‹ der Stoa, die eine solche Unifikation nahelegt. Die stoischen Lehre war metaphysisch-theologisch grundiert und implizierte ein teleologisches Moment. In dieser Ausdeutung unterscheidet sie sich aber gravierend von der physikalischen Feldauffassung, die jegliche Vorstellung an eine finalisierende Tendenz ausschließt.

296. Mit dieser Behauptung reagierte Pannenberg auf die Herausforderung Mutschlers: »Sollte der ›philosophische Feldbegriff‹ ein sinnvolles Konzept sein, so müßte gezeigt werden, wie er als ›Bedingung der Möglichkeit‹ des physikalischen Feldbegriffs *denknotwendig* ist« [Mutschler, H. D. (1995) {→ A. 281}, 546].
297. Worthing, M. W. (1996) {→ Teil I, A. 40}, 123.
298. Siehe dazu auch die Kritik Polkinghornes an der theologischen Inanspruchnahme der klassischen, deterministischen Feldtheorien und seinen Verweis auf die Quantentheorie: Polkinghorne, J. (1991) {→ Teil I, A. 42}, 93.

Pannenberg qualifiziert das physikalische Feldmodell nach Maßgabe seiner eschatologischen Ontologie als Matrix der Pneumatologie. Das führt auf die beiden folgenden Anfragen:

2. Vollzieht er eine Physikalisierung der Theologie und eine Spiritualisierung der Physik?

Die Kategorie des Geistigen (und damit der Dual von Materie und Geist) ist physikalischer Theoriebildung wesensfremd. Sinn kommt ihr allein im Bezugsrahmen von Philosophie und Theologie zu. Wird sie dagegen zur Deutung physikalischer Konzepte - wie Energie, Feld oder Kraft - verwendet, führt das notwendigerweise zu deren Mißdeutung.[299]

Die Entsprechung »Materie zu Geist wie (Masse-)Partikel zu Feld« kann nach Mutschlers zutreffender Feststellung als eine »gelungene Metapher«[300] gelten, die sich aber nicht »zur Identität des Begriffs« erhärten läßt.[301] Materie ist nicht gleich Masse und Feld nicht gleich Geist. Beim physikalischen Feld handelt es sich nicht um eine geistige Größe, die der Masse als Formkraft gegenübersteht (wie in der aristotelischen Zuordnung von Form und Materie). Aus physikalischer Sicht sind Energie, Kraft und Feld *materielle* Phänomene. Von einer »Vergeistigungstendenz« in der Physik zu sprechen[302], erscheint daher unangemessen. Weder läßt sich die Masse auf Energie (bzw. auf ein Kraftfeld) zurückführen[303] und so die Präponderanz des Feldes behaupten, noch läßt sich dieses Feld als *geistige* Kraft verstehen, wie in Leibniz' Monadenlehre.

Pannenberg wendet gegen diese Kritik ein, es gehe ihm gerade auch um eine Revision der Geistvorstellung selbst, die im allgemeinen Verständnis zu sehr mit dem Phänomen des Bewußtseins und im Kontext der Pneumatologie mit der Auffassung Gottes als planvoll handelnder Vernunft verbunden sei.[304] Je konsequenter er diese

299. Darauf wurde von seiten zahlreicher Naturwissenschaftler hingewiesen. Exemplarisch: Wicken, J. (1988): Theology and Science in the Evolving Cosmos: A Need for Dialogue, in: Zygon 23, 48ff.

300. Mutschler, H. D. (1995) {→ A. 281}, 548.

301. A.a.O., 545f.

302. Siehe: Pannenberg, W. (1996) {→ A. 269}, 260.

303. Mutschler, H. D. (1995) {→ A. 281}, 545ff. Mutschler hält dafür, daß sich aus der Einstein'schen Energie-Masse-Äquivalenz keine einseitige Ableitung der Masse aus der Energie ergebe, sondern beides relationale Begriffe seien, die nicht auf ein dahinterliegendes Reales zurückgeführt und als dessen komplementäre Erscheinungen ausgegeben werden könnten. Physikalische Theorien und Modelle seien in einem gänzlich konstruktivistischen oder instrumentalistischen Sinn ohne ontologischen Bezug zu verstehen. Von diesem mathematischen Physikverständnis mit seinen rein funktionalen Begriffsverbindungen aus fordert Mutschler konsequent die strikte Unterscheidung zwischen der physikalischen Feldtheorie und philosophisch-weltanschaulichen Implikationen und Interpretamenten. Die Feldtheorie dürfe nicht zu einer Feld*ontologie* mit kausalen Beziehungsbestimmungen zwischen den theoretisch erfaßten Phänomenen (z.B. Feld und Partikel) bzw. zwischen diesen und einer unterstellten zugrundeliegenden Realität erhoben werden (a.a.O., 548ff).

304. Pannenberg, W. (1996) {→ A. 269}, 260. In: Pannenberg, W. (1991) {→ L.}, 404f, gibt er Hinweise zu dieser Revision: Sie knüpft an die biblische Vorstellung vom Geist als ruah an. Ruah sei nicht als Vernunft oder Bewußtsein, sondern als eine geheimnisvoll unsichtbare Naturkraft zu deuten, die sich besonders im Wehen des Windes bekunde. So verstanden handele es sich beim Geist Gottes um

Vorstellung aber als reale Kraftwirkung zu deuten unternimmt, um so stärker gerät er in die Gefahr, sie zu physikalisieren.

Darin liegt eine Parallele zur stoischen Lehre, derzufolge »Pneuma« keine nichtmaterielle und den Körpern extrinsische Kraft ist, sondern eine die Körper durchdringende feinstoffliche Geistenergie. Sie bewegt die Körper, indem sie *von innen* durch sie wirkt, ihnen Struktur gibt und sie in der kosmischen Ordnung auf andere Körper ausrichtet. Dabei wirkt sie in Form der quasi-mechanischen Nahwirkung durch Druck, Spannung oder Wellen auf andere Körper. Die Logizität der Geistkraft ist also ›pantheistisch‹ als alle Körper durchdringende, substantielle Energie vorgestellt.[305] Auch im Prinzip der Vorordnung der Kraft vor dem Körper besteht eine Übereinstimmung zwischen den stoischen und den modernen Feldtheorien.

Weiter ist zu fragen, ob Pannenberg sein Konzept an die Einstein'sche Relativitätstheorie bindet und es damit von ihr abhängig macht. Im oben rekonstruierten Argumentationsgang rekurriert er – wie gesehen – auf Einsteins (von Picht philosophisch rezipierte) Reduktion des Raumes auf die Zeit zum Feld der »Raumzeit« und bezeichnet diese sogar als »*Bedingung* für eine theologische Interpretation der Gegenwart Gottes im Raum als dynamische Wirksamkeit des göttlichen Geistes«.[306]

3. Wie läßt sich Pannenbergs eschatologisch-finalisierende Qualifizierung des Geistwirkens im Konzept des physikalischen Kraftfeldes verorten?
Kategorien wie Intentionalität, Zielorientierung und Teleologie sind den physikalischen Feldmodellen fremd. Für Pannenberg jedoch wirkt Gottes Geist aus der Zukunft als der Dimension der Ganzheit. Um diese ›Ziehrichtung‹ des Geistes zum Ausdruck zu bringen, muß die Feldtheorie einer fundamentalen Modifikation unterzogen werden. Es kommt zur Überlagerung zweier entgegengesetzt gerichteter ›Zeitpfeile‹: die aus der Zukunft kommende Zeit Gottes interferiert der Zeit der Schöpfung, die aus der Vergangenheit über die Gegenwart in die Zukunft fließt. Kann Gott als der ›von vorne‹ Entgegenkommende aber uneingeschränkt auch der in Richtung des geschöpflichen Zeitpfeils mitgehende Immanuel sein, der in allen Modi der Zeit gleichunmittelbar präsent ist? Darüberhinaus läßt sich sogar fragen, ob die Zeit der Welt nach Pannenbergs Ansatz nur noch epistemisch als Zeit*erfahrung* der Geschöpfe gedacht werden kann und auf diese Weise den Status der ontischen Uneigentlichkeit bekommt.

4. Spricht er vom »Kraftfeld des Geistes« in einem denotativen oder in einem metaphorischen Sinn?
Letzlich bleibt ungeklärt, ob Gottes Geist nach Pannenberg *in* den physikalischen Feldern wirkt oder ob er *wie* sie wirkt, ob also eine analogische oder eine reale Bezie-

die von Gott ausgehende Lebenskraft, die Ursprung allen Lebens sei. Pannenberg zitiert H. W. Wolff: »Jahwes Atem ist schöpferische Lebenskraft«. Denkendes Bewußtsein, Verstand und Einsicht gehörten zu den *Gaben* und *Wirkungen* des Geistes, seien aber nicht mit ihm selbst zu identifizieren. Siehe dazu auch 413f, wo Pannenberg von ruah als dem Kraftfeld der machtvollen Gegenwart Gottes spricht.

305. Jammer, M. (1972): Art. »Feld, Feldtheorie«, in: HWP 2, 923.
306. Pannenberg, W. (1991) {→ L.}, 111 (Hervorheb. R.B.).

hung zwischen den von der theologischen und der physikalischen Feldtheorie beschriebenen Wirkungen besteht. Die angedeutete Relationierung im Sinne einer transzendentalen Vermittlung läßt diese Frage offen. Im Kontext seiner Lehre von den Engeln (125ff) kommt es zu identifizierenden Aussagen. Pannenberg geht über eine bloß gleichnishafte Deutung des Feldmodells hinaus und vermag damit die entgegengesetzten Extreme einer Sakralisierung der Natur und einer Naturalisierung der Gottesvorstellung nicht entschieden genug abzuwehren.

Demgegenüber ist daran zu erinnern, daß die physikalische Rede von einem »Feld« als konzeptuelle Interpretationskategorie selbst eine analogische Begriffsbildung ist.[307] Wie auch andere physikomorphe Begriffe und Anschauungen kann sie zur Deutung des göttlichen Wirkens herangezogen werden und eröffnet in einer solchen theologischen Rezeption wertvolle Ausdrucksmöglichkeiten. Doch darf sie nicht als unmittelbare Explikation dieser Wirksamkeit selbst erscheinen, so daß sich daraus wieder Ableitungen herstellen ließen. Vielmehr handelt es sich um einen - der auszusagenden Sache angemessenen - metaphorischen modus loquendi, der mit Vorsicht, d.h. im Bewußtsein der Begrenztheit der verwendeten Analogie, aber auch mit Phantasie zur Beschreibung der Wirksamkeit Gottes in der Welt herangezogen werden kann. Die Wahrheit dieser Beschreibung vermag er nicht aus sich selbst zu garantieren. Sie muß sich in Referenz zur »story« {→ A. 13} der Gotteserfahrung von Juden und Christen erweisen und sich in der Fortsetzung dieser »story« immer neu bewähren. Das Widerfahrnis nicht-selbst-verdankter kreativer, tragender und transformierender Kraft in Geschichte und Gegenwart ist ihr Entdeckungszusammenhang. Darin, daß sich diese Erfahrung nur analogisch erfassen und explizieren läßt, spiegeln sich die Grenzen menschlicher Intelligibilität.

Die Rede vom Kraftfeld des Geistes bietet eine *illustrative* Explikation, eine erklärungskräftige Anschauung - darin liegt ihre Deutekraft im Bezug auf die theologisch auszusagende Sache. Wo sie verwendet wird, kann dies nur in expressivem, nicht aber in einem propositionalen Sprachgebrauch geschehen, der den Anspruch erheben würde, das Wirken Gottes selbst unmittelbar zu beschreiben. Damit ist nicht gesagt, die expressive Sprachform hätte keinen realen Referenzpunkt, kein fundamentum in re. Der reale Referenzpunkt, der alle endliche Realität übersteigt, kann jedoch sachgemäß nur in gleichnishafter Rede zur Darstellung kommen. Als solche leistet das pneumatologische Feldmodell eine Plausibilisierung des Glaubens an Gottes Wirksamkeit durch das Angebot eines plausiblen Analogats. Allein eine *solche* Deutung vermag die Verborgenheit der göttlichen Wirksamkeit zu respektieren.

307. Darauf hatten schon J. Jeans und M. Jammer hingewiesen: Jeans, J. (1944): Physics and Philosophy, Cambridge, 234 (»Before man appeared on the scene there were neither waves nor electrical nor magnetic forces; these were not created by God, but by Huyghens, Fresnel, Faraday and Maxwell«); Jammer, M. (1957): Concepts of Force. A Study in the Foundation of Dynamics, Cambridge, Mass., 250 (Jammer betont, die Feldtheorie sei »a device for the economy of thought, based upon analogy with human experience«). Ebenso: Polkinghorne, J. (1988) {→ Teil I, A. 42}, 58. A. Peacocke verallgemeinert diesen Gedanken: »Both (science and theology - R.B.) employ metaphorical language and describe reality in terms of models, which may eventually be combined into higher conceptual schemes (theories or doctrines)« [Peacocke, A. R. (1990, 1993²) {→ Teil I, A. 43}, 19].

Wo die physikalischen Feldtheorien in diesem Sinne konsequent als Analogie für das Geistwirken Gottes aufgefaßt werden, fällt es leichter, ein genuin pneumatologisches Feldmodell zu entwickeln, das nicht mehr die Beweislast für die Kompatibilität beider Theoriekomplexe zu tragen hat. Darin eröffnet sich dann auch die Freiheit, sich gegen die physikalischen Feldtheorien über die lineare Zeitvorstellung zu erheben - aber auch über die Umkehrung dieser linearen Zeitvorstellung in der Theologie, wie sie Pannenberg mit seinem Postulat der Präponderanz der Zukunft vorgenommen hat.[308]

Gottes Geist wirkt zu allen Zeiten zeittranszendierend in der Polarität von Erinnerung und Hoffnung, ›schon‹ und ›noch-nicht‹, Proton und Eschaton - als spirituelles, in den Bereich des Psychischen und sogar des Physischen ausstrahlendes Feld der von Gottes Ewigkeit als Macht der Vergangenheit, Gegenwart und Zukunft ausgehenden und zu ihr hinführenden Kraft in Natur und Geschichte. Das pneuma-Feld läßt sich analog zu einem Magnetfeld vorstellen, das auf die darin auftretenden Ereignisse, Prozesse und Zustände richtungsweisend einwirkt, indem es auf die Prädispositionen systemischer Zusammenhänge und auf die Wirkfaktoren ihrer Umwelt durch eine final ausrichtende Kraft einwirkt, die je nach Kräftigkeit der im jeweiligen Raumpunkt zusammenwirkenden Vektoren mehr oder weniger Einfluß auf die Richtung des Ereignisses hat. Das Kraftfeld selbst *hat* keine Bewegungsrichtung, es *gibt* Richtung. Es ruht in der Spannung seiner Pole.

Eine solch konsequent analogische Anknüpfung an die physikalischen Feldtheorien kann auch einen Kraftbegriff einführen, der naturwissenschaftlicher Reflexion wesensfremd ist, ohne angespannte Vermittlungsversuche unternehmen zu müssen: Im (kritischen) Anschluß an die aristotelische, in der Scholastik rezipierte Vorstellung der Entelechie, die bei Leibniz in Form der strebenden Kraft in den Körpern wiederkehrt und sich noch in Kants Unterscheidung zwischen bewegender und bildender Kraft findet, kann sie von einer final ausrichtenden Geistkraft sprechen. Darin aktualisiert sich das Anliegen der teleologischen Betrachtungsweise; darin ist es aber auch über seine traditionellen Formulierungen hinaugeführt. Denn gegenüber den teleologischen Vorstellungen der Antike, des Mittelalters und der Neuzeit, in denen das Entelechieprinzip an Körper gebunden war, läßt sich die von Gottes Geist inspirierte zielgerichtete Entwicklung im Zusammenspiel der Körper mit den komplexen systemischen Strukturen, in die sie eingebunden sind, lokalisieren, so daß man von einer *strukturellen* Finalisierung sprechen kann.

Nach Nietzsches bekanntem Diktum, die mechanistische Auffassung wolle nichts als Quantitäten, die Kraft aber stecke in der Qualität[309], ist der für die *theologische* Explikation unaufgebbare Wahrheitsgehalt der Auffassung von einem ›meta-physi-

308. Siehe dazu Moltmanns Plädoyer für die Entwicklung von »Zeitnetzen«, »in denen lineare und zyklische Zeitbegriffe kombiniert werden« [Moltmann, J. (1985) {→ L.}, 139, im Kontext seiner Reflexionen über »die Zeit der Schöpfung« (116-150)].

309. Nietzsche, F. (1884-1888): Der Wille zur Macht. Versuch einer Umwertung aller Werte. 3. und 4. Buch, Nachträge, in: Friedrich Nietzsche. Gesammelte Werke, Musarion-Ausgabe Bd. 19, München 1926, 118f, vgl. 141.

schen‹ Richtungssinn (einem ›woraufhin‹) der geistigen Kraftwirkung festzuhalten. Würde ein solcher, das Moment finalisierender Ausrichtung in sich schließender Kraftbegriff jedoch in den naturwissenschaftlichen Diskurs eingeführt, müßte das zu einer unsachgemäßen Vergeistigung der dort entwickelten Erklärungsmodelle führen. Würde er in deskriptiver und propositionaler statt in credohaft-expressiver und letztlich in doxologischer Sprache dargestellt, so käme es zum Konflikt mit dem physikalischen Kraftbegriff.

Im Unterschied zur ›blinden‹ Kraft der klassisch-mechanischen Physik, wie auch der Quantenphysik, ist im Kontext der Pneumatologie somit ein meta-physischer Kraftbegriff vorauszusetzen, der auch und vor allem geistige, ideelle und voluntative Kraftwirkungen einschließt, denen ein qualitativer Richtungssinn prädiziert werden kann. Die von Gott ausgehende Kraft wirkt als Möglichkeitsbedingung ideeller bzw. voluntativer Kräfte; sie wird als *widerfahrene* Kraft erfahren, welche die Kräfte des menschlichen Willens und Handelns freisetzt und trägt und sich so in »Gestalten des Geistes« in der Geschichte manifestiert.

In seiner Rekonstruktion der Geschichtstheologie als Interaktion zwischen redemptiver göttlicher Präsenz und transfigurativer menschlicher Praxis hat Peter Hodgson ein Konzept vorgelegt, das Gottes Wirksamkeit in der Welt nicht im Referenzrahmen physikalischer Feldmodelle expliziert, sondern als operative Gegenwart entwirft, die im zukunftsoffenen Prozeß der Geschichte »Gestalten der Freiheit« erzeugt. Dieses Konzept scheint mir am ehesten geeignet, die ›feldhafte‹ Wirkung des Gottgeistes in der Wirklichkeit der Welt zum Ausdruck zu bringen, ohne in die Komplikationen zu geraten, die mit der Rezeption naturwissenschaftlicher Theoreme verbundenen sind.

4. Hodgsons Konzept der »Shapes of Freedom«

In kritischer Anknüpfung an die geschichtsphilosophischen Entwürfe Hegels und Troeltschs versucht Peter C. Hodgson[310], die Wirksamkeit Gottes auf einem Mittelweg zwischen der Vorstellung der handelnden Intervention Gottes und dem Konzept der universal-uniformen Inspiration zu bestimmen. Dabei will er die Rückkehr zur traditionellen heilsgeschichtlichen Darstellung des göttlichen Wirkens mit ihrer »tendency to ›overbelief‹ in face of the threats and insecurities of our time« und »its false security based on illusory absolutes« (39) ebenso vermeiden wie die postmoderndekonstruktivistische Sicht der Geschichte als Kondensat menschlicher Imagination (Derrida, Foucault, Rorty und in theologischer Rezeption bei Mark C. Taylor). Dieser letztgenannten Auffassung zufolge könne die Rede von Gottes Wirken in der

310. Ich beziehe mich im folgenden in erster Linie auf: Hodgson, P.C. (1989) {→ L.} und nehme die Belegstellenangaben, die auf dieses Buch verweisen, eingeklammert in den Text mit auf. Siehe auch: Hodgson, P. C. (1992) {→ L.}; ders. (1994): Winds of Spirit. A Constructive Theology, Louisville, Kn. - Hodgsons geschichtstheologischer Entwurf war Gegenstand der AAR Session III im November 1992 in San Fransisco. Die dort vorgetragenen und diskutierten Texte sind jedoch nicht veröffentlicht worden. Dankenswerterweise hat Prof. Hodgson mir diese Texte und seine Erwiderung darauf zugänglich gemacht.

Geschichte nur noch als »self-referential interplay of signs« (37) aufgefaßt werden. So summiert Hodgson den Ausgangspunkt für seinen eigenen Entwurf folgendermaßen: »A way of thinking must be found that is noninterventionist, nonmiraculous, and noncausal in its understanding of divine providence, nonlinear in its teleology, and nonsuprahistorical in its eschatology« (42f).

a) Der Grundgedanke: Shaping statt Acting

Hodgsons zentrale These lautet: »God is efficaciously present in the world, not as an individual agent performing observable acts, nor as a uniform inspiration or lure ... Rather God is present in specific shapes or patterns of practice that have a configuring, transformative power within historical process, moving the process in a determinate direction, that of the creative unification of multiplicities of elements into new wholes, into creative syntheses that built human solidarity, enhance freedom, break systemic oppression, heal the injured and broken, and care for the natural« (205).

Es ist also eine *morphologische* Bestimmung des Wirkens Gottes in Interaktion mit menschlichen Akteuren – ein Wirken im Modus der Gestaltbildung (des »shaping« und »reshaping«), die nach Hodgson den gesuchten Mittelweg bildet zwischen dem Konzept des in der Welt handelnden Gottes, wie ihn der traditionelle Theismus porträtierte, und der prozeßtheologischen Auffassung, derzufolge Gott durch die ›metaphysischen Sprechakte‹ des »Lockens«, »Rufens«, »Beeinflussens« die Menschen dazu disponiert und motiviert, seinem Aufruf in freiem Gehorsam Folge zu leisten. Im Blick auf Aristoteles' Schema der vier Ursachen läßt sich interpretieren: Hodgson expliziert die Wirksamkeit Gottes primär nach Analogie der causa formalis (als gestalten, Form-geben), nicht als Wirkkausalität (im Sinne des Erzeugens, Tuns, Machens), aber auch nicht bloß als Finalkausalität (d.h. als Zielvorgabe). Wohl ist die formative Kausativität immer auch eine effiziente und eine final ausgerichtete, doch werden diese beiden Momente dem der Figuration integriert.

Die in sich selbst relationale, aber transpersonale Gottes-Gestalt (»divine gestalt«) formt im Prozeß der Geschichte fragmentarische Strukturen befreiender Praxis, »structures of freedom, compassion, solidarity, and wholeness« (208). Sie bildet »Gestalten der Freiheit« (»shapes of freedom«), die durch Liebe in Freiheit qualifiziert sind und die sich am ehesten an den marginalisierten Rändern der in der Welt herrschenden Strukturen manifestieren (230) - als »a surreal world without definable limits or boundaries« (211). Doch selbst mit diesen Gestalten der »Liebe in Freiheit« wird sie niemals identisch, sondern bleibt auch in ihnen noch verborgen und liegt ihnen immer voraus. Denn auch solche weltlichen Gestaltwerdungen der Gestalt Gottes unterliegen der Kontingenz, Ambiguität und Relativität der endlichen Wirklichkeit.

Dennoch kommt einigen dieser Manifestationen normative revelatorische Bedeutung zu, da sie die Wirksamkeit der Gottes-Gestalt in relativer Eindeutigkeit repräsentieren und daher als Paradigmen für die glaubende Interpretation geschichtlicher Erscheinungen fungieren können. Unter ihnen nimmt die ›Eingestaltung‹ Gottes im Leben, Sterben und Auferstehen Jesu einen herausragenden und daher normativen, wenn auch keineswegs exklusiven Platz ein. Inkarnation ist also nach Hodgson nicht als physische Fleischwerdung Gottes, sondern als Formung eines nicht individuellen, sondern »kommunalen« Lebensentwurfs zu verstehen, der sich in der - und um die Person Jesu Christi kristallisiert hat (209f). Im Anschluß an Hegel konstatiert Hodgson, »that the communal shape of spirit is the true and final gestalt of God in history« (210).

Hodgsons Ansatz unterscheidet sich von der prozeßtheologischen Gotteslehre grundlegend darin, daß er Gott als Primärprinzip dem Prozeß der Wirklichkeit vor- und überordnet und damit jeden Anschein eines Pantheismus' vermeidet. Um die Gebrochenheiten, Widersprüchlichkeiten und Ambiguitäten der Realgeschichte in ihrer gottunabhängigen Eigendynamik in vollem Umfang Ernst nehmen zu können, müsse eine reale Differenz zwischen Gott und der Welt angenommen werden (45). Ohne zur theistischen Gegenüberstellung von göttlicher und weltlicher Wirklichkeit zurückkehren zu wollen, sieht Hodgson Gott in der Welt in Unterschiedenheit von ihr wirken. Gottes immanentes, innertrinitarisch in-sich-relationales Wesen sei nicht abhängig vom Verlauf der Geschichte, so sehr es sich andererseits in diesem Verlauf realisiere. Seine wirksame Gegenwart realisiere sich nicht im Gesamtprozeß der Geschichte, sondern »in the myriad shapes of freedom« (44). Sie bildet nach Hodgson redemptive, emanzipatorische, transfigurative Strukturen in – bzw. am Rand der Geschichte – »specific structures of ethico-historical practice involving individuals, communities, and institutions«[311].

Für die Frage der providentiellen Wirksamkeit Gottes in der Welt sind vor allem zwei Grundgedanken dieses Ansatzes besonders bedeutsam: Die Explikation der kommunikativ-befreienden Praxis als Vollzugsform dieser Wirksamkeit und die Darstellung der »offenen Teleologie«.

1. Kommunikativ-befreiende Praxis als Vollzugsform der Wirksamkeit Gottes: »The congruence of God and history occurs precisely at the point of praxis« (44). Gott manifestiert sich nicht primär im intellektualen Begreifen (in denkender Erkenntnis) noch in affektivem Ergriffensein (in »Anschauung und Gefühl« im Sinne Schleiermachers), sondern ›praktisch‹ (in der von Gottes Gestaltungskraft formierten Praxis).

Diese Praxis ist durch *Freiheit* bestimmt – d.h. für Hodgson: durch diskursive Rationalität und prinzipiell universale Kommunikation, die geschichtlich gerinnt, indem sie sozial-strukturelle Objektivationen hervorbringt. Sie bildet dauerhaft regulierte Prozesse und Institutionen der Freiheit aus. Freiheit realisiert sich demnach nicht primär individualistisch, sondern immer *kommunikativ*, sozial und politisch. Sie ist eine »interhuman reality«[312], die sich in der Formation emanzipativer sozialer,

311. Hodgson, P. C. (1992) {→ L.}, 396.

312. So Hodgson in seiner Erwiderung auf das Papier, das Stephen Schäfer (Belmont Abbey College) bei der in A. 310 genannten AAR-session vorgelegt hatte (Typoskript S. 4). Schäfer hatte eingewandt, der Begriff der Gemeinschaft sei eine sachgerechtere Zentralkategorie zur Bestimmung der Präsenz Gottes in der Welt als das Motiv der Freiheit. Darauf antwortete Hodgson mit der Forderung, die

ökonomischer und politischer Strukturen und in der Etablierung partizipativer Gemeinschaftsgestalten objektiviert.[313] Darin unterscheidet sich – Hodgson Auffassung nach – der von ihm favorisierte postmoderne vom modernen (liberalistischen) Freiheitsbegriff.

In Bezugnahmen auf philosophische Ansätze, die »Praxis« zur Zentralkategorie erheben, präzisiert Hodgson sein Verständnis von befreiender Praxis und zieht es zur Bestimmung des Wirkens Gottes heran.

- Um die aktive Weltgestaltung als den primären Ereignungs- und Entdeckungszusammenhang des gestaltenden Wirkens Gottes in der Welt auszuweisen, rekurriert Hodgson auf die von Richard Bernstein[314] aufgearbeiteten Konzepte von Gadamer, Habermas, Rorty und Hannah Arendt, welche die philosophische Reflexion einem Primat der Praxis unterstellen. Besonders Hannah Arendt hatte dabei festgestellt, daß dem revolutionären Geist, der eine Praxis freier Dialogizität in Vielfalt und Gleichberechtigung anleite, eine Traszendenzdimension eigne. Diese Kraft, die oppressive Strukturen sprenge und sich gegen ihre eigene Unterdrückung immer wieder durchsetze, lebe nicht aus sich selbst; ihr eigne eine »›miraculous‹ quality of action«[315].
- In Habermas' Konzept der »kommunikativen Praxis« findet Hodgson die sachgemäße Beschreibung des von ihm gemeinten Freiheitsgeschehens. Er nimmt diesen Vorstellungskomplex auf und deutet ihn in seiner Explikation der »kommunikativen Freiheit« (220) theologisch als »a postmodern translation of the symbol ›kingdom of God‹« (236). So sehr er sich also einerseits der ›linken‹ Hegel-Schule und Habermas anschließt, indem er über Hegels Deutung der Geistes-Geschichte als Fortschritt im *Bewußtsein* der Freiheit hinausgeht, so sehr kehrt er andererseits deren Tendenz zum historischen Materialismus um und wendet sich zu der bei Hegel angelegten theologischen Geschichtsinterpretation zurück.
  Habermas' Konzept der kommunikativen Aktion ist nach Hodgson nicht nur anschluß*fähig* für eine theologische Deutung; eine solche scheint ihm sachgemäß und unausweichlich. Kommunikatives Handeln setzt nach Habermas das Prinzip

Begriffe Freiheit und Gemeinschaft müssten sich gegenseitig qualifizieren: »... freedom and community are definitionally co-constitutive« (ebd.). Wo eine Gemeinschaft Freiheit unterdrücke, degeneriere sie zum Zwangsverband, und wo Freiheit sich umgekehrt unter Ausschluß von Gemeinschaftlichkeit realisiere, verkomme sie zum egozentrischen Individualismus. Gleichwohl repräsentiere »Befreiung« - eher als »Gemeinschaft - »the great theme of the cultural passage of postmodernity. It binds together the struggle for liberation of oppressed and marginalized people throughout the world with the ecological struggle for the liberation of life from the enviromental destruction and the quest for a liberative core of world religions« (a.a.O., 5). Die drei in diesem Zitat angedeuteten Problemfelder werden dann in Teil 2 von »Winds of Spirit« als »the challenge of postmodernity« entfaltet [Hodgson, P. C. (1994) {→ A. 310}, 53-114].

313. Mit der in diesem Zusammenhang relevanten Einsicht, daß die geschichtskonstitutiven Einheiten nicht einzelne Ereignisse und Handlungen, sondern »individuelle Totalitäten« sind, folgt Hodgson Ernst Troeltsch.
314. Bernstein, R. (1983): Beyond Objectivism and Relativism: Science, Hermeneutics, and Praxis, Philadelphia, bes. 1-49.
315. Zitiert von Hodgson (193) ohne Angabe der Belegstelle.

der unbeschränkten, ungestörten Dialogizität als Möglichkeitsbedingung immer schon voraus. Das Grundmuster mutualer Intersubjektivität transzendiert dabei jede gegebene Kommunikationssituation und erhebt sich immer wieder gegen alle Deformationen realer intersubjektiver Beziehungen. Dieses Prinzip »although silenced again and again, nevertheless develops a stubbornly transcending power«.[316] Ähnlich wie Peukert, aber doch in charakteristisch anderer Weise (224ff), interpretiert Hodgson diese »transcending power« theologisch. In der transformativen, freiheitsschaffenden Rationalität erkennt er mehr als nur eine menschliche Potenz; sie sei die göttliche »shape of communicative freedom, of love-in-freedom« (222). Diese Macht, die jede gegebene Wirklichkeit als Möglichkeit der Zukunft übersteigt, sei als Geschenk, als Gnade, als »empowering presence« Gottes (193) zu verstehen. Sie setze die Kraft frei, neu anzufangen, gestörte Kommunikationsformen zu durchbrechen, Gemeinschaft in Freiheit zu reetablieren, den Kampf um Freiheit auch in scheinbarer Aussichtslosigkeit fortzuführen und die Vision einer besseren Welt nicht im Angesicht der ihr widersprechenden Realitäten preiszugeben. »History ... is empowered and lured onward by a transfiguring, practical ideal, a gestalt of freedom, the image of a communion of solidarity, love, mutuality of recognition, and undistorted communication. The gestalt that lures and empowers history is the gestalt of God. ... human projects and powers are ... the bearers, the vehicles of God's presence, of God's strange empowering kind of power« (193f).

Gottes »strange empowering kind of power« (193, 227) wirkt omnipräsent in der Welt, bildet und bewahrt befreiende Strukturen und repräsentiert damit das von Gott ›vorgesehene‹ Ziel im Prozeß der Geschichte immer wieder neu - wenn auch immer nur fragmentarisch und gefährdet. Die Gestaltkraft Gottes formt »trajectories«, in denen sich die Befreiung von Unterdrückung vollzieht, die Transformation der Privilegierten, der Schutz von Rechten, die Förderung demokratischer Institutionen, integrativer Zielvorstellungen und Werte. In den von solchen Werten geleiteten Praxisformen streben Menschen nach gerechten ökonomischen Strukturen, setzen der Existenz und dem Ausbau nuklearer Waffensysteme und der ökologischen Zerstörung Widerstand entgegen, treten für die Förderung des interreligiösen Dialogs ein und arbeiten an der Schaffung einer globalen Kommunikationskultur zwischen den Nationen, sowie an der Entwicklung diskursiver und dialogischer Rationalitätsmuster.[317] Die einzelnen trajectories[318] wirken in einer Geschichte kommunikativer Freiheitspraxis zusammen und formieren sich zu einer »history of freedom within history« (227). Auf diese Weise zielt das »shaping« und »reshaping« Gottes auf die Herstel-

316. Bernstein, R. (1983) {→ A. 314}, 194f.

317. Diese Zusammenstellung ist formuliert in enger Anlehnung an Hodgsons Aufzählung der Elemente, die »a trajectory of the history of the praxis of freedom« ausmachen: 240f. Dabei wird deutlich, wie sehr Hodgson in seiner Ausrichtung auf konkrete soziale und politische Lebenszusammenhänge Impulse aus der europäischen politischen Theologie (J. B. Metz u.a.) und der lateinamerikanischen Befreiungstheologie (G. Gutiérrez u.a.) aufgenommen hat (186ff).

318. Hodgson wechselt in seiner Darstellung zwischen der singularischen und der pluralen Beschreibung des trajectory / der trajectories.

lung der Integrität des Lebens durch Gleichgestaltung mit der *morphé* befreiter und befreiender göttlicher Liebe. Nach Hodgsons Ansatz kann Gottes Ganzheitlichkeitswirken ohne flachen Universalismus beschrieben werden.

2. Eschatologie als »open teleology«, die auf eine Vollendung der Freiheit in der Welt und schließlich in Gott zusteuert:
Wie für Hegel und für Wiles, so ist auch für Hodgson der Inhalt des Wirkens Gottes als Eröffnung und Förderung von Freiheit zu verstehen. In den »shapes of freedom« ereignet sich das von Gott intendierte Ziel der Weltprozesses. Doch läßt sich nicht sagen, die Geschichte steuere unausweichlich mit göttlicher Notwendigkeit (in welcher Linienführung auch immer: linear oder dialektisch) auf die universalgeschichtliche Verwirklichung dieses Ziels zu. Von einem Plan bzw. einer Logik, der bzw. die dem Gesamtprozeß zugrundeliegt, kann keine Rede sein. Allem historischen Triumphalismus und Progressivismus setzt Hodgson - wiederum mit Habermas - Widerstand entgegen. So wie sich die Praxis kommunikativer Freiheit in der Realgeschichte nicht als herrschendes Paradigma, sondern zuallermeist kontrafaktisch in der Ermöglichung transfigurativer Praxis (191, 194f) verwirkliche, so aktualisiere sich die teleologisch-redemptive Gestaltkraft Gottes in der Regel nicht in Konformität, sondern im Konflikt mit den herrschenden Formationen historischer Rationalität und daher immer nur fragmentarisch. In ihrer Existenz sind die Gestalten der Freiheit permanent durch Gestalten der Unterdrückung, Ausbeutung und Zerstörung gefährdet; und ihrer Erscheinung haftet der Charakter unhintergehbarer Ambiguität an. Alle totalisierenden geschichtstheologischen Ansprüche sind daher zurückzuweisen. Das Ziel der vollendeten Freiheit bleibt Gegenstand eschatologischer Hoffnung, nicht aber geschichtlicher Erwartung. Auf keinen Fall darf es zur Flucht vor verantwortlicher Weltgestaltung motivieren.

Hegels ›positive‹ Deutung der Geschichte als Realisierung der göttlichen Weltvernunft - mit absoluter Notwendigkeit im dialektischen Stufengang vollzogen - ist damit außer Kraft gesetzt. Hodgson folgt auch hier - wie in seiner Betonung der Praxis (s.o.) - dem sog. linken Flügel der Hegel-Schule und nimmt in seiner Aufsprengung der Universaldimension der Geschichte Impulse aus der postmodernen Dekonstruktion der Geschichtsauffassung auf (169-185). Von *einer* Geschichte läßt sich demnach nicht mehr sprechen, sondern nur noch von Geschichten im Plural, von einzelnen, interagierenden »trajectories« mit ihrer jeweiligen Eigendynamik. Damit kommt Hodgson der Vorstellung Farrers nahe, der die Wirklichkeit durch interagierende und bestenfalls partiell harmonisierende Aktivitätszentren konstituiert sah.

Wenn sich auch Hodgson nachdrücklich dagegen wehrt, der geschichtlichen Entwicklung eine Teleologie unterzulegen, so will er sie doch als zielorientierten Prozeß mit offenem Ende verstehen. In diesem Sinne spricht er von einer »open teleology« (184f und 234ff). Mit seiner Ausrichtung auf das Ziel der vollkommenen kommunikativen Freiheit durchweht der Geist Gottes die gesamte Wirklichkeit und schafft im dialektischen Dreischritt von Identität, Differenz und Reintegration Manifestationen dieses Ziels. Doch bleiben solche Synthesen immer nur ungesicherte und polyvalente Momente eines »offenen Ganzen« (246). Die göttliche »shape of freedom« erscheint in der Geschichte immer nur in der Vielzahl fragiler und vergänglicher »shapes of freedom«. In dieser Vorstellung ist die Universalität des Wirkens Gottes mit der Partialität seiner Wirkung in der Geschichte zusammengedacht.

Zusammenfassend läßt sich festhalten: In seiner Interpretation der Geschichte als »de-konfigurativer« Prozeß versucht Hodgson, die Wahrheitsmomente der klassisch-heilsgeschichtlichen und der postmodernen Auffassung zu kombinieren und dabei diese beiden Ansätze zu überwinden. Weder ist die Geschichte als ganze oder auch nur die »history of freedom within history« in einer geradlinigen Entwicklung auf ein von Gott vorbestimmtes Ziel begriffen, so daß jedem Ereignis darin eine auf Gottes Wirken verweisender Sinn zukommt[319], noch besteht sie aus einer Reihe von bloßen Fiktionen, denen keine reale Bedeutung korrespondiert und die keinen wirklichen Progreß spiegeln. Vielmehr stellt sich nach Hodgson der Geschichtsverlauf als spannungsreiches Zusammenwirken einer Vielzahl konkurrierender Kräfte dar, in denen -, durch die - und gegen die sich die Kraft des göttlichen Geistes zur Geltung bringt. Es ist dies ein Prozeß ständiger Dekonfiguration und Rekonfiguration, mit Fortschritten und Rückschlägen in spiralförmigem, konfliktreichem Verlauf. Gottes gestaltbildender Geist manifestiert sich in der Ambiguität fragmentarischer »shapes of freedom«, die ständig der Bedrohung durch vernichtende Gegenkräfte ausgesetzt sind und nicht eine supranaturale Existenz- oder Entwicklungsgarantie für sich in Anspruch nehmen können.

So sehr Gottes Wirksamkeit nach Hodgson den Gesamtprozeß der Geschichte umgreift[320], so wenig vermag sie doch diesem Prozeß als ganzem Gestalt (d.h. Universalgestalt) zu geben. Sie kann sich nur im Rahmen der Gebrochenheitsverfassung aller geschöpflichen Wirklichkeit vollziehen und realisiert sich in, durch und gegen die Widerständigkeiten geschichtlicher Strukturen, sowie in, durch und gegen die Eigenwilligkeit menschlicher Handlungssubjekte. Ihre Intention, Gestalten der Freiheit zu schaffen, verwirklicht sich zuerst in Nischen und an übersehenen Rändern der Geschichte. Von dort aus entfaltet sie ihre Strahlkraft in geschichtliche Prozesse hinein.

b) Gott als »der eine, der in Freiheit liebt«

Hodgsons Darstellung des gestaltbildenden Wirkens Gottes in der Welt ist eingebettet in eine Gottes- und Trinitätslehre[321], die von Grundgedanken Hegels (Gott als dialektischer Prozeß von Identität, Differenz und Mediation) ausgeht, diese aber über-

319. »The mythos of salvation history, with its logic of triumph and causality, its distinction of planes (profane and sacred), its special sequence of events, its linear teleology, and its supernatural, other worldly eschatology must allowed to die out in order to enable the enduring conviction that God acts redemptively in history to be reborn in a theology of history of freedom, one that is oriented to God's shaping presence in a unitary though complex historical process as well as to an open teleology and this worldly communicative praxis« (235).

320. »the divine gestalt drives, shapes, lures the historical process as a whole« (246).

321. Hodgson entwickelt seine Trinitätsauffassung vor allem in: Hodgson, P.C. (1989) {→ L.}, 93-112, und: Hodgson, P. C. (1994) {→ A. 310}, 151-172.

setzt in das von Karl Barths Trinitätsauffassung inspirierte »more personal and praxis-oriented model, whose three figures are ›the One‹, ›love‹, and ›freedom‹« (94). Indem er diese trinitarische Bestimmung zu einem Prozeßzusammenhang zusammenzieht, gelangt er zur Darstellung Gottes als »the One who loves in freedom« (93ff). Wenn auch diese Formulierung unmittelbar auf Barth zurückgeht (KD II/1, §§ 28-31), so ist doch unübersehbar, wie sehr der Versuch, Hegels philosophische Gotteslehre durch Barths Theologie zu interpretieren, beide Konzepte weit über ihre Ursprungsbedeutung hinausführt.

Die *immanente* Trinität stellt sich demnach dar als »a process or event of triune figuration appearing in three primary figures, shapes or modes« (93). Die drei »figures« in Gottes Wesen sollen dabei nicht als Personen verstanden werden, sondern als interrelationale »Erscheinungs- und Wirkgestalten«.[322] Der Personbegriff kann nur auf Gottes Wesen als ganzes Anwendung finden.[323]

Die *ökonomische* Trinität umfasst die immanente. Sie besteht aus Gott an sich (»the One« in seiner immanenten interrelationalen Dreigestaltigkeit), der Welt (als Ort göttlicher Gestaltung und Selbstrepräsentation) und der durch Liebe qualifizierten Wirksamkeit Gottes in der Welt. Der Weltimmanenz Gottes (die Gottes Liebe in die Welt einträgt) korrespondiert die Gottimmanenz der Welt (welche die zunehmende Freiheit, die Gottes Liebe in der Welt schafft, in Gott zurückträgt).

Als in sich interrelationale, strukturelle Figuration, die in ihrer Selbstidentität dem Weltprozeß vorausliegt, wirkt Gott gestaltbildend in der Wirklichkeit der Welt. Um die Aseität Gottes und damit die Unterscheidung zwischen immanenter und ökonomischer Trinität festzuhalten, weist Hodgson später darauf hin, daß Gottes Wesen seinem Wirken als »the power of being« vorausliege und prägt in diesem Zusammenhang die von Rahner inspirierte Prädikation Gottes als »the One who has the power of being absolutely«.[324] Doch auch wenn hier das Moment der Unterschiedenheit stärker betont wird, so gilt nach wie vor: Die immanente Trinität (als Relation Gottes zu sich selbst) ist nicht als eine von der ökonomischen (als Relation zur Welt) getrennte, eigene Wirklichkeitssphäre zu denken, sondern als Dimension *in* der ökonomischen Trinität: Der Weltbezug gehört zum innersten Wesen Gottes, ohne daß sich dieses Wesen vollständig darin erschöpfen würde.[325] Der Aussage »God in history« korreliert auf diese Weise die Bestimmung: »the history in God«.

In seiner Erwiderung auf den Vortrag, den Ralph Del Colle (Barry University) im Rahmen der in A. 310 genannten AAR-session gehalten hatte, summiert Hodgson sein Konzept der immanenten und ökonomischen Trinität. Da der Text nicht veröffentlicht wurde, zitiere ich eine längere Passage daraus: »God is not a community of three persons ... Rather God is the ultimate and inclusive event of communication, ›com-

322. »... none of them should be construed as a ›person‹ ... but as a ›figure‹, a shape of appearing, a ›gestalt‹ of acting, a ›mode‹ of being, a ›moment‹ of relating« (94)

323. »The triune God is the one true and perfect person, whose personhood is construed by relational acts of love and freedom, or who subsists in three modes of being or existence, but who is not three supernatural persons or agents« (94).

324. Hodgson, P. C. (1994) {→ A. 310}, 147.

325. A.a.O., 149.

municative action‹ or ›communicative freedom‹ par excellence. God simply *is* the community of relations that creates all things and holds all things together. Within this community there are terms of relations. A plurality of such terms comprises the *world* as God's alterity and can be gathered under the figure of Christ; there is also a *divine* term, God's pure self-relatedness without the mediation with the world, the figure of the One, and there is a *theo-cosmic* term, God's self-relatedness precisely enriched by mediation with the world, and the world's freedom consummated in God, the figure of the Spirit that is pouring itself out in the interaction between God and the world. For me the gestalts or figures *are* terms or subjects *constituted* by relations, not simply unfocused relationality or antecedently existing subjects. Perhaps we face a paradox: persons dissolve into relations, yet relations crystallize in distinctive shapes, figures, practices, identities. This is as true of us as it is of God. The central reality is the *inter*personal, the *inter*subjective, the *inter*human, the *inter*divine«.[326]

Problematisch an diesem Konzept ist 1. seine spekulative Tendenz und 2. die letztlich unausgeglichene Zusammenfügung personaler, impersonaler und transpersonaler Bestimmungen Gottes.

1. Hodgson entfaltet seine Gottes- und Trinitätsauffassung nicht im Referenzrahmen der biblischen, altkirchlichen und reformatorischen Tradition, sondern im Anschluß an Hegels Religionsphilosophie mit ihrer dialektischen Denkfigur. Über eine systemimmanente Plausibilität kommt dieses abstrakte und über weite Strecken selbst-referentielle Modell nicht hinaus.

Zu Recht hat Del Colle an Hodgson die Rückfrage gerichtet, ob trinitätstheologische Erwägungen nicht immer bei der *ökonomischen* Trinität ansetzen müssten, wenn sie nicht ins Spekulative entgleiten sollten. Dessen Erwiderung bestätigt jedoch nur die Selbstreferentialität seines Konzepts: Hodgson weist darauf hin, daß es sich bei der Explikation der immanenten und der ökonomischen Trinität um eine zirkuläre Denkbewegung handele. Es sei letztlich nicht ausschlaggebend, wo der Einstieg in die Kreisbewegung stattfinde. Und so konnte er in »Winds of Spirit« denn auch den umgekehrten Weg beschreiten und die Darstellung der immanenten Trinität der Bestimmung der Wirksamkeit Gottes nachordnen. Doch begegnet auch hier wieder die problematische Tendenz zur spekulativen Introspektion in Gottes Wesen. Darin kommt ein Optimismus im Bezug auf die theologischen Erkenntnismöglichkeiten zum Ausdruck, zu dem sich Hodgson schon in der Erwiderung auf Del Colle bekannt hatte: »I have never been persuaded by those who say that we can't know anything about God's inner life. Of course we know God only as incomprehensible mystery, but in the final analysis God's relation to the world is no more comprehensible than God's self-relatedness«[327].

2. Eine weitere Schwierigkeit bereitet das letztlich unausgeglichene Nebeneinander von personalen und impersonalen Bestimmungen, sowie sozialen und modalen Relationierungen in Hodgsons Gottesvorstellung. Darin bringt sich seine offen eingestandene »love-hate relationship with the notion of God as personal«[328] zum Ausdruck.

326. Typoskript, S. 2 (Hervorheb. P.H.). Diese Passage ist dann in veränderter Form eingeflossen in: Hodgson, P. C. (1994) {→ A. 310}, 153.
327. Zitiert aus dem unveröffentlichten Typoskript seiner Replik, S. 1f.
328. PerJ 43, 1990, 18.

Zum einen formuliert er im Anschluß an Barth : »the triune God is the one true and perfect *person*, whose personhood is constitued by relational acts of love and freedom« (94)[329] und prädiziert ihm personale Eigenschaften und Vollzüge wie »lieben«, »schaffen«, »befreien«, »leiden« usw. Andererseits erklärt er, Gott sei *»not a person or personal agent* but a transpersonal structure of praxis« (208).[330] Als absolutes Sein entläßt Gott das Sein des Seienden aus sich; als »the One who loves in freedom« (94) schafft er Freiheit. Wie sich diese beiden Beschreibungen zueinander verhalten, ob die personalen Attribute metaphorische Darstellungen der impersonalen Prädikate sind, oder ob umgekehrt die impersonalen Kennzeichnungen als theologisch-philosophische Abstraktionsformen der personalen verstanden werden müssen, bleibt in »God in History« offen.

Später[331] setzte sich Hodgson mit diesem Einwand auseinander, vermochte ihn aber nicht auszuräumen. Er wolle Gott nicht als *ein* uniformes, individuelles, in sich unrelationales Wesen, sondern als »social being« (62) verstehen, dem die Seinsweise der Interpersonalität eigne. In der Geschichte wirke Gott demgegenüber als transpersonale »Gestalt« in qualitativer Unterschiedenheit von menschlichen Personen. - Doch beziehen sich die o.g. personalen Eigenschaften und Vollzüge gerade auf die geschichtliche Erscheinung und Effektivität, d.h. auf die ökonomische, nicht nur auf die immanente Trinität. Eine transpersonale Struktur kann jedoch bestenfalls Freiheit und Liebe evozieren, nicht aber selbst Subjekt befreiender Liebe sein. – Außerdem legt Hodgson hier eine soziale Trinitätsauffassung nahe, die er andernorts immer wieder zurückgewiesen hat.

In »Winds of Spirit« bemühte er sich um weitere Klärung, wobei er die in »God in History« unterstellte, aber nicht dargestellte pneumatologische Grundlages seines Konzepts ausarbeitete.[332] In Anlehnung an Tillich beschrieb er Gott als »the power of being by which all beings are«[333]. Gott dürfe nicht selbst als Seiendes verstanden werden, auch nicht als höchstes Seiendes; vielmehr sei er als Grund allen Seins aufzufassen, nicht jedoch als Substanz oder Ursache, sondern als Ereignis oder Prozeß. »Sheer liveliness«[334] mache sein Wesen aus. Der Ausdruck »power of being« sei dabei als genitivus subjectivus zu interpretieren: Gottes Sein bilde den Existenzgrund und die Macht des Seienden. Er wirke im Bereich der vorbewußten Wirklichkeit als primale kreative Energie und unter bewußtseinsbegabten Wesen im Modus der be-

329. Hervorheb. R.B.
330. Hervorheb. R.B.
331. In: PerJ 43, 1990, 18f.
332. Als Antwort auf David Pailins Rezension zu »God in History«, in: PerkJ 43, 1990, 15-18, schreibt Hodgson in einem Brief Pailin (teilweise abgedruckt in: A.a.O., 18f) im Blick auf sein Konzept des göttlichen »shaping«: »Implicit in this, I suppose, is a theory of divine inspiration, which I have not at all elaborated« (18). Dabei deutet er drei Modi an, in denen der Geist seiner Auffassung nach wirkt: auf dem Wege der Einwohnung (»indwelling«), des Lockens (»luring«) und der Beeinflussung (»influencing«) (ebd.). Diese pneumatologische Grundlage wird entfaltet in: Hodgson, P. C. (1994) {→ A. 310}, 267ff.
333. Hodgson, P. C. (1994) {→ A. 310}, 138f.
334. Dieser Begriff wurde von Elisabeth Johnson geprägt: Johnson, E. (1992): She Who Is, New York, 236-239.

freienden Kraft der Sprache. In beiden Dimensionen agiere diese Kraft des Geistes nicht unmittelbar als Kraft neben den »natural and human powers«, sondern als »ideal power ... (that) empowers these powers«[335], ohne je mit ihnen identisch zu werden.

Auch in dieser Darstellung, in der Anregungen von Teilhard de Jardin, der Prozeßtheologie und der Befreiungstheologie zusammenfliessen, ist die oben beschriebene Spannung zwischen personalen und impersonalen Prädikationen des Seins und Wirkens Gottes jedoch nicht vollständig überwunden. Gott erscheint als personales, in sich relationales Wesen, das in transpersonaler kreativ-redemptiver Weise strukturbildend in der Welt wirkt. In seinem Wesen ist er nicht »*a* person, but *the* person, person*hood* ... not a finite subject but infinite subjectivity - which is really intersubjectivity, a communicative interplay of subjects«[336]. Doch ist auch hier mit der Unterstellung einer Dreizahl von Subjekten wieder eine interpersonale, ›soziale‹ Dimension in Gottes innertrinitarisches Wesen eingetragen, die Hodgson in »God in History« und auch später expressis verbis abgelehnt hatte. Der Personbegriff sollte weder auf die drei »figures« der Trinität noch auf Gottes Wirken in der Welt bezogen werden, sondern ausschließlich auf Gottes Wesen insgesamt. Diesen Gedanken hält Hodgson nicht durch.

Deutlich wird, daß er ein essentialistisch-emanatives Konzept ebenso vermeiden will wie ein theistisch-aktuales: Weder soll Gott als personal, intentional und spezifisch handelnder Regent des Kosmos zu denken sein, noch als Seinsfülle, die ihr Sein verströmt und damit das Seiende konstituiert. In der von Rahner aufgenommenen Formulierung: »God is ›the one who has the power of being absolutely‹«[337] glaubt Hodgson eine Bestimmung gefunden zu haben, in welcher die personalen und überpersonalen Redeweisen vermittelt sind. Doch liegt das von dieser Formulierung Intendierte wesentlich näher an der impersonalen als an der personalen Charakterisierung des Wirkens Gottes. Zudem wird auch hier nicht wirklich geklärt, wie diese beiden Aussagereihen sachlich verbunden sind.

c) Wirksamkeit Gottes als »Konfiguration« – Auswertung des Konzepts

Kehren wir zurück zur Prüfung der Frage, was Hodgsons Bestimmung der gestaltenden Wirksamkeit Gottes für die Suche nach einer pneumatologisch begründeten Vorsehungslehre austrägt. In zwei Argumentationsgängen sollen die Vorzüge dieses Konzepts gewürdigt, aber auch seine Defizite angezeigt werden.

1. Die Frage nach dem modus operandi Gottes in der Geschichte beantwortet Hodgson vorsichtig und im Bewußtsein der Unzulänglichkeit seiner (wie jeder) Antwort: Gottes Wirksamkeit und die Effektivität geschichtlicher Kräfte sind aktual co-pro-

335. Hodgson, P. C. (1994) {→ A. 310}, 140.
336. A.a.O., 148. Schon in: Hodgson, P. C. (1989) {→ L.}, 99, hatte er eine ganz ähnliche Formulierung von K. Barth übernommen. – In einem Gespräch mit mir zog er den von Coledridge geprägten Ausdruck »personiety« zur Bezeichnung der transpersonalen Personalität Gottes heran.
337. Hodgson, P. C. (1994) {→ A. 310}, 147ff.

duktiv und co-konstitutiv in der Praxis, die solche Gestalten hervorbringt (44, 191). Aus der cooperatio der beiden asymmetrisch relationierten Größen Gott und Geschichte wachsen eine Vielzahl einzelner Gestalten kommunikativer Freiheit, in denen sich das Ziel der Geschichte repräsentiert. Gott wirkt durch seine Erscheinung, durch die Repräsentation seines Wesens in paradigmatischen Konfigurationen, deren prominenteste die Gottes-Gestalt in Jesus und die von ihr gebildete ekklesiale Gemeinschaft ist, von der wiederum gestaltende Wirkung auf geschichtliche Strukturen und Prozesse, Werte und Handlungen ausgeht.

Gottes wirksame Selbstrepräsentation vollzieht sich dabei in der Kraft seines Geistes in und durch geschöpfliche Kraftzentren. Diese kreieren dann die »Gestalten der Freiheit« in der Geschichte: Aufbrüche unterdrückender Strukturen und ihre Transformation zu neuen sozialen, kulturellen und intellektuellen Synthesen.[338] Gottes Geist wirkt auf die geschöpflichen Aktinstanzen ein, indem er sie umgibt und ihnen seine formative Kraft mitteilt. Es ist dies mehr als die bloße Stärkung ihrer Eigendynamik, aber weniger als eine Veränderung-erzwingende Machtausübung.

Nur indirekt kann dementsprechend Gottes Wirken in der Geschichte erkannt werden: nach dem Formalprinzip der Freiheit und nach dem Materialprinzip der Konformität zur Gottes-Gestalt in Jesus Christus. Das Materialprinzip ist per definitionem nicht im Sinne einer nominellen Christlichkeit anzuwenden, sondern als Suche nach Repräsentationen des »Christusinhaltes« (Tillich), dessen also, was den Inhalt der Mission Christi ausmachte. Wo die von ihm repräsentierte unbedingte Liebe Gestalt annimmt, kann Gottes Wirken unterstellt werden.

Gegenüber einer verinnerlichten und vergeistigten Vorstellung des Handelns Gottes bezieht Hodgson dabei die Konfiguration von Gottes-Gestalten in der Welt auf den Prozeß der Realgeschichte, auf kommunale, soziale, politische, ökonomische und kulturelle Strukturen. Solche Strukturen werden hervorgebracht und getragen von kommunikativen Bewußtseinsformationen und sie bringen umgekehrt ihrerseits dementsprechende Rationalitätsmuster hervor.

Mit seinem Entwurf vermeidet Hodgson problematische Annahmen, die in der Aufarbeitung des aktualen und des sapiential-ordinativen Modells zu Tage getreten waren: Mit Nachdruck weist er die Unterstellung eines Dualismus zwischen der Geschichte der Welt und einer Übergeschichte Gottes zurück und lehnt die Annahme suprahistorischer »mighty acts of God« in der Geschichte ab. Andererseits bleibt er aber auch nicht bei einer bloß transzendental-theologischen Bestimmung der Gott-Welt-Relation stehen, die von einem Wirken Gottes *in* der Geschichte nicht mehr zu sprechen erlaubt. Schließlich kommt er auch ohne die problematische Vorstellung des Zusammenwirkens Gottes mit den Menschen in jedem einzelnen ihrer Akte aus. Gott handelt nicht, er vergegenwärtigt sein Wesen als der in Freiheit Liebende. Durch solche Vergegenwärtigung in wirkmächtigen Erscheinungen entfaltet er die Kraft seiner freiheitsschaffenden Liebe. Ohne die problematische Inanspruchnahme physikali-

338. Siehe dazu 184, wo Hodgson von »new cultural syntheses, on both large and small scales, out of past resources, with an eye to present needs and possibilities, and on the basis of a commitment to universal ideals or values« spricht.

scher Feldtheorien entwickelt Hodgson damit ein Modell, das Gottes Wirksamkeit in der Welt als Bildung von ›Kraftfeldern‹ des Geistes Gottes beschreibt und das zum aktiven Handeln zur Stärkung und Ausbreitung dieser Felder anleitet und aufruft.

Zu fragen bleibt, ob Hodgson mit der Vermeidung der Komplikationen, in die das Reden von Gottes Handeln traditionell immer wieder geraten war, nicht seinerseits in eine Engführung verfällt. Wird hier die Wirksamkeit Gottes nicht allzu einseitig auf Gestalten der Liebe und der Freiheit festgelegt und damit die »dunkle Seite Gottes«[339] abgeblendet? Wiederholt sich damit nicht die Verharmlosung Gottes, wie sie sich in der Liberalen Theologie des 19. Jhs ereignet hatte? – mit der Konsequenz, daß das in den Grausamkeiten des Ersten Weltkriegs aufgebrochene abgrundtief Böse in der Geschichte nicht mehr theologisch verarbeitet werden konnte. Müßte demgegenüber nicht der im Kreuz Christi symbolisierte und manifestierte Grundkonflikt in seiner unauflösbaren Ambiguität stärker in Anschlag gebracht und als staurologische Dimension unverzichtbar in die Verfassung der Vorsehungslehre eingebracht werden?

Der im folgenden zu skizzierenden zweite Argumentationsgang gelangt zur nahezu gleichen Anfrage.

2. Hodgsons Ansatz eignet der Vorzug, nicht nur an die Debatte der zeitgenössischen Geschichtsphilosophie anzuschließen, sondern auch die reale Geschichtserfahrung aufzunehmen, ohne deren Unverrechenbarkeiten und Ambivalenzen theologisch umzudeuten und/oder aufzulösen. Die Realgeschichte ist das Resultat des Gemenges von vielfältigen biophysischen Bedingungsfaktoren und menschlichen Tätigkeiten. Gott wirkt in dieses Gemenge hinein, um ihm *seine* Gestalt zu geben. Im Blick auf die Realgeschichte läßt sich eine logische Entwicklungslinie ebensowenig ausmachen wie ein übergeordneter Plan oder eine zugrundeliegende Sinnmatrix. In dialektisch-spiralförmigem Fortschritt verläuft der Prozeß zukunftsoffen durch die Zeit, wobei prinzipiell jede Entwicklungsrichtung möglich ist. Jegliches Vertrauen auf eine souveräne universale Geschichtslenkung erscheint als genauso unbegründet[340], ja unrealistisch und gefährlich, wie die Hoffnung auf sichere Bewahrung und Führung im individuellen Leben.

Hodgsons Eschatologie geht von einer ›realistischen‹ Diagnose des Weltprozesses einschließlich der Macht menschlicher Zerstörungsmöglicheiten aus. Andererseits bekennt er sich aber durchaus zum Glauben an die Geschichtsmächtigkeit Gottes. Doch handelt es sich dabei um eine Macht, der nicht die Potenz zur souveränen Selbstdurchsetzung eignet. Gott ist nicht allwirksam (auch wenn er in allem wirkt) und nicht allmächtig (auch wenn seine Macht allgegenwärtig ist). Weder verdankt sich der geschichtliche status quo einfachhin seinem Handeln, noch kann ihm die Mächtigkeit zugeschrieben werden, potentiell jede Veränderung im Weltgeschehen herbeizuführen. Das moralisch Böse muß demnach nicht in eine kausative oder permissive Relation zum Handeln Gottes gebracht werden. Gott wirkt ihm entgegen.

339. Nach dem Buchtitel: Dietrich, W., Link, C. (1995): Die dunklen Seiten Gottes. Willkür und Gewalt, Neukirchen 1995.

340. »God will not rescue the world from its folly« (50).

Damit verschiebt sich die Theodiezeefrage: Nicht mehr im Blick auf einzelne Ereignisse und Akte *in* der Geschichte, wohl aber im Blick auf die Konstitution der geschaffenen Wirklichkeit im ganzen kann und muß nach Gottes Verantwortung für die Möglichkeit und Wirklichkeit des Übels gefragt werden. Wo Theodizee zur Anthropodizee wird – wie bei Hodgson – lautet die Theodizeefrage: Wie konnte Gott sein Schöpfungswerk mit der Potenz zum abgrundtief Bösen – bis hin zur vollkommenen Selbstzerstörung der Menschenwelt durch den Menschen – ausstatten? Der Hinweis auf die freiheitsgewährende Liebe Gottes, die sich im Menschen ein freies Ebenbild seiner selbst gegenüberstellt, verliert an Kraft, wo der Mensch dazu ansetzt, das Schöpfungswerk zu zerstören und wo er in diabolischen Perversionen seiner Freiheit die Gottebenbildlichkeit faktisch verleugnet. Die sich in dieser Radikalität aufdrängende Theodizeefrage bleibt bei Hodgson nicht zufällig unbeantwortet – sie ist wohl prinzipiell unbeantwortbar und daher nicht mehr reflexiv aufzulösen, sondern nur noch klagend vor Gott zu tragen.

Bei den Reformatoren war diese Klage eingebettet in die Hoffnung auf Gottes souveräne Geschichtsmächtigkeit. Hodgsons ›Realismus‹ entzieht dieser Hoffnung den Grund. Gegenüber seiner allzu weiten Zurücknahme der Souveränität Gottes ist die in allem wirkende *Kraft* der Schwachheit Gottes stärker zur Geltung zu bringen.

Bilanzierend läßt sich sagen: Trotz der gravierenden Anfragen an die spekulative Gottes- und Trinitätslehre und an die einseitig auf Liebe und Freiheit fokussierte Bestimmung der Wirksamkeit Gottes leistet Hodgsons Entwurf einen wertvollen Beitrag, um das Modell der operativen Präsenz Gottes als Modus seiner Weltwirksamkeit weiterzuentwickeln. Dabei wird sich seine Validität nicht allein an seiner konzeptuellen Konsistenz und auch nicht allein an seiner Konsonanz mit biblischen und theologiegeschichtlichen Grundüberzeugungen erweisen müssen, sondern - Hodgsons Wendung zur Praxis entsprechend - auch und vor allem in der von diesem Konzept geleisteten theologischen Realitätsdeutung und Anleitung zur Gestaltung der Wirklichkeit. Ich folge der damit angezeigten Bewegungsrichtung und wende das Modell der operativen Präsenz exemplarisch auf das Verständnis christlicher Mission als einer zentralen Praxisgestalt des christlichen Glaubens an.

5. Exkurs: Missionstheologische Konsequenzen

Aus dem Modell der operativen Präsenz Gottes ergeben sich unmittelbar Konsequenzen für die missionstheologische Lehrbildung und die missionarische Praxis.[341] Wo der Raum, in dem sich das Christuszeugnis verbal und aktual manifestiert, als ein immer schon von Gottes wirksamer Gegenwart durchdrungener Raum verstanden

341. Siehe die ausführlichere Entfaltung der folgenden Gedanken in: Bernhardt, R. (1995): »Zwischen Relativismus und Proselytenmacherei«. Zur Begründung einer Theologie der Mission, in: ZMiss 21, 167-184 (versehentlich wurde der zweite Teil des Literaturverzeichnisses zu diesem Artikel nicht abgedruckt).

wird, kann die Mission von Christinnen und Christen als Partizipation an der universalen missio Dei nicht eine »creatio fidei ex nihilo« hervorbringen wollen. Vielmehr wird sie ihren Auftrag in der ›christusförmigen‹ Transformation dessen, was Gottes Geist von jeher in diesem kulturell und religiös figurierten Raum gewirkt hat, erkennen und wahrnehmen. Christliche Mission vollzieht sich im Kraftfeld des Geistes, das sich - wo sie gelingt - in ihr zu strahlkräftigen Keimzellen des Reiches Gottes verdichtet. Ihre maßgebliche Norm, aber auch ihre Krise ist die Manifestation des Gottgeistes in Christus.

Die pneumatologische Fundierung dieser Auffassung liegt auf der Hand: Die wirksame Allgegenwart des Gottgeistes, wie sie in unübertrefflicher Eindrücklichkeit in Ps 139 bezeugt ist, geht aller missionarischen Bemühung universal voraus, inspiriert sie in der Kraft des Geistes und sucht sich in ihr zu Gestalten manifester Gottpräsenz zu verdichten. Die Überzeugung, daß der Raum, in dem missionarische Aktivität stattfindet, immer schon von Gottes Geist durchwirkt ist, setzt dabei die Erwartung frei, Spuren der Wirksamkeit dieses Geistes auch bei den Adressaten der christlichen Verkündigung zu entdecken, so daß die missionarisch aktiven Christen selbst zu Empfängern werden, deren eigener Glaubenshorizont sich im Hören auf die schon ergangene Wirksamkeit Gottes erweitert. Mission geschieht also als immer neue Verleiblichung des Wortes Gottes (d.h. der Christuswirklichkeit) durch die Inspiration seines Geistes. Sie vollzieht sich aber auch in der Haltung der Achtsamkeit auf die immer schon erfolgte Inkulturation dieses Geistes in der ganzen Schöpfung.

Ein solcherart »universalpneumatologisches« Verständnis der Wirksamkeit Gottes führt zu einer Repräsentations-Christologie und damit verbunden zur Forderung nach einer Revision des *filioque*, wie sie im ökumenischen Dialog mit den Ostkirchen entwickelt worden ist.[342] Durch diese (seit 589 in der spanischen Kirche vorgenommene, seit 767 auch in der fränkischen Kirche gültige und 1014 in den römischen Kult übernommene) Einfügung in das Constantinopolitanum war das Hervorgehen des Gottgeistes gegenüber der Sendung des Sohnes für konsekutiv erklärt und an diese gebunden worden. Die Neudeutung des *filioque* im Anschluß an Joh 15,26 hätte weitreichende missionstheologische Konsequenzen: Die Kraft des Geistes ließe sich als unmittelbare, universale, die Sendung des Sohnes in die Welt umgreifende Wirksamkeit Gottes denken, welche die Schöpfung am Leben erhält und sie zur Vollendung führen will.

Im Bericht der Klingenthalkonferenzen wird der neutestamentliche Befund zur Beziehungsbestimmung zwischen Jesus Christus und dem Heiligen Geist folgendermaßen summiert: »Der Geist geht also dem Kommen Jesu voraus, wirkt während seines Lebens, seines Todes und seiner Auferstehung und wird auch

342. Siehe dazu die Dokumentation der Klingenthalkonferenzen von 1978f in: Vischer, L. (Hg) (1981), Geist Gottes - Geist Christi. Ökumenische Überlegungen zur Filioque-Kontroverse (Beiheft zur ÖR 39), Frankfurt; Moltmann, J. (1980, 1994^{3}) {→ Teil III, A. 260}, 194-203; Congar, Y. (1982): Der Heilige Geist, Freiburg u.a., 366ff; Pannenberg, W. (1988): Systematische Theologie I, Göttingen, 345f; Moltmann, J. (1991) {→ L.}, 320-324; Gamillscheg, M.-H. (1996): Die Kontroverse um das Filioque. Möglichkeiten einer Problemlösung auf Grund der Forschungen und Gespräche der letzten hundert Jahre (Das östliche Christentum, NF, 45), Würzburg.

von Jesus als der Paraklet zu den Gläubigen gesendet.«[343] Der Geist ruht auf Christus und Christus in ihm. Christus lebt und wirkt in der Gegenwart des Geistes. Eine Beschränkung auf die Ursprungsrelation, d.h. auf den *Ausgang* des Geistes von Christus greift demgegenüber zu kurz. Die orthodoxe Kritik an zentralen Lehrstücken westlicher Theologie aufnehmend, zeigt Alastair Heron, wie eine Unterbestimmung der Universalität des Geistwirkens zu Verzerrungen in Trinitätslehre, Christologie, Soteriologie und Ekklesiologie führen kann. In der Soteriologie etwa werde die Bedeutung der Schöpfungs- und Erneuerungskraft des Geistes, sein Wirken bei der Fleischwerdung, im Leben und bei der Auferstehung Jesu sowie sein Werk als göttlicher Erneuerer des Kosmos abgeschwächt. »Das Heil wird auf diese Weise auf das Geschehen am Kreuz eingeengt, wird isoliert und einfach als Opfer, Bestrafung oder Beispiel interpretiert«.[344] Der o.g. Bericht enthält mehrere Vorschläge für eine Reformulierung des filioque, von denen mir der folgende am sachgemäßesten zu sein scheint: »Der Geist geht aus vom Vater und leuchtet durch den Sohn«.

Damit ist 1. keineswegs unterstellt, dem Wirken des Geistes komme Eigenständigkeit gegenüber dem des Sohnes zu (die Gefahr eines freischwebenden Spiritualismus oder Enthusiasmus). Vielmehr gilt es, die qualitative Identität der kreativen und innovativen Energie Gottes mit der in Christus ereigneten maßgeblichen Manifestation festzuhalten. Diese Beziehungsbestimmung zwischen »Wort« und »Geist« führt zu dem Gedanken einer heilshaft wirksamen Allgegenwart Gottes in seinem Geist, die in Jesus Christus einzigartig und normgebend in geschichtlicher Konkretion repräsentiert ist. Erst von dieser Repräsentation her wird mit dem Wesen Gottes als des geistsendenden Subjekts auch die inhaltliche Qualifikation des Geistwirkens in der Welt erkennbar. Die Rolle der Christologie für die Erkenntnis des Wirkens Gottes im Geist muß also bei der Konstitution einer pneumatologischen Vorsehungslehre im Bewußtsein bleiben.

Damit ist 2. auch kein flacher Heilsuniversalismus propagiert, der letztlich alle missionarische Anstrengung unnötig machen würde. Christliche Mission als Lebensform der Nachfolge Christi steht im kosmisch-geschichtlichen Horizont der missio Dei, die auf die Aufrichtung des Reiches Gottes zielt und dabei auf massive Widerstände trifft. Heil ist letztlich Gegenstand eschatologischer Verheißung; in der Geschichte ereignet es sich immer nur zeichenhaft und fragmentarisch. Der Heilsweg ist ein Kreuzesweg. Besonders in ihrer missionarischen Lebensäußerung ist christliche Existenz Existenz unter dem Kreuz.

Weil ihr die Effektivität ihres eigenen Tuns prinzipiell unverfügbar ist, kann sich christliche Mission von strategischen Erwägungen befreien. Ihr »Zweck« kann nur die selbstlose Absicht sein, Gottes Zuwendung zu seiner Schöpfung und die Inkarnation der eschatologischen Heilsverheißung in Christus zur wirksamen Darstellung zu bringen. Sie hat nicht eine propagandistisch-instrumentelle, sondern eine prophetisch-existentielle Bestimmung: den Auftrag, Keimzelle des Reiches Gottes zu sein und damit das Reich Gottes zeichenhaft, darin aber real zu verwirklichen. Die glaubwürdige Vergegenwärtigung des Gottgeistes in »Gestalten des Gnade« ist ihr Ziel: In

343. A.a.O., 14, teilweise kursiv (diese Formulierung geht zurück auf den Beitrag von D. Ritschl, a.a.O., 40). Auf S. 15 wird das Verhältnis zwischen dem Geist und Jesus Christus als ein »Verhältnis der Gegenseitigkeit und der Wechselwirkung« beschrieben.

344. Heron, A. (1981): Das Filioque in der neueren reformierten Theologie, in: Vischer, L. (Hg) (1981) {→ A. 342}, 102f.

ihrem jeweiligen Kontext soll sie in ihrer Praxis »Salz der Erde« und »Licht der Welt, eine Stadt, die oben auf dem Berge liegt« (Mt 5,13ff) sein und auf diese Weise durch Ausstrahlung wirken.[345]

Die missionarische Vergegenwärtigung der Christuswirklichkeit vollzieht sich im Geist Gottes, den die Missionspraxis in erfahrbaren Gestalten manifest macht – zuerst und vor allem, indem sie *in ihrer eigenen Existenz* die normative Gestaltwerdung dieses Geistes in Jesus Christus vor Augen stellt. Auf diese Weise wird sie selbst zu einem maßgeblichen ›Modell‹ für Gottes Heilshandeln (was nicht heißt: zu einem prinzipiell austauschbaren exemplum). Anziehungskraft geht von ihm aus, wenn es so reizvoll ist, daß Menschen ihm bereitwillig folgen möchten.[346] So könnte man die Wirkung glaubwürdiger Mission darin sehen, »heilige Mißgunst« (K. Stendahl) bei Nichtchristen gegenüber den Lebensformen christlicher Gemeinschaften zu wecken. Es ist also zuerst und vor allem die »operative Präsenz« solcher ›Modellprojekte‹, die Wirkung entfaltet: die *missionarische Existenz* christlicher Gemeinschaften und Initiativen.[347] Damit gilt, was für die Bestimmung der Wirksamkeit Gottes zu sagen war, auch im Blick auf die Praxis der Mission: Die wirksame Gegenwart geht allem »Handeln« voraus und liegt ihm zugrunde. Die »Werke« bilden ihre signifikanten Repräsentationen.

Der »›Materialismus‹ der Philanthropie Gottes« treibt die missionarische Existenz dabei »in die Strukturen und Lebensvollzüge des komplexen Alltags«[348] in allen seinen Dimensionen bis hin zu den politischen und ökonomischen Vernetzungen.[349] Damit ist einer Individualisierung und Verinnerlichung der Heilsvorstellung ebenso widersprochen wie einer kontextlosen, ›absoluten‹ Heilsverkündigung: Die Botschaft hat sich an den konkreten Unheilszuständen des jeweiligen Kontexts zu orientieren und sie aktiv zu bekämpfen.

Aus überzeugenden Anstrengungen zur Verbesserung der Lebensverhältnisse wird eine dialogische »Konvivenz« (Sundermeier) in umfassenderem Sinn erwachsen können, die dann auch über die Grenzen der Gemeinschaft hinaus Strahlkraft entfaltet, so daß von solchen Modellprojekten Impulse ausgehen für eine Anstiftung zum gerechten Frieden zwischen Individuen und Gruppen, die in (politischen, ökonomischen, kulturellen oder religiösen) Spannungen leben. Nicht zuerst die Wortverkündigung, sondern primär die gelebte Praxis weckt das Interesse für die Motivation, die solche Anstrengungen trägt. Auf seine Motivation hin befragt, wird der Christ über

345. Siehe dazu: Sundermeier, T. (1987): Art. »Theologie der Mission«, in: Lexikon missionstheologischer Grundbegriffe, Berlin, 470-495, bes. 479ff.

346. Vgl. Röm 11,11: »um sie (die Nationen) zur Nacheiferung zu reizen«.

347. Besonders in der ostkirchlichen Theologie war das Bewußtsein stets leitend, daß die Präsenz der Kirche als solche das missionarische Zeugnis darstelle und es darüber hinaus keiner besonderen missionarischen Aktivitäten bedürfe.

348. Ustorf, W. (1994): Missionswissenschaft, in: Ritschl, D., Ustorf, W.: Ökumenische Theologie, Missionswissenschaft (GKT 10,2), Stuttgart, 99-144, hier: 114.

349. Mit diesem Gedanken nehme ich die Intention des sog. »verheißungsgeschichtlichen Modells« (*missio Dei* als Verheißung des Schalom für die ganze Welt) auf [Sundermeier, T. (1987) {→ A. 345}, 476f].

seinen Glauben Rechenschaft geben und ihn offen, aber unaufdringlich bezeugen, liegt doch in diesem Glauben die spirituelle Quelle für sein Engagement. So vollzieht sich die Verkündigung der Christusbotschaft implizit (nach Mt 25,31ff) und explizit (nach Mt 28,16ff), nonverbal und verbal, handelnd, schweigend und redend »in, mit und unter« den gemeinschaftsstiftenden Formen gemeinsamen Lebens und Arbeitens - als Zeichen und Zeugnis.

In einer solchen Mission als dialogischer Praxis mit dem Ziel, Keimzellen des Reiches Gottes in der Welt zu errichten, repräsentiert sich das convivium Gottes, das in seinem concursus zur Wirksamkeit kommt.[350] In ihr realisiert sich, worauf geschöpfliches Sein angelegt ist: auf ein »partizipatives con-esse und con-vivere cum Deo«[351].

Gegenüber den universalgeschichtlichen Ausgriffen der Missionstheologie, wie sie noch auf der Weltmissionskonferenz von Edinburgh 1910 vorgetragen wurden[352], führt das Missionsmodell der operativen Präsenz also zur Schaffung von exemplarischen Gegengesellschaften, in denen wahrhafte Humanität gegen die vorfindlichen inhumanen Zustände gelebt wird und darin der Geist Gottes ›modellhaft‹ Gestalt gewinnt. In solchen Arbeits- und Kommunikationsgemeinschaften, die christliche Spiritualität leben und dabei das Regelverhalten gesellschaftlicher Institutionen signifikant durchbrechen, realisiert sich das Reich Gottes »punktuell-situativ« (Paul Hoffmann).[353]

Es wäre verlockend, dieses Modell auf die Ekklesiologie im ganzen und auf die ökumenische Debatte um die Beziehung zwischen Ekklesiologie und Ethik anzuwenden, was aber hier nicht geleistet werden kann.

350. Ich übernehme diese Terminologie von R. Schulte: »Vom convivium Gottes mit seiner Schöpfung ist herzuleiten, was ontologisch gegebenenfalls concursus heißen mag« [Schulte, R. (1988) {→ Teil I, A. 50}, 136]. Gegenüber Sundersmeiers Konvivenz-Begriff, der auf die Sozialformen des gegenseitigen Helfens, Lernens und Feierns abzielt [Sundermeier, T. (1986): Konvivenz als Grundstruktur ökumenischer Existenz heute, in: ÖEh 1, 49-100; u.ö.] legt Schulte diesen Ausdruck auf die Beziehung zwischen Gott und Welt hin aus - als Lebensgemeinschaft Gottes mit den Menschen im Oikos der Schöpfung.

351. Schulte, R. (1988) {→ Teil I, A. 50}, 144.

352. Artikuliert vor allem von J. R. Mott, dem Leiter der Konferenz, in seinem Aufruf zur »Evangelisierung der Welt in dieser Generation«. Die Versammlung appellierte an die christlichen Kirchen: »Es ist eine unausweichliche geistliche Forderung, daß das gesamte Leben und die gesamte Ausstrahlung der Völker christianisiert wird«. [zit. nach: Margull, H. J. (Hg) (1963): Zur Sendung der Kirche - Material der ökumenischen Bewegung, München, 14f].

353. Zit. nach: Vorgrimler, H. (1985) {→ Teil I, A. 50}, 138.

D. Zusammenfassende Gegenüberstellung der drei Modelle im Blick auf ihre jeweilige Leitmetaphorik

Zum Abschluß der systematischen Rekonstruktion sollen die drei Modelle, die Gottes Wirken in der Welt auf ihre je eigene Weise zum Ausdruck bringen, im Blick auf die sie prägenden Metaphern(felder) einander gegenübergestellt werden. Ihre innere Logik und ihre Unterschiedenheit voneinander ist maßgeblich von der jeweiligen Leitmetaphorik bestimmt. Dabei handelt es sich nicht um willkürlich gewählte und ersetzbare Bildwelten, die dem eigentlich Gemeinten sekundär zur Veranschaulichung angefügt worden sind, sondern um »disclosure-models«, in denen sich Gottes wirksame Realpräsenz *erschließt* {→ S. 347}.

1. Das *aktuale* Modell ist am schaffenden menschlichen Handeln, der königlichen Herrschaftsausübung und der richterlichen Rechtsprechung entwickelt. Es stellt sich dementsprechend in Metaphern dar, die kreativen, direktiven, juridischen, aber auch kurativen Tätigkeiten korrespondieren. Gott erscheint als transzendente, personale Aktinstanz.

Die Problematik dieses Modells liegt in den Konnotationen des anthropomorphen Handlungsbegriffs, vor allem in der Vorstellung spontankausaler, individuell-spezifischer Interventionen, die nach dem Muster der Zweck-Mittel-Relation absichtsvoll konkrete Veränderungen im Weltgeschehen herbeiführen. Um der Festlegung auf ein einseitig zweckrational-effektives Handlungsverständnis entgegenzuwirken, haben wir die Unterscheidung zwischen instrumentell-produktivem und informationell-kommunikativem Handeln eingeführt. Das erste begegnet im Schaffen, das zweite im Herrschen Gottes, aber auch in den interpersonalen Akten des Vergebens, Tröstens, Erwählens, Richtens, Gedenkens, Liebens usw. Eine weitere Ausdehnung des Handlungsbegriffs ergab sich durch die Aufnahme des expressiven und des spielerischen Moments. Damit wurden dem aktualen Modell zwei weitere Metaphernfelder angefügt, die zwar die Zweck-Mittel-Relation zu überwinden vermögen, nicht aber die grundlegende Problematik dieses Modells.

2. Dem *sapiential-ordinativen*, an logoshaften Strukuren der Wirklichkeit (als göttlich figurierter Seinsordnung) gebildeten Modell korrespondieren bildhafte Beschreibungen, die dem Bereich des strukturbildenden, teleologisch-ordnenden Wirkens entnommen sind - etwa dem Bereich des organischen Wachstums auf eine initial angelegte Reifegestalt hin, der rationalen Planung zielgerichteter Ereignisfolgen oder der Konstruktion perfekter mechanischer Artefakte. Da sich dieses Modell auf die intelligiblen-intentionalen Akte bezieht, die dem externen Handeln vorausgehen und es steuern, läßt es sich sachlogisch durchaus mit dem aktualen Typus verbinden.

Seine Gefahr liegt in einer Zurückdrängung des göttlichen Weltwirkens auf die Ebene der Schöpfungs*konstitution*, wobei der konstitutive Akt nicht temporal als

Anfang des Schöpfungswerkes gedeutet werden muß; er läßt sich auch als zeitübergreifende, transzendentale Relation auslegen, die den Gesamtakt der Schöpfung in Kraft setzt und – hält und ihm Richtung gibt. So ist es möglich, am Postulat der Allwirksamkeit Gottes festzuhalten, wenn und insofern dieses Wirken im Paradox vermittelter Unmittelbarkeit aufgefaßt wird.

Der sapiential-ordinative Typus trägt demzufolge eine Tendenz zum Deismus einerseits und zum Pantheismus andererseits in sich - je nachdem, ob die Logizität der Wirklichkeit als perfekte initiale Installation oder als Manifestation permanenter ordinativer Aktuosität Gottes aufgefaßt wird. Im ersten Fall bildet die Analogie zur Konstruktion eines vollendeten Funktionszusammenhangs (z.B. eines Uhrwerks) die für die Neuzeit zentrale Metaphorik (Gott als allweiser Konstrukteur der Weltmaschine), im zweiten Fall die Analogie der Beziehung zwischen Leib und Seele (Gott als Weltseele). Gottes Wirksamkeit ist hier als seine Selbstwirkung zu verstehen; sie besteht nicht in einzelnen Akten, sondern in seinem Selbstvollzug in der Schöpfung.

In beiden Varianten neigt das Modell dazu, sich mit einem theonomen Notwendigkeitspostulat zu verbinden und so einen Determinismus auszubilden.

3. Das an übernaturalen, übermechanischen und überpersonalen Kraftwirkungen gewonnene Modell der *operativen Präsenz* erschließt sich in der Metaphorik inter- und transpersonaler Energien (wie der »Macht der Liebe«), der tröstenden, schützenden, bergenden Gegenwart einer signifikanten Bezugsperson (»Anwesenheit« im Heidegger'schen Sinne), des stabilisierenden Umgebenseins von einem heilsamen Umfeld (wie dem In-Sein eines Embryos im Mutterleib) usw.

Das letztgenannte Metaphernfeld wird von Dietrich Ritschl favorisiert.[354] Zu fragen ist allerdings, ob die leitende Analogie der Mutter-Embryo-Beziehung die Ursprungsrelation der Welt suffizient zum Ausdruck zu bringen vermag. So weist etwa A. Peacocke, der für dieses Modell plädiert, darauf hin, daß die Mutter nicht als Schöpferin des Embryos bezeichnet werden könne.[355] Doch ist die Beschreibung des Modells nicht von den einzelnen Zügen seiner Leitmetapher abhängig.

Auf die gesamte Gott-Welt-Relation ausgedehnt, tendiert das Modell der operativen Präsenz zu einer pan*en*theistischen Ausdeutung. Anders als in der pantheistischen Überbetonung der permanenten, uniformen Immanenz Gottes kann dabei die Differenz zwischen Gott und Welt zum Ausdruck gebracht werden, ohne in das entgegengesetzte Extrem eines deistischen Transzendenztheorems zu fallen. Gott steht der Welt nicht wie eine Person ihrem Werk gegenüber, auch geht er nicht in ihr auf, sondern umgreift sie und schließt sie in sich ein. Gottes Wirksamkeit ereignet sich nicht primär

354. Ritschl, D. (1986): »Gott wohnt in der Zeit«. Auf der Suche nach dem verlorenen Gott, in: Deuser, H. u.a. (Hg): Gottes Zukunft – Zukunft der Welt (FS J. Moltmann), München, 250-261, bes. 251, 256. Ritschl stellt dieses Modell in die Reihe der *räumlichen* Gottesbilder und zieht es den Metaphern des befehlenden Generals und des gütigen Vaters bzw. der gütigen Mutter vor. Insgesamt aber gilt seine Präferenz *zeitlichen*, geschichtlichen Kategorien zur Darstellung Gottes. – Siehe auch: Moltmann, J. (1991) {→ L.}, 301.

355. Peacocke, A. (1979) {→ Teil I, A. 43}, 141ff.

in Form einzelner distinkter Akte, sondern in wirkender Präsenz, die sich in Gestaltwerdungen des Gottgeistes repräsentiert. Die Gott-Welt-Relation ist weder aktual noch seinshaft konstituiert, sie manifestiert sich primär weder in außerordentlichen Geschichtstaten, noch in der göttlichen Logizität der Seinsordnung. Und sie unterliegt keinem Notwendigkeitspostulat. Vielmehr wird sie konsequent als Beziehungsgeschehen in der Polarität von Intimität und der Reziprozität (Interaktion) deutbar.

So läßt sich durchaus (gegen Wiles) von einer providentia individualis sprechen. Die von Gott ausgehende transformierende, kreative und innovative Kraft erzeugt durch ihr Kraftfeld nicht nur generelle Entwicklungen. Vielmehr erfaßt und beeinflußt sie das in diese Entwicklungen einbezogene Einzelne und Partikulare. Sie wirkt als Kraft unter Kräften und ist doch nicht eine der geschöpflichen Kräfte, sondern von ihnen qualitativ unterschieden. Ihre Wirksamkeit darf nicht nur in Anlehnung an die sakramentaltheologische Formulierung als operative Präsenz »in, mit und unter« bestimmt werden; ihr eignet vielmehr immer auch das Moment des »gegen« - des Widerspruchs gegen die Widersprüche der Welt.

Das panentheistische Grundverständnis der Gott-Welt-Relation verhindert die (theistische und deistische) Verabsolutierung der Transzendenz Gottes ebenso wie die einseitige Überbetonung der Immanenz in pantheistischen Ansätzen. In-der-Welt-Sein und der-Welt-gegenüber-Sein ist hier vermittelt. Die Beziehung zwischen Schöpfer und Schöpfung läßt sich als eine des »gegenüber«, »bei« und »in« denken.

Weder läuft diese Auffassung auf einen theonomen Determinismus hinaus, demzufolge Gott alle Weltbewegung lenkt, noch fordert sie die Beschränkung auf die transzendentale Relation, in der Gott lediglich die Möglichkeitsbedingungen geschöpflicher Eigenwirksamkeit schafft. Sie führt nicht zum Postulat eines bloß uniformen und generellen Wirkens, sondern erlaubt, in einzelnen Ereignissen und Strukturen besondere Verdichtungen der Geistkraft Gottes zu erkennen.

Ihre Gefahr liegt in der Tendenz zu einer impersonal konnotierten Vorstellung vom Wirken Gottes und damit verbunden in einer emanativ gedachten Gott-Welt-Relation. Diese Gefahr kann nur durch eine trinitätstheologische Rückbindung des pneumatologisch explizierten Konzepts von Gottes Wirken in der Welt vermieden werden. Durch eine solche Einordnung in den Bezugsrahmen der Trinitätstheologie wird es zudem möglich, die unverzichtbaren Wahrheitsmomente des aktualen und des sapiential-ordinativen Modells in das der operativen Präsenz einzuholen: die Beziehungshaftigkeit der Gott-Welt-Relation und ihre universale, kosmologische Dimension, die schon in den Dispositionen und Strukturen des wirkenden Seins angelegt ist. Wo die Explikation der Wirksamkeit Gottes nach dem Modell der operativen Präsenz mit der Erinnerung an die Interaktuosität und Partizipativität dieses Wirkens verbunden wird, gerät sie nicht in die Gefahr, als Dynamismus einer numinosen Kraftquelle mißverstanden zu werden. Die von Gott ausgehende Kraftwirkung ist vielmehr durch Intentionalität, Logizität und allumgebende Güte qualifiziert. Wo dies konzeptuell integriert wird, ist verhindert, daß die Betonung der Pneumatologie in eine einseitig charismatische Bestimmung des Wirkens Gottes entgleitet.

Der angezeigten Aufgabe werden wir uns nun im Schlußteil der vorliegenden Studie stellen.

VI. Schlußüberlegungen zur Rekonstruktion der Vorsehungslehre

Im folgenden sollen die im zurückliegenden Untersuchungsgang entwickelten Präferenzen zu einer Skizze zusammengezogen werden, welche die Konturen eines Neuentwurfs der Vorsehungslehre erkennbar werden läßt.

A. Verortung der Vorsehungslehre in der Pneumatologie

Wird die Vorsehung verstanden als Gottes fürsorgliches Wirken in seiner Schöpfung zur Realisierung dessen, was er von Ewigkeit her für sie vorgesehen hat, und wird sie – in reformatorischer Tradition – auf den *Modus* dieses Wirkens in der Schöpfung hin ausgelegt, dann ist sie sachgemäß in der Pneumatologie zu lozieren. Nach ihrer theologiegeschichtlichen Wanderung von der Gotteslehre (bei Thomas) in die Schöpfungslehre (bei den Reformatoren), nach ihrer Verselbständigung (in der protestantischen Orthodoxie) und ihrer Rückbindung an die Christologie (bei Barth) findet sie damit (vorerst) ihren systematischen Ort in der Lehre vom Heiligen Geist. In dieser Ortsbestimmung ist der in Calvins Pneumatologie enthaltene Hinweis aufgenommen und weitergeführt, demzufolge der Geist Gottes als »effector providentiae« {→ S. 92} angesehen werden darf. Die folgenden Überlegungen verstehen sich als Ausführung des damit angedeuteten Programms.

Die *pneumatologische* Entfaltung der Vorsehungslehre ist den genannten, in der Theologiegeschichte elaborierten Optionen gegenüber vorzuziehen, weil sie a) stärker als eine von der Gotteslehre her entwickelte Darstellung (wie bei Thomas) die externale Dimension des Wirkens Gottes zum Ausdruck zu bringen vermag, b) stärker als eine von der Schöpfungslehre her entworfene Ausarbeitung (wie in Luthers Vorsehungsglauben und dann in der lutherischen Orthodoxie) die Trennung von Welt- und Heilshandeln zu überwinden imstande ist (s.u.), c) stärker als eine christologisch interpretierte Fassung (wie bei Barth) die über kirchliche Vermittlungen der Christuswirklichkeit hinausreichende Universaldimension der Wirksamkeit Gottes wiederzugeben erlaubt.

Vor Mißverständnissen kann der pneumatologische Ansatz nur geschützt werden, wenn er in die Trinitätslehre einbezogen und von dort her präzisiert wird. Dabei ist jedoch die Auffassung abzulehnen, den trinitarischen Personen seien exklusiv unterschiedliche Werke zu appropriieren. Ein solcher Trioperismus (mit der ihm korrespondierenden sozialen Trinitätslehre) verletzt nicht nur den Grundsatz »opera trinitatis ad extra sunt indivisa«, er drängt auch mögliche Explikationen des Wirkens Gottes in den Hintergrund, die nicht von den trinitarischen Personen her entwickelt sind (s.u.). Von daher stellt sich die Frage, ob es überhaupt sinnvoll ist, von einer ökonomischen Trinität – statt einfach von der ökonomischen Relation Gottes zu Welt – zu reden. Eine trinitarische Bestimmung des Wirkens Gottes stellt methodisch eine Ableitung zweiten Grades dar (d.h. eine Ableitung von einer Ableitung), die dann wieder auf den biblischen Befund rückübertragen wird, um in ihm Bestätigung zu suchen. Statt dessen soll hier ein Konzept entwickelt werden, das dem biblischen Reden von Gottes Weltwirken näher liegt, ohne dabei jedoch den »Sprachgewinn« (D. Ritschl) außer Acht zu lassen, der in der Theologiegeschichte im Reden von Gott erzielt wurde.

Nicht nur die *Werke*, sondern auch das *Wirken* der drei Hypostasen ad extra ist untrennbar. So sehr den Subjektzentren der immanenten Trinität unterschiedliche

›Tätigkeitsmerkmale‹ appropriiert werden können – das schöpferische, das revelative und das vergegenwärtigende (bzw. gewißmachende)[1] –, so sehr muß andererseits daran festgehalten werden, daß Gottes Weltwirken *eines* (wenn auch durchaus kein uniformes) ist. Hinsichtlich des Wirk*subjekts* wie hinsichtlich der *Wirkung* (dem Effekt) ist eine Differenzierung des Wirkens in Aspekte anzunehmen, hinsichtlich des *Wirkens* selbst (der Wirkweise, d.h. der *Hervorbringung* der Wirkung durch das Subjekt) gilt jedoch: Gott wirkt *im Geist*. Sowohl die kreative, wie auch die revelative und die aktuell-vergegenwärtigende und gewißmachende Aktivität vollzieht sich im Geist als dem effector der Providenz.

Der hier entwickelte Gedanke geht also nicht a) von einem dreifachen Wirken Gottes ad extra aus, bei dem b) dem Geistwirken ein Vorrang zuerkannt wäre, so daß die Wirkweise der dritten Person die der ersten und der zweiten Person in sich integriert und assimiliert hätte. Eine solche Konzeption geriete unmittelbar in die Gefahr des schwärmerischen Enthusiasmus und Spiritualismus; die schöpferische Wirksamkeit Gottes wäre dabei ebenso unterbestimmt wie die Rückbindung des Geistes an seine maßgebliche Manifestation in Christus. Demgegenüber plädiere ich dafür, die pneumatologisch bestimmte ökonomische Relation Gottes zur Welt folgendermaßen in den Bezugsrahmen der Trinitätstheologie einzubinden:

Alle Wirkung Gottes geht von der trinitarisch strukturierten *einen* Person Gottes aus, vom Schöpfer, Offenbarer und Vollender aller Wirklichkeit; er ist das summum agens. Inhalt und Ziel seiner Wirksamkeit besteht in seinem Heilswillen, wie er als Wirkwort Gottes (Logos) in die Welt hineingesprochen ist und in Jesus Christus seine maßgebliche Manifestation gefunden hat; in ihm erschließt sich, was Gott für die Welt und die Menschheit ›vorgesehen‹ hat und verwirklichen wird. Angesichts der Gebrochenheitsverfassung der Welt realisiert sich dieser Heilswille allerdings immer nur »im Widerspruch zu den Widersprüche der Welt«[2] und ist damit keineswegs einfachhin identifizierbar mit »gelingendem Leben« (s.u.). Wirksam wird die transformierende, kreative und innovative Kraft Gottes durch den Geist. Er ist nicht Subjekt, sondern Ausführer (»effector«) der wirksamen Gegenwart Gottes; er bringt sie zur Wirkung, indem er effektive Kraftfelder erzeugt, die der Eigendynamik der weltlichen Wirklichkeit entgegenwirken, um sie in Richtung auf das von Gott ›Vorgesehene‹ zu transformieren.

Mit dem skizzierten Gedankengang ist eine Antwort auf die Leitfrage dieser Studie – die Frage nach dem *Modus* der Weltwirksamkeit Gottes {→ S. 35f} – versucht. So pluriform diese Wirksamkeit hinsichtlich ihres *Inhalts* beschrieben werden kann und muß (als schöpferische, versöhnende, vollendende, als segnende und rettende [s.u.], liebende und richtende, als erhaltende, mitwirkende und regierende usw.), so eindeutig kann man doch sagen: Jedes – wie auch immer zu spezifizierende – Wirken Gottes in der Welt ist ein geistiges und daher pneumatologisch zu explizieren. Denn Gott wirkt durch seine kreative und redemptive Gegenwart im Geist. »Im Geist ist uns Gott reine Gegenwart«.[3]

1. In dieser Zuweisung von Wirkweisen folge ich Christoph Schwöbel {→ S. 36}.
2. Kessler, H. (1985) {→ L.}, 126.
3. Moltmann, J. (1991) {→ L.}, 300.

Mit Ian Ramsey ist auch diese Bestimmung mit analogischem Differenzbewußtsein zu verbinden. Bei der Prädikation des Wirkens Gottes durch die Rede vom *Geist* handelt es sich um ein *Modell*: »The Spirit is a model as much as dove or water or fire«.[4] Die unmittelbare Identifikation dieses - wie jeden - Modells mit der Wirklichkeit und Wirksamkeit Gottes selbst führt in die Idolatrie. Das Modell vom »Geist« Gottes ist allerdings mehr als nur eine arbiträre Veranschaulichung, mehr als nur ein »Bild« - wie die vielen im Kontext der Divine-Action-Debatte angebotenen Bilder; es ist nach Ramsey ein »disclosure model«, ein eikon, in dem Gottes Wirken sich authentisch erschließt. Mehr noch: Mit P. Hodgson läßt sich konstatieren: »Spirit is the most adequate and encompassing of the symbols for God, the climax of the trinitarian vision of the whole God, which includes God and world together«.[5]

Die Wirksamkeit des Geistes erschließt sich nur von ihren Wirkungen her. Erst wo sie Gestalt gewinnt, wird sie wirklich. Es gibt sie also nicht an sich, in umittelbarem Selbstsein, sondern immer nur vermittelt in der Mitteilung an die Schöpfung und damit in geschöpflicher Manifestation – so wie der Gedanke nur im Vollzug des Denkens und die Liebe nur in den Liebenden existiert - sicut cogitum in cognoscente, et amatum in amante. In keiner dieser Gestaltwerdungen aber wird sich das Agens der Wirksamkeit erschöpfend manifestieren, so daß diese beanspruchen könnte, mit ihm vollumfänglich identisch zu sein.

Diese Relation der *Repräsentation* ohne (essentielle) *Identifikation* läßt sich in einer Formulierung Seiichi Yagis folgendermaßen zum Ausdruck bringen: »die Seienden (drücken) im Wirkungsfeld dessen Bewirken aus ..., indem das Bewirken das Sosein der Seienden konstituiert und somit mit diesem eins ist. Im Sosein des Seienden zeigt sich das Bewirken und in dem exklusiven ›Sich-zeigen-als‹ sehen wir die Einheit des Bewirkenden und des Bewirkten, wie die Einheit zwischen Gott und Jesus darin besteht, daß Gott sich als Jesus zeigte«.[6] Es ist eine Einheit nicht der Substanz, sondern der Repräsentation.

Der Geist ist als universale Kraftwirkung der Gegenwart Gottes aufzufassen, die sich in partikularen Gestalten konkretisiert und sich in ihnen repräsentiert. Das Geschöpf lebt und handelt daher immer schon *im* Geist Gottes (in Anlehnung an Apg 17,28), d.h. im Feld seiner Strahlkraft, doch keineswegs immer in Konformität mit dessen Ausrichtung. Es befindet sich in Feldern, in denen sich unterschiedlich ausgerichtete Einwirkungen überlagern, die seine Existenzorientierungen beeinflussen. Doch auch wenn es in seiner Geisteshaltung und in seiner Existenzgestaltung die Sinnrichtung der ubipräsenten Wirksamkeit des Gottgeistes verfehlt, bleibt es von dessen praesentia operosa umfangen. Seine Existenz ist Insistenz. Das gilt auch und gerade in Situationen, in denen Leben mißlingt und seinen Sinn einzubüßen scheint.

Dabei darf die Wirkung des Gott-Geistes nicht auf die mit Bewußtsein begabten Menschen beschränkt werden. Vor allem Paul Lakeland hat darauf mit Nachdruck aufmerksam gemacht. Im (synchronen) Blick auf die Entwicklungsgeschichte des Komsos wie auch in der (diachronen) Betrachtung der Weite des Ökosystems Erde gilt: »Human beings are ... just a part, and a small part at that, of the whole that is the particular object of God's care. Nothing, other than our own hubris and the possession of consciousness,

4. Ramsey, I. (1973) {→ L.}, 54.
5. Hodgson, P. (1994) {→ Teil V., A. 310}, xii.
6. Yagi, S. (1988): Die Front-Struktur als Brücke vom buddhistischen zum christlichen Denken (ÖEh 3), München, 78.

justifies human inclinations to place themselves at the summit of the divine plan«.[7] Christus sei die Manifestationsgestalt der »nonanthropocentric message that God's providential care for creation does not imply any special preference for human beings«[8].

Die Formel »Geist Gottes« ist dabei als »genitivus missionis«[9] zu verstehen; sie impliziert die Dynamik des Hervorgehens und Hervorbringens, der Repräsentation als Prozeß, der seine eigenen Ausdrucksgestalten immer wieder ein- und überholt. Der Geist nimmt seine Manifestationen in diese missio mit hinein und richtet sie auf deren Ziel aus. Dabei tritt er »gleichsam als ›der Öffnende‹ schlechthin auf den Plan«[10], der eine Öffnung für die Wirklichkeit Gottes bewirkt. Christliche Identitäten und Gemeinschaftsbildungen, christliche Lehr- und Praxisformen haben dem zu entsprechen.

Als Grundfigur des Handelns Gottes im Geist läßt sich demnach der Vorgang des Transzendierens benennen: das Sich-Auslegen und Sich-Selbst-Überschreiten Gottes auf das Andere seiner selbst hin. Dies evoziert im Geschöpf die entsprechende Bewegung des Sich-Überschreitens auf die Mitwelt und auf Gott hin. In Jesus Christus kommen beide Bewegungsrichtungen zusammen: das Sich-Überschreiten Gottes auf die Schöpfung und die Transzendierung des Geschöpfs auf den Schöpfer. Die personale und kommunale Identitität, die sich im Rekurs auf das Christusgeschehen formiert, wird eine »konversive Identität« sein, die in der Dynamik fortwährender Selbstüberschreitung ›lebt‹.[11]

Die Beschreibung dieser Dynamik des Geistes Gottes knüpft an den von Pannenberg herausgearbeiteten exegetischen Befund an: In den biblischen Zeugnissen sei der Geist einerseits das Prinzip der schöpferischen Gegenwart des transzendenten Gottes bei seinen Geschöpfen und andererseits das Medium der Teilhabe der Geschöpfe am göttlichen Leben.[12]

Gottes Geist wirkt wirklichkeitseröffnend und damit -erweiternd; er schafft Freiheit. Freiheit des Menschen ist theologisch nicht als Funktion neuzeitlichen Autonomie-

7. Lakeland, P. (1997): Postmodernity. Christian Identity in a Fragmented Age (Guides to Theological Inquiry), Minneapolis, MN, 99, siehe auch 110f und: ders. (1991): Providence and Political Responsibility: the Nature of Praxis in an Age of Apocalypse, in: MoTh 7, 351-362.
8. A.a.O.. 111.
9. Nach: Ganoczy, A. (1993): Trinität - vom Heiligen Geist her reflektiert, in: Hilpert, K., Ohlig, K.-H. (Hg): Der *eine* Gott in vielen Kulturen. Inkulturation und christliche Gottesvorstellung. Zürich, 115-123, Zitat: 118.
10. So A. Ganozcy in seiner Rekonstruktion zentraler Züge der paulinischen Pneumatologie: A.a.O., 119.
11. Ausführlicher habe ich diesen Zusammenhang dargestellt in: Bernhardt, R. (1995): Konversive Identität. Gedanken zur ökumenischen Theologie, angeregt von der Groupe des Dombes, in: Gehrke, H., Hebler, M., Stork, H.-W. (Hg): Wandel und Bestand. Denkanstöße zum 21. Jahrhundert (FS B. Jaspert), Frankfurt, Paderborn, 275-286; ders. (1996): Identität und Kommunikation. Der dialogische Indikativ als Proprium des Christlichen, in: Kirste, R., Schwarzenau, P., Tworuschka, U. (Hg): Wertewandel und religiöse Umbrüche (Religionen im Gespräch Bd. 4), Balve, 208-218; ders. (1996a): Offen für andere, treu zu sich selbst. »Christliche Identität« bildet sich im Dialog, in: EvKomm 6/96, 347-349.
12. Pannenberg, W. (1991) {→ L.}, 47.

strebens zu bestimmen, sondern als unmittelbarer Ausfluß der Bestimmung des Menschen zum Ebenbild Gottes. Als solche muß sie als Teil seiner Würde gelten, in der sich die Würde Gottes spiegelt. Zwischen dem freiheitsgewährenden Wirken des Geistes und menschlicher Freiheit kommt es nur dort zum Konflikt, wo sich letztere gegen die Sinnrichtung des Geistes richtet. Sie entfremdet sich damit von ihrem Ermöglichungsgrund und fällt in die Subjektlosigkeit.

Zu Recht hat M. Welker darauf aufmerksam gemacht, daß die Wirkung des Gottgeistes nicht einseitig als versöhnende auszulegen ist, sondern auch als differenzierende bestimmt werden muß. Dabei dürfe »das Geistwirken weder im Sinne eines dissoziierenden Pluralismus noch individualistisch im Sinne eines abstrakt unifizierenden Individualismus« verstanden werden.[13] Vielmehr erzeuge der Geist Gottes »ein vielstelliges, für Differenzen sensibles Kraftfeld, in dem die Freude an geschöpflichen, stärkenden Differenzen gepflegt wird und in dem unechte, schwächende Differenzen in Liebe, Erbarmen und Sanftmut abgebaut werden«[14]. Schon Calvin hatte aufgrund seiner exegetischen Einsichten die Wirksamkeit des Geistes in zweifacher Weise beschrieben, zum einen als diffundere, instillare und irrigare, zum zweiten als inspirare {→ S. 93}.[15]

Zielrichtung des Geistwirkens Gottes ist die Schaffung, Erhaltung, Förderung, Erneuerung und Vollendung von Leben, das in Gott ist und aus Gott kommt. In den vielfältigen biblischen Aussagen über den Geist als den vivificator[16] kehren die Verbindungen von Atem und Geist sowie von Geist und Leben immer wieder: Als Deus spirituum macht Gott mit seinem Lebenshauch (Num 16,22, Ps 104, 29f) alles lebendig (Ps 36,10, 1. Tim 6,13). In SapSal 11,26 wird »philopsychos«, »Lebensfreund«, genannt; in 12,1 heißt es dann: »Denn in allem Vergänglichen ist dein unvergänglicher Geist«.

Seine auf Lebensschaffung, -erhaltung und -förderung zielende Tendenz erhebt das Modell des Geistes zur ausgezeichneten Matrix einer »Theologie des Lebens«, wie sie gegenwärtig als neues Leitkonzept ökumenischer Theologie im allgemeinen und des Konziliaren Prozesses im besonderen diskutiert wird {→ S. 34f}. »Leben« ist dabei als qualitative Bestimmung aufgefaßt, die über bloßen Vitalismus weit hinausgeht und auch die Gestaltung dialogischer, partizipatorischer, gewaltfreier Sozialformen einschließt, in denen das Lebensrecht alles Lebendigen geachtet und aktiv gefördert wird und in denen sich eine Kultur dialogischer Gegenseitigkeit verwirklicht.

Den entstehenden Konzepten einer »Theologie des Lebens« sei jedoch eine zweifache Mahnung anempfohlen: Zum einen die in GL² 166.1 geäußerte Warnung Schleiermachers: So sehr Gottes Geistwirken als Kraft der Lebensförderung bestimmt werden kann, so problematisch bleibt doch der Umkehrschuß von Erscheinungen gelingenden Lebens auf das Handeln Gottes. Ein solcher syllogismus practicus blendet aus, daß die eigene Lebensförderung unter den Bedingungen der Geschöpflichkeit allzuoft mit der Le-

13. Welker, M. (1992) {→ L.}, 230.
14. A.a.O., 33.
15. Siehe dazu: Krusche, W. (1957) {→ Teil II, A. 102}, 18f.
16. Pannenberg, W. (1991) {→ L.}, 96ff, hat die enge Beziehung von Geist und Leben in der biblischen Überlieferung herausgearbeitet.

benshemmung anderer zusammenhängt. – Zum anderen trägt die Leitvorstellung des »gelingenden Lebens« die schon angedeutete Gefahr in sich, das göttliche Wirken einseitig auf die positive – eben »gelingende« – Seite des Lebens zu verrechnen. Auch wenn das Konzept gegen eine allzu unkritische theologische Überhöhung individueller und sozialer Wohlbefindlichkeit geschützt wird, haftet ihm doch eine Neigung zum aufklärerischen Perfektibilisierungsoptimismus an. Demgegenüber ist daran zu erinnern, daß Gottes Wirken ebensosehr auf das *miß*lingende Leben hin auszulegen ist. Dabei muß und darf nicht das Mißlingen als solches dem Handeln Gottes zugeschrieben werden, wohl aber gilt es, die Präsenz Gottes auch im Mißlingen zuzusprechen und zu vergewissern – auch gegen den Augenschein. Diese Gewißheit steht der Erfahrung des Scheiterns, der Zerstörung und der Sinnlosigkeit zunächst unvermittelt entgegen, doch gibt sie der Hoffnung Grund, daß aus dieser Erfahrung Sinnstiftung und Neuschöpfung erwachsen kann, wenn dies auch oft nur retrospektiv und langfristig erkennbar wird.

B. Aufhebung der Trennung vom Welt- und Heilshandeln Gottes

Vor allen systematischen Unterscheidungen und Spezifikationen in der Näherbestimmung des Wirkens Gottes ist es geboten, dessen umfassende *Einheit* als Selbstvollzug des Dreieinigen zu betonen. Wie die trinitarische Differenzierung, so darf auch der in der lutherischen Tradition im Anschluß an das Schema von Gesetz und Evangelium entwickelte Dual von Welt- und Heilshandeln Gottes nicht als Darstellung einer realen Zweiheit im Wirken Gottes aufgefaßt werden. Vielmehr ist auch diese Unterscheidung als sekundäre theologisch-analytische kenntlich zu machen. Sie bringt sachgemäß zum Ausdruck, daß das *eine*, allumfassende Wirken Gottes unter den Bedingungen der geschöpflichen Wirklichkeit nicht uniform, sondern immer nur in der Polarität der inanspruchnehmenden und freimachenden, die Welt gestaltenden und sie erlösenden, den Menschen zum Tun des Rechten verpflichtenden und ihn ohne alle seine Verdienste gerechtsprechenden Gegenwart Gottes zur Wirksamkeit kommt.

Die Unterscheidung zwischen Welt- und Heilshandeln Gottes ergibt sich systematisch aus dem Versuch, a) die Erfahrung der offensichtlichen Differenz zwischen der Realverfassung der menschlichen Lebenswelten und dem Postulat der göttlichen Heilsintention mit b) dem Postulat der Allmacht und Allwirksamkeit Gottes in Einklang zu bringen. Wird sie nicht bloß als theologisch-analytische, sondern als Anzeige einer realen Dualität in der Wirksamkeit Gottes aufgefaßt, dann projiziert sie die an der Gebrochenheit der Weltverfassung sich brechende Wirksamkeit Gottes als Ambiguität in die Bestimmung des Wesens und Wirkens Gottes hinein. Eine auf diese Weise in Gott eingetragene spannungsreiche Doppelheit der Intentionen und Wirkweisen wird dem biblischen Befund nicht gerecht[17] und zieht eine Fülle theologischer Komplikationen nach sich (wie sich vor allem bei der Darstellung der Calvinischen Vorsehungslehre gezeigt hat). Sie tendiert dazu, die Werke der »linken Hand« Gottes zu entsoteriologisieren und die der »rechten Hand« auf die Erwählten und Gerechtfertigten zu verengen. Damit gerät sie in die Gefahr, die Universaldimension des schon im Schöpfungsakt grundgelegten göttlichen Heilswillens zu partikularisieren.

Demgegenüber soll hier daran festgehalten werden, daß Gottes Wirksamkeit ad extra nicht einer eigenständigen, nicht-soteriologisch finalisierten Intention Gottes folgt - dem Schöpfungsratschluß, der von seinem Heilsratschluß unterschieden wäre -,

17. Vor allem G. v. Rad hat herausgearbeitet, daß Gottes Schöpfungswerk im AT durchgehend soteriologisch - als Heilswerk und Beginn der Heilsgeschichte - verstanden ist [Rad, G. v. (1957, 1992[10]): Theologie des AT, München, Bd. 1, 149ff]. In der Gottes- und Schöpfungslehre J. Moltmanns ist diese Deutung aufgenommen: Moltmann, J. (1985) {→ L.}, 66-69; Moltmann, J. (1980, 1994[3]) {→ Teil III, A. 260}, 114ff.

sondern selbst schon soteriologisch qualifiziert ist. Dadurch wird das Vorsehungswirken Gottes nicht einfachhin zum Heilshandeln, wohl aber ist es (wie das Heilshandeln) auf ein heilshaftes Ziel ausgerichtet. Vor allem in verheißungsgeschichtlicher Perspektive (in der das zu bewahrende Wahrheitsmoment der traditionellen Lehre von der gubernatio ›aufgehoben‹ ist – s.u.), kann Gottes Weltwirksamkeit als kosmisch universalisierte ›Soteriologie‹ (im weiteren Sinne) verstanden werden, die allen individualistischen Verengungen der Heilslehre sachkritisch entgegensteht.

In allen ihren Dimensionen ist Gottes Wirksamkeit letztlich (!) soteriologisch qualifiziert, was ein Verständnis von Soteriologie voraussetzt, das über die Kategorialität von Versöhnung und Erlösung hinausreicht. Alle Formen der Gott zugeschriebenen Lebensschaffung, -erhaltung, -förderung und -erfüllung sind darunter zu fassen – im gelingenden wie im mißlingenden Leben. Alle Heilswirksamkeit ist Wirken in und an der Welt; und alles Wirken in und an der Welt hat seinen Grund letztlich im universalen Heilswillen Gottes. In der angezeigten Perspektive wird die Vorsehungslehre zum konzeptuellen Rahmen einer »Soteriologie für die Welt«, welche die Schöpfung Gottes in die Heilsperspektive stellt – sie wird zum »Evangelium der Schöpfung«.

Doch darf mit dieser ›Soteriologisierung‹ der Vorsehungslehre, die Gottes universalen Heilswillen als Grund und Ziel aller geschaffenen Wirklichkeit bekennt, nicht eine »bruchlose[ ] Kontinuität«[18] zwischen Schöpfung und Erlösung (Neuschöpfung) behauptet werden. Denn alle Wirksamkeit Gottes in der Schöpfung steht im Zeichen des Widerstandes gegen die Widerstände der Welt, wie sie im Begriff der Sünde zusammengefaßt sind. Die Kategorie der »Erlösung« bezieht sich auf die Überwindung dieser Widerstände. Doch rechtfertigt die ›gebrochene Kontinuität‹ zwischen dem schöpferischen und dem erlösenden und schließlich vollendenden Wirken Gottes nicht, von getrennten Wirkweisen zu sprechen.

Auch verwischt die hier vorgetragene Auffassung keineswegs die Unterscheidung zwischen dem Christusereignis als dem maßgeblichen paradigmatischen Fokus der Heilswirksamkeit Gottes und der Ausstrahlung dieser Wirksamkeit auf die gesamte Schöpfung. Sie unterstellt jedoch, daß diese beiden Dimensionen des göttlichen Wirkens *qualitativ* identisch sind, da sie letztlich in der gleichen Intention und Initiative Gottes wurzeln. Die in der Vorsehungslehre erfaßte Wirksamkeit Gottes findet in dem in Christus manifestierten Heilswirken ihre verdichtete Repräsentation.

Die *Unterscheidung zwischen dem kreativen* (productio, formatio), dem ihm zuzuordnenden *konservativen* (conservatio, stabilisatio) und dem *innovativen* (tranformatio, creatio nova) *Wirken Gottes*, deren grundlegende Bedeutung für die Bestimmung dieses Wirkens sich im zurückgelegten Untersuchungsgang immer klarer herauskristallisierte, ist dem Dual von Schöpfungs- und Heilshandeln vorzuziehen. Während letztere von der Rechtfertigungslehre abgeleitet ist und damit eine Ableitung von einer Ableitung darstellt, liegt die Unterscheidung zwischen kreativem und innovativem Wirken Gottes näher an der gesamtbiblischen Überlieferung beider Testamente.

18. Greshake, G. (1972): Gnade als konkrete Freiheit. Eine Untersuchung zur Gnadenlehre des Pelagius, Mainz, 280.

Sie läßt sich mit der von C. Westermann entwickelten Beschreibung der beiden Grundtypen des segnenden und rettenden Handelns Gottes verbinden[19] und pneumatologisch in den Kategorien der »Theologie des Lebens« interpretieren: Gottes Geist wirkt a) schöpferisch und segnend im Aufbau lebensfördernder Strukturen, sowie in der Konstitution von (weisheitlichen) Bewußtseinsformen, die diese Strukturbildungen interpretierend begleiten, b) befreiend und rettend in der Durchbrechung lebensmindernder (Zwangs-)Strukturen, sowie in der Konstitution von (prophetischen) Bewußtseinsformen, die diese Strukturverwerfungen im Namen Gottes kritisieren. Die beiden Wirkweisen stehen nicht isoliert nebeneinander; sie sind soteriologisch aufeinander bezogen. Die gemeinsame Zielrichtung beider ist die Neuschöpfung.[20]

Die Gewährung von Kontinuität und Stabilität einerseits, das Widerfahrnis der Krisis als punktuelle Situationswende und grundlegende Neuausrichtung andererseits bilden - zwei Brennpunkten einer Ellipse gleich - die grundlegenden Dimensionen der Wirksamkeit Gottes. Beide sind soteriologisch qualifiziert und dürfen nicht nach dem Schema von Generalität (Diffusität) und Spezialität (Offenbarkeit) zueinander in Beziehung gesetzt werden. In beiden, im segnenden und rettenden, bergenden und befreienden, stabilisierenden und aufbrechenden Wirken Gottes bringt sich die letztlich heilshafte Finalisierung dieses Wirkens zum Ausdruck. Es zielt auf die Verwirklichung dessen, was Gott ›vorgesehen‹ hat: Schalom für die ganze Schöpfung.

19. Westermann, C. (1968): Der Segen in der Bibel und im Handeln der Kirche, München; ders. (1980): Die Zukunft der Religionen, in: Sundermeier, T. (Hg): Fides pro mundi vita. Missionstheologie heute (FS H. W. Gensichen) (MWF 14), Gütersloh, 151-158. Vgl. auch R. Rendtorffs Unterscheidung zwischen Gottes ›weisheitlicher‹ Präsenz, die stetig und mittelbar (durch menschliche Handlungssubjekte) fürsorgend und lenkend waltet, und seinem ›geschichtlichen‹ Eingreifen, das punktuell und unmittelbar erfolgt [Rendtorff, R. (1970): Geschichtliches und weisheitliches Denken im Alten Testament (FS W. Zimmerli), Göttingen, 344-353].

20. Vgl. Härle, W. (1995) {→ L.}, 285-287, der die eschatologische Dimension schon in die Explikation des daseinskonstituierenden Wirkens Gottes einbezieht.

C. Wirken Gottes in der »Macht der Schwachheit«

Gottes Weltwirksamkeit eignet nicht die Gewalt unbedingter Selbstdurchsetzung, sondern die geistige »Macht der Schwachheit«[21], »denn die Liebe setzt sich nicht anders durch als allein durch Liebe«[22]. Sie bleibt eine Gebrochene, weil an widerstrebenden ›Mächten‹ immer wieder Brechende. Ihre *uneingeschränkte* Durchsetzung ist Gegenstand eschatologischer Verheißung, während sie sich *innerzeitlich* in der Kraft des Geistes - und auf diese begrenzt - immer nur im Konflikt mit den Strukturen der gegenwärtigen Weltverfassung realisiert. In der Welt ereignet sie sich nicht in den Modi absoluter Herrschaft, als die notwendige und hinreichende Ursache allen geschichtlichen Geschehens, sondern

- im Blick auf die Wirklichkeit insgesamt: in der Freisetzung kreativer Energie gegen die Dynamik entropischer Strukturauflösungen (die theologisch als »Segen« qualifiziert werden kann); in den geistigen Impulsen zur Ausrichtung dieser Energie in Prozessen selektiver Formierung und Finalisierung; aber auch in der Durchbrechung kreativitätshemmender Systemabschließungen und -verfestigungen; sowie in der Destruktion destruktiver autoteleologischer Egozentrismen.
- im Blick auf die Wirklichkeit *des Lebens* insgesamt: in der Gabe von lebensermöglichender Kraft, im Aufbau lebenssteigernder Strukturen zunehmender Komplexität und Interrelationalität und in der immer neuen Ausrichtung auf das Vollendungsziel der Fülle des Lebens. Zu dieser ›konstruktiven‹ Wirksamkeit gehört immer auch die ›destruktive‹, wie sie sich etwa in der Sprengung verfestigter, lebensfeindlicher Formen vollzieht;
- im Blick auf die *menschenweltliche* Wirklichkeit: in der Gabe von Sinnzusammenhängen, Orientierungsmustern und Zielperspektiven für Denken und Handeln des einzelnen, sowie in der Formung von emanzipativen und partizipativen Sozialstrukturen. Der Modus der Wirksamkeit Gottes ist dabei am ehesten in der Analogie persuasiver Sprechakte zu deuten: als freie interpersonale Einflußnahme durch Motivieren, Überzeugen, Zu-Reden, Aufklären, Erleuchten, Begeistern, Vorstellen erstrebenswerter Leitbilder usw., aber auch durch Anklagen und Urteilen und schließlich durch Freisprechen, Vergeben, usw. Konstitutiv für solche Akte ist, daß sie auf das Gegenüber keine wie ein Objekt zwingende Wirkung ausüben, sondern sich nur als kommunikatives Freiheitsgeschehen vollziehen können. D.h sie wirken unter partizipativem Einbezug des Gegenübers in reaktiven Beziehungsmustern, nicht durch einseitige Einwirkung. Und

21. Ich verwende diesen Terminus in Anlehung an den Sprachgebrauch Paulus' (1. Kor 1,25, vgl. 2. Kor 12,9), ohne dessen Bedeutungsintention exakt treffen zu wollen. Zum exegetischen Befund siehe: Heckel, U. (1993): Kraft in Schwachheit. Untersuchungen zu 2. Kor 10-13 (WUNT, Reihe 2, 56), Tübingen.
22. Jüngel, E. (1977, 1992[6]) {→ Teil III, A. 175}, 445.

sie transzendieren die jeweilige Beziehung, indem sie ihrerseits an der ihnen vorausliegenden, sie evozierenden ›größeren‹ Wirklichkeit der Wahrheit und Liebe Gottes teilhaben[23] und sie in der Beziehung (als Überzeugen oder Vergeben usw.) manifestieren.[24]

In allen diesen Bereichen ist Gottes kreative und innovative Wirksamkeit nicht eine mechanisch-kausative, die als materielle causa efficiens Wirkungen hervorbringt, sondern eine, die im Modus des Geistes formative-finalisierende Impulse gibt. Seinen philosophischen Ausdruck findet das Theologoumenon von der »Kraft der Schwachheit« im Postulat, daß Gott »possibilitas pura« ist, reine Möglichkeit. Als Fülle der Potentialität liegt er aller Wirklichkeit als Macht der Zukunft voraus. Doch kann diese All-Potenz nicht als All-Effektivität verstanden werden. Als wesenhaft geistige Wirksamkeit verwirklicht sie sich in und durch die materiellen Kräfte der Schöpfung - auch wo sie ihnen entgegenwirkt. Sie *ver*wirklicht deren Potenz nicht nur, sie *ent*wirklicht sie auch, sie konstituiert und destruiert, affirmiert und kritisiert, um gerade so das Vollendungsziel zu erreichen.

Es ist also die wesenhafte Geistigkeit des Wirkens Gottes einerseits und die Gebrochenheit der Wirklichkeitsverfassung - d.h. die geschichtlich unaufhebbare Differenz zwischen der Realität und dem von Gott »Vorgesehenen« - andererseits, die zum Postulat der »Macht der Schwachheit« führen.

Dem hat die Metaphorik zu entsprechen, die zur Beschreibung dieser Wirksamkeit verwendet wird: Statt der Bildersprache absoluter Herrschaft oder patriarchaler Autorität sind Metaphern organischen Wachstums, mütterlicher Sorge und interpersonaler Bewußtseins- und Willensbildung in Erwägung zu ziehen. Sie sind dem Postulat menschlicher Freiheit kompatibel.

Um eine einseitig aktivistische Darstellung des Weltbezuges Gottes zu vermeiden, ist die Rede vom seinem Wirken durch den modus loquendi der göttlichen Passibilität (bis hin zur Passion) zu ergänzen. Die Konzentration auf die Aktivität Gottes kann zu einer Reduktion auf den Deus faber führen. Um dies zu vermeiden, stellt *Jürgen Moltmann* den ›männlichen‹ Metaphern des schöpferischen Machens die ›weiblichen‹ des schöpferischen Sein-Lassens gegenüber: »Gott schafft nicht nur, indem er etwas ins Dasein ruft oder ins Werk setzt. In einem tieferen Sinn ›schafft‹ er, indem er sein-läßt«.[25]

23. Michael Langford argumentiert, jeder Akt zwischenmenschlicher Liebe sei eine Aktualisierung der unkonditionalen, personalen Liebe Gottes, die dem gesamten Kosmos zugrundeliege. In jedem Vollzug von Liebe sei diese immer schon vorausgesetzt [Langford, M. J. (1981): Providence, London, 164-166]. Dem ist entgegenzuhalten, daß auch die Akte menschlicher Liebe der Gebrochenheitsverfassung der weltlichen Wirklichkeit unterliegen und daher immer nur in graduell entstellter Weise die Liebe Gottes repräsentieren.

24. Vgl.: Sutherland, S. (1993): Acts of God, in: Sharma, A. (Hg): God, Truth and Reality (FS J. Hick), New York 200-209. - Siehe auch: ders. (1987): Providence and the Narrative of Life, in: Hughes, G. (Hg), The Philosophical Assessment of Theology, 171-185. Gegen Sutherland ist allerdings zur Geltung zu bringen, daß Gottes Wirksamkeit nicht anthropomorph auf moralisch qualifizierbare Akte eingeschränkt werden darf.

25. Moltmann, J. (1985) {→ L.}, 101.

Besonders die Prozeßtheologie bringt eine starke konzeptionelle Kapazität auf, um Gottes »Macht der Schwachheit« zum Ausdruck zu bringen. So versteht etwa *Paul Fiddes* die »power of weakness« als »the power of persuasion« und zieht die Metapher des Kraftfeldes zur Deutung heran.[26] Allerdings betont er dabei zu einseitig die Leidentlichkeit Gottes und gerät dadurch in Gefahr, das von Gott ausgehende Protestpotential gegen das Leiden unterzubelichten. Es erscheint als notwendiger Bestandteil des Weltprozesses.

Die »Macht der Schwachheit« darf jedoch nicht im Sinne einer »Ohnmacht« Gottes aufgefaßt werden, wie es im Anschluß an eine einseitige Bonhoeffer-Interpretation[27] geschehen ist.[28] Auch die Rede vom (Mit-)Leiden bzw. von der Leidensfähigkeit Gottes, wie sie in der protestantischen Theologie von Elert und Bonhoeffer entwikkelt und dann vor allem von J. Moltmann profiliert vertreten wurde {→ Teil III, A. 260}, impliziert nicht notwendigerweise das problematische Theologoumenon von Gottes Ohnmacht. Denn sie läßt sich durchaus verbinden mit dem Bekenntnis zur Macht Gottes - wobei diese als eine Macht zu verstehen ist, die sich selbst durch Relationalität zur »Allmacht in Beziehung« bestimmt. Dies bringt J. Werbick treffend zum Ausdruck: »Gott will nicht die Ohnmacht der Liebe ... Gott will, daß die Liebe herrsche. Aber er schafft seinem Willen nur auf den Wegen und mit den Mitteln der Liebe Geltung«.[29] Allein in dieser Macht liegt die Hoffnung begründet, daß das von Gott ›Vorgesehene‹ auch verwirklicht wird. Wo die Rede vom (Mit-)Leiden bzw. von der Leidensfähigkeit Gottes dagegen als Ausdruck seiner Machtlosigkeit aufgefaßt wird, muß Gott lediglich als »fellow-sufferer, who understands«[30] erscheinen.

In seiner Dogmatik »Christian Faith« hat Hendrik Berkhof das Motiv der »Macht der Schwachheit« als »defenseless supreme power (weerloze overmacht)« brillant

26. Fiddes, P. S. (1988) {→ Teil III, A. 260}, bes. 144-146. Fiddes verweist auf Abaelards Verständnis der Liebe Gottes als transformativer, Liebe evozierender Macht (Expositio in Epistolam ad Romanos, 2. 3-4). Siehe dazu: Weingart, R. E. (1970): The Logic of Divine Love: A Critical Analysis of the Soteriology of Peter Abaelard, Oxford, 124-128.
27. Bonhoeffer, D. (1951, 1976⁹): Widerstand und Ergebung. Briefe und Aufzeichnungen aus der Haft (hg. von E. Bethge), München, 178.
28. Etwa bei Picht in einem Brief an C. F. v. Weizsäcker: »Die Geschichte ... zeigt nicht die Macht, sondern die Ohnmacht Gottes, der zürnt und vergibt, aber nicht steuert ... Gerade darin - also am Kreuz - offenbart sich das verborgene Wesen Gottes. Die Götter sind Mächte, er ist Ohnmacht« [Weizsäcker, C. F. v. (1983³): Wahrnehmung der Neuzeit, München, 35]. Oder bei: Häring, H. (1988): Ijob in unserer Zeit. Zum Problem des Leidens in der Welt, in: Schneider, T., Ullrich L. (Hg) (1988) {→ L.}, 179.
29. Werbick, J. (1985): Schulderfahrung und Bußsakrament, Mainz, 114f. - Siehe ebenso Jüngels treffende Beschreibung der Liebe Gottes im Spannungsfeld zwischen Macht und Ohnmacht, wodurch die problematische Isolierung der Rede von Gottes Ohnmacht vermieden ist [Jüngel, E. (1977, 1992⁶) {→ Teil III, A. 175}, 430-453]. Beachtung verdienen auch Härles Ausführungen zur Liebe in relationsontologischer Sicht [Härle, W. (1995) {→ L.}, 286] und zur Wirkweise der Liebe, die sich nicht mechanisch oder zwanghaft, sondern einladend und bittend zur Geltung bringt, das Gegenüber anspricht und Antwort erhofft, um den Anderen wirbt (a.a.O., 295). Übertragen auf die Liebe Gottes bedeutet dies: Sie befreit und inspiriert die Geschöpfe zum verantwortlichen Wirken in der Geschichte (a.a.O., 292).
30. Whitehead, A. N. (1960): Process and Reality, New York, 532.

herausgearbeitet.[31] In Kreuz und Auferstehung habe sich die Wehrlosigkeit der Übermacht Gottes als wesenhafte Gestalt seines Weltwirkens paradigmatisch manifestiert. Auch nach diesem Geschehen wirke Gott im Modus des Geistes mit keinen anderen als mit »defenseless means, with the means of proclamation and persuasion. The spirit, too, must go the way of the cross, because everywhere he is resisted and grieved«[32]. Doch bringt sich gerade in dieser Wirkweise seine unendliche Macht als »a new and hidden active presence«[33] zum Ausdruck.

Vorsehungsglaube appliziert diese Verheißung auf die Weltwirklichkeit, die ihm widerspricht. Als kontrafaktischer Glaube setzt er den desaströsen Ereignungen der Geschichte die Gewißheit entgegen, daß sich Gottes Heilsherrschaft *letztlich* durchsetzen wird. Innergeschichtlich manifestiert sich diese Hoffnung in signifikanten Erfahrungen der durchbrechenden Gottesgegenwart, die aber immer mehrdeutig bleiben. Darin liegt der zu bewahrende Wahrheitsgehalt der Rede von der Verborgenheit Gottes im Weltgeschehen. Hierin eröffnet sich auch eine Möglichkeit, in übertragener und gerade so den Wortsinn treffenden Bedeutung von Gottes »Inter-vention« zu sprechen: Als eigendynamische Prozesse unterbrechendes Dazwischen-Kommen Gottes, der sich nicht a-pathisch dem Weltgeschehen fernhält, sondern em-pathisch in heilshafter Nähe in ihm wirksam ist. Das Bekenntnis zu Gottes Vorsehung wird in der Regel in der Sprachform des »Dennoch« beheimatet sein - in der kontrafaktischen Vergewisserung der wirksamen Gottesgegenwart in gottwidrigen Weltverhältnissen.

Die Vorsehungslehre gibt dem Zuspruch und der Verheißung von Gottes heilshaft begleitender Nähe eine theologische Ausdrucksform. Nicht in Konkurrenz zur Rechtfertigungslehre, sondern als deren Extension soll sie demnach aufgefaßt werden: als Theologie der »Christusqualität« im Leben der Schöpfung, pointiert formuliert: als Theologie der »Heiligung der Schöpfung«. »Vorsehung« ist der modus loquendi für Gottes Heilssorge, die sich in der Wirksamkeit seiner Heilsgegenwart - der praesentia operosa ad salutem - zur Geltung bringt.

Diese Überlegungen tragen unmittelbare Konsequenzen für die Kasualpraxis, die Homiletik und die Seelsorge aus. Wenn Gottes Wirksamkeit weder als umittelbare Wirkursache des gelingenden wie des mißlingenden Lebens (einer Ehe beispielsweise) gedeutet werden kann, wenn sich das Gelingen nicht einfachhin als Folge göttlicher Erwählung oder Segnung und das Mißlingen nicht als direkter Niederschlag der ›Abwendung‹ Gottes verstehen läßt, dann kann es in der Kasualpraxis nicht darum gehen, Grenzsituationen und Wendepunkte im Leben (wie Geburt, Vermählung oder Tod) der individuellen Bestimmung oder Erwirkung Gottes zuzuschreiben und es kann in der Seelsorge nicht darum gehen, Leiderfahrungen durch Verweis auf das kausative Handeln Gottes mit Sinn zu füllen. Vielmehr müßte Kasualpraxis, Homiletik und Seelsorge zum Ziel haben, das von Gott Vorgesehene zu vergewissern – nicht im Sinne einer Vorherbestimmung, die sich in der retrospektiven Wirklichkeitsdiagnose aufweisen läßt, sondern im Sinne einer prospektiven Erinnerung an Gottes Verheißung und Mandat. Sie müßte dazu anleiten, gegen die Evidenz der Wirklichkeit anzuglauben und ihren Gebrochenheiten im Vertrauen auf die Kraft des Geistes Gottes zu begegnen, der sich sich in Natur und Geschichte, aber auch im

31. Berkhof, H. (1986²): Christian Faith, Grand Rapids, 140ff.
32. A.a.O., 135.
33. A.a.O., 145.

individuellen Lebensvollzug immer wieder in »Gestalten der Gnade« repräsentiert. Wenn sie Menschen zuspricht, daß Gott nicht *vor dem* Leiden, sondern *im* Leid bewahrt, dann müßte sie zur Darstellung bringen, wie durch solche Bewahrung nicht das Leid selbst aufgehoben wird, sondern der leidende Mensch in seiner Beziehung zu seinem Leid Verwandlung erfahren kann. Sie kann Gottes operative Präsenz durch persönliche Gegenwart und/oder rituelle Formen Gestalt gewinnen lassen. Sie kann den Blick für die heilende Rückschau öffnen, die Momente der Neuschöpfung im Zerbrechen sehen läßt, zur Vergebung und zum Annehmen des Widerfahrenen befähigt und damit den Prozeß der Heilung fördert.

D. Wirken Gottes als postcuratio

Dem in der »Macht der Schwachheit« vollzogenen Wirken gegen die Widerständigkeiten der Schöpfung ist weniger eine kausale als eine finale Deutung angemessen. Es ereignet sich nicht nur in der ›vorsorgenden‹ Einflußnahme auf die Disposition von Ereignissen und Handlungen und nicht nur in der sorgenden Begleitung ihres Verlaufs, sondern auch in der ›nachsorgenden‹ Zurechtbringung ihres Resultats. Auf diese Weise vollzieht sich die immer neue Ausrichtung auf das von Gott ›Vorgesehene‹. Gegenüber den Momenten des praecursiven und concursiven Gotteswirkens, die in der Tradition der Vorsehungslehre im Vordergrund standen, ist damit der Aspekt des Postcursiven bzw. Postcurativen stärker betont: das ›österliche‹. So wie der Geschändete und Verachtete nach der an ihm geschehenen Unrechtstat von Gott als »victor quia victima« ausgezeichnet wurde, so geht von Gottes Wirken der Impuls aus, dem Sinnlosen, d.h. gegen die eschatologische Sinnrichtung Gottes Ereigneten, keimhaft einen neuen Sinn zu stiften, so daß das in ihm vollzogene Böse als solches offenbar werden und in eine sinnhafte Neuschöpfung aufgehoben werden kann.

Dieser Gedanke hat seinen Begründungszusammenhang in der Deutung des Kreuzesgeschehens und führt zu unmittelbaren Konsequenzen im Bezug auf die sog. Theodizeeproblematik. Beides kann hier nur angedeutet und nicht ausreichend gegen Einwände geschützt werden.

Interpretiert man das in der Passions- und Osterüberlieferung angedeutete Wirken Gottes als ein postcuratives, dann wäre der Foltertod Jesu nicht in eine unmittelbar kausative Beziehung zu diesem Wirken zu setzen. Nicht die *Verursachung* des Todes, sondern die heilshafte Sinnstiftung nach geschehener Unheilstat wäre Gottes Willen, Verfügen und aktivem Wirken zuzuschreiben.[34] Im Anschluß an das von J. Roloff sog. Kontrastschema[35] sowie im Blick auf 1. Kor

34. Diese Aussage steht im Einklang mit der Feststellung Karl Rahners, daß das Kreuzesereignis »*Folge*, nicht Ursache für den grundlosen Heilswillen Gottes« sei [Rahner, K. (1975): Der eine Jesus Christus und die Universalität des Heils, in: Schriften zur Theologie XII, Einsiedeln u.a., 261].

35. Roloff, J. (1972f): Anfänge der soteriologischen Deutung des Todes Jesu (Mk X,45 und Lk XXII 27), in: NTS 19, 38-64; ders. (1977, 1985[4]): Neues Testament, Neukirchen-Vluyn, 185f; ders. (1981): Die Apostelgeschichte (NTD 5), Göttingen, 54ff, 74f, 82, 103f, 173, 205f. Nach Roloff ist das Kontrastschema wohl das älteste der im NT entwickelten Modelle zur Deutung des Kreuzesereignisses. »Durch die Petruspredigten der Apostelgeschichte ziehen sich Aussagen über den Tod Jesu, für die das Gegeneinander des Handelns der Juden, die Jesus gekreuzigt haben, und des Handelns Gottes, der ihn auferweckt hat, konstitutiv ist: ›Jesus Christus, den Nazoräer, den ihr gekreuzigt habt, hat Gott von den Toten auferweckt‹ (Apg 4,10; vgl. 2,22f; 3,13ff; 5,30f; 10,40)« [Roloff, J. (1972f), 38; ders. (1977, 1985[4]), 186]. Der jüdischen Kritik, die Jesu Messianität leugnete, wurde entgegengehalten: »Das Kreuz ist zwar ein von *Menschen* gewirktes *Unheilsgeschehen*, aber nicht das abschließende Urteil *Gottes* über Jesus« (a.a.O., 186, Hervorheb. J.R.). Nach diesem Modell bildet das Kreuz »den dunklen Kontrast zu Gottes Handeln an Jesus in der Erhöhung« (ebd.). Menschliches Unheils- und göttliches Heilshandeln sind einander gegenübergestellt.

2,8[36] läßt sich formulieren: Das Kreuz ist Symbol tiefster Gottesfeindschaft, die dem Opfer als äußerste Gottverlassenheit erscheinen muß, als »Nacht der wirklichen, der letzten und undeutbaren Gottesferne«[37]. Mit Mk 15,34 hat jede theologia crucis einzusetzen. Erst vom österlichen Erkenntnisstandpunkt kann dann sichtbar werden, daß Gott selbst im Kreuzesleiden präsent war, wenn auch nicht aktiv, sondern in letzter Passivität bzw. Passion. Aus dieser Perspektive erscheint dann auch der Schrei der Gottverlassenheit von Mk 15,34 in anderem, ›neuem‹ Licht, wobei sich diese Transformation der Erkenntnis ihrerseits dem postcurativen Wirken Gottes verdankt. Die göttliche Sinnstiftung vollzieht sich nicht als Hineinlegen eines Sinns in sinnloses Geschehen, sondern in der *Transformation* der Bedeutung dieses Geschehens, in der Neuschöpfung von Sinnzusammenhängen, die neues Sein aus sich entlassen. Eine solche Sinnstiftung wird dem Kreuzestod wie allen anderen Unheilsereignissen nichts von seiner bzw. ihrer Schrecklichkeit nehmen. Zu Recht hat Hegel eine christliche Kreuzesverherrlichung kritisiert, die vergißt, daß Christi Kreuz »das Werkzeug entehrender Strafe« war (20, 448). Nach seiner eindrücklichen historischen Darstellung der Kreuzigung in der antiken Welt resümmiert Martin Hengel: »Die Kreuzesstrafe ist ... konkreter Ausdruck der im Menschen schlummernden Unmenschlichkeit ... Sie ist Manifestation des transsubjektiven Bösen, eine Hinrichtungsform, welche die Dämonie menschlicher Grausamkeit und Bestialität offenbart«.[38] Dies gilt ohne Einschränkung auch für den Kreuzestod Jesu.

Ob es sich bei den genannten Aussagen wirklich um die älteste Schicht der urchristlichen Tradition oder um ein lukanisches Theologoumenon handelt, ist umstritten. L. Schenke folgt der ersten Auffassung [Schenke, L. (1990): Die Urgemeinde, Stuttgart, 24f], während G. Barth die zweite favorisiert [Barth, G. (1992) {→ Teil I, A. 73}, 131-138].

36. Der Kreuzestod Jesu wird hier »den Herrschern dieses Äons« (Archonten) angelastet. Hätten sie Gottes verborgene Weisheit erkannt, so wäre Jesus nicht gekreuzigt worden. Der Kreuzestod Jesu ist demnach nicht Resultat der Entscheidung und des willentlich verursachenden Handelns Gottes, sondern Resultat der menschlichen Verschlossenheit gegenüber seiner Weisheit. Gottes Wirksamkeit ist eine postcurative. - Zur exegetischen Debatte, ob es sich bei den Archonten um dämonische Engelmächte oder um irdische Machthaber der Juden und Römer handelt, siehe: Schrage, W. (1991): Der erste Brief an die Korinther I (EKK VII/1), Zürich u.a., 253f. Ich folge Schweizers Vorschlag (ThWNT VI, 422f), der beide Auslegungen zusammennimmt und mit den Archonten die irdischen Behörden »als Werkzeug der Dämonen« bezeichnet sieht. Unabhängig von dieser Auslegung ist deutlich, daß die Kreuzigung hier nicht dem Wirken Gottes zugeschrieben wird.
37. So H. J. Iwand in der seinerzeit unveröffentlichten Christologievorlesung: »Kreuz und Auferstehung Jesu Christi« (Bonn 1958f), in: Klappert, B. (1967): Diskussion um Kreuz und Auferstehung, Wuppertal, 288. Weiter heißt es dort: »Hier sind keine opera Dei, die auf ihn, den ewigen Schöpfer und seine Weisheit verweisen« (ebd.).
38. Hengel, M. (1976): Mors turpissima crucis. Die Kreuzigung in der antiken Welt und die »Torheit« des »Wortes vom Kreuz«, in: Friedrich, J. u.a. (Hg): Rechtfertigung (FS E. Käsemann), Tübingen, Göttingen, 125-184, Zitat: 179. - Siehe auch: Kuhn, H.-W. (1982): Die Kreuzesstrafe während der frühen Kaiserzeit. Ihre Wirklichkeit und Wertung in der Umwelt des Urchristentums, in: ANRW II 25.1, 648-793.

Innerhalb der neutestamentlichen Überlieferung[39] steht die Deutung, die Jesu Kreuzestod durch *Juden (und Römer)* veranlaßt sieht, in Konkurrenz zu zwei anderen Antworten auf die Frage, wer Jesu Tod veranlaßt hat: a) *Gott* hat ihn für uns dahingegeben (Röm 4,25; 8,32[40]; Joh 3,16); b) *Christus* hat sich selbst geopfert (Gal 1,4; 2,20; Eph 5,2.25; 1. Tim 2,6). Die o.g. Erklärung kann demnach wohl als mögliches, nicht aber als dominantes Interpretament gelten. Sie ist im Kontext der zeitgenössischen Polemik der Urchristenheit gegen »die Juden« zu verstehen, die in den einzelnen Schriftkomplexen des NT unterschiedlich pointiert ist. Historisch kann es demgegenüber als erwiesen gelten, daß weder die jüdischen Autoritäten noch das jüdische Volk die Hauptverantwortung für Jesu Kreuzigung tragen, sondern die römischen Herrscher, vor allem Pilatus.

Ähnlich läßt sich das lukanische »dei« als Ausdruck einer dem Geschehensgang inneren Sachnotwendigkeit deuten, die nicht einfachhin Gottes positivem Willen und Wirken zugerechnet werden darf, sondern von diesem Willen und Wirken aufgefangen und mit Sinn erfüllt wird, so daß das Geschehen retrospektiv nicht nur als sinnhaftes Geschehen *erscheinen* kann, sondern neuen Sinn erhält. Gott ist auctor der postcurativen Sinnstiftung, nicht Wirkursache der Faktizität des (Passions-) Geschehens.[41] Gottes Providenz erschließt sich in der Retrovidenz des glaubenden »seingas«, wie sich bei Lk vor allem in der Emmausperikope und in Lk 13, 1-5 zeigt.

Der Einsturz des Turmes von Siloah, von dem in Lk 13, 1-5 die Rede ist, erfolgte nicht »due to God's will«[42], nicht als von Gott verordnete und verursachte Sündenstrafe, sondern als ›natürliches‹ und kontingentes Geschehen[43], dem dann von Gott her der Charakter einer (eschatologischen) Botschaft beigelegt wird - ohne jedoch, daß man in einem kausalistischen Umkehrschluß sagen dürfte, es sei um dieser Bekehrungs-Botschaft willen geschehen.[44] Nicht: Gott ist verantwortlich für das Unglück des Einsturzes, sondern: Die Menschen werden anläßlich dieses Ereignisses in die Verantwortung vor Gott (zurück-)gerufen. Umkehr und Anteilnahme ist von ihnen gefordert: Anthropodizee statt Theodizee.[45] Zahlreiche andere Beispiele dafür, wie Gottes Wirksamkeit als eine postcurative, tröstende, mahnende und richtende - im Modus des Zuspruchs, des Anspruchs und des Widerspruchs post eventum - bezeugt ist, ließen sich anführen.

39. Zur Frage der Deutung des Kreuzestodes im NT siehe: Barth, G. (1992): {→ Teil I, A. 73}. Eine in ihrer Kürze sehr informative Übersicht über die theologischen Interpretationen des Todes Jesu im NT gibt: Berger, K. (1994, 1995²): Theologiegeschichte des Urchristentums, Tübingen, Basel, 65-69.
40. In der vorpaulinischen Formel Röm 4,25 wird die Gottesknechtstradition aufgenommen (Jes 53,4f.12), in Röm 8,32 liegt vermutlich ein Anklang an Isaaks Opferung (bes. Gen 22,16) vor. Doch selbst in diesen beiden Stellen ist nicht von einer aktiven Verursachung des Todes, sondern von der »Dahingabe« bzw. der »Auslieferung« Jesu die Rede.
41. Auch diese Deutung kann nicht beanspruchen, *mehr* als eine mögliche zu sein. Literatur zum lukanischen »dei« {→ Teil I, A. 73}.
42. White, V. (1985) {→ L.}, 49.
43. Siehe dazu: Bovon, F. (1996): Das Evangelium nach Lukas II (EKK), Zürich u.a., 369-379, bes. 377-379. Bovon spricht von einem »zweifellos zufälligen Einsturz« (378).
44. Reinhold Niebuhrs Deutung dieser Perikope als Beleg für seine Behauptung, daß sich aus Jesu Verkündigung keine spezielle Providenz Gottes ergebe [in: Niebuhr, U. (Hg) (1974): Justice and Mercy, New York, 18)], erscheint jedoch fragwürdig. In Lk 13, 1-5 ist zunächst lediglich der Tun-Ergehens-Zusammenhang bestritten und damit der Versuch unterbunden, das Geschehen der verursachenden Wirksamkeit Gottes zuzuschreiben.
45. Zur Exegese von Lk 13, 1-5 insgesamt siehe: Bovon, F. (1996) {→ A. 43}. Jesus »blickt nicht auf den Ursprung des Unglücks, sondern auf die Zukunft der Lebenden« (a.a.O., 376). Bovon erkennt in Jesu Haltung eine Zurücknahme der Allmacht Gottes zugunsten seiner Güte (a.a.O., 378).

Nicht die warum-, sondern die wozu-Frage öffnet für die Einsicht in Gottes Wirksamkeit. Während die warum-Frage notwendig aporetisch bleibt und in die Verstrikkung einer falsch gestellten Theodizeeproblematik hineinführt, vermag die wozu-Frage den Blick für das aus dem Leiden entstehende neue Leben zu sensibilisieren.

Die Verschiebung der Theodizee- in eine Anthropodizeefrage hat jedoch auch ihre Grenzen, an denen deutlich wird, daß sich auf diese Weise die Theodizeeproblematik nicht auflösen läßt. Weder ist damit das natürliche Übel zu erfassen noch auch die Frage zu beantworten, warum Gott die Möglichkeit einer desaströsen menschlichen Selbstverfehlung eröffnet hat. Zudem kann die Neigung zur Anthropodizee leicht zur Überforderung menschlicher Verantwortlichkeit führen. Wird demgegenüber die Dimension des Tragischen in die Theologie eingeführt, um von dieser Verantwortung wenigstens teilweise zu entlasten, kehrt mit ihr die Theodizeeproblematik wieder zurück.

Das Moment der postcurativen Transformation darf nicht gegen die praecursive (in ›vorauslaufender Gnade‹ Möglichkeitsbedingungen schaffende) und gegen die concursive (in ›mitgehender Unmittelbarkeit‹ Kraft gebende) Wirksamkeit Gottes ausgespielt werden. Gott agiert nicht »simply after the event, with a sympathy perfect, perhaps, but still impotent«[46]. Mit einer solchen Ausdeutung, die Gott eine bloß reaktive Wirksamkeit unterstellt und ihn damit von menschlicher Weltgestaltung abhängig macht, wäre seine innovative Macht gerade verkannt. Er wirkt konstitutiv (praecursiv), konvivial (concursiv) und innovativ (postcursiv).

46. Farrer, A. M. (1967, ND 1988) {→ Teil V, A. 63}, 154.

E. Staurologische Grundstruktur der Vorsehungslehre

Sowohl im ordo cognoscendi als auch im ordo essendi ist Gottes Wirksamkeit in der Wirklichkeit der Welt als eine gebrochene zu denken und im Paradigma der Kreuzestheologie[47] zur Sprache zu bringen. Weder »design« und Entwicklung des Naturgeschehens noch der Prozeß der Geschichte kann als unmittelbares Resultat göttlicher Wirksamkeit verstanden werden. Einem solchen theologischen Positivismus gegenüber ist im ordo cognoscendi die unhintergehbare Abscondität Gottes und im ordo essendi das Postulat von der »Macht der Schwachheit« in einer zur Freiheit geschaffenen Schöpfung entgegenzuhalten. Gott tritt zur ›Logik‹ des Natur- wie auch des Geschichtsprozesses in Widerspruch, um seine letztlich heilshafte Schöpfungsintention zur Geltung zu bringen. Realsymbol dafür ist die leidende Liebe des Gekreuzigten.

In der Perspektive einer staurozentrischen Vorsehungslehre kann Geschichte nicht als rational und ästhetisch harmonische Ordnung in teleologischer Entwicklung erscheinen, sondern nur als Ringen Gottes um den Gehorsam seines Volkes. Erst von dem in der Auferstehung Jesu durchgebrochenen eschatologischen Licht fällt Hoffnung auf den Gang der Geschichte. Es ist und bleibt eine kontrafaktische, einzig in der Verheißung Gottes begründete und in der Auferstehung Jesu verbürgte Hoffnung. Der Sinn des Weltprozesses liegt nicht der Geschichte zugrunde, sondern verwirklicht sich fragmentarisch in ihr im Widerstand gegen die darin herrschenden Paradigmen. Als solcher muß er als ein eschatologisch ausstehender immer wieder situationsspezifisch eingeklagt werden. Innergeschichtlich wird er sich zum einen im Modus der Affirmation und daraus folgend: der Dankbarkeit für die Gestaltwerdungen der befreienden Liebe Gottes –, zum anderen aber als Klage, prophetischer Protest und tätiges Engagement gegen das abgrundtief Sinnlose äußern.

Aufgabe einer christlichen Geschichtstheologie kann demnach niemals die Rekonstruktion einer geschichtsimmanenten Gesetzmäßigkeit sein, die sich im dialektischen Stufengang mit Notwendigkeit verwirklicht. Vielmehr wird sie sich in der Tradition der israelischen Prophetie darauf beschränken müssen, den Verlauf der Realgeschichte im Lichte Gottes kritisch zu kommentieren und auf diese Weise Einfluß auf zukünftige Entwicklungen zu nehmen. Bestenfalls kann sie retrospektiv Ereignisse, Prozesse und Zustände herausheben, die in besonderer Weise als Gestaltwerdungen des von Gott eschatologisch ›Vorgesehenen‹ verstanden werden dürfen. Doch stehen solche Würdigungen (wie alle theologischen Urteile) unter eschatologischem Vorbehalt: Sie dürfen nur in der Grundhaltung der metanoia als prinzipiell revisionsoffene Feststellungen getroffen werden.

47. Ich gebrauche diesen Begriff in einem weiten Sinn in Referenz zur Dialektik der im Kreuz symbolisierten Verfinsterung und gerade darin: Offenbarung der Gott-Welt-Relation. - Zur theologiegeschichtlichen Bedeutungsentwicklung siehe: Bernhardt, R., Willis-Watkins, D. (1996): Art. »Theologia Crucis«, in: EKL^3 4, 733-736.

Allen Konzepten universaler Wirklichkeitsdeutung, wie sie etwa im neuplatonischen Modell der Seinshierarchie oder in Hegels Rekonstruktion einer Vernunftgeschichte dokumentiert sind, wird die im Kreuz Christi symbolisierte Gebrochenheit der Gott-Welt-Relation entgegenzuhalten sein. Von dorther ergibt sich die Einsicht in die Kontingenz aller weltlichen Wirklichkeit. Dem hat das Vorsehungsdenken in der Haltung des kritischen Realismus zu entsprechen. Es darf nicht - wie oft in seiner Geschichte - der Gefahr erliegen, zum Instrument eines Eskapismus zu werden, mit dem sich die Kontingenz der eigenen Lebensgeschichte wie der Weltgeschichte insgesamt auf eine höhere Notwendigkeit übersteigen ließe. Dieser Gedanke führt zur nächsten These.

F. Eschatologische Ausrichtung der Vorsehungslehre

Weder aus dem »design« der Natur noch aus einer mit den Mitteln der historischen Vernunft erkennbaren Teleologie der Geschichte läßt sich die Providenzlehre grundlegen, sondern nur aus der eschatologischen, verheißungstheologisch zur Geltung zu bringenden Hoffnung auf die verborgene Geschichtsmächtigkeit Gottes. Erst von dem um diese Hoffnung kristallisierten Gottes- und Vorsehungsglauben wird dann die Naturbetrachtung ein auf den Schöpfer verweisendes »design« und die Geschichtsbetrachtung - wenn auch gewiß nicht eine durchgängige Teleologie, so doch wenigstens Durchbrüche der heilshaft sorgenden Gotteswirksamkeit erkennen lassen.

Als »Evangelium der Schöpfung« ist der Glaube an die wirksame Präsenz Gottes in der Welt auf das von Gott ›Vorgesehene‹ ausgerichtet. Dementsprechend muß die Rede von Gottes Vorsehung immer auch in Hinsicht auf den von Gott verheißenen Vollendungszustand gedeutet werden, der als sein-sollender (normativ) und als sein-werdender (prädestinativ) von Gott ›vorgesehen‹ ist. Auf ihn hin sind alle Wirkungen der operativen Präsenz Gottes in der Welt finalisiert (nicht determiniert!). Diese für die Vorsehungslehre konstitutive messianische Dimension setzt eminent kritische Impulse gegenüber Weltverhältnissen frei, die diese Zielrichtung verfehlen, weil anders ausgerichtete Intentionen und Interessenlagen in ihnen bestimmend waren bzw. sind.

Der aus dem Vorsehungsglauben fließende Trost kann demnach weder in der Unterstellung einer allwirkenden Vorbestimmung allen Geschehens, noch in der Erwartung einzelner Not-wendender Interventionen Gottes gründen, sondern allein in der Hoffnung auf die schon jetzt wirksame Heilskraft der endzeitlichen Koinzidenz der Wirklichkeit mit dem von Gott für sie ›Vorgesehenen‹.

Die Vorstellung einer providentiellen Prädetermination allen Geschehens durch Gott ist höchst problematisch. Sie tendiert zum Fatalismus, führt in den Konflikt mit geschöpflicher Eigenständigkeit und menschlicher Freiheit und macht Gott zum auctor mali. Es ist allerdings zu fragen, ob eine Vorbestimmung in dieser deterministischen Bedeutung in der Theologiegeschichte jemals als positive Lehrauffassung vertreten wurde oder ob es sich dabei nicht vielmehr um ein philosophisches Konstrukt handelt, das als Extremposition postuliert wurde, um dann in der Kritik an dieser Position Argumente zur Bestreitung der Weltwirksamkeit Gottes insgesamt zu gewinnen. Vorbestimmung kann in Relation zur menschenweltlichen Wirklichkeit theologisch sinnvoll nur als Verheißung und Beauftragung mit einem Mandat verstanden werden. Sie ist darzustellen im Gefälle von prävenierender Verheißung, begleitender Segnung und postcurativer Zurechtbringung.

Von diesem Verständnis aus fällt ein kritisches Licht auf all jene Explikationen des Vorsehungsglaubens, die das Providenzmotiv zur Spende billigen Trostes durch Verbreitung eines unrealistischen Optimismus' mißbrauchen. Wo Vorsehungsglaube auf die Funktion der Kontingenzbewältigungspraxis reduziert wird, ist er ideologiekritisch in Frage zu stellen. In eschatologischer Dimension gesehen reißt er gerade umgekehrt das Bewußtsein der radikalen Kontingenz allen Seins auf, verbindet es dann allerdings mit der Verheißung, daß Gottes operative Präsenz letztlich verwirklichen werde, was sie ›vorgesehen‹ hat. Wo die so verstandene providentia Dei Trost und letzte Geborgenheit vermittelt, zur Bewältigung von Krisen hilft, zur Anpassung an unheilvolle Situationen beiträgt, spricht aus ihr eschatologischer Realismus. So wird sie zu einer »theologischen Aufklärung« über die contingentia mundi, aber auch über die Gründung dieser Kontingenz in der umfassenden Heilswirklichkeit Gottes. Wo sie dagegen als Lehre von der festgefügten Ordnung allen Seins und der unverrückbaren Prädetermination allen Geschehens proklamiert wird oder wo sie in der Erinnerung an die biblisch bezeugten Machttaten Gottes dessen unmittelbare Eingriffe zur Abwehr konkreter Gefahrenlagen in Aussicht stellt, begibt sie sich in die Gefahr religiösen System- und/oder Wunschdenkens. Die Gewißheit, daß Gott alles zum Guten wenden wird, ist eine *eschatologische* Hoffnung, die in die Zeit hinein ausstrahlt.

Die besonders von J. B. Metz und J. Moltmann hervorgehobene messianische Dimension des christlichen Glaubens gilt es auch und vor allem im Blick auf das Theologoumenon von der Vorsehung Gottes zu unterstreichen und damit Tendenzen in den großen Volkskirchen entgegenzutreten, nicht mehr zuerst nach der Verwirklichung des Reiches Gottes zu fragen, sondern vor allem »im Dienst jener Bürger, die in der Religion vor allem Trost, Hilfe zur Anpassung, Bewältigung von Krisen, Stabilität und Geborgenheit suchen«[48] religiöse Bedürfnisse zu befriedigen. Das Vertrauen auf Gottes Vorsehung und die aktive Partizipation an ihrer Antizipation hilft nicht nur dazu, Leben in allen seinen Dimensionen anzunehmen (die affirmative Funktion, die auch die Klage über geschehenes Unheil einschließt). Es provoziert auch, individuelle und kollektive Denk- und Verhaltensformen aufzubrechen und über sich hinauszuführen (die prophetisch-kritische Funktion).

Wo die Vorsehungslehre in dieser eschatologischen Ausrichtung expliziert wird, nimmt sie ihren Ausgang bei der Unterscheidung zwischen dem, was Gott für die Welt ›vorsieht‹ (in biblischer Bildsprache: seinem »ewigen Ratschluß«, hier in bewußt präsentischer Formulierung) und dem, was er durch seinen Geist in einem mit vielen Widerständen durchsetzten Bedingungsgefüge zu wirken vermag. Angesichts der Gebrochenheit der Weltverfassung kann dies nie eine souverän sich durchsetzende, erst recht keine kausalmechanisch zwingende Wirkung sein, sondern nur eine auf das eschatologische Ziel des Gottesreiches ausgerichtete und ausrichtende geistige Macht unter anders ausgerichteten und ausrichtenden Mächten. Das »Evangelium der Schöpfung« steht unter eschatologischem Vorbehalt. Es lebt aus dem Evangelium Jesu Christi und ist unhintergehbar auf die darin verheißene eschatologische Verwirklichung bezogen.

Eine solcherart pneumatologisch fundierte und eschatologisch finalisierte Vorsehungsauffassung vermag, die Freiheit des Menschen als Ausdruck der Gottebenbildlichkeit ausreichend zu würdigen. In dieser Freiheit liegt dann allerdings auch die Möglichkeit, die kreatürliche Bestimmung zu verfehlen. Wenn Gott auch nicht für die einzelnen Akte, in denen sich eine solche Verfehlung des von Gott ›Vorgesehenen‹ ereignet, verantwortlich gemacht werden kann, so bleibt doch die Frage nach

48. Vorgrimler, H. (1985): {Teil I, A. 50}, 136.

der Wirksamkeit Gottes angesichts des Übels ein letztlich offenes Problem, das nicht mehr theo*logisch* aufgelöst, sondern nur noch existentiell ausgehalten und im Modus der Klage vor Gott gebracht werden kann – in der Hoffnung auf seine postcuratio in der »Kraft der Schwachheit«.

Das Bittgebet erhält von daher seinen Sinn als Bitte um Erkenntnis dessen, was Gott ›vorsieht‹ und als Bitte um die Kraft des Geistes und der Wahrheit, an der Realisierung des Vorgesehenen mitzuwirken. Der Betende wird jedoch immer auch mit der Erfahrung konfrontiert sein, daß die erbetene Einsicht und Kraft ausbleibt. Das Bittgebet wird sich dann zur Klage wandeln und diese wiederum zur neuen Bitte um die Kraft, diese Erfahrung auszuhalten zu können. Die expressive und rezeptive Funktion des Gebets, die danach strebt, das eigene Denken und Handeln in die Sinnrichtung des Willens und Wirkens Gottes einzustellen und sich dabei in ›realistischer‹ Weise zu Widerstand und Ergebung befähigen zu lassen, ist der Anfechtung durch das »Schweigen« Gottes ausgesetzt. Die Erkenntnis des von Gott ›Vorgesehenen‹ und seines Vorsehungswirkens in der Welt bleibt daher immer angefochten.

Nur auf diese unhintergehbar gebrochene Weise ist der Mensch in Gottes Vorsehung eingebunden. Nur so vermag er aktiv an der Verwirklichung der göttlichen Schöpfungsintention zu partizipieren. Damit ist jedem providenztheologischen Triumphalismus gewehrt und die Angewiesenheit auf Gottes Gnade im Erkennen wie im Handeln zum Ausdruck gebracht. Darin vor allem, daß diese Gnade immer wieder in überraschender und unverfügbarer Weise als Lebenshilfe im tiefsten Sinn des Wortes gewährt wird, realisiert sich das »Evangelium der Schöpfung«.

VII. Verzeichnis themarelativ zentraler Literatur

- Barth, K. (1950): Die Kirchliche Dogmatik, III/3 (§§ 48f), Zürich.
- Beintker, M. (1993): Die Frage nach Gottes Wirken im geschichtlichen Leben, in: ZThK 90, 442-461.
- Bernhardt, R. (1996): Art. »Vorsehung«, in: EKL³ 4, 1208-1211.
- Brändle, W. (1995): Überlegungen zur Rede vom Handeln Gottes, in: NZSTh 37, 96-117.
- Davies, H. (1992): The Vigilant God: Providence in the Thought of Augustine, Aquinas, Calvin, and Barth, New York.
- Gorringe, T. J. (1991): God's Theater. A Theology of Providence, London.
- Gwynne, P. (1996): Special Divine Action: Key Issues in the Contemporary Debate (1965-1995) (Tesi Gregoriana. Serie Teologia 12), Rom (Lit).
- Hägglund, B. (1986): De providentia. Zur Gotteslehre im frühen Luthertum, in: ZThK 83, 356-369.
- Hansson, M. J. (1991): Understanding an Act of God. An Essay in Philosophical Theology (SDCU 33), Uppsala (Lit).
- Härle, W. (1995): Dogmatik, Berlin, 282-302.
- Härle, W., Preul, R. (Hg) (1987): Marburger Jahrbuch Theologie I (MThS 22), Marburg.
- Hebblethwaite, B. L., Henderson E. H. (Hg) (1990): Divine Action: Studies Inspired by the Philosophical Theology of Austin Farrer, Edinburgh.
- Helm, P. (1994): The Providence of God (Contours of Christian Theology), Downers Grove, Ill.
- Hodgson, P. C. (1989): God in History. Shapes of Freedom, Nashville, TN.
- Hodgson, P. C. (1992): Art. »Providence«, in: Musser, D., Price, J. (Hg): New Handbook of Christian Theology, Nashville, TN, 394-397.
- Kessler, H. (1985): Der Begriff des Handelns Gottes. Überlegungen zu einer unverzichtbaren theologischen Kategorie, in: Brachel, H. U. v., Mette, N. (Hg): Kommunikation und Solidarität. Beiträge zur Diskussion des handlungstheoretischen Ansatzes von Helmut Peukert in Theologie und Sozialwissenschaften, Freiburg, Münster, 117-130; dieser Artikel ist weitgehend identisch mit: Kessler, H. (1985a): Sucht den Lebenden nicht bei den Toten. Die Auferstehung Jesu Christi in biblischer, fundamentaltheologischer und systematischer Sicht, Düsseldorf, 283-311.
- King, R. H. (1973): The Meaning of God, Philadelphia.
- Klein, G. (1993): »Über das Weltregiment Gottes«. Zum exegetischen Anhalt eines dogmatischen Lehrstücks, in: ZThK 90, 251-283.
- Kocher, R. (1993): Herausgeforderter Vorsehungsglaube. Die Lehre von der Vorsehung im Horizont der gegenwärtigen Theologie, St.Ottilien (Lit).
- Konrad, J. (1962): Art. »Vorsehung«, in: RGG³ 6, 1496-1499.
- Köstlin, J. (1898): Art. »concursus divinus«, in: RE³ 4, 262-267.
- Krolzik, U. (1987): Säkularisierung der Natur. Providentia-Lehre und Naturverständnis der Frühaufklärung, Neukirchen-Vluyn (Lit).
- Krötke, W. (1983): Gottes Fürsorge für die Welt. Überlegungen zur Bedeutung der Vorsehungslehre, in: ThLZ 108, 242-252; abgedruckt in: ders. (1985): Die Universalität des offenbaren Gottes. Gesammelte Aufsätze, (BEvTh 94), München, 82-94.
- Landau, R. (1988): Die Nähe des Schöpfers. Untersuchungen zur Predigt von der Vorsehung Gottes (CThM 13), Stuttgart.
- Langford, M. J. (1981): Providence, London.
- Link, C. (1991): Schöpfung (HST 7/1 und 7/2), Gütersloh.
- Lobstein, P. (1908, ND 1971): Art. »Vorsehung«, in: RE³ 20, 740-762.
- Lochman, J. M. (1994): »Was verstehst du unter der Vorsehung Gottes?«. Referat vor der Hauptversammlung des Reformierten Bundes am 16. Oktober in Hanau, in: RKZ 11/94, 373-381.

- Moltmann, J. (1985): Gott in der Schöpfung, Ökologische Schöpfungslehre, München.
- Moltmann, J. (1991): Der Geist des Lebens. Eine ganzheitliche Pneumatologie, München.
- Morris T. V. (Hg) (1988): Divine and Human Action. Essays in Metaphysics of Theism, Ithaca, NY.
- Pannenberg, W. (1991): Systematische Theologie II, Göttingen.
- Plathow, M. (1976): Das Problem des concursus divinus. Das Zusammenwirken von göttlichem Schöpferwirken und geschöpflichem Eigenwirken in K. Barths »Kirchlicher Dogmatik« (FSÖTh 32), Göttingen (Lit).
- Plathow, M. (1995): Ich will mit dir sein. Kreuzestheologische Vorsehungslehre. Aufsätze zu Gottes Mitsein im Kreuz, Berlin.
- Pollard, W. G. (1958): Chance and Providence. God's Action in a World Governed by Scientific Law, New York; dt: (1960): Zufall und Vorsehung. Wissenschaftliche Forschung und göttliches Wirken, München.
- Ramsey, I. (1973): Models for Divine Activity, London.
- Ratschow, C. H. (1959): Das Heilshandeln und das Welthandeln Gottes. Gedanken zur Lehrgestaltung des Providentia-Glaubens in der evangelischen Dogmatik, in: NZSTh 1, 25-80; abgedruckt in: ders. (1987): Von den Wandlungen Gottes. Beiträge zur systematischen Theologie, Berlin, New York, 182-243.
- Ratschow, C. H. (1966): Lutherische Dogmatik zwischen Reformation und Aufklärung, Teil II, Gütersloh, § 20,5, 208-247.
- Ritschl, D. (1994): Sinn und Grenzen der theologischen Kategorie der Vorsehung, in: ZDT 10, 117-133.
- Saxer, E. (1980): Vorsehung und Verheißung Gottes. Vier theologische Modelle (Calvin, Schleiermacher, Barth, Sölle) (SDGSTh 34), Zürich.
- Scheffczyk, L. (1963): Schöpfung und Vorsehung (HDG II/2a), Freiburg u.a. 1963.
- Schilson, A. (1991): Art. »Vorsehung«, in: Eicher, P. (Hg): NHThG (erw. Neuausgabe), Bd.5, München, 218-229.
- Schneider, T., Ullrich L. (Hg) (1988): Vorsehung und Handeln Gottes (QD 115), Freiburg Br. u.a..
- Schwöbel, C. (1992): God: Action and Revelation (Studies in Philosophical Theology 3), Kampen.
- Sturch, R. (1990): The New Deism. Divine Intervention and the Human Condition, New York.
- Thomas, O. C. (Hg) (1983): God's Activity in the World. The Contemporary Problem (AAR.SR 31), Chico, CA.
- Tracy, T. F. (1984): God, Action and Embodiment, Grand Rapids.
- Tracy, T. F. (1994): The God Who Acts. Philosophical and Theological Explorations, University Park, PA.
- Viering, K.A. (1928): Grundformen des Vorsehungsglaubens auf dem Boden der Reformation bis zum Anfang der deutschen Erweckung, in: ZSTh 5, 498-549, 643-721.
- Ward, K. (1990): Divine Action, London.
- Welker, M. (1992): Gottes Geist. Theologie des Heiligen Geistes, Neukirchen-Vluyn.
- Werbick, J. (1991): Art. »Geschichte / Handeln Gottes«, in: Eicher, P. (Hg): NHThG 2, 185-201.
- White, V. (1985): The Fall of a Sparrow. A Concept of Special Divine Action, Exeter.
- Wiesner, W. (1959): Art. »Vorsehung«, in: EKL[1] 3, Göttingen, 1705-1710.
- Wiles, M. (1986): God's Action in the World. The Bampton Lectures for 1986, London.
- Wiles, M. (Hg) (1969): Providence, London.
- Wright, G. E. (1952, 1956[3]): God who Acts. Biblical Theology as Recital, London (SBT 8).

- Themenheft ZDT 10, 1994, 113-170: Dokumentation der Karl-Barth-Tagung, Leuenberg 1994, zur Vorsehungslehre Karl Barths. Mit Beiträgen von: C. Link, D. Ritschl, H. T. Goebel, H. J. Adriaanse.
- Theologische Beilage 3 zur RKZ 135, 1994: Zur Lehre von der Vorsehung Gottes. Mit Texten von: H. Heine, M. Luther, J. Calvin, E. Busch, W. Krötke, H. Zahrnt, H. Jonas, U. Bach.

VIII. Personenregister

IX. Literatur-Verweisregister